Strategic Management of
Technological Innovation

7th Edition

기술경영과 혁신전략

7th Edition

Strategic Management of

Technological Innovation

기술경영과 혁신전략

김길선 옮김

McGraw Hill

Melissa A. Schilling

McGraw Hill

Strategic Management of Technological Innovation, Seventh Edition

1 2 3 4 5 6 7 8 9 10 MHE-KOREA 20 23

Original: Strategic Management of Technological Innovation, 7th Edition
By Melissa A. Schilling
ISBN 978-1-264-08093-9

Korean ISBN 979-11-321-1275-4 93320

Printed in Korea

기술경영과 혁신전략 7th Edition
Strategic Management of Technological Innovation

발 행 일 : 2023년 1월 5일
저 자 : Melissa A. Schilling
역 자 : 김길선
발 행 인 : SHARALYN YAP LUYING(샤랄린 얍루잉)
발 행 처 : 맥그로힐에듀케이션코리아 유한회사
주 소 : 서울시 마포구 양화로 45, 8층 801호
(서교동, 메세나폴리스)
전 화 : (02) 325-2351
등록번호 : 제 2013-000122호(2012.12.28.)
편집·교정 : (주)우일미디어디지텍
인쇄·제본 : (주)성신미디어

I S B N : 979-11-321-1275-4

판 매 처 : 한경사
문 의 : (02) 717-7264
가 격 : 33,000원

저자소개

Melissa A. Schilling, Ph.D.

Melissa A. Schilling은 현재 New York 대학교의 Stern 경영대학에서 관리와 조직 분야 John Herzog family 교수로 재직하면서 경영전략, 기업전략과 기술, 그리고 혁신관리에 대하여 강의하고 있다. New York 대학에서 근무하기 전에는 Boston 대학에서 4년간 조교수로 재직하였고, INSEAD와 Santa Barbara 소재 캘리포니아 주립대학교의 Bren 환경과학과 경영대학에서 방문교수로도 재직하였다. 그녀는 또한 Siemens, IBM, the Kauffman Foundation Entrepreneurship Fellow 프로그램, 한국의 서강대학교, 그리고 Politecnico di Milano와 Politecnico di Torico 간의 연합기관인 Alta Scuola Polytecnica에서 전략과 혁신에 관한 강의를 하였다.

Schilling 교수는 기술혁신과 지식창출에 연구의 초점을 두면서 기술 충격이 기업 간 협력과 혁신에 어떠한 영향을 미치는지, 기술표준에 관한 기업 간 경쟁이 어떻게 이루어지는지, 플랫폼 생태계를 어떻게 관리하는지 그리고 이 과정에서 기업들이 기업 간 협력과 방어 그리고 시장 진입 시기결정에 관한 전략을 어떻게 활용할 수 있는지에 관해 연구해왔다. 그녀는 또한 제품 디자인과 조직구조가 모듈화되어 가거나 또는 이로부터 멀어지는 과정을 연구해왔다. 그녀의 최근 연구는 지식창출에 초점을 맞추고 있으며, 지식탐구의 폭이 통찰과 학습에 어떠한 영향을 미치는지 그리고 지식 네트워크의 구조가 네트워크의 전반적인 지식창출 능력에 어떠한 영향을 미치는지에 관해 관심을 가지고 있다.

Schilling 교수의 혁신전략에 관한 연구결과물은 *Academy of Management Journal, Academy of Management Review, Management Science, Organization Science, Strategic Management Journal, Journal of Economics and Management Strategy,* 그리고 *Research Policy*와 같은 다양한 저널들에 발표되었으며, *Academy of Management Journal, Academy of Management Discoveries, Organization Science, Strategy Science,* 그리고 *Strategic Organization* 저널에서 편집위원으로 활동하고 있다. 또한 그녀는 *Quirky: The Remarkable Story of the Traits, Foibles, and Genius of Breakthrough Innovators Who Changed the World*(괴짜들의 비밀; 한국어 번역판)의 저자이며 *Strategic Management: An Integrated Approach*의 공저자이기도 하다. Schilling교수는 2007년 Organization Science와 Management Science 최우수 논문상을 수상하였으며, 2003년 National Science Foundation CAREER상, 2000년에는 Boston대학에서 수여하는 Broderick 연구우수상을 수상하였다.

저자서문

혁신은 아름다운 것이다. 이는 심미적이면서도 실용적인 매력을 지닌 하나의 힘으로서 우리의 창조적인 정신을 자유롭게 하고 지금까지 꿈꾸지 못했던 가능성에 대해 우리의 마음을 열어주면서 경제적 성장을 가속화하고 의약, 농업 그리고 교육과 같이 인류가 중요하게 여기는 분야에서 진보를 제공하고 있다. 서구 세계에서 혁신의 주요 엔진 역할을 해온 산업체들에게도 혁신은 예외적인 기회와 험준한 도전을 동시에 제공하고 있다. 혁신은 경쟁적 차별화의 강력한 수단으로서 기업으로 하여금 신 시장에 진입하여 높은 이익을 올릴 수 있도록 해주는 반면, 스피드, 기술 그리고 정확도를 기반으로 전개되어야 하는 치열한 경주에 뛰어들게 한다. 기업이 성공하기 위해서는 혁신적인 것만으로는 부족하고 경쟁 기업보다 더욱 혁신적이어야 한다.

학자들과 관리자들이 혁신을 보다 잘 이해하기 위해 노력하면서 경영전략, 조직이론, 경제학, 마케팅, 공학 그리고 사회학 등의 분야에서 이 주제에 대한 폭넓은 연구 성과물들이 나타나고 융성하게 되었다. 이러한 연구 성과물들은 혁신이 시장의 경쟁적 역동성에 어떻게 영향을 미치는지, 기업이 어떻게 혁신을 전략적으로 관리할 수 있는지, 성공 가능성을 높이기 위해서 혁신전략을 어떻게 이행해야 하는지 등에 대한 많은 통찰력을 제공해 주었다. 이렇듯 다양한 학문 분야에 걸쳐 연구 성과물들이 나타난다는 것은 혁신에 관한 많은 주제가 다양한 시각에서 다루어진다는 측면에서 보면 장점이지만, 강의를 하는 교수진과 학생들의 입장에서는 다양한 시각을 통합해야 하는 어려움이 있을 수 있다. 본 교재는 이러한 다양한 성과물을 하나의 일관된 전략적 틀 속에 통합하면서, 엄격하고 포괄적이며 이해 가능한 내용들을 제공하고자 한다.

이 책의 구성

본 교재에서는 혁신관리라는 주제를 전략적 프로세스의 관점에서 다룬다. 본 교재의 개략적인 틀은 대부분의 전략 교재들에서 사용되는 전략적 관리 프로세스를 반영하고 있으며, 이는 현 상황의 경쟁적 역동성을 평가하는 것으로부터 시작하여 전략을 구축한 뒤 이를 이행하는 과정을 포함하고 있다. 교재의 1부에서는 현재와 미래의 관리자들이 그들이 처한 기술 환경을 보다 잘 이해하고 의미 있는 트렌드를 파악하는 것을 돕기 위해 혁신의 역동성에 관한 기본적 토대와 그 의미를 다룬다. 2부에서는 기업의 전략적 방향을 설정하고 혁신전략을 구축하는 프로세스를 다룬다.

여기에는 프로젝트의 선정, 협력 전략, 기업의 주요 자산을 보호하는 전략이 포함된다. 3부에서는 혁신을 이행하는 과정을 다룬다. 조직구조가 혁신에 미치는 영향, 신제품 개발 프로세스의 관리, 신제품 개발팀의 구축과 관리, 그리고 실행전략의 구축이 포함된다. 본 교재는 실제적인 적용과 사례를 강조하면서 추가적인 읽을거리를 원하는 독자들을 위하여 각 장의 말미에 기존 연구들의 체계적인 정리와 주석을 제공하고 있다.

경영대 학생과 공과대 학생 모두를 위한 교과 내용

본 교재는 혁신의 전략적 관리와 신제품 개발에 관한 수업에서 사용될 수 있도록 설계되었다. 그러한 교과목들은 일반적으로 경영대와 공과대에서 개설되는바, 본 교재는 경영대와 공과대 학생들이 필요로 하는 내용을 염두에 두고 구성되었다. 예를 들어 6장(조직의 전략적 방향 설정)에는 경영대 학생들에게는 이미 익숙하지만 공과대 학생들에게는 그렇지 않을 전략적 분석에 관한 기본적인 도구들이 소개되어 있다. 이와 유사하게 11장(신제품 개발 프로세스 관리)내용 중 컴퓨터를 이용한 디자인(computer aided design; CAD)이나 품질기능전개(quality function deployment; QFD)는 공과대나 정보시스템 관련 학생들에게는 이미 익숙한 내용이겠으나 경영대 학생들에게는 새로운 내용일 수 있다. 각 장의 순서는 서로 간의 연관관계를 고려하여 직관적인 순서를 따르고 있으나, 각 장 스스로 독립적일 수 있도록 구성되었으므로 강의를 담당하는 교수가 다루고자 하는 내용들을 적절히 선택하여 사용할 수도 있을 것이다.

7판에서 추가된 내용

금번의 수정판은 교재에서 사용되는 개념의 틀과 분석의 도구들이 정확하고 포괄적이 되도록 전반적으로 수정되었다. 새롭고 흥미로운 예들을 추가하였으며 많은 표들과 사례들에는 가장 최신 정보가 반영되도록 하였다. 특히 주목할 만한 변화는 다음과 같다.

여섯 개의 새로운 짧은 사례들

Netflix와 스트리밍 서비스 경쟁. 4장의 새로운 사례는 영화와 TV 스트리밍 시장에서 벌어지고 있는 경쟁을 다루고 있다. 사례 자체는 Netflix에 초점을 두고 있지만 Amazon Prime Video, Disney, Hulu 그리고 HBO와 같은 경쟁사들이 만드는 영화들도 포함하고 있다. 사례는 Netflix가 콘텐츠 제작과 유통을 모두 수행하면서 발생하는 매우 흥미로운 시너지를 보여주고 있으며, 특정 스트리밍서비스에만 독점적으로 가용한 콘텐츠를 제작하는 데 따른 장단점을 조명하고 있다.

Uber Elevate의 출시 실패. 6판에서의 5장 도입사례는 UberAIR로서 Uber가 항

공택시서비스를 출시하려는 계획을 다루고 있다. 7판에서의 5장 도입사례는 Uber가 이 사업에서 철수하려는 계획과 더불어, 여전히 이 시장에서 활동하고 있는 여타 회사들의 이야기를 다룬다. 이 사례는 항공택시서비스와 같이 새로운 것을 출시하는 데 따르는 일련의 어려움을 보여주고 있다. 배터리의 수명과 비행시간은 개선이 필요한 영역으로 여겨지고 있으며, 이 시장의 가장 큰 어려움은 규제와 기반시설에 대한 부분들로 여겨지고 있다. eVTOL은 어디에서 이착륙할 것인가? 누가 어떻게 항공을 통제할 것인가? eVTOL의 소음은 어느 정도인가? eVTOL은 파일럿이 조정할 것인가 아니면 자율주행으로 조정할 것인가? 이 사례를 보면 Uber가 시장에 너무 일찍 뛰어들었던 것 아닌가 하는 생각이 들겠지만, 아직 시장에 남아있는 기업들은 eVTOL의 생산에 초점을 두는 제조기반의 신생기업들인데 이들이 더 유리한 입장에 있다고 볼 수 있을지 분명하지는 않다.

Zeta Energy와 배터리의 "성배". 8장의 도입사례는 신생 배터리 기술 기업으로서 리튬 금속 유황배터리를 개발 중인 Zeta Energy에 관한 내용이다. 기술은 인상적이며 크고 다양한 시장 잠재력을 가지고 있지만, Zeta가 어떻게 상업화단계에 이를지에 대한 딜레마가 있다. 배터리 개발은 비용이 많이 들고 위험한 과정으로서 회사는 배터리 양산에 필요한 설비구축을 위한 자금 확보에 어려움을 겪고 있다. 사례는 Zeta가 고려하고 있는 다양한 협력관계를 보여주면서, 학생들이 협력관계의 유형과 파트너의 유형에 따른 장단점들을 분석해볼 수 있는 기회가 될 것이다.

CRISPR-Cas9 유전자 편집을 둘러싼 특허 분쟁. 9장의 새로운 도입사례는 지난 50년간 벌어진 중요한 특허경쟁 중 하나로 알려진 사례를 다루고 있다. CRISPR-Cas9은 사람을 포함한 살아있는 동물의 유전자를 편집할 수 있는 획기적인 기술로서 다양한 질병들을 없애거나 치료할 잠재력을 제공하고 있다. 더욱 흥분되는 것은 기술 자체가 비교적 저렴하고 간단해서 학생, 연구자 그리고 생산업자들이 앞다투어 이 기술을 열광적으로 사용하고 있다는 점이다. 그러나 Berkeley와 MIT의 연구팀들 간에 이 기술의 지적재산권 소유에 관한 분쟁이 일어났다. 각 팀이 특허를 출원한 방식과 특허법의 변경에 수반되는 혼란이 뒤섞여 특허 변호사들이 지난 수십 년간 보아온 특허 분쟁 중 가장 흥미롭고 이해관계가 첨예하게 부딪친 분쟁이 일어났다.

Apple의 혁신을 위한 조직 구성. 10장의 도입사례는 Apple의 조직이 어떻게 구성되었는가를 다루는 사례이다. 사례는 Steve Jobs가 Apple로 돌아와 조직구조를 드라마틱하게 재구성해서, 작은 기업에서나 일반적으로 볼 수 있는 조직구조를 가진 대기업으로 변모하는 과정을 보여주고 있다. 사례는 Jobs가 왜 그 조직구조가 적절하다고 생각했는지, 이와 관련된 장단점은 무엇인지, 그리고 이 조직구조가 최고경영자에게 얼마만큼의 통제력을 제공하는지를 보여주고 있다. 사례는 이 조직구조가 Jobs에게는 바람직할지 모르지만, Tim Cook의 리더십하에서도 유용할지 그리고

다른 유형의 기업들에게도 유용할지 라는 질문을 던지고 있다.

Magna International의 탄소 섬유 "경량화" 프로젝트. 12장의 도입사례는 자동차 부품 1차 공급업자인 Magna International이 BMW의 신소재를 이용한 자동차 제작 프로젝트를 계기로 탄소섬유 소재의 자동차 부품을 양산하는 기술을 개발하게 되는 과정을 자세하게 보여주고 있다. 이 개발 과정을 주도했던 Magna의 제품과 공정 개발 부사장인 Tom Pilett를 통해 프로젝트 팀은 어떻게 구성되고 관리되었는지, 팀 문화가 어떻게 진화했는지 그리고 팀원들의 보상은 어떻게 이루어졌는지 등에 관한 세세한 이야기를 들을 수 있다. BMW는 결국 카본섬유를 외부로부터 구매하지 않고 자체 생산하는 것으로 결정했지만, Magna의 변신 노력은 회사가 카본 섬유 합성물 제조에 관한 세계적인 리더로 떠오르는 계기를 제공했다.

전 세계에 걸친 사례, 데이터 그리고 예시들

본 교재가 다루는 내용들이 전 세계 어느 한 지역에 국한되지 않도록 세심한 주의를 기울였다. 도입 사례들과 예시에서 언급되는 기업들은 중국, 인도, 이스라엘, 일본, 네덜란드, 케냐, 미국 등 다양한 국가들에 소재하고 있다. 또한 가능하다면 전 세계에 걸친 데이터를 활용하여 교재에 사용되는 통계치를 제공하였다.

보다 광범위한 내용과 최근 혁신 트렌드에 관한 초점

본 교재를 살펴본 검토자들의 제안에 따라 이번 개정판에서는 혁신 창출을 위한 "빅 데이터"의 사용, 혁신 창출에 있어 XPRIZE와 같이 우수한 혁신에 대해 상을 주는 것의 장단점, 획기적인 혁신자들의 특성, 혁신을 위한 조직 문화의 역할, 스프레드시트를 이용한 실패유형과 효과분석의 상세한 예시 등과 같은 내용을 다루었다. 각 장의 말미에 제공되는 추가 자료에도 각 장에서 다루는 주제에 관한 최근의 주요 연구 결과물을 반영하고자 하였다. 이러한 자료 추가와 보완에도 불구하고 교수진과 학생들이 본 교재를 좋아하는 이유 중의 하나인 간결성이 유지되도록 많은 노력을 기울였다.

강의자를 위한 추가 자료

connect.mheducation.com에 마련된 Connect를 통해 기술경영과 혁신전략 교재와 관련된 다음의 강의자료들은 온라인으로 구할 수 있다.

- 수업 진행 방식에 대해 가이드라인과 토론문제에 대한 답변 등이 포함된 강의자용 매뉴얼.
- 강의자가 필요에 따라 내용을 수정하여 사용할 수 있도록 기본적인 강의 내용과 교재의 주요 그림과 표가 담긴 파워포인트 화일.
- 정오형, 사지선다형, 그리고 단답형/짧은 에세이형 문제들이 포함된 문제은행.
- 교재의 각 장에서 사용될 수 있는 사례와 비디오의 목록.

McGraw Hill connect®

맥그로힐 Connect®: 학생들의 성적향상을 위한 3년 연속 US CODiE 수상에 빛나는 가장 안정적이고 사용하기 편리한 개인맞춤형 학습

Adaptive Learning(개인 맞춤형 솔루션)

- Connect를 통한 과제 수행은 내용과 연관 있는 내용부터 적용 할 수 있게 함으로써 내용 이해와 비판적 사고를 도와줍니다.
- Connect는 SmartBook 2.0® 을 통해 각각의 개인에 맞추어진 개별화된 학습 방향을 제시합니다.
- SmartBook 2.0® 의 개인 맞춤 하이라이팅과 연습문제 출제는 학생들로 하여금 양방향 학습경험을 제공하여 더욱 효율적인 학습을 도와줍니다.

Connect를 이용한 후 학생들의 성적향상

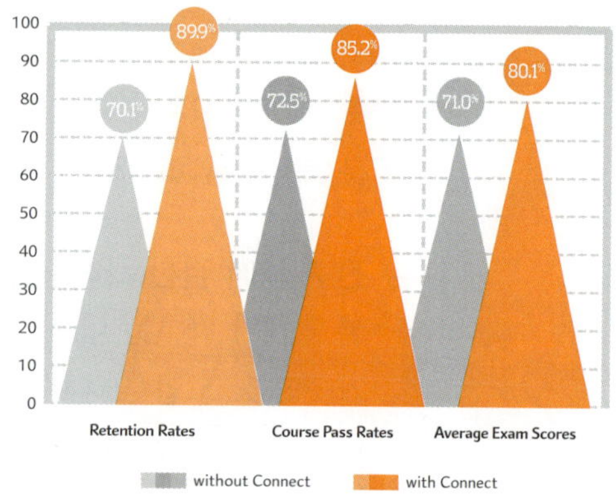

Connect를 활용한 학생들의 평균 **10% 이상**의 코스 합격률과 성적 향상

학생들이 대답한 **70억 개가 넘는 연습 문제**의 방대한 데이터는 **Mcgrawhill**의 **Connect**를 보다 지능적이고, 믿을 수 있고 정확한 제품으로 만들어줍니다.

양질의 최신 강의자료

- Connect 안에는 강의를 위한 자료가 단순하고 직관적인 인터페이스로 구성이 되어 있습니다.
- Connect의 smartbook 2.0은 모바일과 태블릿PC에 최적화되어 있어, 어디서나 인터넷 환경에 구애받지 않고 접속하여 공부할 수 있습니다.
- Connect에는 동영상, 시뮬레이션, 게임 등과 같이 학생들의 비판적 사고를 길러줄 수 있는 다양한 콘텐츠가 있습니다.

Connect를 사용한 **73%**의 교수님들의 강의평가가 평균 **28% 향상**되었습니다.

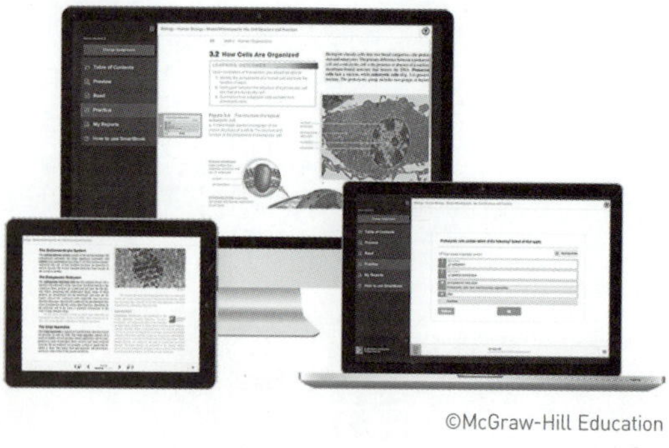

Connect Insight: 강력한 분석과 리포트

- Connect Insight는 개별 학생들의 분석과 성취도를 전체 또는 특정 과제로 분류하여 한눈에 보기 쉬운 형태로 보고서를 작성합니다.
- Connect Insight는 학생들의 과제 소요 시간, 개별학습 태도, 성취도 등의 모든 데이터를 대시 보드로 제공합니다. 교수님들은 어떤 학생이 어떤 분야에 취약한지 바로 알아볼 수 있습니다.
- Connect을 통해 과제와 퀴즈의 자동 성적 평가가 가능하며, 개별 그리고 전체 반 학생들의 성취도를 한눈에 알아볼 수 있는 보고서로 제공됩니다.

©Hero Images/Getty Images RF

학생들은 Connect로 강의를 들을 때, 더 많은 A와 B를 취득합니다.

신뢰할 수 있는 서비스와 기술지원

- Connect는 대학 학사관리시스템(LMS)과 통합로그인(Single Sign On)으로 접속하며 성적평가도 자동으로 연동됩니다.
- Connect는 종합적인 서비스와 기술지원 그리고 솔루션 사용을 위한 각 단계에 맞는 사용법 트레이닝을 제공합니다.
- Connect 사용법에 대해 궁금하다면 주소창에 https://www.mheducation.com/highered/connect.html을 쳐보세요.

www.mheducation.com/connect

감사의 말

이 교재는 기술혁신과 신제품 개발에 관한 지난 10년간에 걸친 연구와 강의를 바탕으로 집필되었다. 그러나 외로운 작업은 아니었다. 본 교재에 관한 최초의 영감을 Charles Hill로부터 얻었는데, 그는 내가 혁신에 흥미를 갖도록 해주었으며, 나의 연구영역에서 가이드를 제공해 주었고, 종국에는 이 책을 집필하도록 격려해 주었다. 그리고 나에게 제안과 영감 그리고 격려를 해준 동료들, Rajshree Agarwal, Juan Alcacer, Rick Alden, William Baumol, Bruno Braga, Gino Cattanni, Tom Davis, Sinziana Dorobantu, Gary Dushnitsky, Douglas Fulop, Raghu Garud, Deepak Hedge, Hla Lifshitz, Tammy Madsen, Rodolfo Martinez, Goncalo Pacheco D'Almeida, Joost Rietveld, Paul Shapiro, Jaspal Singh, Deepak Somaya, Bill Starbuck, Christopher Tucci, 그리고 Andy Zynga에게 깊은 감사를 드린다. 그리고 디렉터 Mike Ablassmeir와 마케팅 매니저 Hannah Kusper에게 감사를 드린다. 그리고 이 책의 편집을 담당하면서 많은 도움을 주고 이 책의 완성을 가능케 해준 Laura Hurst Spell, Sarah Blasco 그리고 Diana Murphy에게 감사의 뜻을 표하고, 본 교재를 살펴보면서 많은 제안을 통해 본 교재의 내용을 향상시켜준 나음의 평가자들에게도 감사를 표한다.

Joan Adams
Baruch Business School (City University of New York)

Shahzad Ansari
Erasmus University

Rajaram B. Baliga
Wake Forest University

Sandy Becker
Rutgers Business School

David Berkowitz
University of Alabama in Huntsville

John Bers
Vanderbilt University

Paul Bierly
James Madison University

Paul Cheney
University of Central Florida

Pete Dailey
Marshall University

Robert DeFillippi
Suffolk University

Deborah Dougherty
Rutgers University

Cathy A. Enz
Cornell University

Robert Finklestein
University of Maryland–University College

Sandra Finklestein
Clarkson University School of Business

Jeffrey L. Furman
Boston University

Cheryl Gaimon
Georgia Institute of Technology

Elie Geisler
Illinois Institute of Technology

Sanjay Goel
University of Minnesota in Duluth

Martin Grossman
Bridgewater State University

Andrew Hargadon
University of California, Davis

Steven Harper
James Madison University

Donald E. Hatfield
Virginia Polytechnic Institute and State University

Glenn Hoetker
University of Illinois

Sanjay Jain
University of Wisconsin–Madison

Theodore Khoury
Oregon State University

Rajiv Kohli
College of William and Mary

Judith Lee
Golden Gate University

Aija Leiponen
Cornell University

Vince Lutheran
University of North Carolina—Wilmington

Steve Markham
North Carolina State University

Steven C. Michael
University of Illinois

Michael Mino
Clemson University

Robert Nash
Vanderbilt University

Anthony Paoni
Northwestern University

Johannes M. Pennings
University of Pennsylvania

Raja Roy
Tulane University

Mukesh Srivastava
University of Mary Washington

Linda F. Tegarden
Virginia Tech

Oya Tukel
Cleveland State University

Anthony Warren
The Pennsylvania State University

Yi Yang
University of Massachusetts—Lowell

또한 그동안 New York대학, INSEAD, Boston대학, Santa Barbara소재 캘리포니아 주립대학에서 나의 기술혁신과 신제품 개발 과목을 수강했던 많은 학생들에게 가장 큰 감사의 뜻을 전하고 싶다. 이 학생들은 본 교재를 읽고 의문점을 제기하면서 초기의 원고들을 개선하는 데 큰 도움이 되었을 뿐만 아니라, 본 교재의 내용을 풍부하게 하는 많은 사례들을 제공해 주었다. 그들의 인내와 관대함에 진심으로 감사드린다.

Melissa A. Schilling

역자소개

김길선 교수

서강대학교에서 경영학 학사학위를 취득하고, 미국 어바나 샴페인 소재 일리노이 주립대학교에서 MBA와 경영학 박사학위를 취득하였다. 주요 강의 및 연구 분야는 기술경영과 신제품 개발, 제품과 프로세스의 디자인, 생산관리, 비즈니스 프로세스관리이다. 미국 미들테네시 주립대학교 경영대학 교수와 일리노이 주립대학교 경영대학 방문교수를 역임하고, 현재 서강대학교 경영전문대학원 교수로 재직하고 있다.

현우 곽수일 생산관리 학술상, 한국경영학회 KBR 우수논문상, 한국서비스경영학회 우수논문상, 한국생산관리학회 최우수논문상, 제19차 과학기술우수논문상과 STX 최우수학술상을 수상하였고, 공인회계사시험 경영학 분야 출제위원을 역임했으며, 저서와 역서로는 ≪파괴적 혁신: 실행매뉴얼≫, ≪운영관리: 수요와 공급의 일치≫, 그리고 ≪생산시스템과 SCM≫이 있다. 주요 논문들이 *Management Science, Marketing Science, Journal of Product Innovation Management, Journal of Business Ethics, International Journal of Technology Management, International Journal of Research in Marketing, European Journal of Operational Research, IIE Transactions, International Journal of Production Research, Management and Organizational Review, OMEGA,* 경영학연구지, 생산관리학회지, 경영과학회지, 기술혁신지 등에 발표되었다.

역자서문

본 역자의 관심 분야인 기술전략과 신제품 개발 분야를 학부와 경영대학원에서 기술경영(Management of Technology)이라는 이름으로, 일반대학원에서는 기술전략과 신제품 개발(Technology Strategy and New Product Development)이라는 이름으로 강의하면서 마땅한 교재를 선택하지 못해서 어려움을 겪던 시기가 있었다. 기술경영이나 혁신에 관한 기존 교재는 아주 많았으나, 이러한 교재들의 구성을 보면서 각각의 저자들이 매우 다양한 학문적 배경을 가지고 있어 교재들 간에 통일된 흐름을 찾기가 어렵다는 것을 느꼈다. 그리고 그 다양한 접근방식 중에서도 본 역자가 생각하는 기술경영에 관한 관점을 공유하면서 연관 내용들을 체계적으로 정리한 교재는 찾기 어려웠다.

자연히 내용이 잘 통합되지 않은, 따라서 난해한 주 교재 하나와 많은 수의 부교재들을 활용하여 내가 원하는 강의를 할 수밖에 없었다. 그러다 보니, 그 과정에서 주요 내용의 정리를 본인의 강의노트와 개인의 노력에 의존해야만 했던 학생들이 많은 어려움을 겪었고, 적절한 교재의 부재로 말미암아 시간적, 육체적 어려움을 겪었다. 언젠가는 내가 원하는 그러한 교재를 써야지 하던 차에 아시아태평양 지역의 맥그로힐 담당자가 나에게 소개해준 이 책은, 내가 원하는 주제에 대한 이상적인 시각과 잘 통합된 내용들을 명쾌하게 정리하고 있어서 이 분야를 처음 공부하는 사람에게는 아주 훌륭한 입문서의 역할을 하리라는 판단을 하게 되었다. 저자 또한 서문에서 본 교재를 작성하게 된 계기가 바로 이러한 필요에 바탕을 두고 있다고 고백하고 있다. 본 역자가 생각하는 본 교재의 차별적 가치는 다음과 같다. 1) Integrity: 기술혁신, 전략, 그리고 신제품 개발이라는 세 영역을 연결시켜 균형 있게 다룸으로써 기술경영(Management of Technology)이라는 영역을 통합적 시각으로 다루고 있다. 이러한 시각은 이 교재가 경영학과 공학을 전공하는 각각의 학생들에게 자신들의 전공과 연관하여 주제를 볼 수 있게 해주고, 자신들이 배워야 할 모자란 부분이 무엇인지를 이해시켜 주는 균형 잡힌 시각을 제공한다. 2) Simplicity: 저자가 이 분야의 최근 이론에 정통하고, 그 이론들을 단순하고 명쾌하게 정리함으로써, 독자들이 쉽게 이론적인 부분들을 받아들일 수 있게 하였다. 3) Reality: 각 장이 다루는 주제들의 이해를 돕는 짧고 흥미로운 사례들의 사용이다. 매 장의 시작마다 각 장의 주요 개념과 연결된 짧은, 그러나 최신의 사례를 제시함으로써 각 장의 내용을 흥미롭게 접할 수 있도록 하였다. 4) Accessibility: 마지막으로 전체적인 분량이 부담스럽지 않고 한 학기 동안 한 권을 모두 마스터하는 것이 가능하도록 되어 있어서 다양한 상황에서 사용이 가능하다. 예를 들어 학부 수업에서는 이 책을 주 교재로 사용하면서 다양한 사례들을 신문이나 미디어로부터 실시간으로 조사하여 학생들의 흥미를 유발할 수 있으며, 제품디자인과 개발에 관한 공대의 수업에서는 본 교재를 주 교재 또는 부교재로 사용함으로써 신제품과 기술개발프로젝트의 전략적 의의를 전달할 수 있다. 또한, 대학원에서는 본 교재를 기본 교재로 사용하면서 교재에서 제시된 연관 논문들을 기반으로 세미나 과목을 구성할 수도 있다. 첫 번째와 세 번째의 경우, 직접 해보았는데 학생들의 반응이 상당히 좋았고, 역자도 상당히 유쾌한 강의 구성을 할 수 있었다.

본 교재가 2005년 처음 출간된 이후, 독자들의 호의적인 서평이 이어지고 있다는 이야기를 들었다(미국의 인터넷 서점인 www.amazon.com의 customer review 참조).다른 서적과는 차별적인 본 교재의 장점이 많은 독자로부터 인정받고 있는 것이라는 생각이 들고 자연스러운 결과라 생각된다. 새로이 출간된 7판에는 6개의 짧지만 흥미로운 사례와 실습도구가 새로이 사용되었다. 모두가 각 장의 주제에 적절한 내용이면서도 최신의 흥미로운 사례들이다. 6판에 비해 구체적인 내용들이 보강되었으며, 모자라는 부분들을 찾아 채우고자 하는 저자의 세심한 노력이 곳곳에서 느껴진다.

본 번역서를 준비하면서 저자의 의도를 곡해하여 의미 전달이 잘못되지 않도록 나름대로 노력하였으나, 혹 의미 전달이 매끄럽지 못하거나 잘못된 부분이 있을 수 있다는 생각에 걱정스러운 마음이 있다. 나름대로 최선을 다하였으나 부족한 부분은 향후 독자들의 피드백을 받아 개선할 수 있는 기회가 있으리라 생각된다. 아무쪼록 본 교재가 학생들의 입장에서 기술과 혁신을 좀 더 쉽게 이해하는 데 도움이 되기를 바란다. 마지막으로 서강대학교에서 기술경영 수업을 수강하고 본 역서에 대한 피드백을 제공해준 수강생들에게 감사의 뜻을 전한다.

김 길 선

요약차례

차례

Chapter 01

소개

Introduction

기술혁신의 중요성

기술혁신
상업적이거나 현실적인 목적을 위해 새로운 장치, 방법, 재료를 만들어내는 행위.

기술혁신(technological innovation)은 경쟁을 성공으로 이끄는 가장 중요한 동인이다. 많은 산업에서 기업은 매출과 이익의 1/3 또는 그 이상을 최근 5년 내 개발된 제품에서 만들어내고 있다. 예를 들면 Johnson & Johnson의 경우 연간매출의 30%를 최근 5년간 출시한 제품들에서 벌어들이고 있다. 3M의 경우에는 지난 5년 동안 개발된 제품들이 매출의 최고 45%를 차지하고 있다.

혁신의 중요성이 증가하는 것은 시장의 세계화 때문이기도 하다. 외국기업들과의 경쟁은 기업들에게 끊임없는 혁신을 통해 차별화된 제품과 서비스를 시장에 내놓아야 한다는 압력으로 작용하였다. 새로운 상품을 내놓음으로써 기업들은 이윤을 지킬 수 있고, 프로세스의 혁신에 투자함으로써 기업의 비용을 줄일 수 있다. 또한 정보기술의 진보도 혁신을 가속화시키는 데 일조하고 있다. 컴퓨터를 이용한 디자인과 컴퓨터를 이용한 제조는 기업이 더 쉽고 빠르게 신제품을 디자인하고 만들 수 있도록 하며, 유연제조기술은 경제적 생산을 위해 필요한 생산의 최소단위를 작게 하면서 규모의 경제의 필요성을 감소시키고 있다.[1] 기업은 이러한 기술혁신을 통해 정교하게 정의된 소비자 그룹의 니즈를 충족시키는 다양한 제품을 개발하고 생산하면서 경쟁기업과의 차별화를 이룰 수 있게 된다. 예를 들어 2021년 Toyota는 Toyota 브랜드로 미국시장에 12개의 제품라인(예, Camry, Prius, Highlander, Yaris, Land Cruiser, Tundra)을 출시하였다. 또한 각 라인 내에서 각기 다른 사양과 가격으로 여러 모델(예, Camry L, Camry LE, Camry SE, Camry Hybrid SE)을 출시했다. Toyota가 출시한 200개 이상의 모델들을 살펴보면 가격은 16,605달러(Yaris 세단)에서 85,665달러(Land Cruiser)사이이며, 승차인원은 3명(예, Tacoma Regular Cab 트럭)에서 8명(Sienna 미니밴)사이의 다양한 모델을 출시하였다. 이 외에도 Toyota는 Lexus 브랜드로 고급 자동차들을 출시하였다. 이와 유사하게, Samsung은

2021년에 100달러 정도의 갤럭시 A1에서 2,000달러대의 갤럭시 폴드에 이르는 43개 이상의 다양하고 차별적인 스마트폰을 출시하였다. 기업은 이러한 다양한 제품 모델들로 거의 모든 틈새시장을 공략할 수 있다. 반면 다양한 제품을 생산하려면 원가와 시간이 많이 들지만 유연제조기술(flexible manufacturing system; FMS)은 한 제품의 생산에서 다른 제품의 생산으로 전환하는 과정을 용이하게 해주고, 수요정보를 이용하여 실시간으로 생산 스케줄을 조정할 수 있도록 해준다. 또한 기업은 공통부품을 사용하는 다양한 모델들을 디자인하여 부품 수준에서의 규모의 경제를 통해 제조원가를 더욱 줄일 수 있다.

Toyota와 Samsung과 같은 기업들이 새로운 기술을 채택하고 혁신의 속도를 증가시킴으로써 경쟁기업에 대해서는 장벽을 높이면서 짧아진 제품개발주기와 보다 빈번한 신제품 출시를 산업 전반으로 확산시키는 현상을 주도하고 있다. 이 과정에서 시장은 더욱 더 세분화되고 기존 제품은 빠르게 진부화된다.[2] 제품수명 주기(출시된 신제품이 시장에서 퇴출 또는 다음 세대 제품으로 대체되기까지의 기간)는 소프트웨어의 경우 4~12개월, 컴퓨터 하드웨어와 컴퓨터 제품은 12~24개월, 가전제품은 18~36개월로 짧아졌다.[3] 이러한 모든 경향들로 인해 기업은 혁신을 전략적 과제로 여기게 되었고, 빠르게 혁신하지 않는 기업은 제품이 진부화되면서 이윤이 감소하는 고통을 겪게 되었다.

기술혁신의 사회적 영향

만약 혁신에 대한 압력으로 산업 내 경쟁수준이 증가한다면, 기업 입장에서는 이윤창출이 더욱 어려워진다는 의미이겠지만 사회 전체의 측면에서 본다면 분명 바람직한 현상일 것이다. 혁신은 보다 다양한 제품과 서비스를 가능하게 해준다. 혁신은 식품이나 다른 필수품들을 보다 효율적으로 만들 수 있게 하며, 건강상태를 증진시켜 주는 의학적 치료법을 만들어내고, 사람들이 세계 모든 곳으로 자유롭게 이동하고 대화할 수 있게 해준다. 기술혁신이 사회에 미치는 영향의 정도를 이해하기 위해 그림 1.1을 보자. 그림에는 지난 200년간에 걸쳐 이루어진 중요한 기술혁신의 연대기가 정리되어 있다. 이런 혁신들이 없었다면 오늘날 우리의 생활은 어떠할지 상상해 보자.

국내총생산
최종 소비자판매가격으로 측정된 1년 동안의 국내 총 생산물의 가치.

기술혁신의 총체적인 영향은 **국내총생산**(gross domestic product; GDP)을 통해서도 관측될 수 있다. GDP는 1년간 국내총생산을 최종판매가격으로 측정한 것이다. 그림 1.2는 1980년부터 2019년까지의 전 세계 1인당 평균 GDP를 보여준다. 그림에 나타난 수치들은 US 달러로 환산된 뒤 물가수준을 반영하여 조정된 것이다. 그림에서도 나타나듯 세계 1인당 평균 GDP는 1980년부터 꾸준히 증가하였다. National Bureau of Economic Research가 수행한 경제 성장에 관한 일련의 연구는 GDP 성

그림 1.1 ▶ 지난 200년 동안 이루어진 주요 기술혁신 연대표

1800	-	1800—전기 배터리
	-	1804—증기기관차
	-	1807—내연기관
	-	1809—전보
	-	1817—자전거
1820	-	1821—발전기
	-	1824—점자 시스템
	-	1828—용광로
	-	1831—전기발전기
	-	1836—5연발 권총
1840	-	1841—분젠 배터리(볼타 전지)
	-	1842—에테르를 기반으로 한 유황마취
	-	1846—수압기중기
	-	1850—석유정제
	-	1856—아닐린 염료
1860	-	1862—개틀링 기관총
	-	1867—타자기
	-	1876—전화
	-	1877—축음기
	-	1878—백열전구
1880	-	1885—경량강철을 활용한 고층빌딩
	-	1886—내연기관 자동차
	-	1887—공기타이어
	-	1892—전기난로
	-	1895—엑스레이 기계
1900	-	1902—전기 에어컨
	-	1903—라이트 복엽비행기
	-	1906—전기진공청소기
	-	1910—전기세탁기
	-	1914—로켓
1920	-	1921—인슐린(추출한)
	-	1927—텔레비전
	-	1928—페니실린
	-	1936—프로그램이 가능한 컴퓨터
	-	1939—원자핵분열
1940	-	1942—잠수용 호흡기
	-	1943—원자로
	-	1947—트랜지스터
	-	1957—인공위성
	-	1958—집적회로
1960	-	1967—휴대용 계산기
	-	1969—ARPANET(인터넷의 모체)
	-	1971—마이크로프로세서
	-	1973—핸드폰
	-	1976—슈퍼컴퓨터
1980	-	1981—우주왕복선(재사용 가능한)
	-	1987—1회용 콘택트렌즈
	-	1989—고해상도 텔레비전
	-	1990—월드와이드웹 프로토콜
	-	1996—무선인터넷
2000	-	2002—CRISPR-Cas9 유전자 편집
	-	2003—인간게놈지도
	-	2008—블록체인
	-	2010—인조 생명체
	-	2017—SpaceX 재사용 로켓

그림 1.2 ▸ 세계 일인당 국내총생산, 1980~2019(단위: 2019년 실질 US$)

출처: "World GDP Per Capita 1960–2021," Macrotrends, https:// www.macrotrends.net/ countries/WLD/world/ gdp-per-capita.

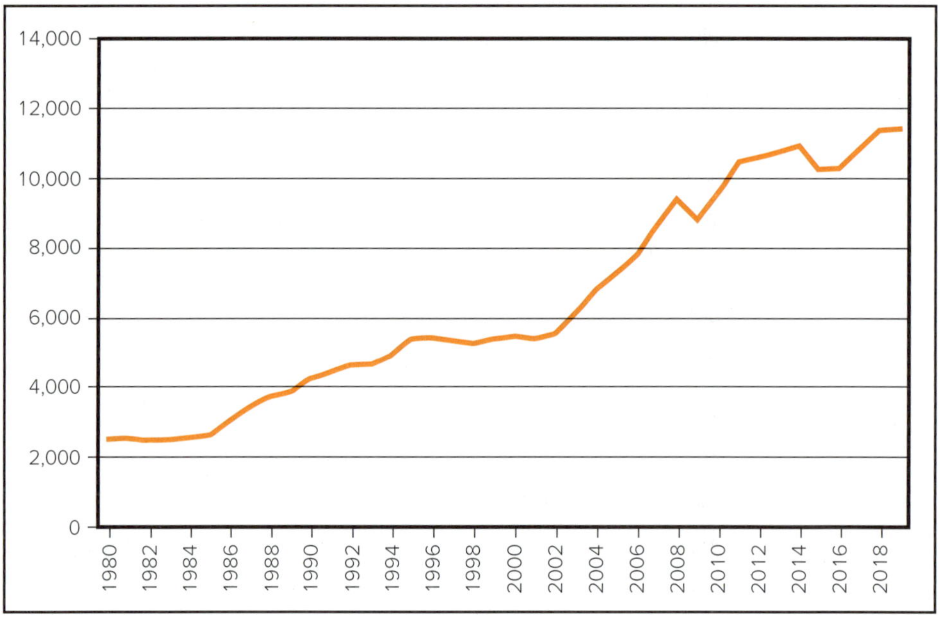

장이 노동과 자본 투입량의 증가만으로는 설명될 수 없었다는 것을 보여주었다. 경제학자 Robert Merton Solow는 이렇게 설명할 수 없는 잔여 성장은 기술 변화로 설명할 수 있으며, 기술혁신이 노동과 자본의 양으로부터 달성할 수 있는 산출량을 증가시켰다고 주장하였다. 그러나 이러한 주장이 즉각적으로 받아들여지지 않았고 오히려 많은 연구자들은 측정의 오류, 부정확한 가격 디플레이션이나 노동의 질 향상을 통해 잔여 성장을 설명하려고 하였다. 그러나 각각의 경우, 추가적인 변수들조차도 잔여 성장을 충분히 설명하지 못하면서 잔여 성장은 기술적 변화로 인한 것이라는 주장이 설득력을 얻게 되었다. Solow는 그의 연구로 1981년에 노벨상을 받았고, 잔여 성장은 Solow Residual (Solow 잔차)로 알려지게 되었다.[4] GDP는 생활수준을 나타내는 지표로서는 단점도 있지만 소비자가 구입할 수 있는 재화의 양을 직접적으로 설명한다는 이점을 지니고 있다. 따라서 재화가 삶의 질을 향상시킨다는 관점에서 볼 때, 이를 통해 기술혁신의 긍정적 영향을 설명할 수 있다.

외부효과
비용이나 효용 발생에 책임 있는 기술개발자 이외의 사람들이 부담 혹은 향유하게 되는 비용 또는 효용. 예를 들면 공장이 오염물질을 배출하면 해당 지역의 사람들은 부정적인 외부효과를 경험하게 된다. 반면 기업이 지역에 공원을 짓게 되면 지역주민들은 긍정적인 외부효과를 경험하게 된다.

때때로 기술혁신은 부정적인 **외부효과**(externalities)를 초래하기도 한다. 생산 기술이 주변 환경에 해로운 오염물질을 배출할 수도 있고, 농수산 기술이 천연 서식지를 침식시키거나 없애기도 하고, 해양 자원을 고갈시킬 수도 있으며, 의료 기술은 항생작용에 저항력 있는 변종 박테리아의 출현이나 유전자 변형물질의 사용에 관한 윤리적 딜레마와 같은 예기치 못한 결과를 초래하기도 한다. 그러나 순수한 본질적인 측면에서 볼 때, 기술은 우리의 문제를 해결하고 우리의 목적을 추구할 수 있게 해주는 지식이다.[5] 다시 말해 기술혁신은 실용적인 문제에 적용할 수 있는 새로운 지식의 창조이다. 때때로 이러한 지식이 다른 대안이나 결과에 대한 충분한 고려 없이 성급하게 적용되기도 하지만, 큰 틀에서 볼 때 지식은 우리 생활을 한층 향상시켜주고 있다.

산업에서의 혁신: 전략의 중요성

2장에서도 언급하겠지만, 기술혁신에 투자되는 노력과 자금의 대부분은 기업들로부터 나온다. 그러나 많은 기업들은 혁신을 위한 경쟁과정에서 명확한 전략 혹은 프로젝트의 선택이나 잘 개발된 관리 프로세스 없이 성급하게 신제품 개발을 추진하고 있다. 그런 기업들은 자신들의 능력 이상으로 많은 수의 프로젝트들을 시작하며, 기업이 보유한 자원의 성격이나 목표와는 잘 맞지 않는 프로젝트를 고르기도 하고, 결과적으로 오랜 개발 주기와 높은 프로젝트 실패율로 고통을 받는다(신제품 개발 기간에 관한 <연구요약> 참조). 혁신은 일반적으로 규칙이나 계획에 제약받지 않는 자유분방한 과정이라고 묘사되고 있지만, 많은 연구결과에 따르면 혁신은 명확히 정의된 혁신전략과 관리 프로세스를 가지고 있는 경우 더욱 성공적일 수 있다고 한다.[6]

■ 혁신의 터널

대부분의 혁신 아이디어는 성공적인 신제품으로 이어지지 못한다. 많은 연구결과에 따르면 수천 가지의 아이디어 중 단 하나만이 성공적인 제품으로 이어진다고 한다. 대부분의 경우 기술적으로 실현가능한 제품을 만드는 데 실패하며, 혹 만들어 내더라도 상업적으로 수익을 내지 못하는 경우가 많다. Product Development and Management Association (PDMA)이 수행한 2012년 조사에 따르면, 9개의 개발 프로젝트 중 1개만이 성공적이며, 시장에 출시된 제품 중 절반만이 이익을 남긴다고 한다. 또한, 많은 아이디어들이 공식적인 프로젝트로 시작되기도 전에 사장된다고 한다.[7] 특허와 벤처 자금에 관한 데이터 그리고 설문을 통해 혁신의 성공률을 조사한 한 연구에 따르면, 하나의 의미심장하고 새로운 제품이 성공적으로 생산되기까지 약 3,000개의 정제되지 않은 아이디어가 사용된다고 한다.[8] 제약 산업은 이 점을 잘 보여 주고 있다. 5,000개의 새로운 화합물 중 단 하나만이 약국의 진열대에 놓이게 되며, 그중 1/3만이 R&D 비용을 충분히 회수할 정도로 성공한다.[9] 더군다나 많은 연구들은 FDA (Food and Drug Administration)로부터 인가받은 새로운 약품 하나가 시장에 출시되기까지 적어도 14억 달러의 비용과 10년의 연구가 필요하다고 지적하고 있다.[10] 혁신의 과정은 폭이 좁아지는 터널과도 같다고 표현되곤 한다. 많은 새로운 제품 아이디어들이 넓은 통로를 따라 터널에 들어가지만 이를 최종적으

연구요약

신제품 개발에는 얼마나 시간이 걸리는가?[a]

Product Development and Management Association (PDMA)에서 2012년에 수행한 대규모의 조사에서 연구자들은 기업들이 초기 제품 개념의 수립에서 최종 제품의 시장 출시까지 신제품 개발에 소요하는 시간을 조사하였다. 연구는 신제품 개발 프로젝트를 혁신의 정도에 따라 "급진적인(radical)" 프로젝트, "보다 혁신적인(more innovative)" 프로젝트, "점진적인(incremental)" 프로젝트로 분류하였다. 평균적으로 볼 때, *점진적인* 프로젝트는 제품 개념의 개발에서 시장 출시까지 단 33주가 걸린 반면, *보다 혁신적인* 프로젝트는 그보다 긴 57주 이상이 소요되었다. *급진적인* 제품이나 기술의 개발은 평균 82주가 소요되어 가장 오랜 시간이 걸렸다. 또한 *보다 혁신적인* 프로젝트와 *급진적인* 프로젝트의 경우에는 이전 1995년과 2004년에 PDMA에 의해 조사된 개발기간에 비해 상당히 짧아진 것으로 조사되었다.

[a] Adapted from Stephen K. Markham and Hyunjung Lee, "Product Development and Management Association's 2012 Comparative Performance Assessment Study", *Journal of Product Innovation Management* vol. 30, no. 3 (2013): 408-29.

그림 1.3 ▶ 제약 산업에서의 신제품 개발 터널

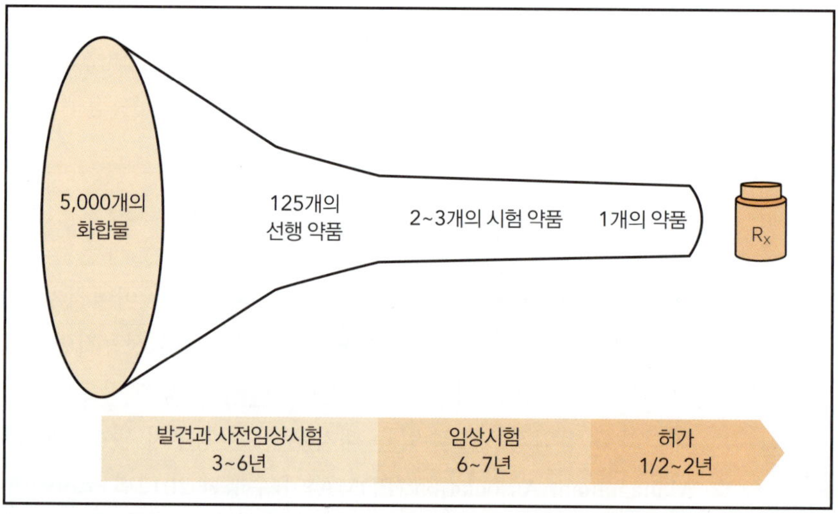

로 통과하는 것은 극소수이다(그림 1.3 참조).

■ 기술혁신의 전략적 관리

기업의 혁신 성공률을 향상시키기 위해서는 잘 설계된 전략이 필요하다. 기업의 혁신 프로젝트는 기업의 자원과 목적에 맞아야 하고 기업의 핵심능력을 활용할 수 있어야 하며, 기업의 전략적 의도가 달성되는 데 도움이 되어야 한다. 기업의 조직 구조와 통제 시스템은 혁신적인 아이디어의 발생을 장려할 뿐만 아니라 효율적으로 실현되도록 만들어져야 한다. 기업의 신제품 개발과정은 기술적, 상업적인 성공 가능성을 최대화해야 하는데, 기업이 이를 달성하려면 (*a*) 혁신의 역동성에 대한 심층

그림 1.4 ▶ 기술경영과 혁신 전략

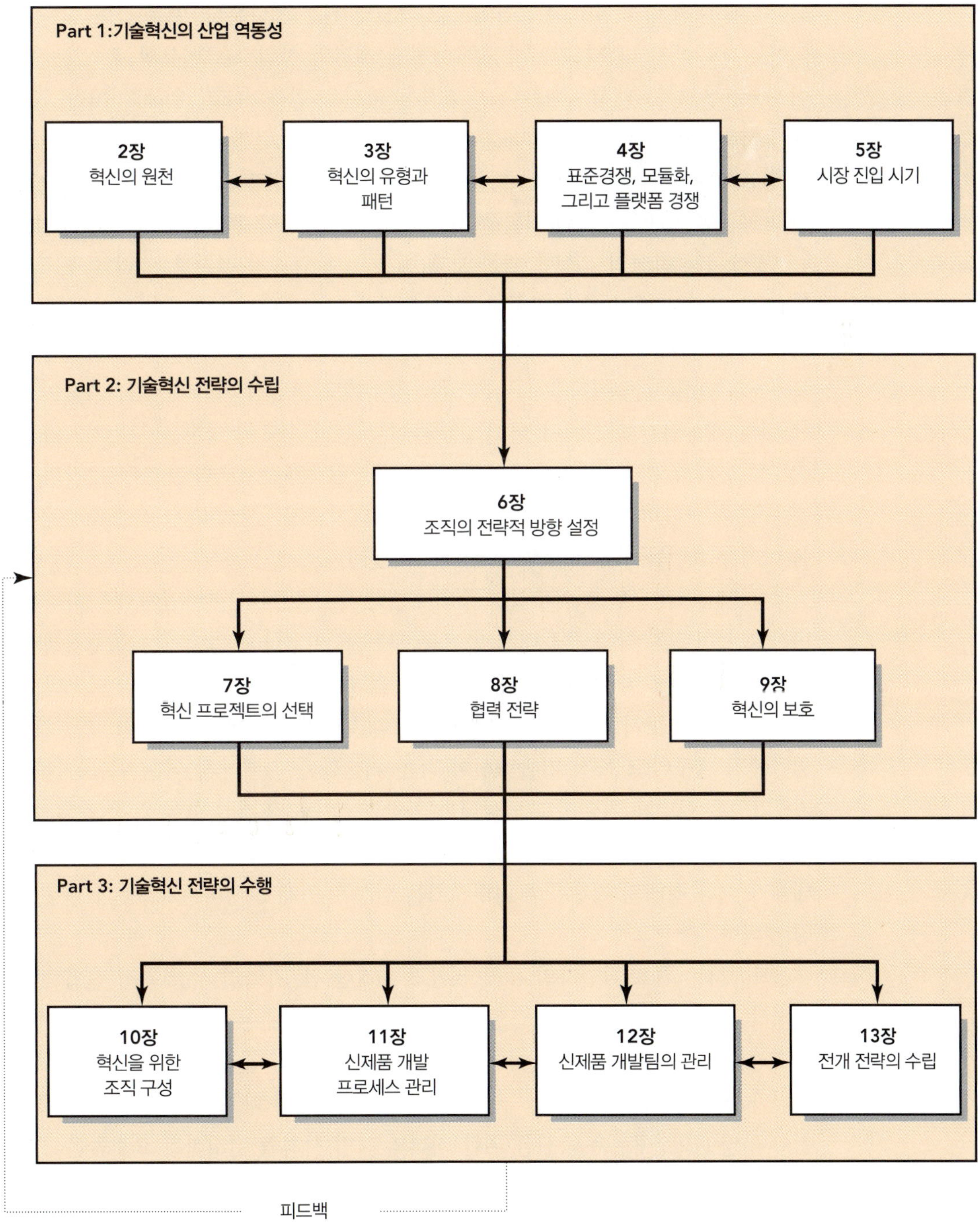

적인 지식, (*b*) 잘 설계된 전략, (*c*) 혁신 전략을 실행하기 위한 잘 짜인 프로세스가 필요하다. 본 교재에서는 이러한 요소들을 차례로 다룰 것이다(그림 1.4 참조).

1부에서는 기술혁신에 관한 기본적인 지식들과 산업에서 혁신이 어떻게, 왜 일어나는지에 대한 심층적인 지식을 다루고, 왜 특정 혁신이 다른 모든 것을 지배하게 되는지에 대해 다룰 것이다. 2장에서는 혁신의 원천을 다룬다. 예를 들어 좋은 아이디어는 어디에서 나오는가? 기업은 어떻게 개인의 창의성을 이용할 수 있는가? 소비자 · 정부조직 · 대학 · 네트워크 조직은 혁신을 만들어내기 위해 어떠한 역할을 해야 하는가? 같은 질문들을 다룰 것이다. 여기에서는 먼저 새롭고 유용한 아이디어를 만들어내기 위한 창의성의 역할을 다룬 뒤, 개인 발명자, 기업, 정부출연 연구기관과 공동연구 네트워크의 역할을 포함한 혁신의 다양한 원천들을 살펴볼 것이다.

3장에서는 혁신의 유형에 관한 모델(예를 들어 급진적/점진적, 그리고 구조적/모듈라)과 혁신의 패턴(기술 발달과 확산에 대한 S-curve 그리고 기술 사이클)을 살펴볼 것이다. 여기에서는 왜 어떤 혁신은 다른 혁신보다 만들어내고 이행하기가 어려운가? 왜 혁신은 큰 이점을 가지고 있는 경우에도 천천히 확산되는가? 기술이 시간에 걸쳐 개선되는 과정에서 어떤 요인들이 개선의 속도에 영향을 주는가? 와 같은 질문들을 다룰 것이다. 혁신의 유형과 패턴에 친숙해짐으로써 프로젝트 간의 차이점을 보다 명확히 이해하게 되고, 프로젝트의 기술적 · 상업적 성공 가능성에 영향을 미치는 요인들이 무엇인지 이해하게 될 것이다.

4장에서는 네트워크 외부성과 수익체증의 특징을 지니는 산업에서 나타나는 특별하고 흥미로운 역동성에 대해 알아볼 것이다. 이러한 산업에서는 표준경쟁과 승자독식을 향한 강한 압력이 작용한다. 즉, 왜 어떤 산업에서는 복수의 다양한 표준들이 공존하지 못하고 단 하나의 지배적인 디자인만이 살아남는가? 더 나은 기술이 있음에도 불구하고 특정 기술혁신이 다른 기술들을 지배하게 되는 이유는 무엇인가? 기업은 어떻게 기술적 고립상태를 피할 수 있는가? 기업이 특정 기술을 지배적인 디자인으로 만들기 위해 할 수 있는 것들은 무엇인가? 특정 산업에서 플랫폼 생태계가 여타 형태의 경쟁을 무력화시키는 현상은 언제 발생하는가? 등의 질문을 던질 것이다.

5장에서는 최초 진입자의 유리한 점과 불리한 점, 기업의 시장 최적 진입 전략을 결정하는 요인을 포함한 시장 진입 시기의 영향에 관해 논의할 것이다. 여기에서는 다음과 같은 질문을 다룰 것이다. 시장에 최초로 진입하는 경우, 초기 진입이기는 하지만 최초가 아닌 경우, 늦게 진입하는 경우 각각에 따르는 유리한 점과 불리한 점이 무엇인가? 새로운 혁신을 위한 최적의 진입 시기를 결정하는 요소들은 무엇인가? 등이다. 5장에서는 진입 시기가 혁신의 성공에 어떠한 영향을 주는지에 관한 많은 일관된 패턴들을 소개한다. 그리고 어떤 요인들이 기업의 최적 진입 시기에 영향을 주는지에 대해 정리하면서 기술혁신의 역동성에 대한 이해를 바탕으로 기술 전략을 수립하는 과정으로의 전환을 시작한다.

2부에서는 기술혁신전략의 수립에 관해 다룬다. 6장에서는 기업이 자신의 현재 상태를 평가하고 미래의 전략방안을 설정하는 데 사용할 수 있는 기본적인 전략 분석 도구들을 살펴본다. 여기에서는 기업의 지속가능한 경쟁우위는 어디에서 나오는가? 기업의 가치체인선상에서 기업의 강점과 약점은 어디에 있는가? 기업의 핵심역량을 어떻게 판단하며 이를 어떻게 활용하는가? 기업의 전략적 의도란 무엇인가? 즉 기업이 지금부터 10년 후에 어느 위치에 있기를 원하는가? 현재 기업 상태를 철저히 평가할 수 있어야 미래에 대한 일관성 있는 기술혁신 전략을 세울 수 있을 것이다.

7장에서는 혁신 프로젝트를 평가하고 선택하는 다양한 방법들을 살펴본다. 현금흐름 할인법(discounted cash flow)과 옵션 평가법(options valuation techniques)과 같은 계량적인 방법이나, 적격 심사(screening questions)와 R&D 포트폴리오 균형법(balancing R&D portfolio)과 같은 정성적인 방법뿐만 아니라 계량적인 것과 정성적인 접근을 결합한 방법, 예를 들면 콘조인트(conjoint) 분석과 DEA (data envelopment analysis) 기법들을 다룰 것이다. 이들 각 방법은 나름대로의 장점과 단점을 가지고 있으며, 기업은 혁신프로젝트를 선택하기 위해 다양한 접근 방법들을 사용할 수 있다. 또한 이 장에서는 창의적인 신생 기업에게 프로젝트를 수행할 수 있는 자금을 지원하는 기관들을 소개한다.

8장에서는 혁신을 위한 협력 전략을 다룬다. 기업은 특정 프로젝트를 수행하기 위해 다른 기업과 협력해야 하는가 아니면 독자적으로 해야 하는가? 기업 활동 중 어떠한 활동을 내부적으로 할 것인지 아니면 외부와 공동으로 협력할 것인가의 여부를 어떻게 결정하는가? 만약 파트너와 같이 하기로 했다면 어떻게 파트너십이 구성되어야 하는가? 기업은 어떻게 파트너를 선택하고 감시하는가? 이러한 질문들에 답하기 위해, 먼저 기업이 독자적으로 할지 아니면 파트너와 함께 일할지를 선택하게 되는 이유들을 알아볼 것이다. 그런 다음 조인트벤처, 전략적 제휴, 라이센싱, 아웃소싱, 공동연구 조직 참여를 포함한 다양한 협력방법들의 장단점을 알아볼 것이다. 또한 파트너의 선택과 감시에 영향을 주는 요인들에 대해서도 살펴볼 것이다.

9장에서는 기업의 혁신 노력에 따른 수익을 최대화하는 방안들에 대해 다룰 것이다. 특허, 저작권, 상표, 트레이드마크 그리고 거래 비밀의 작동 방식에 대해 다루며, 다음과 같은 질문을 한다. 기술혁신을 강력하게 보호하지 않음으로써 기업이 더 큰 이익을 얻게 되는 경우가 있는가? 혁신을 보호하기 위해서 기업은 주요 지식을 완전히 독점할지 아니면 완전히 개방할지 혹은 부분적으로 개방할지를 어떻게 결정하는가? 언제 개방 전략이 완전 독점 전략보다 이점이 있는가? 9장에서는 기업이 사용할 수 있는 지적자산 보호방안들의 범위에 관해 알아보고 기업이 보호전략에서 반드시 고려해야 하는 복잡한 상쇄관계에 대해서도 살펴볼 것이다.

3부에서는 기술혁신 전략의 실행에 관한 내용을 다룬다. 10장에서는 조직의 규모와 구조가 기업의 전반적인 혁신성에 어떠한 영향을 미치는지를 살펴볼 것이다. 규모가 큰 기업이 작은 기업보다 혁신 성과가 좋은가? 형식화, 표준화, 중앙집권화가 혁신적인 아이디어 창출의 가능성과 이런 아이디어를 빠르고 효과적으로 실행하는 조직의 능력에 어떠한 영향을 주는가? 창의성과 유연성을 효율성, 신뢰성과 더불어 동시에 달성할 수 있는가? 기업의 문화는 혁신 활동에 어떠한 영향을 주는가? 다국적 기업은 개발활동을 어디에서 할지를 어떻게 결정하는가? 다국적 기업이 여러 나라에서 개발활동을 진행할 때 공통 목표의 달성을 위해 이 개발활동들을 어떻게 조정하는가? 이와 함께 조직이 유연성, 규모의 경제, 표준화, 중앙집권화, 현지시장 지식 활용에 따른 이익과 이들 간의 상쇄관계를 어떻게 조절할 수 있는지에 대해 검토한다.

11장에서는 신제품 개발 프로세스에 관한 "우수 사례"들을 통해 다음과 같은 질문들을 살펴본다. 신제품 개발 프로세스는 순차적으로 진행되는가 아니면 병렬적으로 진행되는가? 프로젝트 후원자의 개념을 사용하는 데 따른 장단점은 무엇인가? 개발과정에서 소비자나 공급자를 포함시키는 데 따르는 이익과 위험은 무엇인가? 기업이 신제품 개발 프로세스에서 유효성과 효율성을 향상시키는 데 사용할 수 있는 방법은 무엇이 있는가? 기업은 신제품 개발 프로세스가 성공했는지를 어떻게 평가하는가? 이 장에서는 신제품 개발 프로젝트 관리를 향상시키고 성과를 측정할 수 있도록 개발된 방법들로 팀을 광범위하게 살펴볼 것이다.

12장에서는 이전 장들의 내용을 토대로 팀의 구성과 구조가 프로젝트의 결과에 어떻게 영향을 주는지를 살펴본다. 팀의 규모는 얼마나 되어야 하는가? 아주 다양한 배경의 팀원들로 팀을 구성하는 것의 장점과 단점은 무엇인가? 팀원들은 같은 장소에 배치되어야 하나? 팀은 언제 영구적이어야 하는가? 특정 팀에 어떠한 유형의 리더와 관리 절차가 사용되어야 하는가? 이 장에서는 신제품 개발 프로젝트의 성격과 잘 맞는 신제품 개발팀을 구성하기 위한 상세한 지침을 제시한다.

마지막으로 13장에서는 혁신을 전개하는 전략에 대해 살펴보기 위해 다음과 같은 질문을 다룰 것이다. 시장의 기술혁신 수용을 촉진할 방법이 있는가? 라이센싱이나 OEM 계약을 사용할지 어떻게 결정하는가? 시장 침투 저가 전략이나 고가 전략 중 어떤 것이 적절한가? 언제 직접 판매방식 또는 위탁 판매방식을 선택해야하는가? 기업이 혁신을 확산시키기 위해 유통업자와 보완재 공급업자를 활용할 수 있는 전략은 무엇인가? 이 장에서는 새로운 기술혁신의 성격을 정확히 반영하기 위하여, 혁신 전개 전략이 전통적인 마케팅, 유통, 가격정책 등을 어떻게 보완해야 하는지에 관해 설명한다.

요약

1. 기술혁신은 대부분의 산업에서 가장 중요한 경쟁 요인이다. 많은 기업이 최근 5년 이내에 개발된 제품으로 매출과 이익의 1/3 이상을 얻는다.

2. 시장의 세계화와 더불어 진보된 기술의 출현은 제품의 빠른 디자인과 경제적 생산을 가능하게 하면서 혁신의 중요성을 크게 증가시켰다.
3. 기술혁신은 GDP를 증가시키고, 커뮤니케이션과 이동성을 촉진시키며, 의료적인 치료도 개선시키는 등 사회에 많은 중대한 영향을 미친다.
4. 기술혁신은 공해, 자원고갈, 기술 변화에 따른 여타 의도하지 않은 결과를 포함한 부정적인 외부성을 내포하기도 한다.
5. 정부가 혁신에서 중요한 역할을 하지만, 산업계는 궁극적으로 기술혁신에 필요한 R&D 자금의 대부분을 제공한다.
6. 성공적인 혁신을 위해 혁신의 역동성에 관한 깊이 있는 이해, 잘 만들어진 혁신 전략, 그리고 이를 이행하기 위해 잘 개발된 프로세스가 필요하다.

토론문제

1. 많은 산업에서 혁신이 기업 간 경쟁에 중요한 이유는 무엇인가?
2. 기술혁신의 장점과 단점은 무엇인가?
3. 많은 혁신프로젝트들이 경제적 성과를 이루어내지 못하는 이유는 무엇이라 생각하는가?

추가자료

■ 대표문헌

Edwin Mansfield, "Contributions of R and D to Economic Growth in the United States," *Science* CLXXV (1972): 477–86.

Joseph Schumpeter, *The Theory of Economic Development* (1911; English translation, Cambridge, MA: Harvard University Press, 1936).

Kenneth J. Arrow, "Economic welfare and the allocation of resources for inventions," in *The Rate and Direction of Inventive Activity: Economic and Social Factors*, ed. R. Nelson (Princeton, NJ: Princeton University Press, 1962), 609–25.

William J. Baumol, *The Free Market Innovation Machine: Analyzing the Growth Miracle of Capitalism* (Princeton, NJ: Princeton University Press, 2002).

■ 최근문헌

David Ahlstrom, "Innovation and Growth: How Business Contributes to Society," *Academy of Management Perspectives* (August 2010): 10–23.

Frank R. Lichtenberg, "Pharmaceutical Innovation and Longevity Growth in 30 Developing and High-Income Countries, 2000–2009," *Health Policy and Technology* 3 (2014): 36–58.

Melissa A. Schilling, "Towards Dynamic Efficiency: Innovation and Its Implications for Antitrust," *Antitrust Bulletin* 60, no. 3 (2015): 191–207.

"The 25 Best Inventions of 2017," *Time* (December 1, 2017).

■ 참고문헌

1. James P. Womack, Daniel T. Jones, and Daniel Roos, *The Machine That Changed the World* (New York: Rawson Associates, 1990).
2. William Qualls, Richard W. Olshavsky, and Ronald E. Michaels, "Shortening of the PLC—An Empirical Test," *Journal of Marketing* 45 (1981): 76–80.
3. Melissa A. Schilling and Cassandra E. Vasco, "Product and Process Technological Change and the Adoption of Modular Organizational Forms," in *Winning Strategies in a Deconstructing World*, eds. R. Bresser, M. Hitt, R. Nixon, and D. Heuskel (Sussex, England: John Wiley & Sons, 2000), 25–50.
4. Nicholas Crafts, "The First Industrial Revolution: A Guided Tour for Growth Economists," *The American Economic Review* 86, no. 2 (1996): 197–202; Robert Solow, "Technical Change and the Aggregate Production Function," *Review of Economics and Statistics* 39 (1957): 312–20; and Nestor E. Terleckyj, "What Do R&D Numbers Tell Us about Technological Change?" *American Economic Association* 70, no. 2 (1980): 55–61.
5. Herbert A. Simon, "Technology and Environment," *Management Science* 19 (1973), 1110–21.
6. Shona Brown and Kathleen Eisenhardt, "The Art of Continuous Change: Linking Complexity Theory and Time-Paced Evolution in Relentlessly Shifting Organizations," *Administrative Science Quarterly* 42 (1997): 1–35; K. Clark and T. Fujimoto, *Product Development Performance* (Boston: Harvard Business School Press, 1991); Robert Cooper, "Third Generation New Product Processes," *Journal of Product Innovation Management* 11 (1994): 3–14; D. Doughery, "Reimagining the Differentiation and Integration of Work for Sustained Product Innovation," *Organization Science* 12 (2001): 612–31; and Melissa A. Schilling and Charles William Leslie Hill, "Managing the New Product Development Process: Strategic Imperatives," *Academy of Management Executive* 12, no. 3 (1998): 67–81.
7. Stephen K. Markham and Hyunjung Lee, "Product Development and Management Association's 2012 comparative performance assessment study," *Journal of Product Innovation Management* 30, no. 3 (2013): 408–29.
8. Greg Stevens and James Burley, "3,000 Raw Ideas Equals 1 Commercial Success!" *Research Technology Management* 40, no. 3 (1997): 16–27.
9. Standard & Poor's Industry Surveys, Pharmaceutical Industry, 2008.
10. Joseph A. DiMasi, Henry G. Grabowski, and Ronald W. Hansen, "Innovation in the Pharmaceutical Industry: New Estimates of R&D Costs," *Journal of Health Economics* 47 (May 2016): 20–33.

PART 1

기술혁신의 산업 역동성

Industry Dynamics of Technological Innovation

1부에서는 기술혁신의 산업 역동성을 살펴보며 다음의 주제를 다룬다.

- 개인, 조직, 정부 규제 기관, 그리고 네트워크의 역할을 포함한 혁신의 원천
- 혁신의 유형과 기술의 진화와 확산에 관한 산업 내 일반적인 패턴
- 산업에서 지배적 디자인을 선택하도록 하는 압력이 있을 것인지를 결정하는 요인, 그리고 어떤 기술이 다른 기술에 비해 우월한 위치를 차지하는 데 영향을 미치는 요인
- 시장 진입 시기의 영향과 기업의 진입 시기에 관한 대안 확보와 관리방안

1부에서는 2부에서 다룰 기술혁신전략의 수립에 관한 이론적 기초를 수립한다.

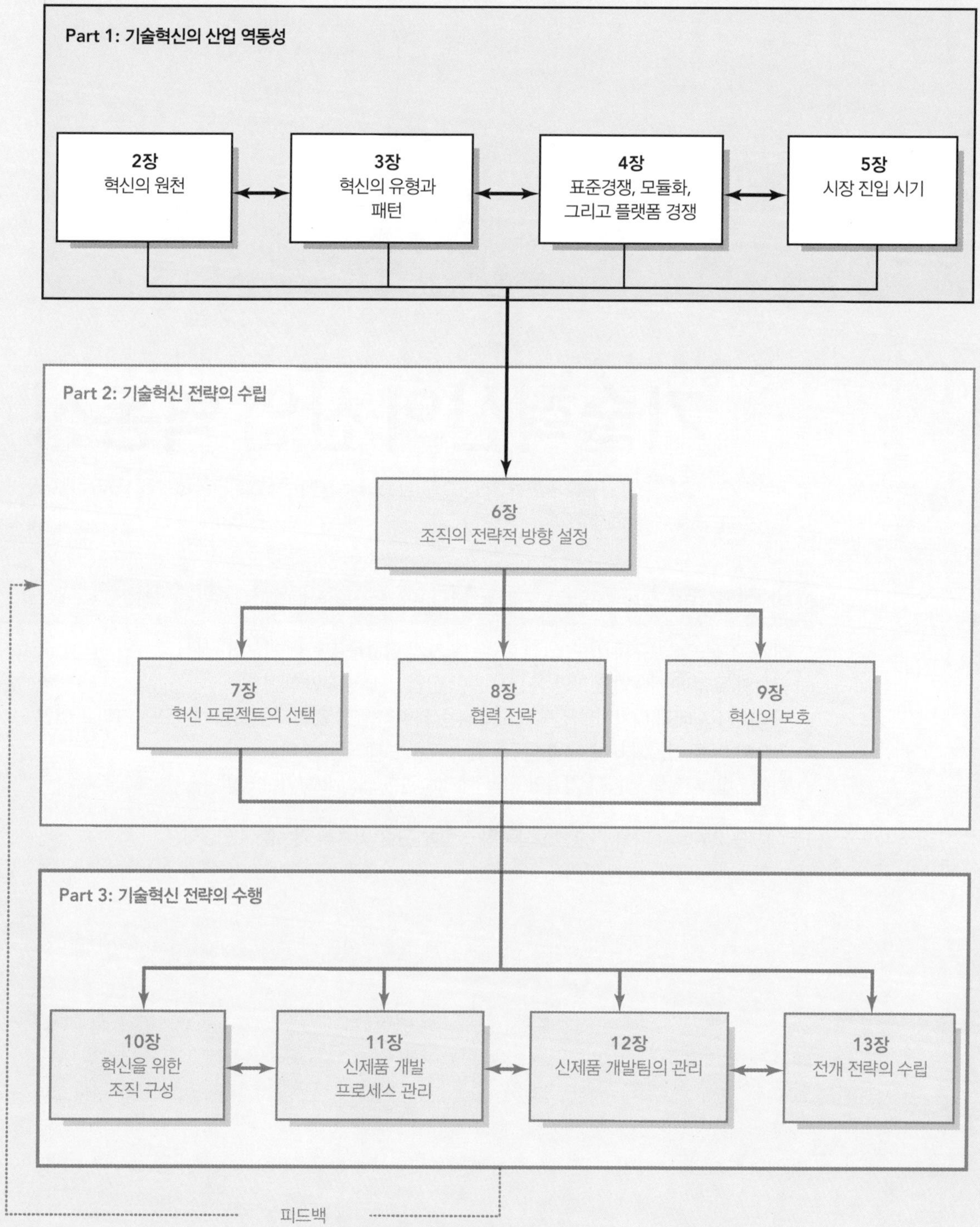
Part 1: 기술혁신의 산업 역동성
2장
혁신의 원천
3장
혁신의 유형과
패턴
4장
표준경쟁, 모듈화,
그리고 플랫폼 경쟁
5장
시장 진입 시기
Part 2: 기술혁신 전략의 수립
6장
조직의 전략적 방향 설정
7장
혁신 프로젝트의 선택
8장
협력 전략
9장
혁신의 보호
Part 3: 기술혁신 전략의 수행
10장
혁신을 위한
조직 구성
11장
신제품 개발
프로세스 관리
12장
신제품 개발팀의 관리
13장
전개 전략의 수립
피드백

Chapter 02

혁신의 원천

Sources of Innovation

배양육의 등장[a]

2017년 말, Microsoft의 설립자 Bill Gates와 Amazon의 Jeff Bezos, Alibaba의 Jack Ma, 그리고 Virgin의 Richard Branson과 같은 Breakthrough Energy Ventures의 구성원이자 고위 투자자들은 다소 특이한 사업 계획을 가진 Memphis Meats라고 불리는 San Francisco 기반의 신생기업에 대한 투자 의사를 발표했다. 이 기업은 줄기세포를 이용하여 "깨끗한" 고기를 생산하기 때문에 고기를 얻기 위해 동물을 사육하거나 도축할 필요가 없고, 이미 이 방법으로 소고기, 닭고기, 그리고 오리고기를 생산해내고 있다.[b]

살아있는 동물을 이용하지 않고 고기를 "재배"하는 것에는 많은 잠재적인 이점들이 있다. 첫째, 인구 증가와 경제 발달로 인해 육류의 수요가 급증하고 있다. 개발도상국들이 여유로워지면서 육류 소비량이 증가하고 있는데, 1960년 이후 인류의 인구는 두 배로 늘어난 반면 동물성 식품의 소비는 5배나 증가했고 여전히 증가하고 있다. 많은 과학자들과 경제학자들은 "육류의 위기"가 임박했음을 경고하기 시작했다. 콩이나 완두 단백질과 같은 식물성 단백질 대체재들에 대한 반응도 매우 좋은 편이지만, 동물성 단백질의 섭취 비율도 계속 증가해왔다. 이는 근본적으로 더 효율적인 생산 방법이 개발되지 않는 한 육류 부족은 불가피하다는 것을 암시한다.

대규모로 이루어지는 축산업도 환경에 막대한 악영향을 끼치고 있다. 예를 들어, 전 세계적으로 소를 사육하면서 발생하는 온실가스의 양은 전 세계 자동차들이 집단적으로 발생시키는 온실가스의 양보다 많다. 그리고 축산업에는 매우 많은 양의 물이 필요한데, 예를 들어 슈퍼마켓에서 파는 닭 한 마리를 생산하기 위해서는 100갤런 이상의 물이 필요하고, 달걀 1개를 생산하는 데는 50갤런의 물이 필요하며, 우유 1갤런당 900갤런의 물이 필요하다. Oxford 대학의 연구보고서에 따르면 세포를 이용하여 고기를 생산한다면 온실 가스 배출이 96%까지 낮아지고, 에너지 사용이 45%까지 줄며, 토지 사용 면적이 99% 줄어들면서, 96% 적은 양의 물을 사용할 것이라고 한다.[c]

과학자들도 소비용 동물을 생산하기 위한 축산업은 비효율적이라는 것에 동의하고 있다. 예를 들어, 1칼로리의 소고기를 생산하기 위해 대략 23칼로리의 투입물이 필요하다고 추정된다. 배양육은 그 투입물을 3칼로리 정도로 낮추면서 7배 이상 효율적이다. 또한 배양육은 항생제, 스테로이드, 또는 *E.coli*와 같은 박테리아가 배제되면서 말 그대로 "더 깨끗하게" 되고 이는 더 나은 인간의 건강과 생존 가능성을 의미한다.

깨끗한 고기의 개발

2004년, Johns Hopkins Public Health 프로그램을 최근에 졸업한 29세의 Jason Matheny는 식용동물의 생산과 관련된 문제를 해결하기로 결심했다. Matheny 자신은 채식주의자였지만, 육류의 위기를 늦추기 위해 식물성 식단을 채택하자고 사람들을 설득하는 것은 불가능하다는 것을 깨달았다. 그는 "사람들에게 사용하지 않는 전구를 끄자고 설득하면서 시간을 보낼 수도 있고, 켜두더라도 훨씬 적은 에너지를 사용하는 보다 효율적인 전구를 발명하는 데 시간을 보낼 수도 있습니다. 우리가 필요한 것은 훨씬 더 효율적으로 고기를 얻는 방법입니다."라고 언급했다.[d]

Matheny는 New Harvest라는 비영리 단체를 설립했는데, 이 단체는 살아있는 동물을 사용하지 않으면서 진짜 고기를 얻는 연구를 촉진하고자 하는 목적을 갖고 있었다. 그는 곧 네덜란드의 과학자 Willem van Eelan이 동물 세포로부터 고기를 배양하는 방법을 연구하고 있다는 것을 알게 되었는데, van Eelan은 1999년에 육류 배양 생산방식에 대한 첫 번째 특허를 획득했다. 하지만, 이 독특한 과학자는 자신의 프로젝트에 투자자금을 모으거나 생산성을 확대시켜 양산의 단계로까지 발전시키지는 못했다. Matheny는 조금만 더 노력하면 네덜란드 정부가 육류 재배법의 개발에 상당한 투자를 하도록 설득할 수 있을 것이라 생각했다. 그는 네덜란드 농업부 장관과의 면담을 성사시키고 여기에서 자신의 생각을 설명하였는데, 네덜란드 정부는 세 개의 다른 대학에서 배양된 고기의 생산 방법을 연구하는 데 200만 유로를 투자하기로 동의했다.

2005년이 되자 배양육이 주목을 받기 시작했다. *Tissue Engineering*지는 "In Vitro-Cultured Meat Production"라는 제목의 기사를 실었고, 같은 해 *New York Times*는 배양육을 "Ideas of the Year"로 선정하였다. 정부와 대학들은 배양육 생산법에 대한 기초 과학에 투자하고자 하는 의지는 있었지만, 이를 상업적 생산 규모로 끌어올리는 데 필요한 역량과 자산은 갖추지 못했다. Matheny는 배양육를 대세로 만들기 위해서는 대형 농축산 기업들의 관심을 끌 필요가 있다고 생각했다.

Matheny와 대기업들 간의 초기 대화들은 잘 풀리지 않았다. 육류 생산업자들은 개념적으로는 그 아이디어를 받아들이지만 소비자들이 배양된 고기를 부자연스럽다고 생각할 것을 우려했다. Matheny는 이러한 비판에 좌절감을 느꼈다. 비행기를 타거나, 에어컨을 사용하거나, 성장을 촉진하기 위해 스테로이드로 가득 채운 고기를 먹는 것 또한 그 이상 부자연스러운 일이 아닌가? 라고 생각했다.

상황은 느리게 흐르면서 별로 나아지지 않았다. Matheny는 미국 연방정부의 Intelligence Advanced Research Projects Activity에 취직하면서, New Harvest의 경영은 관심 밖으로 멀어지는 듯했다. 그러나 다행스럽게도 대체육 생산방법을 개발해야 한다는 절박함을 느끼기 시작한 사람들이 늘어나고 있었다.

Google Sergey Brin의 등장

2009년, Google의 공동창업자인 Sergey Brin이 설립한 재단이 배양식 육류 기술에 대해 더 많은 것을 알아보기 위해 Matheny에게 연락했다. Matheny는 Brin 재단에게 네덜란드 정부가 지원한 배양육에 관한 연구자금을 받았던 연구책임자 중 한 명인 Masstricht University의 Mark Post 박사를 소개했다. Post는 체외에서 쥐의 근육을 배양하는 데 성공했으며 그의 방식이 소, 가금류 등의 근육 배양에도 적용될 수 있다고 확신했다. 그가 말했듯이, "이게 가능하다는 것은 너무나 명백합니다. 이는 과학적인 이론에 기반을 둔 것입니다. 우리가 필요한 것은 이를 실제로 증명하기 위한 자금이었는데 이제 필요한 것을 얻을 수 있는 기회가 생겼네요."[e] 세부 내용들을 결정하는 데 1년 이상이 걸렸지만, 2011년 Brin은 Post에게 소고기 버거 두 개를 만들어 자신의 방식을 입증하는데 750,000달러를 제안했고, Post팀은 이 도전에 응하였다.

2013년 초, 진실의 순간은 다가왔다. Post와 그의 팀은 맛 테스트를 하기에 충분할 정도의 배양된 소고기를 준비한 뒤 이를 이용하여 작은 버거를 굽고 이를 3등분하여 맛을 보았다. 고기 맛이 났다. 그들의 버거는 100퍼센트의 골격근으로 구성되었는데 상업적인 생산을 위해서는 고기의 질감을 더 비슷하게 하기 위해 지방과 연결 조직을 추가해야 했다. 그러나 이는 그리 어려운 일은 아니었다. 이에 대해 *Washington Post*는 "시험관 버거가 지구를 구할 수 있을까?"라는 제목의 기사를 제1면에 내보냈다.[f]

상업적으로

2015년 Mayo Clinic의 심장병리학자인 Uma Valeti는 University of Minnesota에 자신의 배양육 연구소를 설립했다. "채식주의자의 식단과 비교한 육식 소비의 비효율성에 대해 읽은 적이 있었는데, 칼로리 낭비보다 나를 더 괴롭힌 것은 동물들이 겪는 고통의 규모였다."[g] Valeti는 또한 심장 전문의로서 고기를 적게 먹는 것이 인간의 건강을 증진시킬 수 있다고 믿었다. "나는 좋지 않은 식단과 내 환자들이 먹고 있는 건강하지 않은 지방과 정제 탄수화물이 그들을 죽이고 있다는 것을 알고 있었지만, 대부분의 사람들은 육류 섭취를 줄이거나 중단하는 것을 전혀 고려하지 않고 있으며 심지어 어떤 사람들은 좋아하는 고기를 그만 먹느니 차라리 일찍 죽겠다고 이야기하는 사람들도 있어요." Valeti는 더 건강하고 친절한 고기에 대한 환상을 품기 시작했다. 그는 "내가 상상하는 이 고기는 정육점의 일반 고기보다 지방이 적고 단백질이 많이 들어있어야 합니다. 오메가3처럼 건강과 장수에 더 좋다는 것이 입증된 지방을 섭취하는 것은 어떨까요? 우리가 원하는 것은 그저 기존의 육류를 대체하는 것이 아닌 기존의 것보다 더 건강에 좋은 육류가 아닐까요?"라고 언급했다.[h]

Valeti도 아내와 부양해야 할 두 아이가 있기에 성공적인 심장 전문의 자리를 그만 두고 다른 일을 하는 것은 두려웠다. 그러나 그가 소아 안과 의사인 아내와 이 문제를 의논할 때, 그녀는 "Uma, 우리는 예전부터 이런 일을 하고 싶어 하지 않았나요? 나는 나중에 우리가 왜 우리 아이들을 위해 이 세상을 더 친절하고 나은 곳으로 만들 수 있는 아이디어를 연구할 용기가 없었는지 후회하고 싶지 않아요."[i]라고 말하였다. 그리하여 훗날 Memphis Meats라고 불리는 Valeti의 회사가 탄생하게 되었다.

Valeti의 연구진은 Post 박사의 업적을 바탕으로 올바른 식감과 맛을 얻을 수 있는 방법을 실험하기 시작했다. 많은 시행착오와 수많은 특허 취득을 거쳐 2015년 12월 첫 시식행사를 진행했다. 메뉴에는 미트볼이 있었고, 이번에는 대형 농축산 기업들이 주목했다. 2016년 말 세계 최대 육류 생산업체인 Tyson Foods는 자생세포에서 배양된 육류를 포함해 대체 단백질을 개발하는 벤처캐피털 펀드에 1억 5,000만 달러를 투자하겠다고 밝혔다. 2017년 8월 대형 농축산 기업인 Cargill은 Memphis Meats에 투자한다고 발표했고, 몇 달 뒤인 2018년 초 Tyson Foods도 이 회사에 투자를 약속했다.

그 첫 미트볼의 생산에 들어간 비용은 1,200달러였다. 배양된 고기를 상업적으로 쓸 만하게 만들려면 상당한 비용 절감이 필요했다. 그러나 분석가들은 첫 번째 iPhone의 개발에 들어간 26억 달러의 비용에 비하면 첫 번째 배양된 고기에 들어간 비용은 훨씬 적다고 지적했다. 규모와 학습곡선의 효율성이 비용을 절감시킬 것이다. Valeti는 이 회사가 곧 전통적인 고기와 경쟁할 뿐만 아니라 더 저렴한 고기를 생산할 것이라고 믿었다. 어쨌든 세포를 이용하여 육류를 재배하는 것이 살아있는 동물을 키우는 것보다 본질적으로 더 효율적이다.

2020년 12월 Eat Just의 배양 닭고기가 Singapore Food Agency의 승인을 받아 세계 최초로 상업적 판매 승인을 받은 배양육 제품이 되었다. 닭고기는 2021년 초에 싱가포르 레스토랑에서 판매될 예정이었다. Eat Just는 Just Eggs(녹두로 만든)를 판매하여 일찍 성공을 거둔 경험이 있었다. 설립자인 Josh Tetrick은 미국 및 유럽의 식품 규제 당국과 논의 중이며 "나는 미국, 서유럽 및 다른 국가들이 싱가포르가 지금까지 해낸 것들과 그 결과로 만들어진 엄격한 프레임워크를 본보기로 삼아 그들 자신의 프레임워크를 만들 수 있을 것이라고 생각합니다."라고 언급했다.[j]

일부 회의론자들은 더 큰 문제는 생산의 경제성이나 규제 승인이 아니라 소비자들의 수용 여부라고 생각하고 있다. 사람들이 세포로부터 배양된 고기를 기꺼이 먹을 것인가? Sergey Brin, Bill Gates, Jeff Bezos, Jack Ma, 그리고 Richard Branson은 그럴 것이라고 믿었다. Branson이 2017년에 언급한 것처럼, "30여 년 후에는 우리가 어떤 동물도 죽일 필요가 없을 것이며 모든 고기는 깨끗하거나 식물성일 것이며, 맛도 같고, 모든 사람들에게 훨씬 더 건강할 것이라고 믿습니다."[k] 비영리단체인 Good Food Institute의 전무이사인 Bruce Friedrich는 "국가들이 축산업과 육류 생산을 분리하기 위한 경쟁을 시작하면서 이 분야에 대한 투자가 늦은 국가는 뒤처질 위험이 있다"고 지적했다.[l]

〈토론문제〉

1. 배양육 개발의 잠재적인 장점은 무엇인가? 개발하여 시장에 내놓는 데에 따르는 어려움은 무엇인가?
2. 배양육 개발에 어떤 조직이 관여했는가? 각 조직이 혁신을 위해 공헌한 바와 그들 각각의 동기는 무엇이었는가?
3. 시장에서 배양육에 대한 폭넓은 수용을 얻는 데 어떤 어려움이 있으며 기업이 이를 촉진할 수 있는 방법은 무엇인가? 본 사례와 유사한 소비자 수용문제에 직면한 다른 제품이나 서비스를 생각해 볼 수 있는가?

[a] Adapted from a New York University teaching case by Paul Shapiro and Melissa Schilling.
[b] Zack Friedman, "Why Bill Gates and Richard Branson Invested in 'Clean' Meat," *Forbes*, August 2017.
[c] Hanna L. Tuomisto and M. Joost Teixeira de Mattos, "Environmental Impacts of Cultured Meat Production," *Environmental Science and Technology* 14(2011): 6117–2123.
[d] Paul Shapiro, *Clean Meat: How Growing Meat without Animals Will Revolutionize Dinner and the World* (New York: Gallery Books, 2018), 35.
[e] Paul Shapiro, *Clean Meat: How Growing Meat without Animals Will Revolutionize Dinner and the World* (New York: Gallery Books, 2018), 60.
[f] "Could a Test-Tube Burger Save the Planet?" *Washington Post*, August 5, 2013.

g Paul Shapiro, *Clean Meat: How Growing Meat without Animals Will Revolutionize Dinner and the World* (New York: Gallery Books, 2018), 113.
h Paul Shapiro, *Clean Meat: How Growing Meat without Animals Will Revolutionize Dinner and the World* (New York: Gallery Books, 2018), 115.
i Paul Shapiro, *Clean Meat: How Growing Meat without Animals Will Revolutionize Dinner and the World* (New York: Gallery Books, 2018), 118.
j Ryan W. Miller, "Lab-Grown 'Chicken Bites'? Cultured Meat Product Gets World's First Regulatory Approval," *USA Today*, December 2, 2020.
k Zack Friedman, "Why Bill Gates and Richard Branson Invested in 'Clean' Meat," *Forbes*, August 2017.
l Ryan W. Miller, "Lab-Grown 'Chicken Bites'? Cultured Meat Product Gets World's First Regulatory Approval," *USA Today*, December 2, 2020.

개요

혁신
아이디어를 새로운 제품이나 프로세스에 실제로 적용하는 것.

혁신(innovation)은 다양한 원천들로부터 발생할 수 있다. 이는 개인으로부터 시작될 수 있는데, 우리에게 친숙한 이미지인 고독한 발명가나 자신의 필요에 따라 해결책을 스스로 디자인하는 소비자 등을 예로 들 수 있다. 혁신은 대학교, 정부출연 연구기관이나 민간 비영리단체 등의 연구노력에 의해서도 생겨날 수 있다. 혁신의 동력 중 가장 중요한 하나를 꼽는다면 바로 기업이다. 기업은 개인에 비해 자원이 풍부하고 목적을 달성할 가능성이 있는 곳에 자원을 투자하는 관리시스템이 잘 짜여 있기 때문에 혁신활동을 하기에 적합하다. 기업은 차별화된 신제품과 서비스를 개발할 강력한 인센티브가 있기 때문에 비영리단체나 정부출연기관에 비해 혁신 활동에 유리하다.

더욱 중요한 혁신의 원천은 개개의 원천보다는 원천 간의 연결을 통해 발생한다. 여러 다른 원천에서 생겨난 지식과 자원을 잘 활용하는 혁신자들의 네트워크는 기술발전의 가장 강력한 주체 중 하나이다.[1] 그러므로 우리는 혁신의 원천을 하나의 복잡한 시스템으로 생각할 수 있으며, 혁신은 이 시스템의 하나 또는 그 이상의 구성요소 또는 여러 구성요소 간의 연결을 통해 발생한다고 생각할 수 있다(그림 2.1 참조).

앞으로 다룰 부분에서는 먼저 새롭고 유용한 아이디어 생성과정의 근간을 이루는 창의성의 역할에 대하여 알아볼 것이다. 그리고 난 뒤 그 창의성이 혁신 시스템의 각 구성요소(예, 개인, 기업 등) 또는 각기 다른 요소 간의 연결(예, 기업과 소비자의 관계, 대학에서 기업으로의 기술이전 등)에 의해 어떻게 혁신적인 결과물로 전환되는지 살펴볼 것이다.

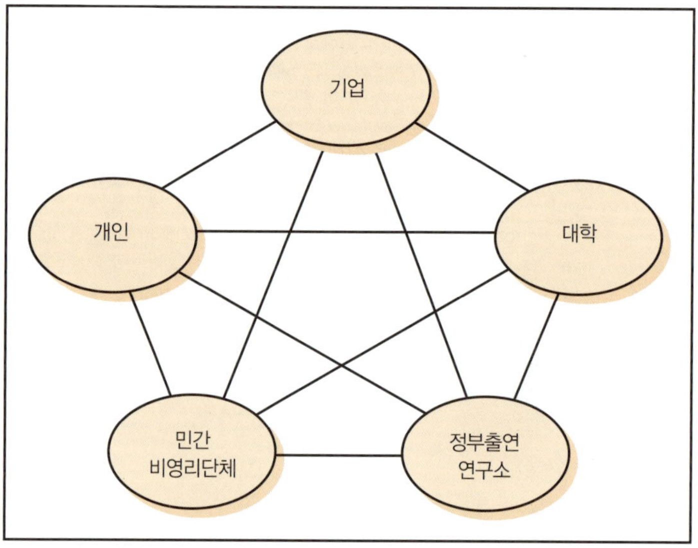

그림 2.1 ▶ 시스템으로서의 혁신의 원천들

창의성

아이디어
마음속에서 상상하거나 형상화하는 것.

창의성
새롭고 유용한 내용물을 만들어 내는 능력.

혁신은 새로운 **아이디어**(idea)의 생성으로부터 시작된다. 새롭고 유용한 아이디어를 만들어내는 능력은 **창의성**(creativity)이라는 단어로 표현된다. 즉, 창의성이란 실용적이고 새로운 제품을 만들어내는 능력으로 정의된다. 새로운 제품은 기존 제품과는 당연히 다르지만 그것이 단순히 기존 제품의 논리적인 다음 단계가 아니라는 점에서 놀라운 것이다.[2] 어떤 제품이 새롭다는 것은 이전 제품과 얼마나 다른(예, 사소한 변화 또는 커다란 변화)지와 그것을 받아들이는 대중의 경험에 따라 달라진다.[3] 특정 제품은 그것을 만든 사람에게는 새로울 수도 있지만 대다수의 사람들에게는 이미 알려진 것일 수도 있다. 이 경우 우리는 이미 발명된 것을 재발명한다고 한다. 또 어떤 제품은 그것이 개발된 지역의 소비자들에게는 새로운 것일 수도 있지만 다른 지역에 있는 소비자들에게는 이미 익숙한 것일 수도 있다. 가장 창의적인 제품은 그것을 만드는 사람, 그 지역의 소비자, 더 나아가 여러 사회 계층의 사람에게도 새로운 것일 것이다.[4]

■ 개인의 창의성

한 개인의 창의성은 그 사람의 *지적 능력*, *지식*, *개성*, *성격*, *동기*, 그리고 *환경*의 복합작용이라고 할 수 있다.

창조적인 생각에서 가장 중요한 *지적 능력*은 지능, 기억력, 문제점을 새로운 방식으로 보는 능력, 어떤 아이디어가 가치 있고 가치가 없는지 분석해낼 수 있는 능력, 그리고 그 아이디어를 다른 것과 명확히 구분하여 다른 사람들에게 그 아이디어의 가치를 확신시킬 수 있는 능력 등을 포함한다. 창의성을 발현하기 위한 중요한 지적 능력 중 하나는 소위 *일차적 처리 사고*(*primary process thinking*)라고 불리는 이미지를 이용한 정신활동을 일으키는 것이다.[5] 일차적 처리 사고는 그 속성상 구조화되지 않은 사고 프로세스이기 때문에 아주 동떨어진 것 같은 아이디어들을 연결하는 결과를 낳을 수도 있는데, 이 때문에 이를 *원격 연상*(*remote associations*) 또는 *확산적 사고*(*divergent thinking*)라고 부르기도 한다. Sigmund Freud는 이러한 일차적 처리 사고는 대체로 수면에 들기 직전 또는 졸거나 백일몽을 꾸는 동안에 일어날 수 있다고 언급하였으며, 어떤 이들은 일차적 처리 사고가 육체적 운동이나 음악 또는 여타 활동에 집중하는 동안에도 일어날 수 있다고 한다. 창의적인 사람들은 보다 쉽게 원격 연상을 하면서 여러 연상들을 비교 평가하고 그중 더 낫다고 생각하는 선택을 한 뒤 생각을 계속 이어갈 수 있다. 이 과정에는 뛰어난 작업 기억(working memory) 능력도 도움이 되는데, 작업 기억 능력이 뛰어난 사람은 사고 연상의 네트워크상에서 남들보다 먼 거리를 이동할 수 있고 그 결과 남들이 보기에는 이해가 되지 않거나 전혀 기대하지 않았던 두 아이디어나 사실을 연결하는 결과에 이르기도 한다.[6] 우연처럼 보이는 연결이 전혀 우연이 아닐 수 있으며 단지 일반인들은 이렇게 긴 일련의 연상의 고리를 유지할 수 없으므로 그 연상의 결과를 받아들이기 어려운 것이다.

상기의 내용과 일관되게, Mathias Benedek 교수와 Aljoscha Neubauer 교수의 연구에 따르면 아주 창의적인 사람도 덜 창의적인 사람들과 동일한 연상의 과정을 거칠 수 있지만 단지 차이점은 이들이 일반적인 연상을 아주 빠른 속도로 마치고 남들 보다 먼저 일반적이지 않은 연상과정으로 이동하곤 한다고 한다.[7] 이 두 교수는 매우 창의적인 사람들의 빠른 연상 속도는 특출한 작업 기억 능력과 실행 통제력 때문이라고 주장한다. 달리 말하면, 사고 과정에서 여러 가지 것들을 동시에 손쉽게 다루는 능력이 이들로 하여금 여러 가능한 연상들을 빠르게 탐색할 수 있게 한다는 것이다.[8]

창의성에서 *지식*의 영향력은 양면성을 지니고 있다. 만약 한 개인이 특정 분야에 대한 지식이 너무 없다면, 그는 창의성을 통해 의미 있는 공헌을 하기 어려울 것이다. 반면에 그 분야에 대해 너무 많은 것을 알고 있는 사람은 기존의 논리 구조나 사고의 틀에 갇혀 다른 관점이 필요한 해결책을 생각해내기 어려울 수 있다. 그러므로 특정 분야에 대해 일반적인 정도의 지식을 가진 개인이 깊은 지식을 가진 사람보다 더 창의적인 해결책을 만들어낼 수 있으며, 종종 그 분야에 종사하지 않는 개인이 획기적인 혁신을 고안해 내기도 한다.[9]

Elon Musk의 예를 보자. Elon Musk는 대학 재학 시절에 Zip2라고 불리는 온라인 도시 지도 서비스를 개발하였고, 그 이후 온라인 결제 회사를 창업하여 경쟁사와 합병한 뒤 PayPal이라는 온라인 결제 시스템을 개발하였다. 이후 PayPal을 매각한 뒤 재사용 가능한 우주선을 개발하기 위해 SpaceX를 설립하는 동시에 전기자동차 회사인 Tesla Motors를 설립하는 일에도 참여하였다. Tesla는 이후 Solar City(태양광 패널 회사로 Elon Musk의 조카들이 그의 도움을 받아 설립)를 매입하고 회사의 사업 영역을 에너지 저장 시스템 등으로 다각화하였다. Musk는 여러 분야를 가로지르며 사업을 벌였는데 이는 그가 새롭고 어려운 문제를 풀어내는 것을 즐겼기 때문이다. 그가 여러 분야에서 성공적일 수 있었던 것은 그 분야의 오래된 사업모델들을 과감하게 허물었기 때문이다.[10] 예를 들어, SpaceX는 우주선의 부품들을 자체 제작하여 비용을 줄일 수 있었고 Solar City는 고객들이 사전에 구매 비용을 지불하지 않고 에너지 절감을 통해 발생한 금액으로 구매 비용을 사후에 지불할 수 있게 하는 사업 모델을 도입하여 태양광 패널의 수용 속도를 극적으로 향상시킬 수 있었다.

또 다른 예로 이스라엘 군에서 유도 미사일을 디자인하던 Gavriel Iddan을 들 수 있는데 그는 의사들이 환자의 소화기관 내부를 볼 수 있는 혁명적인 방법을 개발했다. 소화기 내부를 볼 수 있는 전통적인 방법은 길고 유연한 관의 끝에 카메라를 장착한 내시경을 이용해서 보는 것이다. 이 방법은 꽤 불편하고 크기가 작은 소장의 대부분은 볼 수 없지만 수십 년 동안 의료계에서 사용되던 표준적인 방법이다. 대부분의 소화기 내과 의사들은 내시경 기구를 다루는 법을 배우기 위해 상당한 시간을 투자하고 병원에 내시경 장비를 구입하고 있다. 따라서 자연스럽게 이 분야에서의 대부분의 혁신은 내시경관, 카메라, 이미지 소프트웨어에 대한 점진적 혁신들에 초점이 맞추어져 있다. 그러나 Iddan은 소장의 내부를 보는 문제를 소화기 내과 의사의 관점이 아닌 유도 미사일 디자이너의 관점으로 접근하였다. 그는 관의 끝에 카메라를 단다든지 유선으로 이미지를 전송한다든지 같은 전제 조건들에 얽매이지 않은 대신에, 환자가 삼킬 수 있는 PilCam이라 불리는 카메라와 조명이 달린 전기 구동 캡슐을 발명하였다. 캡슐을 삼킨 환자는 캡슐이 소장 내부를 촬영하여 환자가 착용한 비디오 팩에 전송하는 동안 당일의 개인일정을 보내고 대략 8시간이 경과한 후에 병원으로 돌아와 촬영된 이미지를 판독하여 장내 출혈 여부를 파악하면 된다. 캡슐은 자연적으로 몸 밖으로 배출된다. PilCam은 전통적인 내시경방법보다 안전하고 저렴(500달러 미만)한 반면, 비교할 수 없을 정도로 편리한 것으로 드러났다. PilCam은 환자들에게는 당연한 선택이었지만, 내시경 장비에 대한 기존 투자와 이에 익숙해진 의사들의 수용 속도는 느렸다. 현재 PilCam은 60개 이상의 국가에서 판매되고 있으며, 몇몇 회사들은 경쟁 제품까지 판매하고 있다. 이 캡슐 카메라는 어려운 문제에 대한 뛰어난 해결책이며 이러한 해결책이 기존의 내시경 장비회사가 아닌 외부에서 개발된 이유를 쉽게 이해할 수 있다.[11]

외부자들은 종종 저항과 회의에 직면하곤 한다. 사람들은 특정 분야의 전문가가 아닌 다방면에 걸친 지식가를 평가절하하는 경향이 있으며 자신의 전문분야가 아닌 분야에 관여하는 사람들을 의심스럽게 보는 경향이 있다. 그러나 Musk와 같은 외부자는 산업 내 내부자와 전문가가 놓치기 쉬운 점을 볼 수 있는 장점이 있을 수 있다.

그들은 산업 내 전문가들에게는 오랜 시간에 걸쳐 화석처럼 굳어져 버린 생각의 틀이나 전제조건들로부터 자유로우며 기존의 장비, 경험 또는 변화를 어렵게 만드는 기존의 공급업자나 고객들과의 관계로 부터도 자유롭다.

창의성과 연결지어 가장 많이 언급되는 *개인적* 특성은 "경험을 향한 개방성"이다.[12] 경험에 대한 개방성은 개인의 자유로운 연상, 심미적 민감성(예를 들어, 예술과 문학에 대한 이해), 공감능력, 다양성에 대한 선호 그리고 지적 호기심을 반영한다. 이 능력은 개인들로 하여금 "나는 생생한 이미지가 있다," "나는 새로운 아이디어를 듣는 것을 즐긴다," "나는 어휘력이 풍부하다," "나는 사물의 깊은 의미를 고찰하지는 않는다(역질문)," "나는 미술관에 가는 것을 즐긴다," "나는 철학적인 토론을 피한다(역질문)," "나는 상상의 세계를 비행하는 것을 즐긴다," 등의 질문들에 대한 동의 또는 비동의의 정도를 평가하여 측정된다. 경험에 대한 높은 개방성을 지닌 개인들은 지적 호기심이 높으며 평범하지 않은 아이디어에 흥미를 느끼며 새로운 것을 기꺼이 시도하려는 경향을 보인다.

내재적인 *동기* 역시 창의성에 매우 중요한 것으로 알려져 있다.[13] 즉, 개인은 자신이 원래 관심 있어 하고 즐기는 일을 할 때 더욱 창의적인 경향을 보인다. 사실 여러 연구에 따르면 금전적 보상이나 상과 같은 외부적 동기 부여는 창의성을 저해할 수 있다고 하는데, 이는 조직에서 조직원들을 대상으로 아이디어를 수집하고 이에 대한 금전적 보상을 제공하는 기존 관행에 대해 심각한 문제의식을 제기한다.[14] 한편으로 그러한 외부적인 보상은 내재적 동기를 탈선시킬 수 있는 반면 만약 그러한 금전적 보상이 적은 수준에서 적절히 이루어진다면 사람들로 하여금 아이디어를 내게끔 유도하는 조직 문화를 만드는 데 기여할 수도 있다. 어떠한 방식의 아이디어 수집이 적절한지에 대해 더 많은 연구가 필요하다.

마지막으로, 개인이 보유한 창의적인 잠재성을 완전히 발휘하기 위해서는 개인들이 자신의 아이디어를 독립적으로 탐색할 수 있는 시간이 보장되고, 일반적이지 않은 아이디어를 받아주고, 너무 경직되거나 계층적이지 않은 조직 구조가 갖추어진, 그리고 의사결정과정에서 합의와 동의를 요구하지 않는 *환경*이 필요하다.[15]

■ 조직의 창의성

조직의 창의성은 조직 내 개인들의 창의성과 개인들이 행동하고 교류하는 방식에 영향을 미치는 다양한 사회적 프로세스와 맥락요소의 복합적인 결과이다.[16] 따라서 한 조직의 전반적인 창의성의 수준은 그 조직이 고용한 개인들이 보유한 창의성의 단순 합은 아니다. 조직의 구조, 일처리 패턴, 그리고 보상시스템 등은 개인이 창의성을 발휘하는 데 방해가 되기도 하고 자극이 되기도 한다.

회사가 직원 개개인의 창의성을 개발하는 방법 중 가장 잘 알려진 것은 제안상자

(suggestion box)이다. 1895년, National Cash Register의 창립자인 John Patterson은 시간제 직원들의 아이디어를 모으기 위하여 제안상자 프로그램을 맨 처음으로 사용하였다.[17] 그 프로그램은 당시 매우 혁명적인 것으로 여겨졌다. 채택된 아이디어의 제출자는 1달러를 보상으로 받았다. 1904년, 직원들은 7,000개의 아이디어를 제출하였고, 그중 3분의 1이 채택되었다. 다른 회사들은 직원들의 아이디어를 모으기 위해 더 정교한 방법을 만들어냈다. 예를 들어, Google에서는 직원들이 신제품이나 공정에 관한 아이디어를 전사적인 데이터베이스로 보내면 그것을 본 다른 직원들이 코멘트와 평가를 하는 아이디어 관리 시스템을 활용하고 있다(Google이 혁신을 어떻게 장려하는가를 보기 위해서 <이론의 적용> 참조). Honda of America는 EDIS (employee-driven idea system)를 활성화시켰는데, 이는 직원들이 제출하여 채택된 아이디어에 대해 금전적인 보상이 아닌 동료들의 인정을 인센티브로 하는 것이었다. 전통적인 제안상자와 달리 아이디어 제안자는 자신의 아이디어가 채택된 이후에 컨셉이 제품으로 완성되는 과정을 감독하면서 책임을 지게 된다. Honda of America는 전체 아이디어 중 75% 이상이 실제로 실행된다고 보고하고 있다.[18] 미국의 가장 큰 은행 중 하나인 Bank One은 "One Great Idea"라는 직원 아이디어 프로그램을 개발하였다. 직원들은 사내 **인트라넷**(intranet)을 통해 회사 아이디어 저장소에 접속한 뒤 자신의 아이디어를 제출하고 다른 사람의 아이디어와 능동적으로 교류, 협력한다.[19] 직원들은 활발한 교류를 통해 아이디어를 평가하고 조직의 많은 이해관계자들의 다양한 요구에 맞추어 아이디어를 개선해 나간다.

인트라넷
권한이 있는 개인만 접속 가능한 사적인 네트워크. 인터넷과 흡사하나 조직 내에서만 실행 가능하다.

New York Mellon 은행은 한 걸음 더 나아가 전사적인 혁신 경진 대회를 열어 직원들이 스스로 팀을 만들어 혁신적인 아이디어를 제안하며 경쟁하도록 하였다. 이런 아이디어들은 지역 혹은 사업부 수준의 심판관들이 먼저 선별한 다음 최고의 아이디어들은 "Shark Tank" 스타일의 경진대회에서 고위 경영진들 앞에서 발표되고 이는 전 세계로 인터넷 생방송된다. 만약 고위 경영진이 자신이 좋아하는 아이디어를 발견하면 아이디어에 자금을 대고 실행해보겠다고 제안한다. 이 경쟁대회는 회사가 좋은 아이디어를 얻는 동시에 직원들에게 혁신의 중요성에 대해 강한 신호를 보내는 데 도움을 준다.[20]

제안상자 같은 의견 수집 시스템은 아이디어를 모으는 데 있어서 상대적으로 쉽고 저렴한 수단이지만, 이는 직원들의 창의성을 발휘시키는 일차적인 방법일 뿐이다. 오늘날 Intel, Motorola, 3M, Hewlett-Packard 같은 회사들은 직원들 안에 잠재된 창의성을 끄집어내기 위하여 창의성 훈련프로그램에 투자하는 등 예전보다 더 많은 노력을 하고 있다. 이러한 프로그램들은 관리자로 하여금 직원들의 생각과 자율을 존중하고 있다는 느낌을 줄 수 있는 언어적, 비언어적 신호를 개발하도록 장려한다. 이러한 신호는 기업의 문화로 표출되며 종종 금전적인 보상보다 효율적인 것으로 나타난다(사실, 전술한 대로 금전적 보상은 직원들이 내재적인 동기부여보다

이론의 적용 Google의 혁신장려 시스템

Google은 자율주행 자동차와 태양광 에너지와 같이 완전히 뜻밖의 것에서부터 이메일과 크라우드 서비스와 같은 일상적인 것에 이르기까지 놀라운 정도로 다양한 프로젝트를 지속적으로 수행해왔다.[a] Google은 회사의 모든 계층에 걸친 지속적인 혁신을 추구하기 위해 직원들의 혁신을 장려하기 위한 다양한 공식 그리고 비공식 메커니즘을 사용한다.[b]

20%의 시간: Google의 모든 연구원들은 근무시간의 20%를 자신만의 프로젝트를 위해 사용하도록 장려되고 있다. 이러한 제도를 통해 Google Mail과 Google News와 같은 Google의 가장 유명한 제품들이 나올 수 있었다.

Recognition Awards: 관리자는 혁신적인 아이디어를 내는 직원들을 격려하기 위해 "Recognition Awards"를 줄 수 있는 재량권을 가지고 있다.

Google Founders' Awards: 뛰어난 업적을 내는 팀은 상당한 양의 주식을 상으로 받을 수 있다. 어떤 직원들은 이 보상 하나만으로 백만장자가 되기도 하였다.

Adsense Ideas Contest: Adsense 온라인 판매와 운영팀은 매 분기마다 전 세계 직원들이 제출한 100~200개의 제안서를 평가하여 최종 선정된 아이디어들을 분기별 콘테스트에서 발표하도록 하고 있다.

Innovation Reviews: 관리자들이 자신들의 부서에서 나온 제품 아이디어들을 창업자인 Larry Page와 Sergey Brin 그리고 최고경영자 Eric Schmidt에게 직접 보고하는 공식회의이다.[c]

[a] Bradbury, D. 2011. "Google's rise and rise." *Backbone*, Oct:24–27.
[b] Groysberg, B., Thomas, D.A. & Wagonfeld, A.B. 2011. Keeping Google "Googley." *Harvard Business School Case* 9:409–039.
[c] Kirby, J. 2009. "How Google really does it." *Canadian Business*, 82(18):54–58.

외재적인 것에만 초점을 맞추게 하여 창의성을 훼손하는 경우가 많다).[21] 이러한 프로그램은 기업 내에서 직원들에게 대안 시나리오의 개발, 직면한 문제와 비슷한 특징이나 구조를 가진 유사한 문제를 찾아 연결시켜 보는 유추 활동, 동일한 문제를 새로운 방식으로 묘사해보는 등의 창조적인 수단을 격려하는 활동 등을 활용하기도 한다. 제품 디자인 회사인 IDEO에서는 심지어 직원들에게 마분지나 스티로폼과 같은 저렴한 재료를 이용하여 구상중인 제품의 실물크기 모형을 만들어 보도록 장려하고 있다. 그리고 모형을 실제 제품처럼 사용해보면서 다양한 디자인들을 구체적이고 유쾌한 방식으로 탐색할 수 있게 한다.

창의성을 혁신으로 변환하는 과정

혁신은 창의적인 아이디어 창출 그 이상이다. 이는 아이디어를 새로운 제품이나 프로세스로 완성하는 과정이다. 혁신이 되기 위해서는 창의적인 아이디어를 자원이나 전문적 지식과 결합시켜 유용한 실물 형태로 만드는 과정이 필요하다. 이 절에서는 먼저 새로운 제품과 프로세스를 전문적으로 창조하는 발명가에 의한 혁신과 사용자인 소비자에 의한 혁신을 살펴보면서 혁신자로서의 개인의 역할을 짚어보고, 그리고 난 뒤 기업, 대학교, 정부기관 등 조직에서의 혁신활동에 대해 살펴볼 것이다.

이론의 적용 0.1% 혁신가들의 공통점

Quirky: Remarkable Story of the Traits, Foibles, and Genius of Breakthrough Innovators Who Changed the World[a]라는 책은 한 번의 혁신이 아닌 여러 번의 혁신을 만들어내는 소수의 혁신적 혁신가, 즉 "가장 유명한 혁신가" 목록에 자주 언급되고 여러 획기적 혁신으로 알려진 혁신가들에 대한 6년 동안의 연구 결과를 담고 있다. 이러한 소수의 혁신가들은 몇 가지 강력한 공통점이 있으며 그중 일부는 매우 놀라운 것으로 나타났다. 이 책에서 언급한 주요 공통점은 다음과 같다.

1. **그들은 "분리감"을 느끼고 규칙에 도전하는 경향이 있다.** 이 책에서 연구된 거의 모든 혁신가들은 사회적 분리감 또는 자신은 이 세상에 속하지 않는다는 느낌을 드러냈다. 이런 경향은 그들이 기존의 가정에 도전하고 틀에 얽매이지 않는 경로를 추구할 수 있게 하는 놀라운 이점이 된다. Albert Einstein은 자전적 에세이, The World as I See It에서 이렇게 말했다. "*나는 늘 내가 세상과 동떨어진 것 같은 강한 느낌을 가지고 있다... 그런 사람은 분명 따뜻하거나 밝은 마음이라고 할 만한 것을 가지고 있지는 않다. 반면, 그런 사람은 동료의 의견, 습관, 판단에 크게 영향받지 않으며 그러한 불안정한 것들을 기반으로 자신의 입장을 정하려 하지 않을 것이다.*" 규범을 거부하고 일반적으로 잘 수용된 지혜를 무시하는 그의 능력이 바로 그가 물리학에 혁명을 일으킬 수 있었던 이유이다. 최초의 컴퓨터 프로그래밍 언어 중 하나를 발명한 여성인 Grace Hopper는 평생 동안 여성은 비즈니스나 과학 분야에 그리 잘 맞지 않는다고 이야기했던 걸로 잘 알려져 있다. 그러나 그녀가 해군에서 제독의 직위에 오르자 IBM이나 Hewlett Packard와 같은 회사는 그녀의 전문 지식을 활용하기 위해 기꺼이 그러한 고정관념을 깨고자 했는데, 제독이라는 타이틀이 그녀의 성별을 무색하게 만들었던 것이다.
2. **그들은 자신의 목표를 달성할 수 있는 능력에 대한 강한 믿음을 가지고 있었다.** 모든 혁신가는 심리학자들이 "자기 효능감"이라고 부르는 즉, 장애물을 극복하고 목표를 달성하는 데 필요한 자신감을 극도로 높은 수준으로 가지고 있었다. 인류를 화성에 보내려는 Elon Musk의 열정, 자유 에너지에 대한 Nikola Tesla의 연구, 저렴한 정수기를 만들기 위한 Dean Kamen의 노력은 극도로 높은 자기 효능감의 힘을 보여준다. 사람들이 Kamen에게 그의 정수기 아이디어는 불가능하다고 말하자 그는 "*나에게 그것이 불가능하다고 말하지 마세요. 당신이 할 수 없는 거겠죠.*" 어떤 장애도 극복할 수 있다고 믿는 사람에게는 남들이 불가능하다고 생각하는 일도 불가능해 보이지 않을 수도 있고, 이러한 믿음은 실패와 비판이 닥쳐도 큰 도전을 붙잡고 씨름할 가능성을 높인다.
3. **그들은 극도로 이상주의적이었다.** 맹렬한 집념으로 거대한 문제를 공략하는 혁신가의 추진력을 부채질하는 그들의 또 다른 특징은 자신들이 본질적으로 고귀하고 중요한 것을 추구하고 있다는 믿음이었다. 이로 인해 그들은 가족, 친구 그리고 건강을 종종 무시하면서 매우 긴 시간 동안 일하곤 하며, 실패의 확률이 높은 프로젝트라도 돈과 시간, 에너지를 쏟아붇곤 한다. 예를 들어, 2014년 *60 Minutes*의 인터뷰에서 Elon Musk는 Tesla Motors를 시작할 때 실패할 것이라고 생각했다고 말했다. 질문자가 그에게 "회사가 성공할 거라고 생각하지 않았다면 왜 시도했습니까?"라고 묻자 Musk는 "충분히 의미 있는 것이라면 시도해야 합니다. 설령 결과가 실패일 거라고 생각하더라도 말이죠."라고 답했다.
4. **그들은 적은 자금으로 시작하여 성공을 위해 매우 열심히 일했다.** 연구에 참여한 혁신가 중 어느 누구도 상당한 자금을 가지고 경력을 시작하지는 않았다. 예를 들어, Nikola Tesla는 4센트와 시집을 가지고 미국에 상륙했고, Benjamin Franklin은 빵 두 봉지를 살 수 있는 정도의 돈을 가지고 뉴욕에 도착했다. Dean Kamen, Thomas Edison, Steve Jobs는 노동자 계급 가정에서 10대 시절부터 뭔가를 혁신하는 데 관심을 보였으며, Elon Musk는 아버지의 뜻에 반하여 17세에 Canada로 이주하여 곡식 수확, 제재소 보일러실 청소 등의 잡일을 하면서 생계를 꾸렸다. 혁신가들은 모두 열심히 일할 때를 가장 행복해했다. Marie Curie는 식사와 휴식을

(*계속*)

(계속)

잊을 정도로 너무 열심히 일해서 실험실 벤치에서 종종 기절하기도 했고, Thomas Edison과 Nikola Tesla는 종종 밤샘 작업을 했다. 그러나 Edison이 말했듯이 "일은 나에게 지구를 낙원으로 만들어 주었습니다. 은퇴할 생각은 전혀 없습니다."라고 말했다.

5. **그들은 대부분 독학을 했다.** 많은 혁신가들은 그들이 일한 분야에서 통상적으로 기대되는 것보다 훨씬 적은 양의 정규 교육을 받았고 훈련받은 분야 이외의 분야에 상당한 기여를 했다. 그들은 열렬한 독학가이자 애독자로 묘사되었으며, 몇몇은 자격증을 취득하지 않고도 특정 주제에 대해 탁월한 수준을 이루곤 했다. 예를 들어, Dean Kamen은 대학 학위를 취득하지 않고도 세계 최초의 휴대용 약물 주입 펌프, 세계 최초의 휴대용 신장 투석기 및 기타 여러 매우 중요한 제품(예, Segway Personal Transporter)을 발명했다. Benjamin Franklin은 훨씬 더 극단적인 예를 보여준다. 고작 몇 년 동안 문법 학교에 다닌 것이 전부인 Benjamin Franklin은 전기에 대한 많은 기본 원리를 계속해서 발견했고, 개선된 요도 카테터를 발명했으며, 세계 최초로 멕시코 만류의 해류를 도표화했다.

이러한 특성은 모방이 가능한가?

획기적인 소수의 혁신가들 대부분은 뛰어난 지능과 기억력 또는 가벼운 조증 경향과 같이 모방하기 어려운 몇 가지 개인적인 특성을 가지고 있었다. 그러나 이러한 요소가 *어떻게* 획기적인 혁신가가 되는 데 도움이 되었는지 이해하면 누구나 자신과 다른 사람에게서 획기적인 혁신 잠재력을 키울 수 있는 방법도 알 수 있다. 예를 들어, 누구나 더 크게 생각하고 강력한 동기를 제공하는 원대한 야망을 키울 수 있다. 자신과 타인의 자기 효능감을 높일 수 있는 다양한 방법들이 있다. 또한 학교, 직장, 가정에서 문화적 규범을 수정하여 사람들이 더 편안하게 기존의 가정에 도전하고 독립적으로 새로운 주제에 숙달할 수 있는 환경을 만드는 것이 가능하다.

[a] Melissa A. *Quirky: The Remarkable Story of the Traits, Foibles, and Genius of Breakthrough Innovators Who Changed the World* (New York: Public Affairs, 2018).

■ 발명가

발명가라 하면 흔히 괴팍하고 대단히 고집이 센 과학자를 떠올리게 되는데 이러한 이미지는 인지심리학에 그 근거가 있을 수 있다. 발명가들의 성격특성을 분석한 보고서에 따르면 이들은 이론적이고 추상적인 생각에 관심이 많고, 문제를 해결하는 데 평범치 않은 열정을 갖고 있다고 한다. 10년간에 걸쳐 진행된 발명가들에 대한 연구에 따르면 성공적인 발명가들은 다음과 같은 특성을 지니고 있다고 한다.

1. 발명가는 그들이 발명하고자 하는 분야에서 사용되는 기본적인 도구와 운영방식을 숙지하고 있지만 그 분야에만 머무르는 것은 아니며 오히려 여러 분야를 동시에 살펴봄으로써 문제를 서로 다른 관점으로 보려고 한다.
2. 발명가는 호기심이 많고 해답보다는 문제 자체에 더욱 관심을 갖는다.
3. 발명가는 이전 연구에서 사용된 가정들에 대해 의문점을 갖는다.

4. 발명가는 종종 모든 지식이 하나로 연결되어 있다고 생각한다. 그들은 지엽적인 해결책보다는 포괄적인 해결책을 모색하며, 천성적으로 다방면에 능통하다.[22]

이러한 특성들은 물리학계의 여러 기존 패러다임을 바꾼 Albert Einstein이나 자신이 개발한 방사능 측정기법을 이용하여 Lord Kelvin이 계산한 지구의 나이가 틀렸음을 증명한 Marie Curie, 그리고 재사용할 수 있는 우주선을 만드는 것은 불가능하다고 주장하는 사람들의 의견을 인정하지 않은 Elon Musk를 보면 잘 드러난다. 또한 노벨상 수상자들이 남긴 다음의 글귀들을 통해서도 알 수 있다. 노벨상 수상자인 면역학자 Sir MacFarlane Burnet은 "나는 자신이 연구할 분야에 대하여 너무 잘 훈련된 사람은 오히려 위험하다고 생각한다."라고 언급하였다.[23] 그리고 역시 노벨상 수상자인 화학자 Peter Debye는 "제2차 세계대전이 시작될 즈음, Bell Labs의 R. R. Williams가 내가 있는 Cornell 대학교로 와서 폴리머에 대한 연구를 같이하자는 제안을 하였을 때, 나는 이렇게 대답했습니다. '나는 폴리머에 대하여 아무것도 모릅니다. 생각조차 해보지 않았어요.' 그러자 그는, '그래서 우리가 당신을 초빙하는 것입니다.'[24]라고 했습니다." 포괄적인 해결책을 위한 포괄적 연구는 단순히 전구만 발명하기에는 너무 뛰어났던 Thomas Edison에 의해 적절하게 묘사되었다. "내가 해결하려던 문제는 바로 여러 가지 장치, 사용방식, 그리고 기구들이 서로서로 조화롭게 작동하는 하나의 포괄적인 시스템을 만들어내는 것입니다."[25]

이런 개인들은 아마도 생애의 대부분을 수많은 창의적인 새로운 기구나 공정을 발명하는 데 바쳤을 것이다. 물론 몇몇 개인들은 특허를 내거나 상용화에 성공했을지라도 발명가적 특징을 가진 사람이 반드시 기업가로 성공하는 것은 아니다. 많은 발명가들은 자신이 발명한 것을 적극적으로 특허로 내거나 상용화하려고 하지 않는다. 하지만 잘 알려진 발명가들의 대부분(예, Alexander Graham Bell, Thomas Alva Edison, Albert Einstein, Benjamin Franklin)은 발명하는 데 필요한 기질과 기업가적 특성을 동시에 가지고 있었다.[26]

■ 소비자에 의한 혁신

혁신은 때때로 스스로 자신의 필요에 대한 해결책을 제시하는 사람들을 통해 나타나기도 한다. 소비자들은 충족되지 못한 필요에 대한 깊은 이해와 이를 해결하려는 의욕을 가지고 있는 경우가 많다.[27] 기업들이 일반적으로 소비자들로부터 이익을 얻으려고 혁신을 창조하는 것과는 달리, 소비자들은 이익을 내기 위해서가 아니라 본인들이 실제로 사용하기 위해 창조하는 경우가 많다.[28] 소비자들은 기존 제품의 기능을 변경하거나, 새로운 디자인을 제조업자에게 제안하기도 하며, 아예 새로운 제품을 만들기도 한다. 예를 들면 소형 요트 중에 가장 유명한 the Laser는 어떠한 공식적인 시장조사나 컨셉 테스트도 거치지 않고, Ian Bruce, Bruce Kirby, Hans

Vogt라는 세 명의 올림픽 요트 선수들의 창의적인 영감에 의해 개발되었다. 그들은 자신들이 중요하다고 생각하는 단순함, 최고의 성능, 편리한 운송성, 내구성, 그리고 낮은 원가를 기준으로 the Laser를 디자인했는데, 이 요트는 1970년대에서 1980년대에 걸쳐서 엄청난 성공을 거두며 하루에 24대씩 생산되었다.[29]

다른 극적인 예는 Super Glue를 이용한 피부 접착제인 Indermil의 개발이다. Super Glue는 강력한 순간접착제로서 그 강도와 반응속도는 일반 제품으로는 큰 장점이지만 자칫 피부를 접착시켜 버리는 문제를 초래할 수도 있다. Super Glue의 개발사인 Loctite의 관리자들은 제품의 이런 특성을 수술 부위를 봉합하는 과정에서 사용할 수 있는 제품으로 개발할 수 있을지 궁금해 했다. 회사는 1970년대에 포장과 소독이 가능한 접착제의 한 종류를 개발하였지만 프로젝트는 실패했고 자금지원까지 취소됐던 경험이 있다. 1980년대에 창상봉합 제품을 공동으로 개발하기를 원하던 한 제약회사가 Loctite와 접촉하면서 프로젝트는 부활하였다. 두 회사는 체내에서는 성분이 빠르게 용해되는 특별한 Super Glue를 개발하는 데 3년을 소비하였지만 결국 이 프로젝트도 다시 보류되었다. 이쯤에서 회사 대부분의 관리자들은 봉합술의 대안 개발 프로젝트가 위험이 크다고 판단하고 프로젝트에 참여하기를 원하지 않았다. 그러나 1988년 Loctite의 Bernie Bolger는 재건 수술의 세계적인 권위자인 Alan Roberts 교수로부터 연락을 받았다. Roberts는 Loctite의 관리자들 앞에서 1983년 Bradford 축구경기장 화재사고를 담당했던 의사들에 관한 놀라운 발표를 하였다. 그 당시 Roberts와 다른 많은 의사들은 경기장 주변의 임시 천막에서 수술과 피부 이식을 해야 하는 상황이었다. 수술용 바늘을 이용한 봉합은 너무 느렸고 피부 손상이 심해서 일반적인 봉합술은 비효과적이었기 때문에, 의사들은 이식된 피부를 고정시키기 위해 순간접착제인 Super Glue를 사용하였다. Roberts는 초록색 수술복을 입고 Super Glue 튜브를 단 채로 환자 주위에 서 있던 의사들과 많은 부분의 피부가 손상되었던 환자들의 사진, 그리고 몇 년 후에 거의 완벽하게 피부가 회복된 동일인들의 사진을 보여주었다. Roberts는 Loctite의 관리자들에게 피부 접착에 사용될 수 있는 Super Glue의 개발을 계속해 달라고 애원하였다. Roberts의 설득력 있는 발표 덕분에 회사는 프로젝트를 다시 시작했고 이번에는 CEO의 지지와 많은 자금도 제공받았다. 피부 봉합용 Super Glue인 Indermil은 2002년 미국 FDA의 승인을 받았으며, 2003년에는 40개국이 넘는 나라에서 판매되었다.[30]

■ 기업에 의한 연구 개발

모든 국가에 걸쳐 혁신의 가장 확실한 원천 중 하나는 바로 기업 자신의 연구개발 노력이다. 대부분의 선진 국가에서 연구개발의 상당 부분은 기업에 의해 이루어진다(그림 2.2 참조).

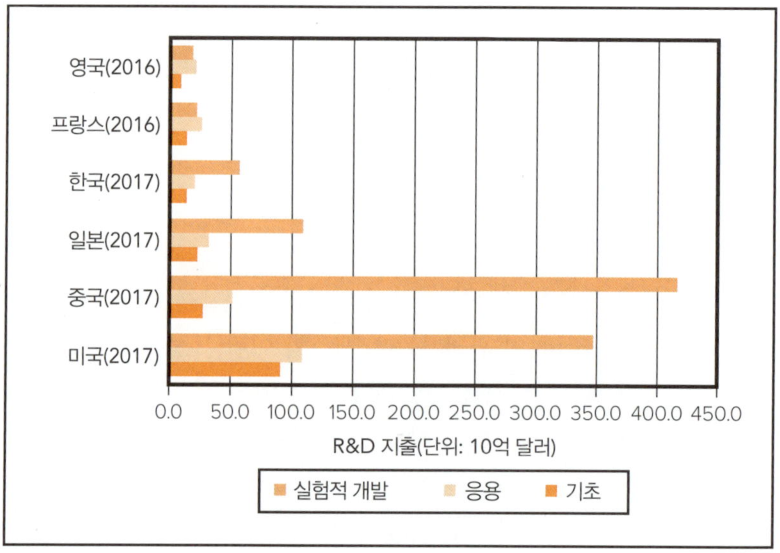

그림 2.2 ▸ 주요 국가의 R&D 유형별 지출, 2017 또는 가장 최근의 데이터

출처: National Center for Science and Engineering Statistics, National Science Foundation, National Patterns of R&D Resources (annual series); Organisation for Economic Co-operation and Development, *Main Science and Technology Indicators* (2019/1); United Nations Educational, Scientific and Cultural Organization Institute for Statistics Data Centre.

*연구*라는 용어와 *개발*이라는 용어가 종종 뭉뚱그려 쓰이긴 하지만 이 두 용어는 사실 혁신 활동에서는 서로 다른 종류의 투자를 의미한다. *연구*는 기초연구와 응용연구 두 가지 모두를 의미할 수 있다. **기초연구**(basic research)는 상업적인 의도를 염두에 두지 않고 어떠한 주제나 분야의 이해를 높이기 위해서 수행되는 연구이다. 이 연구는 과학적 지식을 진보시키는 것으로 장기적으로는 그 결과가 상업적으로 쓰일 수도 있고 그렇지 않을 수도 있다. **응용연구**(applied research)는 어떤 특정 요구를 만족시키기 위해 한 주제에 대한 이해를 높이는 것이다. 산업에서의 연구는 대개 특정한 상업적 목적을 가진 응용연구이다. **개발**(development)은 지식을 이용하여 유용한 기구, 물질, 과정들을 만들어내는 활동이다. 그러므로 *연구와 개발*이라는 개념은 한 영역에서 초기 탐구에서부터 상업적인 구체적 제품의 완성까지를 포함하는 개념이다. 한 기업의 연구개발 집중도(매출액 대비 기업의 연구개발비지출 비율)는 매출성장률, 신제품 매출액, 수익성 등과 강한 양의 상관관계를 가지고 있다.[31]

기초연구
과학적인 지식 그 자체를 증가시키기 위해 행해지는 연구. 장기적으로는 상업적으로 응용될 수도 있고 그렇지 않을 수도 있다.

응용연구
특정한 요구나 목적을 위해 지식을 증가시킬 목적으로 수행되는 연구.

개발
연구를 통한 지식을 바탕으로 유용한 기기, 물질, 과정을 만들어내는 활동..

그림 2.2는 2017년 몇몇 국가에서 진행된 기초연구, 응용연구, 그리고 실험적 개발의 R&D 비율을 보여주고 있다. 그림에서 보듯이 대부분의 국가들이 기초연구보다는 응용연구나 개발 활동에 더 많은 비중을 두고 있다.

1950년대에서 1960년대에 이르기까지 혁신에 대해 연구한 학자들은 연구개발에 있어서 *science-push* 접근방식을 강조하였다.[32] 이 방법은 혁신이 과학적 발견으로부터 시작하여 발명, 설계, 제조를 거쳐 마케팅에 이르기까지 선형적으로 진행된다고 가정하고 있다. 이 접근법에 따르면 혁신의 주된 원천은 기초연구에서 이루어진 발견들로 모기업에 의해 상업적으로 응용 가능하게 변화한 것이다. 그러나 이러한 선형과정은 실제 제품 개발과정에는 거의 들어맞지 않음이 밝혀졌다. 1960년대

중반에 들어서는 *demand-pull*이라고 불리는 또 다른 연구개발 방식이 주목을 받기 시작했다. 이 접근법은 혁신이 잠재고객들이 인지하는 수요에 의해 주도된다고 주장한다. 따라서 개발인력은 소비자 불만사항이나 의견에 응답하는 노력을 통해 새로운 제품을 개발할 수 있다. 그러나 이 방식은 너무 단순하다는 점에서 비판을 받았다. 예를 들어 Rothwell은 혁신의 다양한 단계별로 다양한 수준의 science-push와 demand-pull의 특징들이 나타난다고 지적하고 있다.[33]

최근의 연구들에 따르면 성공적인 혁신을 이루어낸 기업들은 다음과 같은 다양한 정보와 아이디어의 원천들을 활용하고 있다고 한다.

- 기초연구를 포함한 기업 내부의 연구개발.
- 고객이나 혁신의 잠재적 소비자와의 연계.
- 경쟁자, 보완재 생산자, 공급업자를 포함한 기업의 외부 네트워크과의 연계.
- 대학이나 정부 연구소와 같이 과학적이고 기술적인 정보를 가진 외부 원천들과의 연계.[34]

■ 기업과 소비자, 공급업자, 경쟁자, 보완자의 연계

기업은 종종 소비자, 공급업자, 보완재 개발자뿐만 아니라 경쟁자와도 혁신 프로젝트를 위해 같이 일하거나 혁신을 위한 정보와 자원을 교환하기도 한다. 협력은 전략적 제휴, 연구 컨소시엄 참가, 라이센싱 협정, 계약 형태의 연구개발, 조인트벤처, 기타 협정 등의 다양한 형태로 나타나기도 한다. 각기 다른 형태의 협력들에 대한 장단점은 8장에서 논의할 것이다. 협력자들은 지식이나 자본 같은 자원들을 공동으로 사용하고, 신제품 개발 프로젝트의 위험을 분담할 수 있다.

가장 빈번한 형태의 협력은 기업과 소비자, 공급업자, 지역 대학교 사이에서 이루어진다(그림 2.3 참조).[35] 여러 연구 결과에 따르면 기업은 신제품 아이디어의 가장 귀중한 원천으로 소비자를 꼽고 있다고 한다. 이러한 다양한 형태의 협력은 북미, 유럽, 일본 등에서도 일관되게 나타나며, 특히 일본기업들은 소비자와 더욱 광범위하게 협력하는 것으로 나타난다.

그림 2.3 ▶ 소비자, 공급자, 대학과 광범위한 협력을 하고 있는 회사의 비율

출처: E. Roberts, "Benchmarking Global Strategic Management of Technology," *Research Technology Management*, March–April 2001, pp.25–36.

	북미(%)	유럽(%)	일본(%)
협력대상:			
소비자	44	38	52
공급업자	45	45	41
대학	34	32	34

보완자
보완제품이나 서비스를 생산하는 기업(예, Sony나 Nintendo 같은 비디오게임 콘솔제조업자에게는 게임 개발업자가 보완자이다).

기업들은 경쟁자나 보완자와도 협력할 수 있는데, **보완자**(complementers)란 조명기구의 전구, 전기자동차의 충전장치, 스마트폰의 앱을 생산하는 조직(또는 개인)을 말한다. 몇몇 산업에서는 기업들이 다양한 제품들을 생산하기 때문에 경쟁자와 보완자의 경계가 모호해지는 경우도 있다.

어떤 경우에는 기업들이 특정 제품 카테고리에서는 경쟁자로 첨예하게 대치하면서도 다른 제품 카테고리나 보완재 카테고리에서는 서로 협력할 수도 있다. 예를 들어, Microsoft는 많은 비디오 게임 시장에서 Rockstar Games와 경쟁하고 있다. 하지만 많은 Rockstar Games의 게임들이 자사의 Xbox 모델에서도 사용될 수 있도록 라이선스를 주고 있다. 따라서 Rockstar는 Microsoft에게 경쟁자이면서 보완자이기도 하다. 이런 상황은 기업들 간의 관계를 보다 복잡하게 만들므로 기업들은 경쟁자와 보완자 간의 역할 사이에서 아주 균형 있게 처신해야 한다. 그렇지 않으면 보완자가 협력을 거부할 수도 있다. 예를 들어, 2011년 Google이 Motorola Mobility를 인수했을 때, 삼성이나 HTC와 같이 Google의 안드로이드 시스템을 사용하고 있는 휴대폰 제조업체들은 Google이 Motorola에 Google 소프트웨어에 대한 특혜를 주는지 자세히 지켜보았다. 많은 분석가들은 삼성과 HTC가 Microsoft의 운영시스템을 기반으로 전화기들을 개발하기 시작할 것이라고 추측하였다. Google은 보완자들의 오해와 변심을 피하기 위해 Motorola가 안드로이드 운영체제를 사용하고 있는 다른 기업들과 다름없이 어떠한 이점도 없는 독립체로서 운영될 것이라고 발표하였다. 안드로이드는 기회 균등한 플랫폼으로 다시 한번 자리매김하면서 어떤 휴대폰 제조업체라도 차별 없이 훌륭한 차세대 안드로이드폰을 만들 수 있는 가능성을 유지하게 되었다.[36]

혁신의 외부 원천 그리고 내부 원천

비평가들은 종종 기업들이 기술혁신을 위해서 자체 연구에 투자하지 않고 외부원천에만 의존하고 있다고 비판한다. 그러나 실증적인 자료들을 보면 정보의 외부 원천이 내부의 연구개발 활동을 대체하기보다는 보완하는 경향이 많다는 것을 보여준다. Federation of British Industries의 연구에 따르면 자체적인 연구개발 부서를 가지고 있는 회사들이 외부 네트워크에서도 협력을 많이 하고 있다고 한다. 기업 내부의 연구개발은 외부에서 얻은 정보를 동질화시키고 활용도를 높여 기업의 **흡수능력**(absorptive capacity)을 키우는 데 도움을 준다.[37] 흡수능력은 기업이 새로운 정보를 이해하고 사용할 수 있는 능력을 나타내는 용어로 4장에서 더욱 자세하게 다루어질 것이다.

흡수능력
조직이 새로운 지식을 파악하고 이해하며 활용할 수 있는 능력.

■ 대학교와 정부출연 연구기관

혁신의 또 다른 중요한 원천은 대학교나 정부 연구소, 창업보육센터 등 공공 연구기

그림 2.4 ▶ R&D 수행 상위 8개국의 산업별 R&D 지출, 2017 또는 가장 최근 데이터

출처: National Center for Science and Engineering Statistics, National Science Foundation, National Patterns of R&D Resources (annual series); Organisation for Economic Co-operation and Development, *Main Science and Technology Indicators* (2019/1); United Nations Educational, Scientific and Cultural Organization Institute for Statistics Data Centre.

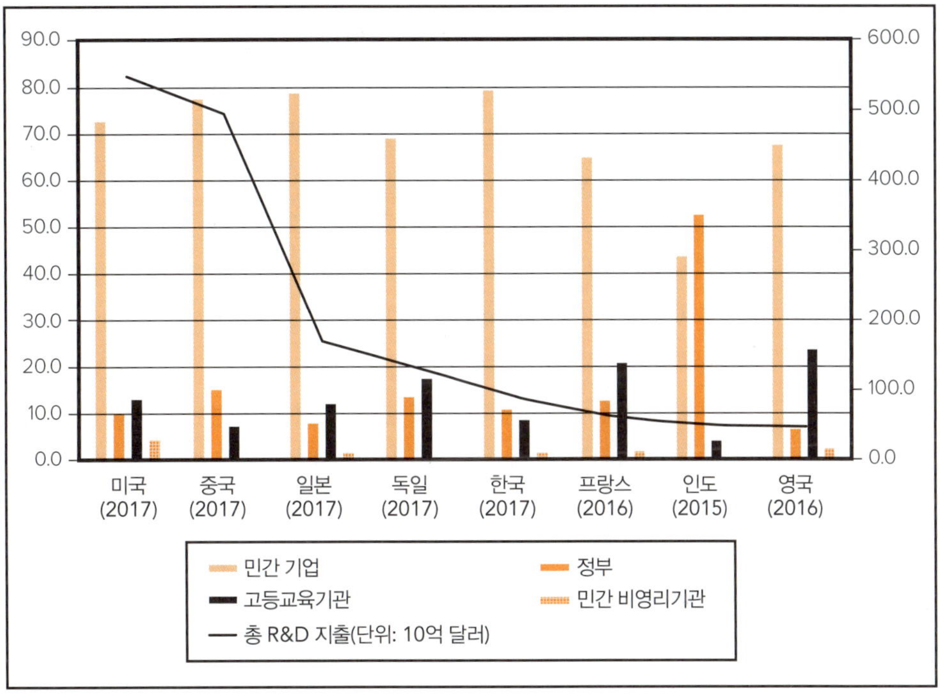

관이다. 기업의 상당수는 공공 연구기관과 비영리단체의 연구가 없었다면 자신들의 개발노력은 아예 시도조차 되지 못했을 것이라고 언급하고 있다.[38]

대학교

미국의 대학들은 2017년 714억 달러 규모의 R&D를 수행하면서 미국 내에서 산업계 다음으로 두 번째로 큰 규모의 R&D 수행 주체이고, 절대 금액 기준으로 미국을 전 세계에서 대학의 연구개발이 가장 활발한 곳으로 만드는 데 공헌하고 있다(그림 2.4 참조). 그중 400억 달러가 *기초 연구*(*응용연구* 대비)에 사용되었는데 이는 미국 내 기초연구에 대학이 가장 큰 역할을 하고 있다는 것을 보여주고 있다. 반면, 국가 전체 R&D 지출에서 대학이 가장 높은 비율을 차지하고 있는 국가는 프랑스인데 전체 R&D 지출의 20.7%인 168억 달러를 대학이 지출하고 있다. 많은 대학들은 혁신을 위한 교수들의 연구 활동을 장려하고 있다. 일반적으로 대학교의 지적재산권에 관한 정책은 특허가 가능한 혁신과 그렇지 않은 혁신을 모두 포함하고 있는데, 연구 결과물을 대학 단독으로 상용화할 수 있는 결정권을 쥐고 있다. 만약 어떠한 발명이 성공적으로 상용화되면 대학은 대개 그 수익을 발명자와 나누어 갖는다.[39] 많은 대학교들은 대학 내 연구가 상업적 혁신으로 이어질 가능성을 높이기 위해 **기술이전센**

기술이전센터
연구실에서 개발된 기술을 상업화하도록 도와주는 곳.

터(technology transfer offices)를 설립하고 있다.

미국에서 대학의 기술이전센터가 활발하게 활동하기 시작하게 된 것은 1980년에 Bayh-Dole Act가 통과되면서부터이다. 이 법은 대학이 세금과 같은 공공기금을 재원으로 이루어진 발명에 대한 로열티를 징수할 수 있게 한 것이다.[40] 이 법이 시행되기 이전에는 정부가 지원한 모든 발명에 대한 권리를 연방정부가 다 가졌다. 몇몇 유럽과 아시아 국가들이 미국의 선례를 따르면서 Bayh-Dole과 유사한 형태의 법안을 입법하였는데, 덴마크, 오스트리아, 핀란드, 노르웨이, 독일, 프랑스, 영국, 일본, 중국, 그리고 인도가 여기에 해당한다. 반면, 스웨덴과 이탈리아는 아직까지 대학교수가 자신의 발명에 대한 소유권을 독자적으로 보유하는 "교수의 권리" 정책을 유지하고 있다. 대학에서의 기술이전 활동으로 인해 발생하는 수익은 대학연구 예산에 비해서는 아직 매우 적은 금액이지만, 그 중요성은 급속도로 커지고 있다. 초기에는 기업들이 대학이 보유한 지적 자산을 적극적으로 라이센싱하려 하면서 이에 따른 수익이 상당히 늘어날 것으로 예상하였으나, 이는 기대에 한참 못 미치면서 "개발해놓으면 누군가는 살 것"이라는 막연한 생각은 잘못된 것으로 드러났다. 이제 대학들은 자신들의 지적자산을 이용한 창업활동을 지원하고 주도적으로 산업체들과의 관계를 구축하는 데 적극적인 노력을 기울이고 있다.[41] 대학들은 또한 다른 조직이나 개인의 개발활동에 사용될 수 있는 연구결과물의 출간을 통해서도 혁신에 중요한 공헌을 하고 있다.

정부지원 연구

많은 국가의 정부들은 정부산하 연구소, **과학기술단지**(science park), **창업보육센터**(incubator), 다른 공공기관이나 민간 연구기관들을 통해 연구를 활발하게 지원한다. 예를 들어 미국 중소기업청은 혁신적인 중소기업들이 국방부, 에너지부, 보건후생부와 같은 연방정부 기관들로부터 자금지원을 받을 수 있도록 2가지 프로그램을 운영하고 있다. 첫 번째는 중소기업혁신연구(Small Business Innovation Research; SBIR) 프로그램이다. SBIR 프로그램하에서 정부기관들은 중소기업들이 새로운 혁신을 개발하고 상업화하는 것을 지원하기 위해 173만 달러까지의 보조금을 제공한다. 두 번째는 중소기업기술이전(Small Business Technology Transfer; STTR) 프로그램으로서 여기에서는 중소기업과 비영리연구단체 간에 파트너십을 지원하기 위해 173만 달러까지의 자금을 제공하는데, 이 프로그램의 목적은 연구자와 기업가들을 연결시켜 연구실에서 이루어진 혁신의 가치를 극대화하는 것이다.

과학기술단지
정부가 정부와 대학, 기업 간 연구개발 활동의 협력을 위하여 지정한 지리적 구역.

창업보육센터
필요한 기금이나 조언을 제공받지 못할 수도 있는 새로운 사업을 성숙시키고 발전시키기 위하여 만들어 놓은 기관.

창업보육센터를 포함하고 있는 과학기술단지의 예는 다음과 같다.

- Stanford Research Park, 1951년에 스탠포드대학교 옆에 설립.
- Research Triangle Park, 1959년에 노스캐롤라이나에 설립.

- Sophia Antipolis Park, 1969년에 프랑스 남부에 설립.
- Cambridge Science Park, 1972년에 영국 케임브리지에 설립.

이러한 기술단지들은 신생기업들을 위한 온상이 될 뿐 아니라 기업과의 연계를 통해 협력의 구심점 역할을 하며, 대학 연구실이나 다른 연구소와 지리적으로 근접하여 과학 전문가와 언제든지 접촉할 수 있게 해준다. 또한 기술단지는 대학교 연구자들이 자신들의 과학적 발견을 상업화시키는 것을 도와주기도 한다.[42] 이러한 기술단지들은 종종 오래 지속되면서 자기강화의 장점을 갖는 기술집적단지로 발전하기도 한다(이 장의 뒷부분에서 논의될 것이다).

민간 비영리단체

민간 비영리단체는 민간 연구소나 비영리 병원, 민간 재단, 전문가 또는 기술 협회, 학계와 재계의 협력단체, 무역 협회, 또는 다양한 방식으로 혁신활동에 공헌하는 활동 단체들을 말한다. 많은 비영리단체들은 그들 스스로 개발 활동을 수행하는데, 어떤 단체는 연구개발 기금만 조성하여 다른 단체들에게 기부하기도 하고, 자체적인 연구개발 활동과 더불어 다른 기관의 연구개발 활동을 지원하는 두 가지의 행위를 다 하는 곳도 있다.

협력 네트워크를 통한 혁신

앞에서 보았듯이 성공적인 혁신을 위해서 연구개발 네트워크의 중요성에 대한 인식이 점점 높아지고 있다.[43] 이런 협력에는 조인트벤처, 라이센싱, 2차 공급계약(second sourcing agreement), 연구협회, 정부지원 합동 연구프로그램, 기술과학 연계 부가가치 네트워크, 비공식 네트워크 등이 있다.[44] 협력 연구는 특히 첨단 과학기술 분야에서 중요성이 두드러지는데, 이는 한 개인이나 조직이 중요한 혁신을 하는 데 필요한 모든 자원과 역량을 다 가지고 있을 수는 없기 때문이다.[45]

기업들은 협력관계를 구축하면서 정보와 다른 자원들의 전달자 역할을 하는 그들 간의 네트워크 통로를 만들게 된다. 이 네트워크에 속한 기업들은 그렇지 않은 기업보다 더 광범위한 정보(그리고 자원)에 접근할 수 있으므로 기업 간 네트워크는 기업이 개별적으로 이룰 수 있었던 것보다 더 많은 것을 이룰 수 있게 해준다.[46] 따라서 기업 간 네트워크는 혁신의 중요한 엔진이다. 또한 네트워크의 구조는 네트워크를 통한 정보와 자원의 흐름에 영향을 미치게 된다. 예를 들어 두 기업 간의 정보가 흐를 수 있는 통로가 많이 존재하는 밀집된 네트워크의 경우에는 정보의 확산이 상당히 빠르고 광범위하게 이루어진다.[47]

그림 2.5 ▶ 세계 기술 협력 네트워크, 1995년과 2000년[49]

1995

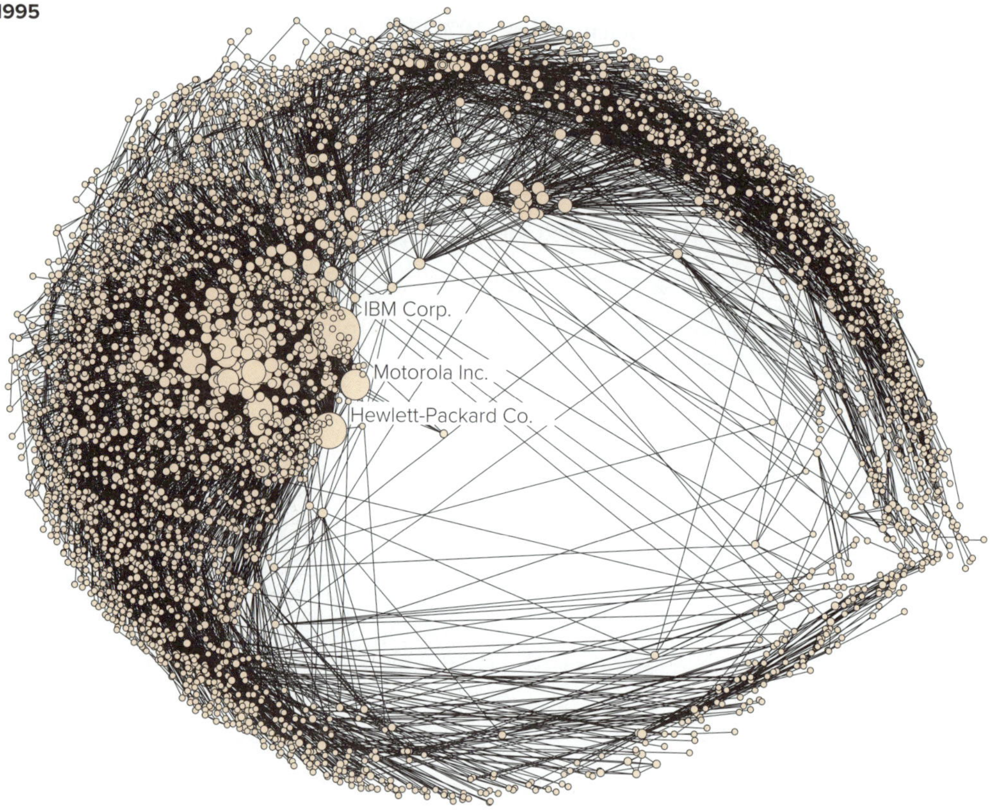

그림 2.5는 1995년과 2000년의 전 세계적인 기술 제휴 네트워크를 보여주고 있다.[48] 1990년대 중반에는 기업 간 제휴 활동의 양이 최고점에 이르고 있는데, 이는 기업들이 정보 기술의 급격한 변화에 빠르게 대응하려는 과정에서 일어난 것으로 풀이된다. 이 결과 전체 기업들 간에 매우 크고 밀집된 망이 형성되었다. 표시된 네트워크는 주로 북미, 일본, 유럽에 소재하는 3,856개의 조직들 간의 연결을 보여주고 있다. 그러나 90년대 후반으로 가면서 기업 간 제휴 활동이 감소하였는데 그 결과 망의 크기가 줄어들어 2개의 큰 구성요소와 다수의 작은 구성요소들로 나뉘게 된다. 왼쪽에 있는 큰 구성요소는 주로 화학과 의료산업의 조직들로 구성되어 있다. 오른쪽에 있는 큰 구성요소는 주로 전자산업에 속한 조직들로 구성되어 있다. 만약 협력 네트워크의 크기와 밀도가 네트워크상의 한 조직이 사용할 수 있는 정보의 양에 영향을 미친다면, 1995년에 나타난 네트워크와 2000년에 나타난 네트워크 간의 차이를 볼 때 기업 간에 이전되던 정보의 양에 상당한 변화가 일어났음을 의미한다. (네트워크상에서 기업의 포지션에 관한 전략적 의미는 8장에서 논의될 것이다.)

그림 2.5 ▶ (계속)

2000

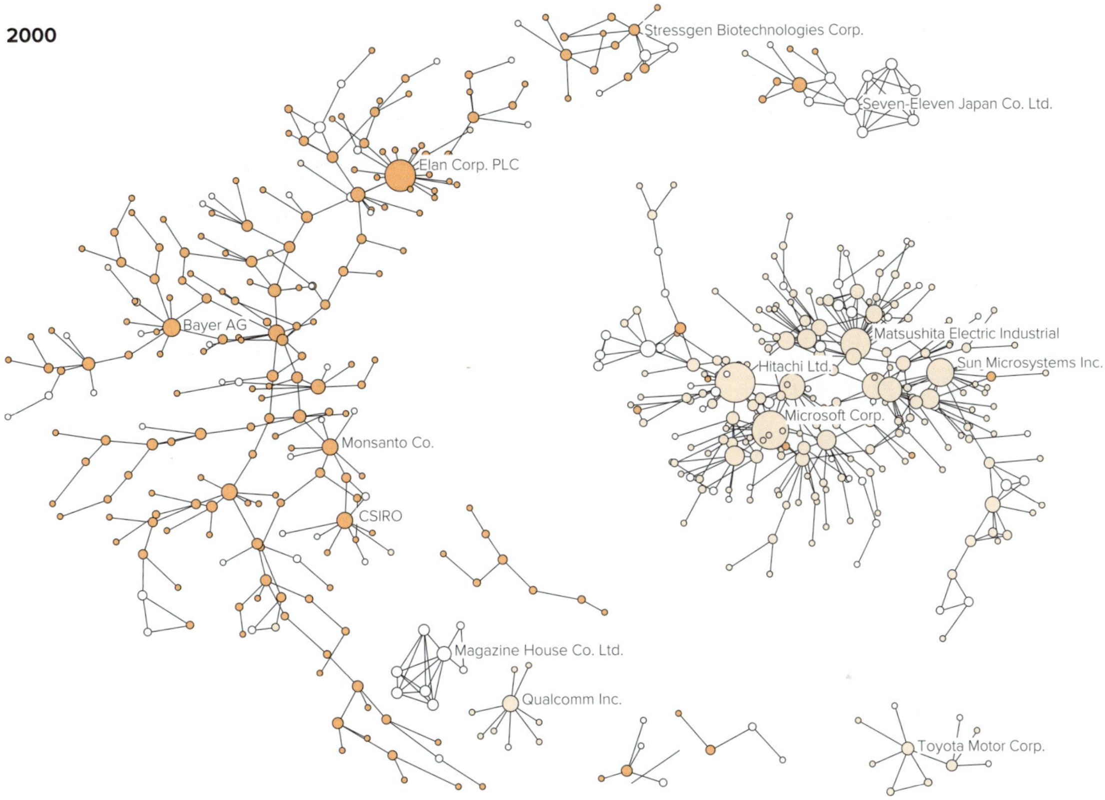

■ 기술 집적단지

때로는 지리적 근접성이 협력 네트워크의 형성과 혁신 활동에 중요한 역할을 하기도 한다. 잘 알려진 지역 집적단지인 Silicon Valley의 반도체 단지, 남부 Manhattan의 멀티미디어 단지, 이탈리아 Modena의 니트웨어 단지 등이 이러한 특성을 적절히 보여주고 있다. 이러한 예들은 집적단지의 발생을 초래하는 요인들이 무엇인지에 대한 상당한 관심을 불러일으키고 있다. 예를 들어, 주정부와 시정부는 지역 고용창출이나 세금수입, 또는 다른 경제적 이익 때문에 집적단지를 육성하는 법에 대해 관심이 있을 수 있다. 또한 기업의 입장에서는 집적단지화의 동인과 장점을 이해하는 것이 집적단지를 통한 이득 확보를 위한 포지셔닝 전략을 세우는 데 유용할 수도 있다.

기술 집적단지
하나의 공통된 기술에 연결된 기업들의 지리적인 묶음으로써, 이들 기업들은 협력 연구뿐만이 아닌 구매자, 공급자, 그리고 보완자의 관계에 속할 수도 있다.

기술 집적단지(technology clusters)는 좁게는 도시와 같은 지역에 걸쳐 존재할 수 있고, 넓게는 인근 국가들을 연결하는 큰 지역에 걸쳐 존재할 수도 있다.[50] 또한 집적단지는 서로 연관된 공급자, 구매자, 보완재의 제조업자 들이 속한 다양한 일련의 산업들이 공존하는 형태가 될 수도 있다. 지역적인 집적단지가 생겨나는 가장 큰 이유는 지리적으로 가깝게 위치할수록 지식 교환에 따른 이점을 누리기 쉽기 때문이다. 비록 정보기술의 발달로 먼 거리에서도 쉽고, 빠르며, 저렴한 방법으로 지식을 교환할 수 있으나, 몇몇 연구 사례는 지식이란 것이 이러한 메커니즘만으로 언제나 잘 전달되는 것은 아니라는 것을 보여준다.

복잡한 지식
많은 구성성분을 지니고 있거나, 그 구성성분 간에 많은 상호종속적인 관계가 있거나 또는 둘 다인 지식.

암묵적 지식
읽을 수 있는 형태로 변환할 수 없는 지식(문서화될 수 없음).

근접성과 상호작용은 지식을 교환하려는 기업의 능력과 의지에 직접적인 영향을 미칠 수 있다. 첫째로, **복잡하거나 암묵적인 지식**(complex and tacit)의 의미가 제대로 전달되기 위해서는 빈번하고 가까운 상호작용이 필요할 수도 있다.[51] 기업들이 어떤 지식을 이전할 수 있으려면 그 지식을 이해하고 발전시키기 위한 공통된 방법을 개발하기 위해 빈번한 상호작용을 해야 할 수도 있다.[52] 둘째로, 상호작용의 친밀도와 빈도는 기업의 지식교환에 대한 *의도*에 영향을 줄 수 있다. 어떤 기업들이 빈번히 교류한다면 그들은 상호 간에 믿음과 상호규범을 발전시킬 수 있다. 오랫동안 교류를 해온 기업들은 서로에 대해 보다 많이 알게 되며, 교류를 반복하게 되면 상대방이 기회만 엿보는 기회주의자인지의 여부를 알 수 있는 정보를 얻게 된다. 서로 간의 관계양식, 즉 서로 교환해야 할 지식의 양과 교환된 지식들의 활용방식 그리고 이에 따른 서로에 대한 보답방식에 대한 이해가 점차 공유되면서 각자의 의무를 이해하게 되는 것이다.[53]

그러므로 인접한 기업들은 혁신의 생산성을 증대시켜 줄 수 있는 정보를 공유하는 데 장점이 있으며, 이 사실은 다른 종류의 자기강화적인 지리적 장점을 유발할 수도 있다. 혁신 생산성이 높은 기업들의 집적단지 근처에는 신규 기업들이 더 많이 자리 잡거나, 기존회사들이 이주해 올 수도 있다.[54] 기업이 커감에 따라, 기업의 각 사업부들은 새로운 회사들로 분할되어 나갈 수 있는데 기업가적인 직원은 아예 독립하여 자신의 새로운 회사를 만들 수도 있으며, 그 기업의 공급자와 유통업자 등의 새로운 시장이 집적단지 안에 형성될 수도 있다. 또한 성공적인 기업들은 집적단지의 인근 지역에 새로운 인력 수요를 발생시켜 개인들이 혁신적인 기업에서 일을 할 수 있는 기회를 만들어내기도 한다. 고용의 증가와 세수의 증대는 지역의 도로나 편의시설 등의 인프라 구축을 가능하게 하며, 학교, 늘어난 인구를 위한 쇼핑몰, 식료품점, 헬스센터 등의 서비스 시장도 늘어나게 한다. 기업 간의 지리적인 위치를 가까이하여 얻게 되는 효과들을 총괄하여 **집적경제**(agglomeration economies)라고 부른다.[55]

집적 경제
기업 간에 지리적인 위치를 가까이 정함으로써 얻게 되는 이점.

지리적 집적에는 몇 가지 부정적인 면도 있다. 첫 번째로 지역시장을 상대로 많은 경쟁자들이 근접하여 있는 것은 그들의 구매자와 공급자에 대한 가격 협상력을 약화시키는 결과를 초래할 수 있다. 두 번째로 기업 간 근접은 경쟁자가 기업의 지적재산권에 접근할 수 있는 가능성이 높아짐을 의미할 수도 있다(이는 다음 절에서 논의되는 기술의 파급효과 메커니즘 중의 하나이다). 세 번째로 집적단지는 잠재적으로 교통혼잡과 지나치게 높은 주택가격, 높은 오염을 야기할 수 있다.[56]

기술이 지리적으로 집중되는 경향이 있는 주된 이유는 기술적 지식은 사람에 의해 생겨나며 대개의 경우 사람들은 이사하는 것을 꺼리기 때문이다. Annalee Saxenian의 유명한 연구에 따르면, 실리콘밸리에 있는 엔지니어들은 특정 회사가 아닌 자신의 기술에 대해 자부심을 느끼지만 그들이 직장을 바꾼 경우에도 그 지역에 머무르는 경향이 있다고 한다.[57] 이는 그 지역에 그들의 기술을 필요로 하는 인력시장이 있기 때문이기도 하지만, 또 다른 면에서는 다른 지역으로 옮겨가면 개인적인 생활이 완전히 바뀌기 때문이다. 그러므로 어떠한 이유에서든 혁신 활동이 한 지역에서 시작되면, 그와 관련되어 축적된 전문적 지식들은 쉽사리 다른 지역으로 퍼져나가지 못하며, 이러한 특성 때문에 기술적 전문지식이 지리적으로 집중되게 하는 것이다.[58]

몇몇의 연구에 따르면 많은 혁신활동이 지리적 요소를 가지고 있기는 하지만 혁신 활동이 지리적으로 집중되는 정도는 다음과 같은 요소들에 달려 있다고 한다.

- 기술을 뒷받침하고 있는 지식기반이나 특허나 지적재산권에 의해 기술이 보호될 수 있는 정도, 그리고 기술개발을 위해 얼마나 빈번하고 친밀한 상호 의사소통이 필요한지 등 기술의 본래적 특성.
- 시장집중도 또는 산업수명 주기상의 단계, 운송비용, 공급업자와 물류업자 시장의 가용성 등 산업의 성격.
- 한 지역에서의 노동인력과 소비자의 인구밀집도, 산업 인프라의 발달 상태, 또는 기술개발을 위한 자금조달이나 개발된 기술이 보호받는 방식에 관한 국가적 차이 등 기술의 문화적인 환경.

예를 들어 세계 여러 나라 기술지역들의 분포에 대해 조사한 한 연구에서는 영국과 프랑스에서는 제약산업이 매우 밀집되어 있지만 이탈리아와 독일에서는 꽤 넓게 분포하고 있다는 사실을 발견했다.[59] 그러나 같은 연구에서 이탈리아는 의류산업이 한곳에 밀집되어 있지만 프랑스나 독일, 영국에서는 그렇지 않다는 것도 알아냈다. 제약산업의 밀집은 국가의 연구기금 지원제도와 복잡한 전문지식의 공유 필요성 때문이었다면 의류산업이 밀집된 것은 역사적으로 형성된 산업지구의 영향을 받은 문화적 요인이 크다고 할 수 있다.

■ 기술의 파급

기술의 파급
연구개발의 결과가 조직과 지역적인 경계를 넘어서 전파되는 긍정적인 외부 효과.

앞서 살펴본 기술 집적단지에서는 지식의 "접착성(stickiness)"을 강조한 반면, 기술이 조직이나 지리적인 경계를 넘어서 널리 퍼지는 현상에 중점을 두는 연구가 있어왔다. 이 주제가 바로 기술의 파급현상이다. **기술의 파급**(technology spillovers)이란 한 기업(또는 국가나 다른 단체)의 연구 활동으로 인한 효과가 다른 기업(또는 국가

연구요약 상은 혁신에 효과가 있는가?

특허 시스템은 발명가가 발명에 대한 일시적인 독점으로 이익을 얻을 수 있는 기회를 제공하는 일반적인 방법으로 혁신을 위한 가장 중요한 인센티브로 간주된다. 그러나 정부, 재단 또는 기업은 종종 특정 혁신을 위해 상과 더불어 거액의 상금을 걸기도 한다. 이러한 상이 혁신에 대한 더 나은(또는 보완적인) 인센티브가 될 수 있는지 어떻게 알 수 있는가?

연구에 따르면 상은 전통적인 수익 창출 방법이 취약하거나(예, 특허가 특별히 효과적이지 않을 경우) 느린 영역(예, 혁신의 개발이 너무 오래 걸려서 경제적으로 매력적이지 않을 경우), 또는 혁신의 혜택이 너무 광범위하여 공공재에 대한 투자 부족으로 이어질 수 있는 경우에 유용한 경향이 있는 것으로 나타났다.[a] 예를 들어, 2021년 초 Xprize Foundation 조직은 탄소 포집과 관련된 두 가지 경진 대회를 포함하여 다양한 경진 대회들을 운영하고 있었다. 그중 하나인 NRG COSIA Carbon Xprize는 대기에서 CO_2를 제거한 뒤 합성 연료 또는 탄소 섬유와 같이 가치 있는 제품에 사용하는 참가자의 능력을 기반으로 수여된다. 경진 대회가 처음 시작되던 해, 총 48개 팀이 대회에 참가했으며 9개 팀이 최종 라운드에 남아 각각 천만 달러 상당의 상금 2개를 놓고 경쟁했다. Elon Musk가 후원했던 두 번째 대회에서는 CO_2를 영구적으로 격리하면서 이를 수 기가톤까지 확장할 수 있는 공정으로 만들 수 있는 능력을 입증하는 참가자에게 총1억 달러의 상금을 수여했다. 두 대회 모두 기후 변화를 늦추거나 멈추는 데 도움을 주어 공익을 제공하고자 하였다.[b]

경진대회의 상품은 참가자들이 다양한 해법을 개발하도록 유도할 수 있다. 상은 문제에 대한 에너지, 노력 및 투자를 집중시키며, 이러한 노력 중 많은 부분은 해당 팀이 상을 받지 못하더라도 기술적 발전을 가져올 수 있다. 또한, 상품은 큰 지렛대 역할을 할 수 있는데 참가자가 상품을 놓고 경쟁하기 위해 지출한 총 비용이 상금 자체를 크게 초과할 수도 있다. 예를 들어, 최초의 잘 알려진 혁신상 중 하나는 Orteig Prize로 1919년 프랑스의 호텔사업가인 Raymond Orteig가 뉴욕과 파리 간의 첫 직항 비행에 대해 25,000달러의 상금을 건 것이다. 1927년 비교적 무명으로 간주되던 Charles Lindbergh는 Spirit of St. Louis라고 불리는 개조된 단일 엔진 Ryan 항공기로 상을 받았다. 총 9개 팀이 Orteig Prize를 받기 위해 총 400,000달러를 지출했다. 이와 유사하게, 1996년에 기업가인 Peter Diamandis는 3인승 동체를 제작하여 2주 동안 우주로 100km를 두 번 진입할 수 있는 첫 번째 팀에게 천만 달러의 상금을 걸었다. 나중에 Suborbital Spaceflight를 위한 Ansari XPRIZE로 명명된 이 대회는 7개국의 26개 팀이 천만 달러의 상금을 위해 1억 달러 이상을 투자하는 결과를 가져왔다. 2004년 10월4일, Mojave Aerospace Ventures가 우주선 *SpaceShipOne*을 이용하여 제시된 비행을 완료하여 Ansari XPRIZE에서 우승했다.

상금 외에도 상은 영예, 명성 그리고 권위를 제공한다. 이 모든 것들이 개발 팀의 향후 상용화 노력에 유용할 수 있다. 또한, 많은 대회에서 참가자는 상금과 더불어 자신이 개발한 것에 대한 지적 재산권을 부여받을 수 있다(예, Xprize 재단이 주관하는 모든 대회). 따라서 상은 종종 경제적 벤처에 대한 관심을 촉발시키기 위한 보조 수단이 될 수 있다.

[a] Alberto Galasso, Matthew Mitchell, and Gábor Virag, "A Theory of Grand Innovation Prizes," *Research Policy* 47 (2018): 343–63; Fiona Murray et al., "Grand Innovation Prizes: A Theoretical, Normative and Empirical Evaluation," *Research Policy* 41 (2012): 1779–92; Alexander Tabarrok, "Grand Innovation Prizes to Address Pandemics: A Primer," *Special Edition Policy Brief*, April 8, 2020, https://papers.ssrn.com/sol3/papers.cfm?abstract_id=3571437; and Michael J. Burstein and Fiona E. Murray, "Innovation Prizes in Practice and Theory," *Harvard Journal of Law & Technology* 29 (2016): 402–51.

[b] XPRIZE, accessed March 3, 2021, https://www.xprize.org.

나 다른 단체)으로 파급되어 긍정적인 영향을 미칠 때 나타난다. 그러므로 기술의 파급이란 연구개발 결과의 긍정적인 외부 효과라고 할 수 있다. 기술의 파급이 혁신 활동에 중요한 영향을 미친다는 것은 여러 연구들을 통해 나타나고 있다. 예를 들어

1980년대와 1990년대에 걸친 연구에서 Adam Jaffe와 공동저자는 특정 기업의 특허취득 활동과 이익이 그 지역 내의 다른 기업들과 대학교의 연구개발비 지출에 영향을 받는다는 사실을 밝혀냈다.[60]

연구개발 결과의 파급 여부는 특허나 저작권, 영업비밀 등의 지적재산권 보호와 규제의 강약 정도에 영향을 받는다(혁신을 보호하는 방법에 대해서는 9장에서 자세하게 다룰 것이다). 지적재산권 보호에 대한 법은 산업과 국가에 따라 상당히 다르므로 기술 파급의 가능성 역시 다르게 나타난다.[61] 기술파급의 가능성은 또한 지식기반의 특성(앞서 설명하였듯이 암묵적 지식은 기업 경계를 넘어서 유출되기 쉽지 않다)과 인력의 이동성에도 영향을 받는다.[62]

요약

1. 창의성은 혁신의 밑바탕이 되는 프로세스이다. 창의성은 개인이나 조직으로 하여금 새롭고 유용한 아이디어를 생각할 수 있도록 만들어 준다. 창의성은 지적능력, 지식, 생각하는 방식, 성격 특성, 내재적 동기, 그리고 환경에 의해 영향을 받는다.
2. 혁신은 때때로 개인 발명가에 의해서 창조되기도 한다. 왕성한 발명가는 다방면의 분야에서 훈련되고, 호기심이 왕성하며, 기존의 가정에 대해 의구심을 갖고, 모든 지식들은 연결되어 있다는 관점을 갖는 경향이 있다. 잘 알려진 발명가들은 발명가적 기질과 기업가적 기질을 동시에 가지고 있다.
3. 혁신은 자신의 필요를 충족시키기 위하여 해결책을 창조해내는 소비자에 의해 일어날 수도 있다.
4. 기업의 연구개발 활동은 혁신의 가장 중요한 동인 중 하나이다. 대부분의 국가에서 기업들은 정부기관이 사용하는 연구개발 비용보다 훨씬 많은 액수를 사용하며, 기업의 자체 연구개발 활동을 혁신의 가장 중요한 원천이라 생각한다.
5. 기업들은 혁신활동을 위해 종종 외부의 다른 조직(혹은 개인)들과 협력하기도 한다. 협력대상자에는 소비자, 공급자, 대학교 등이 있으며, 경쟁기업, 보완재 생산 기업, 정부출연 연구소, 비영리단체 등 다른 연구기관과도 협력한다.
6. 많은 대학들은 연구 미션을 가지고 있으며, 최근 들어서는 교수진들의 연구 결과를 직접 상용화하도록 하는 기술이전 활동을 활발히 하고 있다. 대학들은 또한 연구 결과의 출간을 통해 혁신에 공헌한다.
7. 정부도 자체 연구소를 통해 연구개발 활동에서 적극적인 역할을 하고 있다. 또한 다른 조직에게 연구개발 기금을 지원하며, 협력 네트워크의 구축을 촉진하고 신생기업들을 지원하기 위한 과학기술단지나 창업보육센터 등을 설립하기도 한다. 일부 국가에서는 정부 지원의 연구개발 성과가 기업의 연구개발 성과보다 많은 경우도 있다.
8. 민간연구소나 비영리병원 같은 민간 비영리 기관들도 혁신의 원천 중 하나이다. 이런

기관들은 자체적으로 연구개발을 하기도 하고 다른 기관에 연구개발 기금을 지원하기도 한다.

9. 아마도 혁신에서 가장 중요한 원천은 한 개별 조직 또는 사람이 아니라 여러 조직과 사람들의 자원이나 능력을 보다 잘 발휘할 수 있게 해주는 협력적인 네트워크가 될 것이다. 협력적 네트워크는 특히 첨단기술 부문에서 중요한 역할을 한다.
10. 협력은 때때로 지리적인 근접성을 바탕으로 잘 발휘되며, 이 때문에 지역적인 기술 집적단지가 생겨나기도 한다.
11. 기술의 파급현상은 연구개발의 긍정적인 외부 효과인데, 일례로 연구개발을 통해 확보된 지식이 여러 다른 조직들로 널리 퍼져 나가는 것을 생각할 수 있다.

토론문제

1. 다음 혁신들의 장단점은 무엇인가?

   (*a*) 개인의 혁신 (*b*) 기업의 혁신

   (*c*) 대학의 혁신 (*d*) 정부기관의 혁신

   (*e*) 비영리단체의 혁신
2. 개인을 가장 창조적으로 만드는 특성은 무엇인가? 이러한 특성들은 성공적인 발명품을 만들어내는 데 필요한 특성과 같은 것인가?
3. 기업은 면접이나 채용과정에서 창의성이나 발명가로서의 자질이 큰 사람을 발견해 낼 수 있는가?
4. 기업의 구조, 업무절차, 보상제도, 문화 등의 요소 등과 비교하여 볼 때 기업의 창의성이 조직구성원 개개인의 창의성에 어느 정도 관련되어 있다고 보는가? 조직구성원 개개인의 창의성을 배양하고 활용하는 데 특별히 성공적인 기업의 예를 들어보자.
5. 몇몇 보고서는 전 세계적으로 협력연구가 증가하는 추세라고 보고하고 있다. 협력연구가 점점 더 활발해지는 이유는 무엇인가?

추가자료

■ 대표문헌

Adam Jaffe, "Technological Opportunity and Spillovers of R&D: Evidence from Firms' Patents, Profits, and Market Value," *American Economic Review* 76 (1986): 984–1001.

Alfred Weber, *Theory of Location of Industries* (Chicago: University of Chicago, 1929).

Eric Von Hippel, *Sources of Innovation* (New York: Oxford University Press, 1988).

Henry Sawyer, R.K., *Explaining Creativity: The Science of Human Innovation* (Oxford: Oxford University Press, 2011).

Teresa Amabile, *Social Psychology of Creativity* (New York: Springer-Verlag, 1983).

■ 최근문헌

Carmen Fischer, Charlotte P. Malycha, and Ernestine Schafmann, "The Influence of Intrinsic Motivation and Synergistic Extrinsic Motivators on Creativity and Innovation," *Frontiers in Psychology,* https://doi.org/10.3389/fpsyg.2019.00137.

Carolin Haeussler and Anne Assmus, "Bridging the Gap between Invention and Innovation: Increasing Success Rates in Publicly and Industry-Funded Clinical Trials," *Research Policy* 50, no. 2 (2021), https://doi.org/10.1016/j.respol.2020.104155.

Eduardo Melero and Neus Palomeras, "The Renaissance Man Is Not Dead! The Role of Generalists in Teams of Inventors," *Research Policy* 44 (2015): 154–67.

Jill E. Perry-Smith and Pier Vittorio Mannucci, "From Creativity to Innovation: The Social Network Drivers of the Four Phases of the Idea Journey," *Academy of Management Review* (2017). https://doi.org/10.5465/amr.2014.0462.

Madeline K. Kneeland, Melissa A. Schilling, and Barak S. Aharonson, "Exploring Uncharted Territory: Knowledge Search Processes in the Origination of Outlier Innovation. *Organization Science* 31, no. 3 (2020), https://doi.org/10.1287/orsc.2019.1328.

Melissa A. Schilling, *Quirky: The Remarkable Story of the Traits, Foibles, and Genius of Breakthrough Innovators Who Changed the World* (New York: Public Affairs, 2018).

Oguz A. Acar, Murat Tarakci, and Daan van Knippenberg, "Creativity and Innovation under Constraints: A Cross-Disciplinary Integrative Review," *Journal of Management* 45 (2019): 96–121.

Sabrina T. Howell, "Financing Innovation: Evidence from R&D Grants." *American Economic Review* 107, no. 4 (2017): 1136–64.

■ 참고문헌

1. Roy Rothwell, "Factors for Success in Industrial Innovations, Project SAPPHO—A Comparative Study of Success and Failure in Industrial Innovation," SPRU, University of Sussex, Brighton, U.K., 1972; and Laurel Smith-Doerr et al., "Networks and Knowledge Production: Collaboration and Patenting in Biotechnology," in *Corporate Social Capital,* eds. R. Leenders and S. Gabbay (Norwell, MA: Kluwer Academic Publishers, 1999), 331–50.
2. Frank Barron, *Creative Person and Creative Process* (New York: Holt, Rinehart, and Winston, 1969); Donald W. MacKinnon, "Personality and the Realization of Creative Potential," *American Psychologist* 17 (1965): 484–95; Rhona Oshse, *Before the Gates of Excellence: The Determinants of Creative Genius* (New York: Cambridge University Press, 1990); and Todd I. Lubart, "Creativity," in *Thinking and Problem Solving,* ed. R. J. Sternberg (New York: Academic Press, 1994), 289–332.
3. Margaret Boden, *The Creative Mind: Myths and Mechanisms* (New York: Basic Books, 1992).
4. Lubart, "Creativity."
5. Sigmund Freud, *The Unconscious*, standard edition, 14:159–214; Sarnoff Mednick, "The Associative Basis of the Creative Process," *Psychological Review* 69 (1962): 220–32; John Suler, "Primary Process Thinking and Creativity," *Psychological Bulletin* 80 (1980): 155–65; Dean K. Simonton, *Origins of Genius* (Oxford: Oxford University Press, 1999).
6. Melissa A. Schilling, "A Small-World Network Model of Cognitive Insight," *Creativity Research Journal* 17, nos. 2 and 3 (2005): 131–54.
7. Mathias Benedek and Aljoscha C. Neubauer, "Revisiting Mednick's Model on Creativ-

ity-Related Differences in Associative Hierarchies. Evidence for a Common Path to Uncommon Thought," *Journal of Creative Behavior* 47 (2013): 273–89.

8. This argument is also invoked in a line of work on "defocused attention." See Martindale, C. "Biological bases of creativity," in *Handbook of Creativity*, ed. R. J. Sternberg Cambridge UK: (Cambridge University Press, 1999), 137–52.
9. Peter A. Frensch and Robert J. Sternberg, "Expertise and Intelligent Thinking: When is it Worse to Know Better?" in *Advances in the Psychology of Human Intelligence*, ed. R. J. Sternberg (Hillsdale, NJ: Erlbaum, 1989), 157–88.
10. Melissa A. Schilling, *Quirky: The Remarkable Story of the Traits, Foibles, and Genius of Breakthrough Innovators Who Changed the World* (New York: Public Affairs, 2018).
11. Melissa A. Schilling, *Quirky: The Remarkable Story of the Traits, Foibles, and Genius of Breakthrough Innovators Who Changed the World* (New York: Public Affairs, 2018).
12. Robert R. McCrae and Paul T. Costa, Jr., "Conceptions and Correlates of Openness to Experience," in *Handbook of Personality Psychology*, ed. R. Hogan, J. A. Johnson, S. R. Briggs (San Diego: Academic Press, 1997), 825–47.
13. Teresa M. Amabile, *The Social Psychology of Creativity* (New York: Springer-Verlag, 1983) and Teresa M. Amabile, *Creativity in Context* (Boulder CO: Westview, 1996).
14. Edward L. Deci, Richard Koestner, and Richard M. Ryan, "A Meta-Analytic Review of Experiments Examining the Effects of Extrinsic Rewards on Intrinsic Motivation," *Psychological Bulletin* 125 (1999): 627–68.
15. Melissa A. Schilling, *Quirky: The Remarkable Story of the Traits, Foibles, and Genius of Breakthrough Innovators Who Changed the World* (New York: Public Affairs, 2018).
16. Richard W. Woodman, John E. Sawyer, and Ricky W. Griffin, "Toward a Theory of Organizational Creativity," *Academy of Management Review* 18 (1993): 293–321.
17. Christine Gorski and Eric Heinekamp, "Capturing Employee Ideas for New Products," in *The PDMA Toolbook for New Product Development,* eds. P. Belliveau, A. Griffin, and S. Somermeyer (New York: John Wiley & Sons, 2002).
18. Gorski and Heinekamp, "Capturing Employee Ideas for New Products"; and Robin E. Mcdermott, Raymond J. Mikulak, and Michael R. Beauregard, *Employee Driven Quality: Releasing the Creative Spirit of Your Organization through Suggestion Systems* (White Plains, NY: Quality Resource, 1993).
19. Gorski and Heinekamp, "Capturing Employee Ideas for New Products."
20. Robert Reiss, "Top CEOs Share How to Shepherd Innovation." *Forbes,* July 20, 2015.
21. Woodman, Sawyer, and Griffin, "Toward a Theory of Organizational Creativity"; and Amabile, *The Social Psychology of Creativity.*
22. Ibid.
23. Sir Frank Macfarlane Burnet, *Changing Patterns, an Atypical Autobiography* (Melbourne and London: Heinemann, 1968), p. 35.
24. P. Debye, interview in *The Editors of International Science and Technology, The Way of the Scientist. Interviews from the World of Science and Technology* (New York: Simon and Schuster, 1966), 80.
25. Thomas P. Hughes, "How Did the Heroic Inventors Do It?" *American Heritage of Invention and Technology,* Fall 1985: 21.
26. B. Zorina Khan and Kenneth I. Sokoloff, "Schemes of Practical Utility: Entrepreneurship and Innovation among 'Great Inventors' in the United States, 1790–1865," *Journal of Economic History* 53, no. 2 (1993): 289.
27. Eric Von Hippel, "Innovation by User Communities: Learning from Open-Source Software," *Sloan Management Review* 42, no. 4 (2001): 82–6.

28. Eric Von Hippel, *The Sources of Innovation* (New York: Oxford University Press, 1988); S. K. Shah, "Motivation, Governance, And The Viability of Hybrid Forms In Open Source Software Development," *Management Science* 52 (2006): 1000–14.
29. Robert J. Thomas, *New Product Success Stories: Lessons from Leading Innovators* (New York: John Wiley & Sons, 1995).
30. From a presentation given by Bernie Bolger of Loctite to the Masters of Science Technology Group at University College Dublin, November 21, 2003. Thanks to Brian McGrath for providing this example.
31. Edward Roberts, "Benchmarking Global Strategic Management of Technology," *Research Technology Management*, (March–April 2001): 25–36.
32. Mark Dodgson, *The Management of Technological Innovation* (New York: Oxford University Press, 2000).
33. Ibid.
34. C. Freeman, "Networks of Innovators: A Synthesis of Research Issues," *Research Policy* 20 (1991): 499–514; Rothwell, "Factors for Success in Industrial Innovations, Project SAPPHO"; and R. Rothwell et al., "SAPPHO Updated—Project SAPPHO Phase II," *Research Policy* 3 (1974): 258–91.
35. Roberts, "Benchmarking Global Strategic Management of Technology."
36. "Supercharging Android: Google to Acquire Motorola Mobility," Google Press Release, August 15, 2011; Amir Efrati and Spencer E. Anti, "Google's $12.5 Billion Gamble: Web Giant Pays Big for Motorola's Phone Business, Patents; Risks Alienating Allies." *Wall Street Journal*, August 16, 2011.
37. Wesley M. Cohen and Daniel A. Levinthal, "Absorptive Capacity: A New Perspective on Learning and Innovation," *Administrative Science Quarterly,* (March 1990): 128–52.
38. Marian Biese and Harald Stahl, "Public Research and Industrial Innovations in Germany," *Research Policy* 28 (1999): 397–422; and Edwin Mansfield, "Academic Research and Industrial Innovation," *Research Policy* 20 (1991): 1–12.
39. Arnold Silverman, "Understanding University Patent Policies," *JOM* 55, no. 1 (2003): 64.
40. Dianne Rahm and Veronica Hansen, "Technology Policy 2000: University to Industry Transfer," *International Journal of Public Administration* 22, no. 8 (1999): 1189–211.
41. Brady Huggett, "Reinventing Tech Transfer," *Nature Biotechnology* 32 (2014): 1184–91.
42. Ibid.
43. Gautam Ahuja and Curba M. Lampert, "Entrepreneurship in the Large Corporation: A Longitudinal Study of How Established Firms Create Breakthrough Inventions," *Strategic Management Journal* 22 (2001): 521–43; Thomas J. Allen, *Managing the Flow of Technology: Technology Transfer and the Dissemination of Technological Information within the R&D Organization* (Cambridge, MA: MIT Press, 1977); Ronald S. Burt, *Structural Holes* (Cambridge, MA: Harvard University Press, 1992); C. Freeman, "Networks of Innovators: A Synthesis of Research Issues," *Research Policy* 20 (1991): 499–514; S. Colum Gilfillan, *The Sociology of Invention* (Chicago: Follett, 1935); and Andrew B. Hargadon and Robert I. Sutton, "Technology Brokering and Innovation in a Product Development Firm," *Administrative Science Quarterly* 42 (1997): 716–49, Melissa A. Schilling, "Technology Shocks, Technological Collaboration, and Innovation Outcomes," *Organization Science,* 26 (2015): 668–86; Melissa A. Schilling, and Corey Phelps, "Interfirm Collaboration Networks: The Impact of Large-Scale Network Structure on Firm Innovation," *Management Science,* 53 (2007): 1113–26.

44. Kenichi Imai and Yasunori Baba, "Systemic Innovation and Cross-Border Networks: Transcending Markets and Hierarchies to Create a New Techno-Economic System," OECD, Conference on Science Technology and Economic Growth, Paris, 1989; and C. Freeman, "Networks of Innovators: A Synthesis of Research Issues," *Research Policy* 20 (1991): 499–514.
45. John Hagedoorn, "Inter-Firm R&D Partnerships—an Overview of Major Trends and Patterns since 1960," *Research Policy* 31 (2002): 477–92; Melissa A. Schilling, "Technology Shocks, Technological Collaboration, and Innovation Outcomes," *Organization Science* 26 (2015): 668–86.
46. Rosenkopf and Almeida, "Overcoming Local Search through Alliances and Mobility"; and Liebeskind, Oliver, Zucker, and Brewer, "Social Networks, Learning, and Flexibility"; Melissa A. Schilling, "Technology Shocks, Technological Collaboration, and Innovation Outcomes," *Organization Science* 26 (2015): 668–86.
47. Melissa A. Schilling, "Technology Shocks, Technological Collaboration, and Innovation Outcomes," *Organization Science* 26 (2015): 668–86.
48. This analysis is from Melissa A. Schilling, "Technology Shocks, Technological Collaboration, and Innovation Outcomes," *Organization Science,* 26 (2015): 668–686. In accordance with norms in network research, each snapshot shows the aggregate of alliances formed in the previous three years (i.e., the 1995 snapshot aggregates alliances from 1993 to 1995; the 2000 snapshot aggregates alliances from 1998 to 2000). Only large components (those greater than 15 organizations) are shown.
49. Melissa A. Schilling, "Technology Shocks, Technological Collaboration, and Innovation Outcomes," *Organization Science* 26 (2015): 668–86.
50. Michael E. Porter, "Location, Competition, and Economic Development: Local Clusters in a Global Economy," *Economic Development Quarterly* 14, no. 1 (2000): 15–34.
51. Paul Almeida and Bruce Kogut, "Localization of Knowledge and the Mobility of Engineers in Regional Networks," *Management Science* 45 (1999): 905–17; Pierre Bourdieu, "The Forms of Capital," in *Handbook of Theory and Research for the Sociology of Education,* ed. J. G. Richardson (Westport, CT: Greenwood Press, 1986), 241–58; Mark S. Granovetter, "Problems of Explanation in Economic Sociology," in *Networks and Organizations: Structure, Form, and Action,* eds. N. Nohria and R. Eccles (Boston: Harvard Business School Press, 1992), 25–56; and Morten T. Hansen, "The Search-Transfer Problem: The Role of Weak Ties in Sharing Knowledge across Organization Subunits," *Administrative Science Quarterly* 44 (1999): 82–112; Andac Arikan and Melissa A. Schilling, "Structure and Governance in Industrial Districts: Implications for Competitive Advantage," *Journal of Management Studies* 48 (2011): 772–803.
52. Udo Zander and Bruce Kogut, "Knowledge and the Speed of the Transfer and Imitation of Organizational Capabilities: An Empirical Test," *Organization Science* 6 (1995): 76–92; and Gabriel Szulanski, "Exploring Internal Stickiness: Impediments to the Transfer of Best Practice within the Firm," *Strategic Management Journal* 17 (winter special issue) (1996): 27–43.
53. Jeffrey H. Dyer and Kentaro Nobeoka, "Creating and Managing a High-Performance Knowledge-Sharing Network: The Toyota Case," *Strategic Management Journal* 21 (2000): 345–67; and Eric Von Hippel, "Cooperation between Rivals: Informal Know-How Trading," *Research Policy* 16 (1987): 291–302.
54. Toby Stuart and Olav Sorenson, "The Geography of Opportunity: Spatial Heterogeneity in Founding Rates and the Performance of Biotechnology Firms," *Research Policy* 32 (2003): 229.
55. Andac Arikan and Melissa A. Schilling, "Structure and Governance in Industrial Dis-

tricts: Implications for Competitive Advantage," *Journal of Management Studies* 48 (2011): 772–803.

56. Andac Arikan and Melissa A. Schilling, "Structure and Governance in Industrial Districts: Implications for Competitive Advantage," *Journal of Management Studies* 48 (2011): 772–803.

57. AnnaLee Saxenian, *Regional Advantage: Culture and Competition in Silicon Valley and Route 128* (Cambridge, MA/London: Harvard University Press, 1994).

58. Paul Almeida and Bruce Kogut, "Localization of Knowledge and the Mobility of Engineers in Regional Networks," *Management Science* 45 (1999): 905–17.

59. Stefano Breschi, "The Geography of Innovation: A Cross-Sector Analysis," *Regional Studies* 34, no. 3 (2000): 213–29.

60. Adam B. Jaffe, "Technological Opportunity and Spillovers of R&D: Evidence from Firms' Patents, Profits and Market Value," *American Economic Review* 76 (1986): 984–1001; Adam B. Jaffe, "Real Effects of Academic Research," *American Economic Review* 79 (1989): 957–70; and Adam B. Jaffee, Manuel Trajtenberg, and Rebecca Henderson, "Geographic Localization of Knowledge Spillovers as Evidenced by Citations," *Quarterly Journal of Economics* 63 (1993): 577–98.

61. Wesley Cohen et al., "R&D Spillovers, Patents and the Incentives to Innovate in Japan and the United States," *Research Policy* 31 (2002): 1349–67.

62. Paul Almeida and Bruce Kogut, "Localization of Knowledge and the Mobility of Engineers in Regional Networks."

Chapter 03

혁신의 유형과 패턴

Types and Patterns of Innovation

인도에서의 혁신: chotuKool 프로젝트

1897년 인도에서 설립된 Godrej & Boyce는 가전제품, 사무용 가구, 공장 생산설비 등 다양한 제품을 인도 시장에 판매하고 있다. 최근 몇 년간 Haier과 Samsung 등 국제적 경쟁 기업들 때문에 냉장고, 세탁기, 에어컨 등 가전제품 분야에서의 Godrej의 시장 점유율이 심각하게 줄어들면서, 경영진은 회사를 보존하려면 혁신적인 해결책이 필요하다고 생각하고 있었다.

그러한 해결책 중 하나는 소형 휴대용 냉장고인 chotuKool이었다. 전 세계적으로 냉장고는 이미 성숙기에 들어선 제품으로 여겨졌지만, 인도 시골에서는 90%에 달하는 가정이 가전제품을 구입할 여력이 없고, 안정적으로 전기를 사용할 수도 없으며, 음식을 냉장 보관할 수단 또한 없었다. 이 때문에 그들이 먹을 수 있는 음식의 종류와 조리법이 상당히 제한됐다. 이 사람들에게 냉장 보관의 수단을 제공할 방법을 찾아낸다면 거대한 소비 시장이 생겨나면서 이들의 삶의 질에 의미 있는 변화를 만들 수 있을 터였다. Godrej의 특별 프로젝트 관리자인 Navroze Godrej가 지적한 바와 같이, "우리는 축소된 형태의 냉장고를 만들어야 할 것이라고 생각했습니다. 더 작고, 더 저렴한. 그리고 대규모 프로모션과 화려한 광고 캠페인을 통해 사용자들이 공감할 수 있는 브랜드를 구축해야 한다는 생각을 갖고 있었죠."

그러나 이 생각은 틀렸음이 판명되었다. 첫째, Godrej팀이 기존의 압축기 방식 냉장고의 생산 비용을 줄이는 방법들을 살펴보면서, 의미 있는 정도로 비용을 줄인다는 것이 불가능하다는 것을 깨달았다.[a] 둘째, 많은 인도 시골 사람들이 일자리를 따라 이동하는 방식의 생활을 하고 있기 때문에 냉장고를 경량화하는 것이 생각했던 것보다 더 중요하다는 것을 알게 되었다. 셋째, 냉장 보관의 수단이 없었기 때문에 대부분의 사람들은 딱 하루 분량만큼만 요리하는 습관을 가지고 있었고, 이 때문에 필요로 하는 냉장 용량이 상대적으로 적었다. 넷째, 냉장고를 가지고 있는 소수의 인도 시골 사람들 중 대부분은 예기치 못한 전압 상승으로 냉장고가 손상될까 봐 하루 대부분의 시간 동안 냉장고의 플러그를 빼놓은 채로 사용하고 있었다. Godrej는 "우리는 많은 것에 놀랐고 많은 것들에 충격을 받았습니다. 우리가 애초에 가지고 있던 생각들이 완전히 틀렸다는 것을 깨달았죠."라고 말했다.[b]

회사는 이러한 이해를 바탕으로 압축기 기반의 냉각방식이 아닌 열전냉각을 기반으로 한 소형 휴대용 냉장고를 설계했다. 열전냉각은 노트북에 사용되는 냉각방식인데 두 개의 반도체 사이에 전류를 흐르게 하는 방식이다. 이 방식은 냉각 단위 기준으로 단가가 비싸지만 전력 요구량이 훨씬 적으며 압축기 기반의 냉각방식보다 훨씬 작은 규모로 만들어질 수 있었다. 이를 통해 Godrej는 기존 냉장고보다 35~40% 저렴한 가격의 초소형 경량 냉장고를 만들 수 있었다. 또한 냉장고 사용에 따른 전력 비용을 낮추고, 12볼트 배터리로도 서너 시간 동안 냉장고를 작동할 수 있게 하여 전력수급이 안정적이지 않은 상황에서도 사용할 수 있게 만들었다.

Godrej가 chotuKool에 대해 초기에 생각했던 이미지는 체리색 계열의 빨간 쿨러의 이미지였다. 그러나 chotuKool의 관리자들은 이 냉장고가 기존 냉장고의 저렴한 대안이라고 인식된다면, 사용자들이 이를 부끄럽게 여기면서 지인들에게 이 제품의 사용을 언급하지 않을 수도 있다는 것을 깨달았다. 회사는 이 냉장고에 대한 정보가 구전을 통해 시골 구석구석으로 퍼지기를 기대했기 때문에 이는 심각한 문제였다. 사람들이 이 냉장고에 대해 적극적으로 이야기하는 상황을 만들려면 이 제품이 말 그대로 *cool*할 필요가 있었다.

Godrej는 냉장고를 좀 더 세련되어 보이게 만들고, 100가지 이상의 제품 외관 색상을 제공하여 구매자의 다양한 취향을 반영할 수 있도록 냉장고의 디자인을 개조하기로 결정했다.[c] 또한 이 냉장고를 인도 외곽지역뿐만이 아니라 도시 부유층 시장에서도 판매하기로 결정했는데, 이는 자칫 시골의 가난한 사람들만이 구매하는 제품이라는 이미지가 생기는 것을 방지하기 위해서이다. 회사는 이 부유층 시장을 끌어들이기 위해 이 냉장고를 피크닉, 파티, 사무실, 기숙사, 자동차에서의 사용 등에 완벽한 것으로 포지셔닝했다.

반면, chotuKool을 시골 소비자들에게 팔려면 Godrej가 사용하고 있는 기존의 유통 시스템과는 다른 시스템이 필요한데, 농촌 지역으로 유통 시스템을 구축하려면 chotuKool의 단가가 올라가면서 제품 판매가 어려워질 수도 있다. 개발팀이 이 문제로 고민하던 어느 날 Godrej의 부사장이자 chotuKool 프로젝트의 리더인 G. Sunderraman이 우연히 한 대학의 직원에게 막내 아들의 대학 응시 서류를 받는 방법에 대한 문의를 하게 되었고 그 직원은 어느 우체국에서나 그 서류를 받을 수 있다고 안내했다. 그 순간, Sunderraman은 인도의 모든 시골 지역에 분포해 있는 우체국이 chotuKool의 이상적인 유통채널이 될 수 있다는 것을 깨달았다.[d] 이는 매우 새로운 생각이었지만 인도 우체국이 협조하기로 하면서 인도 중부 지역의 모든 우체국에서 chotuKool을 판매할 수 있게 되었다.[e] Sunderraman은 "인도 우체국의 네트워크는 인도 전역에 매우 잘 퍼져 있으며 민간의 가장 앞선 유통업자의 네트워크에 비해서도 서너 배 정도 더 큰 규모입니다."라고 말했다.[f]

ChotuKool은 첫 해에 여러 개의 디자인상을 수상했고, 2년차에는 100,000대 이상을 판매하게 되자 *Fast Company*에서는 Godrej에게 "가장 혁신적인 기업"상을 수여했다. Godrej와 Sunderraman은 이 제품이 시골 가정들에는 기대했던 것만큼 빠르게 수용되지 않는 것을 알고는 실망했는데 인도의 가난한 시골 가정들에게 50달러의 가격은 여전히 너무 비싼 가격이었기 때문이었다. 하지만, chotuKool은 호텔, 음식 판매점, 꽃 가게, 그리고 다른 소규모 상점들 사이에서 예상보다 훨씬 더 인기가 있었는데, 이는 소규모 가게들이 이 제품을 이용하여 차가운 음료수와 같이 더 가치 있는 제품을 판매할 수 있게 되거나 제품의 신선도를 더 오래 유지할 수 있게 되면서 결과적으로 이윤을 증가시켜 주기 때문이었다. 또한 도시 부유층들이 chotuKool을 자동차에 널리 사용하기 시작하면서 인기 있는 생활용품이 되었다.

Godrej의 chotuKool 개발 및 출시 경험은 많은 교훈을 제공했다. 제품의 비용을 획기적으로 줄이기 위해서는 기술을 완전히 다른 방식으로 재해석해야 할 필요가 있는데 이 다른 방식은 애초에 비용이 더 많이 든다고 생각하던 방식일수도 있다. 또한 냉장고의 경우처럼, 기술 없이 살아가는 방식에 이미 익숙해진 소비자들은 기술이 저렴하게 공급되더라도 구매하지 않을 수 있다는 것도 알게 되었다. 마지막으로, 그들은 비록 일부 고객층의 수용여부가 불분명하더라도 한 제품을 여러 시장고객층에 적용 가능하도록 만드는 것이 중요하다는 것을 깨달았다. 일부 사람들은 chotuKool이 농촌 빈곤층의 수용이라는 본래의 목적을 달성하지 못했기 때문에 실패했다고 생각했지만, Godrej와 그 외 많은 다른 사람들은 이를 성공으로 여겼다. 이 제품은 Godrej의 시장 점유율을 확대했고, Godrej가 경험하지 못했던 새로운 시장을 만들어 내고, Godrej의 혁신 가능성을 전 세계에게 보여주었기 때문이다.

〈토론문제〉

1. 인도의 농촌 빈곤층을 위한 냉장고를 개발하려고 했던 계획의 장단점은 무엇이었을까?
2. chotuKool은 어떤 제품 및 프로세스 혁신을 이루었는가? 이러한 혁신들은 점진적 혁신인가 아니면 급진적 혁신인가? 구조적 혁신 아니면 부품 혁신인가? 핵심역량을 강화하는 혁신인가 아니면 소실시키는 혁신인가?
3. chotuKool이 전통적인 냉장고 시장을 교란하는 위협이 되었는가? 그렇다고 또는 그렇지 않다고 생각하는 이유는 무엇인가?
4. 인도의 농촌 빈곤 가정 시장을 공략하기 위해 Godrej가 다르게 했어야 했다고 생각하는 것이 있는가?
5. Godrej가 chotuKool을 통해 배운 교훈들이 적용될 수 있는 다른 제품시장에는 어떤 것들이 있는가?

[a] McDonald, R., D. van Bever, and E. Ojomo, "chotuKool: 'Little Cool,' Big Opportunity", *Harvard Business School Case 616–020* (June 2016), revised September 2016.
[b] Furr, N., and J. Dyer, "How Godrej Became an Innovation Star", *Forbes* (May 13, 2015).
[c] www.chotukool.com, accessed June 26, 2018.
[d] Furr, N., and J. Dyer, "How Godrej Became an Innovation Star", *Forbes* (May 13, 2015).
[e] Nadu, T., "chotuKool Offer in Post Offices", *The Hindu* (June 9, 2013).
[f] "chotuKool: Keeping Things Cool with Frugal Innovation", *WIPO Magazine*, (December 2013).

개요

기술발전궤도
기술이 수명 주기에 걸쳐 걸어온 길. 이 길은 기술 수준의 진보율을 나타낼 수도 있고, 확산율을 나타낼 수도 있으며, 관심의 변화를 나타낼 수도 있다.

2장에서 기술혁신이 많은 원천들로부터 다양한 형태로 나타날 수 있다는 것을 지적하였다. 서로 다른 유형의 기술혁신은 조직과 사회에 다른 형태의 기회를 제공하고 제조업자, 사용자, 정부에 다른 형태의 요구사항을 제시하게 된다. 서로 다른 종류의 기술혁신을 설명하는 데 하나의 통일된 기준이 있는 것은 아니지만, 이번 장에서는 기술을 범주화시킬 때 널리 사용되는 몇 가지 특성을 살펴볼 것이다. 이 특성들은 하나의 혁신이 여타의 혁신과 다르다는 것을 이해하는 데 매우 유용하다.

기술이 시간의 흐름에 따라 걸어온 길을 **기술발전궤도**(technology trajectory)라고 부른다. 기술발전궤도란 기술의 성능 향상률이나 시장 수용률 등을 나타내는 데 가장 많이 쓰인다. 많은 요인들이 이 기술발전궤도에 영향을 주기는 하지만(이 장과 다음 장에서 논의한다), 기술발전궤도가 변화하는 데에는 일정한 패턴들이 있음이 여러 산업에서 오랜 기간에 걸쳐 파악되었다. 기술혁신에 대한 이러한 패턴을 이해하는 것은 이후 장들에서 다룰 기술전략을 짜는 데 유용한 기초를 제공할 것이다.

본 장에서는 먼저 혁신의 유형을 분류하는 데 쓰일 특성을 검토할 것이다. 그리고 난 뒤 기술의 성능 향상률과 시장에 대한 기술 전파율에서 종종 관찰되는 S-curve 형태의 패턴을 살펴볼 것이다. 이 장의 마지막 부분에서는 기술혁신이 각 단계마다 명확하게 구분되는 주기적인 패턴을 가지고 있다는 연구결과에 대하여 설명할 것이다.

혁신의 유형

기술혁신은 종종 *급진적(radical)* 또는 *점진적(incremental)*과 같이 일정한 기준 또는 관점을 가지고 나뉘어 묘사된다. 서로 다른 유형의 혁신들은 다른 종류의 지식기반을 필요로 하며, 산업의 경쟁자와 소비자에게도 다른 영향을 준다. 혁신의 구분에 있어 다음의 4가지 기준들이 보편적이다. 제품 혁신 또는 프로세스 혁신, 급진적 혁신 또는 점진적 혁신, 핵심역량을 강화하는 혁신 또는 핵심역량을 소실시키는 혁신, 제품구조 혁신 또는 부품 혁신.

■ 제품 혁신 대 프로세스 혁신

제품 혁신은 조직의 산출물에 내재되는데, 그것은 제품일 수도 있고 서비스일 수도 있다. 예를 들어 소비자가 사진을 보정할 때 사용할 수 있는 Snapchat의 필터와 특수효과는 제품 혁신이다. 프로세스 혁신이란 조직이 사업을 수행하는 방법에 대한 혁신이라고 할 수 있다. 제품이나 서비스를 생산하거나 마케팅하는 기법들이 그 예가 될 수 있다. 예를 들어, Elon Musk가 거대한 로봇을 이용하여 Model 3의 생산 프로세스를 자동화한 것은 프로세스 혁신이다. 프로세스 혁신은 대개 생산의 효율성이나 효과성을 높이기 위하여 시작되는 경우가 많다. 생산된 제품의 불량률을 낮추거나 동일한 기간에 생산량을 늘리는 일은 프로세스 혁신의 예가 될 수 있다. 또 다른 프로세스 혁신으로 생명 공학을 연구하는 회사가 질병 치료를 위해 질병과 연관된 유전자를 빠르게 찾을 수 있는 유전적 알고리즘을 개발하는 것이 될 수도 있다. 여기에서 프로세스 혁신(유전적 알고리즘)은 기업이 제품 혁신(새로운 치료약)을 좀 더 빠르게 이룰 수 있도록 해준다.

새로운 제품 혁신과 프로세스 혁신은 때때로 연결되어 나타난다. 첫째, 새로운 프로세스는 신제품의 생산을 가능하게 할 수 있다. 이 장의 뒷부분에서 다루겠지만 새로운 합금 기법 덕분에 자전거 체인의 개발이 가능해졌고, 이어서 여러 개의 기어가 달린 자전거의 개발이 가능해졌다. 둘째, 신제품은 새로운 프로세스의 개발을 불러올 수도 있다. 컴퓨터 워크스테이션의 발전은 컴퓨터를 사용하는 생산 프로세스에 영향을 주어 더 빠르고 효율적인 생산을 가능하게 하였다. 마지막으로 한 기업에서의 제품 혁신은 다른 기업에게는 프로세스 혁신이 될 수도 있다. UPS (United Parcel Service)가 고객이 보다 효율적으로 화물을 운송할 수 있는 시스템을 개발했다면, 새로운 운송시스템은 UPS에게는 제품 혁신인 동시에 고객에게는 프로세스 혁신이 되는 것이다.

제품 혁신이 프로세스 혁신에 비해서 보다 더 가시적이겠지만, 두 가지 혁신 모두 조직의 경쟁력에 중요한 역할을 한다. 이제 이 책의 남은 부분에서 *혁신*이라는 단어는 제품과 프로세스 혁신 둘 다를 지칭한다.

■ 급진적 혁신 대 점진적 혁신

급진적 혁신
기존의 솔루션과 매우 다르면서 새로운 혁신.

점진적 혁신
현존 기술을 보완하거나 약간만 달리하는 혁신.

혁신의 유형을 규정짓는 데 사용되는 주요 특성 중 하나는 연속성으로, **급진적 혁신**(radical innovation)또는 **점진적 혁신**(incremental innovation)으로 구분될 수 있다.[1] 여러 학자들이 급진적 혁신과 점진적 혁신에 대해 서로 다른 정의를 내렸지만, 대부분은 현존하는 기술과의 차이 정도에 따라 정의된다. 그러므로 급진적이라는 것은 *새로움*(*newness*)과 *다름*(*differentness*) 정도의 조합이 될 것이다. 따라서 이 분류는 맥락에 따라, 관점에 따라, 그리고 시점에 따라 달라질 수 있는 여지가 있다. 기술은 전 세계적으로 새로운 것일 수도 있고, 특정 산업에서 새로운 것일 수도 있으며, 특정 기업에게 새로운 것일 수도 있고, 이를 수용하는 사업단위에서만 새로운 것일 수도 있다. 또 기술은 기존의 제품이나 프로세스와 차이가 많이 날 수도 있고 거의 차이가 나지 않을 수도 있다. 가장 급진적인 혁신은 전 세계적으로 새로우면서 기존의 제품이나 프로세스와는 완전히 다른 것일 것이다. 무선이동통신이 최초로 도입되었을 때가 그러하였다. 그것은 전혀 새로운 제품의 생산과 서비스 프로세스를 요구하는 신기술이었다. 점진적 혁신은 급진적 혁신과는 일직선상에서 반대편을 의미한다. 점진적 혁신은 새롭거나 특이하지 않을 수도 있다. 이미 기업이나 산업에 알려져 있을 수도 있고, 기존 기술에 아주 조그마한 변화를 주거나 보완만 하였을 수도 있다. 예를 들어 휴대폰의 충격 저항력을 강화하기 위해 스크린을 교체하거나 국제문자전송요금을 줄여주는 서비스 혁신은 점진적 혁신이 될 수 있다.

혁신의 급진성은 또한 위험의 관점에서 정의되기도 한다. 급진적 혁신이 대개 새로운 지식을 포함하고 있으므로 제조업체나 소비자들은 그에 대한 경험이 천차만별일 수 있다.[2] 경험의 정도가 다양하다는 것은 혁신의 유용성과 신뢰성에 대한 기업들의 판단이 천차만별일 수 있음을 의미한다. 3세대 무선 이동통신기술의 예를 보자. 3세대 기술은 광대역 통신망을 이용하는데 신호의 대역폭이 늘어나면서 휴대폰의 데이터 전송속도가 빨라져 화상회의나 인터넷 사이트 접속이 더욱 원활해졌다. 3세대 무선통신서비스를 개발하고 제공했던 회사들의 경우 늘어난 신호의 대역폭을 뒷받침하기 위한 새로운 네트워킹 장비와 인프라를 구축하는 데 매우 큰 금액의 투자가 필요했다. 또한 더 큰 용량과 좋은 화질을 가지면서도 효율 높은 배터리를 장착한 휴대폰을 제작해야만 했다. 이러한 모든 기술들은 기업에게 매우 심각한 도전이 될 수도 있다. 그리고 고객이 무선통신기기의 넓은 대역폭이 가진 장점을 어느 정도로 중요시하는지도 알려지지 않았다. 그러므로 기업들이 3세대 이동통신으로 이동하기 위해서는 기술 실현성, 신뢰성, 원가 부담, 수요의 불확실성 같은 여러 위험들에 대한 판단을 해야 한다.

마지막으로 혁신의 급진성은 상대적인 개념으로, 혁신을 관찰하는 사람에 따라서 다를 수도 있고 시간의 흐름에 따라 바뀔 수도 있다. 처음에는 급진적이라고 규정되었던 혁신이 기반지식이 대중화되면서 결국에는 점진적인 것으로 분류될 수도 있다. 예를 들어 최초의 증기엔진은 기념비적인 혁신이었지만, 오늘날 증기엔진을 만드는 것은 어렵지 않은 일이다. 게다가 한 기업에게는 급진적인 혁신이 또 다른 기업에게는 점진적인 것일 수도 있다. Kodak과 Sony가 1년 간격으로 디지털카메라를 출시하기는 하였지만(Kodak의 DC40은 1995년에, Sony의 Cyber-Shot은 1996년에 출시되었음), 두 기업이 디지털카메라를 출시하기까지의 경로는 매우 다르다. 전통적인 Kodak의 경쟁력과 명성은 필름카메라에 대한 전문성에 기초한 것이었으므로 디지털카메라로의 전환은 기업이 걸어온 길을 크게 수정하는 것이었다. 반면에 Sony는 처음부터 전자제품을 만들었고 디지털카메라를 출시하기 이전에도 디지털레코딩과 그래픽에 전문성을 가지고 있었다. 그러므로 Sony에게 있어서 디지털카메라를 생산하는 것은 기존의 경쟁력을 확장하는 것이었다.

핵심역량을 강화하는 혁신과 소실시키는 혁신
핵심역량을 강화시키는 혁신은 기존의 지식이나 기술을 바탕으로 이루어지는 반면 핵심역량을 소실시키는 혁신은 기존의 지식이나 기술을 진부화시키는 혁신이다. 특정 혁신이 핵심역량을 강화한다거나 소실시킨다는것은 어느 기업의 관점에서 보느냐에 따라 다른데, 어떤 기업에게는 그 기업이 가진 핵심역량을 강화시키는 혁신이 다른 기업에게는 그 기업의 핵심역량을 소실시키는 것일 수도 있다.

■ 핵심역량을 강화하는 혁신 대 핵심역량을 소실시키는 혁신

혁신은 또한 **핵심역량을 강화하는**(competency enhancing) **혁신**과 **핵심역량을 소실시키는**(competency destroying) **혁신**으로 분류될 수도 있다. 기업이 이미 가지고 있는 지식기반을 이용하여 혁신을 개발한다면 그것은 핵심역량을 강화하는 혁신이 된다. Apple의 iPhone(예, iPhone12, iPhone SE, iPhone X)은 이전 세대의 기술을 기반으로 만들어진 것이다. 그러므로 각 세대들이 혁신의 산물이기는 하지만 이러한 혁신들은 Apple이 기존에 가지고 있던 경쟁력을 활용하여 혁신의 가치를 더욱 높인 것이다.

핵심역량을 소실시키는 혁신은 혁신이 특정 기업이 보유한 역량을 바탕으로 하지 않거나 이 기업이 보유한 기존의 경쟁력을 진부화시키는 혁신을 의미한다. 1600년대에서 1970년대 초반까지 거의 대부분의 수학자들과 기술자들은 계산자를 가지고 다녔다. 계산자란 작고 가벼운 장치로서 대개 나무로 만들어져 있으며 복잡한 수학문제를 로그를 이용하여 풀 수 있게 해준다. 이 계산자는 모든 문제를 풀 때 사용되어서 다리를 건설할 때나 비행기에서 필요한 연료의 양을 구할 때에도 쓰였다. 특수하게 고안된 계산자는 대출 금액을 계산하거나 최적 구매수량을 결정하는 데에 쓸 수 있는 것도 있었다. 1950년대와 1960년대를 통틀어 Keuffel & Esser는 미국에서 가장 큰 계산자 제조업체였으며 한 달에 5,000개의 계산자를 만들었다. 그러나 1970년대 초반에 혁신적인 제품이 나오자 몇 년이 지나지 않아 계산자는 박물관에서나 전시되고 수집가에게 수집용으로만 팔리는 진부한 제품이 되었다. 그 혁신적 제품은 바로 싸고 간편한 전자계산기였다. Keuffel & Esser은 전자계산기를 만드는데 필요한 전기부품에 대한 지식이 하나도 없었으며 새로운 기술로 인해 도태되었다. 결국 1976년에 Keuffel & Esser는 시장에서 사라지게 되었다.[3] Hewlett-Packard와 Texas Instruments 같은 회사들에게는 값싼 휴대용 전자계산기가 핵심역량을 강화시키는 것이었지만, Keuffel & Esser에게 전자계산기는 핵심역량을 소실시키는 혁신이었다.

디지털 기술과 인공지능 기술의 발전은 또 다른 예시가 될 수 있다. 지난 20년간 Zillow(온라인 부동산 경매 플랫폼), E*Trade(온라인 주식 거래), 그리고 Expedia(온라인 여행 예약시스템)와 같은 디지털 플랫폼은 사람(부동산 중개사, 주식 중개사, 여행사)들이 수행하던 기능들을 제공하기 시작했다. 이러한 플랫폼들 덕분에 소비자들은 더 많은 정보를 빠르고 상세하게 접할 수 있게 되었다. 또한 플랫폼은 알고리즘을 통해 소비자 기호에 더 잘 맞는 제품을 제공하기도 하는데, 많은 경우 이러한 플랫폼들은 사람보다 더 나은 서비스를 제공하고 있다. 과거에는 서비스 제공자가 특정분야에서 더 나은 서비스를 제공하려면 경험과 인간관계에 많이 의존해야 했다. 예를 들어, 부동산 중개사는 특정 지역의 매물이 있는지를 알아보기 위해 현장을 직접 방문하여 시장에 나온 매물을 살펴보거나 다른 중개사들과의 네트워크를 통해 정보를 얻곤 했으며, 여행사는 과거 고객들의 반응이 좋았던 호텔이나 여객선에 대한 경험을 이용하여 비슷한 선호를 가진 고객들에게 해당 여행상품을 추천하곤 했다. 그러나 디지털 매체를 이용하여 더 많은 정보를 더 빠르고 자세하게 탐색하여 필요한 서비스를 제공하는 능력은 여러 전문가들의 핵심역량을 소실시키는 혁신으로 드러났고, 인간은 컴퓨터처럼 많은 데이터를 처리하고 저장할 수 없는데 컴퓨터의 성능은 시간이 갈수록 더 좋아지면서, 서비스 제공자들이 보유한 개인적 지식의 가치는 빠르게 소실되었다. 이러한 산업들에서는 살아남으려면 디지털 플랫폼은 제공할 수 없는 가치를 찾아 이에 집중하는 서비스 제공자가 되어야 할 것이다.

■ 제품구조 혁신 대 부품 혁신

제품과 공정은 일반적으로 계층적인 시스템으로 이루어져 있다. 이 말은 전체 제품은 부품들의 시스템으로 이루어져 있고, 이 각각의 부품들은 더 세밀한 부품들의 시스템으로 이루어져 있어서 계속 나아가다 보면 가장 기본적인 단위의 부품으로까지 제품을 분해할 수 있다는 것이다.[4] 쉬운 예로 자전거는 프레임, 휠, 타이어, 안장, 브레이크 등의 부품으로 이루어진 시스템이며, 각각의 부품들은 모두 더 작은 부품들의 시스템이다. 안장은 금속과 플라스틱 프레임, 충전물, 나일론 커버 등의 부품으로 이루어진 시스템이 될 것이다.

혁신은 개개 부품의 변화일 수도 있고, 부품들이 결합되는 구조의 변화일 수 있으며, 둘 다일 수도 있다. 하나 또는 그 이상의 부품을 변화시키지만 전체 시스템의 구조에는 크게 영향을 미치지 않는 혁신을 **부품 혁신**(component innovation) 또는 **모듈라 혁신**(modular innovation)이라고 한다.[5] 앞에서 살펴본 예에서 자전거 안장기술의 혁신(보다 좋은 쿠션감을 위해 젤 형태의 충전물을 사용하는 등)은 자전거 구조의 변화를 필요로 하지 않는다.

부품 혁신(모듈라 혁신)
전체 시스템의 구조에 큰 영향을 미치지 않는 하나나 둘 이상의 부품의 혁신.

이와는 대조적으로 **제품구조 혁신**(architectural innovation)은 전체 시스템의 디자인을 변화시키거나 각 부품 간에 상호작용하는 방식을 바꾸는 것이다. 극단적으로 말하면 제품구조 혁신은 부품 자체는 변화시키지 않고 시스템 안에서 각 부품 간의 연결을 새로 배열하는 것을 의미할 수도 있다.[6] 그러나 대부분 제품구조 혁신이라고 하면 시스템 내에서 부품들 간에 상호작용하는 연결 관계뿐만 아니라 부품 자체도 변화시켜 시스템의 변화를 만들어내는 것이라고 생각하면 된다. 제품구조 혁신은 대개 산업 내의 경쟁자나 기술 사용자들에게 근본적이고 복잡한 영향을 미친다.

제품구조 혁신
전체 시스템의 디자인을 변화시키거나 각 부품 간에 상호작용하는 방식을 바꾸는 혁신.

예를 들어, SpaceX는 우주여행의 비용을 대폭 줄이기 위해 다수의 부품혁신과 구조혁신을 이루어냈다. 우주선이 지구 밖 궤도에서 지구로 재진입하는 과정에서 발생하는 열을 견디게 해주는 열 차단 재료인 PICA-X는 우주선의 외장에 사용되던 기존 재료를 대체하는 부품혁신의 한 예로서 지구로 복귀한 우주선을 재사용할 수 있게 해주면서 엄청난 비용절감 효과를 이루었다. SpaceX는 또한 SpaceX용 Merlin 엔진만을 사용하는 우주선을 디자인하여 비용을 추가로 절감시킬 수 있었는데, 이는 구조혁신에 해당된다. 과거 NASA가 디자인한 Atlas V와 같은 우주선은 비행의 단계별로 세 가지 다른 엔진들을 사용했는데, 예를 들어 RD-180 엔진은 첫 단계에서 등유를 사용하고, 추진단계에서는 고체연료를 사용하는 엔진이 부착된 로켓을, 그리고 비행의 마지막 단계에서는 액체 수소 엔진을 사용한다. 세 가지 각기 다른 엔진을 사용하면 Atlas V의 성능이 최적화될 수는 있겠지만, 비용이 상당히 증가할 수밖에 없다. 반면, SpaceX에 사용되는 모든 엔진들을 동일하게 디자인한다면 제작 과정과 비용을 줄이면서 Musk의 표현대로 "엄청난 비용절감"이 가능하다.[7] 이러한 변화는 새로운 부품을 사용하면서 전체적으로 더 많은 모듈라 디자인을 적용하는 구조적 혁신이라고 볼 수 있다.

부품 혁신을 처음 시작하거나 받아들이는 기업은 그 부품에 대해서만 지식을 갖추면 되는 경우가 많다. 그러나 구조적 혁신은 기업으로 하여금 전체 구조, 즉 각각의 부품과 부품들의 교접 방식, 전체를 이루는 방법까지의 지식을 필요로 한다. 그러므로 기업은 각 부품들이 어떻게 상호작용하는지, 한 부분에서의 변화가 다른 부품 혹은 전체 디자인에 어떠한 변화를 가져올 것인지에 대해 이해해야 한다. 모듈화(modularity)와 플랫폼 생태계를 구축하는 데 있어서의 모듈화의 역할은 4장에서 상세히 다루어진다.

■ 관점을 이용한 혁신의 구분

지금까지 혁신의 유형을 구분하고 설명하는 데 사용했던 각기 다른 관점들은 서로 다른 혁신들을 규정하는 데 매우 유용하지만, 이러한 관점들은 완전히 상호 독립적이거나 정교하고 일관된 혁신 유형의 구분이 늘 가능할 만큼 명료하지는 않다. 이 관점들은 서로 일정한 상관관계를 지니고 있다. 예를 들어, 구조적인 혁신은 보다 급진적이며 핵심역량을 소실시키는 성격이 강하다. 게다가 특정 관점에서 혁신이 어떻게 묘사되는가는 누가 그 작업을 하는가 그리고 비교 대상이 무엇인가에 따라 달라질 수 있다. 예를 들어, 전기자동차는 내연기관의 제조업자에게는 급진적이고 핵심역량을 소실시키는 혁신이겠지만, 자동차의 연료 충전방식만 바꾸면 되는 소비자에게는 점진적이고 핵심역량을 강화시키는 혁신으로 생각될 수도 있다. 또한 핵심역량의 강화와 소실, 제품 구조와 부품, 급진적 혁신과 점진적 혁신 같은 이러한 비교는 시간의 경과와 산업 상황에 따라 달라질 수 있다. 그러므로 이 관점들이 혁신을 이해하는 데 도움이 되기는 하지만 쓰이는 상황에 따라서 달라질 수 있는 상대적인 개념이라고 이해하여야 할 것이다.

이제는 기술혁신의 패턴에 대해서 알아볼 것이다. 혁신에 대한 많은 연구를 통해 신기술이 어떻게 발생되고, 발전하며, 채택되고, 다른 기술에 의해 사라지는지에 관한 패턴이 잘 알려져 있다. 그중 기술 S-curve (technology S-curve)를 가장 먼저 살펴보겠다.

기술 S-curve

기술 수준의 진보율이나 기술이 시장에 전파되는 확산율은 S자 모양의 곡선으로 나타난다고 여러 차례 밝혀졌다. 기술 수준의 진보를 나타낸 S-curve와 시장 전파를 나타낸 S-curve 간에는 서로 상관관계가 있다. 기술 수준의 진보가 시장의 기술수용을 촉진할 수 있고, 더 많은 수용은 기술에 대한 투자를 활발하게 하여 기술 수준을 진보시킬 수도 있다. 하지만 이 두 곡선은 기본적으로 다른 과정을 거쳐서 태어난다. 우선 기술 수준의 진보 관점에서의 S-curve를 먼저 설명하고, 그 다음에 시장 전파 관점에서의 S-curve를 살펴볼 것이다. 또한 기술의 수명주기 상 새로운 단계가 언제 시작될지를 예측할 때 종종 S-curve를 사용하곤 하는데, 이 경우 잘못된 해석이 일어날 수도 있음을 살펴보겠다.

■ 기술 발전의 S-curve

대부분의 기술들은 시간에 따른 기술의 발전 궤도가 S자 곡선의 형태를 띤다.[8] 그래프에서 가로축을 기술에 투자한 돈과 노력으로 놓고 세로축을 기술 수준이라고 놓았을 때, 처음 얼마간은 기술이 느리게 발전하는 모습을 보인다. 그러다가 어느 순간 기술이 빠르게 발전하다가 다시 그 속도가 감소된다(그림 3.1 참조). 기술의 초기 단계에서는 기술의 근본적인 원리가 충분히 이해되지 않았기 때문에 발전이 느리게 진행되며, 기술을 발전시키기 위한 다양한 방법들을 탐색하느라 매우 많은 노력이 투자되어야 한다. 만약 이 기술이 기존 기술과 매우 다르다면 연구자들이 이 기술의 발전 정도나 잠재성을 평가하기가 어려울 수 있으며, 이 기술이 어느 정도의 타당성을 확보할 때까지 다른 연구자들은 이 기술의 개발에 참여하기를 꺼릴 수도 있다.[9] 일단 과학자들이나 기업이 그 기술에 대해 충분히 이해하고나면 기술은 급속도로 발전하기 시작한다. 기술이 시간과 노력을 들일만 한 가치가 있는 것으로 인정받아 다른 개발자들을 끌어들이게 되면, 기술은 당위성을 얻기 시작한다. 게다가 기술의 평가 척도가 개발되면, 연구자들은 노력 대비 성과를 최대로 하는 연구 활동에 초점을 맞추게 되고 기술 수준을 빠르게 진보시키게 된다. 그러나 어떤 지점에 이르

그림 3.1 ▸ 기술 성능의 S-curve

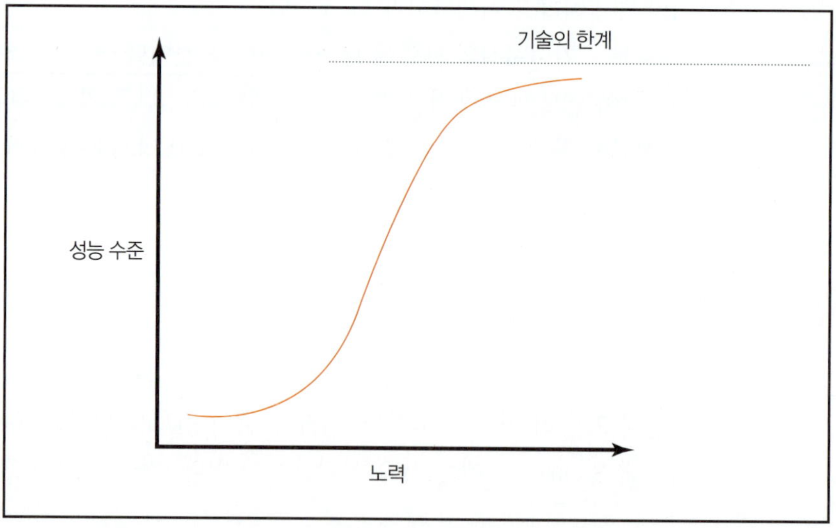

면 노력 대비 성과가 줄어드는 현상이 발생하게 된다. 기술이 내재적인 한계점에 도달하면서 진보에 따르는 단위당 한계비용이 증가하고, 결국 S-curve는 평평해진다.

S-curve를 그릴 때 대개 시간의 흐름에 따른 기술 성능(예를 들어, 속도, 산출능력, 동력)의 발전 정도를 그래프에 표시하는데, 이때 유의해야 할 점이 있다. 만약 기술 발전에 대한 노력이 시간의 흐름에 따라 고르게 투입되지 않았다면 시간과 기술발전의 관계에 대한 S-curve는 오해를 불러일으킬 수 있다. 만약 시간에 따른 노력의 정도가 늘 일정하다면 시간에 따른 기술발전 궤도는 노력에 따른 기술발전궤도와 동일하겠지만, 기술에 대하여 투자된 노력의 양이 시간에 따라 감소하거나 증가한다면, 곡선은 실제 곡선보다 더 빨리 평평해지거나 전혀 평평해지지 않을 수도 있다. 무어의 법칙(Moore's Law)으로 잘 알려진 기술발전궤도를 예로 들어보자. 1965년 Intel의 공동 창립자인 Gordon Moore는 집적회로에 들어가는 트랜지스터의 밀집도가 집적회로가 발명된 이후부터 매년 2배씩 늘어나는 것을 발견했다. 그림 3.2를 보면 1970년부터 2020년까지 마이크로프로세서 트랜지스터의 밀집도가 가파르게 증가하면서, 성능도 가파르게 증가하고 있다.

그러나 동일한 기간 동안 Intel의 투자(연간 연구개발비) 역시 급격히 상승하고 있다. Intel이 사용하는 연구개발비가 모두 마이크로프로세서에 투자되지는 않았겠지만, Intel의 마이크로프로세서에 대한 연구개발비 투자 또한 동일한 패턴을 그리며 증가했을 것이라고 가정할 수 있다. 그림 3.3을 보면 연구개발에 큰돈이 투자되었을 때, 밀집도가 크게 높아졌다는 사실을 알 수 있다. 비록 이 곡선이 전형적인 S-curve를 닮지는 않았지만 이 곡선은 시간을 가로축으로 놓았을 때만큼 가파르지는 않다.

모든 기술들이 그 기술의 내재적인 한계에 다다를 기회를 갖지는 않는다. 그 한

그림 3.2 ▸ Intel의 마이크로프로세서 트랜지스터 집적도, 1970~2020

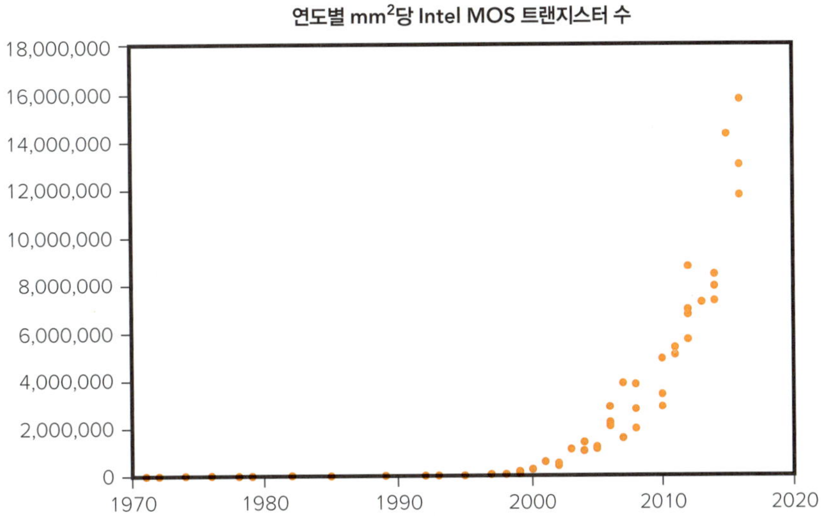

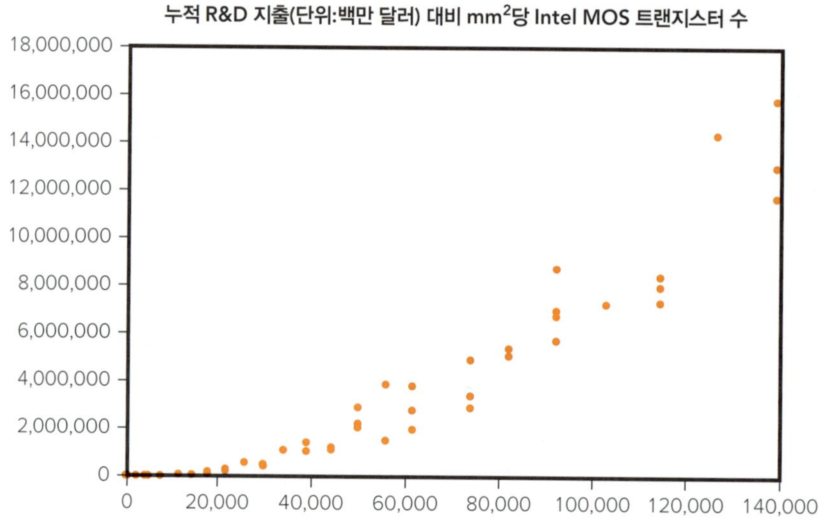

그림 3.3 ▶ 누적 R&D지출(단위: 백만 달러) 대비 인텔 트랜지스터 밀집도, 1970~2020

단속적(불연속적)인 기술
전혀 새로운 지식을 기반으로 기존 시장의 요구를 만족시키는 기술.

계에 도달하기 전에 새로운 **단속적** 또는 **불연속적 기술**(discontinuous technology)이 출현하여 진부화되는 경우도 많다.[10] 새로운 혁신이 기존의 시장 요구를 완전히 새로운 지식을 기반으로 만족시킨다면 이 혁신은 단속적 또는 불연속적이라고 부른다. 기술적 단속 또는 불연속성의 예로 프로펠러 기반의 비행기에서 제트비행기로의 전환이나 필름카메라 시장이 디지털카메라 시장으로 바뀐 것이나, 카본 복사에서 이미지 복사로의 전환, 또는 CD에서 MP3로의 전환 등을 들 수 있다.

초기의 단속적 기술은 기존 기술에 비해 성능 수준이 낮을 수 있다. 1771년에 Nicolas Joseph Cugnot이 자동차를 출시하였지만 마차보다 느리고 조작하기도 어려웠기 때문에 상업적인 생산으로 연결되지는 못했다. 그 자동차는 3개의 바퀴를 가지고 증기로 움직이며 한 시간에 2.3마일밖에 운행하지 못했다. 1800년대에 증기엔진과 가스엔진을 사용한 많은 자동차들이 소개되었지만, 1900년대 초반이 되서야 자동차의 대량생산이 시작되었다.

신기술의 시작 단계에서는 신기술에 투자하는 것이 기존의 기술에 투자하는 것보다 수익이 더 낮을 수도 있으며, 기업이 신기술로의 전환을 꺼릴 수도 있다. 그러나 파괴적인 기술의 발전에 가속도가 붙거나(그림 3.4a), 기존 기술의 발전이 한계에 부딪혔을 때(그림 3.4b)부터는 신기술에 대한 투자가 기존 기술에 대한 투자보다 훨씬 나은 결과를 가져온다. 산업에 처음 진입하는 신생기업들은 파괴적인 기술을 선택하려 할 것이며, 기존 기업들은 기존 기술을 계속 유지하면서 확장할 것인지 아니면 새로운 기술로 전환하여 투자할 것인지에 대한 갈등을 하게 된다. 만약 파괴적인 기술이 투자한 노력 대비 매우 큰 잠재력을 가지고 있다면 장기적으로는 이 기술이 기존 기술을 대체하겠지만 그 진행속도는 상황에 따라 다를 수 있다.

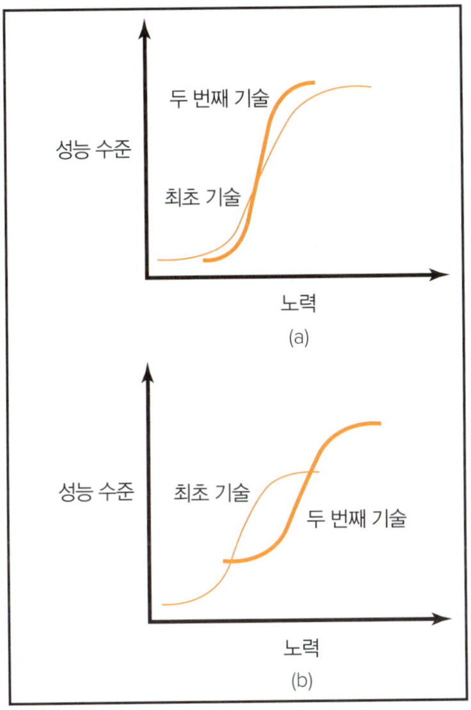

그림 3.4 ▸ 기술 S-curve: 단속적 기술의 출현

기술 확산
기술이 사람들 사이에 널리 퍼지는 것.

■ 기술 확산에 대한 S-curve

기술의 시장 확산 과정을 살펴볼 때에도 S-curve가 널리 쓰인다. 기술 발전 S-curve와는 달리 **기술 확산**(technology diffusion)의 S-curve는 시간에 따른 기술의 총 수용자 수를 세로축으로 사용한다. 이러한 S형태의 모양이 나타나는 이유는 다음과 같다. 신기술이 시장에 소개되면 처음에는 그 기술에 익숙하지 않은 소비자들이 천천히 받아들이다가 그 기술에 대한 이해가 높아지면서 널리 확산되게 된다. 시간이 흘러 시장이 포화되면서 한계 확산률은 떨어지게 된다. 일례로 전자계산기가 시장에 도입되었을 때, 전자계산기를 최초로 사용하는 사람은 이전에 계산자를 사용하던 극소수의 과학자나 기술자들이었다. 그러다가 계산기가 회계사와 은행원 같은 상업적 사용자들 사이에서 사용되게 되었고, 이후 학생과 일반 대중을 포함한 더 큰 시장으로 퍼지게 되었다. 시장이 포화된 후에는 계산기를 새로 받아들일 만한 사람들이 매우 적었다.[11]

기술의 시장 확산 과정에서 흥미로운 것은 기술의 확산은 정보의 확산보다 더 많은 시간을 필요로 한다는 것이다.[12] Mansfield는 잠재적 고객들이 로봇의 효율성에 관한 장점들을 알고 있었음에도 불구하고 산업용 로봇이 잠재고객의 절반에게 전파되기까지 12년이라는 세월이 걸렸음을 발견하였다.[13] 신기술이 현존하는 기술보다 현저하게 낫다면 왜 어떤 기업들은 다른 기업들보다 느리게 신기술로 옮겨가는가? 이 물음에 대한 답은 신기술의 바탕이 되는 지식의 복잡성과 신기술의 가치를 높여주는 보완기술의 발전 여부 때문이라고 할 수 있다. 새로운 기술을 잘 활용하기 위해 필요한 지식 중 일부는 매뉴얼로 만들거나 문서화시켜서 전달할 수 있지만 기술의 잠재성을 완전히 이해하려면 경험이 꼭 필요한 지식도 있다. 어떤 지식은 암묵적이어서 이 지식의 전달에는 사람과 사람 간의 폭넓은 접촉이 요구되기도 한다. 이러한 지식이 확보되지 않은 신기술의 잠재적 수용자들은 아무리 신기술이 뛰어나고 잠재적 가치가 높다 하여도 그 기술을 받아들이기 어려울 것이다.[14]

게다가 대부분의 기술들은 그 기술을 뒷받침할 만한 보완기술들도 같이 발전해야지만 넓은 범위의 잠재적 사용자들에게 가치 있게 사용될 수 있다. 1809년에 영

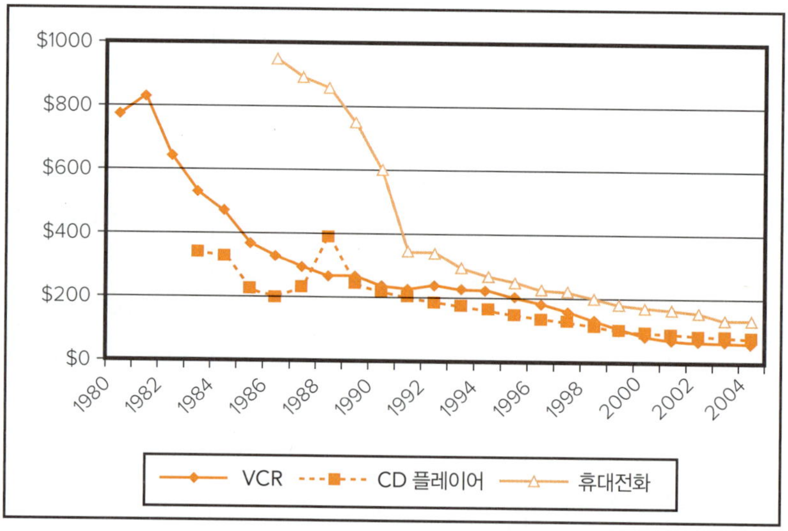

그림 3.5 ▶ 소비자 가전제품의 평균 판매가격

출처: Consumer Electronics Association.

국의 화학자인 Humphry Davy가 전기로 빛을 만드는 방법을 발명하였지만 그 빛을 담을 수 있는 전구(1835년 James Bowman Lindsay가 개발)와 전구 안의 공기를 모두 뽑아낼 수 있는 진공펌프(1875년 Herman Sprengel이 수은 진공펌프를 발명)가 개발되기 전까지는 실용적이지 않았다. 이러한 초기 전구들의 수명은 단 몇 시간에 지나지 않았다. Thomas Alva Edison은 이전 발명가들의 업적에 자신의 연구를 더하여 마침내 1880년에 필라멘트를 발명했고, 이 필라멘트를 사용한 전구의 수명을 1,200시간이나 늘렸다. 기술혁신의 확산에 영향을 미치는 보완재와 다른 요소들에 관해서는 4장, 5장, 13장에서 논의될 것이다.

마지막으로, 기술의 시장 확산 S-curve는 기술 발전 S-curve와 일정 부분 관계가 있다. 기술은 발전할수록 더 명확해지고 사용자들에게 유용해짐으로써 사용자들의 기술 채택이 용이해진다. 게다가 기술의 사용에 따른 학습곡선과 규모의 이점들이 생겨나게 되면 제품 가격은 떨어지는 경향이 있으므로 소비자들의 수용이 더욱 빨라지게 된다. 예를 들어 그림 3.5와 그림 3.6에서 보는 바와 같이 비디오레코더, CD 플레이어, 휴대전화의 평균 판매가격의 하락은 제품을 수용하는 가구 수의 증가와 대략 그 궤를 같이한다.

■ 진단처방 도구로서의 S-curve

어떤 연구자들은 관리자들이 S-curve를 이용하여 기존 기술이 언제 한계점에 도달하고, 향후 보다 새롭고 급진적인 기술로 언제 옮겨갈 것인지를 진단할 수 있다고 주장한다.[15] 기업들은 S-curve를 그릴 때 자기회사 내에서 이루어진 기술에 대한 투자와 그에 따른 성과를 자료로 사용하거나, 산업 전반에 걸친 기술투자와 그에 따른 평균적인 성과치를 자료로 사용할 수도 있다. 관리자들은 이렇게 만들어진 S-curve

그림 3.6 ▸ 소비자 가전제품의 시장수용

출처: Consumer Electronics Association.

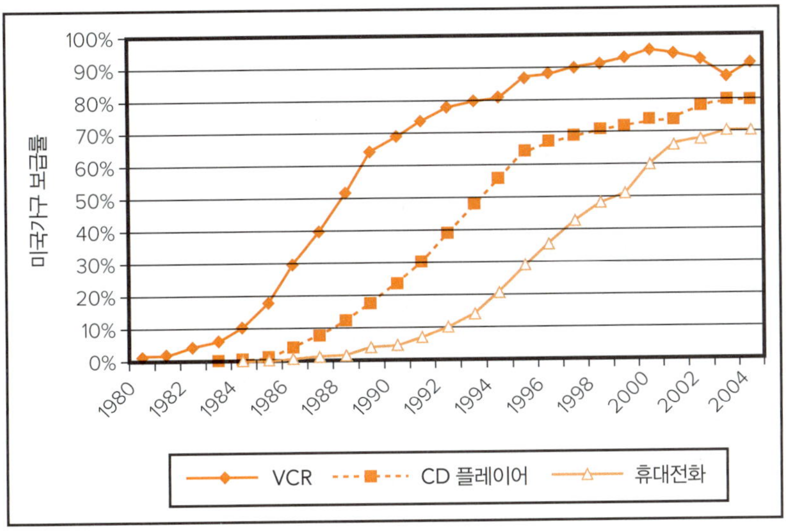

를 통해 기존 기술이 한계점에 도달하고 있는지, 또는 기업의 현재 기술을 대체할 만한 새로운 기술이 등장하고 있는지를 판단할 수도 있다. 그리하여 기존 기술을 고수하거나 신기술로 갈아타는 결정을 하는 데 도움을 얻을 수 있다. 그러나 S-curve가 진단처방의 도구로 쓰이기에는 몇 가지 큰 한계점이 있다.

■ 진단처방 도구로서의 S-curve의 한계점

우선, 기술의 실제 한계점이 어디인지를 사전에 아는 경우는 매우 드물고 기업들 간에 특정 기술의 한계가 어디인지에 대해 이견이 있을 수도 있다. 둘째, 기술 S-curve의 형태는 어느 한 모양으로 고정되어 있는 것이 아니다. 미처 예상하지 못한 시장의 변화가 발생하거나, 부품 기술, 보완재 기술의 변화가 기술의 수명을 짧게 할 수도 있고 길게 늘일 수도 있다. 게다가 기업은 자기 자신의 개발 활동을 통해 S-curve에 직접적인 영향을 줄 수도 있다. 예를 들어 기업들은 기존 기술을 새롭게 발전시키거나 기술의 구조적 디자인을 재정립하여 S-curve를 늘릴 수도 있다.[16]

Christensen이 제시한 디스크드라이브 산업의 예를 보면 이러한 S-curve의 한계점이 잘 드러난다. 디스크드라이브의 저장 능력은 그 드라이브가 정보를 기록하는 밀집도와 넓이의 곱으로 결정된다. 그러므로 밀집도가 디스크드라이브의 성능을 평가하는 기준으로 널리 사용되고 있다. 1979년에 IBM은 아철산염 산화물 기반의 디스크드라이브가 밀집도 한계에 도달했다고 생각했다. IBM은 아철산염 산화물 기반의 드라이브를 포기하고, 밀집도를 더 높일 수 있는 잠재성이 있는 얇은 필름 기반 기술의 개발로 전환하였다. 반면 Hitachi와 Fujitsu는 아철산염 산화물 기반의 드라이브 기술을 계속 발전시키면서 S-curve를 연장시켰고, 종국에는 IBM이 한계라고 생각했던 수준보다 8배나 더 밀집도를 높일 수 있었다.

마지막으로, 새로운 기술로의 전환이 기업에게 이익이 될지 여부는 여러 요소들에 달려 있는데 이러한 요소에는 (*a*) 신기술이 가져다주는 장점, (*b*) 신기술이 기업의 현재 핵심역량과 잘 부합하는지의 여부와 기업이 신기술을 핵심역량으로 키우는데 들이는 노력과 시간, (*c*) 보완자원의 관점에서 신기술과 기업 간 적합도(기업이 중요한 보완자원을 가지고 있지 않을 수도 있고, 기업매출의 대부분이 기존 기술과 연계되어 있을 수도 있다), (*d*) 신기술의 확산 속도에 대한 전망 등이 있다. 따라서 기업이 S-curve만을 너무 믿고 따라가다 보면 신기술로 전환해야 되는 시점보다 훨씬 빠르게 또는 느리게 전환할 수도 있다.

기술의 사이클

지금까지 살펴본 S-curve 모델은 기술적 변화가 주기적으로 일어난다는 것을 보여준다. 새로운 S-curve들은 모두 처음에는 불안정한 시기를 거쳐 급속한 발전을 하다가 발전 속도가 느려지는 점을 지나고 결국에는 다른 새로운 기술의 등장으로 수명을 다하게 된다.[17] 단속적 신기술의 등장은 현재 산업에서의 경쟁구도를 뒤집어 놓아, 새로운 리더와 패배자를 만들어낸다. Schumpeter는 이러한 과정을 *창조적 파괴*(*creative destruction*)라고 하며 자본주의 사회 발달의 핵심 동인이라고 주장한다.[18]

기술 사이클 상의 각 단계를 이해하고 그 성격을 정립하기 위한 몇몇 연구가 행해졌는데, 이 연구들은 왜 어떠한 기술은 성공하고 다른 기술은 실패했는지, 또 기존 기업이나 신생 기업 중 신기술을 도입하거나 채택하는 데 더 성공적인 기업의 형태가 무엇인지 등을 알아보려는 시도였다.[19] 기술진보(technology evolution)에 관한 모델들 중에서는 Utterback과 Abernathy가 제안한 것이 가장 뛰어나다. 그들은 기술이 명확히 구분되는 단계들을 거쳐 간다는 것을 관찰하였다. 첫 번째 *유동기*(*fluid phase*)에서는 신기술과 시장 둘 다에 대해 상당한 불확실성이 존재한다. 그러므로 신기술에 기반을 둔 제품이나 서비스가 조잡하거나 신뢰하기 어렵고 비쌀 수도 있지만, 어떠한 틈새시장의 요구에는 잘 부합될 수 있다. 이 단계에서 기업은 시장의 반응을 살피기 위해 여러 제품 형태나 사양들을 가지고 다양한 제품을 만들어 보는 등의 시도를 하게 된다. 그러다 결국 소비자와 제조자는 바람직한 제품 형태에 대해 일종의 합의에 이르게 되고, **지배적 디자인**(dominant design)이 출현한다.[20] 지배적 디자인은 기술을 발전시키기에 안정적인 구조로 되어 있으며, 일단 지배적 디자인이 출현하면 기업들은 이를 바탕으로 보다 효율적이고 효과적인 생산을 위한 프로세스 혁신에 초점을 맞추거나 제품 구조 안에서 부품을 개선하여 점진적 변화를 이루어 내려는 노력을 기울일 수 있다. Utterback과 Abernathy는 이 단계를 *구체기*(*specific phase*)라고 규정하였는데, 그 이유는 이 단계에서 일어나는 제품, 재료,

지배적 디자인
다수의 제조자들에 의해 채택된 제품 디자인으로서, 기업들이 필요한 혁신을 위해 노력을 쏟아부을 수 있을 정도로 안정된 구조를 갖고 있다.

연구요약 혁신의 확산과 수용자 집단

기술 확산의 S-curve는 다른 범주의 사람들에게 각각 다른 시간에 기술이 확산되는 과정을 설명하기 위하여 종종 사용된다. 수용자 집단의 분류는 Everett M. Rogers가 제안한 것이 대표적이다.[a] 그림 3.7(a)는 기술 확산의 S-curve에서 Rogers의 각 수용자 집단의 위치를 보여준다. 그림 3.7(b)는 누적 수용자가 아닌 집단의 분포를 나타내는데, 가로축은 시간의 흐름 그리고 세로축은 수용자 비율을 의미하며, 그래프는 전형적인 종 모양으로 나타난다(실제에서는 오른쪽 또는 왼쪽으로 치우칠 수도 있다).

혁신 수용자

혁신 수용자(innovators)는 혁신을 초기에 받아들이는 사람들이다. 극단적으로 모험을 좋아하는 그들의 구매성향 때문에 복잡하고 불확실한 정도가 높아도 제품을 사는 경향이 있다. 혁신 수용자들은 일반적으로 구매력이 높은 경우가 많아서 제품 선택이 실패로 돌아가도 그 손해를 감당할 수 있다. 이들은 어느 특정한 사회 시스템 안에 잘 통합되어 있지는 않을 수 있으나 사회에 새로운 아이디어를 가져오는 사람들이므로 기술 확산과정에서 매우 중요한 역할을 한다. Rogers는 신기술을 처음으로 받아들이는 전체 수용자의 2.5% 정도를 이러한 혁신 수용자의 범주로 분류하였다.

선도 수용자

두 번째 범주에 해당하는 것이 선도 수용자(early adopter)이다. 선도 수용자들은 사회 시스템에 잘 통합되어 있으며, 의견을 주도할 수 있는 강력한 잠재력을 가지고 있다. 선도 수용자들은 동료들에 의해 존경받으며, 그 존경을 유지하기 위해서라도 합리적인 수용 결정을 내리는 경향이 있으며, 신중한 의사결정을 위해 상당한 노력을 기울이곤 한다. 다른 잠재적 수용자들은 선도 수용자로부터 혁신에 대한 정보와 조언을 구하므로 선도 수용자들은 새로운 제품이나 프로세스의 선택에 관해 영향력 있는 위치에 서게 된다. Rogers는 혁신 수용자 이후의 13.5%의 사람들을 선도 수용자라고 지칭하였다.

전기 다수 수용자

Rogers는 선도 수용자 다음으로 혁신을 받아들이는 34%의 사람들을 전기 다수의 수용자(early majority)로 구분하였다. 전기 다수 수용자는 사회의 평균적인 구성원보다 조금 빨리 혁신을 받아들이지만, 앞선 두 범주의 소비자들에 비해 위험 회피적이어서 제품이 흥행에 성공하고 안전하다고 판단해야만 이를 수용한다. 그들은 선도 수용자처럼 오피니언 리더는 아니지만 자신들의 동료나 친구들과 빈번하게 상호작용을 한다.

후기 다수 수용자

전기 다수 수용자 다음으로 혁신을 수용하는 34%의 사람들을 후기 다수 수용자(late majority)라고 한다. 전기 다수 수용자와 마찬가지로 후기 다수 수용자는 사회 구성원의 약 1/3 정도를 차지하고 있다. 여기에 포함된 사람들은 혁신을 비판적인 관점에서 바라보며 수용에 관한 압력을 느끼기 전까지는 혁신을 수용하지 않는 경향이 있다. 후기 다수 수용자 중에는 구매력이 충분하지 않아서 혁신에 대한 불확실성이 해결되기 전까지는 혁신수용에 대한 투자를 꺼리는 경우가 많다.

지각 수용자

혁신의 수용자들 중 마지막 16%의 사람들을 지각 수용자(laggards)라고 정의한다. 그들은 어떠한 것을 선택해야 할 때, 사회적인 네트워크의 영향을 받기보다는 오로지 자신의 경험을 기준으로 결정하곤 하기 때문에 그들에게는 의견주도권이 거의 없다. 그들은 혁신과 발명가에 대해 매우 비판적이며, 어떠한 혁신이 절대 실패하지 않을 것으로 확신이 생기고 나서야 그 혁신을 수용한다.

[a] Everett M. Rogers, *Diffusion of Innovations*, 5th ed. (New York: Free Press, 2003).

(계속)

(계속)

그림 3.7 ▸ 수용자 집단에 따른 기술 확산의 S-curve

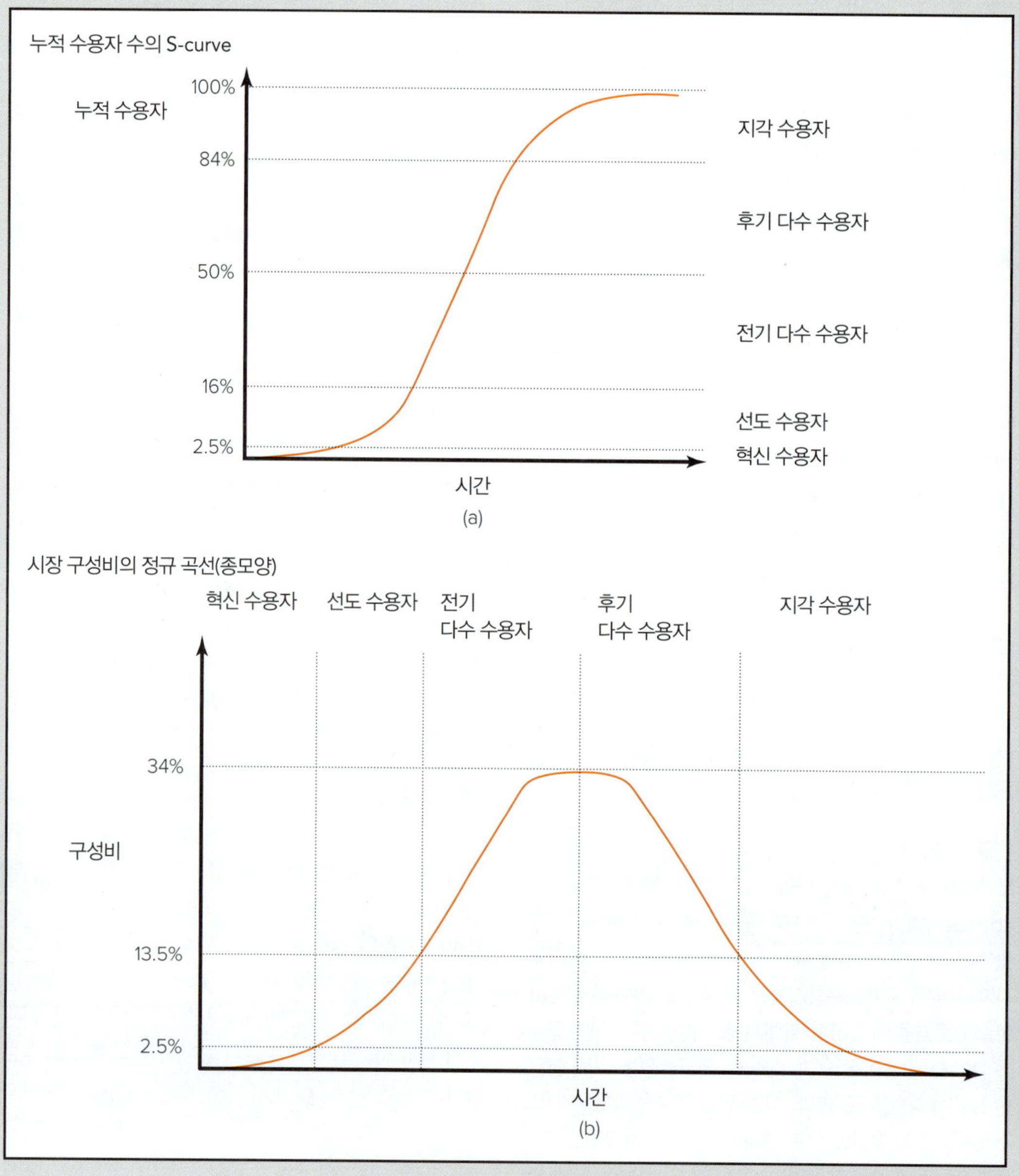

이론의 적용 Microsoft를 위협하는 "Segment Zero"

Microsoft는 1980년에서 2012년에 이르는 기간 동안 개인용 컴퓨터의 지배적인 운영시스템 제공자로 확고히 자리 잡으면서 컴퓨터 하드웨어와 소프트웨어 산업의 여러 측면에서 거대한 영향력을 행사하게 되었다. 그 기간 동안 경쟁 운영시스템들이 출시되기는 하였지만(예를 들어 Unix, Geoworks, NeXTSTEP, Linux, 그리고 Mac OS), 개인용 컴퓨터 운영시스템 시장에 대한 Microsoft의 점유율은 약 85%정도로 안정적이었다. 그러나 2013년 Microsoft의 개인용 컴퓨터 운영시스템에서의 지배적 위치가 과거 그 어떤 때보다 크게 위협받게 되었다. 차세대 컴퓨팅에 관한 지배적 위치를 점하려는 매우 중요한 경쟁이 이미 시작되었으나 Microsoft는 이 경쟁의 선두대열에 끼지도 못하는 상황이 된 것이다.

"SEGMENT ZERO"

Intel의 전임 CEO인 Andy Grove가 1988년에 지적하였듯이 마이크로프로세서나 소프트웨어, 모터사이클, 전기자동차 등을 포함한 많은 산업들에서 기술의 진보를 나타내는 궤도는 소비자들이 원하는 정도를 나타내는 궤도보다 더 가파른 기울기를 가지고 있다. 기업들은 종종 소비자들이 흡수할 수 있는 능력보다 더욱 빠르게 제품 사양(예를 들어 스피드, 파워 등)을 개선하곤 한다. 그러면 왜 기업들은 대부분의 소비자들이 요구하는 것 이상의 기술 수준을 제공하는 것일까? 그 답은 시장세분화(market segmentation)와 기술제공자의 가격정책을 보면 알 수 있다. 시장에서의 경쟁이 심화되면 가격과 이익률이 낮아지기 때문에 기업들은 점점 더 고가시장을 겨냥하여 매출을 일으키려 하게 된다. 이런 소비자 계층에서는 높은 기술 수준을 갖추고 디자인이 세련된 제품을 내놓으면 제품당 이익을 높일 수 있다. 소비자들 역시 시간의 경과에 따라 보다 높은 기술 수준을 가진 제품을 기대하지만 소비자들이 이러한 기술진보를 완전히 활용할 수 있는 능력은 기업이 제공하는 기술 수준보다 낮다. 이는 소비자들이 필요를 느끼고 새로운 기술을 어떻게 사용하는지 배운 다음에 자신들의 일과 생활방식에까지 받아들이는 데는 시간이 걸리기 때문이다. 그러므로 기술발전궤도와 소비자 요구궤도가 둘 다 우상향하기는 하지만 기술발전궤도가 더 가파른 기울기를 가지고 있다(간단하게 보기 위하여 그림 3.8에서는 기술발전궤도와 소비자 요구궤도가 직선으로 표시되었다).

그림 3.8에서 기술발전궤도는 대중적 시장의 요구 수준보다 조금 낮은 곳에서 시작하지만 시간이 지날수록 기업은 대중적 시장이 기대하는 정도보다 빠르게 기술 수준을 진보시켜 결국에는 고가시장을 겨냥하게 된다. 기술의 수준이 높아짐에 따라 제품 가격도 높아지므로 평균적인 일반 소비자들은 별다른 추가적 효용이 없는 것에 돈을 더 주어야 한다는 생각을 할 수도 있다. 그림 3.9에서는 저가시장이 적절한 대우를 받지 못하고 있다. 이 그룹의 소비자들은 자신이 필요로 하지도 않는 높은 기술 수준의 제품을 높은 가격을 주고 구입하거나 아예 구매를 포기할 수 있다. Intel의 전 CEO인 Andy Grove는 이러한 시장을 segment zero라고 부른다.

Intel에게 있어서 segment zero는 저가의 PC(개당 1,000달러 미만) 시장이었다. Segment zero가 이익면에서는 매력이 없는 것처럼 느껴져 무시될 수도 있지만, 잘만 이용하면 저가 기술을 제공할 수 있는 온실이 될 수도 있다.

그림 3.8 ▸ 기술 진보와 소비자의 요구를 나타내는 궤도

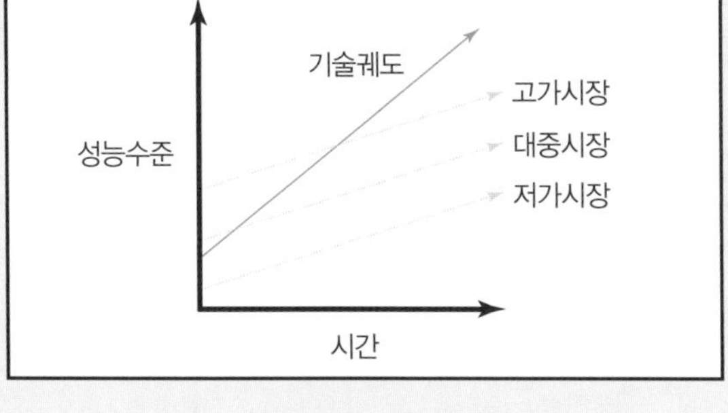

그림 3.9 ▸ 저가 기술의 궤도와 대중 시장의 기술요구 궤도의 교차

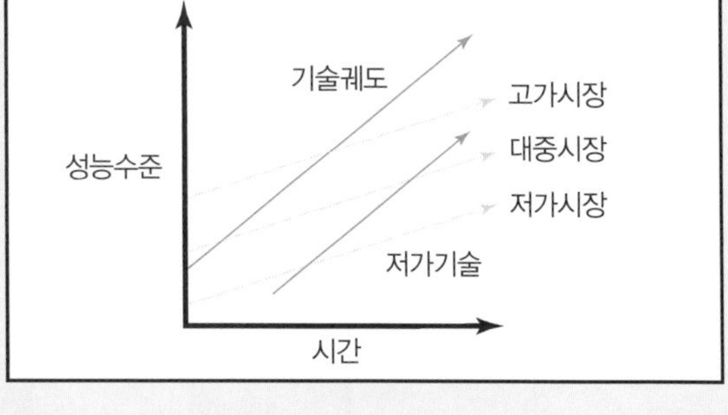

(계속)

(계속)

Grove는 "간과되고 소외되고 이익이 남지 않을 것 같은 저가시장도 경쟁력 있는 제품만 대량으로 공급된다면 매우 훌륭한 시장이 될 수 있습니다."라고 말했다.[a]

기업이 단순한 기술을 가지고 저가시장을 공략하면 원래의 기술발전궤도보다 오른쪽에 새로운 직선이 위치하게 된다. 물론 이 또한 시장이 기대하는 정도보다 더 가파른 기울기를 가지고 있다. 이 궤도가 발전을 거듭하면 마침내 첨단 기술보다는 훨씬 저가의 가격에 대중적 시장의 수요를 충족시킬 수 있게 된다(그림 3.9 참조). 이쯤 되면 첨단기술의 고가시장만 겨냥하던 기업들은 이윤이 많이 남지 않을 것 같아서 쳐다보지도 않았던 시장에서 다른 기업들이 매우 높은 매출을 올리고 있음을 알게 되고 이제는 그 시장도 더 이상 저가시장이 아님을 깨달을 것이다. 예를 들어 1998년도까지 마이크로프로세서의 성능은 좋아지고 가격은 하락하면서, 1,000달러 이하의 저가 컴퓨터가 전체 시장의 20%를 차지하게 되었다.

MICROSOFT에 대한 위협

그래서 Microsoft를 위협할 "segment zero"는 어디에 있었는가? 당신의 주머니를 들여다보자. 2021년 Apple의 iPhone 운영시스템(iOS)과 Google의 Android는 모바일 운영체계의 99% 이상을 차지하고 있었고, 시장은 점점 더 모바일로 이동하고 있었다. iOS와 Android 인터페이스는 아름다운 외관과 놀라울 정도의 사용 편의성을 제공하면서 Microsoft를 곤경에 빠트리고 있었다. 스마트폰에 사용되는 어플리케이션 사업모델 또한 개발자와 소비자 둘 모두에게 아주 매력적이었으며, 말도 안 되는 것에서부터 없어서는 안 될 필수적인 것까지 거대한 범위의 어플리케이션 라이브러리를 빠르게 만들어냈다.

전통적인 경제학의 관점에서 보면 스마트폰 운영시스템 시장은 Microsoft사에게는 매력적이지 않다. 다른 무엇보다도, 사람들은 어플리케이션에 그렇게 많은 돈을 쓰지 않는 반면 통신사들이 너무나도 큰 협상력을 가지고 있기 때문이다. 그러나 그런 스마트폰 운영시스템은 곧 tablet 운영시스템이 되었고, tablet은 빠른 속도로 완전하게 기능하는 컴퓨터가 되기 시작하였다. 스마트폰 운영시스템에서 이룩한 Apple과 Google의 소비자 상품 브랜드 인지도는 갑자기 개인용 컴퓨터 운영시스템의 상품 브랜드 인지도로 변환되고 있었다. 컴퓨터 산업을 수십 년간 지배했음에도 불구하고, Microsoft의 지배적인 지위는 증발될 위기에 처한 것이다.

[a] Andrew S. Grove, "Managing Segment Zero", *Leader to Leader*, 1999, p. 11.
[b] www.Gartner.com, 2018.

그림 3.10 ▸ 모바일 운영시스템의 시장 점유율 2012~2021

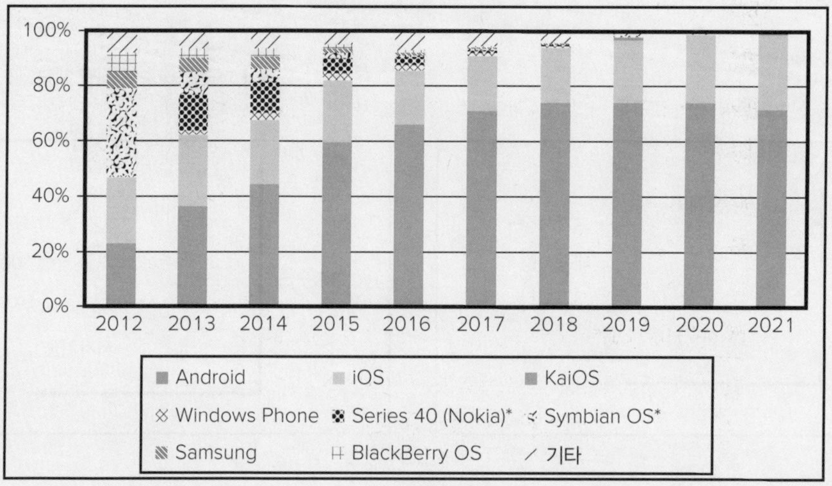

그림 3.11 ▶ 기술의 사이클

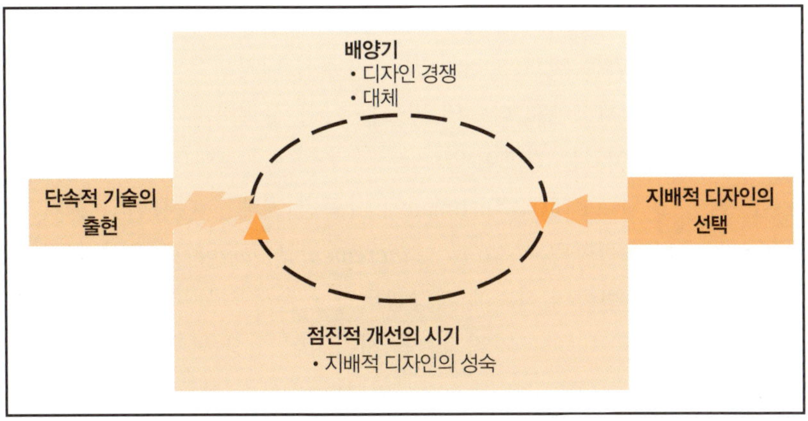

생산 공정에 대한 혁신들이 모두 지배적 디자인을 기반으로 하기 때문이다. 예를 들어 미국 내에서 전력공급의 주된 원천은 석탄이나 석유 같은 화석연료인데 이들을 이용하여 전력을 생산하는 방식은 잘 정립되어 있다. 반면 태양, 바람, 수소 등 재생가능한 자원을 이용하는 전력생산 기술은 아직 유동적 단계에 있다. Royal Dutch/Shell이나 General Electric, Ballard Power 같은 기업들은 태양광 전지, 풍력 터빈, 수소연료 전지 등으로 만든 전력이 경제적이면서도 대량생산이 가능할 수 있는 방법을 찾기 위해 다방면으로 노력 중이다.

Anderson과 Tushman은 Utterback과 Abernathy의 모형을 바탕으로 미국의 미니컴퓨터, 시멘트, 유리 산업의 역사를 살펴보았고, 이 과정에서 기술의 변화가 동반된 몇몇 새로운 기술의 사이클들을 발견하였다. Utterback과 Abernathy와 마찬가지로 Anderson과 Tushman도 각각의 단속적 기술이 혼돈과 불확실성의 시기, 즉 기술의 *배양기(era of ferment)*를 연다고 하였다(그림 3.11 참조). 신기술은 기업의 능력에 혁신적 발전을 가져올 수도 있지만 신기술의 주요 하부 시스템들이 어떻게 구성될 것인지, 또 그 시스템들이 어떻게 서로 연결될지에 대해서는 이견이 많을 수 있다. 게다가 후속 연구자들이 지적하듯이, 기술의 배양기 동안 다양한 이해관계자들은 기술이 어떤 목적으로 사용될 것인지 또는 기술을 중심으로 비즈니스 모델이 어떻게 만들어져야 할지에 관해 각기 다른 생각을 할 수도 있다.[21] 그러므로 신기술이 기존의 것을 대체하는 과정에서 기술의 다양한 형태가 출현하고 이들 간의 디자인 경쟁이 이루어진다고 보았다. Utterback과 Abernathy처럼 Anderson과 Tushman도 만약 차세대의 단속적 기술이 너무 빨리 출현하여 현재 진행 중인 단속적 기술의 사이클이 미처 만들어지지 못하거나, 특허를 통해 주요 기술을 보유하고 있는 기업들이 기술을 타 기업들에 라이센싱하지 않고 독점하는 등의 경우가 아니라면, 시장의 다수를 점하는 지배적 디자인이 항상 출현하게 됨을 발견하였다. 또한 Anderson과 Tushman은 지배적 디자인은 기술이 단속적 형태로 최초로 출현했던 그 당시의 디자인과는 절대 같은 형태가 아니며, 최첨단의 디자인이 지배적 디자인이 되는 것도 아니라는 것도 발견하였다. 지배적 디자인은 기술의 어느 한 측면만을 강조하기보다는 시장에서 다수의 필요를 가장 잘 만족시킬 수 있는 기능들을 결합하는 형태로 이루어지는 경향이 있다.

Anderson과 Tushman에 따르면 지배적 디자인의 출현은 기술의 배양기에서 *점진적 변화의 시기(era of incremental change)*로 옮겨가는 신호가 된다.[22] 기업은 점진적 변화의 시기에 시장침투와 효율성을 높이는 데에 초점을 맞추며, 여러 개의 제품들과 다양한 가격정책을 사용하여 시장을 세분화하는 전략을 쓸 수도 있다. 또한 기업은 디자인을 간소화시키거나 생산 공정을 개선하여 원가를 절감하기 위해서 노력한다. 이 시기의 조그만 개선들이 누적되면 산업 전체에서 거대한 기술발전이 이루어지기도 하며, 이러한 변화는 차세대 단속적 기술이 출현할 때까지 계속된다.

기업이 서로 다른 시기를 거치며 지식을 발전시키는 것을 살펴보면 왜 기존의 성공적인 기업이, 신기술이 가져다주는 상당한 장점에도 불구하고 신기술로 옮겨가는 것을 꺼리는지 알 수 있다. 점진적 변화의 시기를 거치는 동안 많은 기업들은 지배적 디자인 이외의 디자인 구조를 개발하려는 노력은 멈추고 이미 구축된 지배적 디자인 구조와 연관된 그들의 경쟁력을 더욱 높이는 데 투자한다. 대부분의 경쟁들이 구조 자체를 바꾸는 것보다는 부품을 개선시키는 데서 발생하기 때문에 기업들은 부품에 대한 지식을 높이고 지배적 구조와 관련된 지식에만 집중하여 투자하게 된다. 기업의 일상적 업무절차와 역량이 점점 더 지배적 구조와 엮이면서, 기업이 중요한 구조적 혁신을 식별하고 그에 대처하기가 점점 어려워진다. 한 예로 기업은 지배적 디자인의 구조에 맞추어 사업부를 구성하게 되고, 의사소통의 구조 역시 지배적 구조하에서의 부품 간 상호작용에 따라 이루어지게 된다. 또한 기업은 막대한 양의 정보를 흡수하고 처리하는 과정에서 현재의 기술디자인에 가장 유용한 정보만을 식별해내는 방식으로 일종의 필터를 설치할 수도 있다.[23] 기업의 지식, 구조, 의사소통 경로 모두가 현재의 지배적 디자인 체제하에서의 경쟁 능력을 극대화시키는 데 초점이 맞추어질수록, 이러한 점들이 역설적으로 기업으로 하여금 새로운 기술구조를 인식하고 대응하는 데 장애가 될 수 있다.

많은 산업에서 지배적 디자인이 출현하는 것으로 드러났지만 예외적인 경우들도 있다.[24] 예를 들어 예술이나 외식산업의 경우를 보면 어떠한 산업에서는 표준을 위한 압력이 존재하기보다는 다양성과 차별성이 그 산업의 핵심 가치라서 이를 위한 시장의 압력이 존재하는 경우도 있다.

요약

1. 혁신의 유형을 구별하는 데에는 몇 가지 다른 기준이 사용된다. 가장 많이 쓰이는 구분

에는 제품 혁신과 프로세스 혁신의 구분, 급진적 혁신과 점진적 혁신의 구분, 핵심역량을 강화하는 혁신과 핵심역량을 소실시키는 혁신의 구분, 제품구조 혁신과 부품 혁신의 구분이 있다.

2. 누적적으로 투입된 노력에 대한 기술 수준의 진보에 대한 그래프는 대개 S자 모양으로 그려진다. 이는 신기술의 경우 기술 수준의 진보가 처음에는 어렵고 돈이 많이 들어가는 반면 기초적인 원리가 정해지고 나면 기술을 이해하는 데 가속도가 붙어 급속도로 성장하다가 마지막에는 점점 속도가 떨어져 기술의 한계에 이르게 되기 때문이다.
3. 시간의 흐름에 따른 기술의 시장 확산에 대한 그래프는 일반적으로 S자 모양의 곡선이다. 처음에는 기술이 불확실하다고 여겨지며 그것을 채택하는 잠재적 수용자에게는 많은 비용이나 위험이 따른다. 점차적으로 기술이 보다 확실해지고 원가가 떨어지면, 그 기술은 대중에 의해 수용된다. 결국 기술의 확산은 시장이 포화되거나 새로운 기술의 대체로 인해 느려지게 된다.
4. 시간에 따른 기술 수준의 진보는 대개 소비자가 요구하는 속도보다 빠르게 이루어진다. 이는 처음에 대중적 시장을 만족시키던 기술이 결국에는 그 시장의 요구 수준을 뛰어넘는다는 것이다. 게다가 처음에는 저가시장(segment zero)만을 만족시키던 기술이 나중에는 대중적 시장의 요구 수준도 만족시키며, 결국에는 높은 기술 수준을 요구하던 시장까지 점유하게 된다.
5. 기술적 변화는 대개 주기적인 패턴을 따른다. 우선 기술의 단속성은 혼돈과 불확실성의 시기를 야기하며 제조업자와 소비자들은 신기술에 의한 여러 가능성을 탐구하게 된다. 일단 제조업자와 소비자가 바람직한 기술의 구성에 대해 의견을 모으기 시작하면 지배적 디자인이 출현한다. 지배적 디자인은 산업에서 안정적인 벤치마크로 자리 잡으며 제조업자로 하여금 생산의 효율성을 높이고, 점진적으로 제품을 진보시키는 데 집중할 수 있도록 해준다. 이러한 주기는 다음 단속적 기술이 출현하면 다시 반복된다.
6. 단속적인 기술의 출현 당시에 사용되던 초기 디자인들의 거의 대부분은 지배적 디자인이 되지 못한다. 대부분의 기술 사이클에서는 기업들이 다양한 디자인들을 출시하면서 이들간의 경쟁을 통해 지배적 디자인이 떠오르게 된다.
7. 지배적 디자인은 그 출현 시점에서 가장 우수한 기술적 사양들만을 담고 있는 것은 아니다. 대신 다수의 제조업자와 소비자의 요구에 가장 잘 부합하는 요소들의 조합으로 이루어져 있다.

토론문제

1. 성공적인 기업이 신기술을 수용하는 데 부정적인 이유에는 어떤 것이 있는가?
2. 기존에 잘 자리 잡은 기업과 신생기업 중 신기술의 (*a*) 개발 또는 (*b*) 수용에 보다 더 적합한 기업은 누구인가? 그 이유는?
3. 직장이나 학교에서 배운 혁신의 사례를 생각해보고, 이 장의 서두에서 다룬 분류법을

이용하여 그 혁신 사례를 분류해보라.

4. 기술 수준의 진보와 기술의 시장확산곡선이 S자 모양을 하고 있는 이유는 무엇인가?
5. 기술은 왜 종종 소비자의 요구 수준보다 빠르게 발전하는가? 기업이 현재 시장의 요구 정도를 넘어서서 기술을 발전시킬 때의 장점과 단점은 무엇이라고 생각하는가?
6. 어떤 산업이 평균적인 산업의 기술주기에 비해 특히 짧은 기술주기를 가지고 있다고 생각하는가? 또 어떤 산업이 긴 주기를 가지고 있는가? 산업에서 기술주기의 길이에 영향을 주는 데에는 어떠한 요인들이 있다고 생각하는가?

추가자료

■ 대표문헌

Clayton M. Christensen, *The Innovator's Dilemma: When New Technologies Cause Great Firms to Fail* (Boston: Harvard Business School Publishing, 1997).

Everett Rogers, *Diffusion of Innovations,* 5th ed. (New York: Simon & Schuster Publishing, 2003).

Melissa A. Schilling and Melissa Esmundo, "Technology S-Curves in Renewable Energy Alternatives: Analysis and Implications for Industry and Government," *Energy Policy* 37 (2009): 1767–81.

Philip Anderson and Michael L. Tushman, "Technological discontinuities and dominant designs," *Administrative Science Quarterly* 35 (1990): 604–33.

Wiebe Bijker, Thomas P. Hughes, and Trevor J. Pinch, *The Social Construction of Technological Systems* (Cambridge, MA: MIT Press, 1987).

■ 최근문헌

Joshua S. Gans et al., "Choosing Technology: An Entrepreneurial Strategy Approach," *Strategy Science* 6 (2020): 39–53.

Madeline K. Kneeland, Melissa A. Schilling, and Barak S. Aharonson, "Exploring Uncharted Territory: Knowledge Search Processes in the Origination of Outlier Innovation," *Organization Science* 31: 535–57.

Melissa A. Schilling, "Technology Shocks, Technological Collaboration, and Innovation Outcomes," *Organization Science* 26 (2015): 668–86.

Ron Ander and Rahul Kapoor, "Innovation Ecosystems and the Pace of Substitution: Re-examining Technology S-curves," *Strategic Management Journal* 35 (2015): 625–48.

Woo-Yong Park, Young K. Ro, and Namwoon Kim, "Architectural Innovation and the Emergence of a Dominant Design: The Effects of Strategic Sourcing on Performance," *Research Policy* 47 (2018): 326–41.

■ 참고문헌

1. Richard L. Daft and Selwyn W. Becker, *Innovation in Organizations* (New York: Elsevier, 1978); Thomas D. Duchesneau, Steven Cohn, and Jane E. Dutton, *A Study of Innovation in Manufacturing: Determination, Processes and Methodological Issues,* vol.

1 (Social Science Research Institute, University of Maine, 1979); and Jerald Hage, *Theories of Organization* (New York: Wiley Interscience, 1980).

2. Robert D. Dewar and Jane E. Dutton, "The Adoption of Radical and Incremental Innovations: An Empirical Analysis," *Management Science* 32 (1986): 1422–33; and Jane Dutton and A. Thomas, "Relating Technological Change and Learning by Doing," in *Research on Technological Innovation, Management and Policy,* ed. R. Rosenbloom (Greenwich, CT: JAI Press, 1985), 187–224.
3. Camille Scuria-Fontana, "The Slide Rule Today: Respect for the Past; History of the Slide Rule," *Mechanical Engineering-CIME* (July 1990): 122–24.
4. Herbert Simon, "The Architecture of Complexity," *Proceedings of the American Philosophical Society* 106 (1962): 467–82.
5. Lee Fleming and Olav Sorenson, "Navigating the Technology Landscape of Innovation," *Sloan Management Review* 44, no. 2 (2003): 15; and Melissa A. Schilling, "Towards a General Modular Systems Theory and Its Application to Interfirm Product Modularity," *Academy of Management Review* 25 (2000): 312–34.
6. Rebecca Henderson and Kim Clark, "Architectural Innovation: The Reconfiguration of Existing Product Technologies and the Failure of Established Firms," *Administrative Science Quarterly* 35 (1990): 9–30.
7. Andrew Chaikin, Is SpaceX changing the rocket equation? Air & Space Smithsonian, January, 2012.
8. Edwin R. Foster, *Innovation: The Attacker's Advantage* (New York: Summit Books, 1986).
9. Raghu Garud and Michael A. Rappa, "A Socio-Cognitive Model of Technology Evolution: The Case of Cochlear Implants," *Organization Science* 5 (1994): 344–62; and Wiebe E. Bijker, Thomas P. Hughes, and Trevor J. Pinch, *The Social Construction of Technological Systems* (Cambridge, MA: MIT Press, 1987).
10. Foster, *Innovation.*
11. Rick Brown, "Managing the 's' Curves of Innovation," *Journal of Consumer Marketing* 9 (1992): 61–72.
12. Everett Rogers, *Diffusion of Innovations,* 4th ed. (New York: Free Press, 1995).
13. Edwin Mandfield, "Industrial Robots in Japan and the USA," *Research Policy* 18 (1989): 183–92.
14. Paul A. Geroski, "Models of Technology Diffusion," *Research Policy* 29 (2000): 603–25.
15. Foster, *Innovation;* and Robert H. Becker and Laurine M. Speltz, "Putting the S-curve Concept to Work," *Research Management* 26 (1983): 31–3.
16. Clayton Christensen, *Innovation and the General Manager* (New York: Irwin/McGraw-Hill, 1999).
17. Philip Anderson and Michael Tushman, "Technological Discontinuities and Dominant Designs: A Cyclical Model of Technological Change," *Administrative Science Quarterly* 35 (1990): 604–34.
18. Joseph Schumpeter, *Capitalism, Socialism and Democracy* (New York: Harper Brothers, 1942).
19. See, for example, James M. Utterback and William J. Abernathy, "A Dynamic Model of Process and Product Innovation," *Omega, the International Journal of Management Science* 3 (1975): 639–56; and D. Sahal, *Patterns of Technological Innovation* (Reading, MA: Addison-Wesley Publishing Co., 1981).
20. James Utterback and William Abernathy, "A Dynamic Model of Process and Product

Innovation"; Fernando F. Suarez and James M. Utterback, "Dominant Designs and the Survival of Firms," *Strategic Management Journal* 16 (1995): 415–30; and James M. Utterback and Fernando F. Suarez, "Innovation, Competition and Industry Structure," *Research Policy* 22 (1993): 1–21.

21. Sarah Kaplan and Mary Tripsas, "Thinking about Technology: Applying a Cognitive Lens to Technical Change," *Research Policy* 37 (2008): 790–805.

22. Philip Anderson and Michael Tushman, "Technological Discontinuities and Dominant Designs: A Cyclical Model of Technological Change," *Administrative Science Quarterly* 35 (1990): 604–34.

23. Rebecca Henderson and Kim Clark, "Architectural Innovation: The Reconfiguration of Existing Product Technologies and the Failure of Established Firms," *Administrative Science Quarterly* 35 (1990): 9–30.

24 Michael E. Porter, "The Technological Dimension of Competitive Strategy," in *Research on Technological Innovation, Management and Policy,* ed. R. S. Rosenbloom (Greenwich, CT: JAI Press, 1983); and S. Klepper, "Entry, Exit, Growth, and Innovation over the Product Life Cycle," *American Economic Review* 86 (1996): 562–83.

Chapter 04

표준경쟁, 모듈화 그리고 플랫폼 경쟁

Standards Battles, Modularity, and Platform Competition

Netflix와 스트리밍 서비스 경쟁

2021년 초까지 광대역 인터넷의 광범위한 보급으로 전 세계의 많은 소비자들이 비디오 스트리밍 서비스에 가입하게 되었다. 사실, 미국의 경우 소비자의 절반 이상이 전통적인 케이블 텔레비전 (그리고 유선 전화) 대신 인터넷으로만 제공되는 비디오 엔터테인먼트를 선택하고 있다. 이러한 서비스의 대부분은 소비자가 원할 때 스트리밍할 수 있는 다양한 영화와 텔레비전 콘텐츠를 제공하며, 일부 서비스는 자사가 제작한 상당량의 오리지널 콘텐츠도 단독으로 제공하고 있다.

2020년 기준으로, COVID-19이 비디오 스트리밍 서비스 가입을 주저하던 소비자들의 불확실성을 제거해주었다. 극장은 문을 닫아야 했고, 주요 스트리밍 플랫폼은 최신 영화를 볼 수 있는 유일한 장소가 되었다. 전 세계 박스오피스 수입은 2019년 423억 달러에서 2020년 120억 달러로 급감했고 스트리밍 구독은 26% 증가하여 11억 명이 구독하게 되었다. 미국에서는 Sykes의 조사에 따르면 71.7%의 미국인이 새로운 스트리밍 서비스 구독을 시작했으며 Deloitte의 조사에 따르면 미국 가정은 2019년 평균 3개에서 이제는 평균 5개의 스트리밍 서비스를 구독하고 있다.[a]

이 분야에서 전 세계적으로 압도적인 선두주자는 Netflix이다(그림 1 참조). 2021년 Netflix는 190개 이상의 국가에서 2억 명 이상의 가입자를 보유하고 있으며 2020년에 250억 달러의 수익을 냈다. 국내외 가입자의 빠른 증가는 투자자들의 뜨거운 관심을 불러일으켰으며, 이로 인해 시가총액이 2,390억 달러에 달했고 시장에서 가장 빠르게 성장하는 주식 중 하나가 되었다.[b]

Netflix가 1997년에 설립되었을 당시의 비즈니스 모델은 우편으로 DVD 영화를 대여하고 판매하는 것이었다. 고객들이 온라인으로 영화를 검색하고 선택하면, 그 영화를 담은 DVD가 고객에게 우편으로 발송되고 고객은 영화를 본 후 이를 다시 우편으로 반납했다. 사업 초기에는 오프라인 최대 경쟁자인 Blockbuster처럼 영화당 대여료로 과금하였지만 곧 정기적인 구독료 방식으로 바꾸었다. 고객들은 한 번에 대여할 수 있는 영화 수에 따라 가격이 다른 요금제 중에서 선택할 수 있었고, 연체료 없이 원하는 기간 동안 영화를 대여할 수 있었다. 이 비즈니스 모델은 성공적이었고, 2005년에는 회사는 하루에 백만 개 이상의 DVD를 대여하였다.[c]

Netflix 사이트의 가장 매력적인 특징 중 하나는 추천 시스템이었다. 소비자들이 영화를 대여할 때마다 이미 시청한 영화에 대한 리뷰를 남기게 했다. 이를 통해 소비자 기호에 맞는 영화를 추천하는 데 사용할 수 있는 영화 선호도 간의 상관관계에 대한 방대한 데이터베이스를 꾸준히 축적

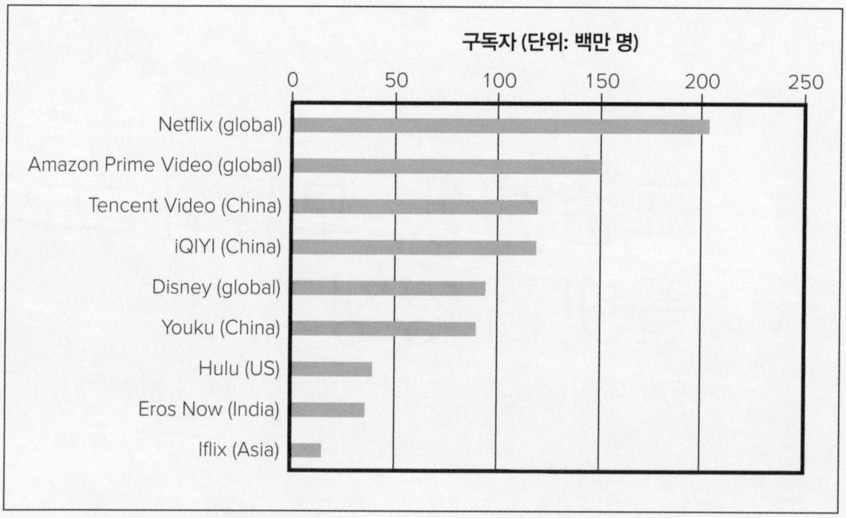

그림 1 ▶ 세계에서 가장 인기 있는 비디오 스트리밍 서비스

출처: *Statista*, www.nationalthailand.com, www.cordcutternews.com, and company reports 등 여러 소스.

했다. 예를 들어, 만약 소비자가 "Journey to the Center of the Earth"에 별 다섯 개를 매긴다면, 이 시스템은 그 사람이 "The Mummy", "Indiana Jones and Kingdom of the Crystal Skull" 그리고 "Inkheart"를 좋아할 수 있다고 제안하는 식이다.

이 서비스는 엄청난 인기를 끌었고 곧 일반 비디오 가게들은 경쟁력을 잃기 시작했다. Netflix는 상품 재고들을 한 곳에서 중앙집중관리하면서 소비자에게 영화를 발송하기 때문에 소비자들은 오프라인 상점에서 보다 훨씬 더 광범위한 선택을 즐길 수 있었고, 회사가 콘텐츠를 구매하는 과정에서도 규모에 따른 협상력을 바탕으로 유리한 가격을 제시할 수 있었고, 덕분에 리뷰 및 추천 시스템, 온라인 영화 예고편과 같은 고객을 위한 부가가치 서비스에 좀 더 투자할 수 있게 되었다. 중요한 것은, Netflix는 소규모 독립 영화 제작자들의 영화가 소비자들에게 다가갈 수 있는 핵심 채널이기도 해서 시간이 지날수록 회사는 점점 더 가치 있는 네트워크 관계를 형성할 수 있게 되었다.

Netflix는 2007년부터 영화 스트리밍 서비스를 제공하기 시작했는데, 이는 소비자들이 영화를 대여할 때 가장 선호하는 방식으로 급성장했다. 그 후 2011년, 이 회사는 *House of Cards*와 *Lilyhammer* 시리즈를 시작으로 Netflix가 독점 유통할 수 있는 오리지널 콘텐츠를 인수하기 시작했다. 2013년에는 Marvel Television, Dreamworks와 같은 제작사와 함께 오리지널 콘텐츠를 공동 제작하기 시작했다. 그 후 2017년에는 Netflix Studio를 열고 TV의 가장 성공적인 작가와 프로듀서들을 영입하여 사내에서 오리지널 콘텐츠를 만들기 시작했다.[d]

영화 대여 서비스 회사가 자체적인 콘텐츠를 개발하면서 전체적인 공급체인을 수직통합해 나가는 것은 특이한 움직임이었다. 영화와 텔레비전 쇼를 만드는 것은 영화나 텔레비전 쇼를 배급하는 것과는 근본적으로 다른 기술, 장비, 인력, 전문 지식을 필요로 한다. 과연 미디어 유통 전문가가 미디어 제작에 대해 뭘 알겠는가? 그런데 알고 보니 아주 많이 알고 있었다.

Netflix의 급성장하는 고객 데이터베이스는 어떤 고객이 어떤 영화를 좋아하는지, 어떤 장르가 성장하고 있는지, 어떤 새로운 스타들이 팔로워를 얻고 있는지, 어떤 새로운 제작사가 인기를 얻고 있는지 등 여러 가지 정보를 알 수 있다는 의미였다. 소규모 독립 영화 제작자들과 신인 배우들과의 관계는 회사가 새로운 창조적 재능들에 대한 접근성을 확보하는 동시에 회사의 평판에도 도움이 되었다. 대중문화 웹사이트 *The Ringer*의 작가인 Sean Fennessey는 Netflix가 주요 스튜디오에서 영화를 제작할 만큼 재정적 여력이 없는 영화 제작자들에게 얼마나 중요한 역할을 해왔는지 설명했다. "프랜차이즈 영화가 아니면 안 되는 Hollywood에서 Netflix는 억압당하는 제작자들의 상처에 필요한 치료제처럼 느껴졌어요."[e]

Netflix는 또한 자신의 거대한 배급망을 활용하여 자사의 오리지널 콘텐츠를 홍보하고 시리즈에 대한 관객 수를 늘리면서 1급 제작사로서의 명성을 쌓아 나갔다. Netflix 최고 콘텐츠 책임자 Ted Sarandos가 말했듯이, "우리가 그 콘텐츠들의 성공 확률을 높이려면 우리의 재능에 대한 좋은 평판을 유지하면서 우리와 같이 일하기 원하는 능력 있는 사람들과 함께 계속해서 좋은 성과를 만들어 내야 합니다."

게다가, 대부분의 영화 스튜디오는 그들이 제작한 영화로부터 직접적으로 이익을 얻어야만 하는 반면, Netflix는 콘텐츠로부터 여러 가지 방법으로 이익을 얻었다. 인기 있는 독점 프로그램을 통해 구독자를 유치하고 보유하면서, 많은 시청자와 강력한 오리지널 콘텐츠 라이브러리를 통해 타사가 제작한 콘텐츠에 대한 라이센스 요금을 훨씬 유리한 조건에서 협상할 수 있었다. 이런 것들을 다 합쳐보면 이는 매우 강력한 이점이었다.

Netflix는 2021년에 오리지널 독점 콘텐츠에 약 190억 달러를 지출하는 세계에서 가장 큰 영화 제작사 중 하나이다. 그 뒤를 이어 Amazon Prime Video, Hulu, 그리고 HBO가 각각 60억 달러, 30억 달러, 15억 달러를 자사 스트리밍 서비스를 위한 오리지널 콘텐츠 제작에 지출하고 있다. 콘텐츠로 오랫동안 경쟁관계에 있는 Disney, Universal, Paramount와 같은 회사들은 그들 자신의 스트리밍 서비스를 제공하면서 대항하고 있었다. 일부 회사들은 흥미로운 협력 관계를 만들고 있는데, 예를 들어 Disney+와 Hulu는 ESPN을 포함한 할인 패키지를 출시했고, Warner Brothers는 자사의 모든 영화를 HBO Max에서 이용할 수 있도록 하겠다고 발표했다. 이러한 움직임들 때문에 AMC Theater 체인[f]과 일부 영화 제작자들은 자신들의 영화 매출이 줄어들 거라는 생각에 반발하기도 했다.[g] 스트리밍 시장은 아주 빠른 속도로 퍼지면서 복잡해지기 시작했다.

기업들이 자사 채널에만 독점적인 콘텐츠를 만들었을 때, 이로 인한 구독자의 증가가 해당 콘텐츠를 타사에게도 배포하는 것보다 더 유리할 거라는 일종의 도박을 하고 있는 것과 같은데, 이에 따른 득실은 사실 정확히 계산하고 예측하기는 어려운 일이다. 소비자들은 얼마나 많은 구독 서비스를 이용할 것인가? 특정 구독 서비스가 특정 소비자 그룹을 끌어들이려면 몇 개의 성공적인 독점적인 콘텐츠를 보유해야 하는가? 콘텐츠 제작자가 모든 플랫폼에서 콘텐츠를 사용할 수 있게 한다면 더 많은 수익을 얻을 수 있는가? 이와 같은 질문들에 대한 답들이 비디오 스트리밍 서비스의 미래를 결정할 것이다.

〈토론문제〉

1. 당신의 스트리밍 서비스 이용 경험에 비추어 보았을 때, 각 스트리밍 플랫폼이 독립적 가치(예: 충실도, 사용 편의성, 추천 시스템 등) 측면에서 다르다고 생각하는가?
2. 당신의 스트리밍 서비스 이용 경험에 비추어 보았을 때, 콘텐츠의 종류와 품질 측면에서 각 스트리밍 서비스가 어떻게 다르다고 생각하는가?

3. 소비자가 특정 스트리밍 서비스에 가입할지 여부에 영향을 미치는 요소들은 무엇이라고 생각하는가? 각 서비스가 보유한 독자적인 기능들은 얼마나 중요한가? 콘텐츠는 얼마나 중요한가?
4. 특정 서비스가 독점적으로 제공되는 콘텐츠를 갖는 것의 장단점은 무엇이라고 생각하는가?
5. 시장에는 결국 몇 가지 서비스만 "승자"로 남고 나머지는 인수합병 또는 퇴출될 거라고 생각하는가? 아니면 시장에는 계속해서 여러 다양한 서비스들이 살아남을 것이라고 생각하는가?

[a] Phil Hall, "The State of Streaming in 2021: A Fight for Content and Eyeballs," Benzinga, March 19, 2021.
[b] Shalini Ramachandran and Imani Moise, "Netflix Subscriber Growth Tops Expectations," *The Wall Street Journal*, April 16, 2018.
[c] "Movies to Go," *The Economist*, July 7, 2005.
[d] Lucas Shaw, "Netflix Aims to Make the Next Great Hollywood Studio," *Chicago Tribune*, September 15, 2017.
[e] Sean Fennessey, "Netflix and Shill," *The Ringer*, April 20, 2018.
[f] Julia Alexander, "AMC Warns It'll Run Out of Cash in January; Calls Out Warner Bros.' Shift to HBO Max," *The Verge*, December 11, 2020.
[g] Angela Watercutter, "The Streaming Wars Could Finally End in 2021," *Wired*, December 14, 2020; and Denis Villaneuve, "'Dune' Director Denis Villeneuve blasts HBO Max Deal," *Variety*, December 10, 2020.

개요

지배적 디자인
통상적으로 50% 이상의 시장점유율로 하나의 제품 범주를 지배하는 단일 제품 또는 프로세스의 구조. 지배적 디자인은 비록 공식적으로 강요되거나 인정되지는 않더라도 한 산업에서의 실질적인 표준임을 의미하므로, "*de facto standard*"라고 할 수 있다.

앞 장에서는 기술혁신 과정에 있어 반복되는 패턴들을 살펴보았는데, 그러한 패턴들 중 하나가 지배적 디자인(dominant design)의 등장이다. Anderson과 Tushman이 지적했듯이, 기술의 사이클에서 한 산업이 지배적 디자인을 결정하는 단계가 거의 예외 없이 존재한다. 이렇게 지배적 디자인이 일단 결정되면, 생산자와 소비자들은 또 다른 디자인을 찾으려고 노력하기보다는 결정된 **지배적 디자인**의 제조, 유통, 마케팅 또는 활용 과정에서 효율성을 높이는 데에 주력한다. 이번 장에서 우리는 먼저, 왜 여러 산업들에서 하나의 기술적인 디자인을 지배적 디자인으로 선택하도록 하는 강력한 압박을 경험하게 되는지에 대해 알아보고 특정 기술이 지배적 디자인으로 결정되는 데에 작용하는 가치를 다양한 차원에서 살펴볼 것이다. 그리고 난 뒤, 일부 산업에서 왜 그리고 어떻게 모듈화와 플랫폼 경쟁이 일어나는지를 살펴볼 것이다.

왜 지배적 디자인이 선택되는가

왜 많은 시장에서 다양한 기술적인 대안들이 공존하기보다는 하나의 지배적 디자인으로 통합되는 경향을 보이는가? 주된 이유 중 하나는 많은 산업에서 특정 기술이

기술 수용에 따른 수익체증
제품이나 프로세스의 *수익률*(*총수익이 아니라*)이 고객 기반의 규모에 따라 증가하는 것.

많은 사람들에 의해 사용될수록 그 기술이 보다 가치 있게 되는, **기술 수용에 따른 수익체증**(increasing returns to adoption) 현상이 존재하기 때문이다.[1] 복잡한 기술들의 경우 그 기술이 더 많이 사용될수록 더 많이 개선되는 방식으로 수익체증 현상이 나타난다. 특정 기술이 선택되어 사용되면 일반적으로 수익을 창출하는데, 이 수익은 그 기술을 더욱 발전시키거나 세밀하게 하는 데 사용될 수 있다. 또한 기술이 사용될수록 기술에 대한 지식이나 이해의 정도가 더욱 높아짐으로써 기술 자체와 기술을 응용한 제품의 개선까지 가능하게 된다. 마지막으로 기술이 보다 광범위하게 적용되면서 그 기술과 함께 사용되도록 특화된 보완재가 개발되곤 한다. 이러한 현상들은 경쟁기술에 대한 기술상의 우열 관계를 떠나 해당 기술의 지배력을 강화시키는 자기강화 메커니즘이라는 결과물을 낳는다. 수익체증이 발생하는 주요한 이유 두 가지는 (1) 학습효과와 (2) 네트워크 외부성이다.

■ 학습효과

특정 기술이 많이 사용될수록 기술은 더욱 개선되어 효과적이고 효율적으로 된다는 사실을 보여주는 많은 경험적 증거들이 존재한다.[2] 기술이 사용되면서 창출되는 수익은 기술을 더욱 발전시키기 위한 재투자를 가능케 한다. 게다가 기업이 경험을 축적하면서 기술을 더 잘 활용할 수 있는 조직 환경을 개발하고 기술을 더욱 생산적으로 이용할 수 있는 방법을 찾아낸다. 따라서 기술이 많이 사용될수록, 그 기술은 더 높은 수준의 기술로 발전해 간다.

학습효과의 한 예로, 원가와 생산성에서 발생하는 누적 생산 효과를 들 수 있는데 이를 *학습곡선*이라고도 한다. 개인과 생산자는 프로세스를 반복하면서 생산을 보다 효율적으로 하는 방법을 배우며, 종종 투입물의 원가나 불량률을 낮출 수 있는 새로운 기술적인 해결책을 내놓기도 한다. 조직학습을 연구하는 학자들은 일반적으로 학습곡선을 누적 산출량의 함수로 간주한다. 생산량이 늘어날수록 성능은 향상되고 비용은 감소하는 데 이러한 변화의 폭은 일반적으로 점차 줄어든다(그림 4.1 참조). 예를 들어 비행기 생산이나 피자 프랜차이즈와 같은 다양한 산업에서 이루어진 연구를 보면 생산량이 증가함에 따라 생산단가(피자 한 판, 비행기 한 대 등)가 감소하는 현상이 일관되게 나타난다.

학습곡선의 표준형태는 $y = ax^{-b}$의 공식으로 표현할 수 있다. 여기서 y는 x번째 단위를 생산하는 데 드는 직접노동시간, a는 첫 번째 단위를 생산하는 데 드는 직접노동시간, x는 누적 생산량, b는 학습률이다. 이러한 패턴은 자동차, 선박, 반도체, 의약품, 심지어는 심장수술을 포함하는 광범위한 제조업과 서비스업 분야에서 일관되게 나타난다.[3] 학습곡선은 또한 생산성, 단위당 총생산비용, 사고율, 불량률 등을 포함하는 다양한 성과측정 수단을 통해서도 확인되어 왔다.[4]

그림 4.1 ▶ 표준적인 학습곡선의 형태

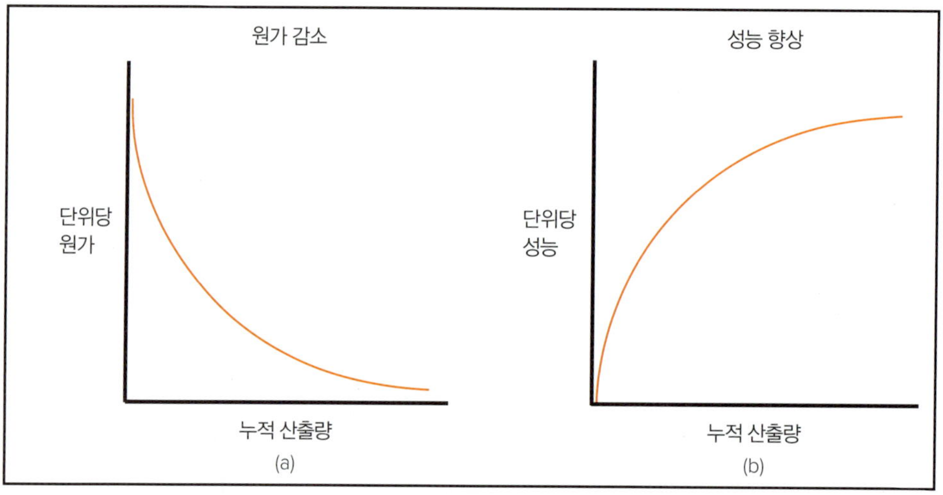

학습곡선은 다양한 조직 프로세스에서 광범위하게 관찰되어 왔지만, 조직별 학습률에 있어서는 상당한 차이가 존재한다.[5] 관리자와 연구자들은 학습이 거의 일어나지 않는 기업이 있는 반면, 상당한 학습이 일어나는 기업 또한 존재한다는 사실을 이해하는 데에 많은 관심을 가지고 있다. 많은 연구들은 이러한 차이를 이해하기 위해 기업의 공정개선 프로젝트, 계획적인 혁신, 또는 소비자와 공급자와의 접촉 정도 등이 학습률에 얼마나 영향을 미치는지를 살펴보았는데, 이러한 연구들에 따르면 학습률이 과업의 특성, 기업전략, 기업의 이전 경험 등과 같은 요인들에 의해 영향을 받을 수 있다고 한다.

사전학습과 흡수능력

흡수능력
한 기업이 새로운 지식을 인지하고 이해하여 활용할 수 있는 능력.

사전학습(prior learning)에 대한 기업의 투자는 기업의 흡수능력(absorptive capacity)을 구축함으로써 미래의 학습속도를 가속화시킬 수 있다.[7] **흡수능력**이란 기업이 지식을 축적할수록 정보를 이해할 수 있는 미래 능력이 증대되는 현상을 말한다. 한 기업이 보유한 연관 분야의 경험은 새로운 정보의 가치를 인식하고 그 정보를 효율적으로 활용하는 기업의 능력을 형성하는 데 도움을 준다. 예를 들어 기업이 새로운 기술을 개발하는 과정에서 하나의 해결책을 찾기까지 수많은 실패를 경험할 것이다. 기업은 이러한 시도들을 통해 주요 구성품이 어떻게 작동하고, 어떤 방법의 성공 가능성이 더 높은지, 어떤 프로젝트의 유형이 기업의 성공 가능성을 높이는지 등에 대한 지식기반을 쌓게 된다. 이러한 지식기반은 기업이 새로운 원재료, 기술, 방법의 가치를 보다 빠르게 인식할 수 있도록 해준다. 이러한 흡수능력 때문에 남보다 먼저 새로운 기술을 개발하는 기업들이 계속해서 다른 기업들보다 유리한 위치에 설 수 있게 되는 효과가 있다. 반면 기술개발 투자를 보류했던 기업들은 향후 기술개발에서 어려움을 겪거나 비용이 많이 들게 되는데, 이는 기술의 선도적 위치에서 뒤떨어진 기업이 다시 선도기업의 위치를 회복하는 것이 왜 어려운지를 일정 부분 설명해준다.

총체적으로 보면 특정 기술을 사용하고 그것을 정교하게 발전시키는 기업들이 많아질수록 그 기술과 관련되어 창출되는 흡수능력 또한 커지게 되며, 그 기술(관련 기술까지)의 진보가 더욱 효율적이며 효과적으로 이루어지게 된다. 게다가 기업이 생산성이나 핵심기술 활용의 용이성을 개선시킬 수 있는 보완기술을 개발함에 따라, 그 기술은 타 기업들에게 더욱 매력적인 것이 된다. 즉, 학습효과의 관점에서 보면 먼저 시장에 진입하는 기술은 경쟁 기술들에 비해 기술을 개발하고 발전시킬 여유가 더 많기 때문에 기술 간 경쟁에서 유리한 위치를 점하게 된다. (그러나 5장에서 논의하게 되겠지만, 시장에 *너무 빠르게* 진입하는 것이 부정적일 수도 있다.)

■ 네트워크 외부성

네트워크 외부성
이는 *소비의 긍정적 외부 효과*(*positive consumption externalities*)라고도 불리며, 동일하거나 유사한 제품의 사용자 수가 증가하면 개별 사용자가 체감하는 제품의 가치도 증가하는 것을 말한다.

네트워크 외부성(network externality) 혹은 소비의 긍정적 외부 효과의 특징을 갖는 시장들이 많다.[8] 네트워크 외부성의 특징을 갖는 시장에서는 제품사용으로부터 얻는 효용은 동일한 제품을 사용하는 사용자들의 수에 따라 증가한다. 네트워크 외부성 효과를 보여주는 고전적인 사례로서 기찻길이나 통신망과 같은 물리적 네트워크가 있다. 기찻길은 기찻길의 네트워크의 규모(즉, 도착 가능한 목적지)가 커질수록 보다 가치가 있다. 이와 유사하게 전화가 단지 몇몇 사람 간의 통화만 가능하게 한다면 많이 활용되지는 않을 것이다. 전화가 제공하는 효용의 양은 네트워크의 규모와 직접적인 관련이 있다.

고객 기반 혹은 사용자 기반
특정 상품의 사용자 수. 예를 들어 특정 비디오게임기의 고객 기반은 전 세계 가구들에 설치된 게임기 숫자라고 말할 수 있다.

네트워크 외부성은 물리적 네트워크에서만 발생하는 것은 아니다. 예를 들어 제품 간 호환성이 중요한 경우 제품 사용에 따른 사용자의 효용은 동일한 제품을 사용하는 사용자 수에 따라 증가할 수 있다. 특정 기술의 사용자 수는 종종 **고객 기반 혹은 사용자 기반**(installed base)이라고 불린다. 컴퓨터 플랫폼의 사용자는 플랫폼의 기술적 장점보다는 특정 플랫폼을 이미 사용하는 사용자 수에 따라 자신이 사용할 플랫폼을 선택할 가능성이 있다. 그렇게 함으로써 다른 사용자와의 파일 교환이 쉬워지기 때문이다. 예를 들어 "Wintel (*Windows* and *Intel*)" 플랫폼이 가장 커다란 고객 기반을 가졌기 때문에 파일의 상호교환성을 최대화시킬 수 있다는 이유에서 많은 사람들이 Windows와 Intel칩을 선택한다. 더욱이 같은 방식을 사용하는 사용자 기반의 크기가 증가할수록 사용자가 특정 방식에 익숙해지기 위해 들인 노력의 가치가 더욱 증대된다. 컴퓨터 플랫폼의 사용에 많은 학습노력이 필요하다면 소비자는 아마도 가장 보편적인 형식을 배우려 할 것이다.

그림 4.2 ▶ 고객 기반과 보완재 가용성 간의 자기강화 사이클

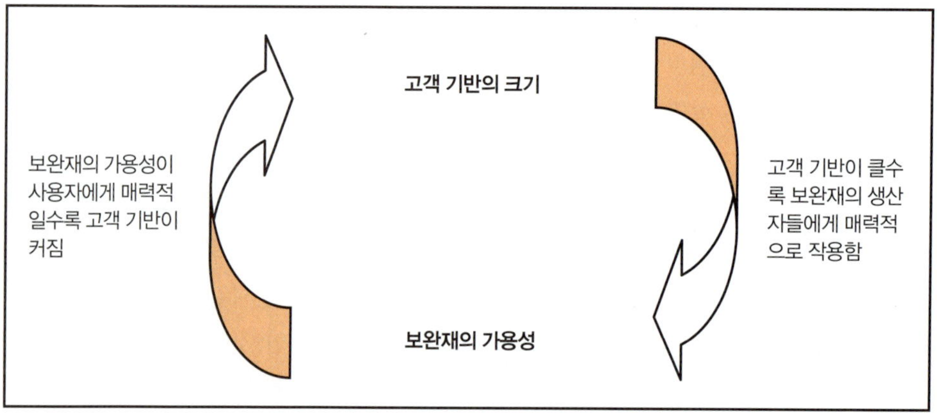

보완재
다른 상품의 가치를 증대시켜 주는 제품과 서비스. 예를 들어 비디오게임기의 가치는 비디오게임, 주변 기기와 같은 보완재, 온라인 게임과 같은 보완 서비스와 직접적으로 연결된다.

네트워크 외부성은 **보완재**(complementary goods)가 중요한 역할을 할 때에도 나타난다. 많은 경우 제품은 보완재의 군이 형성된 이후에 비로소 매력적이거나 그 기능을 제대로 발휘할 수가 있다(예를 들어 VCR에 대한 비디오테이프, 카메라의 필름 등). 어떤 기업들은 제품과 그에 따르는 보완재까지 생산해내는가 하면(Kodak은 카메라와 필름을 모두 생산한다), 또 다른 기업들은 그들의 제품/서비스를 보완해줄 보완재를 타 기업에 의존하기도 한다(컴퓨터 제조업자들은 대부분 소비자에 제공되는 서비스와 소프트웨어를 다른 공급업자에 의존한다). 보완재의 개발자들은 거대 고객 기반을 지닌 상품일수록 이 상품을 위한 보완재를 개발하는 것이 더 낫다고 생각할 것이다. 이는 Microsoft에 관한 <이론의 적용>에서 이미 살펴본 바 있다. Windows 운영체제가 거대 고객 기반을 갖게 되면 대부분의 보완 소프트웨어 생산자들은 Windows 운영체제에 적합하도록 그들의 제품을 디자인하게 된다. 보완재의 가용성 여부가 사용자들의 플랫폼 선택에 영향을 미치기 때문에 보완재의 가용성은 고객 기반의 규모에도 영향을 미친다. 이에 따라 자기강화 사이클은 계속된다(그림 4.2 참조).

이러한 자기 강화 사이클의 효과는 운영체제 시장과 사용자의 그래픽 인터페이스 시장에서의 Microsoft의 지배력을 살펴보면 확연히 드러난다(Microsoft의 부상에 관한 <이론의 적용> 참조). Microsoft는 일찍이 고객 기반에서의 우위를 점함으로써 보완재의 가용성에 있어서도 우위를 점하게 되었다. 이러한 Windows는 네트워크 외부성의 우위를 통해 Geoworks와 NeXT(혹은 Apple까지) 같은 잠재적 경쟁자들의 시장 진입을 막을 수 있었다.

기업들은 또한 자신들이 선호하는 기술을 중심으로 기업 간 연합을 통해 지배적 디자인의 선택에 영향을 줄 수 있다.[9] 이는 이 장의 도입 사례에서 잘 드러난다. 지금까지는 시장의 힘을 통해 지배적 디자인이 등장하는 과정을 살펴보았지만, 때때로 지배적 디자인은 정부 규제에 의해 출현하기도 한다.

이론의 적용 Microsoft의 부상

1980년대 초부터 2010년대까지 Microsoft Windows는 개인용 컴퓨터의 운영체제(operating system; OS) 시장에서 압도적인 위치를 점해왔다. OS는 다른 프로그램들을 작동시키는 컴퓨터의 주요 프로그램이다. OS는 키보드로부터 입력물을 인식하여 우리가 볼 수 있게끔 화면에 나타내는가 하면, 디스크 드라이브의 파일과 디렉토리를 추적하고, 다른 주변장치들을 통제하는 역할을 한다. OS에 따라 다른 소프트웨어들이 디자인되는 방식이 달라지기 때문에, Microsoft의 OS 시장에 대한 지배력은 곧 소프트웨어 산업에서의 엄청난 지배력을 가능케 하였다. 그러나 소프트웨어 업계의 절대강자인 Microsoft의 입지는 독특한 일련의 사건들에 힘입은 바가 크다. 이러한 사건들이 없었더라면 Microsoft의 지배는 절대 이루어질 수 없었을 것이다.

1980년, 개인용 컴퓨터에 사용되는 지배적인 OS는 CP/M이었다. CP/M은 Gary Kildall에 의해 개발되었고, Kildall의 회사인 Digital Research에 의해 시장에 도입되었다. Kildall은 Intel의 4004 프로세서(개별화된 연산을 수행할 수 있도록 프로그램된 최초의 마이크로프로세서)를 위한 소프트웨어를 만드는 업무를 부여받고 1972년 Intel에 고용되었다. 이후 Intel은 4004 프로세서를 컴퓨터처럼 사용하는 디자이너들에게 8008 프로세서를 팔기 시작했으며, Kildall은 이 칩에 사용될 PL/M (Programming Language/Microcomputers)이라 불리는 프로그래밍 언어를 만드는 일을 하였다.[a]

이후 Memorex와 Shugart는 펀치카드의 대체재로서 IBM이 개발한 플로피디스크를 공급하기 시작했고, Kildall도 플로피디스크 드라이브를 손에 넣었다. 그러나 당시 어떤 프로그램도 이 플로피디스크를 Intel의 마이크로프로세서와 호환 가능하게 해주지 못했기 때문에 그는 스스로 Control Program/Microprocessor (CP/M)이라 불리는 디스크 운영체제를 제작하였다.[b] CP/M은 Intel의 마이크로프로세서를 탑재한 어떠한 컴퓨터에도 적용이 가능하였다.

1980년 이전, 세계 최대의 컴퓨터 생산업체였던 IBM은 PC를 개발하는 데에 관심이 없었다. IBM의 매니저들은 PC 시장이 몇몇 매니아들의 작은 틈새시장 이상으로 커지리라는 것을 상상조차 하지 못했다. 그러나 기업들이 기본적인 계산과 워드프로세싱을 수행할 수 있는 Apple 컴퓨터를 사용하기 시작하면서 IBM은 초조해지기 시작했다. IBM은 그제야 PC 시장이 중요한 산업으로 발전할 수 있음을 깨닫고 PC 시장에서 강자로 군림하기 위해서는 빠른 조치가 필요함을 인식하였다. IBM의 매니저들은 그들이 자신만의 마이크로프로세서와 운영체제를 개발할 시간이 없다고 믿었기에 그들의 PC에 Intel의 마이크로프로세서를 장착하고 Kildall의 CP/M 운영체제를 사용할 계획을 세웠다. Kildall이 어찌하여 IBM과 계약을 하지 않았는지에 대해서는 많은 이야기가 있는데, 그중 하나는 IBM의 의사결정 과정에서 Kildall이 참여하지 못했다는 것이다. IBM의 매니저들이 방문했을 때 Kildall은 자가용 비행기를 타고 외출한 상태였고, 매니저들은 그들의 명함을 Kildall의 아내인 Dorothy McEwen에게 남겼지만 무슨 일로 남편을 만나려 하는지 말해주지 않았기 때문에 Kildall이 한동안 IBM 측과 접촉하지 않았으리라는 추측이다. 또 다른 추측은 Kildall이 거대 회사와의 장기계약에 얽매이는 것을 꺼리고, 독립성 유지를 더 원했으리라는 가정이다. 그러나 세 번째 추측은 Kildall이 자신이 개발한 제품을 전략적으로 경영하는 것보다는 직접 기술을 개발하는 데 더욱 관심이 많았기 때문이라고 본다. 어떠한 이유에서건 Kildall은 IBM과 계약하지 않았다.

시간에 쫓긴 IBM은 이미 시스템용의 여러 소프트웨어들을 공급하고 있던 Bill Gates에게 운영체제도 공급해줄 수 있는지 여부를 물었다. Bill Gates는 비록 그 당시에 운영체제를 가지고 있지는 않았지만 충분히 공급 가능하다고 대답했다. Bill Gates는 Seattle Computer 회사로부터 16비트 운영체제(기본적으로 CP/M의 clone)를 사들여 IBM의 기계에 적합한 소프트웨어로 재조직하였다. 이 제품은 Microsoft DOS라는 이름으로 불렸다. 모든 IBM PC(첫 해 25만 개 이상이 판매되었음)에 장착된 DOS는 즉각적이고 거대한 고객 기반을 갖게 되었다. 게다가 IBM PC의 clone들 역시 그들의 제품이 IBM과 호환성을 갖도록 DOS 체제를 채택하였다. DOS가 CP/M을 따랐기 때문에 DOS는 CP/M 체계를 위해 개발된 다양한 소프트웨어들과도 호환 가능하였다. 게다가 DOS가 IBM PC에 장착된 이후로, 많은 소프트웨어들이 DOS에 맞춰 개발되면서 보다 많은 보완재를 사용할 수 있게 되었다. DOS는 곧 산업표준으로서 자리매김하였고, Microsoft는 세계에서 가장 빠르게 성장하는 소프트웨어 회사가 되었다.

Microsoft의 제품담당 매니저인 B. J. Whalen은 "우

(계속)

(계속)

리는 기술을 시장에 일찍 내놓을 수 있어서 이를 표준으로 만들 수 있었습니다. 또한 표준의 위치를 공고히 하기 위해 소프트웨어 공급업자들이 우리의 플랫폼을 사용하도록 효과적으로 설득할 수 있었습니다."라고 말했다. "일단 시작되고 나면 그것은 마치 구르는 눈덩이와 같은 효과를 지니게 됩니다. 당신 회사가 플랫폼에 적합한 응용 제품들을 더 많이 보유할수록, 더 많은 소비자들은 플랫폼을 사용하기를 원할 것입니다. 또한 플랫폼을 사용하려는 소비자가 많아질수록, 더욱 많은 공급업자들이 그 플랫폼에 사용 가능한 소프트웨어를 개발하는 것은 당연한 이치라고 봅니다."

이후에 Microsoft는 Apple 컴퓨터사의 사용자 친화적 기능성을 벤치마킹하여 Windows라 불리는 그래픽 인터페이스를 개발한다. DOS와 Windows를 묶음으로써 Microsoft는 DOS 사용자들을 Windows 시스템으로 자연스럽게 이동시킬 수 있었다. 또한 Microsoft는 DOS와 Windows체계에서 사용 가능한 응용 제품들을 개발하는 것을 장려하기 위해 직접 제품을 만들어내는 동시에 다른 개발자가 플랫폼기반 제품을 개발하는 것을 지원하였다. Microsoft는 Windows의 지배력을 바탕으로 여타의 소프트웨어 시장(워드프로세스 프로그램, 스프레드시트 프로그램, 발표용 프로그램 등과 같은)에서 거대한 시장점유율을 확보할 수 있었고 컴퓨터 소프트웨어 및 하드웨어 산업 전반에 걸쳐 영향력을 발휘할 수 있었다. 그러나 Kildall이 IBM과 계약을 했더라면, 혹은 Compaq 및 그 외 컴퓨터 회사들이 IBM PC와 똑같은 PC를 만들 수 없었다면 소프트웨어 산업은 오늘날과는 전혀 다른 모습을 보였을 것이다.

[a] Paul Korzeniowski, "DOS: Still Thriving after All These Years," *Software Magazine* 10, no. 6 (1990): 83–112.
[b] S. Veit, "What Ever Happened to... Gary Kildall?" *Computer Shopper* 14, no. 11 (1994): 608–14.

■ 정부규제

일부 산업에서는 기술 간의 호환성을 통해 소비자의 효용을 증진시킬 수 있다는 판단 하에 정부규제와 법률을 통해 지배적 디자인의 선택을 촉진하고 있다. 이는 공공재, 통신, TV산업 등에서 종종 볼 수 있는 사례이다.[10] 예를 들어 1953년 미국 FCC (Federal Communications Commission)는 NTSC (National Television Systems Committee)에게 TV방송의 컬러표준을 승인했는데, 이는 흑백 TV를 가진 소비자도 네트워크를 통해 컬러 TV프로그램을 수신할 수 있도록 하기 위한 조치였다(소비자가 비록 흑백으로 볼 수밖에 없다 하더라도). 이러한 표준은 2003년까지도 유효했다. 비슷한 사례로, 1998년 미국에서는 무선기술 형식에 대해 업체들 간 경쟁이 벌어지는 가운데, EU는 이동통신에 대한 일반적인 표준(the general standard for mobile communications; GSM)을 채택했다. EU는 단일화된 표준을 채택하여 서로 호환되지 않는 기준들이 범람하는 것을 막고, 특정 국가에서만이 아닌 국경을 넘나드는 호환을 가능케 했다. 정부규제를 통해 특정 산업에 단일화된 표준이 채택된 경우에는 표준에 사용된 기술이 필연적으로 다른 기술들을 지배하게 된다. 지배적 디자인의 소비자 효용에 대한 효과는 <이론의 적용: 승자 독식의 시장은 소비자에게 좋은가>에서 다시 살펴볼 것이다.

■ 결과: 승자가 독식하는 시장

상기한 모든 영향들에 의해 시장은 자연스레 독점적 상황으로 흐르게 된다. 일부 대체 양식이 틈새시장을 공략하여 생존할 수도 있겠지만 시장의 대부분은 하나 혹은 소수의 디자인에 의해 지배된다. 자신의 기술을 시장의 지배적 디자인으로 연결시킨 기업은 거대한 수익을 올릴 수 있으며, 몇 세대에 걸친 제품들을 통해 해당 제품군을 독식할 수 있다. 자사의 기술이 지배적 디자인으로 선택되면 기업은 단기적으로 독점에 가까운 수익을 올릴 가능성을 가질 뿐 아니라, 차세대 제품설계에까지 커다란 영향력을 미침으로써 산업의 발전 방향을 주도하는 유리한 위치에 설 수 있게 된다. 그러나 지배적 디자인으로 채택되지 않은 기술을 지속적으로 유지하려는 기업은 지배적 디자인의 채택에 대한 압력이 작용할 수 있으며 이제까지 기술에 투자된 자본, 학습, 브랜드 자산까지 박탈당할 수 있다. 나아가 기업이 지배적 디자인을 받아들일 수 없는 경우 시장에서 격리되는 결과를 초래하게 된다. 이러한 성격의 표준경쟁은 상당한 이해관계가 걸린 게임으로서 결과에 따라 완전한 승리자이거나 완전한 패배자가 된다.[11]

경로의존성
경로의존성이란 일련의 연관된 과거 사건들이 최종결과에 지대한 영향을 미치는 현상을 의미하며, 그러한 상황 속에서 발생한 결과는 일련의 특정 사건들의 연속으로 인한 결과라고 볼 수 있으므로 이를 다시 한번 구현하는 것은 일반적으로 불가능하다.

지배적 디자인의 출현에 따른 수익체증 현상은 기술발전궤도가 **경로의존성**(path dependency)의 특징을 지님을 의미하기도 한다. 이는 상대적으로 작은 일련의 역사적 사건들이 궁극적으로 결과에 커다란 영향을 끼친다는 의미이다. 기술의 질과 우월성이 스스로의 운명에 영향을 끼치는 것은 당연하겠지만, 기술적 우열과 상관없는 다른 요소들 역시 중요한 역할을 할 수 있다.[12] 예를 들자면, 기술의 시장 진입 시기는 결정적인 변수가 될 수 있다. 시장에 조기에 진입한 기술이 자연스럽게 진입 장벽을 쌓게 되면서 후발기술이 기술적으로 우위에 있다 하더라도 시장에 흔적을 남기지 못하는 경우가 발생한다. 또한 누가 어떻게 특정 기술을 지원하는가도 변수가 될 수 있다. 예를 들어 거대 기업이 공격적으로 기술을 지원한다면(공급업자와 유통업자들에 대한 압력이나 영향력 등을 통해), 그 기술은 시장 통제권을 확보함으로써 다른 기술의 진입을 제한할 수 있다.

특정 기술이 갖는 지배적 디자인으로서의 영향력은 자신의 기술 사이클 이상으로 확장될 수도 있다. 지배적 디자인으로 채택되고 개선되면서 생산자와 소비자가 가진 지식의 축적 과정에 영향을 줄 수 있고, 산업에서 사용되는 문제해결 기능의 형성에 영향을 줄 수도 있다. 일반적으로 기업은 미지의 분야로 확장을 꾀하기보다는 기존 지식기반을 사용하고 확장시키기를 원한다.[13] 이러한 경향은 그 분야에서 기술의 미래 방향성을 결정하는 기술적 패러다임이 상당히 "완고해지는" 결과를 초래할 수도 있다.[14] 따라서 지배적 디자인은 종국에는 그것이 대체되는 기술적 단속 과정의 성격에 영향을 미칠 수 있다.

이렇게 승자가 독식하는 시장은 많은 경쟁자들이 상대적으로 평화롭게 공존할 수 있는 시장과는 다른 종류의 경쟁적 역동성을 보여준다. 이러한 시장에 있는 기업은 성공을 위해 매우 상이한 전략을 취해야 한다.[15] 기술적 우위에 있는 제품이 항상 승리하는 것은 아니다. 승리하는 기업은 일반적으로 디자인 선택과정에 영향을 미치는 가치의 다양한 측면들을 관리할 줄 아는 기업이다.

가치의 다양한 측면

기술이 소비자에게 제공하는 가치는 다양한 요소들로 구성된다. 먼저 기술 자체의 고유한 가치를 살펴본 뒤, 이러한 기술의 독립적 가치가 고객 기반의 규모와 보완재의 가용성에 의해 창출되는 가치와 어떻게 결합되는지 살펴보겠다.[16] 수익체증(increasing return)의 특징이 있는 산업에서는 이 결합이 지배적 디자인을 결정짓는 데에 영향을 준다.

■ 기술의 독립적 가치

기술의 독립적 가치란 이 기술이 제공할 수 있는 기능, 또는 고객기반이나 가용한 보완재와는 관련 없는, 이 기술 자체의 매력적인 부분을 의미한다. 예를 들어, 비디오게임 콘솔의 독립적 가치는 속도, 저장용량, 사용편의성, 가성비 등이 될 것이고, 음악 스트리밍 서비스의 독립적 가치는 사용편의성, 재생 목록의 작성 가능성, 추천 시스템의 질, 음악에 관한 다양한 정보 제공, 음원의 다운로드 가능성 등이 될 것이다.

신기술이 소비자에게 제공하는 가치는 기능, 심미적 가치, 사용 용이성 등과 같은 다양한 요소들로부터 창출된다. 관리자가 신기술이 소비자에게 제공하는 효용을 다양한 관점에서 파악하는 데 도움을 주고자, W. Chan Kim과 Renee Mauborgne는 "구매자 효용지도(Buyer Utility Map)"를 개발했다.[17] 그들은 신기술이 구매자에게 주는 효용을 이해하기 위해서는 구매자 경험 사이클의 6단계에 대한 이해와 더불어, 6가지 각기 다른 형태의 효용을 고려해야 한다고 주장했다.

그들이 파악한 단계로는 *구매*, *전달*, *사용*, *보충*, *유지*, *처분* 등이 있으며, 6가지 다른 형태의 효용에는 *소비자 생산성*, *단순성*, *편리성*, *위험*, *즐거움과 이미지*, 그리고 *친환경성*이 있다. 이러한 단계와 효용의 조합을 통해 격자를 만들면 36개의 셀을 가진 효용지도가 만들어진다(그림 4.3 참조). 각각의 셀은 고객에 대한 새로운 가치 제안의 기회를 줄 수 있다.

신기술은 하나 또는 여러 셀들에 걸쳐 변화를 가져올 수 있다. 예를 들어 소매상이 온라인 주문 체제를 구축하면, 그가 제공하는 1차적인 새로운 가치는 '*구매*단계에서의 *단순성*'이다. 반면, 그림 4.3에서 보듯이 Toyota Prius의 하이브리드 자동차

그림 4.3 ▶ Toyota Prius를 예로 작성된 구매자 효용지도

출처: Adapted from *Harvard Business* Review.Exhibit from "Knowing a Winning Business Idea When You See One," by W.C.Kim and R.Mauborgne, September October 2000.

	구매	전달	사용	보충	유지	처분
소비자 생산성	Prius의 가격은 동급의 비하이브리드 모델보다 약간 비쌈		비하이브리드 모델에 필적하는 속도와 파워 제공	주유하기 위해 멈추는 일이 줄어들고 돈과 시간을 절약		
단순성	구매자는 자동차의 가치 평가가 어려울 수 있음		일반 내연기관 자동차와 같이 작동	일반 내연기관과 같이 주유		마지막 폐기 단계에서 재활용과 폐기처분되어야 하는 배터리가 큼
편리성		전통적인 딜러 경로를 통해 판매됨	전기 콘센트에 코드를 꽂을 필요 없음	일반 주유소에서 연료 구입 가능	일반 내연기관 차량의 유지정비와 유사	
위험			새로운 기술로 만들어져 제품 실패 위험이 높을 수 있음		새로운 기술 때문에 구매자는 대체부품을 찾기가 어려움	Prius는 다시 팔기 어렵거나 다시 팔 때 가치가 떨어짐
즐거움과 이미지		환경에 대한 책임 있는 이미지 내포				
친환경성	구매자는 자신들이 보다 더 친환경적인 자동차를 개발하는 데 도움을 준다고 느낌		오염물질 배출 수준을 낮춤	화석연료의 사용이 줄어듦		

는 소비자에게 일반적인 가솔린 차량이 제공하는 것과 같은 정도의 단순성과 편리성을 주는 반면, 소비자 생산성(가솔린 사용을 줄이는 형식으로)과 이미지와 친환경성 측면에서 보다 나은 효용을 사용, 보충, 유지 단계에서 각각 줄 수 있다.

Kim과 Mauborgne의 모델(구매자 효용지도)은 소비재에 중점을 두고 만들어졌지만, 산업재나 구매자 효용의 다른 측면을 강조하는 데도 쉽게 적용될 수 있다. 예를 들면 소비자 생산성을 하나의 측정수단으로만 판단하는 것이 아니라, 속도, 효율성, 측정 가능성, 신뢰성 등과 같은 여러 가지 차원을 고려하여 측정할 수 있다. 이 지도는 관리자가 기술적 가치의 다양한 차원들과 소비자 경험의 각기 다른 단계를 고려하는 데 도움이 된다. 마지막으로 새로운 효용은 소비자가 기술을 획득하거나 이용하는 데 드는 비용과 관련하여 평가되어야 한다. 가치는 비용대비 효용으로 결정되기 때문이다.

■ 네트워크 외부성의 가치

네트워크 외부성이 존재하는 산업에서 사용자가 인지하는 기술혁신의 가치는 기술 자체의 비용–효용의 함수일 뿐 아니라, 고객 기반의 규모 및 보완재의 가용성에 따라 달라지기도 한다(그림 4.4(a) 참조).[18] Windows체계로부터 사용자가 느끼는 가치는 기술의 독립적 가치(예를 들면 소비자가 컴퓨터를 쉽게 사용할 수 있게 해주는 운영체제의 기술과 같은), 운영체제의 고객 기반(호환 가능한 컴퓨터의 수와 같은), 그리고 소프트웨어의 가용성 등에 바탕을 둔다. 이러한 방식으로 기술혁신의 가치를 구체화시켜 보면 종종 기술적으로 확실한 효과를 가져다주는 혁신이 이미 널리 사용되고 있는 기존의 기술을 대체하지 못하는 이유를 확실히 알 수 있다. 새로운 혁신이 비록 뚜렷한 기능적 성과가 있더라도 이의 총체적 가치는 기존에 사용되는 기술보다 현저히 떨어질 수도 있다. 이러한 상황은 NeXT컴퓨터의 사례에서 명확히 드러난다. 1985년 Apple의 Steve Jobs와 5명의 간부들은 NeXT를 설립했고 1988년 그들의 첫 컴퓨터를 출시했다. 25 MHz Motorola 68030과 8 MB 램을 장착한 기계는 시장의 다른 PC보다 월등한 성능과 뛰어난 그래픽 기술을 지녔으며, 현저하게 뛰어난 것으로 평가되던 객체 지향적 운영체제(NextStep이라 불리는)를 사용했다. 그러나 이 기계는 지배적 표준으로 군림하던 IBM PC (Intel의 마이크로프로세서와 MS의 운영체제를 가진)와 호환이 되지 않았다. 따라서 이 컴퓨터는 시장에 존재하는 대부분의 소프트웨어들을 사용할 수 없었다. 몇몇 선도 수용자들만이 NeXT. PC를 구매했을 뿐, 시장에서 NeXT PC는 회사 존립의 불확실성과 소프트웨어의 부족을 이유로 외면당했다. 이에 회사는 1993년 하드웨어 라인을 중단했고 1996년 NextStep의 개발에서 손을 떼었다.

비슷한 상황이 2021년 스마트폰 운영시스템 간에 일어나고 있었는데, 이 사례에서는 Apple의 iOS와 Google의 Android가 엇비슷하게 경쟁하고 있는 경우이다. 두

그림 4.4 ▸ 가치의 구성

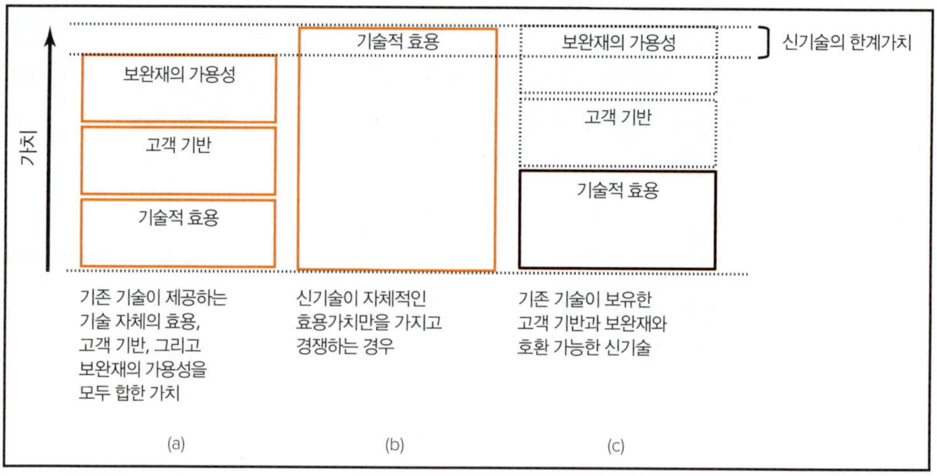

회사 모두 사용하기 쉽고, 강력하며, 미적으로 보기 좋은 인터페이스(기술적 유틸리티)를 제공하고 있으며, 두 회사 모두 재미있고 유용한 다양한 범위의 어플리케이션(보완재)을 제공하는 어플리케이션 공급자들의 커뮤니티를 공격적으로 구축하고 있다. 또한 두 회사는 공격적인 마케팅과 유통을 통해 고객 기반을 구축하고 있다. 두 시스템의 시장점유율 추정치는 데이터 발표 시점, 조사에 반영된 지리적 범위와 제품 영역에 따라 상당한 편차가 존재하지만, 2021년 초 Apple과 Google은 시장의 지배적 위치를 놓고 막상막하의 전투를 벌이고 있는 것이 명백한 반면, Rim의 BlackBerry나 Microsoft의 Window와 같은 여타 운영시스템은 경쟁에서 배제되고 있었다(이에 관한 추가 정보가 3장의 <이론의 적용: Microsoft를 위협하는 "Segment Zero">에 수록되어 있음).

그림 4.4(b)에서 보듯, 신기술의 독립적 가치가 기존 기술의 독립적 가치를 뛰어넘는 것만으로는 충분치 않다. 신기술은 전체적인 총 가치를 더 많이 제공해줄 수 있어야 한다. 신기술이 독립적 가치만을 가지고 기존 기술과 경쟁하려면, 기존 기술의 독립적 가치와 고객 기반, 그리고 보완재를 모두 합한 가치를 뛰어넘을 수 있을 정도의 가치를 제공할 수 있어야 한다.

어떤 경우에는 신기술이 그림 4.4(c)처럼 기존 기술의 고객 기반과 보완재에도 적용 가능하도록 만들어질 수 있다. 이 경우 신기술은 적당한 기술적 우위만으로도 사용자에게는 보다 큰 총 가치를 제공할 수 있다. Sony와 Philips는 그들의 새로운 오디오 형식 Direct Stream Digital (DSD)이라 알려진 혁신적인("증폭 가능한" 비트스트림 기술에 바탕을 둔 고밀도 다채널 오디오 형식) Super Audio CD (SACD)에 이러한 전략을 채택하고 있다. Sony와 Philips는 소비자들이 기존의 CD플레이어와 소장하고 있던 CD음악들을 계속해서 사용하길 원할 거라 예상했기 때문에 기존 CD기술과 호환이 가능하도록 Super Audio CD기술을 개발했던 것이다. 슈퍼오디오 CD플레이어는 일반 CD를 재생할 수 있는 기능을 포함하고 있고, 녹음된 슈퍼오디오 CD는 고밀도 레이어와 더불어 기존의 CD오디오 레이어를 포함함으로써 일반 CD시스템에서도 음반 재생이 가능하였다. 소비자들은 그들이 보유한 CD플레이어와 음반들의 가치를 포기하지 않고도 신기술로부터 이익을 얻을 수 있었던 것이다.

사용자들은 기존 기술과 신기술의 가치를 비교할 때 객관적 정보(예를 들어 실제 기술적 이익, 고객 기반이나 보완재에 대한 실제 정보), 주관적 정보(예를 들어 자신이 인식하는 기술적 이익, 자신이 인식하는 고객 기반이나 보완재), 그리고 미래 기대치(예를 들어 기대되는 기술적 이익, 기대되는 고객 기반 및 보완재)의 조합을 평가한다. 따라서 앞에서 살펴본 1차적 가치요소들 또한 이에 해당하는 인식 및 기대 가치요소를 갖는다. 그림 4.5(a)에서는 인식 가치요소와 기대 가치요소들이 그에 대응하는 실제 가치요소에 비례하여 그려졌다. 그러나 그림 4.5(b)에 나타나듯 이들

그림 4.5 ▶ 가치의 실제, 인식, 그리고 기대요소

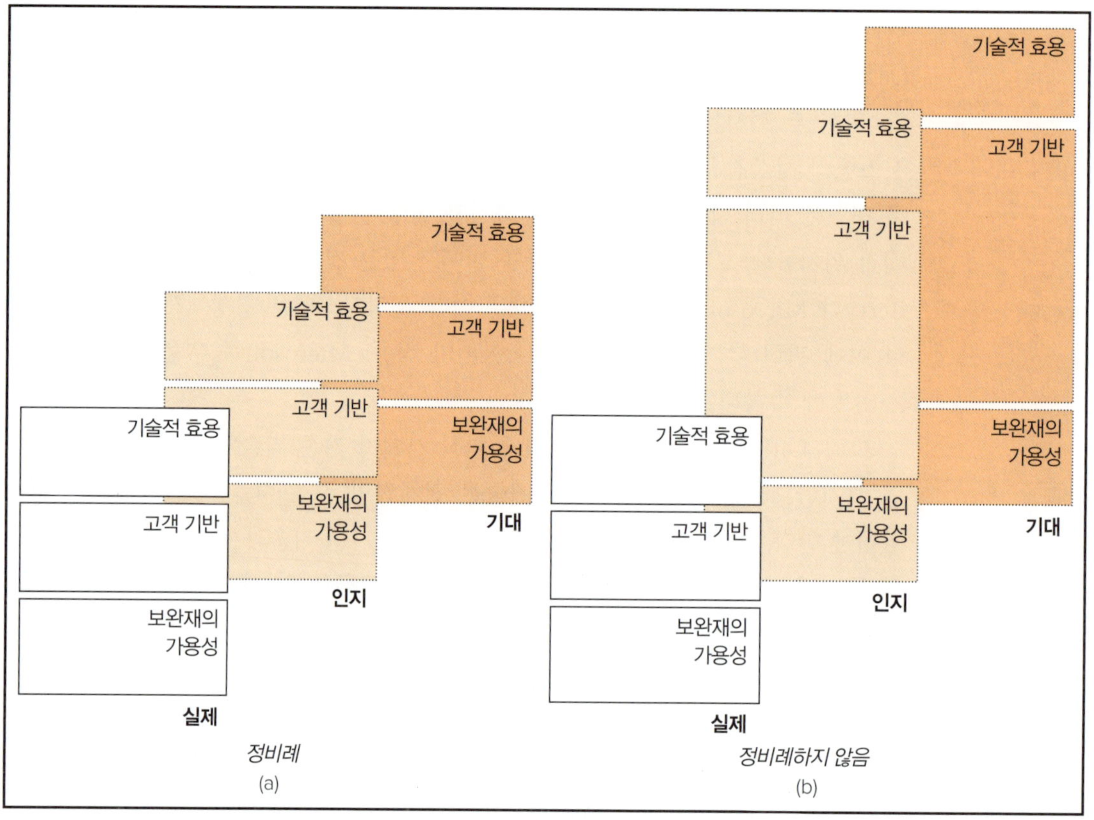

간의 관계가 꼭 정비례하는 것은 아니다. 예를 들어 소비자가 인식하는 고객 기반이 실제 고객 기반보다 훨씬 크다거나, 혹은 소비자가 미래에 그 기술이 경쟁기술보다 훨씬 큰 고객 기반을 가질 것으로 예상해서 고객 기반으로부터의 미래가치를 현재의 것보다 훨씬 높게 판단할 수도 있다.

기업은 사용자들이 신기술의 가치를 평가할 때 주관적 그리고 객관적 정보에 의존한다는 사실을 기회로 활용할 수 있다. 예를 들어 고객 기반이 작은 기술이라도 대대적인 광고를 통해 상대적으로 큰 인지도를 얻을 수 있을 것이다. 또한 생산자들은 현재의 선주문 상태나 라이센싱 계약, 유통채널 합의사항 등을 미리 발표함으로써 미래 고객 기반과 보완재의 가용성에 대한 소비자들의 기대를 형성할 수 있다. 예를 들어 Sega와 Nintendo가 16비트 비디오게임 시장에서 지배적 디자인을 위한 경쟁을 할 때, 그들은 자신들의 고객 기반이나 시장점유율에 대한 소비자의 인식을 관리하는 데 힘썼으며 종종 속임수를 쓰기도 했다. 1991년 말 Nintendo는 미국 시장에서 200만 개의 Super Nintendo Entertainment System을 판매했다고 발표했다. 이에 대해 Sega 측에서는 Nintendo측이 100만 개 이상은 팔지 못했을 것이라며 반박했다. 1992년 5월 무렵 Nintendo는 16비트 시장의 60%를 장악하고 있다고 주

장했고, Sega 측은 자신들이 63%의 점유율을 장악했다고 주장했다.[19] 인식 및 기대 고객 기반이 앞으로의 결과에 영향을 미치기 때문에 인식 및 기대 고객 기반이 크다는 것은 곧 실제 고객 기반의 성장을 의미할 수 있는 것이다.

이러한 전술은 소프트웨어 공급업자들에 의해 사용되는 "베이퍼웨어(vaporware: 시장에서 가용하지 않고 심지어 존재하지도 않으나 광고되고 있는 상품)"에도 깔려 있다. 소비자들에게 자사의 제품이 어디에서나 구할 수 있는 제품이라는 인상을 심어줌으로써, 제품이 실제로 출시됐을 때 빠른 도입을 촉진시킬 수 있다. 또한 vaporware는 기업으로 하여금 제품을 시장에 진입하기까지의 시간을 벌 수 있게 해준다. 만약 다른 공급업자가 그 기업보다 시장에 먼저 진입해서 자사의 제품 도입 이전에 이미 지배적 디자인이 결정될 수 있다고 느끼면 기업으로서는 vaporware를 통해 자사 제품 출시 때까지 소비자의 구매를 지연시킬 수 있다. 이에 대해서는 비디오게임기 산업이 적절한 사례가 될 수 있겠다. Sega와 Sony가 32비트 비디오게임을 출시했을 때(Saturn과 PlayStation), Nintendo는 자사의 차세대 제품을 출시할 준비가 되어 있지 않았다. 소비자의 32비트 시스템 구매를 막아볼 요량으로, Nintendo는 1994년에 64비트 제품(Project Reality라는 이름의)이 개발 중임을 공격적으로 마케팅하기 시작했다. 하지만 실제로 그 제품은 1996년 9월에야 시장에 출시되었다. 이 제품의 개발은 너무 많이 지연되었기에 일부 산업 관계자들은 이를 가리켜 "Project Unreality"라 부르기도 하였다.[20] Nintendo는 소비자들로 하여금 자사의 Nintendo 64를 기다리게 만듦으로써 결국 상대적으로 성공을 거둘 수 있었다.

하지만 Nintendo는 비디오게임 산업에 대한 지배력을 회복할 수는 없었다. Nintendo 64가 상당한 세력을 얻을 즈음, Sony는 더욱 진보한 PlayStation 2를 개발 중이었다. VCR과 CD 산업에서 Sony의 경험은 다양한 가치 측면들을 어떻게 잘 공략할 수 있는지를 일깨워 주었다: Sony의 PS2는 Nintendo 64에 비해 2배 이상의 처리속도를 지녔으며 제품 간 역호환이 가능했다(기존 PS 사용자들이 가진 PS 게임을 PS2에서도 할 수 있게 한 것이다). 또한 Sony는 게임기 자체의 제조 원가로 추정되는 299달러보다도 싼 가격에 제품을 판매했고, 제품 출시에 맞추어 다양한 게임들이 가용할 것임을 소비자들에게 확신시키는 데 많은 투자를 하였으며, 출시에 맞추어 제품이 어느 곳에서나 존재하는 것처럼 보이도록 자신의 유통망과 광고 예산을 활용하였다.

■ 네트워크 외부성을 지닌 시장에서 지배적 디자인을 위한 경쟁

그림 4.6은 각기 다른 기술적 효용성과 시장점유율에 따른 네트워크 외부성의 효과가 지배적 디자인 경쟁에 어떠한 영향을 미치는지를 보여준다. 이 그림들은 고객 기반의 크기에 따른 가치증가 비율을 고려할 때, 네트워크 외부성이 단일의 지배적 디

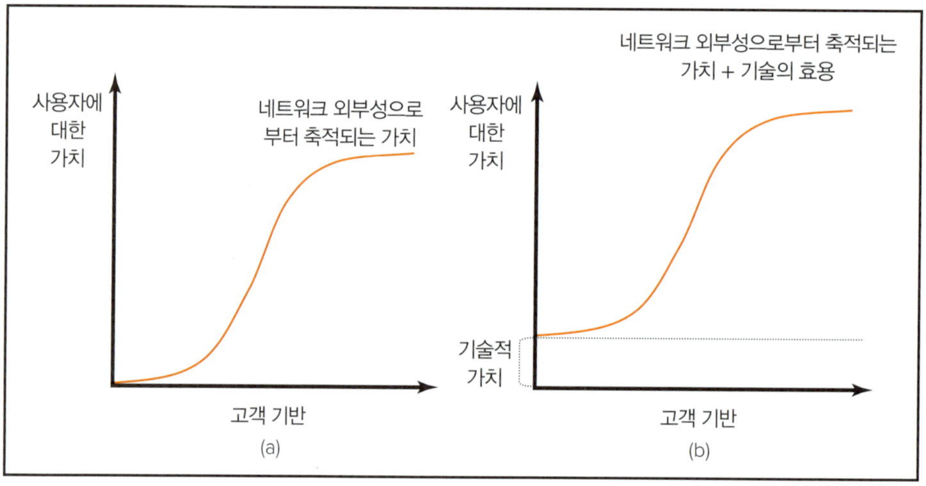

그림 4.6 ▶ 시장 점유에 따른 네트워크 외부성의 증가

자인과 소수의 지배적 디자인 간에 어떠한 영향력을 발휘하는지, 또한 네트워크 외부성의 효과가 충분히 달성되기 위해서 어느 정도 크기의 고객 기반이 필요한지를 보여준다. 이전에 설명한 것과 같이 산업 내에 네트워크 외부성이 존재하면, 개별 사용자가 누리는 제품의 효용은 동일 또는 유사한 제품을 사용하는 여타 사용자들의 수가 증가함에 따라 증가한다. 그러나 그 효용이 선형으로 증가하기보다는 그림 4.6(a)에 나타난 것과 같이 S자 형태로 증가하게 된다. 초기에는 이익이 천천히 증가한다. 예를 들어 휴대폰 사용인구가 인구의 1%인지 혹은 5%인지는 별로 중요하지 않다. 휴대폰이 가치를 발휘하기 위해서는 휴대폰 서비스의 사용인구가 더욱 증가해야 한다. 그러나 사용인구가 일정 수준을 넘어서면, 네트워크 외부성으로 인한 수익체증 현상은 급속도로 증가하기 시작하며, 또 다른 일정 수준에 이르면 대부분의 이익은 실현되고 이익의 증가율은 감소하게 된다. 이 장의 서두에 언급되었던 운영시스템의 예를 생각해보자. 만약 특정 운영시스템의 고객 기반이 작다면 이를 위해 응용프로그램을 만들 소프트웨어 개발자는 거의 없을 것이며, 소비자들이 얻는 가치도 매우 적을 것이다. 1%의 시장점유율에서 2%의 시장점유율로 증가한다 해도 소비자가 얻는 추가적인 효용의 차이는 거의 없으며, 개발자들은 여전히 그 플랫폼에 매력을 느끼지 못할 것이다. 그러나 소비자의 운영시스템 수용률이 일정 수준을 초과하게 되면, 그것을 위한 소프트웨어 응용프로그램을 만드는 것은 가치 있는 일이 되며, 운영시스템의 가치는 급격히 증가하기 시작한다. 운영시스템이 높은 시장점유율을 달성하게 되면, 사용자들도 네트워크 외부성으로 인한 가치의 대부분을 얻게 될 것이며, 운영시스템을 위한 다양한 양질의 소프트웨어들도 가용하게 될 것이다. 반면 사용 가능한 소프트웨어 수가 점진적으로 증가함에 따라 소비자들이 거둬들이는 추가적인 가치의 양은 점점 감소할 것이다.

다음으로 기술의 독립적 가치를 살펴보자. 그림 4.6(b)를 보면 기술이 제공하는

그림 4.7 ▶ 네트워크 외부성의 이익과 기술적 효용: 경쟁 관계의 디자인

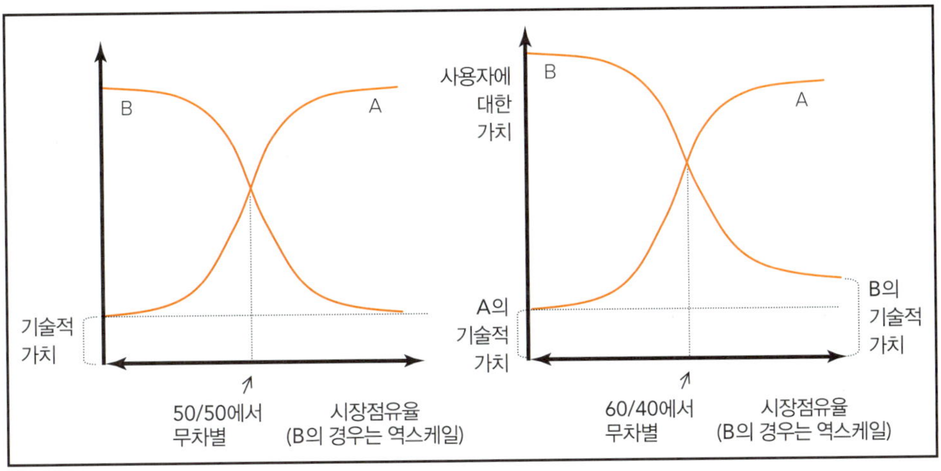

독립적 가치가 그래프에 추가되어 전체 그래프를 위로 밀어 올리고 있다. 예를 들어 특별히 사용하기 쉬운 인터페이스를 가진 운영시스템은 고객 기반의 전 범위에서 해당 기술을 보다 가치 있게 할 것이다. 이는 나중에 각기 다른 수준의 독립적 가치를 가진 두 기술을 비교할 때 유용하다.

두 기술이 지배적 디자인을 위한 경쟁을 할 때, 앞서 살펴보았듯이 소비자는 각각의 기술에서 기대되는 총 가치를 비교할 것이다. 그림 4.7에서, 기술 A와 B는 각각 비슷한 수준의 기술적 효용성과 네트워크 외부성 효과 곡선을 가지고 있다. B의 곡선은 시장점유율에 관한 스케일이 역으로 그려졌는데 이를 통해 우리는 각기 다른 시장점유율을 갖는 두 개의 기술이 제공하는 가치, A가 20%의 시장점유를 할 때, B는 80%의 시장점유율을 갖는 것 등등에 대해서 비교해볼 수 있다. 이 그림은 A가 50% 이하(B는 50% 이상)의 시장점유율을 갖는 모든 상황에서 B가 더 큰 총 가치를 제공하여 소비자에게 더욱 매력적인 기술임을 보여준다. 반면, A가 50% 이상(B는 50% 이하)일 때, A의 총 가치가 더 크다. 각각의 기술이 정확히 50%의 시장 점유율을 기록할 때, 각 기술은 동일한 크기의 총 가치를 제공한다. 하지만 두 기술이 비슷한 네트워크 외부성의 효과를 지녀도, 한 기술이 더 큰 독립적 가치를 제공하는 경우 총 가치가 같아지는 무차별점은 그 기술 쪽으로 이동하게 된다. 그림 4.7의 오른쪽 그림에서, B 기술이 더 높은 수준의 독립적 가치를 제공함으로써 총 가치의 곡선을 위쪽으로 끌어올린다. 이 그림에서, 기술 A는 시장점유율이 60% 이상(B는 40% 이하)이 되어야 B보다 큰 총 가치를 제공할 수 있다.

또 다른 재미있는 시나리오는 그림 4.8에서 보듯이, 소비자들이 낮은 시장점유율에서 이미 그들이 원하는 수준의 네트워크 외부성의 이익을 얻었다고 느끼는 경우이다. 이 경우 소비자들은 어떠한 기술도 확실히 시장을 지배하지 못하는 상대적으로 넓은 무차별 지역을 갖게 될 것이다. 비디오게임기 산업이 그 예가 될 수 있다.

그림 4.8 ▶ 낮은 시장점유율에서 네트워크 외부성 가치가 충분히 달성된 경우

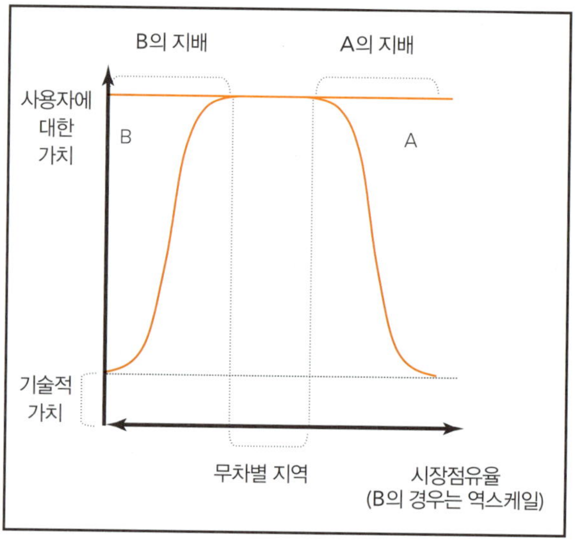

소비자들이 공유도가 큰(게임 수나, 함께 게임 가능한 사람 수가 많은) 게임기를 통해 네트워크 외부성의 이익을 경험할 수도 있지만, 이는 자신의 게임기가 굳이 시장 선두가 아니라도 얻을 수 있는 것들이다. 예를 들어 Sony, Microsoft 그리고 Nintendo가 비디오게임기 시장을 분할하고 있지만, 세 게임기 모두 충분한 정도의 게임들이 있으며, 충분히 많은 사람들이 같은 게임기로 함께 게임을 할 수 있다. 이러한 특징을 지닌 시장은 하나의 지배적 디자인을 선택하려는 압력을 크게 경험하지 않는다. 둘 이상의 플랫폼이 성공적으로 공존할 수 있는 것이다.

모듈화와 플랫폼 경쟁

이 장의 앞부분에서 언급했듯이 많은 산업에서 제품의 가치는 보완재의 수와 품질에 밀접하게 관련되어 있다. 예를 들어, 스마트폰 운영 시스템의 우수성은 사용 가능한 응용 프로그램의 우수성과 비례하며 음악 스트리밍 서비스의 가치는 제공하는 음악의 수와 품질에 비례한다. 이러한 시장에서는 한 기업이 플랫폼(예, 스마트폰 운영 시스템)과 보완재(예, 스마트폰 어플리케이션)를 모두 생산하기보다는, 산업에 속한 기업들이 *모듈성*을 이용하여 모두가 참여할 수 있는 *플랫폼 생태계*를 만드는 경우가 많다.[21]

■ 모듈성

모듈성
시스템의 부품들이 분리되고 재결합될 수 있는 정도.

모듈성(modularity)을 이해하려면 컴퓨터와 같은 제품을 생각해보면 된다. 컴퓨터는 마이크로프로세서, 모니터, 키보드 등을 포함하는 여러 구성 요소들의 묶음과 같다. 사용자는 구성 요소들 중 일부를 별도로 구입한 뒤 조립하여 사용할 수 있으며 일

이론의 적용 승자 독식의 시장은 소비자에게 좋은가?

전통적으로 경제학에서는 경쟁적 시장에서 소비자의 효용이 늘어난다고 이야기한다. 그러나 수익의 체증현상은 이를 복잡한 문제로 만든다. 이는 MS에 대해 제기된 독점 금지 소송을 통해 알 수 있다. 일부 전문가들이 MS가 명백히 반경쟁적 행동을 해왔다고 주장하는 반면, 반대쪽에선 MS는 적절한 행동을 해왔으며 PC운영체제 시장에서의 MS의 압도적 점유율은 컴퓨터 간의 호환성과 더 많은 소프트웨어 가용성을 제공하므로 소비자에게는 이득이 된다고 주장한다. 그렇다면 규제 당국은 기업이 너무 지배적 세력이 되었음을 어떻게 결정하는 것인가? 이 문제에 대한 한 가지 접근방법은 시장 점유에 따른 네트워크 외부성의 이익을 그에 따르는 독점 비용과 비교하는 것이다. 여기서 네트워크 외부성 효과는 시장 대부분이 동일 제품을 사용함에 따라 소비자가 얻게 되는 이익을 말한다(예를 들어 보완재의 가용성과 사용자 간 호환성이 커질수록 더 많은 수익이 기술개발에 쓰이게 되는 것과 같은 경우들). 독점 비용은 시장의 대부분이 같은 제품을 사용함에 따라 소비자가 지불해야 하는 비용을 말한다(예를 들어 독점업자는 높은 가격을 매길 수 있고 제품이 다양하지 못할 수 있으며 대안적 기술을 위한 혁신의 동기가 사라질 수 있다). 시장점유에 따른 네트워크 외부성의 효과는 앞서 본 대로 종종 S자 모양을 띠곤 한다. 그러나 시장점유에 따른 독점 비용은 대개 지수함수 형태로 증가한다. 이들을 그림 4.9처럼 그려보면 네트워크 외부성 효과와 독점비용이 어떻게 상쇄 관계에 있는지를 알 수 있다.

그림 4.9에서 기술 A의 시장점유율이 X보다 낮으면, X가 상당히 높은 시장점유율을 의미하더라도, 기술의 독립적 효용성과 네트워크 외부성 효용의 합은 독점비용을 초과한다. 그러나 기술 A의 시장점유가 X 이상이 되면, 이제는 독점비용이 기술의 독립적 효용성과 네트워크 외부성 효용의 총 가치를 능가하게 된다. 이 두 곡선이 만나는 점은 여러 가지 요소들로 인해 이동할 수 있다. A 기술의 독립적 효용성이 보다 높다면, 곡선은 X 이상의 지점에서 교차할 것이다. 네트워크 외부성 효용의 곡선이 보다 낮은 시장점유율에서 완만해지기 시작하면(비디오게임기 산업처럼), 곡선들은 X 이하의 시장점유에서 교차하게 된다.

독점비용 곡선의 기울기는 대개 기업 자체의 행위에 의해 결정된다. 기업은 자신의 독점능력을 이용하지 않을 수도 있으며, 이 경우 독점비용 곡선이 평탄할 것이다. 예를 들어 독점적 파워의 명확한 표현 중의 하나는 전형적으로 제품에 부가된 가격에서 나타난다. 그렇지만 기업은 소비자가 지불할 용의가 있는 가격 범위에서 최고가를 부과하지 않을 수도 있다. 예를 들어 많은 사람들이 MS가 자사의 Windows 운영체제에 대해 시장이 감수할 만한 최고가를 부과하지 않는다고 주장할 수 있다. 그러나 기업은 공급업자나 보완재 생산업자들을 차별적으로 지원함으로써 산업의 발전을 통제하는 등의 보다 미묘한 방법으로 그들의 독점능력을 이용할 수 있다. 많은 사람들은 이러한 점에서 MS가 그들의 독점에 가까운 힘을 활용해 왔다고 주장하는 것이다.

그림 4.9 ▶ 네트워크 외부성에 따른 효용과 독점비용

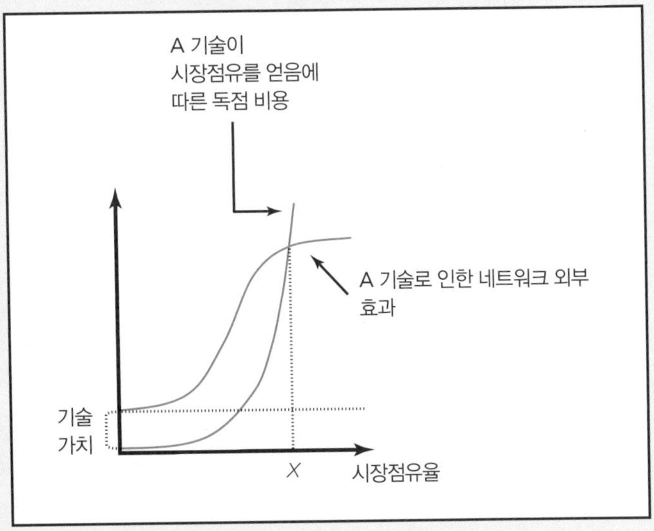

부 구성 요소들은 사전 조립된 상태로 판매되기도 한다. 각 구성 요소 또한 부품들의 묶음으로 생각할 수 있다. 예를 들어, 모니터에는 회로, 플라스틱 몸체, 전원 장치 등이 포함된다. 대부분의 부품들은 최종 사용자에게 별도로 판매되지는 않지만 제조업자가 여러 부품들을 다양하게 조합하여 각기 다른 최종 완제품을 생산하기도 한다.

제품의 모듈성을 증가시키려면 부품들 간의 호환성을 증가시켜 조립 가능한 제품의 범위를 확대하거나, 부품에서 통합적으로 디자인된 기능들을 세밀하게 분리하여 모듈성을 증가시킬 수 있다(그림 4.10 참조). 예를 들어, 스마트폰 제조업체는 하드웨어와 소프트웨어가 통합된 전화기를 단독으로 생산할 수 있다(그림 4.10, 패널 A). 그러나 다양성에 대한 시장 수요가 커지면 제조업체는 자사의 부품들을 활용하여 차별적인 기능들을 가진 몇 가지 전화기들을 생산할 수도 있다. 소비자들이 자신의 전화기와 다른 회사가 생산하는 주변 장치나 응용 프로그램과 결합하여 사용하기를 원하는 경우, 스마트폰 제조업체는 자사의 시스템을 "개방"하여 다른 개발자들이 자사의 스마트폰과 호환 가능한 제품들을 생산하도록 표준을 수립할 수도 있다(그림 4.10, 패널 B). 더 나아가, 스마트폰 제조업체는 하드웨어와 운영체제를 분리하여 소비자가 다른 제조업체가 만든 기기에 자신이 원하는 운영 시스템을 사용할 수 있도록 결정할 수도 있다(그림 4.10, 패널 C). 각 단계에서 제품은 점점 더 모듈화 되어가고 있는 것이다.

대다수의 제품들은 각기 다른 수준에서 모듈화 되어 있다. 예를 들어, 많은 스테레오, 선반 시스템, 그리고 자전거 사용자들은 여러 공급업체의 부품들을 섞어 사용할 수 있다. 상당히 많은 제품들이 모듈방식으로 구성되어 사용자 스스로가 최종 완제품을 조립하지는 못하더라도 사용자가 원하는 사양들을 선택할 수 있다. 예를 들어, 소비자가 자동차를 구매할 때 엔진 크기, 실내 장식품 옵션, 자동 또는 수동 변속, 스테레오 시스템, 타이어, 자동차 상부의 화물 탑재 장치, 보안 시스템 등을 선택할 수 있지만 최종 완제품은 자동차 제조사가 조립한다. 항공기조차도 이런 식으로 생산되고 있다. Boeing과 Airbus는 동체는 제조하지만 엔진은 생산하지 않는다. 엔진은 GE, Pratt Whitney 또는 Rolls Royce와 같은 기업들이 생산하는데, 특정 엔진은 일반적으로 복수의 항공기 모델에서 사용되도록 설계된다. 항공기도 "최초에 장착된 엔진"을 선호하기는 하지만 한 종류의 엔진만 사용하도록 되어 있지는 않으며, 일반적으로 항공기 구매자가 항공기에 사용될 엔진에 대한 최종결정을 한다.

타이트하게 통합된(즉, 비모듈형) 제품 시스템과 모듈러 제품 시스템은 서로 다른 종류의 장점을 가지고 있다. 타이트하게 통합된 제품 시스템에는 부품 간의 상호작용이 정교하게 디자인되기 때문에 표준화된 부품들로는 달성하기 어려운 수준의 성능을 구현할 수도 있다. 또한 타이트하게 통합된 시스템의 생산자는 최종 완제

그림 4.10 ▶ 모듈화 및 플랫폼 생태계

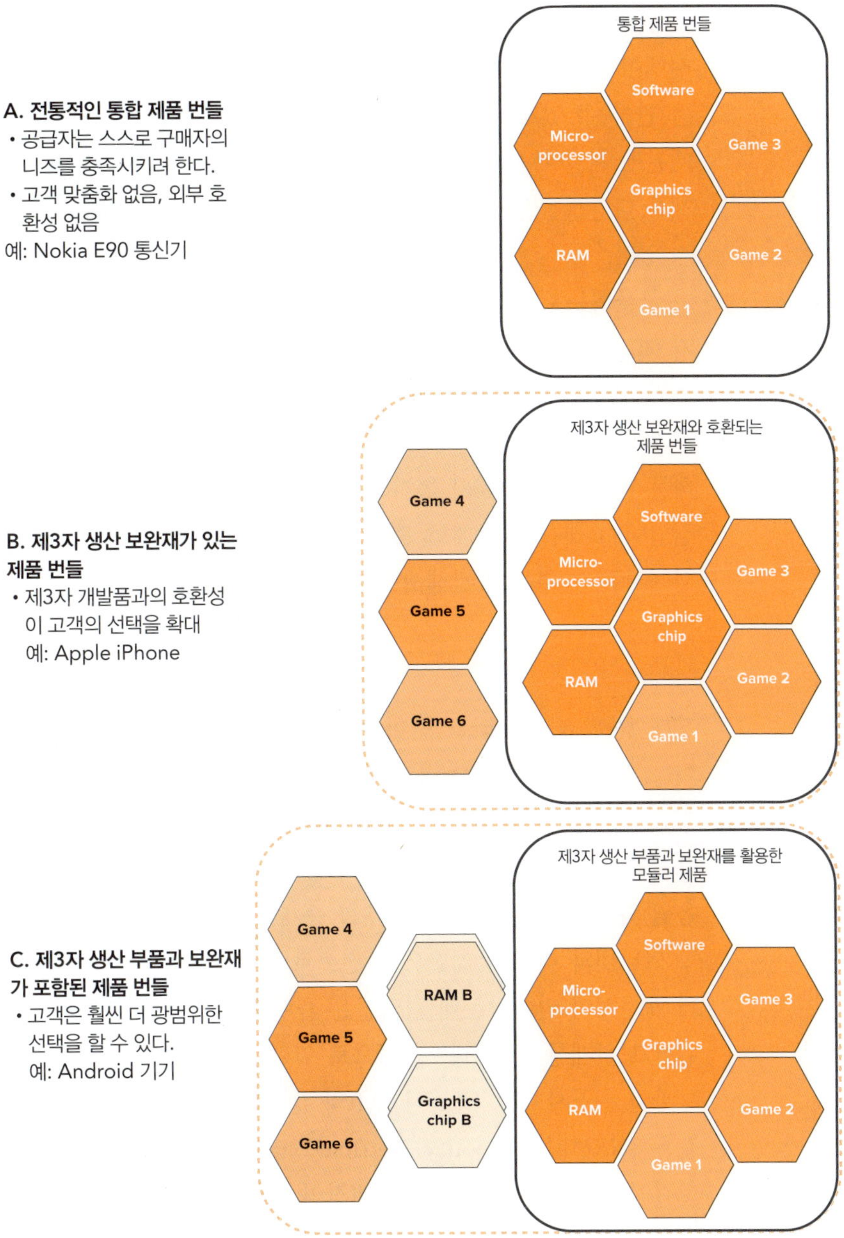

품에 대한 통제권을 갖고 품질과 신뢰성을 더 잘 관리할 수 있다. Steve Jobs는 바로 이 점 때문에 오랫동안 애플 컴퓨터를 윈도우 기반의 여타 컴퓨터들처럼 모듈 방식으로 만들지 않았는데, 그는 모든 부품과 대부분의 소프트웨어를 직접 통제해야만 더 우수하고 안정적인 제품을 만들 수 있다고 생각했다. 통합적으로 디자인된 제품은 부품을 선택하거나 스스로 조합하기를 원하지 않는 고객들에게 더 매력적일 수 있다.

반면, 모듈 방식의 제품은 기능, 디자인, 크기 그리고 여타 기능에 대한 다양한 선택이 가능하도록 함으로써 고객이 자신의 필요와 선호에 따라 보다 적합한 제품을 만들 수 있게 해준다. 그리고 부품들이 다양한 형태로 결합되어 사용될 수 있기 때문에 개별 부품의 수준에서는 규모의 경제를 이루면서 동시에 완제품 수준에서는 제품 다양성을 달성할 수 있다. 이는 *대체의 경제*(*economics of substitution*)로 알려져 있다.[22]

모듈화는 (a) 재조합 가능한 다양한 기술적 대안들이 존재하고, (b) 고객의 선호가 이질적일 때 더욱더 가치가 있다.[23] 예를 들어, 스마트폰에서 사용할 수 있는 어플리케이션은 매우 다양하며 고객들이 사용하고 싶어 하는 어플리케이션은 각기 다르기 때문에 스마트폰에서 자신이 사용하고 싶어 하는 어플리케이션을 고르고 설치하는 데 따르는 가치가 높아진다. 이 예는 시장에서 발생하는 모듈화에 대한 압박이 산업내 플랫폼 생태계의 출현으로 이어지는 경우를 보여주기도 하는데, 이어지는 절에서는 이 부분에 관해서 좀 더 자세히 다루고자 한다.

■ 플랫폼 생태계

플랫폼 생태계
*생태계*는 *생태적 시스템*의 줄임 말로서 시스템 내 개체들이 일정 형태의 상호의존성을 갖고 있는 시스템을 의미한다. 여기에서 플랫폼은 안정적인 핵심 부분으로서 일련의 부품, 보완재, 그리고 최종 사용자들을 중재하는 역할을 한다. 따라서 *플랫폼 생태계*는 안정적인 핵심 부분에 의해 중재되는 상호의존적인 개체들의 시스템을 의미한다.

생태계(*ecosystem*)라는 단어는 생물학에서 비롯되었는데 *생태적 시스템*의 줄임말이다. 이는 *생태계*라는 용어가 어느 정도 상호의존성이 있는 개체들을 지칭한다는 것을 의미한다. **플랫폼 생태계**(platform ecosystem)에서 제품의 특정 핵심 부분(비디오게임기 또는 음악 스트리밍 서비스)이 다양한 부품이나 보완재(비디오게임 또는 음원)와 최종 사용자 간의 관계를 중재한다.[24]

인터넷과 디지털 기술의 발전으로 많은 산업에서 플랫폼을 중심으로 한 생태계의 재구성이 일어났는데 기업들은 플랫폼의 스폰서 역할을 하거나 플랫폼 생태계를 위한 보완재를 생산하는 기업으로 역할 변신이 이루어졌다. iOS나 Android와 같은 모바일 운영시스템, Uber나 Lyft와 같은 차량 공유서비스, Facebook이나 WeChat과 같은 SNS서비스, Spotify, Netflix, 그리고 Tencent Video와 같은 영화나 음악의 스트리밍 서비스는 플랫폼이 지배적인 비즈니스 모델이 된 적지 않은 산업들의 예시이며, 이러한 플랫폼 생태계에서 성공적인 기업들은 수백만의 고객들을 가지고 있다.[25]

플랫폼의 경계(a platform's boundary)는 특정 플랫폼에 연결된 구성원들의 안정적인 집합으로 정의될 수도 있고, 또는 정해진 형태 없이 변화할 수 있지만 자유롭게 출입하면서 여러 플랫폼에 동시에 참여할 수 있는 구성원들의 집합으로 정의될 수도 있다. 예를 들어, 텔레비전/영화 스트리밍 서비스인 HBO on Demand와 Amazon Prime 간의 차이점을 생각해보자. HBO on Demand는 HBO가 보유한 콘텐츠만을 소비자에게 제공한다. 콘텐츠들은 엄격하게 통제되며 콘텐츠 생산자들의 출입은 제한적이다. Amazon Prime의 생태계는 훨씬 더 개방적이어서 개별 독립 영화 제작자를 포함한 모든 콘텐츠 제작자가 Amazon Prime에 콘텐츠를 게시할 수 있다.

생태계가 전반적으로 매력적이어야 소비자들을 플랫폼으로 끌어들일 수 있기 때문에 생태계에 속한 개별 구성원의 성공은 생태계 내 다른 구성원(심지어는 경쟁하고 있는 구성원일지라도)의 성공에 일정 부분 의존하고 있다. 또한 많은 플랫폼에는 생태계의 변경이 어렵거나 변경에 따른 전환 비용이 존재하기도 한다. 플랫폼과 보완재는 종종 서로에게 특화하기 위한 투자를 하거나 서로에게 더욱 종속적이고 장기적인 관계로 만들기 위해 일반적인 계약관계보다 훨씬 더 배타적인 계약관계가 형성되기도 한다. 예를 들어, Microsoft Xbox용으로 제작된 비디오게임은 PlayStation 게임기에서는 사용할 수 없으며, 게임 제작자는 이를 금지하는 Microsoft와의 계약에 서명하거나 PlayStation용 게임을 별도로 제작해야 한다.

따라서 플랫폼 생태계는 아주 독립적이거나 또는 계층적 조직처럼 아주 종속적인 관계들로 구성되는 것은 아니며, 사실 일종의 하이브리드적 중간적 관계들로 구성된다.[26] 어찌 보면 완전히 모듈화된 시스템에서 볼 수 있는 느슨한 형태의 결합과 통합적으로 디자인된 제품에서 볼 수 있는 타이트한 형태의 결합이 적절히 타협한 형태의 결합이라고 볼 수 있다. 이러한 관계들 속에서 구성원들은 부품과 보완재를 다양하게 결합할 수 있고, 시스템에서 가용한 부품과 보완재를 상호 특화하거나 맞춤형으로 만드는 것이 가능해진다(그림 4.11 참조).

플랫폼이 완전한 모듈화와 완전한 통합 사이에서 일종의 절충과 같은 형태로 구성된다는 것을 이해하고 나면, 시장에서 플랫폼이 언제 가치가 있어지는지 이해하기 쉬워진다. 먼저, 플랫폼은 다음의 경우에 느슨하게 연결되는 것이 더욱 가치 있게 되는데, (a) 고객이 다양하고 단일 기업이 제공할 수 있는 것 이상의 선택권을 원하는 경우, (b) 다양하고 고품질의 제3자 옵션들이 존재하는 경우, (c) 통합하지 않고도 제 3자 제품과 매끄럽게 호환될 경우, 그리고 (d) 플랫폼 스폰서가 강력하여

그림 4.11 ▶ 완전한 모듈화와 완전한 통합 간의 절충을 통한 플랫폼

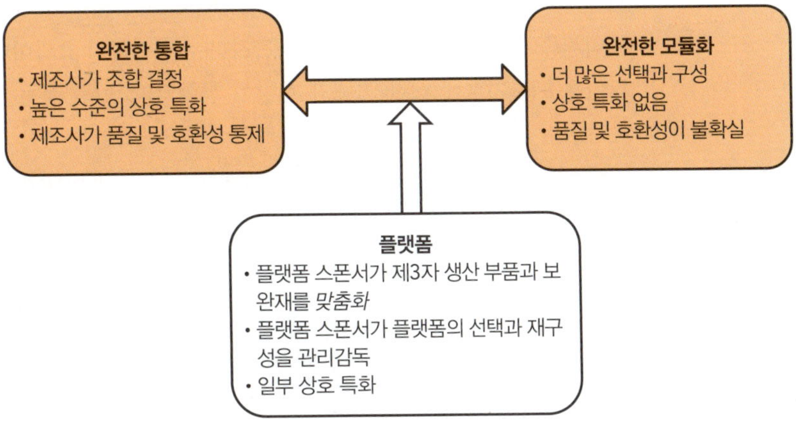

스스로 보완재를 생산하지 않으면서도 품질 및 전체 제품 구조에 대한 통제력을 유지할 수 있을 경우들이다. 다른 관점에서 보면, 플랫폼은 다음의 경우에 타이트하게 통합되는 것이 더욱 가치 있게 되는데, (a) 보완재의 확보가 불확실하고 비일상적이기 때문에 소비자들이 플랫폼 스폰서가 관리감독의 역할을 해주기를 선호하는 경우, (b) 플랫폼과 보완재가 일정 수준 이상으로 통합되었을 때 기능적 장점이 발현되는 경우, 그리고 (c) 소비자가 필요로 하는 모든 보완재를 시장이 적절한 품질과 가치로 제공하지 못하기 때문에 이를 위한 보조금 제도가 필요한 경우들이다.

비디오 게임 시스템은 플랫폼 생태계의 상징적인 예이다. 게임기 제조사는 고품질의 게임을 출시해야 한다. 게임 개발자의 입장에서는 아직 널리 사용되지 않는 게임기를 위한 게임을 제작하기 어렵기 때문에 대부분의 게임기 제조사는 게임기를 출시할 때 소비자들이 즐길 수 있는 고품질의 게임을 자체적으로 제작하거나 이를 위한 보조금을 게임 개발자들에게 지급해야 한다. 반면, 소비자는 게임기 제조사가 제작한 것 이상의 더 많은 게임을 원하기 때문에, Microsoft, Sony, 그리고 Nintendo 같은 게임기 제조사들은 제3자 개발자들에게 자사의 게임기용 게임을 제작할 수 있는 라이센스를 부여한다. 이들은 라이센스된 게임의 품질과 호환성을 면밀히 검사하고 게임 개발자에게 자사와 배타적 계약을 체결하거나 게임을 자사의 게임기에 특화되도록 요구할 수 있다. 게임기 제조사는 특정 게임에 대해 "최우수 게임"이라는 지위를 부여하거나, 구매 시점에서 특정 게임을 게임기에 번들로 탑재시키거나, 마케팅 과정에서 특정 게임을 적극적으로 홍보함으로써, 자사의 생태계 내 게임에 대한 소비자의 인지와 인식을 촉진할 수 있다. 게임기 제조사는 이러한 전략들을 통해 자사의 생태계가 만들어내는 전반적인 가치를 적극적으로 관리할 수 있다.[27]

요약

1. 많은 기술의 경우 사용에 따라 수익이 체증함을 알 수 있다. 즉 기술이 많이 적용될수록 그 가치가 높아진다.
2. 수익체증이 발생하는 중요한 이유 중 하나는 학습곡선 효과이다. 기술의 생산과 사용이 많아질수록 기술에 대한 이해와 개발이 심화되며, 이는 성능 향상과 비용 절감을 가져온다.
3. 수익체증을 발생시키는 또 다른 핵심요소는 네트워크 외부성 효과이다. 이는 한 고객에 대한 제품의 가치가 고객 기반 규모의 증가에 따라 증가하는 현상이다. 또한 이는 호환성이나 보완재의 가용성과 같은 이유들로 인해 생겨날 수도 있다.
4. 일부 산업에서는 지배적 표준의 존재가 소비자의 복리 증진에 도움이 되기 때문에 EU가 GSM 휴대폰을 표준으로 정한 것과 같은 정부 규제가 생겨나기도 한다.

5. 수익체증 현상은 하나 혹은 소수의 기업들이 대부분의 시장을 지배하는, 승자가 독식하는 시장을 출현시키기도 한다.
6. 기술이 구매자에게 제공하는 가치는 다차원적이다. 기술의 독립적 가치는 많은 요소들(생산성, 단순성 등과 같은)과 기술의 비용을 포괄하는 개념이다. 수익체증이 존재하는 산업에서의 기술의 총 가치는 기술의 고객 기반과 보완재의 가용성에 많은 영향을 받을 수 있다.
7. 소비자는 주관적 정보와 객관적 정보의 조합을 평가한다. 따라서 소비자의 기술에 대한 인식 및 기대는 기술이 제공하는 실제적 가치만큼이나(혹은 그 이상으로) 중요할 수 있다.
8. 기업은 광고와 선주문, 유통계약 등을 통해 소비자의 인식 및 기대에 영향을 미칠 수 있다.
9. 시장점유에 따른 네트워크 외부성 효과와 기술의 독립적 가치의 조합은 한 기술이 여타 기술을 지배하기 위해 필요한 시장점유율의 수준에 영향을 미친다. 일부 산업에서는 낮은 시장점유율을 통해서도 네트워크 외부성의 효과를 충분히 얻을 수 있다. 이러한 산업에서는 여러 제품들이 공존할 수 있다.
10. 고객의 기호가 다양하고 많은 기술적 대안들이 존재하는 산업에서는 기업이 모듈성을 이용하여 고객이 기호에 따라 부품들을 취사선택하여 다양한 완제품을 생산할 수 있도록 해주는 것이 바람직하다.
11. 플랫폼의 생태계는 모듈성이 활용되는 좋은 예이다. 안정적인 핵심 플랫폼(예, 스마트폰 운영시스템)이 많은 부품 생산자들(예, 어플리케이션 개발자들)과 소비자들 간의 관계를 중재할 수 있다.

토론문제

1. 기술이 널리 사용될수록 효용이 증가하는 이유에는 어떠한 것이 있는가?
2. 이 장에서 살펴본 산업 외에 기술 전파로 효용이 증가하는 산업에는 어떠한 예들이 있는가?
3. 기업 입장에서 기술의 총 가치를 증가시키고 지배적 디자인이 될 가능성을 높이는 방법에는 어떠한 것이 있는가?
4. 산업이 하나 또는 여러 개의 지배적 디자인을 갖는지의 여부는 무엇에 의해 결정되는가?
5. 지배적 디자인은 소비자 입장에서 바람직한가? 경쟁자들에 대해서는 바람직한가? 보완재 생산업자 또는 공급업자에 대해서는 어떠한가?

추가자료

■ 대표문헌

Annabelle Gawer and Michael A. Cusumano, *Platform Leadership* (Boston: Harvard Business School Publishing, 2002).

Carl Shapiro and Hal Varian, H. *Information Rules: A Strategic Guide to the Network Economy* (Boston: Harvard Business Review Press, 1999).

Melissa A. Schilling, "Technological Leapfrogging: Lessons from the U.S. Video Game Console Industry," *California Management Review* 45, no. 3 (2003): 6–32.

Melissa A. Schilling, "Towards a General Modular Systems Theory and Its Application to Inter-Firm Product Modularity," *Academy of Management Review* 25 (2000): 312–34.

Michael Katz, and Carl Shapiro, "Technology Adoption in the Presence of Network Externalities," *Journal of Political Economy* 94 (1986): 822–41.

W. Brian Arthur, *Increasing Returns and Path Dependency in the Economy* (Ann Arbor, MI: University of Michigan Press, 1994).

■ 최근문헌

Javier Cenamor and Johan Frishammar, "Openness in Platform Ecosystems: Innovation Strategies for Complementary Products," *Research Policy* 50 (2021). https://doi.org/10.1016/j.respol.2020.104148.

Kevin J. Boudreau and Lars B. Jeppesen, "Unpaid Crowd Complementors: The Platform Network Effect Mirage," *Strategic Management Journal* 36, no. 12 (2015): 1761–77.

Michael Jacobides, Carmelo Cennamo, and Annabelle Gawer, "Towards a Theory of Ecosystems," *Strategic Management Journal* 39 (May 2018): 2255–76.

Yannis Bakos and Hanna Halaburda, "Platform Competition with Multihoming on Both Sides: Subsidize or Not?" *Management Science* 66 (2020). https://doi.org/10.1287/mnsc.2020.3636.

■ 참고문헌

1. W. Brian Arthur, *Increasing Returns and Path Dependency in the Economy* (Ann Arbor, MI: University of Michigan Press, 1994).
2. For examples of this, see Michael Lapre, Amit S. Mukherjee, and Luk N. Van Wassenhove, "Behind the Learning Curve: Linking Learning Activities to Waste Reduction," *Management Science* 46 (2000): 597–611; Ferdinand K. Levy, "Adaptation in the Production Process," *Management Science* 11 (1965): B136–54; and Louis E. Yelle, "The Learning Curve: Historical Review and Comprehensive Survey," *Decision Sciences* 10 (1979): 302–28.
3. Linda Argote, *Organizational Learning: Creating, Retaining and Transferring Knowledge* (Boston: Kluwer Academic Publishers, 1999); Nile W. Hatch and David C. Mowery, "Process Innovation and Learning by Doing in Semiconductor Manufacturing," *Management Science* 44, no. 11 (1998): 1461–77; and Melissa A. Schilling et al., "Learning by Doing Something Else: Variation, Relatedness, and the Learning Curve," *Management Science* 49 (2003): 39–56.
4. For examples, see Linda Argote, "Group and Organizational Learning Curves: Individual, System and Environmental Components," *British Journal of Social Psychology*

32 (1993): 31–52; Argote, *Organizational Learning;* Nicholas Baloff, "Extensions of the Learning Curve—Some Empirical Results," *Operations Research Quarterly* 22, no. 4 (1971): 329–40; Eric D. Darr, Linda Argote, and Dennis Epple, "The Acquisition, Transfer and Depreciation of Knowledge in Service Organizations: Productivity in Franchises," *Management Science* 41 (1995): 1750–62; L. Greenberg, "Why the Mine Injury Picture Is Out of Focus," *Mining Engineering* 23 (1971): 51–3; Hatch and Mowery, "Process Innovation and Learning by Doing in Semiconductor Manufacturing"; Amit Mukherjee, Michael Lapre, and Luk Wassenhove, "Knowledge Driven Quality Improvement," *Management Science* 44 (1998): S35–S49; and Yelle, "The Learning Curve."

5. Argote, *Organizational Learning.*
6. John Dutton and Annie Thomas, "Treating Progress Functions as a Managerial Opportunity," *Academy of Management Review* 9 (1984): 235–47; Levy, "Adaptation in the Production Process"; and Mukherjee, Lapre, and Wassenhove, "Knowledge Driven Quality Improvement."
7. Wesley M. Cohen and Daniel A. Levinthal, "Absorptive Capacity: A New Perspective on Learning and Innovation," *Administrative Science Quarterly* (March 1990): 128–52.
8. Michael Katz and Carl Shapiro, "Technology Adoption in the Presence of Network Externalities," *Journal of Political Economy* 94 (1986): 822–41; Melissa Schilling, "Technological Lock Out: An Integrative Model of the Economic and Strategic Factors Driving Technology Success and Failure," *Academy of Management Review* 23 (1998): 267–84; and Marcel Thum, "Network Externalities, Technological Progress, and the Competition of Market Contracts," *International Journal of Industrial Organization* 12 (1994): 269–89.
9. James Wade, "Dynamics of Organizational Communities and Technological Bandwagons: An Empirical Investigation of Community Evolution in the Microprocessor Market," *Strategic Management Journal* 16 (1995): 111–34.
10. Melissa A. Schilling, "Technological Lock Out"; and Ferdinand F. Suarez, "Battles for Technological Dominance: An Integrative Framework," *Research Policy* 33: 271–86.
11. Joost Rietveld and Melissa A. Schilling, "Platform competition: A Systematic and Interdisciplinary Review of the Literature," *Journal of Management* 47, no. 6 (2021): 152–83, https://doi.org/10.1177/0149206320969791; Melissa A. Schilling, "Technology Success and Failure in Winner-Take-All Markets: Testing a Model of Technological Lock Out," *Academy of Management Journal* 45 (2002): 387–98; and Fernando F. Suarez, "Battles for Technological Dominance: An Integrative Framework," *Research Policy* 33, no. 2 (2004): 271–86.
12. W. Brian Arthur, "Competing Technologies, Increasing Returns, and Lock-In by Historical Events," *The Economic Journal* (March 1989): 116–31; R. W. England, "Three Reasons for Investing Now in Fossil Fuel Conservation: Technological Lock-In, Institutional Inertia, and Oil Wars," *Journal of Economic Issues,* (September 1994): 755–76; and Katz and Shapiro, "Technology Adoption in the Presence of Network Externalities."
13. Giovanni Dosi, "Sources, Procedures, and Microeconomic Effects of Innovation," *Journal of Economic Literature* 26 (1988): 1130.
14. Ibid., 1120–71.
15. Luis M. B. Cabral, David J. Salant, and Glenn A. Woroch, "Monopoly Pricing with Network Externalities," *International Journal of Industrial Organization* 17, no. 2, (1999): 199–214; Hongju Liu, "Dynamics of Pricing in the Video Game Console Market: Skimming or Penetration?" *Journal of Marketing Research* 47, no. 3, (2010):

428–43; and Melissa A. Schilling, "Technological Leapfrogging: Lessons from the US Video Game Console Industry," *California Management Review* 45, no. 3, (2003): 6–32.

16. Melissa A. Schilling, "Technological Leapfrogging: Lessons from the U.S. Video Game Console Industry," *California Management Review* 45, no. 3 (2003): 6–32; and Suarez, "Battles for Technological Dominance."
17. W. Chan Kim and Renee Mauborgne, "Knowing a Winning Business Idea When You See One," *Harvard Business Review* (September–October 2000): 129–38.
18. Melissa A. Schilling, "Technological Leapfrogging."
19. Adam Brandenberger, "Power Play (B): Sega in 16-Bit Video Games," Harvard Business School case no. 9-795-103, 1995b.
20. Adam Brandenberger, "Power Play (C): 3DO in 32-Bit Video Games," Harvard Business School case no. 9-795-104; and Melissa A. Schilling, "Technological Leapfrogging," 1995c.
21. Marco Ceccagnoli et al., "Cocreation of Values in a Platform Ecosystem: The Case of Enterprise Software." MIS Quart 36, no. 1 (2012): 263–90; Annabelle Gawer, "Bridging Differing Perspectives on Technological Platforms: Toward an Integrative Framework." Research Policy, 43, no. 7 (2014): 1239–49; Michael G. Jacobides, Thorbjorn Knudsen, and Mie Augier, "Benefiting from Innovation: Value Creation, Value Appropriation and the Role of Industry Architectures." Research Policy 35, no. 8 (2006): 1200–21; Joost Rietveld, Melissa A. Schilling, and Cristiano Bellavitis, "Platform Strategy: Managing Ecosystem Value Through Selective Promotion of Complements." (working paper, New York University, 2018); Melissa Schilling, "Towards a General Modular Systems Theory and Its Application to Inter-Firm Product Modularity." Academy of Management Review 25 (2000): 312–34.
22. Raghu Garud and Arun Kumaraswamy, "Technological and Organizational Designs for Realizing Economies of Substitution," *Strategic Management Journal* 16 (1995): 93–109.
23. Melissa A. Schilling, "Towards a General Modular Systems Theory and Its Application to Inter-Firm Product Modularity," *Academy of Management Review* 25 (2000): 312–34.
24. Joost Rietveld, Melissa A. Schilling, and Cristiano Bellavitis, "Platform Strategy: Managing Ecosystem Value Through Selective Promotion of Complements," (working paper, New York University, 2018).
25. Joost Rietveld and Melissa A. Schilling, "Platform competition: A Systematic and Interdisciplinary Review of the Literature," *Journal of Management* 47, no. 6 (2021): 152–83, https://doi.org/10.1177/0149206320969791; and Geoffrey G. Parker, Marshall W. Van Alstyne, and Sangeet Paul Choudary, *The Platform Revolution: How Networks Markets Are Transforming the Economy—and How to Make Them Work for You* (New York: W.W. Norton & Company, 2017)
26. Ibid.
27. Ibid.

Chapter 05

시장 진입 시기

Timing of Entry

Uber Elevate의 출시 실패[1]

2017년 4월 Uber Technologies Inc.의 최고 제품 책임자인 Jeff Holden은 Uber Elevate의 "날으는 자동차" 프로젝트의 일부가 될 호출형 항공 운송서비스인 uberAIR라는 획기적인 신서비스를 발표했다.

> "호출형 항공서비스는 도시 이동성을 획기적으로 향상시키면서 사람들의 출퇴근 시간을 줄여줄 수 있는 잠재력이 있습니다. 고층 빌딩이 도심의 한정된 토지를 보다 효율적으로 사용할 수 있게 해주듯이, 도시 항공서비스는 3차원 영공을 이용하여 지상의 교통 혼잡을 완화할 것입니다. 수직 이착륙(Vertical Take-off and Landing; VTOL, vee-tol이라고 발음함)하는 소형 전기 항공기들의 네트워크가 교외와 도심을 연결하고 궁극적으로는 도시 내에서 빠르고 안정적으로 이동하는 안정적인 교통수단이 될 것입니다."[a]

Uber의 호출형 자동차 공유서비스는 기존의 택시와 배달 서비스 산업을 와해시키면서 많은 사람들로 하여금 자동차를 더 이상 소유할 필요가 없다는 생각을 하게끔 만들었다. 그러나 그 서비스는 혁신적인 비즈니스 모델과 소프트웨어 응용 프로그램만으로도 가능했지만, 자동차나 기반시설 면에서 기술적 진보가 필요한 것은 아니었다. Uber Elevate의 경우에는 상황이 완전히 달랐다. Uber의 기존 비즈니스 모델과 소프트웨어 프로그램을 활용하지만, 항공 운송 기술, 항공 교통 관제 인프라 및 항공기 이착륙장 네트워크 등에서 상당한 기술 개발이 필요하다. 아무리 부드럽게 표현해도 이는 매우 야심찬 프로젝트였다.

Uber의 부상

Uber는 2009년 택시와 같은 승차 공유서비스로 시작되었다. 고객이 스마트폰 앱을 통해 차량을 호출하면 소프트웨어는 인근의 Uber 운전자에게 이를 알리고 이를 수락하는 운전자가 있으면 실시간으로 지도상에서 그 차량이 고객에게 다가오는 상황을 보여준다. 운전자가 고객을 목적지까지 데려다 주고 나면 온라인에 저장된 고객의 신용카드 정보를 이용하여 자동으로 결제가 이루어진다.

아마도 이 비즈니스 모델의 가장 독특한 부분은 Uber 운전자들이 엄밀히 말하면 Uber에 고용된 것이 아니라는 것이다. 운전자는 독립적인 계약자로서 스마트폰, 운전 면허증, 자동차, 보험,

무사고 운전기록만 있으면 Uber의 운전자가 될 수 있다.[b] 실시간 가격 책정 모델은 수요가 많고 운전자가 적을 때 더 높은 가격을 제시하고, 이 높은 가격은 더 많은 Uber 운전자가 승차 요청을 수락하게끔 하는 유인이 된다.

시간이 지나면서 회사는 UberPool, Uber X, Uber XL, Uber Select 등과 같은 유사한 형태의 서비스를 추가하기 시작했고, 음식 배달(Uber Eats), 화물 서비스(Uber Freight), 애완동물 운송(Uber Pets)과 같은 다양한 종류의 서비스를 추가했다. 또한 자체적으로 자율주행차량도 개발 중이었다.

비록 회사가 초기에 택시 노조와 수많은 갈등을 겪었고 회사 설립자 중 하나인 Travis Kalanick과 관련된 몇몇 대형 스캔들을 겪었지만 회사의 서비스는 큰 성공을 거두었다. 2015년에 10억 번째 승차가 이루어지면서 중국의 Didi Chuxing에 이어 세계에서 두 번째로 큰 승차 공유서비스가 되었고, 2021년에는 전 세계 69개국 900개 이상의 도시에서 운영되고 있었다. 2020년 매출은 111억 4000만 달러였고 2021년 5월의 시가총액은 860억 달러를 넘어섰다.

uberAIR의 기회와 도전

Uber가 새로운 항공서비스를 발표할 당시 Karem Aircraft, Embraer, Aurora Flight Sciences 그리고 Bell Helicopter를 포함하여 전기 VTOL (eVTOL, 전기 수직 이착륙 항공기)을 개발하고 있는 회사가 70개 이상 있었다. 그러나 Uber의 항공 택시에 대한 비전을 실현하려면 해결해야 할 많은 장애물이 있었다. 첫째, eVTOL은 엄청난 양의 에너지를 사용하므로 배터리 기술과 충전 인프라가 충분히 발전해주어야 한다. 둘째, 항공 교통 관제, 조종사 훈련 및 면허, 도시 기반 시설과의 호환성, 소음, 악천후 대처 등과 관련된 수많은 법적 및 안전 문제가 해결되어야 한다.

마지막으로 중요한 것은 비용이다. 수직 이착륙 기술은 이미 헬리콥터의 형태로 존재했지만 이는 승객 마일당 최소 8.93달러가 드는 매우 비싼 운송 수단이기 때문에 대부분의 사람들은 헬리콥터를 타본 적이 없다. 그렇다면 uberAIR는 어떻게 다를 수 있는가? 첫째, 전기로 추진력을 얻는 방식은 연료 효율이 훨씬 더 높고 유지 관리가 덜 필요하다. 둘째, 훨씬 작은 크기의 eVTOL은 헬리콥터가 사용하는 헬리콥터 전용 이착륙장이나 일반 공항이 아닌 보다 작고 유연한 "항공 정류소"에 이착륙할 수 있다. Uber는 초기 운영비용이 승객 마일당 5.73달러가 될 것으로 추정했으며 효율적인 통합을 통해 승객 마일당 운영비용을 1.84달러로 낮출 수 있다고 믿었다. eVTOL의 사용자가 늘어나면 규모의 경제를 통해 eVTOL의 생산 비용도 낮출 수 있다. 비용을 상당히 절감할 수 있는 마지막 방법은 조종사가 필요하지 않은 완전 자율 eVTOL을 개발하여 조종사 교육비용과 급여를 절약하고 추가 승객을 위한 공간을 확보하는 것이다. Uber는 이러한 완전 자율 운영이 상용화되면 uberAIR의 장기적 운영비용을 대부분의 자동차 운영비용보다 낮은 승객 마일당 44센트로 낮출 수 있다고 추정했다.[c]

Uber의 CEO인 Dara Khosrowshahi는 처음에 이 프로젝트에 대해 회의적이었으나 이 프로젝트의 경제성에 관한 몇 차례의 토론 이후 설득되기 시작했다. Khosrowshahi는 "Uber가 자동차에 관한 것만이 아니라는 것을 이해한 순간 깨달음이 일어났습니다."라고 말했다. "궁극적으로 우리가 하고자 하는 것은 도시 이동성과 도시 교통에 관한 것이며 우리가 사는 도시를 위한 솔루션을 만들어내는 것입니다."[d]

2018년에 회사는 2023년까지 서비스를 상용화할 계획이라고 공개적으로 발표했다. 그러나 Uber의 사업들은 아직 이익이 나는 상황은 아니었고 투자자들은 Uber의 원대한 야망에 대해 인

내심을 잃기 시작했다. 회사는 2019년과 2020년(각각 85억과 68억)에 막대한 손실을 입은 후, 프로젝트를 축소하기 시작했다. 2020년 12월 초, Uber는 2021년까지 수익성을 확보하기 위해 자율주행차 사업부를 Aurora Innovation에, 에어택시 사업부를 Joby Aviation에 매각할 것이라고 발표했다.[e] Uber는 이전에 Joby Aviation에 5000만 달러를 투자했으며, Elevate 자산을 Joby에 양도하는 거래 조건은 공개되지 않았지만 Uber는 Joby에 7500만 달러를 추가로 투자하기로 합의한 것으로 드러났다. 또한 이 거래는 Joby와 Uber가 각각의 서비스를 서로의 애플리케이션에 통합하여 "미래 고객을 위한 지상 및 항공 여행 간의 원활한 통합"을 창출할 것을 공식화했다.[f]

하늘을 위한 전쟁

2021년 중반 현재 eVTOL를 사용하는 에어택시 서비스를 출시한 회사는 없지만[g] 일부 회사는 서비스 출시가 거의 가까워진 것으로 보인다. 특히, 독일 회사인 Lilium은 2025년부터 5인승 전기 Lilium Jet로 도시 간 상업적 운송을 시작할 것이라고 발표했다. 또 다른 독일 회사인 Volocopter는 도시 내 이동을 위해 원형의 틀 아래 달걀처럼 보이는 18개의 로터가 달린 2인승 항공기 VoloCity를 설계하고 이를 통해 상업적으로 Lilium을 이길 수 있다고 장담하였다.[h] 중국 Guangzhou에 본사를 둔 EHang도 큰 발전을 하고 있는 것처럼 보였지만 2021년 초 한 투자 그룹이 회사가 "제품, 제조, 매출, 파트너십 및 잠재적인 규제 승인에 대한 거짓말로 회사 가치를 부풀렸다"고 비난하면서 스캔들의 대상이 되었다.[i] 마지막으로 미국에서는 Palo Alto에 기반을 둔 Archer와 Santa Cruz에 기반을 둔 Joby Aviation이 2024년에 상업적 운영을 시작하겠다고 약속했다.[j] 이 모든 회사들은 이미 반복적으로 항공기를 시연하면서 운항능력을 보여주었으며, 이제 남은 장애물은 주로 규제와 기반 시설에 관한 것들이었다.

〈토론문제〉

1. 항공 택시 서비스 산업에 일찍 뛰어드는 것이 더 큰 수익을 가져오는 것일까? 만약 그렇다면, 그렇게 되는 이유는 무엇일까?
2. 항공 택시 시장으로 조기 진입하는 것의 단점은 무엇일까?
3. 항공 택시 시장을 위해 중요한 보완재와 보조 기술은 무엇인가? 그것들은 충분한 품질과 경제성을 가지고 있는가?
4. Uber는 이 시장에서 지배적인 기업으로 잘 자리매김하고 있는가? 이 회사가 성공하려면 어떤 자원이 추가로 필요할 것이라고 생각하는가?
5. 전반적으로 Uber의 항공 택시 시장 진출은 너무 이르거나 너무 늦다고 보는가? 아니면 대략 적당하다고 보는가?
6. eVTOL과 보완재 및 보조 기술 그리고 인프라의 개발 단계를 볼 때, 이 시장에서 어떤 기업들의 성공 가능성이 가장 높다고 생각하는가?

[a] Jeff Holden and Nikhil Goel, "Fast-Forwarding to a Future of On-Demand Urban Air Transportation." San Francisco: Uber Elevate, October 27, 2016.

[b] Ethan Pancer, Kyle Gulliver, and Morris MacLeod, "Uber Elevate: The Case for Flying Cars." Ivey Publishing, case W18135, 2018.

c Antuan Goodwin, "Will You Be Able to Afford UberAir's Flying Car Service?" CNET, May 8, 2018, www.cnet.com.

d Megan Rose Dickey, "Uber's Aerial Taxi Play," May 9, 2018, https://techcrunch.com/2018/05/09/ubers-aerial-taxi-play/.

e Rupert Neate, "Uber Sells Loss-Making Flying Taxi Division to Joby Aviation," *The Guardian*, December 9, 2020.

f Joseph Szczesny, "Uber Selling Its Flying Taxi Business to Joby Aviation," *The Detroit Bureau*. December 10, 2020.

g There were, of course, some air taxi services using regular helicopters.

h "Volocopter VoloCity," Electric VTOL News, retrieved May 17, 2021, https://evtol.news/volocopter-volocity.

i Chris Stonor, "EHang Shares Tumble after Wolfpack Analyst Report Says 'Revenues Are Largely Fabricated.'" *Urban Air Mobility News*, February 17, 2021.

j "Archer announces Commitment to launching Its Urban Air Mobility Network in Miami by 2024," Archer Press Release, March 9, 2021, https://www.jobyaviation.com.

개요

앞 장에서 우리는 일부 산업은 기술 수용에 따른 수익체증이 발생하는 특징이 있으며, 특정 기술이 더 많이 수용될수록 그 기술의 가치가 증대된다는 것을 살펴보았다. 이러한 산업에서는 진입 시기가 매우 중요할 수 있다. 타 기술보다 먼저 도입된 기술은 기술발전을 위한 보다 많은 자본 유치, 보완재 가용성 측면에서의 우위, 소비자 불확실성의 경감과 같은 자기강화적 이익을 향유할 수 있는 것이다. 반면에 수익체증을 촉발시키는 바로 그 요소들이 오히려 초기 기술을 쓸모없게 만들 수도 있다. 기술의 사용자가 소수이거나, 보완재의 가용성이 떨어진다면 그 기술은 소비자의 관심을 끄는 데 실패할 것이다. 초기 진입의 장단점을 살펴보면 시장 진입 시기가 성공 가능성과 어떤 관련이 있는지를 알 수 있다.

최초 진입자 새로운 제품이나 서비스 카테고리를 판매하는 첫 진입자들.

조기 추종자 처음은 아니나 조기에 시장에 진입하는 기업들.

후기 진입자 제품이 대중적 시장에 침투하기 시작한 뒤에 시장에 진입하는 기업들.

진입자는 종종 세 부류로 나뉜다. 하나는 **최초 진입자**(first movers, 혹은 시장 개척자)들인데 이들은 새로운 제품이나 서비스 카테고리를 처음으로 판매하는 자들이다. 다른 하나는 **조기 추종자**(early followers, 혹은 조기 선도자)로서 시장에 *처음으로 진입하지는 않았지만*, 비교적 초반에 진입한 자들이다. 마지막은 **후기 진입자**(late entrants)로서, 이들은 제품이 대중적 시장을 공략할 즈음 시장에 진입하는 자들이다. 이 셋 중 어떤 진입방식이 좋으냐에 대해 많은 연구가 있으나 각 결론들은 일치하지 않는다. 조기 진입자(최초 진입자와 조기 추종자를 함께 묶음)와 후기 진입자를 비교한 일부 연구에 따르면, 조기 진입자는 고수익과 높은 생존율을 보이는데 이는 최초 진입자(또는 적어도 조기 추종자까지) 이익의 개념과 일치하는 것이다.[2] 그러나 또 다른 연구에서는 시장에 처음으로 진입한 기업이 먼저 실패하기 쉬우며 이로 인해 조기 추종자에게 추월당할 수 있다고 한다.[3] 여전히 많은 연구들이 초기 진입자의 고수익 가능성이 생존의 위험을 상쇄시킬 수 있는가에 대해 논쟁 중이다.[4]

많은 요소들이 진입 시기가 기업의 생존 및 이익에 미치는 파장의 크기에 영향을 줄 수 있다. 이 장에서 우리는 우선 최초 진입자의 장단점을 알아볼 것이다. 그 다음에 적절한 진입 시기를 결정짓는 요소들에 대해 좀 더 자세히 살펴본 뒤 이것이 기업의 진입전략에 시사하는 바를 알아보겠다.

최초 진입자의 장점

최초 진입자는 브랜드 로열티, 기술 리더십, 희소자산의 선점, 구매자 전환비용의 활용 등 이점을 얻을 수 있다.[5] 게다가 수익체증현상이 존재하는 산업에서의 조기 진입자들은 시간이 경과함에 따라 자기강화를 가능케 하는 학습효과와 네트워크 외부성 효과를 누릴 수 있다.[6]

■ 브랜드 로열티와 기술 리더십

새로운 기술을 도입하는 기업은 해당 기술 영역의 리더로서의 명성을 오래도록 지속시킬 수 있다. 이러한 명성은 비슷한 성능을 가진 경쟁 제품의 출현 이후에도 기업 이미지, 브랜드 로열티, 시장점유율 등을 유지시켜 준다. 또한 기술 리더로서의 지위를 지닌 기업은 기술의 형태, 기능, 가격, 그 외 여러 속성에 대한 소비자의 기대치에 영향력을 미치기 쉽기 때문에 후기 진입자가 시장에 진입할 즈음에는 이미 소비자의 요구가 기술 리더가 원하는 방향으로 잘 정립되어 있을 수 있다. 소비자가 기술에 대해 갖고 있는 기대 측면들을 경쟁자가 모방하기 어렵다면(예를 들어 기술이 특허나 저작권에 의해 보호되거나 초기 진입자만의 독보적인 능력에 의해 개발되었다면), 기술 리더가 되는 것은 지속적인 **독점이익**(monopoly rent)을 가져다줄 수 있다. 기술 특성의 모방이 쉽더라도 초기 진입자는 다른 경쟁자들이 진입하기 전에 브랜드 로열티를 구축해 놓을 수 있는 기회를 갖는다.

독점이익
독점업자로서 기업이 얻을 수 있는 추가적인 수익(고수익이든 저비용이든)으로서, 이는 상품가격을 높게 책정할 수 있는 능력이나, 공급업자에 대한 강력한 협상력을 발휘하여 비용을 낮출 수 있는 능력을 의미한다.

■ 희소자산의 선점

조기에 시장 진입을 하는 기업들은 주요 입지, 정부승인, 특허, 유통채널, 공급업자와의 관계와 같은 희소자원을 우선적으로 획득할 수 있다.

예를 들어 무선통신 서비스를 제공하고자 하는 기업은 전파방송을 위한 특정 주파수의 사용을 정부로부터 허가받아야 한다. 미국의 연방통신위원회(Federal Communications Commission; FCC)는 무선방송의 주파수 대역(스펙트럼이라고 함)을 분배하는 역할을 한다. FCC는 우선 목적별(디지털 TV방송이나 제3세대 무선통신 같은) 그리고 지역별로 각기 다른 주파수 대역을 배분한다. 그리고 경매를 통해 최고 입찰자에게 이러한 주파수 대역에 대한 사용 권리를 준다. 이는 무선서비스 산업의 조기 진입자는 자신들의 목적에 맞는 무선스펙트럼을 사용할 권리를 우선적으로 가짐으로써 다른 경쟁자들을 효과적으로 봉쇄할 수 있음을 의미한다. 2003년까지 무선서비스가 확산되면서 스펙트럼은 희소상품이 되었으며, FCC는 무선스펙트럼의 사용권을 가진 소유주들이 사용하지 않는 스펙트럼을 빌려줄 수 있도록 허가해야 한다는 압력에 시달리고 있다.

■ 구매자 전환비용의 활용

구매자가 한 제품을 구매하여 사용하고 난 뒤 추후 다른 제품으로 전환하고자 하는 경우에는 이에 따른 비용을 경험하게 된다. 예를 들어 제품의 최초 구매비용은 그 자체가 전환비용이 되고, 구매한 제품의 보완재 구매비용 또한 전환비용이 된다. 또한 제품이 복잡하다면 구매자는 제품 기능을 익히는 데 많은 시간을 할애해야 한다. 이러한 시간 투자는 구매자가 다른 제품을 구입하길 꺼려하게 만드는 전환비용이 된다. 구매자의 전환비용이 존재하는 경우에는, 일찍이 소비자를 확보한 기업은 나중에 더 나은 가치를 지닌 기술이 출현한다 해도 고객을 유지할 수 있게 된다. "QWERTY" 키보드가 시장을 지배하는 데에는 바로 이러한 요소들이 작용하였다. 1867년 Christopher Sholes는 타자기를 개발하고 있었다. 당시에는 기계의 키를 종이에 두드려서 글자를 종이에 새기는 방식이었는데 두 개의 키를 빠른 속도로 연달아 치면 키들이 엉키면서 종종 고장이 나기도 했다. 키들이 엉키는 현상은 1800년대에는 특히 심각한 문제였는데, 이는 당시의 타자기는 키가 종이 뒷면을 치도록 설계되어서 타자를 치는 사람은 종이를 떼어내기 전까진 키들이 엉켜있는 것을 알 수 없었기 때문이다. Scholes는 자주 사용하는 문자의 조합들이 가능한 한 널리 퍼져있도록 키보드를 설계했다. 이 과정에서 QWERTY 키보드는 왼손에 많은 부담을 안겨주었다(3,000개의 영어단어를 왼손만으로 칠 수 있는 반면 오른손만으로 칠 수 있는 단어는 300개에 불과했다). 이러한 키의 배열은 단어를 치는 속도를 느리게 했지만 키들이 엉키는 현상은 줄여 주었다.[7]

시간이 지나면서 타이핑의 속도를 높이고 피로도를 경감시켜줄 수 있는 키보드가 경쟁적으로 등장했다. 그 예로 Hammond와 Blickensderfer의 "이상적인" 키보드는 가장 많이 사용되는 글자를 쓰기 쉽게 아랫줄에 배치하고 총 3열만을 이용하여 고안되었다. 또 다른 예인 Dvorak의 키보드는 5개의 모음과 가장 많이 쓰는 3개의 자음을 가운데 열에 배치하고 자주 쓰는 글자들은 양쪽 손을 번갈아 가며 치게끔 디자인해서 피로도를 덜어주었다. 그러나 QWERTY 키보드가 초기부터 지배적으로 사용되었기 때문에 타자수들은 QWERTY 키보드만으로 훈련할 수 있었고 1932년 Dvorak의 키보드가 출시되었을 즈음에는 수천만 명의 타자수들은 이미 QWERTY 키보드에 익숙해진 상태였다. 이 타자수들이 새로운 키보드에 처음부터 다시 익숙해지는 데에 따르는 전환비용은 너무나 컸다.[8] Daisy-wheel키가(나중엔 전자 타자기)키들이 엉키는 문제를 완전히 해결하고 난 뒤에도 QWERTY 키보드는 확고한 위치를 지키고 있었다. 비통하게 죽어갔다고 전해지는 August Dvorak은 "나는 인류를 위한 가치 있는 무언가를 만들어내기 위해 노력하는 데 지쳤다. 그들은 어리석게도 변화를 원하지 않는다."라고 말했다.[9]

■ 수익체증의 이점 활용

지배적 디자인을 위한 압력이 작용하는 산업에서 신기술개발에 대한 기업의 투자 시기는 성공 가능성에 매우 중요한 영향을 끼친다. 예를 들어 수익체증의 특성을 지니는 산업에서 기술의 조기 공급자는 강력한 이점을 가질 수 있다. 기술의 조기 시장도입은 자기강화의 긍정적 피드백 기제를 통해 시장 지배력을 제고시키며, 이를 통해 지배적 디자인으로서의 위치를 공고히 해준다. Intel이 이에 적합한 사례이다.

Intel의 Ted Hoff는 1971년 최초의 마이크로프로세서를 발명했으며, 1975년에 Bill Gates와 Paul Allen은 이 마이크로프로세서가 Bill Gates가 만든 BASIC 프로그램을 돌릴 수 있음을 보여주었다. Bill Gates의 BASIC은 컴퓨터 애호가들에 의해 널리 사용되었으며, BASIC의 사용이 확산되고 이를 위한 응용프로그램들이 개발되면서 이러한 응용프로그램들은 Intel의 구조에 최적화되도록 만들어졌다. IBM이 자사의 PC에 Intel의 8088 마이크로프로세서를 장착함으로써 Intel의 지배적 지위는 공고히 될 수 있었고, 이에 따라 Intel은 이어지는 차세대 제품들을 통해 시장 표준의 위치를 점할 수 있었다.[10]

최초 진입자의 단점

최초 진입자의 이점에도 불구하고 다른 한편으로는 시장에 너무 일찍 진입하지 않아야 한다는 주장도 있다. 50개의 제품군에 대한 사례연구에서, Gerard Tellis와 Peter Golder는 시장 개척자의 실패율이 47%에 달할 정도로 높으며, 시장 개척자의 평균 시장점유율이 10%에 불과함을 밝혀냈다.[11] 반면 조기 리더들(최초 진입자보다 늦게 시장에 진입했지만 제품 수명주기의 초기 성장기에 시장에서 지배적 우위를 차지하는 기업들)은 평균적으로 시장 개척자들에 비해 약 3배의 시장점유율을 보였다.[12] Tellis와 Golder는 시장에서 최초 진입자가 유리할 것이라고 생각하는 것은 실제 최초 진입자가 누구인지에 대한 오해 때문일 수 있다고 지적했다. 예를 들어 오늘날 Procter & Gamble이 1회용 기저귀를 발명했다는 주장에 대한 반박은 거의 없을 테지만 Procter & Gamble은 Johnson & Johnson의 자회사 브랜드인 Chux가 일회용 기저귀 시장에 최초로 진입한 지 거의 30년이 지나서야 이 시장에 뛰어들었다.[13] 1960년대 중반 *Consumer Report* 매거진은 이 두 제품을 모두 최고의 제품으로 평가하였다. 그러나 몇 년 후 Pampers의 성공과 더불어 Chux는 몰락했고, 종국에는 사람들이 역사를 재해석하기 시작한 것이다.

또 다른 연구에서는 최초 진입자가 다른 진입자들보다 더 많은 수익을 얻는 것은 사실이지만 한편으로는 높은 비용을 지불해야 하므로 장기적으로 낮은 이익을 얻게 됨이 밝혀졌다.[14] 최초 진입자들은 일반적으로 제품과 서비스 기술에 대한 막대한 R&D 비용을 부담해야 하며, 공급업자, 유통채널망, 그리고 소비자 인식을 확보하는 데에도 지출을 해야 한다. 반면 후기 진입자들은 최초 진입자의 R&D 투자를 활용하고, 어느 정도 윤곽이 드러난 소비자의 기호에 맞춰 제품설계를 조정함으로써 조기 진입자가 경험했던 실패를 피할 수 있으며, **기존 기업의 타성**(incumbent inertia)을 활용할 수도 있다.[15] 게다가 조기 진입자들이 초창기 기술에 발이 묶이거나 제조과정을 재설계해야 하는 데 비해 후기 진입자들은 보다 새롭고 보다 효율적인 제품공정을 도입할 수 있다.[16]

기존 기업의 타성
기존 기업들이 자사의 거대한 규모, 기존 업무수행 방식, 혹은 기존 공급업자와 소비자에 대한 기존의 전략적 투자 등의 이유로 인해 산업환경의 변화에 느리게 반응하는 경향을 의미함.

■ 연구 · 개발 비용

신기술의 개발에는 대개 막대한 연구개발 비용이 드는데 최초로 기술을 개발하고 이를 시장에 도입하기 위해서는 이러한 비용을 감수해야 한다. 게다가 성공적인 신기술을 개발하기까지 여러 대안적 기술들을 탐색하는 과정에서 발생한 비용들도 있다. 또한 기업은 생산 공정 개발과 아직 시장에 존재하지 않는 보완재 개발에까지 투자를 해야 한다. 신제품 개발의 실패율이 높게는 95%에 이르기 때문에 증명되지 않은 신기술의 개발 및 도입은 비용도 많이 들고 위험하기까지 하다.

반면에 후기 진입자는 시장에 먼저 출시된 제품이 어떻게 만들어졌는지 확인할 수 있기 때문에 탐색적 연구에 대한 투자를 할 필요가 없을 수 있다. 또한 그들은 기술의 특정 기능에 대한 시장의 반응을 관찰하면서 기술개발의 초점을 어디에 두어야 할지를 결정할 수도 있다. 따라서 후기 진입자는 개발 비용을 낮출 수 있을 뿐만 아니라 시장의 선호도에 보다 잘 맞는 제품을 제작할 수도 있다.

■ 미개발된 공급 · 유통 채널

신기술의 도입 시에 적절한 공급 · 유통업체가 존재하지 않는 경우가 종종 있다. 이 경우 기업은 직접 공급 · 유통 서비스를 만들어 내거나, 혹은 공급 · 유통 시장의 개발을 지원해야 하는 힘든 작업에 직면할 수 있다. DEKA Research의 자동균형조절 휠체어인 IBOT 개발과정을 예로 들어보겠다. 이 휠체어는 공급업체가 존재하지 않는 새로운 베어링을 사용하기 때문에 DEKA는 베어링을 주조할 기계를 개발해야만 했다. 회사의 설립자인 Dean Kamen은 "새로운 볼 베어링을 발명할 계획은 없었지

만 이 제품을 실용화하기 위해 세상에 존재하지 않는 베어링 기술을 개발해야만 했다."고 말했다.[17]

■ 보조기술과 보완재의 미성숙

보조기술
특정 혁신의 실행이나 바람직한 구현에 필요한 부속 기술.

기업은 기술개발 시 종종 **보조기술**(enabling technology) 생산자의 도움을 필요로 한다. 예를 들어 Uber가 UberAIR 운송서비스를 시작하려면, 수직이착륙이 가능한 경제적인 비행기를 만들어야 하고, 충분한 비행 거리를 확보하기 위해 경제적이면서 더 나은 배터리 기술을 개발해야 하고, 비행기 충전 인프라를 구축하고, 비행기 이착륙장들의 네트워크를 만들어야 하며 (완전 무인 비행기가 가능할 때까지는) 조종사들을 확보해야 한다. 따라서 Uber는 자사의 프로젝트를 실현하기 위해 수많은 제3자들에게 의존해야 한다.

4장에서 보았듯이 많은 제품들이 실용성과 가치를 구현하기 위해서 보완재를 필요로 한다. 컴퓨터는 소프트웨어를, 카메라는 필름을, 자동차는 정비 서비스, 가솔린, 그리고 도로를 필요로 한다. 신기술이 시장에 도입될 때 중요 보완재가 아직 충분히 개발되어 있지 않으면 혁신의 도입에 장애가 될 수 있다. 수소연료 자동차의 개발은 보완기술과 기반구조의 부재가 조기 진입자에게 얼마나 심각한 장애가 되는지를 보여주는 좋은 예이다.

■ 소비자 욕구의 불확실성

최초 진입자는 소비자가 궁극적으로 원하는 제품의 특성이 무엇인지 또한 소비자가 어느 정도의 가격까지 지불할 용의가 있는지에 대해 상당한 불확실성을 겪게 된다. 혁신적 기술의 경우에는 시장 조사도 거의 도움이 되지 못한다. 많은 소비자들은 기술의 가치 혹은 기술이 그들의 삶에 어떠한 영향을 미치게 될 것인지에 대한 개념이 없기 때문이다. 결과적으로 최초 진입자는 소비자의 기호가 점차 드러남에 따라 그들의 초기 제품이 수정되어야 함을 깨닫게 된다.

예를 들어 Kodak은 80년대 후반 8mm 비디오카메라를 출시하면서 소비자들이 소형 디자인과 뛰어난 녹화기술에 깊은 관심을 가지게 될 것을 기대했다. 그러나 소비자들은 제품을 구매하지 않았다. 8mm 비디오카메라는 매우 비싼 반면 소비자들은 이 제품의 필요성을 느끼지 못했고 제품이 제공하는 가치가 무언지에 대해서도 알지 못했던 것이다. 이에 Kodak은 시장에서 철수하기로 결정했다. 그러나 1990년대 초반 소비자들은 8mm 비디오카메라 기술의 개념에 보다 익숙해졌고 이에 따라 몇몇 경쟁업체들(Sony가 가장 괄목할 만했다)이 성공적으로 시장에 진입했다.

최초 진입자는 새로이 형성되는 시장에서 제품 디자인에 대한 선례를 만들고, 소비자를 교육하는데 시간과 비용을 투자하면서 소비자의 선호도를 형성할 기회를 갖

그림 5.1 ▶ 최초 진입자와 추종자, 누가 승자인가?

출처: Robert M. Grant, Contemporary Strategy Analysis (Malden, MA: Blackwell Publishers, 1998); David Teece, The Competitive Challenge: Strategies for Industrial Innovation and Renewal (Cambridge, MA: Ballinger, 1987); and Melissa A. Schilling, "Technology Success and Failure in Winner-Take-All Markets: Testing a Model of Technological Lock Out," Academy of Management Journal 45 (2002): 387–98.

제품	최초 진입자	잘 알려진 추종자	승자
8mm 비디오카메라	Kodak	Sony	추종자
일회용 기저귀	Chux	Pampers Kimberly Clark	추종자
성형 판유리	Pilkington	Corning	최초 진입자
그룹웨어	Lotus	AT&T	최초 진입자
즉석 카메라	Polaroid	Kodak	최초 진입자
마이크로프로세서	Intel	AMD Cyrix	최초 진입자
마이크로웨이브	Raytheon	Samsung	추종자
개인용 컴퓨터	MITS (Altair)	Apple IBM	추종자
PC 운영체제	Digital Research	Microsoft (MS-DOS)	추종자
스마트폰	IBM (Simon)	Apple Nokia	추종자
소셜 네트워킹 사이트	SixDegrees.com	MySpace Facebook	추종자
스프레드시트 소프트웨어	VisiCalc	Microsoft (Excel) Lotus	추종자
비디오게임기	Magnavox	Atari Nintendo	추종자
웹 브라우저	NCSA Mosaic	Netscape Microsoft (Internet Explorer)	추종자
워드프로세서 소프트웨어	MicroPro (WordStar)	Microsoft (MS Word) Wordperfect	추종자
워크스테이션	Xerox Alto	Sun Microsystems Hewlett-Packard	추종자

는다. 그러나 소비자 교육에는 많은 노력과 비용이 드는 반면 제품 판매를 통한 수익 실현이 늦어지게 되면 기업은 R&D와 마케팅 비용 때문에 도산을 할 수도 있다. 그림 5.1은 여러 제품군을 대상으로 그들의 최초 진입자, 주요 추종기업, 그리고 그들 중 누가 보다 성공적이었는지를 보여준다.

최적 진입 시기에 영향을 주는 요인들

시장 발달의 초기에는 기술은 아직 미숙하고 소비자 욕구에 대한 적합성 역시 불명확하다. 후기 단계에는 기술에 대한 이해도가 높아지겠지만 경쟁자들이 시장 점유를 통해 입지를 확보했을 수 있다. 새로운 기술영역을 개척할지 아니면 타 기업의 개발을 기다릴지에 대해 기업은 어떻게 의사결정을 하는가? 이에 대한 대답은 소비자 확실성, 신기술이 제공하는 추가적인 개선의 정도, 보조기술과 보완재의 현재 상태, 경쟁 기업의 진입 위협, 산업에 존재하는 수익체증의 정도, 그리고 기업의 자원 현황 등을 포함하는 여러 요인들에 달려 있다.

1. 소비자의 선호도는 어느 정도 확실한가?

신기술이 처음 세상에 소개되면 소비자는 기술에 대한 이해와 기술이 그들의 삶에 미치는 영향을 이해하는 데 어려움을 느낄 수 있다. 또한 생산자와 소비자 모두 기술의 다양한 특성이 갖는 중요성에 대해 상당한 모호함을 느낄 수 있다. 그들이 기술과 관련된 경험을 쌓아가면서 초기에는 매력적으로 보였던 성능이 불필요한 것으로 밝혀지기도 하고, 중요하지 않아 보이던 기능이 중요한 것으로 판명되기도 한다. 예를 들어 1990년대의 전자상거래 사업에 대한 흥분의 도가니 속에서 온라인 사업체를 앞 다투어 설립했던 업체들은 웹사이트가 경쟁력을 가지려면 현란한 그래픽과 사운드가 필요하다고 믿었다. 그러나 바로 그 그래픽과 사운드가 초기 웹사이트들의 몰락 원인이었음이 밝혀졌다. 고속 인터넷 접속이나 웹사이트를 신속하게 다운받을 수 있는 처리능력을 지닌 컴퓨터를 가진 소비자들이 많지 않았기 때문에 멀티미디어를 사용하는 웹사이트는 소비자를 유인하기보다는 오히려 멀어지게 했던 것이다.

Sony의 PlayStation 2의 출시에서는 반대의 시나리오를 볼 수 있다. Sony가 다기능의 PlayStation 2를 출시했을 때 많은 전문가들은 Sony가 CD와 DVD 영화의 재생이 가능한 게임기에 관한 소비자 관심에 대해 과대평가하고 있다고 생각했다. 그러나 Sony는 이러한 재생기능이 갖는 영향력을 오히려 *과소평가*하고 있었던 것 같다. 게임기는 보통 빠른 속도로 고객 기반을 구축하기 위해 원가 또는 원가 이하로 판매되는 경향이 있었다. 그런 뒤 게임에 대한 로열티 수입으로 이익을 내는 것이다. 그러나 소비자들이 PlayStation 2가 게임기와 고품질의 DVD 플레이어가 적절한 가격으로 조합된 제품이라는 사실을 인식하면서 DVD 능력을 1순위로 그리고 게임 기능을 2순위로 고려하여 시스템을 구입하였다. 이러한 동기를 가지고 시스템을 구입한 많은 고객들은 게임을 거의 구매하지 않았고, 이로 인해 게임으로 수익을 얻고자 게임기를 헐값에 판매했던 Sony의 전략은 예상치 못한 결과를 낳았다. 이 사례를 지켜본 Microsoft는 Xbox에 DVD 재생기능을 넣지 않았고 소비자가 원할 경우 DVD 재생키트를 별도로 구입하도록 하였다.

모든 초기 진입자들이 소비자 불확실성에 직면하는 것은 아니다. 일부 기술은 잘 알려진 소비자 욕구에 맞추어 개발된다. 소비자의 욕구를 충족시키는 방법은 개발되지 않았다 해도 그 욕구 자체는 이미 오랫동안 잘 알려진 경우도 있기 때문이다. 예를 들어 Tagamet(만성적인 흉부통증이나 궤양을 앓는 환자들을 위한 약)은 소비자 불확실성이 거의 없었다. 소비자들은 위를 안정시킬 저가이면서 사용이 손쉬운

약을 원했다. 이러한 목적을 달성할 수 있는 방법이 개발, 테스트, 승인과정을 통과하자, 약품의 개발자는 특허를 받아 경쟁 제품보다 시장점유율에서 앞서고자 시장에 제품을 일찍 출시하였다. 다른 모든 조건이 동일하다면 소비자 불확실성이 적을수록 진입 시기는 빠른 것이 좋다.[18]

2. 혁신은 이전 기술보다 얼마나 많은 개선을 제공하는가?

신기술이 이전 기술에 비해 개선 정도가 클수록 기업이 조기 진입하는 데 따른 성공률이 높아진다. 즉, 기술이 같은 기능을 제공하는 다른 기술 혹은 이전 세대의 기술에 비해 괄목할 만한 개선을 이루었다면 그 기술은 소비자 호응을 더 빨리 얻어낼 수 있는 것이다. 따라서 기술의 가치에 대한 모호성은 줄어들고 판매량의 증가속도는 더욱 빨라질 것이다(보완재 공급업자의 지원 역시 많아질 것이다). 결과적으로 소비자의 기대는 빨리 파악될 것이며, 이에 따른 기술의 수용 역시 빨라질 것이다.[19]

3. 혁신이 보조기술을 필요로 하는가? 보조기술은 충분히 발달되었는가?

앞서 살펴보았듯이 신기술 개발의 많은 부분은 그 기능을 뒷받침해 줄 핵심 보조기술에 의존하게 된다. HDTV는 고화질 방송이 가능한 네트워크가 없다면 무용지물이 되어버릴 것이고, 휴대폰이나 워크맨의 경우에도 작고 수명이 긴 배터리가 없다면 마찬가지이다. 기술개발자들은 어떠한 보조기술이 신기술의 기능에 영향을 미치는지를 파악하고 있어야 하며, 그러한 기술들이 기대되는 수준의 기능수행을 할 수 있을 만큼 충분히 성숙되었는지(혹은 앞으로 성숙될 것인지)를 판단해야 한다. 보조기술이 성숙되어 있을수록 조기 진입은 바람직하다. 보조기술이 성숙하지 않았다면 더 개발될 때까지 기다리는 편이 나을 것이다.

4. 보완재가 혁신의 가치에 영향을 주는가? 그것이 충분히 가용한가?

혁신의 가치가 보완재의 가용성과 질에 의해 결정된다면 진입의 성공 가능성은 보완재의 상태에 의해 결정된다. 모든 혁신이 보완재를 필요로 하진 않는다. 또한 다수의 혁신은 기존의 보완재를 활용할 수 있다. 예를 들면 35mm 카메라는 지난 수십 년간 수많은 혁신이 이루어졌지만 여전히 35mm 표준필름과 호환성을 유지하고 있다. 반면 혁신이 새로운 보완재의 개발을 필요로 한다면 초기 진입자는 보완재를 확실히 확보할 방법을 찾아야 한다. 일부 기업은 제품뿐 아니라 보완재까지도 개발할 만한 자원과 능력이 있는 반면 그렇지 않은 기업도 있다. 혁신이 시장에 존재하지 않는 보완재를 필요로 할 경우, 그리고 기업이 보완재 개발 능력이 없는 경우에는 초기 진입에 의한 성공 가능성은 희박하다.

5. 경쟁 기업들의 진입 위협이 얼마나 큰가?

중대한 시장 진입 장벽이 있거나 또는 시장에 진입할 자원과 능력이 있는 잠재적 경쟁자가 존재하지 않는 경우, 기업은 소비자 욕구가 파악되고 기술이 발전될 때까지 시장 진입을 늦출 수 있다. 기업은 시간이 지나면서 소비자 욕구가 좀 더 명확해지고, 보조기술이 발달하고, 지원제품 및 서비스가 개발되면서, 개발하고자 하는 기술이 소비자의 요구를 만족시킬 가능성이 높아지기를 기다릴 수 있다. 그러나 기술의 가치가 입증되면 타 기업 역시 시장에 매력을 느끼게 될 것이다. 따라서 만일 진입장벽이 낮다면 순식간에 시장 경쟁이 치열해질 수 있으며, 이미 경쟁이 심한 시장에 진입하는 것은 새로이 출현하는 시장에 진입하는 것보다 훨씬 더 위험할 수 있다.[20] 이미 마진은 고효율의 수준에서만 얻을 수 있을 정도로 떨어지고 이용 가능한 유통채널은 제한되어 있을 수도 있다. 경쟁 기업의 진입 위협이 크다면 기업은 시장에 조기 진입함으로써 브랜드 이미지를 구축하고 시장점유율을 확보하면서 공급업자 및 유통업자와의 관계를 다져 놓을 필요가 있다. 이는 <연구요약: 진입 여부와 시기의 선택>에서 보다 자세히 다루고 있다.

6. 수익체증이 가능한 산업인가?

강한 학습효과나 네트워크 외부성으로 인해 수익이 체증하는 산업에서 경쟁자가 먼저 고객 기반을 구축하도록 내버려두는 것은 매우 위험한 일이다. 경쟁 기업이 확실한 고객 기반을 갖게 되면 이익의 자기강화 사이클로 인해 경쟁 기업을 따라잡는 것이 힘들어진다. 게다가 하나의 지배적 디자인을 요구하는 압력들이 존재하는 산업이라면 경쟁 기업의 기술이 선택될 것이다. 특허권과 같은 보호 메커니즘이 존재하여 기업이 유사한 기술을 제공하는 것을 가로막는다면 그 기업은 시장에 진입하지 못할 수 있다.[21]

7. 기업이 초기 손실을 견딜 수 있는가?

앞에서 살펴보았듯 최초 진입자는 종종 신기술을 개발하고 도입하는 데 따르는 막대한 비용과 위험을 감수해야 한다. 따라서 최초 진입자는 종종 내부적(대기업의 경우) 그리고 외부적(부채 혹은 자본시장을 통해)으로 충분한 자금조달을 할 필요가 있다. 게다가 최초 진입자는 제품 판매수익이 거의 없는 어려운 시기를 견뎌낼 수 있어야 한다. 신기술의 성공 사례에서조차도 기술의 최초 도입시점과 기술이 거대 시장에 수용되는 시점 간에는 상당한 시간이 존재하는 경우를 보게 된다. 기술 확산의 S-curve (3장, 13장에서 논의한)는 이를 적절하게 보여준다. 신기술은 혁신 수용자와 조기 수용자들이 그 기술을 사용해보고 그 경험을 다시 전파하는 동안 처음에는 매우 느린 속도로 시장에 수용되곤 한다. 초기 신기술의 이러한 느린 출발은 많은 신생 기업을 파산으로 이끌었다. 예를 들어 PDA 산업의 GO와 Momenta 같은 신생 기업들은 그들의 뛰어난 기술 디자인을 통해 명성을 얻었지만 PDA에 대한 시장의 오랜 혼동기를 견디지 못하고 결국 자금이 고갈되고 말았다. 반면 IBM과 Compaq 같은 회사들은 PDA의 수익에 의존하지 않는 거대하고 다양한 조직구조 덕분에 생존할 수 있었다. Palm은 PDA 산업에서 상대적으로 후기 진입자였기 때문

연구요약 진입 여부와 시기의 선택

Will Mitchell은 의학 진단 촬영장치 산업에서의 시장 진입에 관련된 30여 년간의 자료에 대한 조사를 통해 산업의 한 영역에 속하는 기존 기업이 동일 산업 내 새로이 출현하는 다른 영역으로 진출을 시도하는지 또한 어느 시기에 진출하는지를 결정짓는 요소를 조사했다.[a] 예를 들어 전통적인 X-ray 장비 생산업체가 MRI 장비시장에 진입할지에 대한 여부와 진입 시기를 결정하는 요인은 무엇인가? 신제품은 성장의 기회를 주기도 하지만 기존 제품의 수요를 대체하고 새로운 기술에 대한 투자를 필요로 한다. 기존 기업은 종종 새로운 기술 분야로 진입하는 데 느리다.[b] 산업 내 혼란이 잠잠해지기를 의도적으로 기다리는 것일 수도 있고 혹은 기존의 작업방식을 변경하는 데 따르는 어려움이나 기존 공급업자와 소비자들에 대한 전략적 약속 등 저항을 자아내는 요소들로 인해 뜻하지 않게 진입이 늦어질 수도 있다.

Mitchell은 진입장벽과 신제품의 모방가능성(예를 들어 그것이 특허권을 통해 효과적으로 보호받을 수 있는지의 여부)이 각기 다른 진입 시기에 대한 유인을 발생시킨다고 지적했다. 우선 모방할 수 없는 제품을 생산하는 기업이 하나뿐이라면 그 기업은 진입하고 싶은 때에 진입할 수가 있다. 그러나 모방이 가능한 제품을 생산하는 기업이 여러 개 있다면 그들은 시장을 차지하기 위한 경쟁을 하게 될 것이다. 이러한 환경에서는 조기 진입이 유리할 수 있다. 마지막으로 제품의 모방이 매우 용이하다면(예를 들어 경쟁자들이 특허를 위반하지 않고도 쉽게 발명할 수 있기 때문에 특허로 기술을 보호하는 것이 어렵다면) 기업은 누군가가 제품 개발과 도입 비용을 부담하길 기다리는 쪽을 택할 것이다. 이 경우 조기 진입에 대한 의욕은 떨어진다.[c]

Mitchell은 새로운 분야에 활용될 만한 특화된 자산을 가진 기업(예를 들어 새로운 촬영설비의 판매에 도움이 될 수 있는 체계화된 유통조직과 같은)일수록 새로운 분야로 진입하려는 성향이 강한 것을 밝혀냈다. 기업은 또한 기존 시장에서 생산 중인 제품이 새로운 제품에 의해 위협받을수록(즉, 신기술이 시장의 지배적 표준의 위치에 있는 기업의 기술을 대체할 가능성이 클수록) 새로운 시장에 진출하려는 경향이 있다. 또한 기존 기업들은 자사의 핵심 제품이 위협받거나 혹은 잠재적 경쟁자들이 있는 경우 조기에 진입하려는 경향이 있다.

[a] Will Mitchell, "Whether and When? Probability of Incumbent's Entry into Emerging Technical Subfields," *Administrative Science Quarterly* 38 (1989): 208–30.
[b] Frederic M. Scherer, *Industrial Market Structure and Economic Performance*, 2nd ed. (Chicago: Rand McNally, 1980).
[c] Michael Katz and Carl Shapiro, "Technology Adoption in the Presence of Network Externalities," *Journal of Political Economy* 94 (1986): 822–41.

에 오랜 도입기를 견딜 필요가 없었다. 그렇지만 Palm 역시 외부 자본 유치의 압박에 시달리다 U.S. Robotics에 인수되었고 U.S. Robotics는 이후 다시 3COM에 매각되었다.

반면 방대한 자원을 보유한 기업은 조기 진입자를 보다 쉽게 따라잡을 수 있다.[22] 후기 진입자는 공격적으로 기술개발, 광고, 그리고 유통업체와의 관계 증진에 대한 투자를 감행함으로써 빠른 속도로 브랜드 이미지를 구축하여 먼저 진출한 기업으로부터 시장점유율을 빼앗아 올 수 있다. 예를 들어 Nestlé가 Taster's Choice라는 상표로 냉동건조커피 시장에 진출한 시기는 매우 늦었지만 기업의 막대한 자원을 우수한 제품의 개발과 빠른 시장 인지도의 구축에 투입했다. 이로 인해 General Foods의 Maxim을 제치고 빠르게 시장 선두기업이 될 수 있었다.[23]

8. 기술의 시장수용을 가속화시킬 자원을 지니고 있는가?

많은 자본을 지닌 기업은 초기의 긴 도입기를 견딜 수 있을 뿐만 아니라 자원을 투자하여 시장의 도입기를 단축시킬 수도 있다. 또한 기업은 소비자 교육, 공급 · 유통 채널의 개발, 보완적 제품과 서비스의 개발에 공격적으로 투자할 수도 있다. 이러한 각각의 전략들은 기술의 조기수용을 가속화시킬 수 있기 때문에 기업은 조기 진입에 관해 보다 자유로운 판단을 할 수 있게 된다.[24] 이러한 전략은 13장에서 보다 자세히 다루게 될 것이다. 한편 기업의 자본력은 기술 수용곡선의 형태에 영향을 줄 수 있다.

9. 기업 명성이 소비자 · 공급업자 · 유통업자의 불확실성을 경감시킬 수 있는가?

자본력 외에도 기업의 명성과 신용도 역시 최적 진입 시기에 영향을 미칠 수 있다. 기업의 평판은 신기술의 성공 가능성에 대해 강력한 신호가 될 수 있다.[25] 소비자, 공급업자, 유통업자들은 기업의 과거 기록을 통해 기업의 기술 전문성과 시장에서의 업적을 평가하게 된다. 또한 소비자들은 기업의 명성을 신기술의 품질에 대한 신호로 활용함으로써 신기술의 수용에 따르는 애매모호함을 줄일 수 있다. 성공적인 기술 리더십으로 인해 평판이 좋은 기업의 경우에는 좀 더 쉽게 공급 · 유통업자들을 끌어들일 수 있다.[26] 이는 Microsoft의 비디오 게임기시장 진입 사례에서 명확히 드러난다. 많은 공급 · 유통업자들은 Microsoft가 이 시장에서 하드웨어를 생산해본 경험이 전혀 없음에도 불구하고 Microsoft의 개인용 컴퓨터 시장에서의 과거 이력을 기반으로 같이 일하기로 한 것이다. 다른 모든 조건이 동일하다면 강력한 명성을 지닌 진입자는 그러한 명성을 갖지 못한 기업보다 기술의 빠른 수용을 유도할 수 있다.

진입 시기의 선택을 향상시키는 전략들

지금까지 살펴보았듯이 시장 진입 시기를 결정하는 것은 복잡한 문제이다. 기술이 소비자에게 주는 이익이 확실하다면, 조기 진입자는 경쟁자들이 거의 따라잡을 수 없을 만큼 이익을 얻을 수 있다. 반면 기술이 주는 혜택이 불분명한 가운데 기업이 시장에 너무 이른 진입을 시도한다면 그 기술은 환영받지 못할 가능성이 크다. 이러한 위험과 맞물려, 경쟁 기업들은 조기 진입기업의 실패를 자신의 이익으로 활용하기 위하여 시장에 도입된 기술을 면밀히 가다듬고 시장의 기술수용 가능성을 개선시킬 수 있도록 수정을 가할 것이다. 후기 진입자는 상대적인 저비용으로 시장에 진입할 수 있는데 이는 조기 진입기업의 연구개발 성과를 이용할 수 있고, 또한 조기 진입기업의 경험을 관찰함으로써 얻은 시장 지식을 활용할 수 있기 때문이다.

지금까지의 논의에서 진입 시기는 기업에 있어서 *선택*의 문제라고 보았다. 그러나 이는 기업이 원하는 시기에 기술을 개발해낼 수 있다는 것을 전제로 한다. 이것이 사실이려면 기업은 소비자 욕구를 충족시키는 데 요구되는 핵심기술을 지녔거나 혹은 그러한 기술을 빨리 개발할 수 있는 능력을 지녀야 한다. 더욱이 기업이 조기 진입자의 기술을 개선하여 새로운 버전의 신기술로 조기 진입자를 물리치려면 그 기업은 *빠른 사이클의 개발 프로세스*를 지녀야만 한다. 기업의 개발 프로세스 사이클이 빠를수록 그 기업은 조기 진입자가 될 수 있는 가능성이 높아질 뿐 아니라 그 기술에 대한 소비자 반응을 새로운 버전의 기술에 빠르게 적용시킬 수 있다. 일반적으로 개발 프로세스의 사이클이 빠르게 순환하는 기업은 1차 진입자와 2차 진입자의 이점을 모두 활용할 수 있게 된다. 신제품 개발의 사이클 타임에 대한 연구에 따르면 개발에 드는 시간은 전략적 제휴, 다양한 부서의 직원들로 구성된 신제품 개발팀의 구성, **병렬적 개발 프로세스**(parallel development process) 등을 통해 훨씬 앞당겨질 수 있다. 11장에서는 기업이 어떻게 자사 기술을 시장에서 빠르게 전개시킬 수 있는지에 대해 자세히 살펴볼 것이다.

병렬적 개발 프로세스
신제품 개발과정의 다양한 단계들이 병렬적으로 동시에 이루어지는 것.

요약

1. 최초 진입자는 브랜드 로열티와 기술 리더십에 대한 평판을 구축하고, 희소자원을 선점하며, 구매자 전환비용을 활용할 수 있다.
2. 또한 최초 진입자는 학습곡선 효과와 네트워크 외부성을 통해 수익체증에서 오는 이익을 얻을 수 있다.
3. 그러나 일부 연구에서는 최초 진입자들이 더 높은 실패율을 경험할 수 있다고 주장한다. 최초 진입자는 막대한 R&D 비용을 부담해야 하며 소비자 불확실성에 직면하기 때문이다. 반면 2차 진입자는 최초 진입자의 R&D와 마케팅 노력으로부터 간접적인 혜택을 얻게 되며, 최초 진입자의 실수를 기반으로 더 나으면서도 저렴한 기술을 생산할 수 있다.
4. 또한 최초 진입자는 미성숙한 공급자 시장, 유통 채널 및 보완재 시장을 경험하게 되는데 이 모든 것들이 신제품이나 서비스의 성공적인 출시에 걸림돌이 될 수 있다. 보조기술의 개발 상태 역시 미미해서 신기술의 기능 수행을 힘들게 할 수 있다.
5. 많은 최초 진입자들이 겪는 가장 큰 애로사항은 소비자 욕구의 불확실성이다. 정작 소비자들도 새로운 혁신에서 자신들이 원하는 것이 무엇인지를 잘 모를 수 있다. 따라서 기업은 소비자 기호가 명확해질 때까지의 막대한 손실을 경험할 수도 있다.
6. 따라서 최적 진입 시기는 몇 가지 요소들에 따라 달라질 수 있는데, 이에는 새로운 혁신이 제공하는 추가적인 장점, 보조기술과 보완재의 발달 상태, 소비자 기대치 수준, 경쟁 기업의 진입 위협, 산업의 수익체증의 존재 여부, 기업의 자원 상황 등이 포함된다.
7. 개발 프로세스의 사이클이 빠르게 진행되는 기업은 진입 시기에 있어 다양한 선택을 할 수 있다. 그러한 기업은 혁신을 시장에 처음 소개하는데 유리할 뿐 아니라 자사가 소개한 그 혁신을 빠르게 개선하여 후속 버전을 시장에 내놓음으로써 자기 자신의 빠른 추종자가 될 수도 있다.

토론문제

1. 시장 조기 진입의 이점에는 어떤 것들이 있는가? 시장에 늦게 진입하는 것에는 어떤 이점이 있는가?
2. 성공적인 (*a*) 최초 진입자 (*b*) 조기 추종자 (*c*) 후기 진입자의 사례와 각각에 대한 실패 사례를 들어라.
3. 조기 진입이 더 어려운 산업은 어떠한 특징들을 가지고 있는가? 또한 후기 진입이 전혀 불리하지 않은 산업이 있는가?

추가자료

■ 대표문헌

Gerard Tellis and Peter N. Golder, "First to Market, First to Fail? Real Causes of Enduring Market Leadership," *Sloan Management Review* 37, no. 2 (1996): 65–75.

Marvin B. Lieberman and David B. Montgomery, "First-mover (dis)advantages: Retrospective and link with the resource-based view," *Strategic Management Journal* 19 (1998): 1111–25.

Paul A. David, "Clio and the economics of QWERTY," *American Economic Review* 75 (1985): 332–38.

Riitta Katila and Eric L. Chen, "Effects of Search Timing on Innovation: The Value of Not Being in Sync with Rivals," *Administrative Science Quarterly* 53 (2008): 593–625.

■ 최근문헌

Bongsun Kim et al., "The Impact of the Timing of Patents on Innovation Performance," *Research Policy* 45 (2016): 914–28.

Eggers, J.P., and Kaul, A. 2017. "Motivation and Ability? A Behavioral Perspective on the Pursuit of Radical Invention in Multi-Technology Incumbents," *Academy of Management Journal* 61: 67–93.

Fernando F. Suarez, Stine Grodal, and Aleksios Gotsopoulos, "Perfect timing? Dominant category, dominant design, and the window of opportunity for firm entry," *Strategic Management Journal* 36 (2015): 437–48.

Joseph A. DiMasi and Laura B. Faden, "Competitiveness in follow-on drug R&D: A race or imitation?" *Nature Reviews Drug Discovery* 10 (2011): 23–7.

Kurpjuweit, S., Reinerth, D., and Wagner, S.M. 2018. "Supplier Innovation Push: Timing Strategies and Best Practices." *Research-Technology Management* 61, no. 2: 47–55.

Nicholas Argyres, Lyda Bigelow, and Jack A. Nickerson, "Dominant Designs, Innovation Shocks and the Follower's Dilemma," *Strategic Management Journal* 36 (2015): 216–34.

Ronald Klingebiel and John, "Entry Timing and Innovation Strategy in Feature Phones," *Strategic Management Journal* 37 (2015): 1002–20.

■ 참고문헌

1. This case was developed by Professor Melissa A. Schilling for teaching purposes and not to illustrate either effective or ineffective management.
2. Rajshree Agarwal, "Technological Activity and Survival of Firms," *Economics Letters* 52 (July 1996): 101–8; Rajshree Agarwal, "Survival of Firms over the Product Life Cycle," *Southern Economic Journal* 63, no. 3 (1997): 571–84; and Rajshree Agarwal and Michael Gort, "The Evolution of Markets and Entry, Exit, and Survival of Firms," *Review of Economics and Statistics* 78 (November 1996): 489–98.
3. Peter Golder and Gerard Tellis, "Pioneer Advantage: Marketing Logic or Marketing Legend?" *Journal of Marketing Research* 30 (May 1993): 158–70.
4. William Robinson and Min Sungwook, "Is the First to Market the First to Fail? Empirical Evidence for Industrial Goods Businesses," *Journal of Marketing Research* 39 (2002): 120–28.
5. Marvin Lieberman and David Montgomery, "First Mover Advantages: A Survey," *Strategic Management Journal* 9 (1988): 41–58.
6. Ibid.; and A. Michael Spence, "The Learning Curve and Competition," *Bell Journal of Economics* 12 (1981): 49–70.
7. Diamond, "The Curse of QWERTY," *Discover* 18, no. 4 (1997): 34–42.
8. Paul A. David, "Clio and the Economics of QWERTY," *American Economic Review* 75 (1985): 332–38.
9. Diamond, "The Curse of QWERTY."
10. Charles Ferguson and Charles Morris, *Computer Wars* (New York: Random House, 1993).
11. Peter N. Golder and Gerard Tellis, "Pioneer Advantage: Marketing Logic or Marketing Legend," *Journal of Marketing Research* 20 (1993): 158–70.
12. Gerard Tellis and Peter Golder, "First to Market, First to Fail? Real Causes of Enduring Market Leadership," *Sloan Management Review,* Winter 1996: 65–75.
13. Procter & Gamble Annual Report, 1977.
14. William Boulding and Markus Christen, "First-Mover Disadvantage," *Harvard Business Review,* October 2001.
15. Marvin Lieberman and David Montgomery, "First Mover Advantages: A Survey," *Strategic Management Journal* 9 (1988): 41–58.
16. Boulding and Christen, "First-Mover Disadvantage."
17. Evan I. Schwartz, "The Inventor's Play-Ground," *Technology Review* 105, no. 8 (2002): 69.
18. Bongsun Kim et al., "The Impact of the Timing of Patents on Innovation Performance," *Research Policy* 45 (2016): 914–28.
19. A counterargument to this is made in S. Min, M. U. Kalwani, and W. T. Ronson, "Market Pioneer and Early Follower Survival Risks: A Contingency Analysis of Really New versus Incrementally New Product Markets," *Journal of Marketing* 70, no. 1 (2006): 15–33.
20. Gary L. Lilien and Eunsang Yoon, "The Timing of Competitive Market Entry: An Exploratory Study of New Industrial Products," *Management Science* 36 (1990): 568–85; Richard Makadok, "Can First-Mover and Early-Mover Advantages Be Sustained in an Industry with Low Barriers to Entry/Imitation?" *Strategic Management Journal* 19

(1998): 683–96; and Richard W. Shaw and Susan A. Shaw, "Late Entry, Market Shares and Competitive Survival: The Case of Synthetic Fibers," *Managerial and Decision Economics* 5 (1984): 72–9.

21. W. Brian Arthur, "Competing Technologies, Increasing Returns, and Lock-In by Historical Events," *The Economic Journal,* March 1989: 116–31; and Melissa Schilling, "Technological Lock Out: An Integrative Model of the Economic and Strategic Factors Driving Technology Success and Failure," *Academy of Management Review* 23 (1998): 267–84.
22. Jamal Shamsie, Corey Phelps, and Jerome Kuperman, "Better Late than Never: A Study of Late Entrants in Household Electrical Equipment," *Strategic Management Journal* 25 (2003): 69–84.
23. David A. Aaker and George S. Day, "The Perils of High-Growth Markets," *Strategic Management Journal* 7 (1986): 409–21; Shamsie, Phelps, and Kuperman, "Better Late than Never;" Venkatesh Shankar, Gregory S. Carpenter, and Lakshman Krishnamurthi, "Late Mover Advantage: How Innovative Late Entrants Outsell Pioneers," *Journal of Marketing Research* 35, no. 1 (1998): 54–70; and Glen L. Urban et al., "Market Share Rewards to Pioneering Brands: An Empirical Analysis and Strategic Implications," *Management Science* 32 (1986): 645–59.
24. Melissa A. Schilling, "Technological Leapfrogging: Lessons from the U.S. Video Game Console Industry," *California Management Review* 45, no. 3 (2003): 6–32.
25. Dean A. Shepherd and Mark Shanley, *New Venture Strategy: Timing, Environmental Uncertainty and Performance* (London: Sage, 1998).
26. Melissa A. Schilling, "Technological Leapfrogging."

PART 2

기술혁신 전략의 수립

Formulating Technological Innovation Strategy

2부에서는 기술혁신 전략 수립에 관한 주요 사항을 살펴볼 것이며, 다음의 주제를 다룬다.

- 기업의 현재 위치 평가 그리고 전략적 방향의 설정
- 혁신 프로젝트에 관한 투자 선택: 정성적 그리고 정량적 기법들
- 개발활동에 있어서 타 기업과 협력 여부와 방법, 협력의 유형 선택, 그리고 파트너의 선택과 관리
- 특허, 트레이드마크, 저작권, 영업비밀 등의 방법을 통해 기술혁신의 보호(또는 확산)전략 수립

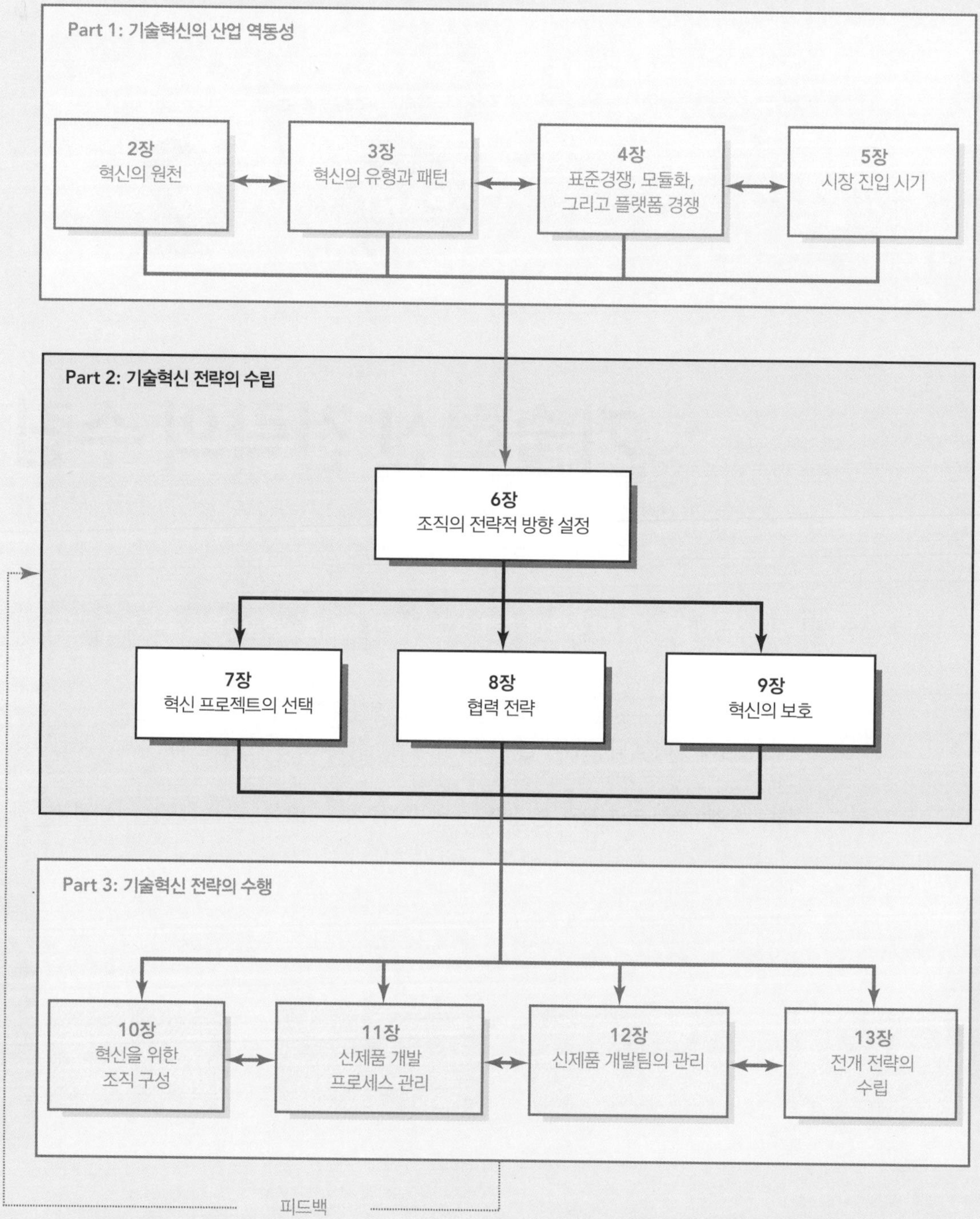

Part 1: 기술혁신의 산업 역동성
2장
혁신의 원천
3장
혁신의 유형과 패턴
4장
표준경쟁, 모듈화,
그리고 플랫폼 경쟁
5장
시장 진입 시기
Part 2: 기술혁신 전략의 수립
6장
조직의 전략적 방향 설정
7장
혁신 프로젝트의 선택
8장
협력 전략
9장
혁신의 보호
Part 3: 기술혁신 전략의 수행
10장
혁신을 위한
조직 구성
11장
신제품 개발
프로세스 관리
12장
신제품 개발팀의 관리
13장
전개 전략의
수립
피드백

Chapter 06

조직의 전략적 방향 설정

Defining the Organization's Strategic Direction

2021년의 Tesla, Inc.

2021년, Tesla는 세계에서 가장 가치 있고 많이 언급되는 회사 중 하나이다. 고급형 전기자동차를 생산하는 가능성이 낮고 위험해 보이기까지 하던 벤처 기업으로 시작했던 회사는 이제 연 매출 315억 달러, 시가총액 6,400억 달러의 회사로 성장했다. 2020년에는 코로나로 인한 일시적인 공장 폐쇄에도 불구하고 50만 대에 달하는 자동차를 납품하였으며 같은 해 7억 2,100만 달러의 순이익을 내기 시작했다.[a]

Tesla는 두 분야에서 사업을 운영했는데, (1) 자동차 생산(예, 모델 S, 모델 X, 모델 3 및 모델 Y), 자체 대리점 운영, 애프터서비스, 차량 보험을 포함하는 자동차 분야, 그리고 (2) 태양광 패널과 태양광 지붕 타일의 조립 및 판매와 에너지 생성과 저장 시스템(예, Powerwall, Powerpack 및 Megapack)을 포함하는 에너지 분야이다. Tesla는 또한 소비자 트럭(Cybertruck), 새로운 버전의 스포츠카(Tesla Roadster), 새로운 상용 트럭, 그리고 완전 자율주행 시스템을 포함한 여러 제품들의 출시를 준비하고 있다고 발표했다.

Tesla를 창업한 Elon Musk는 대담한 행보를 보이면서 그가 가진 자동차 산업에서의 성공 전망에 대한 많은 회의론에 직면했었다. 그러나 Musk의 자신감은 실체를 보이기 시작했다. 회사의 안정된 자동차 양산능력은 놀라움 그 자체였고, 2021년에는 세계적인 아이콘이자 존경받는 브랜드가 되었고 Musk는 세계에서 가장 부유한 사람 중 한 명이 되었다. 아마도 더 중요한 것은, Tesla의 성공이 전기자동차에 대한 대중의 인식을 바꾸어 놓은 것인데, 1990년대 출시된 저출력이면서 뭔가 모자라 보이는 소형 자동차라는 인식을 고급스럽고 편리하면서 친환경적인 스타일리시하고 강력한 자동차로 변화시켰다. Tesla는 규제당국에 전기자동차의 가능성을 입증하면서 업계의 판도를 바꾸었는데, 이제 정책 입안자들은 전기자동차 구매에 따르는 별도의 인센티브를 제공하는 동시에 탄소 배출에 대한 제한을 더욱 강력하게 부과하기 시작했고, 이러한 일련의 변화는 전체 자동차 산업이 내연기관 자동차로부터 점점 멀어지는 계기가 되었다.

특히 2020년 Tesla가 낸 수익의 일부에는 배출가스 규제 준수를 위해 필요한 탄소배출권을 경쟁 자동차 제조사에 팔아서 얻은 16억 달러가 있었는데, 이제는 거의 모든 기존 자동차 제조사와 많은 스타트업이 전기자동차와 전기트럭을 출시하는 등 전기차 시장의 경쟁이 가열되면서 그러한 수입은 조만간 없어질 수 있다(그림 1 참조). 반면, 다른 자동차 회사들이 전기자동차 시장에 깊숙이 진출하면서, Tesla의 시장 내 위치는 이제 독보적인 기술적 파괴자에서 전통적인 품질과

그림 1 ▶ 2020년 충전식 전기자동차 판매량

출처: Cleantechnica, February 4, 2021.

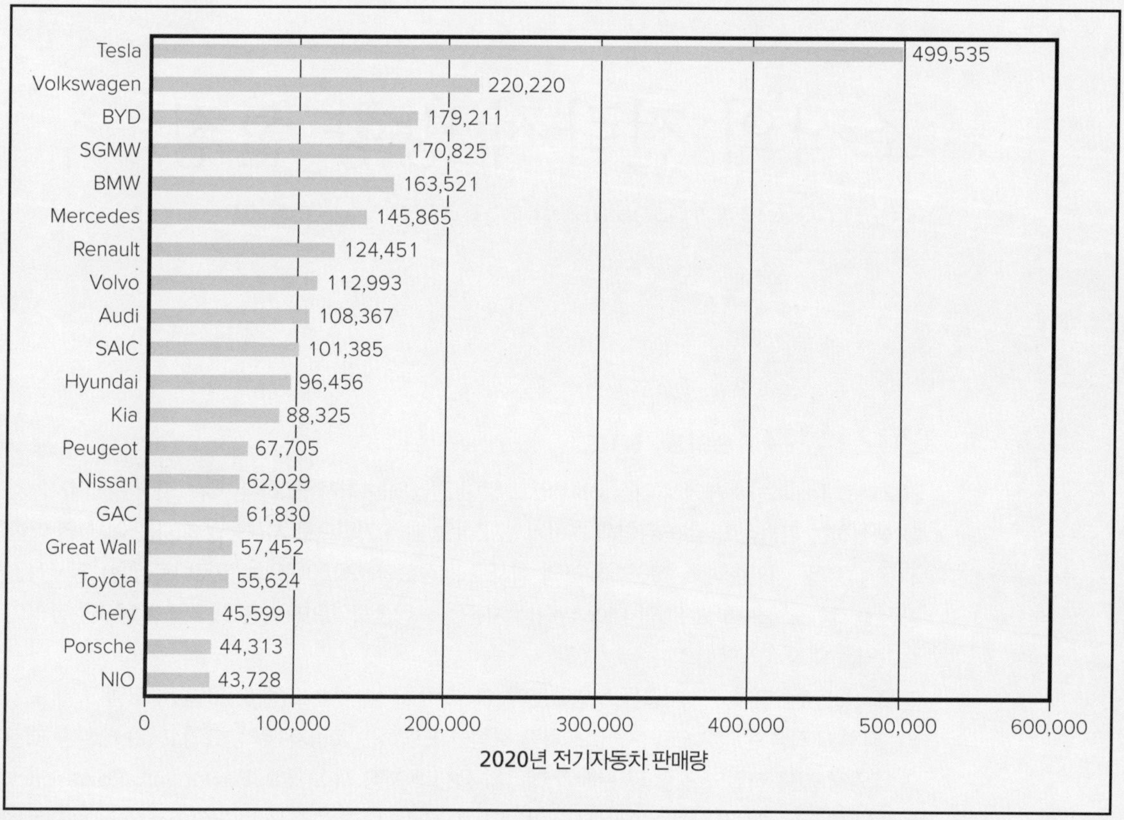

가치로 경쟁하는 회사로 변모해야 했다. 자동차 업계 전체가 전기자동차 시장에서 치열하게 경쟁하게 되더라도 Tesla는 이 시장에서 선도적 위치를 유지할 수 있을까?

Tesla의 역사

2003년 Martin Eberhard라는 엔지니어가 그의 다음 번 큰 프로젝트를 찾고 있었다. 회색 머리카락의 키가 크고 마른 체형인 Eberhard는 NuvoMedia라는 회사를 포함하여 수많은 기업을 창업한 기업가이고 NuvoMedia를 Gemstar에 1억8,700만 달러에 성공적으로 매각한 경험도 갖고 있었다. 지구 온난화와 미국의 중동에 대한 석유 의존을 우려하던 Eberhard는 환경친화적인 스포츠카를 찾고 있었는데 시장에서 자신이 원하는 이상적인 자동차를 찾지 못하자 자동차 산업에 대한 경험이 전혀 없었음에도 불구하고 스스로 자신이 원하는 자동차를 만드는 것을 고민하기 시작했다. Eberhard는 Toyota Prius 하이브리드 전기자동차(그는 이 차를 “Dork Mobile”이라고 불렀다)를 보유한 가정들의 대다수가 고가의 스포츠카도 보유하고 있는 것을 보면서 고성능 친환경 자동차에 대한 수요가 있을 것이라는 생각을 하게 되었다. Eberhard는 “사람들이 기름값을 아끼자고 Prius를 사는 게 아님은 명확했습니다. 인플레이션을 고려하면 기름값은 사상 최저이거든요. 사람들은 환경이라는 의미를 추구하기 위해 구매하는 것입니다.”라고 말했다.[b]

Eberhard는 그가 만들 자동차를 위한 다양한 연료 옵션들을 고려하기 시작했다. 수소연료 전지, 천연가스 그리고 디젤... 그러나 그는 곧 가장 높은 효율과 성능은 순수 전기자동차에서 나온다고 결론지었다. Eberhard에게는 행운이게도, AC Propulsion의 창업자이자 GM의 불운한 제품인 EV-1을 개발한 초창기 엔지니어들 중 한 명인 Al Cocconi도 Eberhard와 같은 결론을 내리고 tzero라는 차를 만들어냈다. tzero는 정지 상태에서 4.1초 만에 시속 60마일로 가속할 수 있었지만, 매우 무거운 납 배터리 때문에 1회 충전 후 주행거리가 60마일밖에 되지 않았다. Eberhard는 Cocconi에게 파운드당 6배의 에너지를 제공하면서 더 가벼운 리튬이온 배터리를 쓰자는 이야기를 꺼냈다. Cocconi도 그 아이디어를 시도해보고 싶어 했고(사실 그 자신도 이미 리튬이온 배터리로 실험해보고 있었다), 그 결과 리튬이온 배터리를 장착한 tzero는 정지 상태에서 3.6초 만에 시속 60마일에 도달하면서 1회 충전으로 300마일 이상의 주행이 가능했다. Eberhard는 AC Propulsion에서 전기 차량의 파워트레인 기술을 라이센스 받아 Tesla Motors를 설립했는데 Tesla라는 이름은 오늘날 우리가 사용하는 AC 전력시스템을 비롯한 여러 가지 발명품들을 고안한 19세기 후반~20세기 초반의 발명가인 Nikola Tesla의 이름을 딴 것이다.[c]

한편, Eberhard처럼 tzero 기반의 전기자동차에 관심을 가지고 있으며 더 많은 자본금을 가진 Elon Musk라는 또 다른 기업가가 있었다. 2002년에 Elon Musk는 31세의 캘리포니아에 사는 남아프리카인으로, 지금의 PayPal을 설립한 인물이다. 그는 2002년에 PayPal을 eBay에 15억 달러에 매각하고 난 후 일반 대중을 상대로 저렴한 우주여행 상품을 개발하는 야심찬 목표를 가진 SpaceX라는 회사를 창업했다. SpaceX가 개발한 Dragon이라는 우주선은 2012년 5월에 International Space Station에서 발사되고 지구로 귀환한 최초의 상업용 우주선이 됨으로써 역사의 한 페이지를 작성했다.[d] Musk의 단호한 스타일, 그리고 첨단기술에 관한 기업가 정신에 관한 놀랄 만한 기록들은 *Iron Man* 영화의 감독 Jon Favreau에게 영감을 불어넣어 영화의 주인공인 Tony Stark를 만들어냈다고 한다.

Musk는 Eberhard와 마찬가지로 전기자동차가 미국의 에너지 독립에 핵심적이라고 생각했고 Cocconi에게 tzero의 인수를 제안했다. 당시 AC Propulsion의 CEO였던 Tom Gage는 Musk에게 Eberhard와 합작할 것을 권유했는데, 2004년 2월 두 시간의 미팅 후, Musk는 Eberhard의 계획에 630만 달러를 투자하기로 합의했다. Musk는 회사의 회장이 되고, Eberhard는 CEO가 되기로 했다.

Roadster

Roadster라고 명명된 Tesla의 첫 번째 시제품은 Eberhard와 Musk의 원대한 아이디어를 구현하기에 적합해 보였던 4만5천 달러짜리 빠르고 가벼운 스포츠카, Lotus Elise를 기반으로 하고 있었다(그림 2A 참조). 그 자동차에는 400볼트 용량의 액체 냉각 리튬이온 배터리와 운전자가 뒤로 밀릴 정도의 강력한 가속력을 제공하는 일련의 실리콘 트랜지스터들이 탑재되도록 설계되었다.[e] 또한 이 자동차는 Porsche 911 Turbo만큼이나 빠르고, 어떠한 배출물도 없으며 일반 가정용 콘센트로 1회 충전 후 220마일을 주행하는 것을 목표로 하고 있었다.[f]

그러나 Musk와 Eberhard 간의 지속적인 의견 충돌로 Roadster 출시가 지연되면서 결국 Eberhard는 회사에서 방출되었다. 그리고 Lotus 공장에서 Roadster의 생산을 시작하기로 한 시한을 넘기면서 Eberhard가 Lotus와 체결한 계약에 따라 무려 4백만 달러의 벌금을 치러야만 했다. 하지만 2008년, Roadster가 마침내 출시되었을 때 시장의 반응은 열광적이었다. Roadster는 유명 연예인들이 앞다투어 선주문을 했고, Roadster가 길거리에 나타나면 사람들은 멈춰서서 구경했다.[g]

Model S

Musk의 야심은 고급자동차라는 틈새시장에서 멈추지 않았다. 그는 메이저급의 자동차 회사를 세우고 싶어 했다. 이는 1920년대 이후로는 누구도 성공한 적이 없는 일이었다. 그러기 위해서 그는 대중적 시장까지는 아니더라도 더 많은 판매량을 이끌어낼 수 있는 덜 비싼 자동차를 출시할 필요가 있다고 생각했다. 2008년 6월, Tesla는 57,400달러에서 77,400달러의 가격대에서 BMW 5-series와 같은 자동차들과 경쟁할 고성능 전기자동차인 Model S를 발표했다(그림 2B 참조). Model S는 본체의 모든 부품들이 알루미늄으로 이루어져 있으며 1회 충전으로 300마일까지 주행할 수 있었다.[h] Model S는 5억 달러의 개발비가 들었지만, 미국 정부가 마련한 에너지 독립을 위한 기술개발 기금으로부터 4억 6,500만 달러를 대출받아 감당할 수 있었다.[i]

Tesla는 Model S를 생산하기 위해 Toyota와 General Motors 간의 합작 벤처회사인 New United Motor Manufacturing Inc. (NUMMI)가 사용하다가 최근에 문을 닫은 California, Fremont 소재의 자동차 공장 하나를 구입했다. 주당 1,000대의 자동차 생산능력을 지닌 그 공장은 Tesla가 당장 필요한 것보다 훨씬 큰 공급능력을 가졌기 때문에 Tesla가 더 성장할 수 있는 여유를 제공할 수 있었다. 게다가, 그 공장과 부지는 NUMMI가 문을 닫기 전에는 약 10억 달러로 감정 평가되었는데, Tesla는 이 공장을 4,200만 달러에 낚아챌 수 있었다.[j] Tesla는 또 그 공장을 Toyota의 RAV4를 위한 배터리 팩들과 Daimler AG 초소형 전기자동차용 충전기를 생산하는 데에도 이용했다. 이러한 프로젝트들은 Tesla의 수입을 보충하는 동시에 기술적인 측면에서 규모의 경제와 학습곡선의 효율성을 달성하는 데에도 도움이 되었다.

Tesla는 2013년 1사분기에 첫 번째 분기 이익을 발표했다. 회사는 5억 6,200만 달러의 매출과 1,120만 달러의 이익을 보고했다. 더 좋은 소식이 있었는데, Model S가 *Consumer Reports*의 가장 높은 평가를 받았고 1사분기에는 BMW와 Mercedes의 모델들보다 더 많은 판매량을 기록했다는 것이었다.[k] 2013년 5월에 회사는 신주를 발행하여 10억 달러를 확보했고, 정부 대출금을 완전히 상환했다고 발표함으로써 투자자들을 놀라게 했다. Tesla는 대출금을 상환한 후에도 약 6억 7,900만 달러의 현금을 보유하고 있었는데, Musk는 납세자들의 돈인 정부대출금을 최대한 빨리 갚는 것이 그의 의무라고 느꼈으며, 회사는 대출이나 추가적인 주식발행 없이도 새로운 모델을 개발할 충분한 자금을 갖고 있다고 자신 있게 발표했다.[l]

Model X

2015년 공개된 Model X는 7인승 최고급 SUV로 설계되었는데, 다양한 모델들이 존재하는 고급 SUV시장에서도 차별되는 몇 가지 독특한 특징들을 가지고 있었다(그림 2C). 100% 전기자동차이면서 3.2초 만에 시속 60마일에 도달할 수 있을 뿐 아니라, 파노라마식 앞 유리와 운전자가 접근하면 자동으로 (옆이 아닌) 위로 문이 열리는 독특한 갈매기 날개형 문을 특징으로 하고 있다. Musk는 "운전자의 위치를 자동으로 인식하면서 접촉 없이 문이 열리고 운전자가 앉으면 문이 닫힌다"라고 소개했다.[m] Model X는 Model S처럼 1회 충전으로 약 250마일을 주행하고 5,000파운드를 견인할 수 있었다. 판매가격은 7만 달러에서 시작하지만 옵션에 따라 10만 달러를 넘을 수도 있다.

그림 2A ▸ Tesla Roadster

Ian Giblin

그림 2B ▸ Tesla Model S

Melissa Schilling

그림 2C ▸ Tesla Model X

Melissa Schilling

그림 2D ▸ Tesla Model 3

Melissa Schilling

미국에서는 중형 고급 SUV 시장 규모가 고급 세단 시장의 약 5배에 달하는데, 예치금을 내고 Model X를 구매 대기하는 사람들의 수가 빠르게 늘었다. Musk는 2017년에 8만 5천 대에서 9만 대의 Model X와 Model S를 생산하기 위해 생산 능력을 빠르게 증가시켜야 할 것이라고 예상했다. 당시 분석가들은 생산량이 그렇게 빨리 증가할 수 있을지에 대해 의문을 제기했지만, 몇몇 부품 공급의 어려움에도 불구하고 Tesla의 예상과 매우 유사하게 2017년에 총 83,922대를 생산했다.[n]

그 차에 대한 반응은 엇갈렸다. *Consumer Reports*는 뒷문이 작동 중 멈추는 일이 발생하고, 화물 적재 용량이 부족하며, "11만 달러짜리 차량임을 감안할 때 승차감이 너무 딱딱하고 튄다"는 이유로 이 차에 대한 실망감을 나타냈다.[o] *Car and Driver*도 윙 도어에 대해 다소 의구심을 표시했지만 5점 만점에 5점을 주면서 "현재 다른 전기 SUV는 없는 상태에서, 내연 기관을 사용하는 SUV와 비교해도 Tesla의 우아한 성능과 효율이 돋보인다"라고 평가하였다.[p]

Model X는 2016년 말까지 누적 판매량 25,524대로 세계에서 가장 많이 팔리는 충전식 전기자동차 중 7위를 차지하였으며, 특히 Tesla Model S의 누적 판매량은 2016년 말까지 158,159대에 이르러 Nissan Leaf 다음으로 세계에서 두 번째로 많이 팔리는 충전식 전기자동차였다.[q] 2017년 말 Model X의 누적 판매량은 약 72,059대에 달했다.[r] 그러나 Model X와 S 모두 Musk의 새로운 전기 차량인 Model 3에게 자리를 내어주게 된다.

Model 3

Tesla가 화석연료 사용에 실질적인 타격을 내겠다는 Musk의 목표를 달성하려면 진정한 대중 시장용 자동차가 필요했다. 따라서 2016년 가을에 Model 3를 발표했는데, 이 모델은 중형 4도어 세단 전기자동차로서 배터리 옵션에 따라 1회 충전으로 220~310마일을 주행할 수 있으며 기본 가격은 35,000달러에 책정되었다(그림 2D 참조). Tesla가 1주일 만에 325,000대의 선주문을 받으면서 Model 3는 세계에서 가장 인기 있는 자동차 중 하나가 되었다. *Road and Track*의 리뷰에 따르면 "Model 3는 Tesla가 Model S와 X를 훨씬 뛰어넘는 생각을 하고 있었다는 것을 증명한다. Model 3를 타보고 나면, Model S와 X는 사람들의 관심을 기존의 자동차에서 미래의 자동차로 돌리기 위한 일종의 수단이었다는 생각을 하게 된다"라고 언급하였다.[s] *Popular Mechanics*는 2018년 올해의 자동차 상을, *Automobile Magazine*은 2018년 올해의 디자인상을 수여하였다.

회사는 2018년 말까지 3가지 모델에 걸쳐 총 50만 대를 생산하겠다는 매우 야심 찬 양산 계획을 발표했다. 이를 달성하려면 생산 능력의 대규모 확장이 필요한데 많은 전문가들이 그렇게 짧은 시간에 달성하기는 어려울 것으로 생각했다. 또한 Model 3에는 자율 주행을 위한 새로운 하드웨어와 소프트웨어를 반영하려고 하는데 여기에는 디자인과 생산 측면에서 상당한 난관들이 예측되고 있었다. 2018년 초까지 Model 3의 생산은 Musk의 초기 야심 찬 전망에는 크게 미치지 못하는 상태였으며, 분석가들과 언론의 비판이 맹렬한 속도로 퍼지고 있었다. Cowen and Co의 한 분석가는 "Tesla는 속도를 늦추고 시야를 좁히면서 활로를 찾을 필요가 있다. Elon Musk는 이제 지키지 못할 약속을 멈출 필요가 있다."고 말했다.[t]

Musk가 Model 3의 빠른 양산을 무리하게 추진하면서 이는 회사에 큰 부담이 되었다. 새로운 생산 라인을 설치하기 위해 주차장에 거대한 텐트가 설치되었는데, 이는 자동차 분석가들로부터 회의적인 논평을 불러일으켰다. 예를 들어 *Autotrader*와 *Kelley Blue Book*의 출판 담당자 Karl Brauer는 *The Verge*에 "확실히 단언할 수는 없지만, 이는 현재 텐트 밑에서 대량으로 자동차를 생산하는 유일한 조립 라인이라고 생각한다"고 말했고 분석가 Rebecca Lindland는 "Tesla가 화성을 점령하기 위한 준비를 계속하고 있는 것 같다"라고 농담을 하였다.[u] 또한 이 기간 동안 Musk는 그림 3의 트윗에서 언급한 바와 같이 회사가 파산 직전까지 갔다고 언급하면서 회사는 심각한 재정적 압박에 시달렸다.

비록 주당 5,000대 이상을 생산하려던 Musk의 목표 달성은 애초에 기대했던 것보다 오래 걸리긴 했지만, Tesla는 의문의 여지없는 가공할 만한 속도로 2019년 4월 1일 목표생산량을 달성했다(그림 4 참조).

그 외의 프로젝트

2012년 9월, Tesla는 고객들을 위해 자체 충전 네트워크를 구축하기 시작했고, 2021년 2월 말까지 전 세계에 2,564개의 충전소(총 23,277대의 초고속 충전기)를 운영했다. 충전망 구축은 소

그림 3 ▶ Elon Musk의 트윗, 2020년 11월 3일

출처: Twitter, https://twitter.com/elonmusk/status/1323640901248393217?ref_src=twsrc%5Etfw%7Ctwcamp%5Etweetembed%7Ctwterm%5E1323640901248393217%7Ctwgr%5E%7Ctwcon%5Es1_&ref_url=https%3A%2F%2F.Twitter

그림 4 ▶ Model 3의 주당 생산량(최근 3주 평균치 기준)

출처: "Tesla Model 3 Tracker," Bloomberg, https://www.bloomberg.com/graphics/tesla-model-3-vin-tracker.

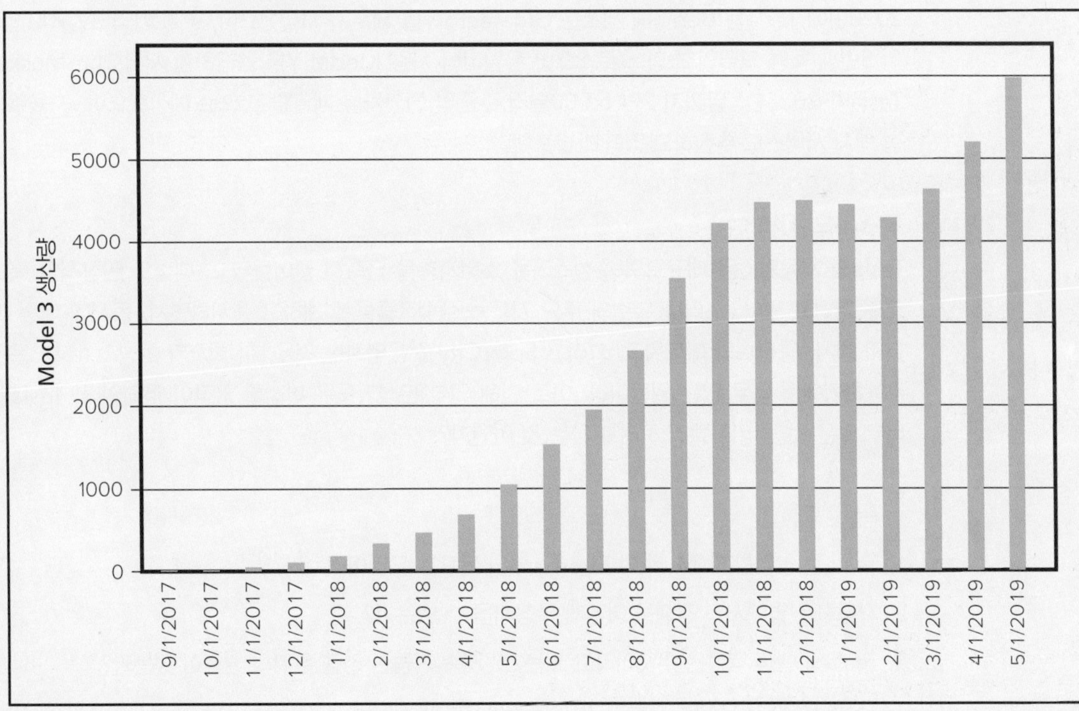

비자의 "거리 불안"을 줄여 전기자동차의 수용을 좀 더 용이하게 하기 위해 마련된 것으로, 이례적인 조치이지만 크게 놀라운 것은 아니었다. 하지만, Tesla는 에너지 생산과 저장 분야에서 훨씬 놀랄만한 움직임을 보이기 시작했다. Tesla는 2016년 11월 태양광 패널을 임대 · 설치하는 회사인 SolarCity를 26억 달러에 인수했다. 이 회사는 2006년 Elon Musk의 사촌인 Peter와 Lyndon Rive에 의해 설립되었는데, Musk는 Tesla를 설립할 무렵 이미 이 회사를 구상하고 사촌들이 이 회사를 설립하는 것을 도왔고 이사회 의장을 역임하기도 했다. 이 회사는 소비자가 무료로 태양광 패널을 자기 집 지붕에 설치하고, 그 대신 패널이 생산하는 전력을 일반적인 전기 요금과 비슷하

거나 저렴한 가격으로 사용할 수 있게 해주는 혁신적인 비즈니스 모델을 가지고 있었다.

Elon Musk는 SolarCity 인수 계획이 확정된 그 달에 태양광 패널만으로 만들어진 주택의 지붕을 생산할 것이라고 발표했다. Musk는 "나는 이것이 아름다운 지붕으로 차별화된 제품 전략을 달성하는 정말 본질적인 접근이라고 생각한다. 지붕에 있는 물건이 아니라 지붕 그 자체이다."라고 말했다.[v]

2016년 Tesla는 협력사인 Panasonic과 함께 Nevada주 Reno 인근에 대형 리튬 이온 배터리 공장인 Gigafactory 1 공장을 준공했다. Musk는 Gigafactory 1 공장이 궁극적으로 배터리 생산 비용을 30%까지 낮출 것이라고 주장함으로써 수직적 통합 움직임을 정당화했다. 이 공장은 Tesla 자동차용 배터리 생산 외에도 에너지 저장 기기인 Powerwall과 Powerpack을 생산할 것이다. Powerwall은 가정용 태양 에너지 저장 장치이며, Powerpack은 산업용으로 다양한 에너지 수요를 다루면서 예비 전력을 제공한다.

2018년 초 Tesla는 New York주 Buffalo에 새로운 Gigafactory 2를 세웠고 2019년에는 중국 최초로 외국 회사가 100% 소유권을 가진 자동차 공장인 Giga Shanghai를 세웠다.[w] 2020년에 Tesla는 Berlin에 새로운 Gigafactory를 세우기 시작했으며, 초기 가격 39,900달러의 5번째 차량 모델인 소형 크로스오버 유틸리티 차량 Model Y를 공급하기 시작했다. Musk는 Tesla가 2023년[x] 말까지 2만 5,000달러 수준의 전기차를 개발할 것으로 예상했으며, 자율주행형 택시 서비스도 추진하고 있다고 발표했다.[y]

Tesla의 미래

Tesla의 자동차들은 대규모의 충성스러운 소비자층을 급속히 끌어들였고, 매출도 인상적인 속도로 증가하고 있다. 그러나 복수의 주요 자동차 플랫폼들을 설계하고 출시하면서, 동시에 대형 배터리 회사, 충전소의 네트워크, 그리고 SolarCity를 운영하는 것은, 한 회사가 초창기 15년 동안 수행하기에는 너무 많은 일들이다. 이로 인해 일부 분석가들은 머리를 긁적이게 되었다. Tesla는 너무 많은 것을 너무 빨리 하려고 하는 것 아닌가?

〈토론문제〉

1. Tesla를 창업할 때 Musk와 Eberhard의 목표는 무엇이었는가?
2. 자동차 산업에서의 경쟁을 어떻게 특징지을 수 있는가?
3. Tesla의 핵심 역량은 무엇이라고 보는가? 지속 가능한 경쟁 우위의 원천이 있는가?
4. Tesla가 (a) 대중적인 자동차, (b) 배터리(자동차 배터리와 Powerwall), (c) 태양광 패널 사업으로 진입하는 것을 어떻게 평가하는가? 이러한 움직임의 동기와 Tesla가 이러한 사업 영역에서 경쟁하는 과정에서 경험할 기회와 도전을 모두 고려해보자.
5. Tesla가 이 모든 사업에서 이윤을 창출할 것이라고 생각하는가? 왜 그런가 혹은 왜 그렇지 않은가?
6. Tesla(또는 Elon Musk)의 전략적 의도가 무엇이라고 생각하는가?

[a] Rebecca Elliott, "Tesla Posts First Full Year of Profitability," *The Wall Street Journal,* January 27, 2021.
[b] Michael V. Copeland, "Tesla's Wild Ride," *Fortune* 158, no. 2 (2008): 82–94.
[c] Ibid.

[d] John Boudreau, "In a Silicon Valley Milestone, Tesla Motors Begins Delivering Model S Electric Cars," *Oakland Tribune*, June 24, 2012, Breaking News Section.

[e] Michael V. Copeland, "Tesla's Wild Ride," *Fortune* 158, no. 2 (2008): 82–94.

[f] Alex Williams, "Taking a Tesla for a Status Check in New York," *New York Times*, July 19, 2009, ST.7.

[g] Ibid.

[h] Mike Ramsey, "Tesla Sets 300-Mile Range for Second Electric Car," *Wall Street Journal (Online)*, March 7, 2011.

[i] Steven Overly, "This Government Loan Program Helped Tesla at a Critical Time. Trump Wants to Cut It," Washington Post, March 16, 2017.

[j] Anonymous. "Idle Fremont Plant Gears Up for Tesla," *Wall Street Journal (Online)*, October 20, 2010.

[k] Michael Levi, "How Tesla Pulled Ahead of the Electric-Car Pack," *Wall Street Journal*, June 21, 2013, A.11.

[l] Joseph B. White, "Corporate News: Electric Car Startup Tesla Repays U.S. Loan," *Wall Street Journal* (May 23, 2013): B.3.

[m] Jerry Hirsch and Russ Mitchell, "Model X: Under the Hood of Tesla's SUV Strategy," *Los Angeles Times* September 29, 2015.

[n] Tesla Q4 Production and Delivery Report (January 3, 2016).

[o] Tesla Model X Review: Fast and Flawed. Consumer Reports (2016).

[p] Tesla Model S. *Car and Driver* (May, 2016).

[q] Jeff Cobb, "Tesla Model S Is World's Best-Selling Plug-in Car for Second Year in a Row," *HybridCars* (January 26, 2017).

[r] Estimate based on Tesla quarterly production and delivery reports for quarter 1-4 in 2017. In some years Tesla only provides rounded numbers for breakdown between Model X and Model S, thus only an approximate number can be given here.

[s] Bob Sorokanich, "Tesla Model 3: The Road & Track Review," *Road and Track*, January 12, 2018.

[t] Arjun Panchadar, "Tesla Must Stop Overpromising, Could Need More Finance: Analysts," *Reuters Business News*, November 2, 2017.

[u] Andrew J. Hawkins and Sean O'Kane, "Tesla Built a Giant Tent to Expand Production of the Model 3," *The Verge*, June 22, 2018.

[v] Oliver Milman, "Elon Musk Leads Tesla Effort to Build House Roofs Entirely Out of Solar Panels," *The Guardian*, August 19, 2016.

[w] D. Hull and C. Zhang, "Elon Musk Set Up His Shanghai Gigafactory in Record Time," *Bloomberg*, October 23, 2019.

[x] N. Chokshi, "Elon Musk Promises to Make a $25,000 Car (in 3 Years)," *The New York Times, ISSN 0362-4331*. September 22, 2020.

[y] A. Durkee, "Elon Musk Wants His Own 'Robot Taxis' to Replace Uber and Lyft," *Vanity Fair*, April 22, 2019.

개요

기업이 기술혁신전략을 수립하는 과정에서의 첫 단계는 기업의 현재 위치를 평가하고 미래를 위한 전략적 방향을 설정하는 것이다. 이 장에서는 기업의 현재 위치를 평가하고 미래를 위한 전략적 방향설정에 사용될 수 있는 기본적인 분석도구들을 살펴본다. 이런 도구들은 관리자들이 다음과 같은 질문에 대답할 수 있도록 도와준다.

- 기업환경에 있어서 가장 시급한 위협과 기회는 무엇인가?
- 기업의 핵심 강점과 약점은 무엇인가?
- 기업이 경쟁적 우위를 지속시켜 나갈 원천을 보유하고 있는가?

- 기업의 핵심 역량은 무엇이며, 이런 핵심 역량을 바탕으로 소비자들에게 어떤 가치를 지닌 제품을 제공할 것인가? 관리자들은 어떻게 가치방정식을 발전시켜 나갈 것인가?
- 기업이 장기적 목표달성을 위해 개발하고 확보해야 할 핵심 자원과 능력은 무엇인가?

이 장에서 설명될 분석적 도구들을 이용한 결과물은 7장 혁신 프로젝트의 선택에서 사용될 도구들을 위한 중요한 입력정보가 된다. 일관성 있는 기술혁신전략은 기업의 경쟁 우위를 활용할 수 있게 해주고 나아가 기업의 경쟁 우위를 강화시켜 준다. 또한 기업의 미래 발전을 위한 방향을 제공한다. 기술혁신전략을 수립하기 위해서는, 먼저 기업의 현재 위치를 정확히 평가해야 한다. 그러고 난 뒤 기업이 달성하고자 하는 전략적 의도를 명확히 해야 하는데, 이 과정에서 기업의 현재 보유한 자원과 능력이 기업의 의도를 달성하는 데 필요한 것들과 어떠한 괴리가 있는지 파악할 수 있게 된다.[1] 통일된 비전을 중심으로 기업의 모든 자원을 집중시킬 수 있는 능력은 경쟁자들이 쉽게 모방할 수 없는 경쟁적 우위를 확보하는 원동력이 된다.[2]

기업의 현재 위치 평가

시장에서 기업의 현재 위치를 평가하기 위해서는 기업의 내·외부 환경을 분석하는 데 사용되는 표준화된 전략적 분석도구를 활용하는 것이 유용하다.

■ 외부 분석

기업의 외부 환경을 분석하는 데 가장 보편적으로 활용되는 두 가지 분석도구는 Porter의 five-force 모델과 이해관계자 분석이다.

Porter의 Five-Force 모델

이 모델에서는 5가지 요소들과 보완재의 분석을 통해 산업의 매력도와 기업이 갖는 기회와 위협 요소들이 파악된다(그림 6.1 참조).[3]

Five-force model은 원래 산업의 매력도를 평가하기 위해 개발되었지만(즉 "경쟁하기에 좋은 산업인가?"), 현장에서 이 모델은 특정 기업의 외부 환경을 평가하는 데 종종 사용되고 있다(즉 "기업의 외부 환경 중에 어떤 요인들이 기업의 위협과 기회를 만들어 내는가?").이 두 가지의 접근 방법의 차이는 미묘하지만 중요하다. 전자의 접근방법은 분석의 초점을 산업 자체에 맞춘다. 산업 내 모든 경쟁자들은 대략 유사하다고 간주하고, 전체적으로 산업이 이익이 날 만한 산업인지 아닌지를 파악하는 데 그 목적이 있다. 후자의 접근방법은 특정 기업의 관점에서 분석을 하는 것

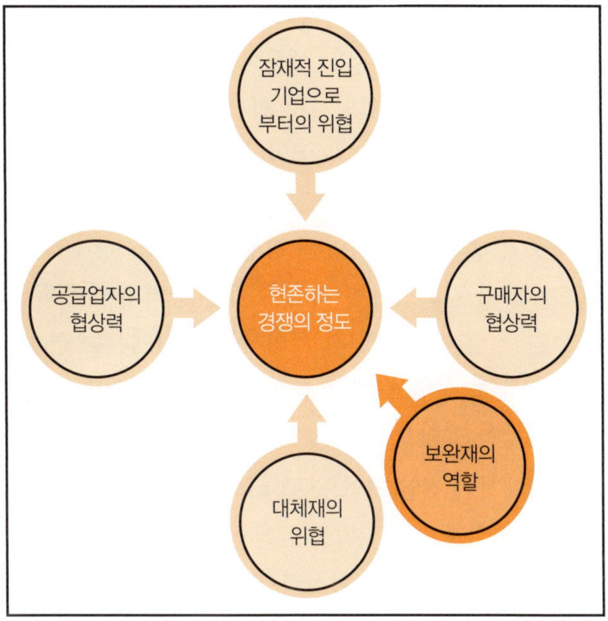

그림 6.1 ▶ Porter의 Five-Force 모델과 보완재

출처: Source: https://www.youtube.com/watch?v=W0hySWGHKj4&t=12s

으로서, 외부의 영향력이 특정 기업과 그 경쟁자들 간에 차별적 영향을 미치는지의 여부를 파악하는 것이다. 분석의 목적은 개별 기업이 처한 위협과 기회를 파악하는 것이다.[4] 예를 들어 산업 매력도에만 초점을 맞춘 소매할인 산업의 외부 환경분석은 높은 가격경쟁과 차별화의 기회가 제한적이라는 점을 고려할 때 이 산업이 비교적 덜 매력적이라고 결론 내릴 수 있다. 반면에 Walmart에 초점을 맞춘 소매할인산업의 외부 환경분석은 산업이 이익을 내는 데 어려움을 겪을지라도 Walmart는 경쟁자들보다 더 이익을 얻을 것 같다고 결론을 내릴 수 있다. 왜냐하면 Walmart의 규모와 물류에서의 기술력, 그리고 입지 전략은 공급자와 구매자를 상대로 상당한 교섭력을 갖기 때문이다. 본 교재에서의 주요 관점은 특정 기업이 자신의 전략적 방향을 어떻게 설정하는가에 있기 때문에 후자의 접근방법이 강조될 것이다.

Five-Force 모델에서의 5가지 요소들:

과점 산업
소수의 거대한 경쟁자들에 의해 지배되는 산업.

1. **현존하는 경쟁의 정도** 산업 내 경쟁의 정도는 여러 요소의 영향을 받는다. 첫째, 경쟁자의 수와 상대적인 크기는 경쟁의 성격을 형성한다. 일반적으로 유사한 크기의 기업들이 경쟁할수록 그 산업은 더욱 경쟁적이다. 그러나 이 일반적인 원리에도 예외가 있다. 예를 들어 소수의 대형 기업들이 경쟁하는 **과점 산업**(oligopolistic industries)의 경우 그들이 가격 경쟁을 선택할 경우 첨예한 경쟁이 발생한다(PDA시장에서 발생했던 것처럼). 반면 그들이 시장에서의 정면 대결을 피하거나 서로의 묵인하에 가격공모를 행한다면 경쟁의 정도는 낮아질 것이다. 경쟁은 또한 경쟁자들 간의 차별화 정도에 따라 영향을 받는 영향을 받는데, 차별화

의 정도가 클수록 각자의 제품은 서로 다른 소비자들에게 소구하므로 경쟁의 정도는 낮아질 것이다. 예를 들어 Genzyme은 경쟁이 매우 치열한 생명공학 산업에서 활동하고 있었지만 희귀의약품에 초점을 맞춤으로써 다른 기업들과 직접적인 경쟁을 할 필요가 없었다. 따라서 자사의 제품에 높은 이윤을 매길 수 있었다. 수요 또한 경쟁의 정도에 영향을 미친다. 수요가 증가한다면 산업 전반의 수익이 증가하게 되고, 기업은 경쟁의 압박을 상대적으로 덜 느끼게 될 것이다. 반면에 수요가 감소한다면 기업은 적은 양의 수익을 두고 경쟁하게 될 것이며 경쟁은 더욱 치열해질 것이다. 쇠퇴하는 산업에서는 높은 **퇴출장벽**(exit barriers, 고정자본 투자액, 산업에 대한 감정적인 집착 등)이 기업으로 하여금 퇴출을 어렵게 하여 경쟁을 심화시킬 수도 있다.

퇴출장벽
기업으로 하여금 사업을 포기하기 어렵게 만드는 비용 또는 다른 의무(예를 들어 대규모 고정자산, 산업에 대한 감정적 집착 등).

진입장벽
새로운 기업의 시장 진입을 어렵게 만드는 여러 가지 상황(예를 들어 정부규제, 대규모 초기 비용).

2. **잠재적인 진입 기업으로부터의 위협** 잠재적 진입자로부터의 위협은 산업이 새로운 진입자들의 진입을 유도할 만큼 매력적인가(예를 들어 산업이 수익성이 좋거나, 성장하거나 매력적인가?)와 **진입장벽**(entry barriers)의 높이에 따라 영향을 받는다. 진입장벽은 막대한 시작비용, 브랜드 로열티, 공급자와 유통채널 확보의 어려움, 정부규제, 현존하는 경쟁자들로부터의 보복 위협 등을 말한다. 수익성과 성장 가능성은 새로운 진입자들을 유인하게 되지만 진입장벽은 그들의 진입에 걸림돌이 된다. 예를 들어 스마트폰의 높은 성장성이 잠재적 진입자들의 진입을 부추기지만 거대하고 효율적인 Nokia나 Ericsson과 같은 경쟁자의 존재는 새로운 진입자들을 주춤하게 만드는 것이다. 이런 기업들에 대응하여 효과적으로 경쟁하기 위해서는 막대한 시작비용이 드는 대규모의 생산, 판촉, 유통시스템을 확보해야만 한다. 그러나 이런 능력의 일부, 즉 생산 측면에서는 계약공급자를 확보하거나, 유통 측면에서는 휴대폰 서비스 제공업체를 확보하는 것과 같은 능력은 다른 기업들과의 제휴관계를 통해 획득할 수 있으며 이를 통해서 초기 비용을 절감할 수 있다.

3. **공급업자의 협상력** 기업이 하나 또는 소수의 공급업자에 의존하는 정도에 따라 좋은 조건으로 협상할 수 있는 능력이 달라질 수 있다. 공급업자 수가 매우 적거나 공급업자가 매우 차별화되어 있다면, 기업은 구매 결정 시 선택의 폭이 좁아지게 되며 결국 가격, 배달스케줄 등에 대한 협상력이 줄어들게 된다. 반면 공급업자가 다수이고 차별화의 정도가 낮다면, 기업은 공급업자들 간의 경쟁을 통해 유리한 조건을 확보할 수 있게 된다. 공급업자로부터의 구매량 역시 관련이 있다. 만약 기업의 구매량이 공급업자가 판매하는 물량의 상당 부분을 차지한다면, 그 공급업자는 기업에 대해 의존적일 수밖에 없으며 협상력도 매우 낮아지게 될 것이다. 마찬가지로 특정 공급업자로부터의 구입량이 기업 구매량의 많은 부분을 차지한다면, 기업은 그 공급업자에게 의존적이 되며 공급업자의 협상력은

증가하게 될 것이다. 예를 들어 Walmart에 납품하는 공급업자는 Walmart의 거대한 규모로 인해 납품량이 그 공급업자가 전체적으로 판매하는 물량의 많은 부분을 차지하게 되어 협상력이 낮아지게 된다. Walmart의 공급업자들은 대개 협상력이 매우 미미하다. 반면 Intel이 PC 생산업자에게 마이크로프로세서를 판매하는 경우에 있어서, Intel은 일반적으로 강력한 공급업자의 협상력을 행사한다. PC 생산업체들은 마이크로프로세서의 잠재적 공급자를 고려할 때 Intel 이외에 다른 선택을 하기 어렵다. 왜냐하면 소비자들은 Intel의 마이크로프로세서가 탑재된 PC를 원하며 PC 하드웨어, 소프트웨어의 대부분이 Intel을 기반으로 최적화되어 있기 때문이다. 만약 기업이 공급업자를 바꾸려면 대가를 치러야만 하는, **전환비용**(switching costs)에 직면한다면 공급업자의 협상력은 증가하게 될 것이다. 결국 기업이 후방 **수직통합**(vertical integration, 즉 공급품을 직접 생산하는 경우)을 한다면 공급업자의 협상력을 감소시킬 수 있으며, 반면 공급업자들이 구매 기업의 산업으로의 전방 수직통합의 위협을 가할 수 있다면 공급업자의 협상력은 증가하게 될 것이다.

전환비용
특정 공급자나 구매자와 일하기 위하여 필요한 특화 자산에 대한 투자와 같이 공급자 또는 구매자 교체를 어렵게 만드는 요소들.

수직통합
기업이 공급업자의 사업에 참여하거나(후방 수직통합) 또는 기업이 구매자의 사업에 참여하는 경우(전방 수직통합). 예를 들어 기업이 직접 필요한 공급품을 만들기 시작한다면 후방 수직통합을 하는 것이고, 기업이 자신의 유통업자들을 인수한다면 전방 수직통합이라 할 수 있다.

4. **구매자의 협상력** 공급업자의 협상력에 영향을 미치는 대부분의 요소들이 구매자의 협상력에도 유사한 역할을 한다. 기업이 소수의 소비자들에게 의존하고 있다면 소비자의 협상력은 증가하게 될 것이다. 또한 반대의 경우 소비자의 협상력은 감소할 것이다. 만약 기업의 제품이 고도로 차별화되어 있다면 구매자들의 협상력은 낮아진다. 또한 기업의 제품이 차별화 정도가 낮다면 구매자들의 협상력은 향상될 것이다. 만약 구매자가 전환비용에 직면한다면 그들의 협상력은 감소할 것이고, 공급 기업이 전환비용에 직면한다면 구매자의 협상력은 증가할 것이다. 또한, 소비자가 후방 수직통합의 위협을 가할 수 있다면 그들의 협상력은 증가하고, 공급 기업이 전방 수직통합의 위협을 할 수 있다면 소비자의 협상력은 감소하게 된다.
5. **대체재의 위협** 대체재란 경쟁 제품으로 간주되지는 않지만, 소비자에게는 전략적으로 동일한 역할을 수행하는 제품이나 서비스를 말한다. 예를 들면 Starbucks는 다른 커피 전문점을 경쟁자로 여기지만 bar나 레스토랑과 같은 장소나 음료수나 맥주와 같은 제품은 대체재로 생각한다. 더 많은 대체재가 존재할수록, 대체재가 기업의 제품 및 서비스와 유사한 기능을 수행할수록, 대체재의 위협은 커진다. 또한, 대체재의 위협은 상대적 가격에 의해서도 구체화된다. 예를 들어 비행기 대신 버스를 이용하면 속도는 느리지만 가격 측면에서는 훨씬 더 저렴하다. 그러므로 버스는 특히 단거리 이동에 있어 비행기를 위협하는 대체재가 된다. 경쟁 제품과 대체재를 구분하는 것은 산업이 어떻게 정의되는가에 달려 있다는 점에 유의하자. 예를 들어 어떤 사람이 항공업을 분석의 단위로 설정하였다면 버스

운송업은 항공업의 대체재이다. 하지만 누군가 운송산업 전체를 분석의 단위로 설정하였다면 버스 운송업과 *정자*는 경쟁 상품이 되는 것이다.

보완재
다른 제품의 실용성이나 수용성을 향상시키는 제품 또는 서비스.

최근 Porter는 제6의 요소, **보완재**(complements)의 역할을 인정하고 있다.[5] 이전 여러 장에서 언급되었다시피 보완재는 다른 제품의 실용성이나 수용성을 향상시키는 제품을 말한다. 예를 들어 소프트웨어는 컴퓨터의 중요한 보완재이며, 휘발유는 자동차의 보완재이다. 보완재의 가용성, 품질, 그리고 가격은 산업에서 나타나는 위협과 기회에 영향을 미친다. (1) 보완재가 산업에서 얼마나 중요한가, (2) 보완재가 다양한 경쟁 제품들에게 (제품들의 매력도에 영향을 미치면서) 차별적으로 가용한 것인지 아닌지의 여부, (3) 보완재가 제공하는 가치를 누가 갖는지 등을 고려하는 것은 중요하다. 예를 들어 Hewlett Packard나 Lexmark와 같은 데스크탑 프린터 제조회사들은 다 쓰고 나면 교체하는 잉크 카트리지로부터 상당한 이익을 얻고 있다. 따라서 Hewlett Packard와 Lexmark는 소비자들이 다른 회사로부터 쉽게 살 수 있는 표준화된 디자인을 피하고 각각의 프린터 모델에 고유한 프린터 카트리지를 디자인한다. 그러나 잉크 카트리지 시장은 매우 매력적이어서 Hewlett Packard와 Lexmark카트리지의 복제품을 팔거나 또는 다 쓴 카트리지에 리필을 해주는 다수의 제3자 벤더들이 나타났다.

이해관계자 분석법

이해관계자
조직에 이해관계를 가지고 있는 주체.

이해관계자(stakeholder) 모델은 기업의 전략적 목적과 규범적 목적 모두를 위해 사용될 수 있다. *전략적 이해관계자 분석*은 기업의 재무성과에 영향을 미칠 수 있는 이해관계자들의 관리 문제를 강조하는 반면, *규범적 이해관계자 분석*은 도덕적이고 윤리적인 이유로 기업이 관심을 기울여야만 하는 이해관계자들의 관리 문제를 강조한다.[6] 일반적으로 이해관계자 분석의 첫 번째 단계는 기업의 행위로 인해 영향을 받을 수 있는 (따라서 "이해관계"가 걸린) 모든 집단들을 구분해내는 것이다. 기업은 각각의 집단에 대해 그들의 관심사는 무엇인지, 그들이 조직에 어떤 기여를 하고 있는지, 그들이 조직 내에서 어떤 주장을 할 것인지, 기업의 입장에서 어떤 집단이 가장 중요한지 등을 파악할 필요가 있다. 이해관계자들이란 일반적으로 주주, 종업원, 소비자, 공급업자, 채권자, 지방자치단체, 정부, 경쟁자들을 포함한다(그림 6.2 참조).

■ 내부 분석

기업의 내부 환경분석은 기업의 강점과 약점을 파악해내는 것으로부터 시작한다. 때때로 이 작업은 가치사슬상 각각의 활동을 조사하는 방식으로 이루어질 수 있다(그림 6.3 참조).[7] Michael Porter의 가치사슬 모형에서는 활동을 주요 활동과 지원

그림 6.2 ▶ 이해관계자 분석

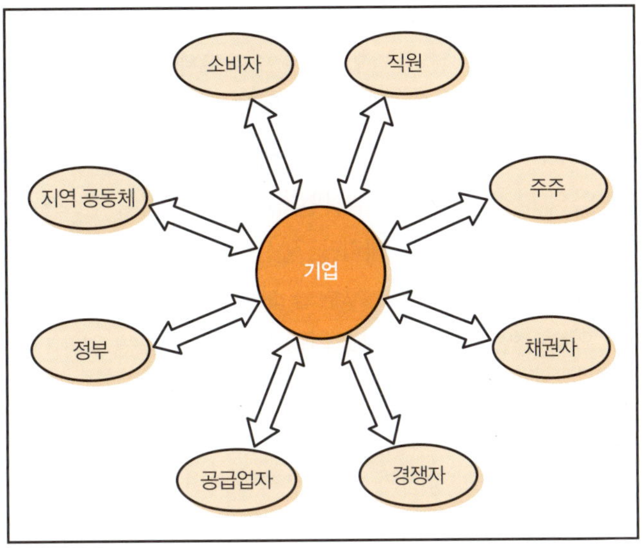

그림 6.3 ▶ Porter의 가치사슬

출처: Michael Porter, *Competitive Advantage: Creating and Sustaining Superior Performance.*

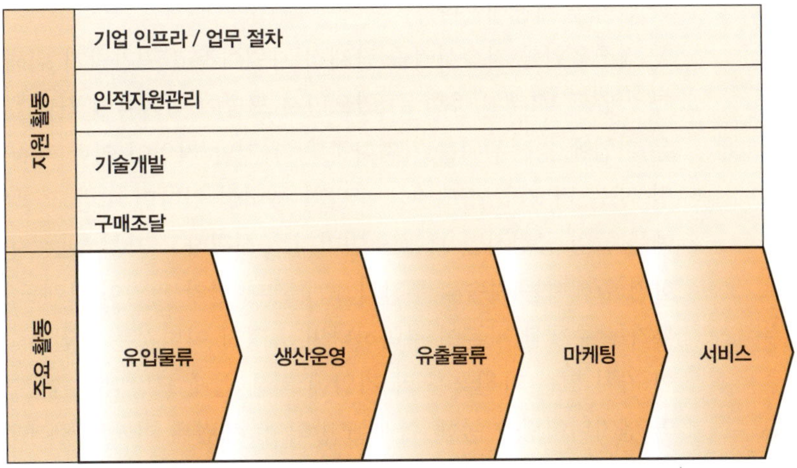

활동으로 나눈다. 주요 활동은 *유입물류*(투입물의 수령, 저장, 배분에 연관된 활동), *운영*(투입물을 산출물로 변환시키는 활동), *유출물류*(산출물의 확보, 저장, 배분에 연관된 활동), *마케팅 및 판매*(소비자에게 제품 및 서비스에 대한 정보를 제공하고 그들의 구매를 유도하는 활동), 그리고 *서비스*(제품, 서비스의 효율성을 지속적으로 유지시키기 위한 사후 활동)의 5가지로 구성된다. 지원 활동은 *구매조달*(투입물의 취득 활동을 의미하나 유입물류에서 수행하는 물리적인 운송은 제외), *인적자원관리*(채용, 훈련, 보상관리 등의 활동), *기술개발*(장비, 하드웨어 및 소프트웨어, 투입물을 산출물로 변환시킬 때 요구되는 절차 및 지식 등의 개발과 관리에 연관된 활동), *인프라*(기업 활동의 원활한 수행을 위한 회계, 법적자문, 재무, 계획, 정치문제, 소비자와의 관계, 품질보증, 일반적 관리와 같은 기능)로 구성된다. 이런 일반적인

모형은 특정 기업의 상황을 보다 적절히 반영하기 위해 수정될 수도 있다. 예를 들어 생명공학 관련 기업 또는 소프트웨어 개발회사의 경우 연구개발이 주요 활동의 대부분을 차지하며 유입물류는 중요하지 않다.

각각의 활동은 기업이 창출해내는 가치에 어떻게 기여하는가, 특정 활동에 있어서 기업의 강점과 약점이 무엇인가라는 관점에서 검토된다. 예를 들어 그림 6.4는 Grand Theft Auto 비디오게임을 생산하는 Take-Two Interactive Software의 가치사슬 분석을 보여주고 있다. 그림을 보면 R&D는 주요 활동으로 분류되는 반면, 지원 활동으로서의 기술개발은 고려되지 않고 있음을 알 수 있다. 모든 게임의 생산은 Take-Two가 아닌 게임생산자들에 의해 수행되기 때문에 회사의 주요 활동은 게임의 디자인이라 할 수 있으며, 이러한 점들이 Take-Two의 R&D 부서에 포함되어 있다.

일단 주요 강점과 약점이 파악되면 기업은 어떤 강점이 기업의 경쟁우위를 지속시켜줄 수 있는 잠재적 원천인지를 평가할 수 있다. 이러한 작업은, 기업이 미래의 전략적 의도를 설정하는 데 있어 어떤 활동과 자원을 활용해야 하는가에 대해 귀중한 안목을 제공해준다.

경쟁우위를 지속시켜줄 잠재적 자원이라고 평가받기 위해서는 자원이 *희소하고, 가치 있고, 오래 사용*할 수 있으면서 *모방이 어려워야* 한다.[8] 가치 있고 희귀한 자원은 기업에 경쟁우위를 가져다준다. 하지만 기업이 이런 자원을 유지할 능력이 없다면, 또는 타 기업이 그것을 모방할 능력이 있다면 이런 경쟁우위는 지속될 수 없다. 예를 들어 긍정적인 브랜드 이미지는 희귀하고 가치 있는 자원이지만, 이것을 유지하기 위해서는 지속적 투자가 요구된다. 만약 기업이 브랜드 이미지 유지를 위한 재투자를 수행할 자본이 부족하다면 긍정적 이미지는 점점 사라지게 될 것이다. 더욱이 가치 있는 자원들은 타 기업에 의해 쉽게 모방되는 경우가 많다. 기술적 진보는 역 엔지니어링을 통해 쉽게 모방되며, 세련된 마케팅 캠페인 또한 쉽게 도용된다. 혁신적 인적자원 관리기법은 모방자들에 의해 채택되기 매우 용이하다. 그러나 몇몇 자원은 쉽게 모방되지 않는다. 예를 들어 가치 있는 자원이 **암묵적**(tacit, 쉽게 문서화될 수 없는)이고 경로의존적이고(사건들의 특정한 역사적 순서에 의존적인 자원), **사회적으로 복잡**(socially complex, 여러 사람과의 복잡한 상호작용을 통해 생성된 자원)하며, **인과관계가 모호**(causally ambiguous, 어떻게 가치를 보유하게 되었는지 불명확한 자원)하다면 그것들은 모방하기 어려울 것이다.[9] 예를 들어 *타고난 재능*은 일반적으로 암묵적이고 모호한 자원으로 받아들여진다. 그것은 훈련될 수 없는 타고난 특성이라고 여겨지며 개개인이 그러한 능력을 보유하게 된 메커니즘에 대한 이해가 어렵다. 초기 진입자의 이점은 일단 기업이 한 분야에 가장 먼저 진출하였다면 타 기업은 더 이상 선도자가 될 수 없다는 점에서 쉽게 모방할 수 없는 경로의존적인 우위라고 할 수 있다. 기업이 내적 분석의 토대를 정립하였다면 핵심역량을 분석하고 전략적 의도를 구체화하는 단계로 나아갈 수 있다.

암묵적 자원
지식과 같이 그 자체가 무형적이라서 쉽게 문서화할 수 없는 자원.

사회적으로 복잡한 자원
다수의 개인들의 상호작용을 통해 형성되는 자원 또는 활동.

인과관계가 모호한 자원
자원과 이를 이용하여 생산되는 산출물과의 관계가 명료하게 설명되지 않는 것.

그림 6.4 ▶ Take-Two Interactive Software 가치사슬 분석의 예

가치사슬 활동	강점	약점
유입물류 중요치 않음; 투입물이 거의 필요치 않음.		
R&D 새로운 그래픽 기술, 음향, 고객의 눈높이에서 제품을 차별화할 수 있는 혁신적인 주제를 통합할 수 있는 능력.	Take-Two의 게임은 비디오게임 기기의 다각형 처리능력을 극대화하여 실제와 가깝게 만드는 기술 보유. 병렬적 개발 프로세스를 통해 짧은 개발 사이클 유지.	온라인게임 개발의 경험 부족은 인터넷게임 시장이 활성화되면 약점으로 작용.
운영 회사는 소수의 고품질 게임을 생산하는 데 집중하며 매년 새로운 게임을 출시. 일단 디자인을 마치면 게임은 Sony와 같은 비디오게임 기업체가 제작.	소수의 게임에만 집중함으로써 게임의 성공을 위해 기업의 자원을 집중할 수 있음.	소수의 게임들에 대한 집중은 위험할 수 있음—게임이 실패한다면 운영을 유지할 수익 창출의 기반 상실. Take-Two는 게임기생산자에게 게임의 개발과 제작을 전적으로 의존.
유출물류 제품은 자체 소매점 운영비용을 절감하기 위해서 소매상(Gamestop 같은)과 대형 양판점(Best Buy 같은), 비디오기기생산 업체와 일괄 판매계약을 통해 판매. PlayStation 2에 독점적으로 Grand Theft Auto (GTA)를 제공하도록 Sony와 협정체결.	기존 소매상들에 대한 시장 진입이 이루어져 있으며 신속하고 광범위한 유통이 가능함. Sony의 Play Station 2가 비디오게임 기기 부문에서는 1위 기업이므로 Sony와의 독점적 계약은 Take-Two가 거대한 시장을 활용할 수 있음을 의미.	소매상을 활용하는 방법은 상점 입지, 판촉, 가격에 대한 재량권을 축소시킴.
마케팅 소비자 인지도, 브랜드 이미지를 구축하고 판매를 촉진시킴. 웹사이트와 게임 잡지, 광고판을 활용. Grand Theft Auto는 성인시장을 주요 타깃으로 설정.	GTA를 통해 최신 유행을 이끄는 기업이라는 이미지 구축에 성공하였고 2002년 최고의 게임으로 선정. 2008년에는 Grand Theft Auto: San Andreas가 1,200만 개가 팔리면서 역사상 가장 많이 팔린 게임 20개에 포함됨.	일부 소비자, 소매상, 정부기관은 GTA의 폭력성과 성적 이미지를 비판하고 있으며, 기업 이미지를 실추시킬 가능성 존재.
서비스 제품 사용 중에 겪는 문제 해결을 위해 전화로 기술적 지원 제공.	Take-Two는 반품 및 보증문제가 거의 발생하지 않음.	
기업 인프라 법률 부서는 게임의 라이센스에 관한 협상 담당.		다른 게임업체의 저작권 침해 소송이 더욱 빈번해짐.
인적자원 관리 고품질의 게임 생산을 위해 숙련되고 창의적인 개발자를 고용하고 훈련시키는 것이 필수적임. 2007년 직원 2,002명 고용.	직원 노동조합이 형성되지 않았음. 직원 스톡옵션 지급이 충성심과 사기 진작에 효과적.	
구매조달 저작권으로 보호된 캐릭터와 음악 사용을 위해 권리 확보가 필수.	지금까지 Take-Two는 저작 보호된 내용물들의 사용을 허가받는 데 어려움이 없었음.	

출처: S.Balasubramanian, A.Kim, L.Lei, and S.Singh, "Beyond the Mayhem: Take-Two Interactive Software," New York University teaching case, 2003; www.Take2games.com.

연구요약 빅데이터를 이용한 혁신

지난 10년 동안 모바일 장치의 확산과 함께 **디지털화** 및 소셜 미디어의 엄청난 발전으로 인해 "빅데이터"라고 불리는 거대한 데이터 세트가 생성되었다.[a] 이 데이터를 바탕으로 고급 소프트웨어를 사용하여 상관관계를 찾아내고 기존 시장 조사로는 결코 드러내지 않았을 잠재적 인과 관계를 파악할 수도 있다. 일반적으로 사람들은 이러한 대규모 데이터 세트가 더 나은 제품을 만들고 수익성을 향상시키는 데에 대한 귀중한 통찰력을 제공할거라 생각한다. 고객의 검색 및 피드백하는 내용을 실시간에 추적하면서 숨겨진 패턴을 파악할 수 있고[b] 기존 제품을 개선하는 방법이나 새로운 시장에 관한 정보를 얻을 수도 있다. 따라서 빅데이터는 제품 개발 과정을 전반적으로 개선하여 고객이 원하는 제품을 더 잘 개발할 수 있게 해줄 것으로 예상되었고,[c] 전 세계 관리자들은 자사에서 사용할 빅데이터 분석 프로그램을 경쟁적으로 개발하였다. 실제로 Dresner Advisory Services의 분석 보고서에 따르면 2020년에 전체 기업의 53%가 빅데이터 분석을 사용하고 있었다.

디지털화
문자, 그림 또는 소리를 컴퓨터가 다룰 수 있는 디지털 형식으로 전환하는 것

그러나 신제품 개발에 빅데이터를 적용해본 결과는 좋은 점과 나쁜 점이 혼재하는 모양새이다.[d] 일부 연구들은 Amazon, eBay, Target, Ford와 같은 회사들이 빅데이터를 이용하여 고객의 수요에 대한 더 나은 예측을 하고 더 나은 제품을 설계할 수 있었다고 보고하고 있지만,[e] 다른 연구에서는 데이터 유지 및 보안에 따른 높은 직접 비용, 데이터가 오용되었을 시 초래될 수 있는 기업 평판의 위험, 데이터 수집 시 발생할 수 있는 편향 등 빅데이터에 따른 비용과 위험을 강조하고 있다.[f] 데이터를 적절하게 처리하고 데이터의 정확성과 대표성을 검증할 능력이 부족한 기업에게 빅데이터는 혼란스럽기만 존재이며, 최악의 경우 심각한 잘못된 판단을 초래할 수도 있다.[g]

빅데이터 분석 분야의 저명한 연구자인 Foster Provost 교수는 관리자들이 종종 저지르는 핵심적인 실수는 "내가 가지고 있는 데이터를 어떻게 수집해야 하는가?"라고 생각하거나 큰 데이터 저장소를 수집할 계획을 세우고 나면 회사가 해결해야 할 문제들이 자연스럽게 드러날 것으로 생각하는 것이라고 지적한다.[h] 대신, 그는 경영자들이 회사가 직면하고 있는 가장 중요한 문제나 기회가 무엇인지 생각하는 것부터 시작해야 하며, 그러한 문제와 기회를 해결하는 데 도움이 될 수 있는 데이터의 수집에 투자해야 한다고 주장한다. 그의 저서인 "Data Science for Business"에서,[i] 그는 조직에서 데이터 사이언스를 가치 있게 만들기 위한 몇 가지 팁을 제공하고 있다.

1. **데이터를 자산으로 취급한다.** 이를 통해 자신이 보유하고 있는 데이터를 수집하는 것뿐만 아니라 (a) 데이터에 투자하는 방법, (b) 데이터로부터 수익을 얻는 방법을 생각할 수 있다. 대부분의 경우 원 데이터 그 자체가 조직에 바로 도움이 되지는 않는다. 이 데이터들은 정제되고 구조화되어야 하며, 그 이후에 원 데이터로부터 기업이 필요하다고 판단하는 데이터가 추출되어야 한다.
2. **관리자는 데이터 사이언스 팀의 구성을 매우 중요하게 생각해야 한다.** 데이터 사이언스 팀의 전문 지식과 경험의 수준에 따라 기업이 달성할 수 있는 결과가 매우 달라질 수 있다. 여기서 중요한 과제는 누가 훌륭한 데이터 분석가인지를 평가할 수 있을 만큼 충분한 전문성을 갖는 것이다. 만약 회사가 이미 최고의 데이터 사이언스 관련 전문 지식을 가지고 있지 않다면, 최고의 인재를 유치하고 평가하는 데 어려움을 겪을 수 있다.
3. **기업이 직면한 비즈니스 기회와 과제, 그리고 귀사가 제기하는 데이터 분석 질문(즉, 그들은 동일하지 않다는 것)이 서로 어떻게 다른지 이해할 수 있어야 한다.** 당신은 특정 데이터 분석 질문이 중요한 비즈니스 문제를 해결하는 데 어떻게 도움이 되는지를 설명할 수 있는가?
4. **데이터가 얼마나 대표성이 있고 정확하며 신뢰할 수 있는지 평가한다.** 관리자는 데이터가 생성되는 프로세스를 이해하고 이 프로세스를 늘 염두에 두어야 한다. 일반적으로 데이터가 편향되어 있다고 가정해야 하고, 데이터가 회사에서 조사하려고 하는 목표 모집단으로부터 추출된 것이

(계속)

(계속)

아닐 수도 있다는 것을 인지하고 있어야 한다. 데이터는 어떻게 그리고 왜 생성되었는가? 오류와 편향이 발생할 수 있는 잠재적 원인은 무엇이며, 특정 분석의 의미는 무엇인가?

[a] Michael Cox and David Ellsworth "*Application-controlled demand paging for out-of-core visualization. IEEE Access 97CB36155(1997)*: 235–44; Daniel Trabucchi, Tommaso Buganza, and Elena Pellizzoni, "Give Away Your Digital Services," *Research-Technology Management* 60, no. 2 (2017): 43–52; Daniel Trabucchi, Tommaso Buganza, Claudio Dell'Era, and Elena Pellizzoni, "Exploring the Inbound and Outbound Strategies Enabled by User Generated Big Data: Evidence from Leading Smartphone Applications," *Creativity and Innovation Management* 27, no. 1 (2018): 42–55.

[b] Jovan Milenkovic, 2019. "30 Eye-Opening Big Data Statistics for 2020: The Patterns Are Everywhere." Kommando Tech, 2019, https://kommandotech.com/statistics/big-data-statistics.

[c] Gianvito Lanzolla, et al., "Digital Transformation: What Is New if Anything? Emerging Patterns and Management Research," *Academy of Management Discoveries:* 341–50.

[d] Francesco Cappa et al., "Big Data for Creating and Capturing Value in the Digitalized Environment: Unpacking the Effects of Volume, Variety, and Veracity on Firm Performance," *Journal of Product Innovation Management* 38, no. 1 (2020): 49–67.

[e] Hsinchun Chen et al., "Business Intelligence and Analytics: From Big Data to Big Impact," *MIS Quarterly* 36, no. 4 (2012): 1165–88; Amir Gandomi and Murtaza Haider, "Beyond the Hype: Big Data Concepts, Methods, and Analytics," *International Journal of Information Management* 35, no. 2 (2015): 137–44; Samuel A. Wamba et al., "Big Data Analytics and Firm Performance: Effects of Dynamic Capabilities," *Journal of Business Research* 70(2017): 356–65; Sunil Erevelles, Nobuyuki Fukawa, and Linda Swayne, "Big Data Consumer Analytics and the Transformation of Marketing," *Journal of Business Research* 69, no. 2 (2016): 897–904.

[f] Francesco Cappa et al., "Big Data for Creating and Capturing Value in the Digitalized Environment: Unpacking the Effects of Volume, Variety, and Veracity on Firm Performance," *Journal of Product Innovation Management* 38, no. 1 (2020): 49–67; Daniel Trabucchi, Tommaso Buganza, and Elena Pellizzoni, "Give Away Your Digital Services," *Research-Technology Management* 60, no. 2: 43–52; Tim Harford, "Big Data: Are We Making a Big Mistake?" *Financial Times,* 2014, https://www.ft.com/content/21a6e7d8-b479-11e3-a09a-00144feab-dc0.

[g] Daan Van Knippenberg et al., "From the Editors Information, Attention, and Decision Making," *Academy of Management Journal* 58, no. 3 (2015): 649–57; Kimberly A. Whitler, "Why Too Much Data Is a Problem and How to Prevent It," *Forbes,* 2018, https://www.forbes.com/sites/kimberlywhitler/2018/03/17/why-too-much-data-is-a-problem-and-how-to-prevent-it/#348d5d77755f.

[h] Foster Provost and Jim Euchner, "What Managers Need to Know about Big Data," *Research-Technology Management,* (May–June 2017): 11–7.

[i] Foster Provost and Tom Fawcett, *Data Science for Business: What You Need to Know about Data Mining and Data-Analytic Thinking* (O'Reilly Media, 2013).

핵심역량과 동적능력의 파악

■ 핵심역량

기업의 핵심역량(core competency)은 일반적으로 기업을 전략적으로 차별화시키는 요소들을 말한다. 핵심역량은 핵심기술 이상의 것이다. 핵심역량은 기업의 특화된 전문성을 기반으로 하는 다수의 주요 능력들을 조화롭게 연계시키는 능력으로부터 창출된다. 역량은 종종 시장 접점관리 능력(예를 들어 광고와 유통), 효과적인 인프라의 구축 및 관리(예를 들어 정보시스템과 물류관리), 기술적 능력(예를 들어 응용기술과 프로세스 디자인)과 같은 다양한 능력들을 하나로 묶는 역할을 한다.[10] 이러한 여러 능력들의 조화로운 결합은 핵심역량을 쉽게 모방할 수 없는 것으로 만들어 준다. Sony의 핵심역량인 소형화 기술을 예로 들어보자.[11] 이 핵심역량은 LCD, 반도체와 같은 다양한 기술의 접목을 통해 얻을 수 있었으며, TV, 라디오, PDA 등과 같은 시장에 광범위하게 활용될 수 있었다. 또한 이러한 핵심역량은 다양한 기능부서 혹은 사업 단위들 간에 높은 수준의 관계를 구축하는 것과도 밀접한 관련이 있다.

Prahalad와 Hamel은 핵심역량을 주요 부품이나 조립품과 같은 핵심 제품이 자라나는 뿌리라고 비유하였다. 반면 핵심 제품은 기업의 다양한 최종 제품이라는 열매를 맺게 하는 사업 단위를 탄생시킨다(그림 6.5 참조).

몇몇 핵심역량은 개별 사업 단위의 토대가 될 수 있으며, 또한 여러 사업 단위들이 동일한 핵심역량을 활용하여 구축될 수도 있다. 이런 사실은 조직의 구조와 보상체계가 전략적 사업 단위들 간의 협력과 자원 이동을 촉진하도록 구성되어야 함을 의미한다. 만약 관리자 혹은 자원이 그들의 사업부에만 지나치게 얽매여 있다면 핵

그림 6.5 ▶ 기업의 핵심역량, 핵심 제품, 사업부서, 그리고 최종 제품의 도식화

출처: C.K.Prahalad and G.Hamel, "The Core Competence of the Corporation," *Harvard Business Review*, May–June 1990.

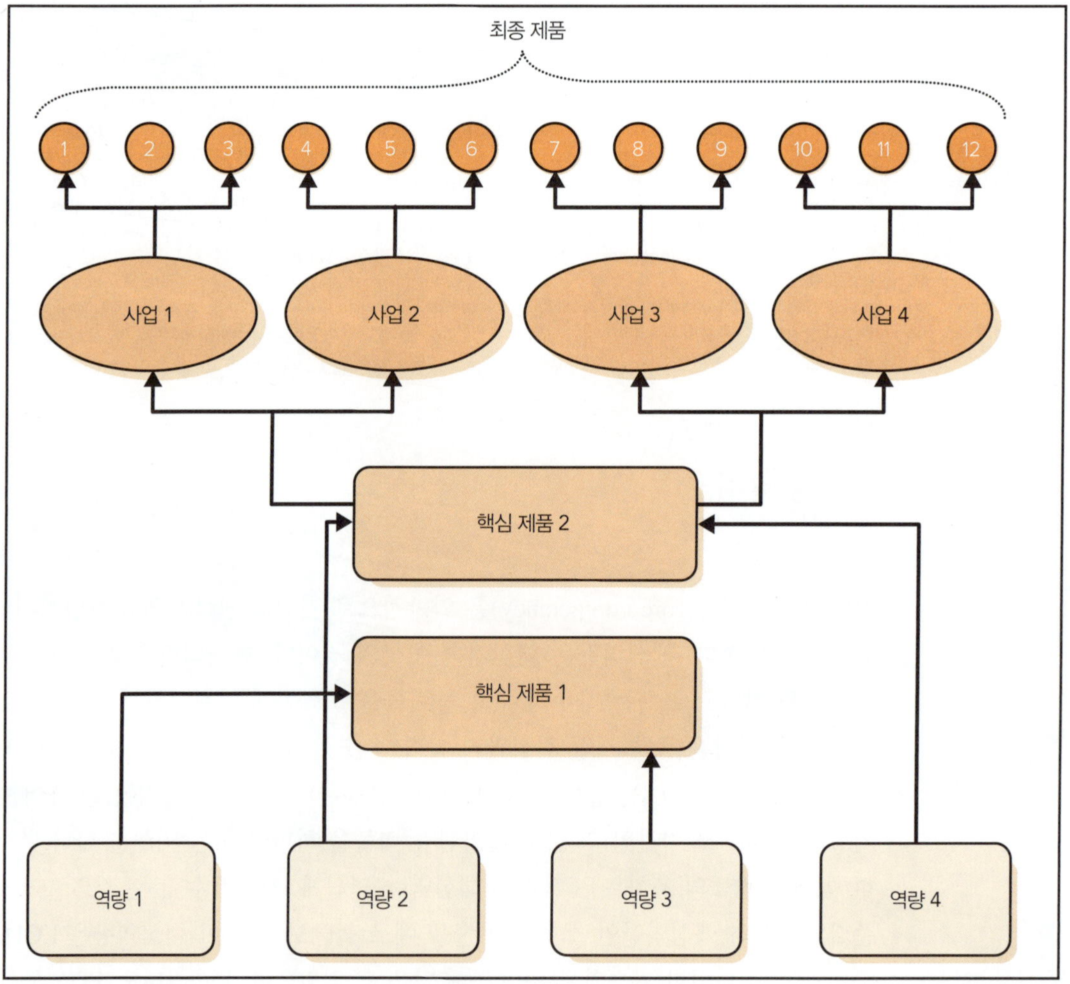

심역량의 전사적 개발과 활용에 대한 적절한 투자는 기대할 수 없을 것이다.[12] Prahalad와 Hamel은 전략적 사업 단위들은 특정 프로젝트에 기여할 만한 능력을 가진 기업 내의 인재를 확보하기 위해 서로 경쟁해야만 한다고 강력하게 주장하였다. 기업의 직원들을 특정 사업부에 고용된 사람으로 생각하기보다는 기업 내에서 언제든지 재배치되어 활용될 수 있는 기업의 자산으로 여겨야 한다는 것이다.

Prahalad와 Hamel은 기업의 핵심역량을 구별해낼 수 있는 다음과 같은 테스트를 제시하였다.

1. 이 역량이 경쟁적 차별화를 위한 중요한 자원인가? 조직에 독특한 특성을 제공하는가? 최종 제품에 대한 소비자의 가치인식에 중대한 기여를 하는가? 예를 들어 Sony의 소형화 기술은 휴대용 제품을 사용하는 소비자들의 효용에 즉각적인 영향을 미친다.
2. 하나의 사업 단위를 넘어 다양한 사업 단위들에 적용 가능한가? 현재와 미래의 일정 사업범위를 망라하는가? 예를 들어 Honda가 가진 엔진 제조에 관한 핵심역량은 자동차, 오토바이, 잔디 깎는 기계, 그리고 발전기 분야로의 사업다각화를 가능하게 한다.
3. 경쟁자가 모방하기 어려운가? 일반적으로 다양한 기술들의 복잡한 조화를 통해 창출된 핵심역량은 모방하기 어렵다. 그러한 핵심역량을 구축하는 데에는 수년 또는 수십 년의 시간이 소요된다. 자원과 숙련된 기술의 조화는 다른 기업들이 획득하거나 모방하기가 매우 어려운 것이다.

Prahalad와 Hamel에 따르면 5~6개 이상의 핵심역량 부문들에서 리더의 위치를 차지하고 있는 기업은 그다지 많지 않다고 한다. 한 기업이 20, 30개의 능력이 있다고 해도 그것들이 모두 진정한 핵심역량이 아닐 수도 있다. 관리자들이 핵심역량의 포트폴리오라는 관점에서 사업을 바라본다면, 비용감축 또는 기회주의적인 확장보다는 가치 창조와 의미 있는 새로운 사업 개발에 더욱 집중할 수 있을 것이다.[13]

■ 경직성의 위험

과거 사업을 성공적으로 이끌었던 요소들이 기업을 지배하게 되면서 기업을 경직적으로 만들고 부적절한 기술과 자원에 과다한 투자를 유발하기도 한다.[14] 일반적으로 기업의 보상시스템은 기업의 핵심역량을 강화시키는 활동을 조장하는 쪽으로 발전해 나간다. 조직문화는 핵심역량과 밀접한 관련이 있는 구성원들에게 높은 지위를 부여하거나 조직의 자원을 더 많이 제공하는 방식으로 보상을 제공한다. 물론 이런 시스템과 규범들이 기업이 현재 보유한 핵심역량을 강화하고 활용하는 데 매우 효과적일 수 있으나, 이는 동시에 새로운 핵심역량의 개발을 억제할 수 있다. 예를 들어 핵심역량에 중요한 역할을 하는 특정 과학 분야를 강조하는 기업의 경우 다른 분야의 교육을 받은 사람들에 대해서는 관심을 덜 가질 수 있다. 핵심역량 활동과 연관된 보상은 여타의 탐험적인 활동들을 수행하고자 하는 구성원들의 의지를 꺾을 수 있다. 그리고 4장에서 언급하였듯이 지식의 축적은 경로의존적인 경향이 있다. 특정 경로를 따라 잘 정립된 지식을 보유한 기업은 그 경로와 관련이 없는 지식을 받아들이거나 활용하는 데에 어려움을 겪게 되며, 이는 잠재적으로는 기업의 유연성을 제한할 수 있다.[15]

■ 동적 능력

급변하는 시장에서 변화에 발맞춘 핵심역량의 개발은 기업에게 매우 유용하다. Prahalad와 Hamel의 모형에서는 핵심역량이 특정 핵심 제품군과 관련이 있지만, 기업의 입장에서 특정 기술 또는 제품과 연관되지 않더라도 새로운 기회에 따라 기업의 구조와 일상 업무를 신속하게 조정할 수 있는 능력과 관련된 역량의 개발이 가능하다.[16] 이와 같은 역량들을 **동적 능력**(dynamic capability)이라 부른다. 동적 능력은 기업이 새로운 시장 또는 주요 기술의 단속적 출현에 빠르게 적응할 수 있도록 해준다. 예를 들어 Corning은 기업의 진화역량을 가장 중요한 핵심역량으로 설정하였다. 그들은 과학적 도약을 이루어낼 가능성이 큰 연구부서(예를 들어 오팔 유리와 관련 용매)에 많은 투자를 하였다. 또한 새로운 제품과 공정을 실험할 수 있는 시범 공장을 설립하였다.[17] 그뿐만 아니라 제휴업체와의 관계 설정에 있어서 특정 프로젝트에만 초점을 둔 개별적 관계가 아닌 기업의 영역을 확장시킬 수 있는 능력들의 통합적이고 유연한 시스템으로서 관리하였다.[18]

동적 능력
기업을 변화에 유연하고 민첩하게 반응하도록 해주는 일련의 능력.

전략적 의도

기업의 목표는 가치 창출이다. 가치 창출이라 함은 운영의 효율성을 향상시키고 비용을 절감하는 것 이상의 의미를 갖는다. 그것은 고객들에게 더 많은 효용을 가져다주고, 직원들에게 보다 많은 복지를 가져다주며, 주주들에게 더 많은 배당을 해주기 위해 기업자원을 활용함을 의미한다. 이는 새로운 사업과 시장의 개발, 자원의 전사적 활용 등을 통해 성취될 수 있는데, 이는 모두 기업의 *전략적 의도*로부터 파생되는 것들이다.[19]

기업의 전략적 의도는 야심차고, 기업의 현존하는 핵심역량으로부터 시작하여 이들을 확장시켜 나가며 조직의 모든 단위들에서 발현되는 장기적인 목표이다. Hamel과 Prahalad는 그 예로 복사기 부문에서 Xerox를 앞서기 위한 Canon의 집념,

연구요약 Blue Ocean 전략

Renee Mauborgne와 W. Chan Kim은 일련의 논문들과 저서를 통해[a] 미개발된 신시장에 진입하는 혁신적인 방법, 소위 "블루오션 전략"을 사용한 기업들에 대해 설명하였다. 대부분의 산업의 경우에는 게임의 법칙은 잘 알려져 있으며 잘 수용되고 있다. 기업들은 이미 잘 알려진 기준점을 중심으로 서로를 능가하기 위해 경쟁하고 있다. 각 기업들은 현존하는 수요의 보다 많은 부분을 점유하기를 바라지만, 산업 내 경쟁자의 수가 늘어날수록 기업의 이익이나 성장 가능성은 점점 줄어든다. 서로의 생존을 위협할 정도의 치열한 경쟁은 시장이라는 바다를 피로 붉게("red ocean"이라고도 알려짐) 물들이게 된다. Blue ocean은 기업들이 경쟁의 기준을 바꾸어 새로이 창조해 낸 아직 개발되지 않은 시장을 의미한다. 그곳은 미지의 공간이며 경쟁자가 없거나 극히 소수만 있는 곳이다. 따라서 blue ocean 전략은 근본적으로 혁신을 통한 차별화에 관한 전략이다.

Mauborgne와 Kim은 기업들이 "strategy canvas"라는 시각적인 도구를 사용하여 산업 내에서 경쟁자들이 어떻게 경쟁하고 있는지, 또한 그들이 어떻게 다른 경쟁전략을 선택할 수 있는지에 대해 이해하면서, blue ocean 전략을 찾을 수 있다고 제안하였다. 가로축은 산업에서 기업들이 경쟁하고 있는 그리고 투자하고 있는 요인들을 나타내고, 세로축은 "높고 낮음"을 보여준다. 관리자들은 각기 다른 제품을 대상으로 "**value curve**"를 표시하면 된다. 예를 들어, 아래의 그림에 표시된 그래프와 같은 것을 그리게 된다.

관리자들은 다음의 4가지 질문들을 통해 산업 내 기존 전략 논리의 타당성을 따져 볼 수 있다.

Red Ocean 전략	Blue Ocean 전략
현존하는 시장에서 경쟁	경쟁이 없는 시장을 창조
경쟁에서 승리	경쟁과 무관
현존하는 수요를 활용	새로운 수요를 창조
가치와 비용 간의 상쇄관계 설정	가치와 비용 간의 상쇄관계 타파
기업이 선택한 차별화 *또는* 저가전략의 달성을 위해 기업의 모든 시스템을 조정	차별화와 *동시에* 저가정책을 추구하기 위해 기업의 모든 시스템을 조정

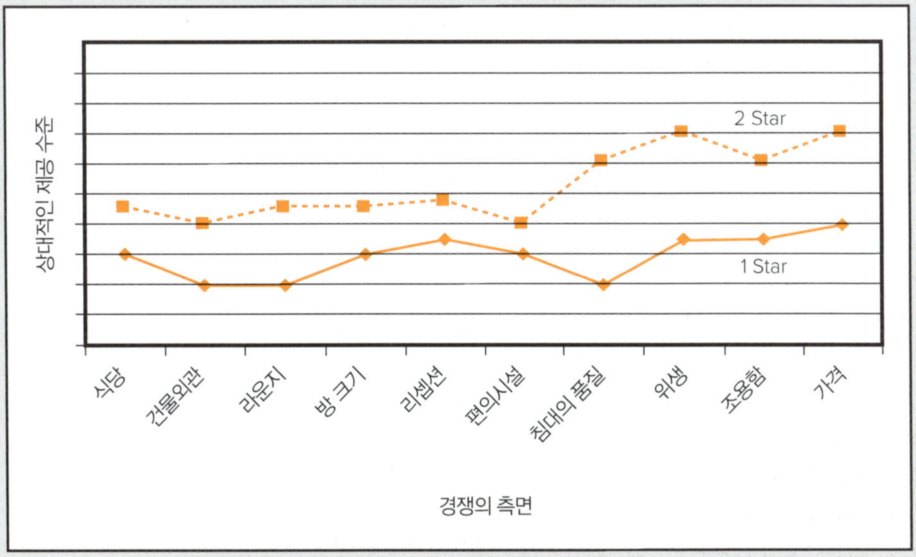

(계속)

(계속)

1. 산업 내에서 당연히 받아들여지는 요인 중 *없어져야* 할 것은?
2. 산업의 표준보다 *더 낮게 줄여야 할 요인은*?
3. 산업의 표준보다 *더 높게 늘려야 할 요인은*?
4. 산업에서 기존에 존재하지 않았지만 새로이 *만들어져야* 할 요인은?

예를 들어, 호텔의 예로 돌아와서 Formule 1은 모든 호텔 고객들이 식당, 라운지, 그리고 큰 방을 원한다는 가정을 거부하면서 성공적인 시장을 찾을 수 있었다. 어떤 고객들은 이런 것들(식당, 라운지, 큰 방)보다는 적절한 가격에 아주 좋은 침대와 조용하고 깨끗한 방을 사용하는 것을 더 선호하고 있었다.

Mauborgne와 Kim은 Nintendo Wii, Cirque du Soleil, Southwest Airline들이 사용하는 비즈니스 모델들은 모두 성공적인 "blue ocean" 전략의 예들이라고 강조하고 있다.

[a] Adapted from W. Chan Kim and Renee Mauborgne, Blue Ocean Strategy (Boston: Harvard Business School Press, 2005).

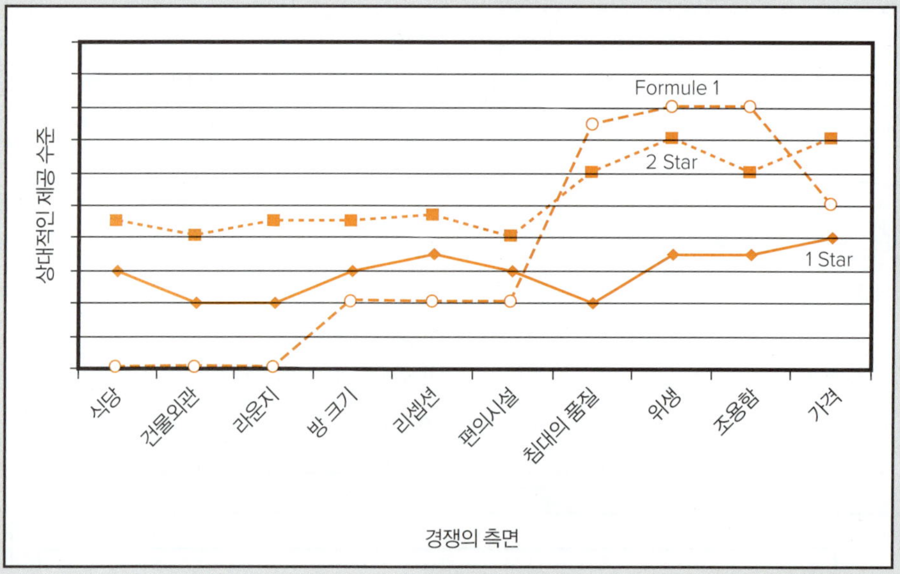

모든 개개인이 PC를 보유하게 될 것을 확신한 Apple의 사명감, 그리고 전 세계에서 가장 거대한 인터넷 쇼핑몰을 구축하고자 한 Yahoo의 목표를 들고 있다. 일반적으로 전략적 의도는 10년에서 20년 후를 내다보고 직원들로 하여금 그들이 목표로 삼아야 할 분명한 이정표를 제시한다.[20] 이러한 미래지향적 시각은 매우 중요하다. 이런 시각이 없다면 기업은 기존의 시장에만 집중하게 될 것이다. 기업이 현재 시장에만 집중하는 경향은 미래 시장의 요구가 아닌 단순히 현재 시장의 요구만을 충족시킨다는 맹점을 낳는다. 성공적이고 혁신적인 기업들은 현재 제품의 가격대비 성능이 옳은 것인지 항상 생각한다. 그들은 현재 시장의 요구수준을 넘어서 미래에 대한 시장의 기대를 형성할 수 있는 제품을 개발하고 출시하면서 소비자들을 이끌어 간다.[21]

이론의 적용 균형성과표

Robert Kaplan과 David Norton은 기업의 성과측정 방법이 전략적인 목표를 추구해가는 과정에 얼마나 큰 영향을 미치는지에 대해서 지적하였다. 그들은 효과적 성과측정은 단순히 재무지표에만 의존하는 것이 아니라 일관성 있고 통합적인 관리프로세스의 일부가 되어야 한다고 주장한다. 그들은 "균형성과표(balanced scorecard)" 방법을 제안하면서 이를 통해 제품, 프로세스, 고객 그리고 시장의 혁신적 개선을 이룰 수 있다고 주장하였다.[a] 균형성과표(그림 6.6 참조)는 기업이 주요 성공요인을 획득하기 위한 목표를 설정하고 이의 달성을 확인할 측정 지표들을 정립하는 데 필요한 4가지 관점들을 강조한다.

1. **재무적 관점**
   목표는 "주주의 기대 충족", "7년 내 기업 가치를 두 배로 향상" 등과 같은 것들을 포함한다. 이를 위한 측정 수단으로는 자본수익률, 순현금흐름, 이익성장률 등을 들 수 있다.
2. **고객관점**
   목표는 "고객충성도의 향상", "동종 산업 내에서 최고의 고객 서비스 제공" 또는 "고객만족 증가" 등과 같은 것을 포함한다. 측정 수단으로는 시장점유율, 재구매율, 고객만족도 조사 등을 들 수 있다.
3. **내부관점**
   목표는 "내부 안전사고 감소", "동종 산업 내 최고의 프랜차이즈 구축", "재고관리의 향상" 등을 들 수 있다. 측정수단으로는 매월 안전사고 건수, 프랜차이즈 품질 평가, 품절률, 재고비용 등이 활용된다.
4. **혁신과 학습관점**
   목표는 "신제품 개발을 빠르고 보다 낫게", "종업원

그림 6.6 ▸ 균형성과표

출처: R.Kaplan and D.Norto, "Putting the Balanced Scorecard to Work," Harvard Business Review, September–October 1993.

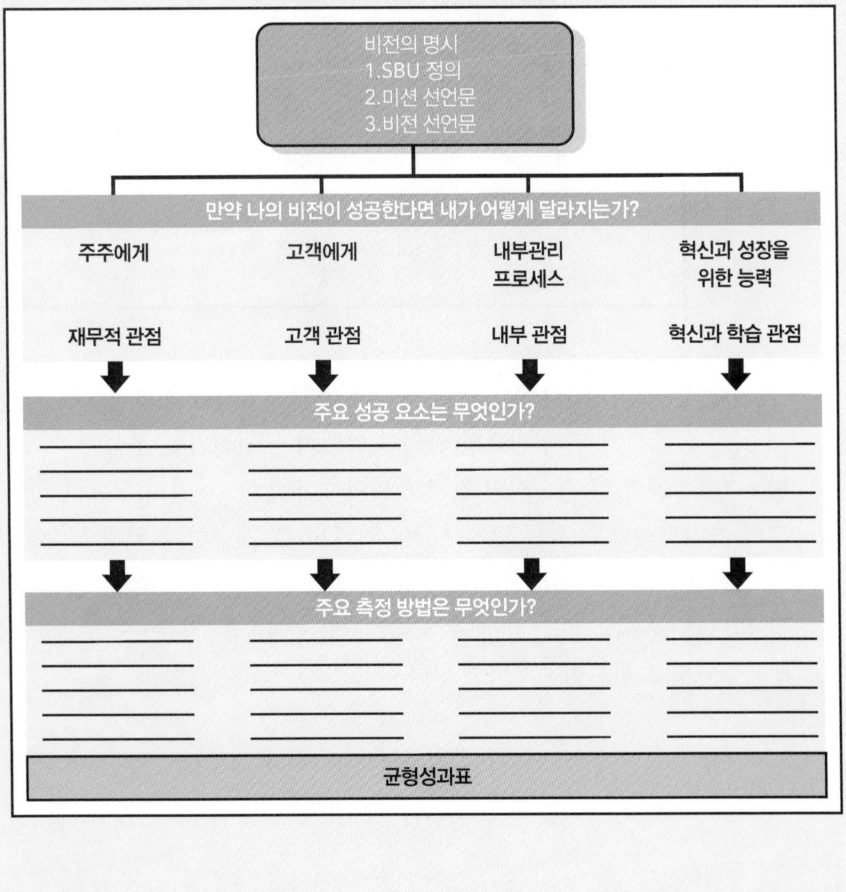

(계속)

(계속)

기술 능력 향상" 등을 들 수 있다. 측정 수단으로는 최근 5년 동안 개발된 제품들로부터의 매출비율, 평균 신제품 개발 기간, 종업원 훈련목표 등이 활용된다.

Kaplan과 Norton은 균형성과표 모형이 각기 다른 시장과 사업에 따라 적절히 수정되어야 함을 인지하였다. 그러나 전자, 석유화학, 건강관리 등과 같은 다양한 사업 분야에 속하는 IBM, Philips Electronics, Apple, Advanced Micro Electronics와 같은 굴지의 기업들은 균형성과표가 매우 유용하다고 말하고 있다.[b] 사실 Bain & Company의 2002년 조사결과에 따르면 미국 Fortune 선정 1,000대 기업 중 약 50%와 유럽기업의 40% 이상이 균형성과표를 다양한 형태로 활용하고 있다고 한다.[c]

[a] Robert Kaplan and David Norton, "Putting the Balanced Scorecard to Work," Harvard Business Review (September–October 1993): 134–47; and Robert Kaplan and David Norton, "The Balanced Scorecard—Measures That Drive Performance," Harvard Business Review (January–February 1992): 71–80.

[b] Kaplan and Norton, "Putting the Balanced Scorecard to Work."

[c] Andra Gumbus and Bridget Lyons, "The Balanced Scorecard at Philips Electronics," Strategic Finance 84, no. 5 (2002): 45–9.

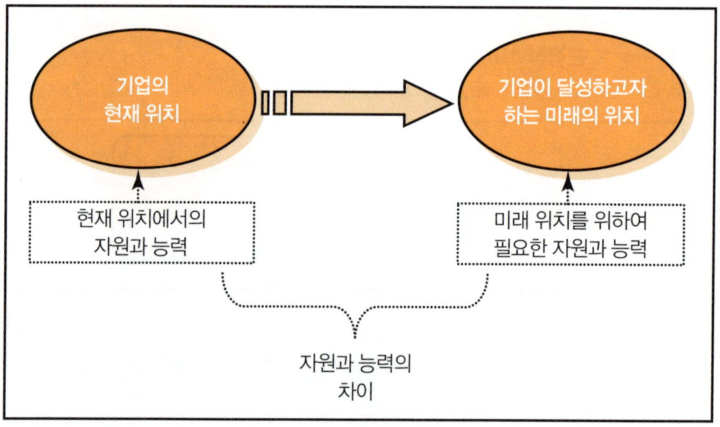

그림 6.7 ▶ 자원과 능력의 차이 파악

전략적 의도를 일단 명확하게 수립하였다면 기업은 전략적 의도와 현재 위치 간의 차이를 좁히기 위해 필요한 자원과 능력이 무엇인가를 분석할 수 있어야 한다(그림 6.7 참조). 또한 기술적인 간격도 파악해야 한다. 기업의 전략적 의도를 정립하게 되면 개발노력에 초점을 맞추어 전략적 기술을 개발하기 위해 필요한 투자를 하고 이러한 결과물을 기업의 신제품 개발에 반영할 수 있게 된다.[22] 많은 기업들은 전략적 의도와 균형성과표(balanced scorecard; <이론의 적용> 참고)와 같은 다차원의 성과평가시스템을 연계시키고 있다.

요약

1. 기업이 일관성 있는 전략을 수립하기 위한 첫 번째 단계는 외부 환경을 분석하는 것이다. 일반적으로 외부 환경 분석에 활용되는 두 가지 모형은 Porter의 five-force 모형과 이해관계자 분석을 들 수 있다.
2. Porter의 five-force 모형은 산업 내 경쟁의 정도, 잠재적 진입자의 위협, 공급자의 협상력, 소비자의 협상력 그리고 대체재의 위협을 주요 분석 요인으로 다룬다. 최근 Porter는 *보완재*의 역할을 여섯 번째 요인으로 추가하였다.
3. 이해관계자 분석은 기업과 이해관계를 맺고 있는 실체를 분석하고, 그들이 기업으로부터 무엇을 원하는지, 회사에 어떤 요구를 제시하는지를 분석하는 것이다.
4. 내부 환경의 분석은 기업이 자신의 가치사슬에서 각각의 활동별로 강점과 약점을 구별해내는 것으로부터 시작한다. 그 후 기업은 어떤 강점이 경쟁우위를 유지해나갈 자원으로서 잠재력을 지녔는지 파악할 수 있다.
5. 다음으로 기업은 핵심역량을 파악한다. 핵심역량은 시장에서 그 기업을 차별화시키는 능력들의 조화를 통해 발현된다. 몇몇 핵심역량은 개별 사업 단위의 기초가 될 수 있으며 또한 동일한 핵심역량을 기반으로 여러 사업 단위들이 구축될 수 있다.
6. 때때로 핵심역량은 변화하는 환경에 적응하는 기업의 능력을 제한시키는 경직성의 요소로 작용하기도 한다.
7. 동적 능력은 기업이 환경과 기회의 변화에 적절히 반응하여 조직구조와 일상적인 업무를 재빠르게 재구성할 수 있는 역량을 말한다.
8. 기업의 전략적 의도는 장기간(10~20년 동안)에 걸친 일련의 야심찬 목표를 명확하게 표현하는 것을 말한다. 전략적 의도는 현재 기업이 갖는 핵심역량을 기초로 확장시켜 나가야 한다.
9. 일단 기업의 전략적 의도가 정립되면, 관리자들은 그들의 전략적 의도를 달성하기 위해 개발해야 하고 획득해야 할 자원과 능력이 무엇인지 분별해내야 한다.
10. 균형성과표는 기업이 재무, 고객, 내부 프로세스, 혁신과 학습의 다각적 관점에서 목표를 고려할 수 있도록 해주는 평가시스템이다. 또한 각각의 관점에 대응될 수 있는 성과 측정지표를 수립할 수 있게 해준다.

토론문제

1. 강점, 경쟁우위, 그리고 지속 가능한 경쟁우위의 차이점은 무엇인가?
2. 능력(또는 능력들의 조합)은 어떻게 핵심역량으로 발전할 수 있는가?
3. 기업의 진정한 핵심역량을 판별해내기 위하여 기업의 내 · 외부 분석이 반드시 필요한 이유는 무엇인가?

4. 독자가 익숙한 기업을 하나 선택하여 그 기업의 핵심역량을 구별해보자.
5. *전략적 의도*는 기업의 전략과 현재의 강점, 약점, 기회와 위협(SWOT) 사이에서 합일점을 찾는 것을 강조하는 전략의 모형들과 어떤 면에서 차이가 있는가?
6. 전략적 의도가 지나친 야망이 될 수도 있는가?

추가자료

■ 대표문헌

Adam M. Brandenburger and Barry J. Nalebuff, *Co-opetition* (New York: Doubleday, 1996).

Jay Barney, "Firm Resources and Sustained Competitive Advantage," *Journal of Management* 17 (1994): 99–120.

Michael L. Tushman, Wendy K. Smith, and Andy Binns, "The Ambidextrous CEO," *Harvard Business Review* (2011): 74–80.

Sarah Kaplan and Mary Tripsas, "Thinking about Technology: Applying a Cognitive Lens to Technical Change," *Research Policy* 37 (2008): 790–805.

W. Chan Kim and Renee Mauborgne, *Blue Ocean Strategy: How to Create Uncontested Market Space and Make Competition Irrelevant* (Boston: Harvard Business School Press, 2005).

■ 최근문헌

Erwin Danneels and Federico Frattini, "Finding Applications for Technologies Beyond the Core Business," *Sloan Management Review* 59, no. 3 (2008): 73–8.

Michael Leatherbee and Riitta Katila, "The Lean Startup Method: Early-Stage Teams and Hypothesis-Based Probing of Business Ideas," *Strategic Entrepreneurship Journal* 14 (2020): 579–93.

Oliver Schilke, "On the Contingent Value of Dynamic Capabilities for Competitive Advantage: The Nonlinear Moderating Effect of Environmental Dynamism," *Strategic Management Journal* 35 (2014): 179–203.

Rory McDonald and Cheng Gao, "Pivoting Isn't Enough? Managing Strategic Reorientation in New Ventures," *Organization Science* 30, no. 6 (2019).

Shon R. Hiatt and W. Chad Carlos, "From Farms to Fuel Tanks: Stakeholder Framing Contests and Entrepreneurship in the Emergent U.S. Biodiesel Market," *Strategic Management Journal* 40 (2018): 865–93.

■ 참고문헌

1. Gary Hamel and C. K. Prahalad, "Strategic Intent," *Harvard Business Review* (May–June 1991): 63–76.
2. C. K. Prahalad, "The Role of Core Competencies in the Corporation," *Research Technology Management* (November–December 1993): 40–7.
3. Michael A. Porter, *Competitive Strategy* (New York: Free Press, 1980).

4. Michael Porter is fully supportive of both ways of applying the five-force model. Personal communication with Michael Porter, March 25, 2006.
5. Michael A. Porter, "Strategy and the Internet," *Harvard Business Review* 79, no. 3 (2001): 62–78; and personal communication, March 13, 2006.
6. Shawn L. Berman et al., "Does Stakeholder Orientation Matter? The Relationship between Stakeholder Management Models and Firm Financial Performance," *Academy of Management Journal* 42 (1999): 488–507; Thomas Donaldson and Lee Preston, "The Stakeholder Theory of the Corporation: Concepts, Evidence, and Implications," *Academy of Management Review* 20 (1995): 65–91; and William Evan and R. E. Freeman, "A Stakeholder Theory of the Modern Corporation: Kantian Capitalism," in *Ethical Theory in Business,* eds. T. Beauchamp and N. Bowie (Englewood Cliffs, NJ: Prentice Hall, 1983), 75–93.
7. Michael A. Porter, *Competitive Advantage* (New York: Free Press, 1985).
8. Jay Barney, "Firm Resources and Sustained Competitive Advantage," *Journal of Management* 17 (1991): 99–120.
9. Richard Reed and Robert J. DeFillippi, "Causal Ambiguity, Barriers to Imitation, and Sustainable Competitive Advantage," *Academy of Management Review* 15, no. 1 (1990): 88–102.
10. Mark Gallon, Harold Stillman, and David Coates, "Putting Core Competency Thinking into Practice," *Research Technology Management* (May–June 1995): 20–28.
11. Prahalad, "The Role of Core Competencies in the Corporation."
12. Prahalad and Hamel, "The Core Competence of the Corporation."
13. Prahalad, "The Role of Core Competencies in the Corporation."
14. Leonard-Barton, "Core Capabilities and Core Rigidities."
15. Giovanni Dosi, "Sources, Procedures, and Microeconomic Effects of Innovation," *Journal of Economic Literature* (September 26, 1988): 1130; and Mary Tripsas and Giovanni Gavetti, "Capabilities, Cognition, and Inertia: Evidence from Digital Imaging," *Strategic Management Journal* 21 (2000): 1147.
16. Andrew A. King and Christopher Tucci, "Incumbent Entry into New Market Niches: The Role of Experience and Managerial Choice in the Creation of Dynamic Capabilities," *Management Science* 48 (2002): 171–86; and Kathleen M. Eisenhardt and Jeffrey A. Martin, "Dynamic Capabilities: What Are They?" *Strategic Management Journal* 21 (2000): 1105–21.
17. Margaret B. Graham and Alec T. Shuldiner, *Corning and the Craft of Innovation* (New York: Oxford University Press, 2001); and C. L. Tucci, "Corning and the Craft of Innovation," *Business History Review* 75 (2001): 862–65.
18. Christopher A. Bartlett and Ashish Nanda, "Corning, Inc.: A Network of Alliances," Harvard Business School case no. 9-391-102, 1990.
19. Prahalad, "The Role of Core Competencies in the Corporation."
20. Hamel and Prahalad, "Strategic Intent."
21. Prahalad, "The Role of Core Competencies in the Corporation."
22. Kenneth Marino, "Developing Consensus on Firm Competencies and Capabilities," *Academy of Management Executive* 10, no. 3 (1996): 40–51.

Chapter 07

혁신 프로젝트의 선택

Choosing Innovation Projects

혁신 노력을 어디에 집중해야 하는가? 실습 도구의 소개[a]

기술의 변화는 기업 환경을 매우 불확실하게 만들 수 있다. 미래에는 고객들이 무엇을 원할지 또는 경쟁자들이 무엇을 할지 어떻게 알 수 있는가? 그러나 기술의 미래는 그렇게 생각처럼 예측하기 어렵지만은 않을 수 있다. 큰 그림을 통해 기술이 발전하고 있는 방향성을 볼 줄 알고 어디에 큰 보상이 있을 수 있을지 볼 줄 안다면, 다음 번 큰 혁신이 일어날 곳이 어디인지 또는 어디가 되어야 하는지에 대한 통찰력을 얻을 수 있다. 이를 통해 관리자들은 기업의 연구개발 노력을 어디에 집중해야 하는지 이해할 수 있고 경쟁자들의 움직임을 예측하는 데 도움을 얻을 수 있다.

Sony의 SACD에 관한 이야기가 좋은 예가 될 것 같다. 1990년대 중반, 컴팩트 디스크 시장은 포화상태에 이르렀고 가전업계와 음반업계 모두 새로운 성장 시대를 여는 차세대 오디오 포맷의 도입에 열심이었다. 1996년, Hitachi, JVC, Mitsubishi, Toshiba, Universal Music Group, Time Warner 등이 컨소시엄을 구성해 뛰어난 음질과 서라운드 사운드를 제공하는 새로운 표준 즉, DVD 오디오를 지원했다. 이 컨소시엄의 계획은 소비자들이 보유하고 있는 음향기기와 음반을 DVD 기반으로 업그레이드하면서, 콤팩트 디스크(CD)라는 업계 표준을 소유하면서 판매되는 모든 CD와 음향기기에 대한 사용료를 가져가고 있는 Sony와 Philips의 시대에 마침표를 찍는 것이었다.

그러나 Sony와 Philips도 그저 가만히 앉아 당하고 있지만은 않았다. 이들은 자신들의 새로운 포맷인 Super Audio CD로 반격했다. Super Audio CD는 기존 제품을 확장한 것으로 이를 통해 디스크와 기기의 사용료를 계속해서 통제하고자 하였다. 업계는 혼란에 빠져들었다. 제조업자, 유통업자, 그리고 소비자들이 잘못된 포맷을 선택한다면 큰 손해를 입을 수도 있게 된 것이다. 그럼에도 불구하고, Sony는 1999년 말에 최초의 Super Audio 기기를 출시했고, 2000년 중반에는 반대 진영이 DVD 오디오 기기를 시장에 출시하였으며, 이후 두 제품의 가격은 급격히 하락하면서 비슷해졌다. 치명적인 포맷 전쟁이 불가피해 보였다.

당신은 이 지점에서 왜 이 포맷 전쟁에 대해 들어본 적이 없는지 궁금해하며 머리를 긁적거리고 있을지도 모르겠다. 무슨 일이 있었던 것인가? 바로 MP3다. 가전제품 대기업들이 오디오 음질 향상에 집중하는 동안, 음질을 약간 *희생하는* 대신 오디오 파일의 크기를 줄인 알고리즘이 인기를 얻고 있었다. 1999년 파일 공유 플랫폼 Napster가 출시된 직후 소비자들은 수백만 건의 음악 파일을 무료로 다운로드받기 시작했고, Napster와 비슷한 서비스들이 우후죽순처럼 생겨나기 시작했다.

Sony, Phillips 그리고 DVD 오디오 컨소시엄이 운이 없었다고 생각하기 쉽다. 누가 MP3의 파괴적인 출현을 예측할 수 있었을까? 가전제품 대기업들이 음질의 고성능화라는 기술 발전 궤도가 저음질이라는 새로운 흐름에 의해 대체될 줄 예측이나 했겠는가. 사실, 그들은 다음 번 큰 혁신은 음질보다는 휴대성과 고객의 선택 가능성에 관한 것이 될 것임을 알았어야 했다.

특정 분야에서 기술 진화의 "큰 그림"을 얻고, 기업이 수행하는 혁신 투자에 우선순위를 정하는 것을 도울 수 있는 한 방법을 소개하고자 한다.

첫 번째 단계: 기술 진화의 다양한 측면을 이해하기

기술은 일반적으로 여러 측면에서 동시에 발전한다. 예를 들어, 컴퓨터는 점점 더 빨라지면서 점점 소형화된다. 속도가 한 측면이라면 다른 측면은 크기이다. 어떤 측면에서의 발전이든 구체적인 비용과 편익이 동반되면서 측정 가능한 소비자 효용의 변화를 초래한다. 기술이 발전하는 핵심 측면들을 파악하는 것이 기술의 미래를 예측하는 첫 번째 단계이다.

이러한 다양한 측면들을 인식하는 데 도움이 되는 방법 중 하나는 현재까지의 기술 발전 경로를 되짚어 보면서 기술의 형태에 주요한 변화가 일어났을 때 소비자 효용의 어떠한 측면이 영향을 받았는지 생각하고 알아보는 것이다. 시간을 과거로 거스르면서 기술이 고객의 니즈를 충족시키는 가장 기본적인 방식을 따라가다 보면 기술이 변화시켜온 기본적이면서도 근원적인 측면들을 더 쉽게 볼 수 있을 것이다.

예를 들어 축음기가 출현하기 전에는 사람들은 음악이 연주되거나 연설이 이루어지는 바로 그 장소와 시간에서만 내용을 들을 수 있었다. 1800년대에 출현한 최초의 축음기는 실제 공연 시간과 장소와는 관계없이 언제 어디서나 그 내용을 들을 수 있게 해주면서 시간과 장소를 소비와 *비동기화*시켰다. 이는 엄청난 성취였다. 그러나 그 축음기는 불편했다. 음질은 "양철 부딪히는 듯한" 느낌이었고 음악 선택의 폭도 극히 제한적이었다. Emile Berliner가 선보인 평편한 디스크 모양의 레코드는 *음질*을 획기적으로 향상시키는 반면, *비용*은 획기적으로 낮추면서 *선택*할 수 있는 음악의 폭은 대폭 넓혀주었다. 음질과 음원 저장 방식의 개선과 더불어 비용 절감이 이루어진 것이었다. 이후 1960년대에 출현한 8트랙 테이프 카트리지는 녹음된 음악을 이동하면서 들을 수 있는 *휴대성*을 제공했다. 1970년대의 카세트 테이프는 *휴대성*을 더욱 향상시켰으며 소비자가 자신이 좋아하는 음악, 연설 등을 선택적으로 녹음하여 들을 수 있게 되면서 소비자에게 *개별맞춤화* 기능을 제공했다. 그 후 1982년에 Sony와 Philips는 카세트 테이프보다 더 좋은 *음질*을 제공하는 콤팩트 디스크 표준을 도입했고 이는 빠르게 지배적인 포맷이 되었다. 따라서 이처럼 역사를 추적해보면 오디오 포맷 기술의 진화를 이끈 6가지 핵심 소비자 효용 측면인 *비동기화*, *비용*, *음질*, *선택의 폭*, *휴대성*, *개별맞춤화*를 파악할 수 있다.

이제 당신의 관심 제품과 서비스 분야를 대상으로 이 분석 프로세스를 수행해보자. 자신이 생각할 수 있는 가장 오래된 과거의 한 지점에서부터 시작하여 시간에 따른 기술의 발전 경로를 추적해 보자. 이 과정에서 주요 변곡점들이 발생한 지점을 짚어보고 기술이 진화해온 3~5개 정도의 가장 중요한 근원적인 측면들을 소비자 효용의 관점에서 식별해보자. 세부적인 것에 사로잡히기보다는 전체적인 그림을 보는 것이 중요하기 때문에, 근원적인 측면들을 파악하는 것이 중요하다.

두 번째 단계: 각 소비자 효용 측면에서 우리는 현재 효용 곡선상의 어디에 위치하고 있는가?

이제 각 측면별로 소비자가 기술로부터 얻고 있는 가치의 정도를 나타내는 효용 곡선의 형태를 결정하고, 이 곡선상에서 현재 소비자들이 얻고 있는 가치의 위치를 정해보자. 이 과정을 통해 어디에 개선 또는 향상에 관한 가장 큰 기회가 있는지 파악할 수 있다.

예를 들어, 오디오 포맷의 역사를 보면 음악의 *선택*에 관한 효용 곡선이 오목하게 증가하는 형태의 포물선을 그린다는 것을 알 수 있는데, 선택의 폭이 넓어지면서 효용은 증가하지만 시간에 따른 증가의 폭은 점점 줄어들고 언젠가는 증가가 멈추게 된다(그림 1 참조). 선택할 수 있는 음악의 폭이 매우 적을 때에는, *선택*의 폭이 조금이라도 늘어나면 효용이 상당히 증가하게 된다. 예를 들어, 축음기가 처음 등장했을 때 재생할 수 있는 음악의 수는 굉장히 적었다. 더 많은 수의 녹음이 가능해지면서 고객들은 더욱더 구매에 관심을 갖게 되고 축음기를 소유하고자 하는 욕구가 획기적으로 증가하였다. 시간이 지나면서 선택의 폭은 기하급수적으로 늘었고 효용 곡선은 점차 평편해지기 시작했다. 여전히 사람들은 신곡이 출시될 때마다 좋아했지만, 각 신곡이 더하는 가치는 점점 줄어들기 시작했다. 오늘날 iTunes, Amazon Prime Music, 그리고 Spotify와 같은 디지털 음원 서비스들은 몇 천만 개의 음악을 제공한다. 음악 선택의 폭이 거의 무한으로 늘어나면서 사람들의 관심은 거의 충족되었고 아마도 우리는 이미 효용 곡선의 정점에 이르고 있을 것이다.

자 이제 Super Audio CD와 DVD 오디오가 지향하는 주요 측면인 *음질* 부분을 살펴보도록 하자. 음질 또한 오목한 포물선 형태의 효용 곡선을 그릴 것이다. 첫 축음기의 음질은 형편없었다. 비록 녹음된 음악을 듣는다는 것 자체가 엄청난 장점이었지만, 그래도 소리는 가늘고 쉿소리가 났다. 초기의 음질 개선은 사람들이 음악을 즐기는 데 커다란 차이를 만들었다. 그리고 난 뒤 더 나은 음질을 제공하는 콤팩트 디스크가 나왔지만 대다수의 사람이 비닐 레코드가 "충분히 좋다"고 그리고 더 "따뜻한" 음질이 느껴진다고 말하기도 했다. 2000년대 초 Sony, Philips, 그리고 DVD Audio 컨소시엄이 새로운 포맷을 출시했을 때 음질에 관한 효용 곡선은 이미 평편한 상태에 이르고 있었다. Super Audio CD와 DVD 오디오는 콤팩트 디스크보다 훨씬 더 좋은 음질을

그림 1 ▸ 음악 선택의 폭에 관한 포물선 모양의 효용 곡선

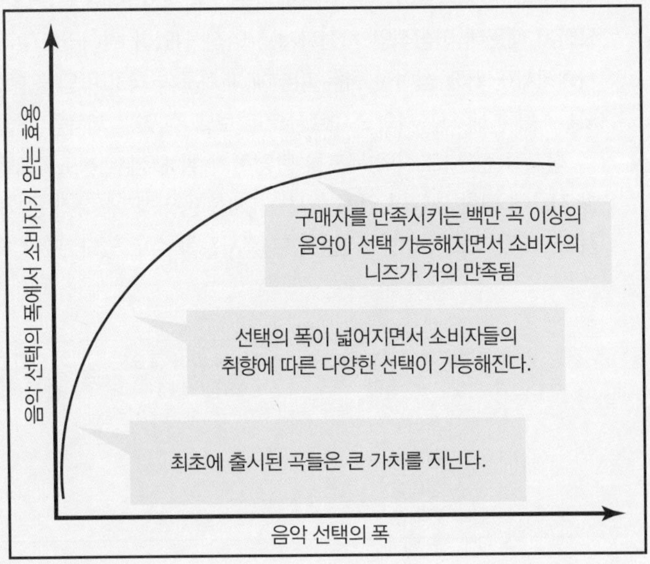

제공하기는 한다. 예를 들어 CD의 주파수 범위는 초당 약 20,000사이클(kHz)인 반면, 새로운 포맷은 100 kHz에 이르는 범위를 제공한다. 이는 상당히 고음질이지만, 인간의 청력이 약 20 kHz까지만 들을 수 있기에 아마 반려견 정도만 그 성능을 즐길 수 있을 것이다. 2007년에 Audio Engineering Society는 전문 녹음 엔지니어를 포함한 실험대상자들이 Super Audio와 일반 CD간의 음질 차이를 얼마나 잘 구분할 수 있는지를 1년 동안 평가한 결과를 발표했다. 피실험자들의 절반 정도만 Super Audio와 일반 CD 간의 음질 차이를 식별해냈는데, 이는 단순히 무작위로 추측을 해도 나올 수 있는 결과였다.

만약 기업들이 *음질*에 관한 효용 곡선을 분석했더라면, 그들은 이 측면에 투자하는 것이 별 가치가 없다는 것을 알 수 있었을 것이다. 한편, *휴대성*, *선택의 폭*, *비용*곡선을 대충만 보았어도 이곳에서의 기회를 발견할 수 있었을 것이고, MP3는 세 가지 측면 모두에서 커다란 가치를 제공했다.

세 번째 단계: 우리의 돈과 노력을 어디에 투자해야 하는가?

아래와 같은 매트릭스를 사용하면 어떤 기술 개발에 대한 투자가 투자대비 가장 큰 수익을 낼 수 있는지 평가할 수 있다(그림 2 참조). 먼저 고객에게 가장 중요하다고 생각되는 성능 측면들을 나열해보자. 그리고 난 뒤 각 측면을 다음의 3가지 영역에서 5점 척도로 평가한다. 고객에게 있어 중요도(1은 "중요하지 않음"을 의미하고 5는 "매우 중요함"을 의미함), 개선의 여지(즉, 효용 곡선이 평평해지기까지 얼마나 많은 여지가 있는지, 1은 "개선 기회 적음"을 의미하고 5는 "개선 기회 많음"을 의미함), 개선의 용이성(1은 "매우 어렵다"는 의미이고 5는 "매우 쉽다"는 의미이다).

예를 들어, 혈당 측정기를 만드는 회사가 매긴 점수가 아래 매트릭스에 나타나 있다(그림 2). 고객에게 가장 중요한 특성은 *신뢰성*인데 이는 환자의 생사를 의미할 수 있기 때문이다. 그러나 기존 기기(손가락에서 얻은 한 방울의 혈액을 사용하는 휴대용 기기)는 이미 신뢰성이 매우 높아 "개선의 여지" 영역에서 낮은 점수를 받았다. 기존 기기들 또한 꽤 *사용하기 쉽고 가격도 저렴*하다. 하지만, 불편하다(혈액 채취 때마다 살짝 아프고 때론 두렵기도 하다). *편안함*은 신뢰성만큼은 아니지만 그래도 고객들로부터 중요하다고 평가받는 측면이다. *편안함*과 *사용 편의성*은 개선하기 나름 어려운 영역들이다(해당 예에서는 3점). 그러나 *사용 편의성*보다는 *편안함*이 고객에게 더 중요하기 때문에 이상적인 지점까지는 아직 멀었다 하더라도 *편안함*이 더 높은 점수를 받았다. 이 사례에서 평가에 참여한 팀은 피부에 패치를 부착하여 땀을 통해 혈당을 측정한 뒤 이 수치를 블루투스를 통해 사용자의 스마트폰으로 보낼 수 있는 제품을 개발하자고 제안하였다.

참고할 점은, 조직의 목표를 반영하기 위해 점수 척도를 조정할 수 있는데, 예를 들어 연구개발 자금에 대한 부담이 있는 회사는 "개선 용이성"에 더 많은 가중치를 줄 수 있으며 평가 점수의 척도도 5점 척도가 아닌 10점 척도를 사용할 수도 있다. 또한, 특정 측면의 중요도나 개선 용이성

그림 2 ▶ 주요 측면들에 대한 우선순위 평가

우선순위	측면	고객에게 있어 중요도 (5점 척도)	개선의 여지 (5점 척도)	개선의 용이성 (5점 척도)	총점
	비용	4	2	2	8
	편안함	4	4	3	11
	신뢰성	5	1	1	7
	편의성	3	2	3	8

에 관해 다른 평가를 할 수 있는 각기 다른 고객층을 대상으로 이 분석을 반복할 수 있다. 예를 들어, 혈당 측정기의 고객층을 아동용 시장과 성인용 시장으로 나눌 수 있다. 아동용은 *편안함*과 *사용 용이성*이 특히 중요하므로 아동용 혈당측정기의 *편안함*과 *사용 편의성*의 "중요성"에 5점을 부여하여 이 시장에는 편안함과 사용 용이성이 비용보다 더 중요함을 나타낼 수 있다.

조직의 초점 이동

이 실습 도구는 관리자들의 산업에 대한 시야를 넓혀줄 수 있고, 그들의 초점을 "우리가 하는 일은 이것이다"에서 "이것이 우리의 시장이 지향하는(또는 있어야 할) 곳"으로 바꾸는 데 도움이 될 수 있다. 또한 한때는 소비자에게 중요한 기술적 요소였으나 시간이 지나면서 중요도가 점점 줄어드는 기술 측면에 대해 조직이 갖고 있는 고정된 편견이나 심리적 집착을 극복하는 데 도움을 줄 수 있다. 진정으로 혁신적이기 위해서는 조직이 현재 하고 있는 일을 단순히 개선하는 것만으로는 충분하지 않다. 미래를 들여다보고 현재 산업이 하고 있는 것보다 더 나은 그리고 훨씬 더 나은 것이 있는지를 파악할 수 있어야 한다.

〈토론문제〉

1. 소비재 가전 대기업들은 왜 인간의 인지 능력을 넘어서는 오디오 기술 개발에 그렇게 많은 투자를 했을까?
2. 기술 개선에 따른 효용 곡선이 이미 평편해진 측면에 투자하고 있다고 생각되는 다른 기업이나 산업의 예를 들 수 있는가?
3. "개선의 여지"보다 "고객에게 있어 중요도"를 더 강조할 가능성이 있는 기업의 예를 생각해 낼 수 있는가? 반대로 "고객에게 있어 중요도"보다 "개선의 여지"가 훨씬 더 중요할 것 같은 기업의 예를 생각해 낼 수 있는가?

[a] Adapted from Melissa A. Schilling, "What's Your Best Innovation Bet?" Harvard Business Review (July–August 2017): 86–93.

개요

혁신적인 신제품과 서비스를 개발하려면 많은 시간과 비용이 필요하다. 또한 많은 연구 결과가 보여주듯이 대다수의 개발 프로젝트가 결국 실패하는 경우가 많다. 기업은 어떤 프로젝트가 투자 가치가 있는지에 대해 어려운 결정을 해야 하며, 그 후 선정된 프로젝트가 엄격하고 잘 계획된 개발 프로세스를 통해 수행되도록 하여야 한다. 이 장에서 우리는 혁신적인 프로젝트를 평가하고 선택하는 데 활용되는 다양한 방법들에 대해 살펴보겠다. 이 방법들은 비공식적인 것에서부터 고도로 구조화

자본 배분
한정된 자원을 여러 가능한 사용처에 배분하는 것.

된 것까지, 그리고 완전히 정성적인 것에서부터 엄격히 정량적인 것까지를 포함한다. 우리는 먼저 R&D 투자결정에서 **자본 배분**(capital rationing)의 역할을 살펴보고 나서 그 후에 정량적 방법, 정성적 방법, 그리고 이들을 혼합하는 접근방법 등 다양한 프로젝트 평가 기법들에 대해 살펴볼 것이다.

개발 예산

R&D 집중도
매출액 대비 R&D 지출 비율.

많은 프로젝트 평가 기법들은 모든 가치 있는 프로젝트에는 필요한 자금이 반드시 투입될 수 있다고 전제하는 것처럼 보이지만, 대부분의 기업들은 자금이나 다른 자원의 제약으로 인해 다수의 가치 있는 프로젝트 중에 선택을 해야 하거나 <이론의 적용: 기술집약적 벤처기업의 자금 조달>에서 보는 것처럼 외부 자금을 도입해야 할 필요성에 직면하게 된다. 많은 기업들이 신제품 개발 계획을 수립하는 데 *자본 배분*방식을 사용한다. 자본 배분하에서 기업은 R&D 예산(일반적으로 전년도 매출의 일정 비율)을 설정하고 수행 가능한 프로젝트들에 순위를 매기면서 투자 결정을 한다. 기업은 적절한 예산 수립을 위해 산업 내에서 다른 기업을 벤치마킹하거나 회사의 과거 경험을 벤치마킹할 수도 있다. 그림 7.1은 2020년 북미 지역 상장 기업 기준으로 **R&D 집중도**(R&D intensity, 매출액 대비 R&D 투자비율)가 가장 높은 10개 산업을 보여주고 있다. 제약, 소프트웨어, 가전과 특수 산업 장비 산업들은 타 업종에 비해 평균적으로 더 많은 R&D 비용을 지출하고 있음을 볼 수 있다.

각각의 산업 내에서도 개별 기업들이 지출하는 R&D 비용에는 상당한 편차가 존

그림 7.1 ▶ R&D 집중도가 가장 높은 10개 산업(3자리 SIC), 2020

출처: Compustat data. 20개 이상의 기업들이 속한 산업들을 대상으로 하였음. 산업별 R&D 집중도의 계산은 특정 대기업으로 인한 편향을 최소화하기 위하여 산업별 매출과 R&D 비용을 각각 합산한 뒤 이루어졌음.

순위	산업	상장기업의 수	산업별 R&D 지출 (백만 달러)	산업별 매출 (백만 달러)	R&D 집중도 (R&D/매출)
1	제약	429	$166,990	$ 662,138	25%
2	소프트웨어와 컴퓨터 서비스	404	$153,091	$1,101,614	14%
3	전자장비	119	$ 56,809	$ 448,089	13%
4	특수용도 산업용 장비	23	$ 7,037	$ 56,523	12%
5	통신장비	47	$ 31,756	$ 363,354	9%
6	의료장비	128	$ 16,954	$ 200,426	8%
7	측정장비	62	$ 10,526	$ 146,474	7%
8	컴퓨터와 주변기기	46	$ 27,807	$ 410,345	7%
9	자동차 제조	45	$ 53,414	$1,172,034	5%
10	일반 산업용 기계장비	26	$ 1,830	$ 71,502	3%

그림 7.2 ▶ 세계 상위 10개 R&D 비용 지출 기업, 2020

출처: 각 기업 연간 보고서

기업	매출 (10억 달러)	R&D 지출 (10억 달러)	R&D 집중도 (R&D/매출)
Samsung	$197.7	$14.9	8%
Alphabet	$182.5	$14.8	8%
Volkswagen	$254.6	$14.5	6%
Microsoft	$ 143	$14.6	10%
Huawei	$136.2	$12.5	9%
Intel	$ 77.9	$12.1	16%
Apple	$274.5	$10.7	4%
Roche	$ 64.7	$ 9.8	15%
Johnson & Johnson	$ 21.1	$ 9.7	46%
Daimer	$ 190	$ 9.6	5%

재한다. 예를 들어 그림 7.2에서 볼 수 있듯이 Johnson & Johnson의 R&D 집중도는 다른 제약회사들의 평균보다 매우 높다(46% 대 25%). 반면에 Microsoft는 산업평균보다 다소 낮다(10% 대 14%). 그림 7.2는 기업의 규모가 R&D 비용에 미치는 영향도 보여주고 있다. 삼성의 R&D 지출 규모는 다른 기업들보다 월등히 크지만, 상대적으로 큰 매출액 규모 때문에 R&D 집중도는 낮게 나타나고 있다.

자본 배분에서 사용되는 순위 설정은 현금흐름 할인법이나 옵션분석법과 같은 정량적 방법, 그리고 선별 질문이나 포트폴리오 분석법과 같은 정성적 방법, 또는 복수의 방법을 혼용하는 방법 등과 같은 다양한 방식에 의해서 구성될 수 있다. 관리자들이 각 방법의 전제 조건과 강점 그리고 약점을 숙지한다면 평가기법을 채택하는 데 도움이 된다.

프로젝트 선택을 위한 정량적 방법

새로운 프로젝트를 평가하기 위한 정량적 방법은 일반적으로 프로젝트로부터 예상되는 미래 현금수익의 예상치를 구하는 방식이다. 정량적 방법은 관리자들이 프로젝트들을 수학적이고 통계적으로 정밀하게 비교할 수 있도록 해준다. 단 비교의 정확도는 궁극적으로 예측치의 정확도에 근거하는데, 불확실하고 급격한 환경변화 속에서는 예측치의 정확도가 의문시될 수도 있다. 가장 흔히 사용되는 정량적 방법은 현금흐름 할인법과 실물옵션 평가법 등을 들 수 있다.

이론의 적용 기술집약적 벤처기업의 자금 조달

대기업은 혁신적인 프로젝트에 필요한 자금을 내부적으로 확보할 수 있는 반면, 신기술에 기반을 둔 신생 기업의 경우에는 종종 외부에서 자금을 구해야 한다. 그러나 자금 확보가 때때로 상당한 압박 요소로 작용할 수 있다. 신생 기업의 경우에는 기술과 사업 컨셉이 검증되지 않았기 때문에, 덩치 큰 경쟁자들에 비해 훨씬 높은 자본비용에 직면하기 때문이다. 또한 자금을 확보할 수 있는 경로도 매우 제한적이다. 기업가는 사업의 시작과 성장의 초기 단계에서 친구, 가족, 또는 개인적인 대출을 통해 자금을 확보하게 되며, 때론 정부기관을 통해 초기 자금을 확보하기도 한다. 만약 제품 개념과 관리팀의 장래성이 충분하다면 기업은 "angel 투자자"와 벤처캐피털리스트를 자금과 후원의 원천으로 활용할 수 있다.

가족, 친구 그리고 신용카드

새로이 벤처기업을 시작할 때는 대개 기술과 관리능력이 검증되지 않아서 사업 자체가 매우 위험해 보일 수 있다. 이 단계에서 기업가는 융자나 출자의 형태로 초기 자금을 투자할 수 있는 가족이나 친구에게 의존하게 된다. 다른 대안으로 기업가는 가까운 은행에서 대출을 시도할 수도 있다. 그러나 많은 수의 신생 기업들은 고율의 이자를 부담해야 하는 신용카드사로부터 자금을 공급받는다.

정부 보조금과 융자

몇몇 벤처기업들은 정부 기관으로부터 자금을 확보하기도 한다. 미국의 Small Business Administration (SBA)은 상무성, 농림부, 에너지 자원부, NASA 등과 같은 여러 연방 기관들로부터의 보조금, 융자, 벤처자금 프로그램과 같은 방법을 통해 창업자 정신과 혁신을 지원하기 위해 설립되었다. 이와 유사하게 영국에서는 중소규모의 기술집약적 기업들에게 자금을 지원하기 위해 Enterprise Fund라는 프로그램이 실시되고 있으며, 독일에서는 창업 기업을 지원하기 위해 800여 개가 넘는 연방 그리고 주 정부 프로그램들이 실시되고 있다.[a]

Angel 투자자

Angel 투자자란 파트너십 구조를 제한하는 벤처캐피털을 활용하지 않고 프로젝트에 직접 투자하는 개인 투자자를 말한다. 그들은 대개 사업에 성공한 부유한 계층이거나 투자를 통해 창업에 대한 대리 만족의 스릴을 느끼고자 하는 사람들이다. Angel 투자자들은 일반적으로 백만 달러 이하의 프로젝트에 투자한다. Angel 투자자들은 투자를 통해 손해를 보기도 하지만 사업이 잘만 수행된다면 막대한 수익을 얻을 수 있다. Angel은 공공의 인명부에는 등재되어 있지 않지만 전문적인 네트워크, 즉 과거의 동료, 교수, 변호사 등을 통해서 접촉할 수 있다. 많은 창업의 경우 제품이 생산되거나 회사가 조직화되기 전인 "씨앗 단계"에서 Angel 투자자로부터 자금을 확보한다. Angel 투자거래 자체가 일반에게 공개되지 않기 때문에, 이에 대한 정보를 구하기는 어렵지만 Center for Venture Research에서 추산하기를 2016년도에 64,380개의 벤처기업들에 대해 총 213억 달러의 angel 투자가 이루어졌다(건당 평균 33만 달러).

벤처캐피털

백만 달러 이상이 소요되는 프로젝트의 경우 기업가는 종종 독립적인 벤처캐피털 회사 또는 법인 벤처캐피털로 눈길을 돌리게 된다.

독립적 벤처캐피털 기업은 빠른 성장 잠재력을 내포하고 있는 프로젝트에 투자한다. 많은 벤처캐피털 기업은 창업의 성공 가능성을 좀 더 정확히 평가하기 위해 특정 산업에 특화하여 투자를 실시한다. 또한 될 수 있으면 가까운 거리에 있는 기업에 투자하여 빈번한 대면 접촉을 하고자 한다.[b]

벤처캐피털은 기업의 운영이 성공적이라면 자본으로, 성공적이지 못한 경우 부채로 전환되는 복잡한 부채-자본 하이브리드 계약을 통해 투자되는 경향이 있다.[c] 사업이 매우 성공적이라면, 벤처캐피털리스트들은 주식시장의 상장이나 타 기업으로의 매각을 통해 투자금액을 회수할 수 있다. 벤처캐피털리스트들은 매우 까다로우며 대부분의 제안서들을 거부하지만 선택된 프로젝트들은 다른 투자자들로부터 신뢰와 이에 따른 추가 투자의 기회, 조언 등과 같은 여러 가지 이점들이 생기게 된다. 몇몇 벤처캐피털리스트들은 씨앗 단계에 국한하여 투자를 하기도 하지만, 대개의 경우 기업이 조직화되고 제품이 성공적이라는 징후가 보이기 시작하는 시기부터 자체 수익을 통해 개발활동과 성장을 유지해 나갈 수 있기 전 단계까지인 초기 단계 동안 투자를 실시한다. Crunchbase에 따르면 2017년 벤처 투자자들은 전 세계 22,700개 업체에 2,136억 달러를 투자하였다. 가장 활발한 벤처캐피탈 기업인 Sequoia Capital은 2017

(계속)

(계속)

년에 70개 벤처기업에 투자하고 있다.

전략적 투자자

전략적 투자는 기업의 벤처캐피털과 같이 동일 또는 연관 산업에 있는 특정 기업이 개발 중인 기술에 전략적 관심이 있어서 협력 기업, 공급자, 소비자의 자격으로 지식이나 기타 자원을 제공하는 경우의 투자를 의미한다. 예를 들어, 기업의 전략적 벤처캐피탈 부서는 최첨단 기술이 기술적으로 그리고 상업적으로 가능성이 있다고 판단될 경우 이 기술에 대한 접근을 용이하게 하기 위해 개발 기업에 소규모의 지분 확보를 위한 투자를 하는 경우도 있다. 이런 기업들은 사내 개발운영 부서와 연계한 내부 벤처투자 부서를 구성하거나 기업운영과는 별개로 외부 자금을 형성하는 방법을 통해 투자를 실시한다.[d] 전자의 경우 새로운 기업이 성공하는 데 회사가 보유한 전문적 기술과 자원을 효율적으로 활용할 수 있다는 장점을 가진다. 그러나 이런 구조 아래에서는 투자 회사에 의해 독점적 기술을 수용당할 우려가 있다. 후자의 경우 외부의 벤처캐피털이 투자되므로 기술의 수용은 방지할 수 있으나 투자기업의 비재무적인 자원을 활용하는 데 제한이 있다는 약점이 존재한다.[e] CB Insights에 따르면 2017년에는 전 세계 1,791건에 걸쳐 총 312억 달러(건당 평균 1,700만 달러)의 벤처투자 결정이 이루어졌다. CB Insights에 따르면, 2017년 가장 활발한 법인 벤처캐피털은 GV (Google Venture의 후신), Intel Capital, Salesforce Ventures, Qualcomm Ventures, GE Ventures, Legend Capital, Microsoft Ventures, K Cube Ventures, Fosun RZ Capital, 그리고 Samsung Ventures가 있다.

[a] Bronwyn H. Hall, "The Financing of Research and Development," *Oxford Review of Economic Policy* 18 (2002): 35–51.
[b] Paul Gompers and Josh Lerner, *The Venture Capital Cycle* (Boston: MIT Press, 2004); Emily Cox Pahnke, Riitta Katila, and Kathleen M. Eisenhardt, "Who Takes You to the Dance? How Partners' Institutional Logics Influence Innovation in Young Firms," *Administrative Science Quarterly* 60 (2015): 596–633.
[c] B. H. Hall, "The Financing of Research and Development.", 2002.
[d] Paul A. Gompers, "Corporations and the Financing of Innovation: The Corporate Venturing Experience," *Economic Review—Federal Reserve Bank of Atlanta* 87, no. 4 (2002): 1–18.
[e] Gary Dushnitsky, "Limitations to External Knowledge Acquisition: The Paradox of Corporate Venture Capital," doctoral dissertation, New York University, 2003.

■ 현금흐름 할인법

순현재가치법
현금유입의 현재 가치에서 현금유출의 현재 가치를 차감한 값.

내부수익률
NPV를 0으로 만들어주는 수익률(할인율).

많은 기업은 프로젝트를 평가하기 위해 미래의 현금흐름을 할인하는 분석법을 사용한다. 현금흐름을 할인하는 방법은 일정한 위험 수준하에서 예상되는 미래 효익이 비용지출을 상쇄하기에 충분한가를 평가하는 정량적인 방법이다. 현금흐름 할인법은 자본회수 기간, 위험, 그리고 화폐의 시간가치를 고려한다. 투자결정 평가에 가장 많이 사용되는 현금흐름 할인법은 **순현재가치법**(net present value; NPV)과 **내부수익률법**(internal rate of return; IRR)이다. 두 방법 모두 동일한 현금흐름 할인법에 기반을 두고 있으나 문제를 바라보는 시각이 다르다. NPV법은 "주어진 비용지출 수준, 현금유입 흐름, 그리고 할인율을 기준으로 프로젝트의 현재 가치가 얼마인가"에 관심을 갖는 반면, IRR법은 "주어진 비용지출 수준과 현금유입 흐름에서 프로젝트가 달성할 수 있는 수익률"에 관심을 둔다. 어떤 방법에서든 관리자는 지출과 현금유입의 크기와 타이밍의 추정치를 활용하게 된다. 의사결정자는 이 두 방법을 통해 위험의 기본적인 측정치를 반영할 수 있다. 예를 들어 더 위험한 프로젝트의 경우

NPV분석 시 더 높은 할인 요소들을 반영하게 될 것이다. 관리자는 또한 최상과 최악의 현금흐름 각각의 추정치를 활용하여 시나리오별로 현금흐름의 할인된 수치를 계산하기도 한다.

순현재가치법

프로젝트의 NPV를 계산하기 위해 관리자는 우선 다양한 상황 하에서 프로젝트의 비용과 프로젝트가 창출할 수 있는 현금흐름을 추정해야 한다. 그리고 추정한 미래 비용과 현금흐름을 화폐의 시간가치와 위험을 고려하여 현재 시점의 가치로 할인해야만 한다. 그리고 난 뒤 현금유입 현재가치와 현금유출 현재가치를 비교해야 한다.

$$\text{NPV} = \text{현금유입의 현재가치} - \text{현금유출의 현재가치}$$

만약 이 값이 0보다 크다면 비용과 현금유입에 관한 추정치 내에서 부를 창출해낼 수 있음을 의미한다.

현금유입과 유출의 현재가치를 알아내기 위해 각각의 현금흐름은 할인율을 활용해 현재 시점으로 할인하여야 한다(그림 7.3 참조). 만약 프로젝트의 시작시점(0년도)에 단 한 번의 비용이 지출된다면 그 비용은 기대되는 미래 현금흐름의 현재가치와 직접 비교될 수 있다. 그림 7.3의 예에서 보듯이, 6%의 할인율하에서 미래 현금유입 흐름의 현재가치는 3,465.11달러이다. 그러므로 최초 지출된 비용이 3,465.11달러보다 작다면 NPV는 양의 값을 갖는다. 만약 많은 개발 프로젝트가 그러하듯 여러 기간에 걸쳐 현금유출이 발생한다면, 이 현금유출 흐름은 현재 시점으로 할인되어야 한다.

만약 개발 프로젝트로부터의 현금유입이 그림 7.3과 같이 매년 일정하다면, 각각의 개별 현금유입을 할인하는 방법보다 연금의 현재가치를 계산해내는 공식을 이용

그림 7.3 ▶ 미래 현금흐름의 현재 가치 예시

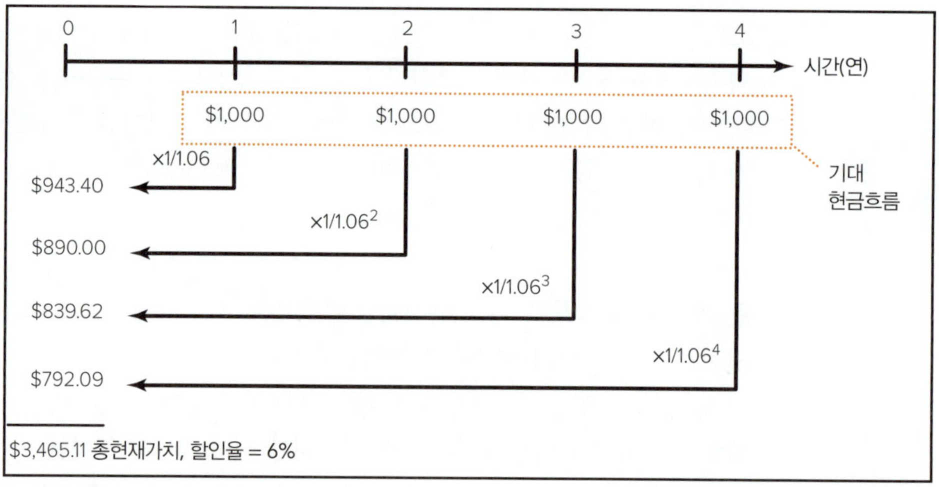

해 현가를 쉽게 구할 수 있다. 이 방법은 현금유입이 수년간에 걸쳐 기대될 때 유용하다. 매 기간 C달러의 현금유입이 t 기간 동안 이루어졌으며 할인율이 r이라면 공식은 다음과 같다.

$$\text{연금 현재가치} = C \times \frac{1 - \{1/(1+r)^t\}}{r}$$

이 값은 이제 초기 투자액과 비교할 수 있다. 현금흐름이 영구적이라면 공식은 다음과 같이 단순화될 수 있다.

$$\text{영구연금 현재가치} = C \times 1/r$$

할인 손익분기 기간 현금흐름 할인법을 사용하여 프로젝트의 손익분기점을 달성하는 데 걸리는 시간.

비용과 미래현금흐름의 현가는 **할인 손익분기 기간**(discounted payback period, 할인된 현금흐름 기준으로 수익이 비용을 정확히 상쇄하는 데 소요되는 기간)을 계산할 때도 활용된다. 위 예의 경우 초기 투자가 2,000달러라고 가정해보자. 현금유입을 할인해보면 매 기간 누적 현금흐름의 현가는 다음과 같다.

연도	누적 현금흐름
1	$ 934.40
2	1,833.40
3	2,673.02
4	3,465.11

그러므로 투자금액은 두 번째 해와 세 번째 해의 사이에서 전액 회수될 것이다. 두 번째 해의 누적 현금흐름의 현가는 1,833.40달러이므로 세 번째 해에서 166.60달러가 더 필요하다. 세 번째 해의 현금흐름의 현가가 839.62달러로 기대되므로 손익분기를 달성하는 데 166.60달러/839.61달러 ≈ 0.20년의 기간이 더 필요하다. 그러므로 손익분기 기간은 2년 2개월이라고 할 수 있다.

내부수익률법

프로젝트의 내부수익률(IRR)은 투자의 현재가치를 0으로 만들어주는 할인율을 의미한다. 관리자들은 필요 투자액이 계산되면 투자 여부를 결정하기 위해 이 수익률과 기대수익률을 비교하게 된다. 일반적으로 IRR의 계산은 NPV등식에 점차로 높은 이자율을 단계적으로 NPV가 0이 될 때까지 대입해가는 시행착오법을 통해 계산된다. 계산기나 컴퓨터가 이 작업을 수행하게 된다. 하지만 이 측정치는 조심스럽게 사용되어야 한다. 만약 현금흐름이 매 기간 다르다면 복수의 내부수익률이 존재할 수 있으며, 일반적인 계산기 또는 컴퓨터 프로그램은 첫 번째로 산출된 IRR만을 보고한다는 문제가 존재한다.

NPV와 IRR 모두 전략적 계획 수립과 장단점 비교결정을 용이하게 하는 구체적 재무수치를 제공한다. 이 방법들은 투자금액과 현금흐름의 유입/유출시기, 화폐의 시간가치와 위험을 고려한다. 또한 프로젝트의 수익을 명확하게 보여주므로 관리자들은 이들을 통해 프로젝트에 대한 확신을 얻을 수 있게 된다. 그러나 이런 불확실성의 최소화를 쉽게 믿어서는 안 된다. 왜냐하면 현금흐름의 할인값은 기술로부터 창출될 이익의 측정치가 정확할 때에만 신뢰할 수 있는데, 많은 경우 정확한 수익을 예측해내는 것이 매우 어렵기 때문이다. 더구나 이런 방법들은 장기간의 그리고 위험한 프로젝트에는 매우 불리하게 작용하며, 투자결정의 전략적 중요성을 포착하는 데 실패할 수도 있다. 기술개발 프로젝트는 기업능력을 구축하고 활용하는 것뿐만 아니라 미래를 위한 대안을 창출하는 데 중요한 역할을 한다. 핵심기술에 대한 투자는 조직의 능력과 학습 측면에서의 투자이며 기업에게 기존에는 없었던 새로운 기회를 부여할 수 있다.[1] 그러므로 표준적인 현금흐름 할인분석법은 개발 프로젝트가 기업에 기여할 수 있는 바를 과소평가할 가능성을 내포하고 있다. 예를 들어 DRAM기술에 대한 Intel의 투자는 NPV에 의하면 전혀 수익성이 없는 것으로 판명이 되었다(Intel은 그들이 대응할 수 없는 수준의 가격경쟁을 유도한 일본 기업에 밀려 시장에서 퇴출되었다). 그러나 DRAM기술에 대한 투자는 나중에 Intel에 막대한 이윤을 가져다준 마이크로프로세서 개발 능력의 토대가 되었다. 신제품 개발투자 결정에 따른 전략적 의미를 더 잘 반영하기 위해서, 일부 관리자들과 학자들은 신제품 개발 결정을 실물옵션 평가법(real options)으로 다루는 아이디어를 사용하기 시작하였다.

■ 실물옵션 평가법

회사가 새로운 핵심기술을 개발할 때에는 교육과 새로운 능력 개발에 동시에 투자하게 된다. 그러므로 개발 프로젝트는 기업이 기존에는 불가능하다고 생각했던 미래의 새로운 기회를 확보하게 해준다.[2] 개발 프로젝트가 성공적이지 못하였다 하더라도(Intel의 DRAM 경우처럼) 기업의 미래에 기회가 될 수 있다는 옵션의 측면에서 볼 때 매우 가치가 있는 것이라고 할 수도 있다. 몇몇 관리자들과 학자들은 신제품 개발 결정은 **실물옵션**처럼 평가되어야 한다고 주장하기 시작하였다.

실물옵션 평가법
비재무적 자산에 대한 투자를 평가하기 위해 주식의 스톡옵션 가격 산정 방법을 적용하는 것.

실물옵션을 이해하기 위해서는 이것이 기반을 두고 있는 재무 모형인 스톡옵션에 대한 이해가 먼저 이루어져야 한다. 주식 콜옵션은 미래에 투자자가 특정 가격, 즉 *행사가격*으로 주식을 매입할 수 있도록 부여받은 권리를 말한다. 만약 미래에 주식가격이 행사가격보다 높다면 옵션의 보유자는 행사가격으로 주식을 매입함으로써 옵션을 행사할 것이다. 주식가격이 행사가격에 옵션 구매 금액을 더한 값보다 높다면 옵션 보유자는 거래를 통해 이익을 얻을 수 있게 된다. 만약 주식가격이 행사가격보다 낮다면 옵션 보유자는 옵션을 행사하지 않을 것이며 결국 만기가 지나 옵션은 소멸하게 될 것이다. 이 경우 옵션 보유자는 옵션을 구매할 때 지불한 금액만큼의 손해를 보게 된다. 만약 옵션이 행사되는 시점에 주식가격이 행사가격보다는 높지만 행사가격과 옵션가격을 합한 금액보다는 낮다면 옵션 보유자는 일반적으로 옵션을 행사할 것이다. 비록 주식 보유자가 거래를 통해 손해를 본다고 하더라도 그는 옵션이 소멸되는 것보다는 적은 손해를 보게 될 것이기 때문이다.

*실물옵션*에서는 옵션 가치의 기초가 되는 자산이 비재무적인 자원이다.[3] 기초적인 R&D 또는 혁신적 기술에 최초로 투자를 실시한 투자자는 나중에 이 기술이 가치가 있다는 것으로 드러난다면, 그 기술을 사용하기 위한 실물 콜옵션을 매입한 것으로 볼 수 있다. R&D와 관련해서:

- R&D 프로그램의 비용은 콜옵션의 가격으로 볼 수 있다.
- R&D 프로그램의 결과물을 활용하기 위해 필요한 미래투자 금액(개발된 기술을 상업화하는 데 드는 비용)은 행사가격으로 볼 수 있다.
- R&D 투자에 대한 수익은 콜옵션을 통해 매입된 주식의 가치로 볼 수 있다.[4]

그림 7.4에서 볼 수 있듯이 주가가 행사가격보다 낮다면 콜옵션의 가치는 0이다. 그러나 주식가격이 행사가격보다 높아진다면 콜옵션의 가치는 주가가 1달러 증가할 때마다 같은 값으로 증가하게 된다. 그러므로 콜옵션의 가치는 45°의 기울기로 증가하게 된다.[5]

옵션은 불확실성이 존재할 때 그 가치를 갖는다. 기술의 미래궤도가 불확실하기 때문에 옵션 접근법은 유용할 수 있다. 비록 이 분야에 대한 다양한 실증연구가 부족한 것이 사실이지만 많은 학자들은 기술개발 투자의 가치를 평가하기 위해서 옵션 분석법의 방법론과 적용을 발전시켜 나가고 있다.[6] 또한 옵션 접근법이 현금흐름 분석법보다 더 나은 기술투자 결정을 가져오게 한다는 몇몇 증거도 있는 것이 사실

그림 7.4 ▶ 만기 시점에서의 콜옵션 가치

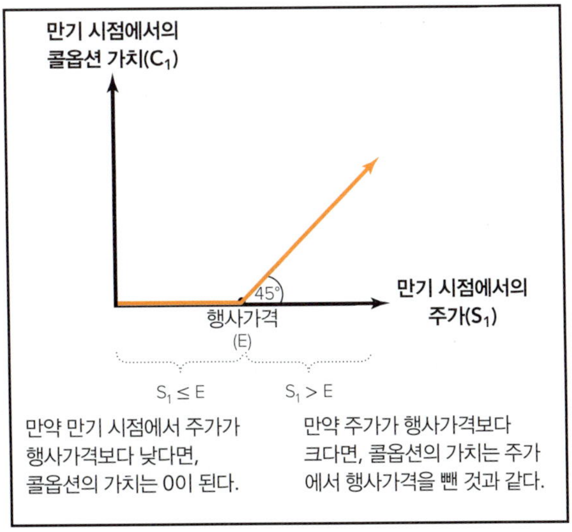

이다.[7]

그러나 또 다른 학자들은 기술투자 시나리오가 종종 옵션접근법이 전제하고 있는 자본시장 가정을 충족하지 못함을 지적하면서 옵션접근법의 자유로운 응용을 경계하고 있다.[8] 예를 들어 옵션의 가치에는 개개인이 옵션을 낮은 가격으로 획득하고 보유할 수 있고, 옵션의 행사를 결정하기 위한 신호를 기다릴 수 있다는 가정을 내포하고 있다.[9] 이 가정은 타 기업의 혁신적인 노력에 투자하는 벤처 자본에 대해서는 사실이지만 자기 자신의 개발에 직접 투자하는 경우에는 적용되기가 어렵다. 기업이 단독으로 신제품 개발을 수행하는 경우 기술이 성공적일 것이라는 확신을 갖기 이전에 그 기술에 대한 완전한 투자가 요구되기 때문에 옵션가격을 낮게 책정하는 것이 가능하지 않을 수 있다.[10] 더구나 주가는 시장에서 결정되므로 콜옵션 보유자의 행동과 무관한 반면(즉, 콜옵션의 보유자는 단순히 주가가 상승할지 하락할지를 관찰하고 기다리게 됨), R&D 투자의 가치는 투자자의 행동과 관련이 있다. 기업의 투자 정도, 투자능력, 상호보완적인 자산 그리고 전략들은 개발 프로젝트의 미래 수익과 직접적으로 연관이 있다.[11] 그러므로 투자자들은 단순히 투자가치를 관찰하고 기다리는 자들이 아닌 투자가치를 이끌어가는 활동적인 자들이라고 할 수 있다.

정량적 방법의 단점

잠재적인 혁신 프로젝트를 평가하기 위한 정량적인 방법은 전략적 기획과 상쇄관계 결정에 활용될 수 있는 구체적인 재무 추정치를 제공할 수 있다. 이 방법은 투자 시기, 현금흐름, 화폐의 시간적 가치와 위험을 명시적으로 반영할 수 있으며 프로젝트의 수익을 명료하게 보여주면서 관리자들의 불안감을 없애 준다. 그러나 이렇게 애매모호함이 적다는 것은 사실을 호도하는 것일 수도 있다. 할인된 현금흐름의 추산치는 기술로부터 발생하는 이익의 초기 추산치에 전적으로 달려있는데, 많은 경우 기술의 수익을 예상하는 것은 매우 어려운 일이다. *Business Exposed*의 저자 Freek Vermeulen 교수에 따르면 혁신 전략 수립과정에서 관리자들이 겪는 공통적인 실수 중 하나가 "숫자로 보려고 하는 것"인데, 완전히 혁신적인 제품을 평가하면서 믿을 만한 숫자가 나오는 것은 불가능한 일이라고 하였다. 아직 존재하지 않은 시장의 크기를 계산한다는 것은 매우 어려운 일이다.[12] 더군다나 그런 방법은 장기적이거나 위험한 프로젝트들을 매우 불리하게 평가하게 되며, 중요한 투자 결정의 전략적 가치를 반영하지 못할 수 있다. 기술 개발 프로젝트는 기업의 역량을 구축하고 활용하는 데 있어서, 그리고 미래를 위한 선택사항을 만드는 데 있어서 결정적인 역할을 한다. 새로운 핵심기술에 대한 투자는 조직의 역량 및 학습에 투자하는 것이며 기업이 경험할 수 없었던 기회를 만들어낸다.

프로젝트 선택을 위한 정성적 방법

대부분의 신제품 개발 프로젝트는 상당한 양의 정성적 정보를 내포하고 있다. 개발 프로젝트 선택에 영향을 미치는 요소들은 정량화하기가 매우 어려우며 정량화한다고 해도 잘못된 결과를 도출해낼 수도 있다. 거의 대부분의 기업들은 잠재적 프로젝트의 평가를 위하여 비공식적인 토의에서부터 고도로 구조화된 접근법을 포함하는 정성적 기법을 활용하고 있다.

■ 선별 질문(screening questions)

관리팀은 평가의 시작 단계에서 프로젝트의 잠재적 비용과 효익에 대해 논의하게 된다. 또한 팀은 이 토의를 구조화하는 데 사용할 수 있는 선별 질문 목록을 작성한다. 이 질문들은 소비자의 역할, 기업이 보유한 능력의 역할, 프로젝트 타이밍과 비용 등의 범주로 분류할 수 있다.[13] 이들의 예는 다음과 같다.

소비자의 역할

시장

- 신제품의 소비자가 될 가능성이 높은 사람은 누구인가?
- 시장의 규모는 어떠한가? 제품의 또 다른 시장은 존재하는가?
- 소비자 인지도를 높이기 위해 어떤 종류의 마케팅이 필요한가?

사용

- 소비자가 어떻게 제품을 사용할 것인가?
- 제품이 소비자에게 어떤 새로운 효익을 제공할 것인가?
- 제품에 대해서 소비자들이 대체재로 생각할 수 있는 제품은 무엇인가?

호환성과 편리성

- 제품이 소비자가 보유하고 있는 보완재와 호환이 가능한가?
- 제품 사용방법에 대해 상당한 소비자 학습이 필요한가?
- 제품의 편리성에 대해 소비자는 어떻게 생각할 것인가?
- 소비자가 제품을 사용하기 위하여 다른 추가적인 비용을 들여야 하는가?

유통과 가격

- 소비자가 어디에서 제품을 구입하는가?
- 제품 설치나 조립이 필요한가?
- 소비자가 제품구매 시 기꺼이 지불할 용의가 있는 금액은 얼마인가?

능력의 역할

보유하고 있는 능력

- 새로운 프로젝트가 기업의 핵심역량이나 지속 가능한 경쟁우위의 원천을 활용할 수 있는가?
- 프로젝트가 기업의 현존하는 역량의 일부를 시대에 뒤떨어지게 하거나 기존 제품의 매출을 감소시킬 위험이 있는가? 그렇다면 기업은 현금흐름상의 변화를 통제하기 위한 전환전략을 확보하고 있는가?
- 기업은 필수적인 제조능력을 보유하고 있는가? 그렇지 않다면 그 능력을 내부에서 개발해야 하는가 아니면 외부로부터 조달해야 하는가?
- 기업은 새로운 기술을 보유한 새로운 직원을 고용해야 하는가?

경쟁자의 능력

- 하나 이상의 경쟁자가 이 프로젝트에 필요한 더 나은 능력을 보유하고 있는가?
- 기업이 이 기술을 개발하지 않는다면 경쟁자들이 개발할 가능성은 얼마인가?
- 기업이 특허, 저작권, 상표권, 영업비밀 등의 지적 재산권을 보호할 수 있는가?
- 기업이 잠재적 경쟁자와의 협력 체계를 고려해야 하는가?

미래의 능력

- 이 프로젝트가 기업이 전략적 의도를 실현하기 위한 새로운 능력을 구축하는 데 도움이 되는가?
- 새로운 능력을 통해 기업이 개발할 수 있는 다른 제품과 시장은 어떤 것인가?
- 이 프로젝트가 신제품군을 창출해낼 플랫폼인가?

프로젝트 시기와 비용

시기

- 프로젝트 완료까지 걸리는 시간은 얼마인가?
- 기업이 시장 선도자가 될 가능성이 높은가? 기술의 개척자가 되는 것이 바람직한 전략인가?
- 시장이 제품을 수용할 준비가 되어 있는가? (예를 들어 보조 기술과 보완 기술이 적절하게 발전해 있는가? 소비자가 기술의 가치를 인식할 것인가?)
- 기업이 제품 출시 목표기한을 초과한다면 이것이 프로젝트 가치에 어떠한 영향을 미칠 것인가?
- 적당한 공급자와 유통 경로가 확보되었는가?

비용 요인

- 프로젝트에 어느 정도의 비용이 소요될 것인가? 이러한 비용에 관한 불확실성은 어느 정도인가?
- 제조비용은 얼마로 예상되는가? 경험곡선을 통해 어느 정도의 비용 절감이 예상되는가?
- 소비자의 제품 수용과 관련하여 기업이 감수해야 할 다른 비용이 있는가?(예를 들어 보완재, 설치 및 기술지원 등)

질문 목록을 작성한 후 관리자는 프로젝트에 대한 토의를 구조화하기 위해 이 질문을 이용하거나 중요성에 따라 가중치를 부여한 점수 평가방식을 구축할 수 있다(예를 들어 "프로젝트가 현존 역량과 깊은 연관이 있음", "프로젝트가 현존 역량과 거의 연관이 없음" 등).

위에서 언급한 선별 질문들이 프로젝트에 투자할 것인가에 대한 구체적 해답을 항상 제시해 주지는 않지만 기업의 개발 결정에 있어 넓은 범위의 중요한 쟁점들을 고려할 수 있게 해준다는 장점을 가지고 있다. 예를 들어, Boeing사의 Sonic Cruiser 개발에 대해 생각해보면 정량적 분석에 의해 프로젝트가 수익성이 없다는 결과가 나왔다고 해도 기업의 장기적인 능력이라는 측면에서 그 프로젝트가 반드시 필요할 수도 있다. Gillete는 이에 대해 다음과 같이 말하였다. "회사가 12~15년 주기로 새로운 비행기 모델을 개발하지 않는다면 필요한 기술과 경험은 사라지게 됩니다. 이전에 비행기를 개발하고 생산하였던 사람들은 은퇴하거나 다른 회사로 옮겨갈 것이고 그들이 가지고 있던 기술과 경험의 노하우는 다음 세대의 Boeing 직원들에게 전수되지 못할 것입니다."[14] 그러므로 Boeing사의 Sonic Cruiser 개발을 통해 얻을 수 있는 것이 기업의 개발 능력의 신장뿐이라 할지라도 충분히 가치가 있는 것이다. 그러한 가치는 정량적 분석법으로는 평가해내기 어렵지만 정성적 방법을 통해서는 명확하게 밝혀낼 수 있다.

■ R&D 포트폴리오

많은 기업들은 R&D 포트폴리오를 변화의 정도와 현금흐름의 시기에 따라 개념적으로 분류해보는 것이 많은 도움이 된다는 것을 발견하였다. 관리자들은 이 분류를 통해 프로젝트들의 이상적인 분포를 파악하고 이를 현재 상태와 비교할 수 있다.[15] 또한 기업 R&D 포트폴리오 지도는 관리자들이 기업자원의 제약을 파악하고 자원을 보다 효율적으로 배분하는 데 도움을 줄 수 있다.[16] 기업들은 이 과정을 돕기 위해 그림 7.5와 같은 R&D 포트폴리오 지도를 활용한다. 일반적으로 4가지 유형의 개발 프로젝트인 진보적 R&D, 획기적 개발, 플랫폼, 파생 프로젝트가 지도에 표시

그림 7.5 ▶
R&D 포트폴리오

출처: Steven C. Wheel wright and Kim B. Clark from *Revolutionizing Product Development: Quantum Leaps in Speed, Efficiency, and Quality.*

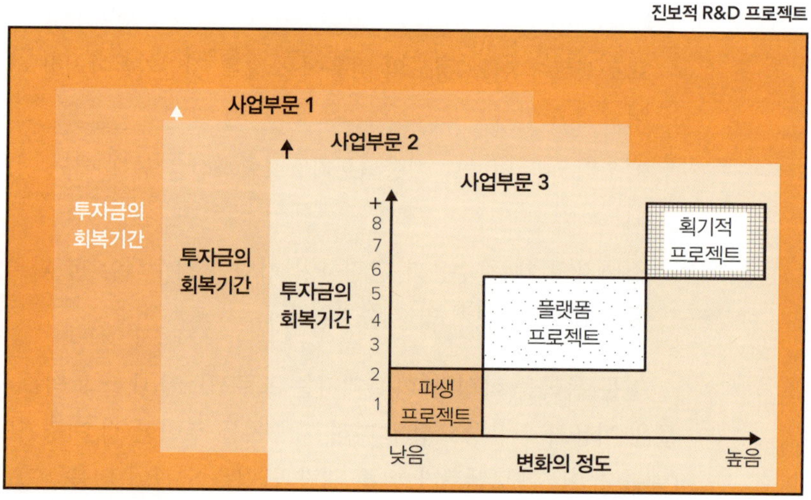

된다. 시간이 지나면서 특정 기술이 진화하면서 4가지 유형의 다른 프로젝트들을 거치면서 이동하게 될 수도 있다. 진보적 R&D 프로젝트는 상업적 개발 프로젝트의 시발점이며 첨단의 전략적인 기술을 개발하기 위해 필요하다. 획기적 발전 프로젝트는 혁신적인 신제품 기술과 신제조 기술을 사용하는 제품 개발을 포함한다. 예를 들어 수소연료 자동차를 개발하고 있는 Honda의 경우에는 수소 자동차가 상업화되기까지 많은 기간이 소요될 것으로 예상되므로 진보적 R&D 프로젝트라 할 수 있는 반면, 회사의 독창적인 하이브리드 전기자동차인 Insight 개발의 경우에는 획기적 개발 프로젝트라고 일컬을 수 있다. Honda Insight는 혁신적 신기술을 상업화된 제품에 적절히 융합시켰기 때문이다.

플랫폼 프로젝트는 이전 세대 기술의 비용, 품질, 성능에 비하여 근본적인 개선을 제공하고자 하는 프로젝트이다. 파생 프로젝트는 제품과 제조에 있어 점진적인 발전을 꾀한다. 플랫폼 프로젝트는 핵심적인 소비자 집단을 만족시키기 위해 디자인되는 반면, 파생 프로젝트는 기본적인 플랫폼 프로젝트의 변형으로서 핵심집단 내의 각기 다른 틈새시장을 공략하기 위해 디자인된다. 예를 들어 Hunter사의 Care Free 가습기는 각기 다른 소비자 집단을 만족시킬 수 있는 여러 파생 제품을 생산할 수 있는 플랫폼으로서의 역할을 한다. 물 저장통의 크기를 다르게 하거나 디지털 습도 자동조절기를 장착하거나 Nite Glo 전구를 설치할 수 있다. 그러나 모든 모델은 동일한 Permawick 필터 디자인과 냉각 시스템에 기반을 두고 있다. 유사한 예로 Toyota의 Camry는 Camry LE, Camry SE, Camry XLE의 제품군을 생산하기 위한 플랫폼이다. 모든 모델이 동일한 기본 디자인에 바탕을 두고 있지만 각각의 제품은 각기 다른 시장의 수요를 충족시킬 수 있는 특성을 조합한 다른 제품이라고 할 수 있다. 이러한 Camry의 변형들을 파생 제품이라고 할 수 있다.

R&D 포트폴리오 지도를 활용하는 기업들은 엔지니어, 시간, 자본 등과 같은 자원의 요구량과 이들이 어떻게 기업의 제품라인에 기여할 수 있는지를 생각하면서 현재 진행 중인 프로젝트와 미래에 수행될 프로젝트를 분류해야 한다. 그 후 프로젝트 유형에 따라 이를 지도에 표시하면서 현재 진행 중인 개발 전략과의 차이를 확인할 수 있다.[17] 그리고, 그림 7.5에서처럼 기업의 사업 부문별로 지도를 만들어 사용할 수도 있다. 또한 관리자들은 이 지도를 그들이 원하는 프로젝트들의 조합을 판별해 내고 자원을 적절히 분배하는 데 활용할 수 있다. 지도에 표시되는 프로젝트들의 믹스는 기업의 자원, 전략적 포지션, 그리고 6장에서 다루었던 전략적 의도와 일치해야 한다. 예를 들어 일정 수준의 적당한 성장을 하고 있는 일반적 기업은 획기적 개발 프로젝트에 10%, 플랫폼 프로젝트에 30%, 파생 프로젝트에 60%의 R&D 예산을 배분할 수 있다. 현저한 성장을 추구하고 있는 기업은 획기적이거나 플랫폼 프로젝트에 보다 더 높은 비율을 배분할 수 있는 반면, 단기 이익을 창출하고자 하는 기업은 파생 프로젝트에 보다 더 높은 비율을 배분할 수도 있다.[18] Product Development and Management Association이 수행한 최근의 조사에 따르면 전체 프로젝트 중 8%가 획기적 개발 또는 진보적 R&D 프로젝트였으며 17%는 플랫폼 프로젝트, 나머지 75%가 파생 프로젝트임이 나타났다.

기업의 R&D 프로젝트 지도는 기업으로 하여금 예산과 계획의 측면에서 단기적 현금흐름 수요와 장기적인 전략적 방향을 동시에 고려할 수 있게 한다. 예를 들어 위험을 조금만 부담하면서 상업화를 즉시 수행할 수 있는 파생 프로젝트에 많은 투자를 하는 기업은 단기적으로는 R&D 투자를 통한 수익을 창출할 수 있으나, 새로운 기술을 향한 시장의 큰 흐름에는 뒤쳐질 수 있을 것이다. 반면 진보적 R&D 또는 획기적 개발 프로젝트에 많은 투자를 하는 기업은 기술의 선도 기업은 될 수 있으나 상업화된 플랫폼이나 파생제품을 통한 단기적 수익이 충분치 않다면 현금 유동성의 압박을 받게 될 것이다. GE의 전 CEO인 Jack Welch는 이에 대해 다음과 같이 언급하고 있다. "단기적으로 먹지 못한다면 장기적으로 성장할 수 없습니다. 누구나 단기는 관리할 수 있으며 누구나 장기를 관리할 수도 있습니다. 그러나 이 두 가지를 적절히 조화시키는 것이 바로 경영입니다."[19]

Jack Welch의 이런 언급은 높은 프로젝트 실패율, 긴 신제품 개발기간, 그리고 특허 보호에 대한 높은 의존도 등이 제품 개발의 파이프라인에 복구하기 힘든 결함을 발생시킬 가능성이 높은 제약산업에서 극명하게 그 의미가 드러난다. 연구에 따르면, 신약개발에는 평균 12년의 기간과 임상시험 단계에 이를 즈음이면 평균 20억 달러의 비용이 소요된다고 한다. 2017년에 전 세계 많은 거대 제약회사들은 회사의 히트상품들에 관한 특허기간이 만료되기 시작하면서 "특허 절벽(patent cliff)"의 상황을 맞이하게 되었고, 이 때문에 제네릭 약품들로부터의 거센 도전에 직면하게 되었다. 또한, 전통적인 제약회사들은 바이오텍 기업들이 개발하고 있는 "생물의약품(biologics)"으로부터도 거센 도전을 받고 있다. 이러한 상황은 회사의 수익흐름에 극심한 변동을 초래하면서 회사에(직원 관리, 제조 능력, R&D 펀드관리 측면에서) 엄청난 압박감을 주고 있다. 결과적으로 많은 제약회사들은 수요가 한정적인 희귀질환 치료제 쪽으로 관심을 돌리기 시작하였는데, 이러한 치료제들은 마케팅 비용이 적게 들고 경쟁 또한 적어서 수익을 낼 가능성이 높기 때문이다.

■ Q-Sort

Q-sort는 여러 가지 다른 측면에서 사물 또는 아이디어들의 순위를 매기는 간단한 방법이다. Q-Sort법은 인격장애의 파악이나 소비자 선호도 측정스케일 구성 등의 다양한 목적으로 사용되어 왔다. 개별 카드 위에 사물이나 아이디어가 표시된 한 벌의 카드가 집단 내의 개인들에게 주어진다. 신제품 개발의 경우에는 각각의 카드가 잠재적 프로젝트를 의미한다. 다음으로 기술적 실현 가능성, 시장 영향력, 전략적 의도와의 일치 등 일련의 프로젝트 선택 기준들이 제시된다. 그리고 각각의 기준에 따라 개개인은 그들의 카드를 중요도의 순서(전략적 의도와의 가장 좋은 일치 등) 또는 범주별(기술적으로 실현 가능 또는 불가능)로 구분한다. 그 후 개인은 서로 매긴 순번을 비교하고 이 결과를 프로젝트에 대한 토의를 구조화하는 데 활용한다. 수차례의 구분과 토의를 통해 그룹은 최고의 프로젝트에 대한 합일점에 도달하게 된다.[20]

정량적 방법과 정성적 방법의 결합

이미 언급하였듯이 정량적 방법과 정성적 방법 모두 관리자가 개발 프로젝트에 관한 결정을 할 때 나름대로의 효익을 제공할 수 있다. 그러므로 많은 기업들은 투자결정 시 이 두 방법을 혼합하여 사용하고 있다.[21] 예를 들어 기업은 정성적 응답치와 더불어 정량적인 분석을 요구하는 선별 질문을 활용할 수 있다. R&D 프로젝트 지도상에서 균형 잡힌 R&D 포트폴리오를 구성하고자 할 때 프로젝트로부터 예상되는 현금흐름을 산정하는 정량적 방법이 활용될 수도 있다. 또한 컨조인트 분석법, DEA (data envelopment analysis)와 같이 정성적 평가치를 정량적 수치로 전환하는 기법도 존재한다.

이론의 적용 Marriott의 Courtyard

1980년대 중반 Marriott는 풀 서비스를 제공하는 고급호텔 시장의 포화 상태에 직면하였다. Marriott의 관리자들은 회사가 매년 20% 매출 증가를 유지하기 위한 유일한 방법은 제품 라인의 다각화뿐이라고 생각했다. Marriott의 관리팀은 하룻밤에 35~60달러 정도의 중저가 호텔 시장에 기회가 존재한다고 믿었다. 이 범주의 주요 경쟁 기업인 Holiday Inn, Howard Johnson과 같은 기업들은 고객만족도에서 낮은 점수를 받고 있었으며, Marriott는 새로운 시설과 좀 더 나은 서비스를 통해 고객을 유치할 수 있다고 생각했다. 그러나 그들은 또한 Marriott의 가장 가치 있는 자원이 다름 아닌 잘 구축된 브랜드란 것을 알고 있었으며, Marriott라는 이름을 낮은 급의 호텔에 성급하게 적용하는 것에 거부감을 갖고 있었다.

회사는 중저가의 호텔에 적용 가능한 디자인을 개발하기 위해 조직적인 계획을 수립하였다. 우선 초점 그룹분석을 통해 각기 다른 고객 집단들을 파악하고 그들의 구매결정에 영향을 미치는 주요 요소들을 조사하였다. 이 요소들은 외부 경관, 호텔 룸, 음식, 라운지, 서비스, 레저 활동, 그리고 안전이었다. 각각의 요소들 내에서도 몇 가지 다른 방식의 제품과 서비스 품질 수준으로 제공될 수 있는 구체적인 특성들이 존재하였다. 예를 들어 "서비스" 요소 내의 특성 중의 하나는 "예약"인데 여기 "호텔 직통 전화"로 직접 예약을 하는 방법과 "예약 전화번호 800번을 활용"하는 두 가지의 방식이 있다. 호텔 고객의 표본을 추출하여 이들을 조사 집단으로 구성하였다. 참여자들에게 자신만의 호텔을 짓는다고 생각하라고 한 뒤 가상의 35달러를 부여하였다. 각각의 참가자들은 전술한 주요 요소들이 적혀 있는 7장의 카드를 지급받았다. 카드에는 각각의 특성들이 각기 다른 수준으로 제공되어 있으며 각 수준에 해당하는 가격도 적혀 있다. 참가자들은 그들이 원하는 호텔 특성을 선택하여 한 번에 한 장의 카드를 평가하였다. 만약 참가자의 선택 결과 7장의 카드에 쓰인 가격들의 합이 35달러를 초과한다면 몇 가지 특성을 빼거나 값이 좀 더 싼 서비스 수준을 선택하도록 요구되었다. 이 기법을 통해 관리자들은 여러 소비자 집단들 간의 우선순위와 상쇄관계에 대한 차이를 이해할 수 있었다. 이러한 우선순위를 염두에 두고 관리자들은 각기 다른 특성과 서비스 수준의 조합을 제공하는 호텔의 다양한 프로파일들을 개발한 뒤, 참가자들에게 각 호텔 프로파일을 평가하도록 요구하였다. 그 후 관리자들은 회귀분석을 통해 구체적 특성들 내에서 서비스의 서로 다른 수준이 호텔 프로파일 평가에 어떤 영향을 미치는지를 평가하였다. 예를 들어 그림 7.6과 같이 호텔 프로파일에 대해 고객들의 평가가 이루어진 후 프로파일에 쓰인 각각의 서비스 수준과 전체 평가치가 스프레드시트에 입력되었다. 전체 평가치는 각 특성의 수준들을 독립변수로 하여 회귀분석을 거침으로써, 각 특성의 상대적 중요성을 반영한 회귀모델이 구성될 수 있다.

컨조인트 분석결과에 따라서 Marriott는 상대적으로 규모가 작고(약 150개의 객실과 제한적인 객실 부대시설), 작은 식당과 로비 공간, 건물 안쪽의 마당, 높은 보안, 잘 조성된 외관과 전통적인 Marriott 호텔보다 매우 저렴한 Courtyard 컨셉의 호텔을 탄생시켰다. Marriott의 Courtyard는 매우 성공적이었다. 2017년 말 1,145개의 Courtyard 호텔이 설립되었고(이 중 508개가 미국에 있음) 평균 객실 점유율도 산업 전체 평균보다 높은 수준인 70%를 유지할 수 있었다.

(계속)

■ 컨조인트 분석법

컨조인트 분석법 소비자가 대안의 여러 특성에 부여하는 가중치를 평가하기 위한 기법.

컨조인트 분석법(conjoint analysis)은 이산적 선택, 초이스 모델링, 계층적 선택, 상쇄관계 매트릭스, 쌍대비교 등을 포함하는 기법들의 집합체로서, 제품 특성들의 상대적 가치 또는 개발 프로젝트로부터의 각기 다른 산출물들의 상대적 중요도와 같이 개개인이 자신이 선택한 특성에 부여하는 상대적 가치를 측정하는 데 활용된다. 개인들이 스스로 개별 특성들에 대해 부여하는 가중치를 정확히 평가해내는 것은 어

(계속)

그림 7.6 ▶ 컨조인트 분석을 위한 호텔의 프로파일과 평가

호텔 프로파일 1	호텔 프로파일 2	호텔 프로파일 3	. . .
예약			
1-800번 (1)	호텔로 직접 전화 (0)	1-800번 (1)	
룸서비스			
풀서비스, 24시간 내내 제공 (5)	제한된 서비스, 아침 6시부터 자정까지 (3)	없음 (1)	
신문제공			
없음 (0)	매일 (1)	없음 (0)	
기타			

	속성	예약	룸서비스	신문 제공	기타	총괄평가(1-10)
참가자 1						
호텔 프로파일 1		1	5	0		8
호텔 프로파일 2		0	3	1		7
호텔 프로파일 3		1	1	0		5
참가자 2						
호텔 프로파일 1		1	5	0		7
호텔 프로파일 2		0	3	1		9
호텔 프로파일 3		1	1	0		4
기타						

출처: Adapted from R.J.Thomas, New Product Success Stories (New York:John Wiley &Sons, 1995).

려우나, 컨조인트 분석법은 이런 가중치를 통계적으로 측정해 내도록 구성되어 있다. 컨조인트 분석법은 복잡한 결정의 주관적 평가가 서로 다른 기준들의 상대적 중요도에 해당하는 정량적인 점수들로 분해될 수 있도록 해준다.

컨조인트 분석법은 소비자들이 느끼는 제품 특성들의 상대적 중요성을 평가하는 데 가장 많이 활용된다. 이러한 측정치는 개발과 가격 결정에도 사용된다. 예를 들어 잠재적 고객들에게 각기 다른 특징과 가격을 가진 카메라 모델들에 대해 묘사된 여러 장의 카드를 제시하였다고 해보자. 그 후 그 고객들에게 제품의 유용성 측면에서 1점에서 10점까지 점수를 부여하여 순위를 정하게 하거나 가장 구매하고 싶은 모델 순서대로 나열해 보도록 요구한다. 그러고 나서 매겨진 순위에 어떤 특성들이

영향을 미쳤는지를 다중회귀분석을 통해서 분석한다. 이 가중치들은 소비자가 제품 평가 시 내재적으로 사용하는 상쇄관계에 대한 정량적 분석을 제공해준다. 그리고 난 뒤 기업은 각기 다른 제품사양들에 대한 소비자의 반응을 이해하기 위해 이 가중치들을 일련의 "what if" 시나리오 분석에 활용할 수 있다. 예를 들어 Marriott는 소비자가 중저가 호텔에 대해 가장 중요하게 생각하는 특성들을 찾아내기 위해 컨조인트 분석법을 활용하였다. 이 분석은 Marriott가 Courtyard by Marriott 호텔 라인을 성공적으로 개발하는 데 커다란 도움이 되었다(<이론의 적용>참고).

■ DEA

DEA
다수의 상이한 척도들을 사용하는 평가 기준들에 의해 평가된 프로젝트들을 가상의 효율성 경계와 비교하여 순서를 매기는 방법.

DEA (data envelopment analysis)는 각기 다른 측정 단위를 가진 다양한 기준들을 활용하여 프로젝트를 평가해내는 방법이다.[22] 예를 들어 기업은 프로젝트 대안들을 평가하기 위해 현금흐름 추산치, 현존하는 역량과의 일치도, 기대하는 미래 역량을 구축하기 위한 프로젝트의 잠재력, 기술적 실현 가능성, 고객욕구 충족 정도 등과 같은 다양한 정보를 사용하려 할 수 있다. 각각의 측정치들은 각기 다른 성격의 정보를 제공해주며 측정치에 부여되어 있는 숫자들은 각각 다른 측정 단위를 사용하고 있다. 첫 번째 측정치는 화폐단위로 표시될 것이며 일련의 숫자로 이루어져 있다. 이에 반해 두 번째 측정치는 서열 척도이기 때문에 순위 사이에 어느 정도의 실제적인 의미 차이가 존재하는지는 알 수 없다. 마지막 두 측정치는 순위 시스템과 점수 시스템에 기반을 둔 점수이다(예를 들어 Likert 척도는 1점에서 7점 정도를 측정).

효율성 경계
여러 특성들의 최적 조합을 나타내는 가상의 경계선.

DEA는 선형 계획법을 이용하여 각 프로젝트로부터 얻은 위와 같은 상이한 단위의 측정치들을 결합한 뒤 가상의 **효율성 경계**(efficiency frontier)를 만들어낸다. 이 효율성 경계는 각 측정 단위별로 가장 우수한 수치를 지닌 프로젝트들의 위치를 연결하여 구하는데, 이렇게 구해진 경계선은 가장 우수한 속성치들을 결합한 가상의 이상적인 프로젝트를 의미한다. 또한 DEA는 특정 측정 단위가 투입물(예를 들어 원가) 또는 산출물(예를 들어 기대 효용)에 관한 것인지도 반영할 수 있다. 그러고 난 뒤 각 프로젝트가 이 효율성 경계와 얼마만큼 차이가 나는지 측정하여 프로젝트에 따른 효율성 지수를 부여할 수 있다. 그리고 이 지수는 프로젝트들을 순서대로 나열하거나 다른 프로젝트보다 압도적으로 우월한 지배적인 프로젝트를 밝혀내기 위해 사용된다.[23] 예를 들어 그림 7.7은 Bell 연구소의 Advanced Technologies Group이 평가한 프로젝트들의 DEA 순위이다. Advanced Technologies Group은 프로젝트들을 평가하기 위해서 다음의 네 가지 기준을 사용하였다. 첫 번째는 프로젝트로부터 기대되는 현금흐름을 세 가지로, 즉 가장 유력한, 낙관적인, 비관적인 현금흐름으로 측정하였다. 두 번째는 요구되는 투자액이었으며, 세 번째와 네 번째는

그림 7.7 ▶ Advanced Technologies Group의 10가지 가장 매력적인 프로젝트와 매 50번째 프로젝트의 DEA 순위

출처: Adapted from J.D.Linton, S.T.Walsch, and J.Morabito, "Analysis, Ranking and Selection of R&D Projects in a Portfolio," *R&D Management* 32, no.2 (2002), pp.139–48.

순위	지적자산	제품시장	투자	현금흐름 (가장 유력)	현금흐름 (낙관적)	현금흐름 (비관적)
1	2.25	1.5	$4322	$1,296,700	$1,353,924	$1,184,192
2	1.5	1.5	850	525,844	551,538	493,912
3	1.5	1.5	1	4	4	3
4	2.25	2.25	478	545,594	822,164	411,082
5	1.5	1.5	1	15	15	11
6	1.5	2.25	65	89,144	178,289	0
7	1.5	1.5	1,068	685,116	1,027,386	342,558
8	1.5	1.5	4	3,766	4,707	2,824
9	1.5	1.5	20	4,800	4,800	−96
10	1.5	2.25	2	23	27	18
50	1.5	2.25	9	116	139	93
100	1.5	1.5	15	60	72	48
150	2.25	2.25	40	5,531	13,829	2,766
200	2.25	1.5	38	90	135	45

지적 자산으로서의 효익과 제품시장에서의 효익의 측면에서 각 프로젝트의 가치였다. 마지막 두 개의 측정치에서는 지적자산과 제품시장에 관한 그룹의 모델에 바탕을 두고 1, 1.5 또는 2.25의 점수를 부여하였다. 이 평가 수치들은 평가 그룹의 평가 시스템에 따라 달라지는데, 예를 들어 7점 척도 또는 기업이 사용하는 다른 형식의 평가 방식에 따라 스케일이 달라질 수 있다. 그림에서 볼 수 있듯이 Bell 연구소는 프로젝트들이 비록 각기 다른 효익과 위험을 제공하고 있음에도 불구하고 DEA를 통해 프로젝트들의 순위를 매길 수 있다.

DEA의 가장 큰 이점은 다수의 이질적인 측정치를 활용하여 프로젝트 간의 비교를 가능하게 해준다는 점이다. 그러나 이미 살펴본 다른 분석법들과 마찬가지로 DEA의 결과 또한 양질의 데이터가 사용되어야 의미있는 분석이 가능하다. 관리자들은 어떤 측정 수단이 포함되어야 하는지 올바로 판단하고 그리고 측정이 정확히 이루어지도록 주의를 기울여야 할 것이다.

요약

1. 기업들은 프로젝트 투자 선택을 할 때 정량적 방법과 정성적 방법을 혼합하여 사용한다. 몇몇 방법들은 가치 있는 모든 프로젝트에 자금을 투자할 수 있다는 가정을 하지만 기업 자원은 한정되어 있으므로 회사는 프로젝트를 선택하여 자금을 배분하게 된다.
2. 프로젝트를 평가하는 데 가장 많이 활용되는 정량적 방법은 NPV와 같은 현금흐름 할

인법과 내부수익률법이다. 두 방법 모두 프로젝트로부터 기대되는 수익의 추정치를 바탕으로 화폐의 시간가치를 반영하고 있지만 현금흐름 추정치가 믿을 만할 때에만 그 결과가 의미 있다. 두 방법은 장기 프로젝트나 위험한 프로젝트에게는 불리하게 적용되는 경향이 있으며, 현금흐름 추정치에는 제대로 반영되기 어려운 전략적 의도를 내포하는 프로젝트를 과소평가할 가능성이 있다.

3. 일부 기업들은 프로젝트 평가를 위해 실물옵션 평가법을 활용한다. 실물옵션 평가법은 프로젝트의 장기적인 전략적 의도를 좀 더 잘 반영할 수 있다. 그러나 많은 신제품 개발 투자 결정이 옵션 평가법에 사용되는 가정들을 만족시키지 못하는 경우가 있다.
4. 프로젝트를 평가하는 데 가장 많이 활용되는 정성적 방법은 프로젝트를 여러 가지 다른 시각에서 고려하는 선별 질문이다. 이러한 질문들은 단순히 프로젝트에 관한 토의를 구조화하기 위한 자료로 활용될 수도 있으며, 정량적 평가와 정성적 평가를 결합하는 접근법을 활용할 때에는 프로젝트 간 순위를 매기는 데에도 사용될 수 있다.
5. 기업의 R&D 프로젝트 포트폴리오에는 대개 다른 성격의 자원들이 요구되고 다른 수익을 가져다주는 4가지 유형(진보적 R&D, 획기적 개발, 플랫폼, 파생)의 프로젝트들이 포함된다. 기업은 프로젝트 간의 균형을 맞추고 자원을 적절히 배분하기 위해서 R&D 프로젝트 포트폴리오 지도를 통한 분석을 실시할 수 있다.
6. Q-Sort는 각기 다른 일련의 기준하에서 개개인들이 프로젝트들에 대한 순위를 정함으로써 프로젝트를 평가하는 정성적 방법이다. Q-Sort는 대개 토의와 토론의 구성을 위해 활용된다.
7. 컨조인트 분석법은 소비자의 선택에 영향을 미친 서로 다른 기준의 정성적 평가치를 정량적 가중치로 전환하는 방법이다. 이 방법은 소비자가 다른 제품 특성들을 어떻게 평가하는가를 측정하기 위해 사용된다.
8. DEA는 정량적 방법과 정성적 방법을 결합한 또 다른 방법이다. DEA는 서로 다른 여러 측정 단위를 사용하는 다양한 기준을 가진 프로젝트들을 가상의 효율성 경계와 비교하여 순위를 정하는 방법이다.

토론문제

1. NPV나 IRR과 같은 현금흐름 할인법의 장점과 약점은 무엇인가?
2. 실물옵션 평가법은 어떤 종류의 개발 프로젝트에 적합한가? 또한 어떤 프로젝트에 부적합한가?
3. 기업은 프로젝트를 평가할 때 정량적 방법과 정성적 방법을 혼용하는 이유는 무엇인가?
4. 당신이 잘 알고 있는 개발 프로젝트를 생각해보자. 그 프로젝트를 평가할 때 어떤 방법이 활용되었는가? 또한 어떠한 방법이 활용되어야만 한다고 생각하는가?

5. 각기 다른 방법들은 동일한 프로젝트의 투자 여부에 대해 동일한 결론을 도출해낼 것인가? 아니라면 왜 그런가?

추가자료

■ 대표문헌

David Brunner et al., "R&D Project Selection and Portfolio Management: A Review of the Past, a Description of the Present, and a Sketch of the Future," in *Handbook of Technology and Innovation Management,* ed. S. Shane (West Sussex, England: Wiley & Sons, 2008).

Erwin Danneels and Elko J. Kleinschmidt, "Product Innovativeness from the Firm's Perspective: Its Dimensions and Their Relation with Project Selection and Performance," *Journal of Product Innovation Management* 18 (2001): 357–73.

Martha Amram and Nalin Kulatilaka, *Real Options: Managing Strategic Investment in an Uncertain World* (Boston, MA: Harvard Business School Press, 1999).

Min Ding and Jehoshua Eliashberg, "Structuring the New Product Development Pipeline," *Management Science* 48 (2002): 343–63.

Steven C. Wheelwright and Kim B. Clark, "Creating Project Plans to Focus Product Development," *Harvard Business Review* (March–April 1992): 67–82.

■ 최근문헌

Esra Karasakal and Pinae Aker, "A Multicriteria Sorting Approach Based on Data Envelopment Analysis for R&D Project Selection Problem," *Omega* 73: 79–92, https://doi.org/10.1016/j.omega.2016.12.006.

Klingebiel, R., and C. Rammer, "Resource Allocation Strategy for Innovation Portfolio Management," *Strategic Management Journal* 35 (2014): 246–68.

Leonardo P. Santiago and Verônica Mariana Oliveira Soares, "Strategic Alignment of an R&D Portfolio by Crafting the Set of Buckets," *IEEE Transactions on Engineering Management* 67, no. 2 (May 2020): 309–31, https://doi.org/10.1109/TEM.2018.2876408.

Schilling, M. A., "What's Your Best Innovation Bet?" *Harvard Business Review* (July–August 2017): 86–93.

■ 참고문헌

1. Bruce Kogut and Nalin Kulatilaka, "Options Thinking and Platform Investments: Investing in Opportunity," *California Management Review* 36, no. 2 (1994): 52–72.
2. Ibid.
3. Martha Amram and Nalin Kulatilaka, *Real Options: Managing Strategic Investment in an Uncertain World* (Boston: Harvard Business School Press, 1999); and Kent D. Miller and Timothy B. Folta, "Option Value and Entry Timing," *Strategic Management Journal* 23 (2002): 655–65.
4. Garham Mitchell and William F. Hamilton, "Managing R&D as a Strategic Option," *Research Technology Management* 31, no. 3 (1988): 15–23.

5. Stephen A. Ross, Randolph W. Westerfield, and Bradford D. Jordan, *Fundamentals of Corporate Finance* (Boston: Irwin, 1993).
6. Martha Amran and Nalin Kulatilaka, *Real Options* (Boston: Harvard Business School Press, 1999); F. Peter Boer, "Valuation of Technology Using Real Options," *Research Technology Management* 43 (2000): 26–31; and Rita Gunther McGrath, "Assessing Technology Projects Using Real Options Reasoning," *Research Technology Management* 43 (July–August, 2000): 35–50.
7. Michel Benaroch and Robert Kauffman, "Justifying Electronic Banking Network Expansion Using Real Options Analysis," *MIS Quarterly* 24 (June 2000): 197–226.
8. Manfred Perlitz, Thorsten Peske, and Randolf Schrank, "Real Options Valuation: The New Frontier in R&D Evaluation?" *R&D Management* 29 (1999): 255–70.
9. Edward H. Bowman and Dileep Hurry, "Strategy through the Option Lens: An Integrated View of Resource Investments and the Incremental-Choice Process," *Academy of Management Review* 18 (1993): 760–82.
10. Melissa A. Schilling, "Technological Lock Out: An Integrative Model of the Economic and Strategic Factors Driving Success and Failure," *Academy of Management Review* 23 (1998): 267–85.
11. Tat Chan, Jack A. Nickerson, and Hideo Owan, "Strategic Management of R&D Pipelines," Washington University working paper, 2003.
12. Freek Vermeulen, 2011, "Five mistaken beliefs business leaders have about innovation." *Forbes,* May 30th. (www.forbes.com)
13. Kathleen R. Allen, *Bringing New Technology to Market* (Upper Saddle River, NJ: Prentice Hall, 2003).
14. Lori Gunter, 2002, "The Need for Speed," Boeing Frontiers. Retrieved November 20, 2002, from www.boeing.com/news/frontiers/archive/2002/july/i_ca2.html.
15. Yoram Wind and Vijay Mahajan, "New Product Development Process: A Perspective for Reexamination," *Journal of Product Innovation Management* 5 (1988): 304–10.
16. Clayton Christenson, "Using Aggregate Project Planning to Link Strategy, Innovation, and the Resource Allocation Process," Note no. 9-301-041 (2000), Harvard Business School.
17. Steven C. Wheelwright and Kim B. Clark, "Creating Project Plans to Focus Product Development," *Harvard Business Review,* March–April 1992.
18. Clayton Christenson, "Using Aggregate Project Planning to Link Strategy, Innovation, and the Resource Allocation Process."
19. John A. Byrne, "Jack," *BusinessWeek* (June 8, 1998): 90.
20. Allen, *Bringing New Technology to Market;* and A. I. Helin and W. B. Souder, "Experimental Test of a Q-Sort Procedure for Prioritising R&D Projects," *IEEE Transactions on Engineering Management* EM-21 (1974): 159–64.
21. Robert G. Cooper, Scott J. Edgett, and Elko J. Kleinschmidt, "New Product Portfolio Management: Practices and Performance," *Journal of Product Innovation Management* 16 (1999): 333–51.
22. A. W. Charnes, W. Cooper, and E. Rhodes, "Measuring the Efficiency of Decision Making Units," *European Journal of Operational Research* 2 (1978): 429–44.
23. Jonathan D. Linton, Steven T. Walsch, and Joseph Morabito, "Analysis, Ranking and Selection of R&D Projects in a Portfolio," *R&D Management* 32, no. 2 (2002): 139–48.

Chapter 08

협력 전략

Collaboration Strategies

Zeta Energy와 배터리의 "성배"

소개

2014년, 평소 기술에 대한 관심이 많은 변호사이자 투자자인 Charles Maslin은 배터리 기술의 혁신에 큰 투자를 해보기로 결정했다. 다른 많은 사람들처럼, Maslin도 배터리가 환경 악화와 기후 변화를 줄여줄 열쇠라고 믿었다. 더 저렴하고 더 높은 용량, 그리고 지속 가능하게 제조된 배터리는 더 많은 사람들이 가정에서 태양 에너지를 사용할 수 있게 하고 전기 자동차를 화석 연료 자동차에 비해 경쟁력 있게 할 수 있다. 배터리 기술이 엄청난 상업적 잠재력을 가지고 있다는 것을 알고 있던 Maslin은 Rice 대학교에서 개발된 첨단 전극 재료에 대해 투자하면서 관련 기술을 라이센싱 할 수 있는 기회를 알아보기로 했다. Maslin은 이 전극이 리튬 금속 배터리에 사용될 가능성이 있다고 보고 세계적으로 유명한 화학자이자 나노 기술자인 James Tour 박사가 이끄는 연구팀을 지원하기 시작했다. 얼마 지나지 않아, Maslin은 연구팀의 박사후 연구원 Abdul-Rahman Raji와 Rodrigo Salvatierra 박사를 고용하여 최첨단의 리튬 금속 배터리를 생산 판매하기 위해 Zeta Energy라는 회사를 설립했다.

기술

2020년까지 전기 자동차, 노트북, 스마트폰 등과 같은 충전식 배터리를 사용하는 제품을 지배하게 된 리튬 이온 충전식 배터리 기술은 분명 충분히 성숙한 상태였다.[a] 배터리를 사용하는 제품들의 성능을 더욱 발전시키기 위해서는 배터리 기술의 획기적인 혁신이 필요하다는 데 광범위한 공감대가 형성되어 있었다. 전해액에 리튬 이온을 담는 방식이 아닌 *금속* 형태로 리튬을 담은 리튬 금속 전지가 동일한 부피나 중량을 기준으로 더 많은 전기를 저장할 수 있는 상당한 잠재력이 있다는 것은 이미 잘 알려진 사실이었다.[b] 하지만 리튬 금속 전지가 상용화되기 위해서는 먼저 해결되어야 할 몇 가지 까다로운 문제들이 있었다.[c] 그중 가장 중요한 것은 수상 돌기였다. 리튬 금속 전지는 동굴 바닥에 석순이 형성되는 방식과 유사하게 음극에 수상 돌기(리튬 입자의 뾰족한 돌기)가 형성되는 경향이 있다. 이러한 돌기들은 점점 커지면서 음극과 양극 사이의 분리막을 관통하여 단전을 일으킬 수 있다. 이러한 수상 돌기는 리튬 금속 배터리의 재충전 능력을 감소시키고 안전상의 문제를 야기한다. 예를 들어, 배터리의 합선은 화재나 폭발을 초래할 수 있다.[d]

이러한 문제를 극복하기 위해 Zeta Energy 팀은 그래핀-탄소나노튜브 구조의 음극을 만들었다. 나노튜브는 수상 돌기의 형성을 막으면서도 엄청난 양의 리튬을 담을 수 있는 작은 튜브들이 털처럼 달린 긴 카페트처럼 보인다.[e] 이를 통해 리튬 금속 전지는 매우 높은 에너지 밀도와 낮은 열화율을 동시에 달성할 수 있다.

그러나 팀은 음극의 잠재력을 최대한 발휘하기 위해서는 더 나은 양극이 필요하다는 것을 깨달았다. 유황을 이용한 양극은 싸고 풍부하며 기존의 리튬이온 재료에 비해 배터리의 에너지 용량을 500퍼센트까지 증가시킬 수 있는 이론적 잠재력을 가지고 있기 때문에 과학계에서 상당한 관심을 가지고 있었다.[f] 그러나 이러한 잠재력을 실현하기 위해 해결해야 할 몇 가지 어려움으로 인해 실제 사용은 제한적이었다. 즉, 유황 양극은 폴리설파이드 셔틀 효과로 인해 활물질의 "누출"이 발생하여 전지의 열화를 초래하였다.[g] 유황도 리튬이온과 결합하면서 팽창하기 때문에 배터리 구조의 불안정성을 초래했다. 이 두 가지 현상 때문에 리튬 유황 전지는 재충전 능력이 빠르게 떨어지면서 "재활용성이"이 좋지 않아서 대부분의 응용 분야에서는 상업적인 대안으로 사용될 수 없었다.[h] 그러나 Zeta Energy 팀은 유황을 중합시키는 방법을 개발하였고 이를 통해 문제를 해결할 수 있다고 믿었다.[i] 이 회사는 카본 그래핀 나노튜브 양극과 중합된 유황 음극에 대해 수많은 특허를 보유하고 있다.

수상 돌기가 없는 고밀도 음극과 "재활용성"이 뛰어난 유황 양극의 조합은 *Forbes*가 배터리 부문에서의 "성배"[j]라고 부르는 기술을 이뤄냈다. 추가로, Zeta의 배터리는 코발트를 사용하지 않았는데, 코발트는 광산에서 아동 노동력을 사용하는 것으로 악명 높은 콩고민주공화국에서 주로 채굴되었기 때문에 배터리 생산에서 코발트를 사용하지 않는 것은 매우 바람직했다.[k]

회사의 성장을 위한 선택

Zeta Energy는 Maslin 자신의 초기 자금과 더불어 친구, 가족, 엔젤 투자자들로부터 투자를 받았다. 그러나 상업적인 규모로 Zeta 배터리의 잠재력을 입증하기 위해서는 양산에 필요한 공장과 장비를 건설하는 데 1억 달러의 상당한 자본이 필요했다. Zeta의 기술은 초기 테스트에서 매우 유망하다는 것을 보여주었지만, 리튬 실리콘 배터리, 전고체 배터리, 그리고 다른 리튬 유황 배터리를 포함한 여러 유망한 배터리 기술들 또한 시장에서 부상하고 있었다. 이로 인해 많은 잠재 투자자들에게 배터리 기술의 미래는 매우 불확실해 보여서, 큰 규모의 투자 확보가 어려워졌다. 게다가 Maslin은 벤처 캐피털은 투자의 대가로 회사를 통제하려 할 거라는 것을 알기에 그들에게 접근하는 것을 꺼렸다.

2020년 현재, Maslin은 Zeta의 발전을 지속하기 위한 몇 가지 대안들을 숙고하고 있다. 각 대안이 까다로운 부분을 가지고 있었다. 먼저, Zeta와의 협업에 관심을 갖고 접근하는 다른 스타트업 기업이 있다. 이 기업도 리튬 유황 배터리를 개발하고 있지만 폴리설파이드 셔틀 문제를 해결하지 못하고 있기 때문에 Zeta의 기술에 큰 관심을 가지고 있고, 전해질을 생산하는 화학 회사로부터 초기 대규모 투자를 확보하고 있다. 둘째, 유럽 자동차 회사, 영국 가전 회사, 미국 육군을 포함한 배터리 구매에 관심 있는 여러 고객들이 Zeta에 접근했지만, 이러한 회사들이 구매를 결정하기 전에 배터리를 테스트해볼 수 있을 정도로 충분한 양의 시연 배터리를 생산할 수 있는 실험실 규모의 생산라인 구축에 대한 투자가 먼저 이루어져야 한다. 셋째, Maslin은 벤처 투자자에 대한 거부감을 줄이고 이들이 제공하는 자금과 경영 지원을 대가로 회사에 대한 더 많은 통제권을 줄 수도 있다. 마지막으로, Maslin은 또한 기존의 대형 리튬 이온 배터리 회사, 또는 새로 설립되었지만 자금이 넉넉한 첨단 배터리 회사, 또는 자동차 제조업체와 조인트벤처를 통해 합작할 가능성도 있다고 생각하지만 대기업들과의 조인트벤처 관계에서 Zeta의 독점 기술이 유출되는 위험이 생길 수 있다고 우려했다. 특히, 문제는 덩치가 크고 경험이 많은 파트너가 Zeta의 제조 프로세스를 개선하여 종국에는 Zeta의 디자인 특허와 이 파트너가 개선한 제조 프로세스의 특허가 서로 교차 라이선스를 할 수밖에 없는 상황이 되어버린다면 종국에는 Zeta가 가진 기술 우위를 잃을 수도 있다는 점이었다.

결정

2021년 초, 12명의 팀원으로 성장한 Zeta는 긴박감을 느꼈다. 회사는 초기 자금을 빠르게 소진하고 있었고 몇몇 잠재 고객들에게 시연가능한 배터리를 조만간 생산할 것이라는 약속을 한 바 있다. 또한 제품의 시장 출시까지 시간이 오래 걸릴수록 다른 배터리 스타트업 회사들의 기술이 더 발전하고 시장 출시가능성도 높아지면서 투자자와 고객들의 관심을 끌기가 그만큼 더 어려워진다는 것을 알고 있었다. Maslin은 Zeta가 배터리 기술과 관련하여 "성배"라고 불릴 만한 솔루션을 가지고 있다고 확신했지만, 회사가 그 잠재력을 실현하는 가장 좋은 방법은 무엇일지 고민스러웠다.

〈토론문제〉

1. Zeta Energy가 다른 조직과 협력하는 것의 장단점은 무엇인가?
2. 어떤 유형의 파트너가 Zeta Energy에 가장 좋은 "자원 적합성"을 제공할 거라고 생각하는가? 어떤 유형의 파트너가 Zeta Energy에 가장 좋은 "전략적 적합성"을 제공할 거라고 생각하는가? 당신이 추천하고 싶은 협업 파트너가 있는가?
3. 만약 Zeta Energy가 협업을 한다면, 어떤 유형의 협업 구조(예를 들어, R&D 제휴, 조인트 벤처, 라이센싱, 아웃소싱 등)를 사용해야 한다고 생각하는가? 협력관계를 관리하는 데 있어서 Zeta Energy에게 유의하라고 조언할 만한 사항은 무엇이 있는가?

[a] Kip Keen, "As Battery Costs Plummet, Lithium-Ion Innovation Hits Limits, Experts Say," S&P Global, May 14, 2020, https://www.spglobal.com/marketintelligence/en/news-insights/latest-news-headlines/as-battery-costs-plummet-lithium-ion-innovation-hits-limits-experts-say-58613238.

[b] "BU-212: Future Batteries," Batter University, https://batteryuniversity.com/learn/article/experimental_rechargeable_batteries.

[c] "An Ultrafast Rechargeable Lithium Metal Battery," *Journal of Materials Chemistry A*, 6 (2018), https://pubs.rsc.org/en/content/articlelanding/2018/ta/c8ta05354e#!divAbstract.

[d] Kerri Jansen, "Video: Battery Scientists Tackle the Dendrite Problem," C&EN, December 13, 2019, https://cen.acs.org/energy/energy-storage-/Video-Battery-scientists-tackle-dendrite/97/i48; Weiyang Li and Yi Cui, "Less Fire, More Power: The Secret to Safer Lithium-Ion Batteries," IEEE Spectrum, August 23, 2018, https://spectrum.ieee.org/energy/renewables/less-fire-more-power-the-secret-to-safer-lithium-ion-batteries; and K. Clemens, "Three Ways That Lithium Dendrites Grow," DesignNews, November 5, 2018, https://www.designnews.com/electronics-test/three-ways-lithium-dendrites-grow.

[e] Yu Zhu et al., "A Seamless Three-Dimensional Carbon Nanotube Graphene Hybrid Material," *Nature Communications*, November 27, 2012, https://www.nature.com/articles/ncomms2234; and Abdul-Rahman O. Raji et al., "Lithium Batteries with Nearly Maximum Metal Storage," *ACS Nano*, May 16, 2017, https://pubs.acs.org/doi/abs/10.1021/acsnano.7b02731.

[f] "Lithium–sulfur battery," Wikipedia, https://en.wikipedia.org/wiki/Lithium%E2%80%93sulfur_battery; and "Lithium–Sulfur Batteries," Science Direct, https://www.sciencedirect.com/topics/engineering/lithium-sulfur-batteries.

g Liam Critchey, "Why Lithium-Sulphur Batteries are Taking So Long to Be Used Commercially," Electropages, January 14, 2020, https://www.electropages.com/blog/2020/01/why-lithium-sulphur-batteries-are-taking-so-long-be-used-commercially.

h Kunlei Zhu et al., "How Far Away Are Lithium-Sulfur Batteries from Commercialization?" *Frontiers in Energy Research*, November 15, 2019, https://www.frontiersin.org/articles/10.3389/fenrg.2019.00123/full.

i Lei Li et al., "Enhanced Cycling Stability of Lithium Sulfur Batteries Using Sulfur–Polyaniline–Graphene Nanoribbon Composite Cathodes," *ACS Applied Materials & Interfaces*, August 20, 2014, https://pubs.acs.org/doi/abs/10.1021/am5030116.

j Robert Rapier, "The Holy Grail of Lithium Batteries," *Forbes*, May 16, 2019, https://www.forbes.com/sites/rrapier/2019/05/16/the-holy-grail-of-lithium-batteries/#55f989243d63.

k "Congo, Child Labour and Your Electric Car," *Financial Times*, July 6, 2019, https://www.ft.com/content/c6909812-9ce4-11e9-9c06-a4640c9feebb.

개요

기업들은 종종 어느 수준의 작업까지 자체적으로 수행할 것인지를 결정하는 데 어려움을 느낀다. 즉 제품과 관련된 전 프로세스를 혼자서 수행할지 또는 외부 기업과 함께 협력 체제를 구성할지에 대해 어려운 선택을 내려야 하는 것이다. 앞서 2장에서 언급했듯이 중요한 발전이나 혁신은 한 조직이나 개인에 의해서 만들어지는 것이 아니고 다양한 조직들과 개인들의 협력을 통해서 얻을 수 있는 결과이다. 협력 체제는 일반적으로 기업 혼자서 일을 진행하는 것보다 훨씬 많은 결과물을 빠르고 적은 비용으로 이룰 수 있게 해준다. 하지만 기업이 협력 체제를 선택하면 개발 전반에 관한 통제 권한의 일부와 혁신을 통해 예상되는 이윤의 일정 부분을 포기해야 한다. 또한 파트너십을 맺고 있는 기업의 불법 행위에 그대로 노출될 수 있는 위험도 내포하고 있다. 이번 장에서는 먼저 왜 기업들이 협력 체제를 구축하려 하는지 또는 회피하려 하는지에 대한 이유들을 생각해 보도록 하겠다. 다음으로 협력체제에 대한 일반적인 유형들을 살펴본 후 각각의 유형들이 가지는 장단점에 대해서 살펴볼 것이다.

독자 개발을 하는 이유

기업은 다음의 몇 가지 이유 때문에 독자적으로 프로젝트를 운영하려고 할 수 있다. 첫 번째로 기업은 다른 기업과 협력해야 할 필요성을 전혀 느끼지 못할 수 있다. 어떤 기업은 내부적으로 특정 개발 프로젝트에 필요한 모든 역량을 이미 확보하고 있을 수 있다. 또한 상대적으로 어떤 기업은 보완적인 기술이나 자원을 파트너 기업으로부터 얻는 것을 선호할 수도 있다. 하지만 자신의 상황에 적합한 파트너를 찾기란 결코 쉽지 않으며, 설사 있다고 하더라도 함께 협력하기란 더욱 힘든 일이다. 또한 기업은 협력으로 인해 자신들이 소유하고 있는 주요 기술을 빼앗길 수 있다는 불안감을 느낄 수 있으며, 프로젝트의 모든 부분을 스스로 통제하고 이에 따르는 모든 이윤을 획득하기 위해 협력 체제를 꺼리는 경우도 있다. 하지만 스스로가 프로젝트의 모든 부분을 통제하고 개발하여 혁신을 이끈다면 이는 기업에게 자신들의 역량을 확립하고 새롭게 하는 기회로 작용할 수 있다.

1. 역량의 존재유무

기업이 타 기업과 파트너십을 구성하고 협력 체제를 구성할지에 대한 결정의 많은 부분은 기업 내부적으로 모든 프로세스를 담당할 역량을 어느 정도 가지고 있는지와 파트너십을 맺으려고 하는 기업이 어느 정도의 역량을 가지고 있는지에 따라 결정된다고 할 수 있다. 만약 기업이 프로젝트에 필요한 모든 역량을 이미 내부적으로 가지고 있다면, 타 기업과 협력 체제를 구축하기보다는 혼자서 프로젝트를 진행하기가 쉬울 것이다. 더욱이 비록 기업 스스로가 부족한 역량이 있다고 해도 이러한 역량을 가지고 있는 타 기업이 없다면 자기가 개발하는 수밖에는 방법이 없을 수도 있다.

예를 들면 1970년대 후반 Monsanto는 유전공학적으로 변형되어 강력한 제초제에도 견딜 수 있는 농산물 씨앗 개발에 큰 흥미를 가지고 있었다. Monsanto의 강력한 제초제인 Roundup은 1974년 시장에 출시된 이래 대단한 성공을 거두었다. 하지만 제초제의 성능이 너무나 강력하여 접촉하는 모든 식물을 죽이는 결과를 낳았기 때문에 제초제 살포 시 굉장한 주의가 필요했다. 따라서 이러한 강력한 제초제인 Roundup에 대해 저항력을 가진 농산물 씨앗을 개발할 수 있다면 사람들이 보다 쉽게 Roundup을 사용할 수 있을 것이며 또한 보다 많은 양을 사용할 수 있을 것이라고 생각하였다. 당시 유전공학은 초보 단계에 불과하였고, 따라서 이러한 프로젝트에 도움이 될 만한 역량을 가지고 있는 기업도 전무하였다. Monsanto는 독자적으로 프로젝트를 수행하기로 결정하고 기업의 역량을 이 새로운 유전공학 사업에 집중하였다.[1] 1983년에 Monsanto는 성공적으로 유전자 변형 식물을 만들어냈지만, 실질적으로 상업성을 보장받은 유전자 변형 농산물 씨앗인 Roundup Ready Soybean은 1995년이 되어서야 시장에 출시될 수 있었다.[2] 비록 많은 환경 단체들은 Roundup 제초제와 유전자 변형된 Roundup Ready Soybean의 사용을 강력히 반대하였지만, 이 둘의 결합은 엄청난 성공을 가지고 왔다. 2002년이 되자 전 세계적으로 1억 3천만 에이커에 달하는 땅에서 Monsanto의 Roundup Ready 완두콩, 옥수수, 면 씨앗이 재배되었다.[3]

2. 보유 기술 보호

많은 기업들은 협력과정에서 자사가 보유하고 있는 기술이 외부에 넘어가는 것을 두려워한 나머지 협력 체제를 꺼리는 경향이 있다. 파트너 기업과 가깝게 일하게 되면 기업이 가지고 있는 주요 기술들을 경쟁자가 될 수도 있는 파트너에게 모두 다 보여주는 꼴이 될 수 있고, 나아가 그 파트너 기업이 프로젝트 진행 중 획득한 모든 기술에 대해 배타적인 통제권을 행사하길 원할 수도 있다. 오프닝 사례에 언급되었던 리튬 유황 배터리 개발을 위해 협력을 하려고 하는 Zeta Energy의 경우를 생각해 보자. 비록 협력은 Zeta가 필요로 하는 자금과 시험, 제조, 마케팅 능력을 제공할 수 있지만, 이로 인해 Zeta는 이익을 파트너와 나누어야 하고 자신의 기술에 대한 통제력을 잃는 위험에 처하게 될 수도 있다.

3. 기술개발과 사용에 대한 통제권

기업들은 때때로 개발 프로세스 전 과정에 걸친 완벽한 통제를 원하기 때문에 협력 체제를 선택하지 않을 수도 있다. 이러한 선택은 현실적인 이유 때문에 발생하거나(예를 들어 새로운 기술은 엄청난 양의 이윤을 창출할 수 있을 것으로 기대되어 이러한 이윤을 파트너와 나누기를 원치 않을 수 있다) 또는 기업 문화적인 측면에서 이루어질 수 있다(예를 들어 기업 문화가 독립심이나 자기 의존성을 강조할 수 있다). 이 두 가지의 이유는 일본의 자동차 기업 Honda가 하이브리드 전기 자동차 Insight를 개발하는 과정에서 잘 드러난다. 많은 자동차 생산업체들이 자동차 디자인이나 보다 더 효율적인 생산 방식을 개발하기 위해 적극적으로 상호 **제휴관계**(alliance)를 구축하고 있는 데 반해 Honda는 이러한 협력관계 구축에 매우 조심스러웠다. Honda가 강화되는 배출 가스 기준에 반대하는 제휴관계인 Alliance of Automobile Manufactures에 참여하지 않겠다는 결정을 내린 데에는 현실적이고도 문화적인 이유들이 있다. 현실적인 측면에서 보면 Honda가 이런 제휴관계에 참여하게 되면 시장 선두자리를 염두에 두고 개발하고 있는 친환경 자동차에 대한 자율권을 제한당하는 결과를 초래할 수 있다. 또한 이 결정은 Honda 자체 기술에 대한 완전한 통제와 독립적인 발전 방향 설정 등을 강조하는 기업 문화 때문일 수도 있다. 이러한 생각은 Honda의 CEO인 Hiroyuki Yoshino의 진술에서도 잘 나타나있다. "타인에 의해 삶이 결정되는 것보다 자신의 삶을 스스로 결정해 나가는 것이 더 좋다."[4]

제휴관계
제휴관계는 두 기업 간의 어떤 관계에도 다 언급될 수 있는 표현이다. 제휴관계는 단기와 장기로 언급될 수 있으며 또한 계약서상의 형식적 관계나 비형식적 관계 모두를 포함한다.

4. 역량 개발과 갱신

기업들은 파트너십이 비용과 시간을 절감해 준다고 하더라도 독자 개발의 길을 선택할 수 있다. 왜냐하면 독자 개발의 노력이 자신들의 역량을 새롭게 하고 향상시킬 수 있는 길이라고 생각하기 때문이다. 독자적 기술혁신은 기업이 새로운 기술과 자원 그리고 시장에 대한 노하우를 획득해야 하는 도전으로 이어질 수 있다. 7장에서 이미 언급하였듯이 조직의 역량을 창조하고 향상시킬 수 있는 가능성이 혁신 그 자체보다 더욱 값진 것일 수 있다. 이러한 사실은 Boeing의 Walt Gillette의 Sonic Cruiser 개발과 관련한 언급에서 쉽게 엿볼 수 있다. "지금까지의 경험을 살펴보았을 때, 12~15년 사이에 새로운 비행기 모델을 개발하지 않으면 필요한 기술과 경험은 사라지게 됩니다. 이전에 비행기를 개발하고 생산하였던 사람들은 은퇴하거나 다른 회사로 옮겨갈 것이고, 그들이 가지고 있던 기술과 경험의 노하우는 다음 세대의 Boeing 직원들에게 전수되지 못하게 될 겁니다."[5]

이와 같이 기업이 독자 개발을 고수하는 몇 가지 이유가 있지만, 반대로 기업이 타 기업과 협력 체제를 구축하려고 하는 데에도 몇 가지 이유가 있을 수 있고, 실제로 협력 체제의 구축은 점점 증가 추세에 있다. 이어지는 논의에서는 협력 체제의 장점과 다양한 유형의 협력 체제의 강약점을 살펴보겠다.

협력 체제 구축의 장점

기업이 협력 체제를 통해 개발 프로젝트를 진행한다면 빠른 제품 출시, 유연성의 증가, 다른 기업으로부터의 학습, 그리고 표준을 중심으로 협력체제 구축 등의 많은 이점을 누릴 수 있다.

1. 빠른 역량과 자원의 확보

기업이 자신의 기술지식을 상업화시키는 데 필요한 보완적인 기술 자산이 부족한 것은 드문 일이 아니다. 만약 시간이 주어진다면 기업은 분명 내부적으로 그러한 보완적인 기술들을 독자적으로 개발할 수 있을 것이다. 하지만 그렇게 함으로써 제품 개발의 사이클이 길어질 수 있다.[6] 대신에 기업은 타 기업의 기술사용 권리를 사들이거나 제휴 관계를 구축하여 보다 빠르게 중요한 보완적인 기술에 접근할 수 있다.[7] 예를 들면 Apple이 고화질의 레이저 프린터 사업에 처음 뛰어들었을 때 프린터의 중요 부품인 프린터 엔진 부분에 대한 기술적 노하우는 전혀 가지고 있지 않았다. 따라서 내부적으로 개발한다면 매우 많은 시간이 소요되는 상황이었다. Apple은 당시 프린터 엔진 분야에서 시장의 선두주자였던 Canon을 설득하여 협력 체제를 구축하였다.[8] Canon의 도움으로 Apple은 빠른 시일 안에 고화질의 레이저 프린터를 시장에 출시할 수 있었다.

2. 유연성의 증가

독자 개발을 통해 필요한 자원이나 역량을 확보하는 것보다 협력을 통해 이들을 확보하는 것이 기업의 자원 집중도를 낮추는 동시에 기업의 유연성을 증대시킬 수 있다. 이러한 점들은 기술이 빠르게 변화하는 시장에서 더욱 중요한 의미를 갖는다. 빠른 속도의 기술 변화는 제품시장의 빠른 변화를 초래한다. 제품 수명 주기는 짧아지고, 혁신은 경쟁의 주요 수단으로 자리 잡는다. 기술이 빠르게 발전할 때 기업들은 금방 진부화될 수도 있는 고정 자산들에 자신의 역량을 쏟는 것을 원치 않을 것이다. 대신 전문화된 기업들과 긴밀한 관계를 유지하면서 자신들이 가지고 있지 못한 자산들에 대한 접근을 용이하게 하는 길을 택할 것이다.

3. 파트너로부터의 학습

타 기업과의 협력관계는 기업에게 좋은 학습 기회를 제공한다. 긴밀한 협조 체제는 기업 간에 기술과 지식을 상호 교환할 수 있는 기회를 제공하며, 이러한 지식의 교환을 통해 독자적으로는 얻을 수 없는 새로운 지식을 만들어낼 수 있다.[9] 자신이 보유한 기술자원이나 역량과 결합하여 지식 기반을 확장하고 이러한 확장된 지식 기반은 기업으로 하여금 보다 빠르게 기술혁신을 이룰 수 있도록 도와준다.

4. 자원과 위험의 분산

기업이 협력 체제를 구축하는 큰 이유 중 하나는 바로 프로젝트 수행에 따른 비용과 위험의 분산이다. 특히 프로젝트의 규모가 커서 많은 비용이 들어간다거나 결과를 확신할 수 없는 프로젝트인 경우 이러한 경향은 더욱 뚜렷하다.[10]

5. 공유된 표준을 중심으로 협력관계 구축

기업들은 협력관계가 공유할 수 있는 표준의 구축을 원활하게 한다면 개발 프로젝트를 통해 협력하고자 한다. 예를 들어 2018년 초 시장에는 네 가지 주요 전기자동차 충전방식들이 경쟁하고 있었다. 이들은 CHAdeMO(대부분의 일본 전기자동차 생산업체들이 사용), SAE Combined Charging System(대부분의 유럽 전기자동차 생산업체들과 미국의 General Motors와 Ford가 사용), GB/T(BYD와 SAIC그리고 Dongfeng과 같은 중국 전기자동차 생산업체들이 사용), 그리고 Tesla Superchager (Tesla가 사용)이다. 2018년 전 세계적으로 7,000개의 CCS 충전소, 16,639개의 CHAdeMO충전소(대부분이 일본과 유럽 소재), 8,496개의 Tesla Superchager(대부분 미국 소재), 그리고 127,434개의 GB/T 충전소(모두 중국 소재)가 존재한다. 2017년 말, Daimler, BMW, Ford, 그리고 Volkswagen 그룹이 CCS 충전소 구축에 협력하기 위하여 Charging Interface Initiative (CharIN)라는 기구를 만들겠다고 발표하면서 표준 수립을 위한 모멘텀을 만들고자 하였다. 반면, Tesla는 표준 수립에 관한 위험을 줄이고자 자신의 Supercharger 기술에 관한 특허를 풀어 다른 기업들이 이를 사용할 수 있도록 하는 반면 CharIN과 CHAdeMO 연합 양쪽 모두에 가입하였다. 나아가 Tesla는 자사의 자동차가 CHAdeMO와 GB/T 충전소에서 충전할 수 있도록 어댑터를 개발하였다.[11]

협력 체제의 유형

협력 체제는 공급자, 소비자, 경쟁자, 보완자, 다른 시장에서 비슷한 제품을 판매하는 조직, 비슷한 시장에서 전혀 상이한 제품을 판매하는 조직, 비영리 조직, 정부 조직, 대학 등 다양한 조직 및 개인을 포함할 수 있다. 또한 협력 체제는 다양한 목적으로 사용될 수 있는데 예를 들면 제조, 서비스, 마케팅, 기술적 목적 등을 들 수 있다. 북미의 경우 전체 제휴관계 중 23%가 연구개발 활동에 관련한 제휴관계이며, 이 수치는 서유럽의 경우 약 14%, 아시아의 경우 약 12%이다.[12]

조인트벤처
두 개 이상의 회사가 모여 중요 자산의 일정 부분을 함께 투자하여 새롭게 만든 회사.

라이센싱
계약의 형태로서 개인이나 조직(licensee)이 다른 기업이나 개인(licensor)이 만들어 놓은 기술, 트레이드 마크, 저작권 등을 사용할 수 있는 권리를 획득하는 것을 말한다.

또한 협력 체제는 비공식적인 형태부터 고도로 조직된 **조인트벤처**(joint ventures) 또는 **라이센싱**(licencing)과 같은 기술교환 협약 등 다양한 형태로 나타날 수 있다. 기술혁신에 이용되는 일반적인 협력 체제의 형태를 살펴보면 전략적 제휴, 조인트벤처, 라이센싱, 아웃소싱, 공동 연구조직 등의 형태 등이 있다.

■ 전략적 제휴

전략적 제휴는 한시적인 관계로서 여러 가지 형태를 가질 수 있다. 이는 계약이나 비공식적 협정 같은 형태로 구체화될 수 있으며, 단기 또는 장기로 이루어질 수 있고, 상호 지분 투자(지분 제휴라고도 불리며 이 장의 나중에 설명됨)를 동반할 수도 있다. 대부분의 제휴(새로운 법적 자회사를 세우는 조인트벤처는 예외)는 임시적인 관계이며 따라서 기업들이 유연하게 자원과 노력을 결합할 수 있다. 일반적으로 기업은 내부적으로 꼭 필요한 기술역량을 얻기 위해서 또는 타사의 기술개발 역량을 통해 자사의 기술개발 역량을 극대화시키기 위해 전략적 제휴를 실시한다. 각기 다른 역량을 보유하고 있는 기업들이 전략적 제휴를 통해 여러 역량들을 한곳으로 모이게 함으로써 신기술개발이나 신시장 개척과 같은 중대 사안에 대해 보다 빠르고 적은 비용으로 대처할 수 있게 해준다. 또한 비록 비슷한 역량을 보유하고 있는 기업들일지라도 개발에 따른 위험을 분산시킬 수 있고 보다 빠른 기술개발과 시장 진입을 가능하게 해주므로 전략적 제휴를 선택하게 된다. 대기업이 중소기업과 제휴를 한다면 이는 중소기업의 기술개발 노력에 일정부분 이해관계를 갖기 위한 것이며, 중소기업이 대기업과 제휴를 하는 이유는 대기업의 풍부한 자원, 유통망, 마케팅 역량, 신용도 등 중소기업이 가지고 있지 못한 역량 부분을 활용하기 위한 것이다.[13] 예를 들면 많은 대형 제약 업체들은 상호 이익을 위해 중소 생명공학 업체들과 전략적 제휴를 맺고 있다. 이유를 살펴보면 대형 제약업체들은 중소 생명공학 업체들을 통해 신약개발 비용을 줄일 수 있으며, 중소 생명공학 업체들의 경우 전략적 제휴를 통해 그들이 가지고 있지 못한 풍부한 자원, 유통망, 생산 능력 등을 활용할 수 있는 기회를 얻게 된다.

기업은 제휴를 통해 벤처에 일정 부분의 이해관계를 형성한 뒤, 나중에 투자를 증가시키거나 이 자원을 다른 기회들에 전환하는 유연성을 가질 수 있다.[14] 또한 전략적 제휴를 통해 기업이 미래에 역량을 집중하고자 하는 급부상하고 있는 시장을 선점할 수 있는 기회를 얻을 수 있으며, 빠르게 변화하고 있는 시장에서 변화하는 흐름에 맞는 기술과 투자 규모 등을 빠르고 정확하게 적용할 수 있다.[15]

이 외에도 제휴는 제휴 기업 상호 간의 노하우 축적을 통해 새로운 경쟁력을 획득할 수 있게 해준다. 제휴 파트너들은 상호 협력을 통해 지식, 기술, 노하우 축적에 있어 시너지 효과를 얻기를 기대하며 이러한 효과를 통해 새로운 지식을 획득하기를 원한다. 하지만 종종 이러한 제휴관계에는 공통의 언어, 업무처리 방식, 그리고 협조 등의 부재로 말미암아 지속 가능한 경쟁우위를 창출하는 데 필요한 암묵적이고 복잡한 지식들의 전달이 어려울 수도 있다.[16] 제휴를 통해 이러한 상호 지식의 축적을 달성하기 위해서는 다음과 같은 자원들의 투자가 필요하다. 예를 들면 자사와 제휴사 간의 지식전달을 열정적으로 담당할 직원, 기술 테스트 설비, 습득된 내용을 내재화하기 위한 적극적인 절차 등을 들 수 있을 것이다.[17] 따라서 제휴는 비용이 많이 들 수도 있는데, 제휴를 위해서 모니터링과 협조가 필요하고 파트너가 자사의 지적자산을 이용할 위험도 있다.[18]

Yves Doz와 Gary Hamel은 기업의 제휴 전략을 다음의 두 가지 기준으로 살펴보는 것이 유용하다고 주장한다.[19] 첫 번째 기준은 제휴가 어느 정도의 **역량의 보완**(capability complementation)이나 **역량의 전이**(capability transfer)를 가능케 하는지이며, 두 번째 기준은 기업이 각각의 제휴를 독립적으로 관리하는지 아니면 제휴들의 집합적인 네트워크로 관리하는지이다(그림 8.1 참조).

역량의 보완
각 파트너 회사들의 역량 및 다양한 자원들을 결합하는 것을 의미하지만 각 파트너 회사 간 이러한 자원이 교환되고 전달될 필요는 없다.

역량의 전이
각 파트너 간 역량이 상대 파트너에게 전달되어 파트너 기업이 이를 내재화하고 다른 독립적인 프로젝트에 이 역량을 이용하는 것을 의미한다.

A면에 위치하고 있는 기업들은 상호 보완적인 기술과 지식을 사용하는 데 있어 네트워크를 형성하지 않고 독립적으로 전략적 제휴를 형성하고 있는 기업들이다. 예를 들면 1970년대 중반에 GE (General Electric)와 프랑스의 제트엔진 제조업체인 SNECMA는 새로운 제트엔진 개발을 위해 CFM 인터내셔널이라는 조인트벤처를 설립하였다. 이 벤처는 GE의 F101 터보제트 엔진과 SNECMA의 저압력 팬 생산 노하우를 합쳐, 강력하고 에너지 효율이 높은 새로운 제트엔진을 만들고자 하였다. 당시 F101 엔진은 미국 공군에 의해 군사기밀로 취급되었기 때문에 벤처 회사는 두 기업 간 주요 기술지식의 교환을 방지하기 위해 세밀하게 조직을 구조화하였

그림 8.1 ▸ 기술제휴전략

출처: Y. Doz and G.Hamel, 1997, "The Use of Alliances in Implementing Technology Strategies." In M.L.Tushman and P. Anderson, *Managing Strategic Innovation and Change*, 1997.

	개별 제휴	제휴들의 네트워크
역량 보완	A GE-SNECMA alliance	B Corning Glass alliances
역량 전이	C Thomson-JVC alliance	D Aspla

다. GE는 F101에 관련된 부분을 밀봉된 "블랙박스"에 넣어 멀리 떨어져 있는 조립 설비로 이동시켰다. 이렇게 하여 만들어진 엔진인 CFM-56은 비행기 역사상 가장 성공적인 제트엔진으로 기록되었다.[20]

B면에 위치하고 있는 기업들은 상호 보완적인 기술과 지식을 결합하기 위해 기업 간 네트워크를 형성하고 있다. 예를 들면 유리제품 생산의 대명사로 알려져 있는 Corning은 그들의 유리제품 제조 기술을 의료기기, 컴퓨터 관련 제품, 광섬유 등의 다양한 제품 생산에 적용시키기 위해 이러한 기술을 가진 기업들과 거미줄 같은 네트워크를 형성하였다. 파트너사의 기술을 받아들여 내부적으로 내재화하기보다는 파트너와 함께 투자하여 설립한 회사들을 유연하면서도 동등한 독립 기업들의 네트워크로 여기고 사업의 확장으로 받아들였다.[21]

C면을 살펴보면 독립적으로 전략적 제휴를 구성하면서 상호 간 역량을 교환하는 기업들의 예를 볼 수 있다. Doz와 Hamel은 이에 대해 JVC와 Thomson(프랑스 전자제품 제조업체)의 예를 들고 있다. 두 기업 모두 비디오 플레이어를 생산하는 기업이지만 Thomson은 JVC로부터 제품 기술과 생산 노하우를 전수받고 싶어 했던 반면 JVC는 Thomson으로부터 유럽시장 진출을 위한 노하우를 얻기 원했다. 따라서 두 기업은 각각의 역량을 교환함으로써 동등한 기회를 얻게 되었다.

D면을 살펴보면 각자의 역량을 교환하기 위해 네트워크형의 제휴를 맺으며 또한 함께 새로운 역량을 개발하는 기업들의 모습을 볼 수 있다. 이 장의 나중에 자세히 소개될 공동의 연구조직(Aspla나 National Center for Manufacturing Sciences)이 바로 네트워크형 제휴 조직을 통제하기 위한 공식적인 기구가 만들어진 예이다. 이 조직은 조직의 멤버 회사들로 하여금 함께 지식을 나누고 창조하고 활성화시킬 수 있도록 고안되었다. 관리자들은 제휴의 포트폴리오를 구축하는 데 있어서 경쟁적 효과, 보완적 효과, 네트워크 구조 효과를 신중히 생각해야 한다. 첫 번째로, 만약 복수의 제휴들이 동일한 전략적 필요로 만들어졌다면 불필요한 자원의 중복투자 또는 파트너들 간에 경쟁적 갈등이 발생할 위험 소지가 있다. 제휴 파트너들이 적이 될 수도 있으므로 이에 따른 비용과 효익을 신중하게 판단하여야 한다. 두 번째로,

보완적 제휴는 관리만 잘한다면 아주 훌륭한 상승효과를 가져올 수 있다. 예를 들어 제약회사는 신약개발 과정에서 하나의 파트너와 제휴하고, 개발된 신약의 유통방법에 대한 제휴는 다른 파트너와 함으로써 신제품의 상업화에 소요되는 시간을 단축시킬 수 있다.[22] 이 경우 각 제휴의 효과성은 다른 제휴의 효과성에 따라 강화되어 나타난다. 마지막으로 관리자들은 그들의 회사와 파트너, 그리고 파트너의 파트너 등을 연결하는 관계망 속에서 자신의 제휴 포트폴리오가 회사를 어떻게 포지셔닝하게 될지를 고민해야 한다.[23] 그런 네트워크는 정보와 자원의 확산에 매우 큰 영향을 주며 제휴의 네트워크 속에서 잘 포지셔닝하는 것만으로도 상당한 효과가 있을 수 있다(이 장 뒷부분에 나오는 <연구요약: 협력 네트워크에서의 전략적 위치 선정> 참조).

기업은 제휴를 이용하여 기회와 유연성을 얻을 수 있지만 제한된 범위의 상호협력으로 인해 제휴의 모든 부분에서 기회주의적 경향이나 이기심이 존재할 수 있다.[24] 몇몇 연구에 따르면 전략적 제휴의 30~70%가 실패하는데 이는 독립적인 두 기업 간 활동을 조정하는 데 따르는 어려움과 기업들이 협력의 이해관계보다 자사의 이해관계를 추구하기 때문에 생기는 위험 때문이라고 한다.[25] 그러므로 기업들은 제휴라는 것이 향후 경쟁자가 될 수 있는 파트너에게 무작정 모든 역량과 정보를 넘겨준다는 식의 느낌을 갖지 않도록 이 부분에 있어 지속적인 확신을 심어주어야 한다. Doz와 Hamel은 파트너 간의 협력이 상호 간의 믿음과 의사소통을 활성화시켜 줄 수 있지만, *너무* 친밀한 협력은 사내 정보를 충분히 감시 감독하고 있지 못하다는 경고의 의미를 내포하고 있다고 하였다.[26] 회사의 모든 직원들은 자사의 어떤 정보를 파트너에게 보여줄지 또는 보여주지 말아야 할지에 대해 명확하게 알고 있어야 하며, 기업은 파트너가 어떠한 정보를 자신들로부터 받았으며 또 어떤 정보를 원하고 있는지에 대해 계속해서 살펴보아야 한다.[27]

■ 조인트벤처

조인트벤처는 전략적 제휴의 일종으로서 상당한 구조와 책임을 수반한다. 전략적 제휴가 둘 또는 그 이상의 기업 간 관계가 공식적이든 비공식적이든 다양한 형태로 구성될 수 있는 데 반해, 조인트벤처는 각각의 파트너가 상당한 양의 자본을 투자하여 때때로 독립된 새로운 조직을 만들게 된다. 각각의 파트너로부터 투자되는 자원과 자본의 양은 세밀하게 만들어진 계약서를 바탕으로 정해지며, 벤처로부터 벌어들이는 이윤 역시 이 계약에 기초하여 나누어진다.

예를 들면 2018년 4월, Tencent Holdings(소셜 미디어, 음원 스트리밍, 모바일 게임 등 인터넷 관련 서비스에 특화된 중국 다국적 기업)는 인공 지능을 활용할 수 있도록 인터넷으로 연결되는 자율 주행 기술을 개발하기 위하여 중국 국영 기업인

Changan Automobile Company와 더불어 조인트벤처를 만든다고 발표하였다. Tencent는 102백만 위안(약 162백만 달러)을 투자하여 51%의 지분을 갖고 Changan은 98백만 위안을 투자하여 나머지 49%의 지분을 갖기로 하였다. Changan은 Chongqing과 Beijing 사이의 2,000킬로의 로드테스트를 이미 마쳤으며 미국 캘리포니아 주의 공공도로에서 자율주행자동차의 테스트를 시작할 수 있는 허가를 얻었다고 한다.[28]

■ 라이센싱

라이센싱은 기업이나 개인(the *licensee*)이 다른 기업이나 개인(the *licensor*)과 계약 관계를 맺고 상대편 기업이 가지고 있는 기술(트레이드마크 또는 저작권)의 사용 권리를 획득하는 것을 말한다. 라이센싱은 기업이 현재 가지고 있지 못한 기술을 빠른 시간 안에 획득할 수 있게 해준다. 예를 들면 Microsoft는 웹브라우저 시장에서 경쟁사인 Netscape에 한참 뒤쳐져 있다고 생각했다. 이러한 가운데 빨리 인터넷 익스플로어를 개발하여 시장에 진입하기 위해 Spyglass에서 기술을 라이센스 받았다. 또한 Microsoft는 기타 유용한 인터넷 기술을 획득하기 위해 Vermeer Technologies, Colusa Software, eShop Inc.와 같은 회사들을 인수하였다.

라이센서(기술 권리를 양도하는 사람)의 입장에서 보면 라이센싱은 자신의 기술을 보다 넓은 시장으로 퍼뜨릴 수 있는 기회를 제공한다. 예를 들면 미국의 자동차 부품을 공급하는 Delphi Automotive는 선반 세공, 밀링, 드릴링 등의 다양한 기계 조작을 모의 실험해볼 수 있는 소프트웨어를 개발하였다. 대규모 기계작업을 수행하는 제조업자들은 이 소프트웨어를 사용하여 생산력을 증대시킬 수 있는 다양한 방법들을 발견하였다. 사실 Delphi는 이 소프트웨어를 내부적으로 사용하기 위해 개발하였지만 곧 이 소프트웨어의 라이센싱을 통해 많은 이윤을 얻을 수 있다는 사실을 깨달았다.[29]

라이센싱을 통해 기술을 획득하는 것은 일반적으로 자체적으로 기술을 개발하는 것보다 훨씬 적은 비용이 든다. 앞의 장들에서 언급하였듯이, 새로운 제품 개발은 매우 위험하고 많은 비용이 들어가는 일이다. 기업은 라이센싱을 통해 이미 상업적으로 그리고 기술적으로 입증된 기술을 획득할 수 있다. 누구나 라이센싱 할 수 있는 기술은 다른 경쟁자들에게도 가용하기 때문에 별도의 전략적 가치를 줄 수 없을 것이라고 가정되기도 하지만 Procter & Gamble의 경험에 따르면 반드시 그렇지만은 않다. P&G의 경우에는 "Connect and Develop" 프로그램을 통해 자사의 실험실에서 활용하여 더 큰 가치를 발생시킬 만한 회사 외부의 아이디어와 기술을 찾는데 더욱 초점을 맞출 수 있었다. 따라서 라이센싱된 기술이 신제품의 기초를 제공하기는 하지만, 시장에 출시된 제품은 P&G 고유의 자원과 깊고 모방하기 어려운 전문성을 바탕으로 하고 있다.[30] 이러한 접근은 이제 많은 기업들에서 사용하고 있는 "개방형 혁신(Open Innovation)" 접근방식의 대표적인 예이다.[31]

라이센싱 계약은 기술을 빌려 사용하는 기업에게 많은 제약이 뒤따르기 때문에 기술을 빌려준 기업은 계속해서 기술에 대한 통제권을 가질 수 있다. 하지만 시간이 지남에 따라 기술을 빌려온 기업은 기술에 대한 노하우를 축적할 수 있을 것이며, 이러한 축적된 노하우를 바탕으로 독자적인 기술을 개발할 수 있을 것이다. 결국 기술을 빌려준 기업의 기술에 대한 통제력은 시간이 지남에 따라 서서히 사라져 가게 된다.

가끔 기업들은 자신들의 경쟁사가 독자 기술을 개발하는 것을 막기 위해 자신들의 기술을 라이센싱해준다. 특히 경쟁사가 자사의 기술을 똑같이 모방할 수 있는 능력을 가지고 있거나 산업 특성상 하나의 지배적인 디자인만이 전체 산업에 적용되는 경우 이러한 전략은 더욱 유용하다(4장 참조). 자사의 기술을 잠재적 경쟁사에게 라이센싱함으로써 기술에 의한 독점적 위치는 포기해야 하지만 많은 경쟁업체들이 독자적인 고유 기술을 개발하는 것을 막을 수 있다. 따라서 라이센싱은 기업으로 하여금 시장에서 기술의 독점적 위치를 바탕으로 한 일확천금을 노릴 수 있는 기회는 제공하지 않지만 지속적인 수익을 보장할 수는 있다.

■ 아웃소싱

새로운 기술혁신을 이룬 기업이 혁신을 위한 가치사슬 선상의 모든 활동들을 효과적이고 효율적으로 수행하는 데 필요한 능력, 시설, 장비를 항상 보유하고 있는 것은 아니다. 이러한 기업들도 자사의 많은 활동을 타사에게 아웃소싱한다.

계약 생산
한 기업이 제조를 전문적으로 하는 기업과 계약을 맺어 자사의 제품을 제조하도록 하는 것.

아웃소싱의 대표적인 예로서 **계약 생산**(contract outsourcing)을 들 수 있는데 이러한 계약 생산은 기업으로 하여금 장기간에 걸친 자금 투자와 노동력의 증대 없이도 시장에서 요구하는 규모의 수요를 맞출 수 있게 해준다. 따라서 기업에게 상당한 수준의 유연성을 제공해 준다고 할 수 있다.[32] 또한 계약 생산을 통해 생산과 같이 자신들이 가지고 있지 못한 부분을 외주 기업에게 맡기고, 자신들은 강점을 가지고 있는 부분에 집중할 수 있다. 또한 계약 생산은 기업으로 하여금 규모의 경제를 이룰 수 있는 기회를 주며 보다 빠른 시장 대응을 전개해나갈 수 있도록 해준다. 따라서 기업은 비용도 줄이고 시장 환경에도 발 빠르게 대응해 나갈 수 있다.[33] 예를 들어 Apple이 예정된 제품 출시 바로 몇 주 전에 iPhone의 스크린을 재디자인해야만 했을 때, 회사는 중국의 협력업체 공장장에게 전화를 하였고 그는 바로 기숙사에 자고 있던 8,000명의 근로자를 깨워 근로자들에게 비스킷과 차를 지급하면서 유리 스크린을 경사진 프레임에 맞추는 12시간 교대근무를 바로 시작하였다. 96시간 만에 공장은 하루 만 대 이상의 iPhone을 만들어내고 있었다. "숨이 멎을 것 같은 속도입니다. 이렇게 할 수 있는 미국 공장은 없습니다."라고 Apple의 경영진이 말하였다.

Apple은 미국에서 4만 3,000명 그리고 그 밖의 나라들에서 2만 명을 직접 고용하고 있는 반면, 70만 명 추가 인력들이 Apple의 하청업자들에 소속되어 제품의 엔지니어링, 생산, 조립에 관여하고 있다. "미국 내에서 iPhone을 만들기 위해 필요한 일이 무엇입니까?"라는 미국대통령 Barack Obama의 질문에 Steve Jobs는 "그 일자리들은 미국으로 돌아오지 않을 것입니다."라고 답하였다. Apple의 경영진은 해외 공장들이 갖고 있는 거대한 규모, 노동자의 유연성, 근면성, 그리고 산업적 능력은 미국과 비교하여 훨씬 앞서 있다고 판단하고 있다. 그러나 이러한 일들이 미국 내의 고용문제에 미치는 영향에 관한 비판에 대해서 "우리는 iPhone을 전 세계 수백 개의 나라들에서 팔고 있습니다. 우리의 유일한 의무는 가능한 한 최고의 제품을 만드는 것입니다."라고 응답하였다.[34]

기업의 다른 활동 부분인 제품 디자인, 프로세스 디자인, 마케팅, 정보기술 또는 유통 부분에 이르기까지 다양한 분야가 외부 업체들에게 아웃소싱될 수 있다. 예를 들면 대형 아웃소싱 업체인 Flextronics나 Solectron은 제품의 생산뿐 아니라 아웃소싱을 맡긴 업체의 제품 디자인까지 담당하고 있다. IBM이나 Siemens와 같은 회사들은 앞으로 기업들에게 통합 정보기술 솔루션을 제공하려고 하고 있으며, UPS (United Parcel Service)의 경우 기업의 유통이나 물류 부분을 대신 맡아서 처리해 주는 사업을 전개하려고 하고 있다. 반면 아웃소싱에는 상당수의 단점도 있을 수 있다. 너무 아웃소싱에 의존하다 보면 기업이 중요한 기술을 획득할 수 있는 기회를 상실할 수 있으므로 장기적으로는 기업에게 단점으로 작용하게 된다.[35] 기업이 내부적으로 기술개발 역량에 대해 투자하지 않으면 향후 자사 제품의 새로운 플랫폼을 개발하기 위해 필요한 다양한 자원과 기술들을 가질 수 없을 것이다. 따라서 기업의 위험은 감당하기 힘든 수위까지 상승하게 된다.[36] 사실 Prahalad와 Hamel의 의견에 따르면 삼성, 대우, LG와 같은 한국 기업들은 그들의 잠재적 경쟁자들의 계약 생산을 담당하면서 그들의 원천적인 생산설비 투자의욕을 무력화하였으며, 그 결과 경쟁자의 자원과 자금을 가지고 자신들 고유의 경쟁력을 키우는 데 활용할 수 있었다. 반대로 이들에게 계약 생산을 의뢰하였던 기업들은 자신들 고유의 경쟁력을 점차로 상실하였다고 볼 수 있다.[37]

아웃소싱은 기업에게 상당한 수준의 거래 비용을 부과할 수 있는데,[38] 예를 들어 계약 생산에는 세부적인 계약 요건들이 명시되어야 한다. 제품 디자인이나 비용, 그리고 품질에 관련한 사항들은 반드시 명확하고 분명하게 명시되어야 한다. 계약을 하고자 하는 회사는 자사의 기술들이 아웃소싱 업체로 유출되지 않도록 안전장치를 계약서상에 마련하려고 할 것이다. 또한 아웃소싱 기업들은 특정 기업을 위한 생산설비에 많은 돈을 투자하게 되므로 계약 후 계약 상대방 기업에 의해 곤란한 일에 빠지는 일이 없도록 신중히 계약서를 작성해야 할 것이다.[39]

■ 공동 연구조직

어떤 산업에서는 업계의 몇몇 기업들이 상호 협력하여 함께 연구조직을 설립하는 경우가 있다. 그 예로서 반도체기술연구기업(Semiconductor Research Corporation)이나 미국철강금속협회(American Iron and Steel Institute)와 같은 조직을 들 수 있다.[40] 공동 연구조직은 거래 협회, 대학 기반 연구센터, 민간기업 연구센터와 같은 형태로 나누어질 수 있다.

대부분의 이러한 공동 연구조직들은 정부기관이나 산업협회가 주도하여 형성되는 것이 일반적이다. 1986년에 설립된 전국생산과학센터(National Center of Manufacturing Sciences; NCMS)의 예를 살펴보면 미국방부, 제조기술협회, 제조연구학회, GM, 그리고 20여 개의 제조업체들이 함께 설립하였다. NCMS의 설립 취지는 기업, 정부, 학문기관 상호 간의 협력 체제를 더욱 공고히 하기 위한 것이다. 2012년까지 NCMS는 175여 개의 미국, 캐나다, 멕시코 기업들을 멤버로 영입하였다. 일반적으로 NCMS의 프로젝트에는 15~20개 정도의 조직이 참여하였고, 2년에서 4년 정도의 기간이 소요되었다.[41]

다른 공동 연구기관의 경우 민간 기업들의 주도로 설립된다. 2002년 일본의 6개 전자회사(Fujitsu, Hitachi, Matsushita Electric Industrial, Mitsubishi Electric, NEC, Toshiba)들이 보다 진보된 컴퓨터칩 개발을 위해 Aspla라는 협동 연구센터를 설립하였다. 세계적인 경쟁으로 인해 컴퓨터칩에 대한 수익률이 낮아졌고 많은 일본 전자회사들은 막대한 손실을 기록하였는데, 독자적으로 진보된 컴퓨터칩을 개발하기에는 너무 많은 비용이 필요하였다. 따라서 이러한 공동 연구센터의 설립은 각 기업들의 연구 개발비용에 대한 부담을 줄여줄 수 있을 것으로 예상되며, 일본 반도체 산업에 있어서도 경쟁력을 제고할 수 있는 기회를 제공해줄 것이다. 각각의 기업들은 연구센터 설립을 위해 1억 5천만 엔(130만 달러)을 투자하였으며, 추가로 매년 850만 달러씩 투자하기로 하였다.[42] 또한 일본정부도 2억 6,800만 달러를 투자하기로 합의하였다.

협력 체제의 선택

그림 8.2는 독자적 내부 개발 또는 다양한 협력 체제를 통한 기술개발 사이의 장단점을 요약하여 보여주고 있다. 독자적 내부 개발 전략은 일반적으로 느리고 비용이 많이 들어가는 전략이다. 기업은 신기술을 습득하고, 디자인을 정의하며, 새로운 기술을 적용한 제품이나 서비스 프로세스를 개발하기 위해 높은 비용과 위험 그리고 상당한 기간의 개발 기간을 견디어 내야 한다. 하지만 기술을 개발하고 나면 기업은 기술 전체에 대한 통제권을 가질 수 있다. 또한 독자적 내부 개발은 기업에게 자사 경쟁력을 제고할 수 있는 기회와 새로운 기술개발을 통해 추가적인 경쟁력을 가질

그림 8.2 ▶ 개발 프로젝트의 여러 유형 간의 상쇄관계 요약

	개발속도	비용	통제	기존 역량의 활용 가능성	새로운 역량의 개발 가능성	다른 기업의 역량에 대한 접근 가능성
독자적 내부 개발	낮음	높음	높음	예	예	아니오
전략적 제휴	다양	다양	낮음	예	예	때때로
조인트벤처	낮음	공동부담	공동부담	예	예	예
라이센스 확보	높음	중간	낮음	때때로	때때로	때때로
라이센스 제공	높음	낮음	중간	예	아니오	때때로
아웃소싱	중간/높음	중간	중간	때때로	아니오	예
합동 연구조직	낮음	다양	다양	예	예	예

수 있는 기회를 제공한다. 하지만 타 기업의 경쟁력이나 역량에 접근할 수 있는 가능성은 제한된다. 따라서 신기술과 관련해 풍부한 기술적 역량을 가지고 있거나 여유 있는 자금력, 또는 기술개발 기간에 구애받지 않는 기업은 이러한 전략을 구사할 수 있을 것이다.

전략적 제휴는 다양한 형태를 띠게 되므로 개발속도, 비용, 기술에 대한 통제권의 정도 등에 있어 다양한 모습을 나타낼 수 있다. 어떤 전략적 제휴의 경우에는 기업이 타 기업의 기술적 역량에 빠르고 적은 비용으로 접근할 수 있게 해주는 반면 기술에 대한 낮은 수준의 통제권만 보장해준다. 또 어떤 전략적 제휴는 자사의 기술을 다양한 시장들에 활용하기 위한 전략의 일환일 수 있다. 이러한 전략을 실행하면 빠르면서도 효율적인 비용 구조와 상당한 수준의 기술 통제권을 보유할 수 있다. 대부분의 전략적 제휴는 기존 기술의 역량뿐 아니라 신기술역량 개발에 있어서도 상당한 이점을 제공한다. 전략적 제휴의 목적과 구조에 따라 상대 기업의 기술역량 습득 유무가 결정된다.

비교를 해본다면 조인트벤처의 경우가 보다 구조화된 모습을 보여주고 있다. 조인트벤처의 경우 신기술개발에 있어 독자적인 내부 기술개발만큼의 시간이 걸릴 수도 있지만 조인트벤처에 함께 참여한 여러 기업의 기술역량이 있기 때문에 보다 빠르게 기술을 개발할 수 있다. 또한 기술개발에 따른 막대한 비용을 파트너 간에 나누어서 부담할 수 있다. 하지만 이러한 조인트벤처는 개발된 기술에 대한 통제권 행사 범위에 있어 한계를 가진다. 조인트벤처에서는 참여 기업들이 오랜 세월을 두고 서로 협력하여 기술과 제품을 개발하고 생산하기 때문에 기업의 기존 역량을 활용하고 새로운 역량을 개발하여, 파트너의 역량을 활용하는 데 있어 상당한 기회를 제공하게 된다. 조인트벤처는 기업이 타 기업의 기술역량을 확보하는 것이 매우 중요한 요소일 때 전략적 제휴나 독자적 기술개발보다 적합한 전략이 될 수 있을 것이다.

기술 라이센싱은 자체 개발과 비교할 때 적은 비용으로 빠르게 기술을 사용할 수 있게 해준다. 일반적으로 기술 라이센싱을 한 기업은 기술 활용에 있어서 제한적 자율권을 가지며 기술 통제권도 제한적일 수밖에 없다. 기업 간 기술역량 조합의 성격이나 어떠한 기술을 라이센스했느냐에 따라 현재 역량 및 새로운 역량의 개발, 그리고 다른 기업의 역량을 활용할 수 있는 가능성이 라이센싱을 통해 만들어질 수도 있다. 예를 들면 많은 경우 신약이나 새로운 치료법은 의대 연구실이나 대학 연구실에서 개발되고 있다. 제약업체들이나 생명공학업체들은 이러한 기술들이 과연 자신들이 가지고 있는 신약 개발, 시험, 그리고 제조 능력을 활용하여 상업화될 수 있는지 알아보기 위해 라이센스를 통해 기술들을 사용할 수 있는 권리를 획득한다. 가능성이 높은 약제와 치료법을 라이센싱함으로써 제약업체와 생명공학 회사들은 그들이 목표로 하고 있는 신약을 빠른 시일 안에 개발할 수 있으며, 신제품 개발의 파이프라인을 채워나갈 수 있다. 또한 이러한 라이센싱은 기업들이 이미 어느 정도 가능성이 입증된 부분에 집중할 수 있도록 해주는 장점을 제공한다.

라이센싱은 제품과 서비스에 필요한 보조기술을 확보하는 데 있어서도 좋은 수단 중의 하나이지만 기업의 경쟁우위 확보에는 결정적인 역할을 하지는 못한다. 예를 들면 디지털카메라를 만드는 기업은 오래가고 가볍고 그리고 자신들의 디지털카메라 디자인에 적합한 배터리를 원함에도 불구하고 대부분의 카메라 제조업자들은 배터리 기술이 자신들의 경쟁우위 형성에 중요한 요소라 보지 않기 때문에 외부의 기술력에 의존하려 한다. 또한 라이센싱은 당장 시장 진입에 필요한 기술적 전문성과 경험은 없으나 추후 자신들의 기술역량을 개발하여 이러한 부분을 채우고자 하는 기업들에게는 효과적인 방법이 될 수 있다.

기술을 다른 기업들에게 라이센스하는 것은 기술의 활용 범위를 넓히고 잠재적인 로열티 수익을 획득할 수 있는 빠른 길이다. 비록 기업은 라이센스를 통해 기술에 대한 어느 정도의 통제력은 상실하게 되지만, 라이센스 계약을 통해 나름대로의 제한을 둠으로써 일정 수준의 통제력을 유지할 수 있다. 기업은 라이센스를 통해 보다 넓은 범위의 제품과 시장에 자사의 기술을 적용할 수 있기 때문에 현재 보유하고 있는 기술에 대한 지렛대 효과를 기대할 수 있다. 또한 라이센싱을 통해서는 새로운 기술역량 개발에 대한 가능성은 희박하지만 자사의 기술을 경험이 없는 제품과 시장에 확장 적용할 수 있으므로 다른 기업의 기술역량을 배울 수 있는 기회를 제공한다.

기업이 제품의 디자인, 생산, 유통을 아웃소싱하는 것은 자발적으로 어느 정도의 통제력을 포기하면서 타사의 경쟁력 있는 역량을 이용하고 비용을 감소시키기 위함이다. 따라서 비록 아웃소싱 기업들에게 비용을 지불하지만 기업이 내부적으로 해당 활동을 수행하는 것보다는 더 적은 비용이 들어간다. 또한 아웃소싱은 내부적인 역량을 키울 수 있는 기회를 줄이지만 기업이 보다 고부가가치를 창조할 수 있는 활동에 집중할 수 있게 해준다. 예를 들면 나이키의 경우 대부분의 운동화 생산은 아시아의 신발 제조업자들에게 아웃소싱하고 자신들은 보다 경쟁적 이점을 가질 수 있는 제품 디자인과 마케팅 역량에 집중한다. 따라서 기업의 활동 중 (*a*) 핵심역량에 포함되지 않는 활동, (*b*) 기업 내부적으로 시행하였을 경우 기업의 유연성을 저해할 수 있는 활동, (*c*) 품질이나 비용면에서 기업에게 오히려 불리하게 작용하는 활동 등은 아웃소싱하는 것이 기업의 입장에서는 유리하다.

공동 연구조직에 참여하는 것은 짧은 시간 안에 필요한 기술역량을 확보하는 작업이라기보다는 긴 시간을 요구하는 활동이다. 전략적 제휴와 마찬가지로 기업의 공동 연구조직은 참여의 목적에 따라 다양한 형태로 나타날 수 있다. 따라서 비용과 통제력의 정도는 다양해질 수 있다. 공동 연구조직 참여는 기업의 현재 기술적 역량을 향상시킬 수 있는 매우 가치 있는 방법이라 하겠다. 또한 이런 참여를 통해 다른 조직으로부터도 많은 지식을 배울 수 있다. 비록 공동 연구조직이 단기간 내에 눈에 보이는 제품이나 서비스와 같은 성과물을 제시할 수는 없지만, 기초과학 분야에 대한 막대한 투자나 복잡한 기술이 요구되는 산업에서는 특히 효과적이다. 각 기업의 지식과 기술, 노력을 한곳에 모아둠으로써 각 참여 기업은 새로운 유용한 해법들의 창출을 가속화하고 기초 연구에 대한 투자 위험과 비용을 줄일 수 있다.

파트너의 선택과 관리

제휴를 통해 타 기업의 역량을 습득하는 것에도 위험이 존재할 수 있다.[43] 타 제휴기업이 제공하는 역량이나 자원이 과연 적합한 것인지 판단하기 쉽지 않기 때문이다. 특히 이러한 자원이나 역량이 판단하기 힘든 지식이나 경험일 경우 더욱 그러하다. 제휴기업이 제휴관계를 이용하고 지식만 빼앗아가는 경우도 발생할 수 있다. 더욱이 기업의 관리자는 일정 수의 제휴관계만을 효과적으로 감시 감독할 수 있기 때문에 제휴관계가 증가하면 오히려 효율성이 악화될 수 있다. 따라서 이러한 제휴관계가 관리할 수 있는 수준 이상으로 증가하게 되면 오히려 제휴관계의 이점이 감소할 수 있으며 심지어는 부작용이 발생할 수도 있다.[44] 이러한 위험은 기업이 자신의 파트너 숫자를 제한하고 신중하게 선택하고 기회주의적 사고를 통제할 수 있는 메커니즘을 잘 선택한다면 줄일 수 있다.[45]

■ 파트너 선택

제휴관계 성공의 많은 부분은 파트너 선택에 달려 있다고 할 수 있다. 어느 파트너가 적합한 파트너인지를 분별하는 요소들은 다양한데, 몇 가지를 살펴보면 상대적인 기업의 크기와 경쟁력, 가지고 있는 자원의 보완성, 목표에 대한 일관성과 기업 가치와 문화에 있어서는 공통성 등을 들 수 있다. 이러한 요소들은 좀 더 명확하게

두 부분으로 나누어 생각할 수 있다.[46] 자원 적합성과 전략적 적합성이 바로 그것들이다.[47]

*자원 적합성*은 파트너가 가지고 있는 자원이 가치를 창조하는 데 얼마나 기여를 하느냐에 따라 달라진다.[48] 이러한 자원들은 보완적이거나 보충적일 것이다. 일반적으로 제휴는 자신들이 가지고 있지 못한 자원을 쉽게 이용하기 위해 이루어진다. 따라서 제휴관계는 보완적인 자원들의 조합을 기초로 이루어진다고 할 수 있다. 이 장에서 다루었던 대부분의 예들은 바로 이러한 보완적 자원들에 의한 제휴였다. 예를 들면 Apple의 컴퓨터 기술과 Canon의 프린터 기술도 보완적 자원에 의한 제휴였으며, 유전자 편집기술을 가진 Sangamo와 임상시험과 생산에 있어 보다 많은 경험을 가지고 있는 제약업체나 생명공학업체들과의 제휴 역시 이런 필요에 의해서 이루어졌다고 볼 수 있다. 다른 형태의 제휴는 보충 자원을 바탕으로 이루어지는데 보통 유사한 자원을 가지고 있는 기업들 사이에서 이루어진다. 제휴를 통해 보충 자원을 한곳으로 집중시키면 파트너들은 시장 지배력과 규모의 경제를 실현할 수 있다. 예를 들면 영국의 BP (British Petroleum)와 또 다른 정유 업체인 Mobil은 유럽에 위치하고 있는 많은 시설들을 합병 정리하여 사용하고 있는데 이는 두 기업에게 규모의 경제뿐 아니라 저비용 구조를 제공하여 준다.[49]

*전략적 적합성*은 기업이 상호 간에 양립할 수 있는 목표와 스타일을 가지고 있느냐를 의미한다. 목표가 서로 간의 전략적 관계를 해치는 경우가 아니라면 꼭 같아야 할 필요는 없다. 상대편의 정확한 목표를 알지 못한다거나 양립할 수 없는 목표를 가지고 제휴 상대를 속이는 관계는 자원을 낭비하고 기회를 상실하며 기업 간 불신을 초래하는 결과를 낳게 될 것이다. 이러한 예로 Das와 Teng은 GM과 한국의 대우자동차를 들고 있다. GM의 경우 전략적 제휴를 통해 현존하는 자동차 모델에 대한 비용을 줄이는 것이 목표인데 대우의 경우에는 새로운 기술과 디자인으로 새로운 모델을 만드는 것이 목표였다. 따라서 이 제휴는 GM의 비용 중심의 목표와 대우의 R&D중심의 목표가 서로 상충되기 때문에 실패한 제휴라고 할 수 있다.[50]

기업은 자사의 포지션이나 전략적 방향을 평가하는 데 쓰이는 도구들을 가지고 잠재적인 파트너 대상들을 평가해볼 수 있다(6장 참조). 예를 들어 제휴관계가 기업의 외부 환경 요인에 기회로 작용할지 아니면 위협으로 작용할지를 평가해볼 수 있으며, 또한 내부적인 강점, 약점, 지속 가능한 경쟁적 이점과 전략적 의도를 수행할 수 있는 기업의 역량 등을 평가해볼 수 있다.

외부 환경에서 기회와 위협에 대한 영향

제휴로 인한 기업의 기회와 위협을 분석하기 위해 필요한 질문들

- 제휴가 시장에서 공급자의 협상력과 소비자의 협상력을 어떻게 변화시키는가?

연구요약 협력 네트워크에서의 전략적 위치 선정[a]

많은 연구에 따르면, 협력 네트워크 내에서 기업의 포지션은 정보와 여타 자원들에 대한 접근성에 영향을 미치며 궁극적으로는 기업의 성과에도 영향을 준다고 한다. 예를 들어 네트워크 한가운데 위치하고 있는 기업은 일반적으로 주변에 위치한 기업들보다 방대한 양의 정보에 보다 빠르게 접근할 수 있다. 네트워크에서 핵심적인 중개역할을 하고 있는 기업(예를 들어 기업들 중 직접 연결되지 않은 두 개의 다른 기업군들의 교량역할을 하는 기업)은 다양한 정보에 접근 가능해지며(두 기업군이 각기 다른 정보자원을 가지고 있다고 가정하는 경우) 이와 동시에 두 기업군 간의 정보의 흐름을 조절하는 핵심 문지기 역할에 따른 이익을 얻을 것이다. 또한 네트워크상에서의 기업의 포지션은 다른 잠재적 파트너들을 상대로 자신이 소유한 자원의 가치에 관한 중요한 신호가 될 수도 있다. 예를 들어 설립된 지 얼마 되지 않은 소규모 기업이 중요하고 혁신적인 기업들과 제휴를 맺고 있다면 이러한 제휴는 그 기업의 자질에 관해 의미 있는 평판을 더해주는 역할을 한다.[b] 이런 평판들은 자금을 지원받거나 다른 중요한 제휴를 끌어들일 수 있는 기업의 가능성을 강화시켜 줄 수 있다.

그림 8.3은 SDC의 제휴 데이터베이스에 보고된 1996년에서 1998년 사이에 형성된 R&D 제휴, 상호 기술 이전 협정, 상호 라이센싱 협정에 관한 자료들을 바탕으로, 1998년 당시 전 세계 기술 협력 네트워크의 "주요 구성요소"(가장 큰 연결 그룹)를 보여주고 있다.[c] 네트워크 위쪽의 큰 그룹은 기반기술이 전자산업(컴퓨터 하드웨어와 소프트웨어, 통신장비 및 서비스, 운송, 수송장비 등)인 기업들의 조직으로 이루어져 있다. 아래쪽에는 주로 화학과 의료산업(제약, 화학, 의료 서비스, 의료장비 등)에 속한 기업들로 이루어져 있다. 또한 이 그룹에는 교육기관(대부분은 대학들)이 많이 포함되어 있다. 보는 바와 같이, 몇몇 기업들(예를 들어 IBM, Toshiba, Eli Lilly)은 다른 기업들보다 상당히 많은 제휴를 맺고 있다. 네트워크에서 한 기업이 갖고 있는 연결의 수는 그 기업의 "연결 정도 중심성(degree centrality)"이라고 알려져 있다. 일반적으로 한 조직의 연결 정도 중심성은 조직의 크기나 명성과 강한 관련이 있다. 조직의 크기와 명성은 이 조직이 잠재적인 파트너들에게 얼마나 매력적인지 판단하는 데 도움을 주며 일반적으로 큰 조직들만이 많은 수의 제휴들을 관리할 수 있는 자원을 가지고 있다. 그러나 한 조직이 핵심적인 중개역할을 하기 위해 반드시 조직의 규모가 크거나 명성을 가져야만 되는 것은 아니다. 중개역할은 네트워크를 통해 정보나 다른 자원을 전달하는 과정에서 한 조직이 얼마나 중요한 역할을 하는지를 의미한다. 이것은 종종 한 조직이 다른 조직들 사이의 최단 경로에 위치하는 경우가 몇 번인지를 나타내는 "양자간 중심성(betweenness centrality)"으로 측정된다. 이 네트워크에서 가장 높은 양자간 중심성 점수를 가진 세 조직들은 IBM, Eli Lilly, PPD (Pharmaceutical Product Development Inc. 계약연구조직)이다. PPD는 1996~1998년 기간 동안에는 단 3개의 제휴업체를 가지고 있었지만, 그림 8.3은 이런 제휴들이 전반적인 네트워크의 연결에 얼마나 중요한지 보여준다. IBM과 PPD의 연결 그리고 PPD와 Eli Lilly의 연결은 전자산업 그룹의 중심과 화학/의료 그룹의 중심을 잇는 가교 역할을 한다. 이 연결은 두 그룹 간에 관찰된 3개의 가교들 중 가장 핵심적인 것이다.

중심성을 갖거나 또는 중개역할을 하는 조직의 상대적 장점에 관해서는 여전히 논란이 있다. 어떤 학자들은 네트워크 한가운데 위치한 기업들이 정보에 가장 가까이 접근할 수 있어서 정보전달 과정에 영향을 끼친다고 주장하는 반면 다른 학자들은 여러 조직과의 관계가 많이 형성되어 있는 것이 오히려 제약으로 작용하므로 중개역할을 하는 것이 더 낫다고 제안한다. 중개역할에 대해서도 유사한 논쟁들이 존재한다. 중개역할을 하는 기업들이 다양한 정보에 접근할 수 있어서 서로 연결되지 않은 그룹 간의 정보 전달에서 문지기 역할을 하는 반면 그 위치로 인해 얻는 이익이 얼마나 되는지에 대해서는 확실하지 않다. 일부 학자들은 중개역할을 하는 기업들은 다양한 정보들을 완전히 소화하고 활용하는 데 어려움을 겪고 있으며, 여러 그룹들 사이에서 유일한 가교 역할을 하는 것보다 한 그룹 내에 완전히 속해 있는 것이 낫다고 주장하고 있다. 다시 말해서, 중개기업이 되기보다는 중개기업과 관계를 맺는 것이 좋다는 것이다. 그러나 네트워크에 연결되지 못하고 고립되거나 "시계추"처럼 단 하나의 연결로 네트워크에 걸려 있는 포지션이 되는 것

(계속)

(계속)

그림 8.3 ▶ 1998년 전 세계 기술협력 네트워크(주요 구성요소)[d]

Adapted from Schilling, "The Global Technology Collaboration Network: Structure, Trends, and Implications."

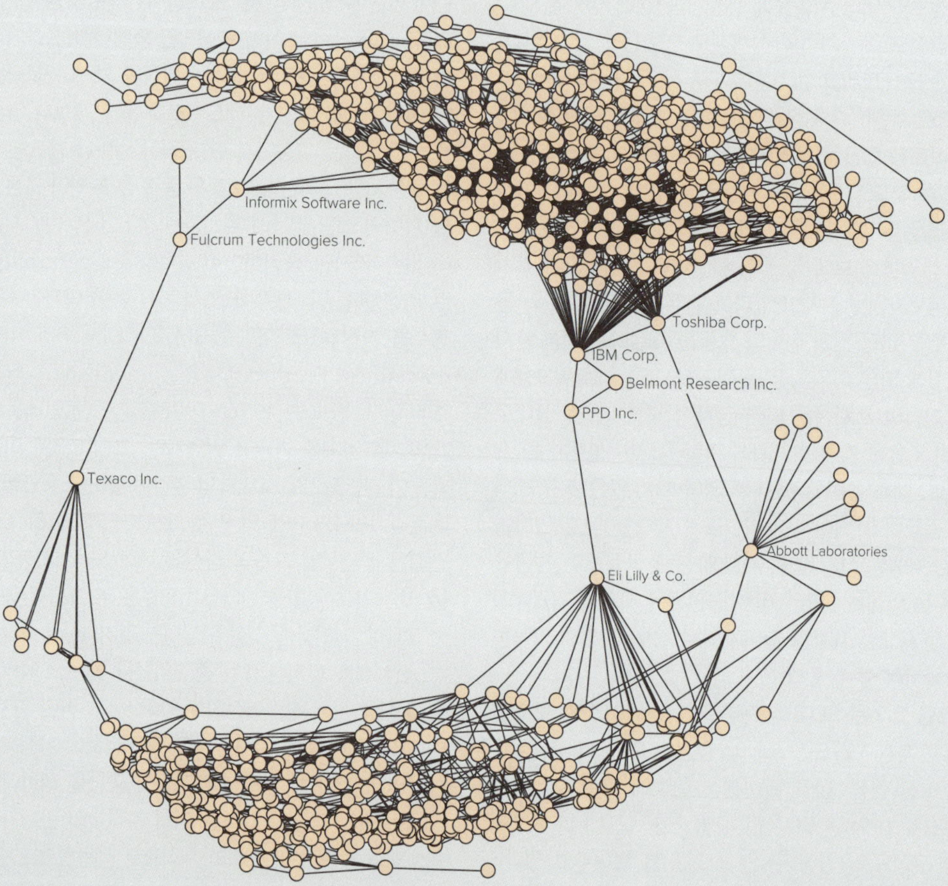

은 바람직하지 않다는 것에 대해서는 대부분 의견이 일치한다.

[a] Adapted from Melissa A. Schilling, "The Global Technology Collaboration Network: Structure, Trends, and Implications," New York University working paper, 2009.

[b] Toby E. Stuart, "Interorganizational Alliances and the Performance of Firms: A Study of Growth and Innovation Rates," *Strategic Management Journal* 21 (2000): 791–811.

[c] Adapted from Schilling, "The Global Technology Collaboration Network: Structure, Trends, and Implications."

[d] Ibid.

- 제휴가 시장 진입 위협에 영향을 미치는가? 예를 들면 파트너가 새로운 경쟁자로 부상할 수 있는가? 아니면 제휴가 잠재적인 시장 진입자에게 시장 진입 장벽을 높이는 구실을 하는가?
- 제휴가 경쟁자와의 경쟁구도에 변화를 주는가?

- 제휴가 보완재의 가용성과 대체재의 위협에 영향을 주는가?

내부 강점과 약점에 대한 영향

제휴로 인한 기업의 강점과 약점 변화를 분석하기 위해 필요한 질문들

- 제휴가 기업의 강점을 보다 강화시키는가? 아니면 오히려 강점을 약화시키는가?
- 제휴는 기업의 약점을 어떻게 극복하도록 도와주는가?
- 제휴를 통해 경쟁사가 모방하기 힘든 경쟁적 이점을 얻을 수 있는가? 이러한 경쟁적 이점은 제휴 없이도 획득 가능한가?
- 제휴가 기업의 핵심역량을 활용하고 강화시키는가?
- 제휴가 기업의 재무적 강점 또는 약점에 영향을 미치는가?

전략적 방향에 대한 영향

기업의 전략적 방향과 제휴의 적합성을 평가하기 위한 질문들

- 기업의 전략적 의도에 제휴가 얼마나 적합한가?
- 제휴가 기업이 현재 가지고 있는 자원이나 기술과 앞으로 가져야 할 기술과 자원 사이의 간격을 좁히는 데 얼마나 도움을 주는가?
- 앞으로 제휴의 목표가 바뀔 수 있는가? 이러한 변화가 기업의 전략적 방향과 어떻게 일치하는가 아니면 상충되는가?

■ 파트너 관리와 감독

관리감독 메커니즘
권위나 통제력을 발휘하는 행동이나 과정.

제휴에 관한 계약 설정
파트너들이 (a) 협력관계에 있어서 권한과 의무를 충분히 인지하고 (b) 만약 파트너가 합의를 어겼을 경우에 법적 해결이 가능하도록, 법적 구속력이 있는 계약을 설정하는 것.

성공적인 제휴를 위해서는 명확하면서도 유연한 **관리감독 메커니즘**(governance)이 요구된다.[51] 당연한 이야기이지만 기업들은 제휴관계를 위해 보다 많은 자원을 투자할수록(예를 들면 많은 자원을 선행 투자에 투입하였을 경우나 가치 있는 많은 지적 자산들을 제휴관계에 투입하였을 경우) 제휴관계에 보다 강력한 관리 감독 시스템을 부과하고자 한다.[52] 협력관계를 관리하는 데는 제휴에 관한 계약 설정(alliance contract), 지분참여(equity ownership), 관계에 의한 관리(relational governance)의 3가지 주요 감독 메커니즘이 있다.[53] **제휴에 관한 계약 설정**방식은 파트너들이 (a) 협력관계에서의 권한과 의무를 충분히 인지하고 (b) 만약 파트너가 합의를 어겼을 경우에 법적 해결이 가능하도록, 법적 구속력이 있는 계약을 설정하는 것이다. 그런 계약은 일반적으로 다음의 사항들을 포함한다.

- 자금, 서비스, 장비, 지적 재산 등을 포함하여 각각의 파트너들이 제휴관계에 무엇을 어떤 방식으로 기여해야만 하는가?
- 각각의 파트너는 협약에서 어느 정도의 통제권을 가지게 되는가? 예를 들면 계

약서상에서 파트너들이 그들의 관계 속에 새로운 파트너의 영입을 결정할 수 있는지 또는 협약 기간을 변경할 수 있는지 등에 대한 통제력을 명시해 놓은 것을 볼 수 있다. 또한 계약서에는 파트너가 제휴관계를 통해 만들어진 기술이나 제품을 사용할 수 있는지에 대한 권리도 표기되어 있다.

- 제휴에 따른 결과물을 언제 어떤 방식으로 분배할지 명시되어 있다. 예를 들면 제휴관계 협약에는 현금, 지적 재산권 또는 자산 같은 결과물이 파트너들에게 어떠한 방법으로 언제 분배되는지 나와 있다.

또한 이러한 계약에는 파트너 기업이 어느 정도 제휴관계에 헌신하는지에 대해 감독하는 방법이 나와 있다.[54] 예를 들면 정기적인 검토와 보고를 요구할 수 있다. 또한 파트너기업 혹은 제삼자에 의한 정기적인 감사에 관한 조건을 포함할 수 있다. 또한 만약 제휴관계를 파기하는 것이 좋겠다는 판단이 섰을 때(예를 들면 제휴의 목표가 성취되었거나 또는 기업 간 목표가 변경되었을 경우) 또는 해결할 수 없는 분쟁에 직면하였을 때 관계를 파기하는 조항까지 포함하고 있다.[55] 시장과 전략들은 시간이 지나면 변한다. 따라서 제휴 협약은 변화에 따라 유연하게 변할 수 있는 유연성을 가지고 있어야 하며, 더 이상 제휴관계를 원치 않는 파트너가 갈등 없이 빠져나갈 수 있는 장치를 마련해 놓고 있어야 한다.

지분 참여
각 파트너들이 제휴관계에 자금을 투자하고 제휴관계로부터 나온 수익에 대해 일정 비율의 소유권을 갖는 것.

많은 제휴관계들은 공동의 **지분 참여**를 수반한다. 예를 들어 각 파트너는 제휴관계에 자금을 투자하고 일정 지분을 소유한다. 지분 참여는 파트너들의 인센티브를 조정하는 데 도움이 된다. 왜냐하면 지분에 따른 수익률은 제휴관계의 성공 정도에 달려 있기 때문이다. 그리고 프로젝트에 대한 소유감과 참여의식을 불어 넣어서 제휴에 대한 관리감독과 모니터링을 용이하게 한다.

관계에 의한 관리
파트너로서 오랜 기간 일하면서 얻은 공동의 경험이 축적되어 생긴 상호 간의 호의, 신의, 그리고 평판을 기초로 하는 자발적인 관리방식.

마지막으로 많은 제휴관계들은 **관계에 의한 관리**방식에 의존한다. 관계에 의한 관리방식이란 파트너로서 오랜 기간 일하면서 얻은 공동의 경험이 축적되어 생긴 상호 간의 호의, 신의, 그리고 평판을 기초로 하는 자발적인 관리방식이다. 연구에 따르면 관계에 의한 관리 방식은 제휴를 관리하기 위해 설정하는 계약과 모니터링에 따른 비용을 줄여주며 제휴 파트너들로부터 보다 광범위한 협력, 공유, 그리고 학습을 가능하게 한다.[56]

요약

1. 기업이 혁신을 위해 제휴관계를 형성할지 말지에 대한 결정에는 여러 가지 요소들이 영향을 미친다. 이러한 요소 중 기업(또는 잠재적 파트너)에게 가장 중요한 요소는 기업이 요구하는 기술이나 자원을 가지고 있는가, 제휴로 인해 주요기술이 잠재적 경쟁자들에게 도용당할 위험은 없는가, 기술개발과정이나 개발된 혁신을 통제하는 데 부여하

는 중요도, 그리고 기업이 기술역량을 구축하거나 파트너 기업의 기술역량에 대한 접근성에 있어서 개발 프로젝트가 차지하는 역할 등이다.

2. 기업이 이미 자체적으로 충분한 기술력과 자원을 보유하고 있다면 제휴관계를 형성하기를 원치 않을 것이다. 왜냐하면 자신들이 이미 보유하고 있는 기술이 밖으로 유출될 수 있고 또는 기술에 대한 통제권을 상실할 수 있기 때문이다. 또한 기업 문화가 외부의 도움보다는 내부적으로 기술을 습득하기를 원할 수 있기 때문이다.
3. 제휴관계의 이점이라 한다면 비용과 투자 위험의 분산, 보완적 기술과 자원의 결합, 기업 간 지식의 공유를 통한 새로운 지식 창출, 기술표준 구축 등을 들 수 있다.
4. *전략적 제휴*라는 표현은 고도로 구조화된 관계(조인트벤처)로부터 비형식적인 관계까지 넓은 범위의 제휴관계를 포함한다. 전략적 제휴를 통해 프로젝트의 수행에 필요한 보완 자원을 한곳으로 모을 수 있으며, 파트너 상호 간에 능력을 교환할 수 있다. 이러한 상호간의 능력 교환은 광범위한 협동 체제를 필요로 한다.
5. 조인트벤처는 기업 간 파트너십의 일종인데, 상당한 수준의 자본 투입을 필요로 하며 때로는 완전히 새로운 조직의 형성을 수반할 수 있다. 조인트벤처는 일반적으로 기업 간에 자원과 투자 위험을 나누어 부담하도록 구성되어 있으며 자원과 역량을 함께 공유할 수 있는 가능성을 제공한다.
6. 라이센싱은 기술을 가진 기업이 기술사용에 대한 권리를 돈을 받고 기술을 필요로 하는 기업에게 부여하는 것을 말한다. 라이센싱은 빠르게 기술을 습득하고 기술의 활용도를 높여줄 수 있으나 자체적인 기술역량확보를 저해하는 요소가 될 수 있다.
7. 아웃소싱은 다른 기업의 강점, 규모의 경제나 다른 이점들을 활용할 수 있도록 해준다. 특정한 활동을 아웃소싱하게 되면 기업들은 그 활동에 들어가던 자원을 다른 곳에 투입함으로써 유연성을 높일 수 있다. 따라서 아웃소싱은 기업에게 높은 유연성과 핵심역량에 집중할 수 있는 장점을 준다. 하지만 아웃소싱에 지나치게 의존하게 되면 기업에게 오히려 부작용으로 작용할 수 있다.
8. 여러 조직들이 규모가 크고 투자 위험이 높은 프로젝트에 대해 함께 공동으로 연구하기 위해 공동 연구조직을 만들 수 있다.
9. 각각의 협력 형태는 그 형태에 따라 개발 속도, 비용, 기술 통제력, 현재 보유하고 있는 기술의 활용도 증대, 새로운 기업역량 개발, 파트너 기업의 기술에 대한 접근성 등의 정도가 다르게 나타날 수 있다. 각 기업은 협력 전략을 형성하는 데 있어 이러한 요소 간의 상쇄관계를 잘 평가하고 적용해야 한다.
10. 성공적인 협력은 자원 적합성과 전략 적합성에 비추어 가장 적합한 파트너를 고르는 데 있다고 할 수 있다.
11. 성공적인 협력을 위해서는 기업이 협력에 관한 자신의 권리와 의무를 명확히 인식하고 있다는 확신을 들 수 있을 정도의 명확하고 유연한 관리감독 시스템과 각 파트너가 이러한 권리와 의무를 준수함을 평가하고 강제할 방법을 마련해야 한다.

토론문제

1. 개발 프로젝트에 있어 협력의 장점과 단점에는 무엇이 있는가?
2. 다양한 형태의 협력들(전략적 제휴, 조인트벤처, 라이센싱, 아웃소싱, 공동 연구조직)이 성공적인 협력관계에 어떻게 영향을 미치는가?
3. 두세 조직 간의 협력관계에 대한 예를 들어보라. 독자 개발 모델에 비해 협력 체제의 장점과 단점은 무엇인가? 파트너는 어떤 형태의 협력 체제를 선택하였는가? 각 협력 체제의 장점과 단점은 무엇인가?
4. 어떤 기업이 개발 프로젝트를 위해 협력 체제를 선택하기로 결정하였다면 당신은 협력 체제의 형태, 파트너의 선택, 관리감독 시스템을 적용할 것인지에 대한 부분에 대해 어떻게 충고해 주겠는가?

추가자료

■ 대표문헌

Frank Rothaermel, F. T., Michael A. Hitt, and Lloyd A. Jobe, "Balancing Vertical Integration and Strategic Outsourcing: Effects on Product Portfolio, Product Success, and Firm Performance," *Strategic Management Journal* 27 (2006): 1033–56.

Henry Chesbrough, *Open Innovation: The New Imperative for Creating and Profiting from Technology* (Boston: Harvard Business School Press, 2003).

John Hagedoorn, "Understanding the Rationale of Strategic Technology Partnering: Interorganizational Modes of Cooperation and Sectoral Differences," *Strategic Management Journal* 14 (1993): 371–86.

Melissa A. Schilling and Corey C. Phelps, "Interfirm Collaboration Networks: The Impact of Large-Scale Network Structure on Firm Innovation," *Management Science* 53 (2007): 1113–26.

Rachelle C. Sampson, "The Cost of Misaligned Governance in R&D Alliances," *Journal of Law, Economics, and Organization* 20 (2004): 484–526.

Walter W. Powell, Kenneth W. Koput, and Laurel Smith-Doerr, "Interorganizational Collaboration and the Locus of Innovation: Networks of Learning in Biotechnology," *Administrative Science Quarterly* 41 (1966): 116–45.

■ 최근문헌

Annapoornima M. Subramanian and Pek-Hooi Soh, "Linking Alliance Portfolios to Recombinant Innovation: The Combined Effects of Diversity and Alliance Experience," *Long Range Planning,* 50 (2017): 636–52.

Joel West and Marcel Bogers, "Leveraging External Sources of Innovation: A Review of Research on Open Innovation," *Journal of Product Innovation Management,* 31 (2014): 814–31.

Melissa A. Schilling, "Technology Shocks, Technological Collaboration, and Innovation Outcomes," *Organization Science* 26 (2015): 668–86.

Monica Masucci, Stefano Brusoni, and Carmelo Cennamo, "Removing Bottlenecks in

Business Ecosystems: The Strategic Role of Outbound Open Innovation," *Research Policy,* 49 (1) (2020).

■ 참고문헌

1. C. W. L. Hill, "Monsanto: Building a Life Sciences Company," in *Cases in Strategic Management,* eds. C. W. L. Hill and G. Jones (Boston: Houghton Mifflin, 2004); and Seth Brooks, Melissa A. Schilling, and James Scrofani, "Monsanto: Better Living through Genetic Engineering?" in *Strategic Management, Competitiveness and Globalization,* 5th ed., eds. M. Hitt, R. Hoskisson, and R. D. Ireland (Minneapolis/St. Paul: West Publishing, 2002).
2. Robert T. Fraley, Stephen B. Rogers, and Robert B. Horsch, "Use of a Chimeric Gene to Confer Antibiotic Resistance to Plant Cells. Advances in Gene Technology: Molecular Genetics of Plants and Animals," *Miami Winter Symposia* 20 (1983a): 211–21.
3. Rachel Melcer, "Monsanto Wants to Sow a Genetically Modified Future," *St. Louis Post Dispatch,* February 24, 2003.
4. M. Takanashi et al., "Honda Insight: Personal Hybrid," New York University teaching case, 2003; and "Toyota, Honda Forge Ahead in Hybrid Vehicle Development," *AP Newswire,* March 13, 2002.
5. Lori Gunter, "The Need for Speed," *Boing Frontiers.* Retrieved November 20, 2002, from www.boeing.com/news/frontiers/archive/2002/july/i_ca2.html.
6. Su Han Chan et al., "Do Strategic Alliances Create Value?" *Journal of Financial Economics* 46 (1997): 199–221.
7. Gary Hamel, Yves L. Doz, and C. K. Prahalad, "Collaborate with Your Competitors—and Win," *Harvard Business Review,* January–February 1989: 133–39; Weijian Shan, "An Empirical Analysis of Organizational Strategies by Entrepreneurial High-Technology," *Strategic Management Journal* 11 (1990): 129–39; Gary P. Pisano, "The R&D Boundaries of the Firm: An Empirical Analysis," *Administrative Science Quarterly* 35 (1990): 153–76; and Ravi Venkatesan, "Strategic Sourcing: To Make or Not to Make," *Harvard Business Review* 70, no. 6 (1992): 98–107.
8. David Teece, "Profiting from Technological Innovation: Implications for Integration, Collaboration, Licensing and Public Policy," *Research Policy* 15 (1986): 285–305.
9. David C. Mowery, Joanne E. Oxley, and Brian S. Silverman, "Technological Overlap and Interfirm Cooperation: Implications for the Resource-Based View of the Firm," *Research Policy* 27 (1998): 507–24; Joel A. C. Baum, Tony Calabrese, and Brian S. Silverman, "Don't Go It Alone: Alliance Network Composition and Startups' Performance in Canadian Biotechnology," *Strategic Management Journal* 21 (2000): 267; Julia Porter Liebeskind et al., "Social Networks, Learning, and Flexibility: Sourcing Scientific Knowledge in New Biotechnology Firms," *Organization Science* 7 (1996): 428–44; and Lori Rosenkopf and Paul Almeida, "Overcoming Local Search through Alliances and Mobility," *Management Science* 49 (2003): 751.
10. John Hagerdoon, Albert N. Link, and Nicholas S. Vonortas, "Research Partnerships," *Research Policy* 29 (2000): 567–86.
11. Christoph Steitz, "Plug Wars: The Battle for Electric Car Supremacy," *Reuters,* January 24, 2018.
12. Nam-Hoon H. Kang and Kentaro Sakai, "International Strategic Alliances: Their Role in Industrial Globalisation," Paris, Organisation for Economic Co-operation and Development, Directorate for Science, Technology, and Industry, working paper 2000/5.
13. Teece, "Profiting from Technological Innovation."

14. Rita McGrath, "A Real Options Logic for Initiating Technology Positioning Investments," *Academy of Management Review* 22 (1997): 974–96.
15. Melissa A. Schilling, "Technology Shocks, Technological Collaboration, and Innovation Outcomes," *Organization Science* 26 (2015): 668–86.
16. Sumantra Ghoshal and Peter Moran, "Bad for Practice: A Critique of the Transaction Cost Theory," *Academy of Management Review* 21 (1996): 13–47.
17. C. K. Prahalad and Gary Hamel, "The Core Competence of the Corporation," *Harvard Business Review,* May–June 1990: 79–91; and Hamel, Doz, and Prahalad, "Collaborate with Your Competitors—and Win."
18. Hanna Hottenrott and Cindy Lopes-Bento, "R&D Partnerships and Innovation Performance: Can There Be too Much of a Good Thing?" *Journal of Product Innovation Management,* 33 (2016): 773–94; Melissa A. Schilling, "Technology Shocks, Technological Collaboration, and Innovation Outcomes," *Organization Science* 26 (2015): 668–86.
19. Yves Doz and Gary Hamel, "The Use of Alliances in Implementing Technology Strategies," in *Managing Strategic Innovation and Change,* eds. M. L. Tushman and P. Anderson (Oxford, U.K.: Oxford University Press, 1997).
20. G. W. Weiss, "The Jet Engine That Broke All the Records: The GE-SNECMA CFM-56," *Case Studies in Technology Transfer and National Security;* and P. Siekman, "GE Bets Big on Jet Engines," *Fortune,* December 19, 2002.
21. Ashish Nanda and Christopher A. Bartlett, "Corning Incorporated: A Network of Alliances," Harvard Business School case no. 9-391-102, 1990.
22. Prashant Kale and Harbir Singh, "Managing Strategic Alliances: What Do We Know Now, and Where Do We Go From Here?" *Academy of Management Perspectives* (August 2009): 45–62.
23. Melissa A. Schilling and Corey C. Phelps, "Interfirm Collaboration Networks: The Impact of Large-Scale Network Structure on Firm Innovation," *Management Science* 53 (2007): 1113–26.
24. Kathryn R. Harrigan, "Strategic Alliances: Their New Role in Global Competition," *Columbia Journal of World Business* 22, no. 2 (1987): 67–70.
25. Prashant Kale and Harbir Singh, "Managing Strategic Alliances: What Do We Know Now, and Where Do We Go From Here?" *Academy of Management Perspectives* (August 2009): 45–62. See also James Bamford, Benjamin Gomes-Casseres, and Michael Robinson, "Envisioning collaboration: Mastering alliance strategies." San Francisco: Jossey-Bass.
26. Hamel, Doz, and Prahalad, "Collaborate with Your Competitors—and Win."
27. Ibid.
28. J. Tan, "Quick Take: Tencent, Changan Auto Announce Autonomous Vehicle Joint Venture," *Caixin,* April 13, 2018.
29. P. E. Teague, "Other People's Breakthroughs," *Design News* 58, no. 2 (2003): 55–56.
30. Larry Huston and Nabil Sakkab, "Connect and Develop: Inside Procter & Gamble's New Model for Innovation," *Harvard Business Review* (2006), March 1st.
31. Henry William Chesbrough, Open Innovation: The New Imperative for Creating and Profiting From Technology (Boston: Harvard Business School Press, 2003).
32. J. Holmes, "The Organization and Locational Structure of Production Subcontracting," in *Production, Work, Territory: The Geographical Anatomy of Industrial Capitalism,* eds. M. Storper and A. J. Scott (Boston: Allen and Unwin, 1986), 80–106; and Teece, "Profiting from Technological Innovation."

33. Schilling and Steensma, "The Use of Modular Organizational Forms."
34. Charles Duhigg and Keith Bradsher, "How U.S. Lost Out on IPhone Work," *The New York Times,* January 22, 2012, 1, 20–21.
35. David Lei and Michael A. Hitt, "Strategic Restructuring and Outsourcing: The Effect of Mergers and Acquisitions and LBOs on Building Firm Skills and Capabilities," *Journal of Management* 21 (1995): 835–60.
36. Prahalad and Hamel, "The Core Competence of the Corporation."
37. Ibid.
38. Pisano, "The R&D Boundaries of the Firm."
39. Schilling and Steensma, "The Use of Modular Organizational Forms."
40. V. K. Narayanan, *Managing Technology and Innovation for Competitive Advantage* (Upper Saddle River, NJ: Prentice Hall, 2001).
41. Cheryl Pellerin, "Consortia: Free Enterprise Meets Cooperation and the Results Can Be Good for Robotics," *The Industrial Robot* 22, no. 1 (1995): 31.
42. Associated Press, July 11, 2002.
43. Charles W. L. Hill, "Strategies for Exploiting Technological Innovations: When and When Not to License," *Organization Science* 3 (1992): 428–41; Weijian Shan, "An Empirical Analysis of Organizational Strategies by Entrepreneurial High-Technology," *Strategic Management Journal* 11 (1990): 129–39; and Teece, "Profiting from Technological Innovation."
44. Melissa A. Schilling and Charles W. L. Hill, "Managing the New Product Development Process: Strategic Imperatives," *Academy of Management Executive* 12, no. 3 (1998): 67–81.
45. Oliver E. Williamson, *The Economic Institutions of Capitalism* (New York: Free Press, 1985).
46. Joel Bleeke and David Ernst, "Is Your Strategic Alliance Really a Sale?" *Harvard Business Review* 73, no. 1 (1995): 97–105; T. K. Das and Bing-Sheng Teng, "Between Trust and Control: Developing Confidence in Partner Cooperation in Alliances," *Academy of Management Review* 23 (1998b): 491–512; Rosabeth M. Kanter, "Collaborative Advantage: The Art of Alliances," *Harvard Business Review* 72, no. 4 (1994): 96–108; and Brian Uzzi, "Social Structure and Competition in Interfirm Networks: The Paradox of Embeddedness," *Administrative Science Quarterly* 42 (1997): 35–67.
47. T. K. Das and Bing-Sheng Teng, "Managing Risks in Strategic Alliances," *Academy of Management Executive* 13, no. 4 (1999): 50–62.
48. Ibid.
49. James G. Crump, "Strategic Alliances Fit Pattern of Industry Innovation," *Oil & Gas Journal,* (March 31, 1997): 59; and Das and Teng, "Managing Risks in Strategic Alliances."
50. Das and Teng, "Managing Risks in Strategic Alliances."
51. T. Pietras and C. Stormer, "Making Strategic Alliances Work," *Business and Economic Review* 47, no. 4 (2001): 9–12.
52. Ranjay Gulati and Harbir Singh, "The Architecture of Cooperation: Managing Coordination Costs and Appropriation Concerns in Strategic Alliances," *Administrative Science Quarterly* 43 (1998): 781–814.
53. Prashant Kale and Harbir Singh, "Managing Strategic Alliances: What Do We Know Now, and Where Do We Go From Here?" *Academy of Management Perspectives* (August 2009): 45–62.

54. L. Segil, "Strategic Alliances for the 21st Century," *Strategy & Leadership* 26, no. 4 (1998): 12–6.

55. Pietras and Stormer, "Making Strategic Alliances Work."

56. Igor Filatotchev, Johannes Stephan, and Bjoern Jindra. "Ownership Structure, Strategic Controls and Export Intensity of Foreign Invested Firms in Emerging Economies." *Journal of International Business Studies* 39 (2008): 1133–48. See also Ranjay Gulati, "Does familiarity breed trust? The implications of repeated ties for contractual choice in alliances," *Academy of Management Journal* 38 (1995): 85–112; and Brian Uzzi. "Social Structure and Competition in Interfirm Networks: The Paradox of Embeddedness," *Administrative Science Quarterly* 42 (1997): 35–67.

Chapter 09

혁신의 보호

Protecting Innovation

CRISPR-Cas9 유전자 편집을 둘러싼 특허 분쟁

2020년 10월 7일, 스웨덴 왕립 과학 아카데미는 CRISPR-Cas9라고 불리는 게놈 편집 방법의 개발에 기여한 공로로 Emmanuelle Charpentier 교수와 Jennifer Doudna 교수에게 노벨 화학상을 수여했다. 노벨상 위원회는 이 방법을 "유전자 가위"라고 언급하며 "이 기술은 생명과학에 혁명적인 영향을 미쳤고 새로운 암 치료에 기여하고 있으며 유전병 치료의 꿈을 실현시킬 수도 있다"고 언급했다.

Charpentier는 *Streptococcus pyogenes*(성홍열, 폐렴, 그리고 수많은 치명적인 전염병들을 일으키는 박테리아)를 연구하던 중 박테리아가 보유한 오래된 면역 체계의 일부인 CRISPR/Cas 분자를 처음으로 발견했다. 박테리아는 이 면역체계를 이용하여 바이러스의 DNA를 절단함으로써 바이러스를 무력화시킬 수 있다. Charpentier는 2011년 이 내용을 논문으로 출간했을 당시 Sweden의 Umeå 대학교에서 연구하고 있었는데, 같은 해 그녀는 UC Berkeley의 매우 경험 많은 생화학자 Jennifer Doudna와 공동 연구를 시작했다.[a] 그들은 공동연구를 통해 박테리아의 유전자 가위를 재현할 수 있었고, 이 유전자 가위는 특정 위치에 있는 어떤 DNA 분자라도 자르도록 재프로그램될 수 있다는 것을 증명했다. 그렇게 된다면 그들은 세포의 유전자 코드를 다시 쓸 수 있다는 것이다!

CRISPR-Cas9은 살아있는 세포를 유전적으로 변형시키는 비교적 쉬운 방법이어서, 질병을 다루는 데 엄청난 희망을 주었다. 이를 적용할 수 있는 가장 확실한 기회는 낭포성 섬유증, 헌팅턴병, 겸상 적혈구 빈혈과 같은 단일유전자 질환에 있었다. 더 나아가 유전자 편집은 비유전성 질병을 다루는 데에도 사용될 수 있다. 예를 들어, 일부 소수의 사람들은 세포 표면에 단백질을 형성하여 HIV가 세포 안으로 들어가는 것을 어렵게 하는 돌연변이 *CCR5* 유전자를 가지고 있다. 다시 말해, 이들은 HIV에 대한 자연 면역 기능을 가지고 있는 것이다. 과학자들은 CRISPR-Cas9과 같은 유전자 편집 시스템이 사람들을 HIV로부터 보호하는 돌연변이를 인위적으로 만들거나 심지어 HIV보균자들의 HIV를 제거하는 데 사용될 수 있을 거라고 추측했다. 사실, Sangamo라는 회사는 이미 이를 실현해보기 위해 다른 종류의 유전자 편집 시스템을 이용한 임상시험을 진행하고 있다.[b]

위의 예에서 알 수 있듯이, CRISPR-Cas9은 최초로 발견된 유전자 편집 방법은 아니다. 그러나 세균의 선천적 특성을 이용하는 이 방법은 개발 중인 여느 방법보다 훨씬 간단했다. 사실 이 방법은 너무나 간단해서 전 세계의 연구자들과 학생들이 CRISPR-Cas9을 이용하여 질병 치료, 농작물 증식 등에 적용하면서 연구 경쟁이 빠르게 진행되고 있다. 2020년 CRISPR-Cas9은 모기가 말라리아를 옮길 수 없도록 유전적으로 변형시키거나 폐암에 대한 최첨단 화학 요법의 효과성을 증진하는 데 사용되고 있다.[c] 이는 일생에 한 번 정도 일어날 획기적인 발견이었다.

그런데 CRISPR-Cas9에 대한 지적재산권은 누가 소유하고 있는가? 이 질문에 대한 답은 복잡한 것으로 드러났다. Doudna와 Charpentier는 2012년 5월에 CRISPR-Cas9에 관한 첫 번째 특허를 미국 특허청(U.S. Patent and Trademark Office; USPTO)에 출원했고, 이어서 2012년 5월을 우선출원 일자로 주장하면서 미국 특허청과 유럽과 캐나다의 특허청에 더 많은 출원을 했다. 몇 달 후인 2012년 12월, Feng Zhang이 이끄는 Broad Institute (MIT와 Harvard 대학 부속연구소)의 다른 팀도 미국 특허청에 CRISPR-Cas9에 대한 자신의 첫 번째 특허 출원을 했고, 이어서 다른 특허 사무소에 2012년 12월을 우선일자로 주장하면서 특허 출원을 했다. 특허 출원은 출원 후 첫 18개월 동안 비밀로 유지되기 때문에, 두 팀 모두 특허 출원 시에 경쟁관계에 있는 특허 출원이 있다는 사실을 알지 못했다.

다음에 일어난 일은 근대 특허 역사상 가장 흥미로운 특허 싸움 중 하나가 되었다. 2011년, 미국은 특허 시스템을 "최초 발명"에서 "최초 출원" 우선순위 시스템으로 변경하는 *Leahy-Smith America Invents Act* (*AIA*)를 통과시켰다. 비록 "최초 발명"이 특허 시스템의 취지와 더 일치하겠지만, "최초 출원"은 검증이 훨씬 더 쉽고 저렴하기 때문에 전 세계의 지배적인 시스템이 되었다.[d] Doudna와 Charpentier는 자신들이 2012년에 특허 출원을 먼저 했기 때문에 Zhang의 특허보다 우선권을 받을 것이라고 예상하였다. 그러나 이 법은 2013년 3월 16일에서야 법적 효력이 발휘되게 돼 있어서, Zhang은 자신의 발명이 법이 바뀌기 이전으로 거슬러 올라간다고 주장하며 "최초 발명" 제도에 따라 출원심사해줄 것을 요청했다.[e] 나아가, Zhang은 자신의 특허가 Doudna와 Charpentier보다 먼저 특허를 받기 위해 빠른 심사를 요청하였다. 더 복잡한 것은, Doudna와 Charpentier의 첫 번째 논문은 단세포 유기체에서만 CRISPR-Cas9를 사용하는 것을 증명한 반면, 비록 7개월 후이지만 Zhang의 첫 번째 논문은 다세포 유기체인 진핵생물에서 CRISPR-Cas9가 사용될 수 있다는 것을 증명했다. 유전자 편집의 가장 가치 있는 적용은(인간과 같은) 다세포 유기체에 대한 적용일 가능성이 높기 때문에, 이것은 중요한 구분이었다.

Doudna와 Charpentier가 미국 특허심판소위원회(PTAB)에 제기한 여러 차례의 항고 끝에, PTAB는 이 특허들이 실제로 충돌하지 않는다고 결론지었다. Doudna와 Charpentier는 CRISPR-Cas9 (CRISPR-Cas9를 사용하는 표준 방법이 된 단일 분자 가이드 RNA)의 사용법을 최초로 개발한 데에 대한 특허를 받았고, Zhang은 이를 다세포 유기체에 적용하는 데 대한 특허를 받았다. 캐나다는 미국에서 내려진 결정을 따랐지만, 유럽 특허청은 우선순위 일자에 대해 다른 결론을 내리고 1세대 CRISPR-Cas9 특허를 모두 Doudna와 Charpentier에게 허여했다.[f]

2021년을 기준으로 CRISPR-Cas9 응용 프로그램의 상용화에 관심이 있는 대부분의 이해관계자는 각기 다른 조직으로부터 라이선스를 받아야 한다. 예를 들어, 인간을 위한 CRISPR-Cas9 치료법을 개발하려면 Emmanuelle Charpentier로부터 독점적 권리를 획득한 CRISPR Therapeutics, Jennifer Doudna로부터 기술 권리를 획득한 Intellia Therapeutics, Feng으로부터 특허 라이선스를 받은 Editas Medicine, 이 세 곳으로부터 각각 권리를 얻어야 한다.[g] 많은 사람들이 CRISPR을 상업화하기 위한 권리를 획득하는 과정이 간소화되도록, 발명자들이 협력하여 특허 풀을 관리하는 단일 조직이 만들어지기를 바랬고, Zhang이 소속된 Broad Institute도 "특허와 라이선스를 이용하는 것이 복잡할수록 혁신에는 도움이 되지 않습니다. 모두를 위해 제일 좋은 방법은 연구자들이 CRISPR 기술을 사용하여 현실적인 의료 난제들을 해결하는 데 집중할 수 있도록 이해당사자들이 합의를 하는 것입니다."라고 언급하였다. 그러나 2021년 4월 현재 아직 합의가 이루어지지 않고 있다.

〈토론문제〉

1. "최초 발명"에 따라 특허를 허여하는 데 따르는 어려움은 어떤 것들이 있겠는가?
2. Doudna-Charpentier와 Zhang이 다른 사람들이 쉽게 라이선스를 취득할 수 있도록 CRISPR-Cas9 특허를 풀링하는 것에 대한 장단점은 무엇인가?
3. 유럽특허청이 특허분쟁에 대해 미국특허청과 다른 결정을 내렸다는 사실이 시사하는 바는 무엇인가?
4. 의학적 응용 가능성을 가진 혁명적인 기술에 대한 특허가 생명을 구하는 치료법의 개발을 촉진하는 데 도움이 된다고 생각하는가, 아니면 오히려 방해가 된다고 생각하는가?

[a] Press release: The Nobel Prize in Chemistry 2020. The Royal Swedish Academy of Sciences, Oct. 7, 2020.
[b] Melissa A. Schilling, "Ending HIV? Sangamo Therapeutics and Gene Editing," in *Strategic Management of Technological Innovation,* 6th ed., 167–74. (New York: McGraw Hill, 2020).
[c] "CRISPR-Cas9: Timeline of Key Events" (2020), online: *What is biotechnology?* https://www.whatisbiotechnology.org/index.php/timeline/science/CRISPR-Cas9 [Biotechnology]; and Vincent de Grandpre and Felicia Lozon, "Making Sense of the Battle for the CRISPR-Cas9 Patent Rights," Osler, March 15, 2021, https://www.osler.com/en/resources/critical-situations/2021/making-sense-of-the-battle-for-the-crispr-cas9-patent-rights.
[d] "The Debate between First to File and First to Invent," Intellectual Property: CISC356 at University of Delaware: Intellectual Property in the Digital Age. April 22, 2014, https://sites.udel.edu/cisc356/2014/04/22/the-debate-between-first-to-file-and-first-to-invent.
[e] Nicole Gray, "CRISPR Patent Battle Begins, Setting 'First to File' against 'First to Invent,'" *Biopharma Dive,* March 10, 2016.
[f] Vincent M. de Grandpre and Felicia Lozon, "Making Sense of the Battle for the CRISPR-Cas9 Patent Rights."
[g] Timothe Cynober, "CRISPR: One Patent to Rule Them All," *Labiotech,* February 11, 2019, https://www.labiotech.eu/in-depth/crispr-patent-dispute-licensing.

개요

기업의 기술혁신 전략을 구성하는 중요한 요소 중 하나는 기술혁신의 보호 여부의 결정과 보호방법의 선택이다. 전통적으로 경제학적인 측면과 전략적인 측면에서 혁신의 급부를 최대화하기 위해 기술혁신을 보호하는 것을 많이 강조해 왔다. 하지만 이러한 보호 여부와 그 수준을 결정하는 일은 매우 복잡한 문제이다. 자사의 기술혁신을 약한 수준으로 보호하는 것이 기업에게 유리한 경우도 있다. 다른 생산자(보완재 생산자도 포함해서)들이 자신의 기술을 활용하는 것에 힘을 실어줄 수 있으며,

이로 인해 기술의 확산이 진전되면 기술 표준으로 자리 잡을 수 있다. 이번 장에서 우리는 먼저 기업의 혁신으로부터 수익을 창출하는 데 영향을 주는 요인들을 살펴보고 어떤 메커니즘이 기업의 혁신을 보호해 줄 수 있는지를 알아보도록 하겠다. 다음으로 완전한 혁신보호 전략과 완전한 혁신개방 전략에 대해 비교해 보고, 기술혁신의 보호 또는 확산에 관한 의사결정에 내재하는 상쇄 관계를 살펴보겠다. 마지막으로 기업이 혁신적인 기술을 보호하는 전략을 채택할 때 고려해야 하는 요소들을 살펴볼 것이다.

혁신의 가치 극대화

전유성
기업이 기술혁신을 통해 수익을 실현할 수 있는 정도.

기술혁신을 통해 기업이 얻을 수 있는 이익의 정도를 표현하는 단어를 **전유성**(appropriability)이라고 한다. 일반적으로 혁신의 전유성 정도는 경쟁자가 얼마나 쉽게 그리고 빨리 혁신을 따라잡을 수 있느냐에 따라 결정된다. 반면 경쟁사가 얼마나 쉽게 기술적 혁신을 모방할 수 있는가는 기술 자체의 성격과 혁신을 보호하기 위한 메커니즘의 강력함에 달려 있다고 할 수 있다.

암묵적 지식
쉽게 문서화된 형태로 남겨지거나 전달될 수 없는 형태의 지식.

사회적으로 복잡한 상호작용을 통해 생성된 지식
개인 간의 상호작용을 통해서 발현하는 지식.

어떤 기술혁신은 본질적으로 다른 경쟁자가 모방하기 힘든 경우도 있다. 혁신을 구성하는 지식들이 희귀하고 모방하기가 힘들 수 있으며, 기업의 고유한 경험이나 그 기업이 보유한 재능들의 집합이 다른 기업들이 가지지 못하는 독특한 기술적 노하우의 근본을 형성할 수 있다. 이러한 **암묵적**(tacit, 서류상이나 절차로 문서화될 수 없는)이고 **사회적으로 복잡한 상호작용을 통해 생성된 지식**(socially complex)은 모방하기 매우 힘들 것이다.[1] 예를 들어 회사가 매우 유능한 연구 인력을 가지고 있다면 그 기업은 다른 기업이 모방하기 힘든 지식기반을 가지고 있다고 볼 수 있다. 연구자들이 보유한 일부 기술들은 모방 가능한 훈련과정을 거쳐 습득될 수도 있겠지만 타고나는 천부적 *재능* 같은 것은 훈련을 통해 습득하기가 거의 불가능하다. 또한 뛰어난 연구팀의 역량이 연구원들 사이의 상호작용에 의해서 축적된 것이라면 그것은 다른 조직이 모방하기 힘든 사회적 상호작용의 형태로 축적될 것이다. 개인 간의 상호작용 형태는 각 개인이 인지하는 내용에 중대한 영향을 미치고, 나아가 개인 또는 집단이 발견하고 배우는 내용에도 많은 영향을 미친다. 이러한 상호작용의 결과는 경로의존적이어서 개개인의 결합에 따른 특징과 상호작용의 순간, 상호작용의 본질에 따라 그 지식의 특징이 결정된다고 할 수 있다. 따라서 지식은 한 그룹의 상호작용에 의해 만들어질 수 있으며, 이는 다른 개인이나 그룹에 의해 똑같이 모방되기 어렵다.

하지만 상대적으로 경쟁자에 의해 모방되기 쉬운 기술혁신도 상당히 존재한다. 개인이나 기업은 자신들의 기술혁신을 보호하기 위해 다양한 법적 제재를 강구한다. 대부분의 나라들은 특허, 트레이드마크, 저작권, 거래 비밀법 등의 방법을 통해 지적 재산권의 보호를 제도화하였다.

특허, 트레이드마크, 저작권

특허
작업과정, 기계, 생산된 제품(생산된 제품의 디자인) 또는 다양한 설비 등을 보호하는 재산권.

트레이드마크
제품의 출처를 구별해주는 식별 표시.

저작권
원작자의 작품을 보호하는 재산권.

특허, 트레이드마크, 저작권이 모두 지적 재산권을 보호하기 위해 만들어진 제도들이지만 이들은 각기 다른 부분을 보호한다. **특허**(patent)는 발명을 보호하고, **트레이드마크**(trademark)는 상품의 출처를 구별해주는 단어나 상징을 보호한다. **저작권**(copyright)은 예술이나 문학적 작품의 원본을 보호한다. 따라서 일반적인 컴퓨터 부품의 디자인은 특허에 의해 보호받고, 스타벅스의 인어와 같은 로고는 트레이드마크 법률의 보호를 받으며, 소프트웨어는 저작권의 보호를 받는다(나중에 특허 부분에서 자세히 다루겠지만 현재는 많은 종류의 소프트웨어도 특허의 보호를 받을 수 있다).

지적재산 보호의 목적은 창의적인 성과물에 대해 인정과 보상을 제공하는 것이다. 예를 들어, 특허와 저작권은 개인이 만들어낸 창의적인 성과물을 보호하고 이를 대중에게 공개하는 대가로 보상을 얻을 수 있는 법적인 수단을 제공한다. 성과물을 대중에게 공개한다는 것은 매우 중요한 일인데, 이를 바탕으로 다른 이들이 추가적인 성과를 내면서 과학적 사회적 진보를 이룰 수 있기 때문이다. 이러한 보호제도가 없다면, 사람들은 자신의 발견과 발명을 공개하지 않으려 할 수 있다.

■ 특허

많은 국가에서 개발자들은 자신들의 발명품을 보호하기 위해 특허를 신청할 수 있다. 발명품은 새로운 유형의 배터리와 같이 제품일 수도 있고 베이글을 만드는 새로운 방식과 같이 프로세스일 수도 있다. 미국의 경우 특허는 몇 가지 형태로 구분된다. *실용*특허는 새롭고 유용한 프로세스, 기계, 생산품, 물질의 합성과 같은 것에 부여된다. *디자인*특허는 생산품의 겉모양과 관련한 디자인에 부여된다. *식물*특허는 새롭고 분명한 특징을 가지는 다양한 식물을 재생산하거나 발견 또는 발명한 경우에 주어진다.

각국의 특허 시스템은 각기 다른 요구사항들이 있으며, 특허가 국가가 아닌 일정 지역을 포괄하는 지역 특허사무소 또는 국제 협약에 기반을 두어 출원된 것이 아니라면, 부여된 권리는 특허가 출원된 국가에서만 보장된다.

발명품이 특허를 얻으려면 다음의 조건들을 만족시켜야 한다.

1. *유용*해야 한다(만족할 만한 결과를 창출해야 하고 문제를 해결하며 현재의 개발품을 개선하거나 이의 새로운 용도 또는 그럴 수 있는 가능성을 제시해야 한다).

2. *새로워야* 한다(이미 특허가 출원된 것이거나 대중 매체에 소개되지 않은 것이어야 하며 대중에게 알려진 지 1년을 넘지 않은 것이어야 한다).
3. *당연하지 않아야* 한다(특허의 특정 부분에 지식과 경험이 있는 사람이 평균적인 노력만으로 동일한 발명품을 이룰 수 있어서는 안 된다).

대부분의 국가에서, 자연법칙에 관한 과학적 원리의 발견(예를 들어 중력)은 항상 존재해왔던 것이기 때문에 특허의 대상이 될 수 없다. 또한, 다음의 것들은 일반적으로 특허 출원될 수 없는 사례들이다.

- 하나의 물질을 다른 물질로 대체하는 것(예를 들어 금속을 대체하는 플라스틱).
- 현존하고 있는 물건의 크기만 바꾼 것.
- 현존하고 있는 물건을 좀 더 들고 다니기 편하게 만든 것.
- 한 요소를 동질의 성질을 가진 요소로 대체하는 것.
- 현존하고 있는 물건의 모양만 바꾸는 것.

출판물은 일반적으로 특허로 보호받을 수는 없지만, 다음 절에서 설명하는 것처럼 저작권에 의해서 보호받을 수는 있다. 역사적으로, 소프트웨어는 특허 보호받을 수 없는 것으로 간주되었지만, 1998년 컴퓨터 소프트웨어 알고리즘 기반의 펀드 관리 방법에 대한 미국 대법원의 특허법 적용 판결 이후 소프트웨어도 특허법의 보호를 받게 되었으며, 이후 소프트웨어 알고리즘에 대한 특허 출원이 성황을 이루었다. 1997년부터 2000년까지 소프트웨어를 기반으로 한 사업 방법에 대한 미국 내 특허 출원이 700% 이상 증가하였다.[2] 예를 들면 Amazon은 소비자의 제품 주문 프로세스를 단순화시킨 "1-click"을 특허 출원하였다.[3]

특허권을 획득하는 것은 많은 노력을 요하는 일이다. 특허를 출원하기 위해서는 발명을 하게 된 방법과 활용방안, 그리고 이것이 왜 새로운 발명인가라는 주장의 근거를 제시해야 한다. 또한 필요한 경우 그림을 통한 설명을 해야 할 수도 있다. 미국에서는 이러한 특허신청을 분석하는 특허 심사관이 있어 발명자가 제시한 주장의 방향이나 범위를 조정하기도 한다. 이러한 절차 이후 다른 발명자의 문제제기(예를 들면 신규 특허가 이미 허여된 기존의 특허를 침해한다고 주장할 수도 있다)를 위한 시간을 주기 위해 새로운 특허를 상당한 기간 동안 공표한다. 이러한 조건들이 충족되고 나면 특허가 허여된다. 특허 허여를 위한 신청부터 특허 허여까지의 전 과정에는 미국은 2~5년, 유럽은 3~5년, 일본은 5~6년, 그리고 인도는 5~7년 정도의 시간이 걸린다. 제품수명 주기가 짧은 산업에서는 이런 소요시간이 특허의 유용성을 심각하게 훼손할 수 있다. 이 때문에 특허 시스템을 보다 효과적으로 만들기 위한 많은 제안들이 나오게 되었다.

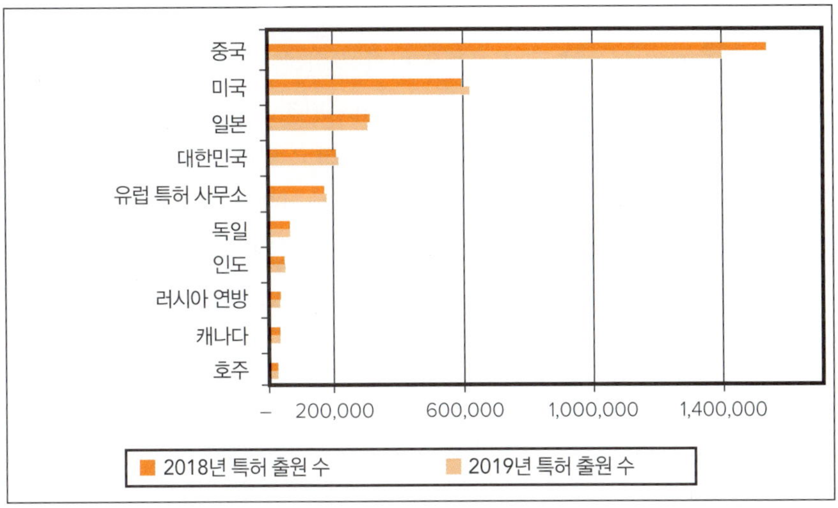

그림 9.1 ▸ 전 세계 주요 10개 특허 사무소의 2018년과 2019년 특허 출원 수

출처: World Intellectual Property Organization.

전 세계에 걸친 특허 출원의 수는 증가하고 있는데 중국에서 제일 크게 증가하고 있으며 2019년 한 해에만 140만 건의 특허가 출원되었다(그림 9.1 참조).

또한 특허 출원과 유지과정에는 다양한 종류의 비용이 들어간다. 비용은 특허사무소마다 다른데, 미국의 경우 "소규모 기업"(개인, 소규모 사업자, 또는 비영리 기관)이 특허 출원과정에 소요되는 전체 비용은 일반적으로 약 1,500달러의 신청비용(대략 대기업의 절반)과 5,000~15,000달러의 변리사 비용이 든다. 대부분의 국가에서 특허는 20년간 보호된다.

미국에서 특허출원 성공률을 추적한 Michael Carley, Deepak Hegde, Alan Marco의 연구에 따르면, 1996년 이후 USPTO에 신청된 215만 개의 신규 특허출원 중 55.8%가 성공적으로 허여되었다. 출원된 특허 중 "제약과 의료기기" 부문의 허여율(42.8%)이 평균적으로 볼 때 가장 낮았으며, "전기 전자" 부문이 66.6%로 가장 높았다. 또한 일반적으로 소규모 기업들의 출원 허여율이 낮으며, 전반적인 출원 허여율은 시간이 지날수록 낮아졌다고 한다.[4]

주요 국제 특허 조약

현재 "전 세계에 걸쳐 특허권을 인정받는" 경우는 없으며 한 국가에서 부여된 특허가 다른 국가에서도 자동으로 보호받는 것은 아니다. 그러나 일부 지역에서는 특정 프로그램의 모든 회원 국가들을 대상으로 특허를 부여하는(유럽 특허 사무소와 아프리카 지역 지적자산협회와 같은) 지역 특허 사무소가 있다.

특허법에는 국가 간 차이가 상당히 존재한다. 예를 들면 대부분의 나라에서는 특허신청 이전에 발명에 대한 정보를 출판하는 것은 특허신청에 있어서 결격사유이지만, 미국의 경우에는 1년간의 유예기간을 두고 있다(즉 발명자가 특허 출원 전 1년 동안 대중에게 알릴 수 있다). 따라서 발명자가 국제 특허를 따려 한다면 미국을 특허 획득의 첫 번째 국가로 계획해 놓고 있다 하더라도 특허에 대한 정보제공에 있어 보다 엄격한 국제 기준을 따라야 한다. 또한 많은 국가들은 특허된 기술에 대해서는 특허등록 이후 일정 기간 동안(일반적으로 3년) 무조건 특허 허여된 국가에서 제품을 생산해야 한다는 규정을 적용하고 있다. 이것은 "working requirement"로 불리는 것으로, 자신이 특허권을 획득한 나라에서 물건을 생산할 의도를 전혀 가지고 있지 않는 발명자들을 규제하는 데 효과적인 방법이라고 할 수 있다.

많은 발명가들이 자신의 발명품을 여러 나라에서 동시에 특허받고 싶어 한다. 이러한 수요를 만족시키기 위해 전 세계의 다양한 특허법을 조화롭게 적용하기 위한 몇 개의 국제조약들이 마련되었다. 이 중 대표적인 두 가지는 산업자산 보호를 위한 Paris Convention for the Protection of Industrial Property와 Patent Cooperation Treaty이다.

산업자산 보호를 위한 파리 협약(*Paris Convention for the Protection of Industrial Property*; Paris Convention Priority라고도 알려짐)은 2021년 3월을 기준으로 세계 177개국이 참여한 국제 지적 재산권 협약이다. 이 협약에서는 회원국가의 시민이 아무 회원국에서나 특허를 출원할 수 있으며 그 회원국의 시민과 동일한 특허보호에 관한 권리를 부여받는다. 따라서 이 협약은 자국민과 외국인에 대해 차별적으로 적용되던 특허권을 폐지하였다고 할 수 있다. 또한 이 협약은 특허와 트레이드마크 발명자들에게 "우선권"을 부여한다. 즉 발명자가 회원국 중 한 국가에서 특허나 트레이드마크에 대한 보호를 신청하고 나면 다른 회원국에서도 (일정 기간 안에) 특허에 대한 보호를 신청할 수 있다. 실용 특허에 대해서는 12개월의 기간이 주어지고 디자인 특허와 트레이드마크에 대해서는 6개월의 기간이 주어진다. 가장 중요한 것은 다른 회원국에서 나중에 특허를 출원한 경우라도 처음 특허를 출원한 시기가 그대로 적용된다는 것이다. 이것은 한 나라에서 특허를 출원하게 되면 비록 다른 회원국에서 늦게 특허를 출원하게 되더라도 처음 특허 출원 시점이 똑같이 적용되기 때문에 다른 특허 출원들에 대해 우선권을 가질 수 있게 된다. 예를 들면 한 발명가가 2003년 1월 마다가스카르에서 자신의 발명에 대해 실용특허를 출원하였고 같은 해 6월 프랑스에서 유사한 특허가 다른 발명가에 의해 출원되었다고 할 때, 1월에 마다가스카르에서 출원된 특허가 프랑스에서는 우선권을 가지게 된다. 따라서 프랑스 발명가가 자신의 발명이 마다가스카르에서 출원된 발명과 다르다는 것을 증명하지 못하면 그의 특허는 프랑스 특허청으로부터 거부된다.

앞에서 언급하였듯이, 많은 나라에서는 발명에 대한 내용이 대중에게 공개되고 나면 그 후에 특허를 출원할 수 없다. 하지만 파리 협약이 제공하는 우선권에 따라 한 회원국에서 특허를 얻은 사람은 발명에 대한 정보를 대중에게 공개하였다고 하더라도 다른 나라에서의 특허 출원에 대한 권리를 잃지 않는다. 각 나라에서의 모든 특허 출원은 마치 모든 회원국에서 동시에 특허를 출원한 것으로 간주되고, 또한 발명 공개 이전에 특허가 출원된 것처럼 간주되기 때문이다. 이러한 협약이 없었다면 미국에서 먼저 특허를 출원하고 나중에 다른 나라에서 특허를 출원하는 경우는 발생할 수 없었을 것이다. 왜냐하면 미국에서는 특허 출원 신청이 대중에게 공개되기 때문이다.

또 다른 매우 중요한 국제 특허 조약은 특허 협력 조약으로서 *PCT* (*Patent Co-operation Treaty*)라고도 불린다. 이 조약은 여러 국가에서 특허를 출원하는 것을 용이하게 해준다. 한 발명자가 특정 PCT 특허관리 수리 관청(governmental receiving office)에 특허를 신청하게 되면, 바로 전 세계 153개 이상의 나라에서 약 2년 반 동안 특허 보호를 신청할 권리를 보장받을 수 있다. 일단 특허 신청이 들어오면 PCT의 조사국은 이전에 다른 발명자가 PCT를 통해 비슷한 종류의 특허 출원을 했는지 조사한다. 다른 특허 사례에 대한 조사가 끝나고 나면 PCT 특허관리국은 발명자가 신청한 특허가 특허 협력 조약의 기준에 따라 특허 등록 기준을 만족하고 있는지를 분석한다. 발명자는 최종적으로 자신의 특허를 보호받고자 하는 모든 나라의 특허청에 PCT 신청서를 제출해야 한다.

PCT 특허 출원 신청을 단 한 번만 하면 된다는 것은 많은 장점을 부여한다. 일단 PCT에 특허 출원을 하면 다른 많은 나라들에 특허신청을 할 경우 발생하는 비용의 발생을 미루면서도 그 나라들에서의 특허신청에 관한 우선권을 갖게 된다. PCT 특허를 신청하면 그 날짜로 여러 나라에 동시에 특허 출원한 것으로 인정되기 때문에 나중에 특허를 출원해도 다른 특허신청들에 대해 우선권을 가질 수 있다. 또한 PCT에 한 번만 비용을 지불하면 같은 특허를 다른 나라에 출원하기 위해 신청비용을 또다시 지불할 필요가 없다. 비록 발명자가 특허를 낸 나라로부터 특허를 취득하고 법적인 보호를 받는 것에 대한 비용을 지불해야 하지만, 이러한 비용의 지불 시점을 미룰 수 있는 것이다. 따라서 발명자는 특허권을 행사하면서 잠재적 이윤을 획득할 수 있는 시간을 벌게 된다. 만약 PCT에서 특허가 되기에는 충분하지 못하거나 잠재적 수익이 적어 보인다고 발명자에게 제안하면 발명자는 각 나라의 특허청에 지불해야 하는 비용을 보류할 수 있게 된다.

PCT 프로세스의 또 다른 장점은 특허신청 결과를 보다 객관화시켜 준다는 것이다. 비록 각각의 나라들은 PCT가 특허 가능하다고 인정해 준 특허에 대해 무조건적으로 특허를 허여해 줄 의무는 없지만, PCT가 특허 가능하다고 인정해 주었다는 증거는 각 나라의 특허청에 이 특허가 충분히 특허 가능하다는 확신을 심어줄 수 있다.

특허 전략

일반적으로 사람들은 발명가들이 고안해낸 발명품 그 자체를 팔고 싶어서 특허를 낸다고 생각한다. 그러나 발명가와 기업들은 다른 사람에게 기술을 라이센싱 하거나 기술을 더 잘 활용할 수 있는 다른 기업에게 특허권을 파는 등 다양한 방법을 통해 특허를 현금화할 수 있다.[5] 또한 대부분의 발명가들은 특허가 등록되기 전까지는 다른 경쟁자들이 그들의 지적 재산에 접근하지 못하도록 발명에 관한 비밀을 지키는 것을 선호한다는 사회적 통념이 있지만 사실이 아닌 것으로 판명되었다. Stuart Graham과 Deepak Hedge의 연구에 따르면 대부분의 특허권자들은 특허가 등록되기 *이전*에 특허 출원 자체를 드러내기를 선호한다고 한다. 이러한 경향은 발명자의 규모 또는 기술 분야에 상관없이 존재하는데, 아마도 발명가들이 초기 공개를 선호하는 이유는 경쟁자, 외부 투자자, 잠재적인 기술사용자들에게 발명의 품질과 범위를 공개적으로 알리기 위해서일 것이다. 또한 특허출원을 통한 공개를 통해 특허 출원자가 예비 특허권(provisional patent right)을 누릴 수 있는 기간이 설정되는 효과도 있다.[6]

특허괴물 행위
개인이나 기업이 다른 사람이나 기업으로부터 금전적인 이익을 얻기 위하여 특허를 오용하는 행위를 경멸적으로 묘사하는 용어.

기업들은 또한 경쟁자의 선택을 제약하거나 공격적인 특허 소송을 통해 이익을 얻기 위해 특허를 신청하기도 한다. 이런 활동들은 "**특허괴물 행위**(patent trolling)"라고 불리기도 한다. 이러한 행위를 하는 자가 특허를 보유하고자 하는 주 목적은 다른 기업으로부터 금전적 이익을 취하기 위함이다. 예를 들어, 특허괴물은 도산한 회사로부터 특허를 산 뒤 다른 회사가 자사의 특허권을 침해했다고 소송을 제기한다. Apple은 특허괴물들이 가장 선호하는 공격대상인데 2011년부터 2014년까지 거의 100건의 특허소송을 당했다.[7] 미국의 경우, Patent Association Entities라는 기업은 제3자로부터 특허를 확보한 뒤 이 특허와 관련된 기술을 사용하는 기업들로부터 수익을 창출하고 있는데, 이 기업은 2020년 한 해에만 1,656건의 소송을 제기하였다.[8] 미국 정부는 이러한 포식동물 같은 행태의 특허소송을 방지하기 위하여 특허등록을 보다 엄격하게 하고 허위 특허침해 소송을 처벌하려는 노력을 기울이고 있다.[9]

특허덤불
특허들이 복잡하게 서로 얽혀 있는 관계를 의미하며 기업 간 경쟁과 혁신을 어렵게 만든다.

컴퓨터, 소프트웨어, 통신과 같은 복잡한 기술을 다루는 산업의 경우에는 여러 특허들이 복잡하게 서로 얽혀 있는 "**특허덤불**(patent thickets)"과 같은 상황 때문에 기업이 특정 기술 부문에서 상대 기업들의 특허소송에 희생되는 경우를 피하기 어려울 수 있다. 이는 혁신을 심각하게 억누르는 것이며, 이 때문에 기업이 방어책으로 여러 특허들을 묶음으로 구매하여 다른 기업들의 특허 공격을 단념시키는 상당히 독특한 전략을 선택하기도 한다. 예를 들어, 2011년 도산한 Nortel은 자사가 보유한 대규모 특허 포트폴리오를 경매에 붙였다. 이 경매는 Microsoft, Apple, RIM, Sony, Ericsson이 참여한 Rockstar Bidco 컨소시엄이 45억 달러를 지불하면서 44억 달러를 제시한 Google을 누르고 승리하였다. 그 뒤에 Google은 마이크로프로세싱 칩 제조에서부터 객체지향 프로그래밍, 그리고 다른 비즈니스 프로세스를 보호할 수 있는 1,030개의 특허를 IBM으로부터 구매하였다. 이런 특허들은 Google의 사업에 직접적으로 필요한 것은 아니지만 특허소송으로 공격할 수 있는 기업들에 대한 보복 위협으로 활용될 수 있다.[10] 같은 해, Google은 Motorola Mobility를 125억 달러에 인수하였는데, 이 인수의 주 목적은 Motorola가 보유한 특허를 활용하여 Nortel의 특허로 인해 발생할 수 있는 소송에서 Google의 지위를 강화하기 위한 것이라고 사람들은 생각하고 있다.[11] 2013년 10월, Google의 걱정을 증명이라도 하듯, Rockstar Bidco는 Google과 Google 안드로이드용 전화기를 만드는 7개의 회사들을 고소하였다.[12] Google은 자신이 보유한 특허권을 바탕으로 맞고소하였으며, 2014년 11월 Google과 Rockstar는 합의에 이르렀다고 발표하였다.[13]

■ 트레이드마크와 서비스마크

트레이드마크는 단어, 문장, 심벌, 디자인 또는 어떤 표식을 통해 각 제품의 제조자를 구분해주는 수단이다. 수많은 컴퓨터에 붙어 있는 "Intel Inside" 마크나 나이키의 "swoosh" 마크는 트레이드마크의 대표적인 예라고 하겠다. 서비스마크는 기본적으로 트레이드마크와 같은 것이지만 제품보다는 서비스 제공자를 구분시켜 주는 트레이드마크라고 할 수 있다. 일반적으로 *트레이드마크*라고 하면 서비스마크와 트레이드마크 모두를 포함한다고 할 수 있다.

트레이드마크와 서비스마크는 인간의 5가지 감각 중 하나를 통해 인지될 수 있는 표식으로 구체화될 수 있다. 대부분의 마크는 단어나 그림, 슬로건 같은 시각적인 표식으로 표현된다. 그러나 꼭 시각적이 아니더라도 소리(특정 회사나 브랜드와 관계된 소리 톤)를 사용할 수도 있으며 또는 냄새(향수)를 사용할 수도 있다. 트레이드마크 권리는 다른 회사 또는 개인이 비슷한 마크를 사용하여 혼란을 주는 것을 막기 위한 것이지만, 다른 회사나 개인이 전혀 다른 트레이드마크를 사용하여 똑같은 제품이나 서비스를 제공하는 것을 막기 위한 것은 아니다.

대부분의 국가에서는 트레이드마크나 서비스마크를 적법하게 사용하면 그 자체로 권리가 생기지만 등록을 요구하지는 않는다. 하지만 트레이드마크를 등록하면 몇 가지 이점을 갖게 된다. 첫 번째로 트레이드마크를 등록하면 대중들이 그 트레이드마크를 등록한 회사나 개인이 누구인지 알게 된다. 두 번째로 트레이드마크를 등록함으로써 트레이드마크가 침해당하거나 오용되었을 때 법적 소송을 제기할 수 있다. 세 번째로 트레이드마크 등록을 통해 트레이드마크에 대한 전 세계적인 보호권을 행사할 수 있다. 예를 들면 미국에서 등록한 트레이드마크는 다른 국가에서도 보호받을 수 있으며, 미국으로 수입되는 제품의 트레이드마크로 인한 권리 침해를 막을 수 있다. 2021년 4월 기준으로 미국 특허청은 트레이드마크 등록 신청비용으로 275~650달러를 받고 있다. 트레이드마크 등록에 대한 확증서는 등록 후 약 10개월에서 16개월 정도 후에 미국 특허청에서 발급된다. 하지만 트레이드마크에 대한 법적인 보호는 등록 신청을 한 날부터 적용된다. 특허나 저작권과 달리 트레이드마크

보호는 트레이드마크 사용 기간 동안 지속될 수 있으며, 일정 기간 후 계속해서 재등록을 해주어야 한다.

주요 국제 트레이드마크 조약

전 세계 대부분의 나라는 일정한 형태의 트레이드마크 등록과 보호에 대한 절차를 가지고 있다. 중앙 특허청이나 지방 특허청은 트레이드마크에 대한 등록 정보와 재등록에 대한 모든 정보를 보관하고 있다. 각각의 나라에 개별적으로 트레이드마크를 등록하는 번거로움을 없애기 위해 세계지적재산협회(World Intellectual Property Organization)에서 운영하고 있는 국제 트레이드마크 등록 시스템은 다음의 두 가지 조약을 따르고 있다. 국제 트레이드마크 등록에 대한 마드리드 협정(Madrid Agreement Concerning the International Registration of Marks)과 마드리드 협약(Madrid Protocol)이다. 둘 중 어느 하나라도 준수하는 국가는 마드리드 연합(Madrid Union)의 일원이다. 마드리드 연합국가의 시민이 자신의 국가에서 트레이드마크를 등록하면 자신이 선택하는 (마드리드 연합에 속한) 국가에서 트레이드마크에 대한 보호권과 트레이드마크 등록에 의한 권리를 획득할 수 있다. 2019년 6월 기준으로 104개국이 이 연합에 참여하고 있다.

■ 저작권

저작권은 원작자의 작품에 부여되는 보호권이다. 미국에서는 희곡, 문학, 음악, 예술적이거나 기타 지적인 작업에 대해 저작권을 행사할 수 있다.[14] 트레이드마크와 같이 작품을 적법하게 사용하면 자연스럽게 이에 대한 저작권이 발생한다. 저작권 보호는 작품의 시장 출시 여부와 상관없이 적용되며 다른 사람이 함부로 만들어 배포시키는 것을 금지한다. 1976년의 저작권법 제106조항을 살펴보면 원작자는 다음과 같은 배타적 권리를 가질 수 있다.

- 음성 레코드나 출판물의 형태로 재생산이 가능하다.
- 원작에 기반을 둔 변형된 작품 제작이 가능하다.
- 음성 레코드나 출판물을 대중에게 판매할 수 있다. 또는 작품에 대한 소유권을 대부, 계약, 임대 등의 형태로 양도할 수 있다.
- 문학, 음악, 희곡, 춤, 무언극, 영화 외 기타 듣고 볼 수 있는 형태로 대중 앞에서 공연할 수 있다.
- 문학, 음악, 희곡, 춤, 무언극, 사진, 조각, 영화 외 기타 듣고 볼 수 있는 형태로 대중 앞에서 상영할 수 있다.
- 음성녹음물의 경우 오디오 전달 매체를 통해 대중 앞에서 공연할 수 있다.

하지만 이러한 권리에는 제한이 있다. 특히 미국에서는 공정한 사용에 대한 조항에 따르면 저작권이 설정된 작품이라도 비평, 코멘트, 뉴스, 강의, 학술, 연구의 목적으로 이러한 작품을 사용하는 것은 저작권 보호에 위배되지 않는다. 더욱이 몇몇 형태의 작업은 저작권의 보호를 받을 수 없다. 예를 들면 유형의 표현으로 고정되어 있지 않은 작품들(예를 들면 춤 또는 기록되거나 녹음되지 않은 즉흥적인 연설)은 저작권의 보호를 받지 못한다. 제목, 이름, 짧은 문구, 슬로건, 친숙한 문양, 첨가물의 목록 역시 저작권의 보호를 받지 못한다.

특허에 대한 보호권과는 달리, 저작권하에서는 작품이 만들어져서 출판물이나 음성 레코드의 형태로 만들어지는 순간 자동적으로 보호를 받을 수 있다. 대중에 대한 발표나 어떠한 등록절차 없이 바로 저작권 보호가 발효된다. 물론 저작권을 신청하면 확실한 증거를 만들 수 있고, 저작권 침해와 같은 법정 싸움에 대비할 수 있는 장점이 있다. 2021년 4월 기준으로 미국에서의 온라인 저작권 등록비용은 35달러이며 등록증 교부까지 약 3~10개월이 소요된다.

1978년 이전에는 저작권은 발효된 날로부터 28년 동안만 보호를 받을 수 있었다(물론 마지막 해에 원작자가 원한다면 기간을 연장할 수 있다). 미국 저작권법이 재수정되면서 1978년 이후에 만들어진 작품에 대해서는 원작자의 생애 동안 저작권 보호를 받을 수 있으며 추가적으로 70년의 기간이 더 주어진다.

세계의 다양한 저작권 보호 형태

특허나 트레이드마크의 경우처럼 국제적으로 원작자의 저작권을 자동적으로 보호할 수 있는 국제적 저작권 보호법은 존재하지 않는다. 저작권에 대한 보호 법령은 국가마다 다르다. 하지만 대부분의 국가에서는 국내 작품뿐 아니라 외국 작품에 대해서도 저작권 보호를 제공하며 이러한 과정을 단순화하기 위한 국제 저작권 조약이 존재한다. 이러한 조약 중 가장 중요한 조약이 Berne 협약으로 알려져 있는 문학작품과 예술작품 보호를 위한 Berne 연합이다. Berne 협약은 전체 회원국들에 대한 최소한의 저작권 보호에 대해 명시하고 있으며, 회원국에게 자국 작품뿐 아니라 외국 작품에 대해서도 동일한 수준의 보호를 요구하고 있다. 국제적인 다른 조약으로는 국제 저작권 회의, 공연자와 음성 및 방송 제작자 조직보호를 위한 로마 회의, 인공위성을 통한 프로그램 신호 전파와 관련된 브뤼셀 회의, 세계지적재산조직저작권 협약 등이 있다.

기업 비밀

기업 비밀
공개하지 않은 기업 소유의 지식.

발명자가 특허 취득을 위해 제품이나 프로세스 상의 기술에 대한 자세한 정보를 공개하기보다는 지적 재산의 보호를 위해 **기업 비밀**(trade secret)의 형태로 사내에 보유하는 방법을 더 선호할 수 있다. 기업 비밀이란 정보를 공개하지 않고 기업 내부적으로 보유하고 있는 것으로, 보통 외부인에게는 알려져 있지 않다. 기업 비밀은 수많은 까다로운 특허법을 따를 필요가 없으며 보다 포괄적으로 지적 재산을 보호할 수 있다. 예를 들면 음료수 제조 방법은 특허를 출원할 수 없으므로 기업 비밀로 보호할 수 있다. 기업 비밀에 대한 법령은 로마 시대까지 거슬러 올라가는데 당시 로마에서는 고용인을 설득하여 고용주의 상업적인 활동에 대한 정보를 얻어내는 활동을 금지하였다.[15]

정보가 기업 비밀로 간주되기 위해서는 (*a*) 기업에게 경제적 급부의 형태로 현저한 장점을 제공해 주거나 (*b*) 기업이 정보를 공개하지 않는 한 지속적으로 가치 있는 것이어야 한다. 기업 비밀의 예로 기업 고객에 관한 정보, 기업의 마케팅 전략, 제조 과정 등을 들 수 있다. 기업 비밀법은 이러한 정보가 다른 사람들에 의해 잘못 이용되는 것을 막는다. 미국 내의 기업 비밀법은 현재 기업이 속한 주 단위로만 적용되지만 통합 기업 비밀법(Uniform Trade Secret Act)은 모든 주에 걸쳐 일관되게 적용하고자 하는 취지를 가지고 있다.

정보가 기업 비밀로 인정받기 위해서는 다음의 통합 기업 비밀법의 세 가지 조항을 만족시켜야 한다.

- 정보는 일반적으로 알려져 있지 않아야 하며 적법한 수단을 통해 쉽게 확인되지 않아야 한다.
- 비밀을 전제로 중요한 경제적 가치를 가져야 한다.
- 기업 비밀 소유자는 정보의 비밀 유지를 위한 적절한 수단을 실행하고 있어야 한다.

만약 정보가 이러한 세 가지 조항을 만족하면 통합 기업 비밀법은 "다른 사람들이 소유자의 허락 없이 해당 정보를 통해 이윤을 획득하는 것을 막을 수 있다."라고 명시하고 있다. 특히 다음의 조건에 해당하는 특정 개인이나 조직은 소유자의 허락 없이 기업 비밀을 복사하거나 사용해서 이윤을 획득할 수 없다.

1. 비밀 유지의 의무가 있는 사람들(예를 들어, 직원과 변호사)
2. 비밀을 유지한다는 조항에 동의한 자들
3. 절도나 사기와 같은 적합하지 못한 수단을 통해 비밀을 획득한 자들
4. 비밀을 배포할 권리를 가지지 못한 사람에게서 비밀을 습득한 자들
5. 실수로 비밀에 대해 알게 되었지만 이러한 비밀이 기업 비밀로 보호받고 있다는 사실을 알고 있다고 판단되는 자들

대부분의 지역에서는, 기업 비밀의 소유주는 절도나 비합법적인 방법에 의해 자신들의 기업 비밀이 공개되면 기업 비밀이 더 확산되는 것을 금지하는 탄원서를 법

정에 제출할 수 있다. 또한 부정한 방법으로 사용된 기업 비밀로 인해 발생한 경제적 타격이나 피해보상을 징수할 수 있다. 예를 들면 2002년 11월 P&G는 Potlatch 사가 두 명의 P&G 종이제품 생산 전문가를 고용하여 Bounty 종이 타월과 Charmin 목욕 티슈의 제조에 관련한 기업 비밀을 훔쳐냈다고 주장하며 고소하였다. Potlatch는 독자 브랜드를 보유한 대형 종이 제품 제조회사로 화장지, 페이셜 티슈, 냅킨, 종이 타월을 제조하여 Albertsons나 Safeway와 같은 식료품 체인에 공급해 왔다. 2003년 3월 두 기업은 고소를 취하하고 합의 사항을 비밀로 유지한다는 조건하에 합의에 도달하였다.[16]

보호 메커니즘의 효과와 사용

혁신을 보호하기 위한 방법들과 이들의 효과는 산업 내 · 외부적으로 매우 다양하다.[17] 제약산업과 같은 몇몇 산업군에서는 특허와 같은 법적인 제재조치가 매우 효과적이다. 전자산업 같은 산업 내에서는 제약산업에 비해 특허와 저작권을 통한 보호 효과가 상대적으로 작다. 왜냐하면 특허나 저작권을 침해하지 않고 비슷한 기술을 개발할 수 있기 때문이다(예를 들어 IBM은 Compaq이 특허를 침해하지 않고도 자사의 PC 디자인과 거의 동일한 PC를 제조할 수 있음을 안다). 또한 제조공정 기술과 같은 프로세스상의 특허를 가지고 다른 기업의 특허 침해를 막기는 힘들다. 만약에 특허를 통해 기업이 지적재산을 보호할 수 없다면 기업은 당연히 이를 기업 비밀로 유지하려 할 것이다. 하지만 기업 비밀을 유지하는 정도 역시 기업이 속한 산업군이나 기술에 따라 달라질 수 있다. 기업이 기업 비밀을 보호하려면 자사 제품을 시장에 내놓을 때 제품 속에 사용된 기술은 드러나지 않게 할 수 있는 능력을 가지고 있어야 한다. 하지만 대부분의 경우 제품이 시장에 공개되면 기술도 함께 공개될 수밖에 없다.

어떤 경쟁 상황에서는 기술을 보호하는 것보다 자유롭게 기술을 공개하고 제공하는 것이 바람직할 수 있다. 수익체증이 존재하는 산업에서는 자사의 기술을 기술 표준으로 자리 잡게 하기 위해 기술을 자유롭게 공개하고 제공하는 방법을 선택하기도 한다. 4장에서 이미 논의했듯이 학습 효과와 네트워크 외부성을 통해 수익을 더욱 증가시키는 결과를 얻을 수 있다. 기술이 더욱 많이 채택될수록 가치가 증대되므로[18] 이를 통해 시장을 석권하고 자연스럽게 독점의 위치에 오를 수 있게 된다. 기업이 기술 표준을 독점적 위치에서 통제할 수 있게 되면 자신이 속한 산업은 물론 연관 산업까지도 통제할 수 있는 체제를 구축할 수 있게 된다.[19]

개방형 소프트웨어 누구나 자유롭게 코드에 접근하여 사용, 수정, 재판매가 가능한 소프트웨어.

이러한 위치는 기업 이윤 극대화에 있어 매력적이므로 대부분의 기업들은 단기적으로 손해를 보더라도 자사의 기술을 기술 표준으로 만들기 위해 기꺼이 투자할 것이다. 따라서 기업은 자유롭게 자사의 기술을 공개하고 제공[예를 들면 **개방형 소**

프트웨어(open software) 또는 자유 라이센싱 협정을 통해서]하여 기술의 사용 확대를 촉진시키고 이러한 확대 효과는 자기강화의 메커니즘을 통해 자사 기술이 시장에서 표준으로 자리 잡도록 도와줄 것이다. 하지만 기업이 딜레마에 빠질 수도 있다. 만약 기업이 앞으로 경쟁자가 될 가능성이 있는 기업들에게 기술을 자유롭게 제공한다면 기술이 시장에서 표준으로 자리 잡았을 경우 기술에 대한 완벽한 통제를 포기해야 한다. 더욱이 기술에 대한 통제권을 잃게 되면 다시 회복하기까지 많은 노력이 요구된다. 따라서 이러한 무작위적인 기술 제공은 오히려 기업의 기술에 대한 통제권을 상실하게 만들 수도 있다. 마지막으로 자유로운 기술 공개와 제공은 기술 플랫폼의 분할을 가지고 올 수도 있다. 다른 제조자가 필요에 따라 기술을 개발 변형시킴에 따라 "표준"은 많은 비표준 버전들로 나눠질 수 있다(이 장의 뒤에서 자세하게 살펴볼 UNIX 사례 참조). 기업들은 이러한 상충관계를 해결하기 위해 자사의 혁신을 부분적으로 보호하는 전략을 채택할 수 있다. 즉 완전한 개방형 시스템과 완전한 폐쇄형 시스템 사이의 중간 지점에 포지셔닝할 수 있다.

■ 완전 폐쇄형 시스템과 완전 개방형 시스템

완전 폐쇄형 시스템 특허, 저작권, 기업 비밀 또는 다른 형태의 메커니즘으로 철저하게 보호받는 기술을 기반으로 한 제품들. 완전한 폐쇄형 기술은 개발자에 의해서만 합법적으로 생산되고 수정된다.

완전 폐쇄형 시스템(wholly proprietary systems)은 기업이 소유하고 있는 특허, 저작권, 기업 비밀 또는 다른 형태의 메커니즘을 통해 기술을 보호하는 시스템을 의미한다. 그러한 기술들은 오직 자사의 개발자들에 의해서만 적법하게 개발되고 사용된다. 폐쇄형 시스템으로 만든 제품들은 일반적으로 다른 제조업자가 만든 제품들과 호환되지 않는다. 폐쇄형 시스템을 적용하고 있기 때문에 다른 기업들이 이 시스템과 연동할 수 있는 제품을 생산할 수가 없다. 폐쇄형 시스템은 비록 개발자들에게 라이센스 수익을 가져다줄 수 있을지는 모르지만 고비용과 다른 구성품과의 호환이 되지 않는 문제로 인해 소비자들에게 외면받을 수 있다.

완전 개방형 시스템 어떤 법적인 근거에 의해 보호받지 않으며 누구나 자유롭게 기술을 활용하거나 확대할 수 있는 기술에 기반을 둔 제품들.

완전 개방형 시스템(wholly open systems)은 제품 생산이나 프로세스상에서 법적인 보호를 받지도 않으며 비밀로 유지되지도 않는 기술을 활용하는 것을 의미한다. 이것은 기술 표준이나 누구나 접근할 수 있는 새로운 기술을 바탕으로 할 수 있다. 완전 개방형 시스템은 누구나 접근, 사용, 확산할 수 있다. 이러한 기술은 빠르게 확산되지만 개발자에게 라이센스 수익을 가져다주지는 않는다.

많은 기술들은 완전한 개방형이거나 또는 완전한 폐쇄형이지는 않다. 일반적으로 부분적인 개방을 하거나 아니면 다양한 정도의 보호 메커니즘을 통해 자신들의 기술을 관리하고 있다. 완전 폐쇄형부터 완전 개방형까지의 범위는 하나의 연속선상이라고 생각하는 것이 유용하다(그림 9.2 참조). 예를 들어 대부분의 비디오게임기 제작업체들(Nintendo, Sony, Microsoft)은 자신들의 게임기 제작 기술에 대해 완전 폐쇄형 시스템을 추구하며 제한된 라이센싱을 제공하고 있다. 라이센싱 정책은

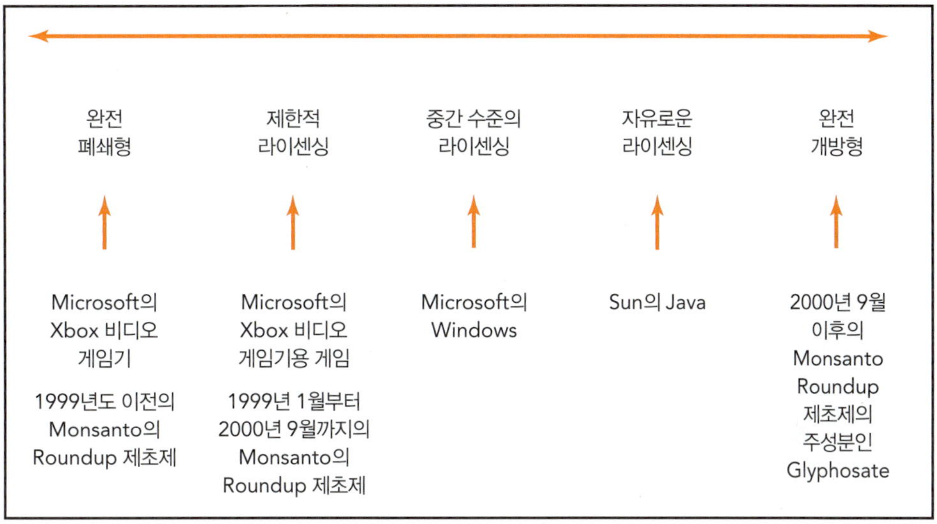

그림 9.2 ▶ 완전 폐쇄형에서 완전 개방형까지의 예들

자신들의 시스템에 적합한 게임을 만들도록 게임 개발자들을 부추기면서 게임기 제작업체들이 제작된 게임에 대해 막강한 통제력을 가지기 위한 방편이다. 제작된 모든 게임은 상용화되기 이전에 게임기 제작업체의 검사와 승인을 받아야 한다. 예를 들면 Microsoft의 XBox 게임 제작업체들은 우선 Xbox Registered Developer 프로그램(규모가 큰 게임개발 업체의 경우)에 등록하거나 또는 Xbox Incubator 프로그램(중소형 게임개발 업체의 경우)에 등록해야 한다. 이 두 프로그램 중 한 프로그램에 등록이 허가되면 개발자들은 개발 도구에 접근할 수 있는 권한이 주어진다. 물론 이것으로 추후 개발이 완료된 게임이 Microsoft로부터 정식 인가를 받을 수 있다고 장담할 수는 없고, 개발된 게임은 까다로운 인증 절차를 거쳐야 한다.

이와는 대조적으로 Microsoft의 Windows에 대한 라이센스 정책은 보다 개방적이다. Windows는 저작권의 보호를 받으며 Windows 사용의 확대를 위한 권리는 전적으로 Microsoft에 있다. 하지만 Windows에 대한 보완재를 만드는 개발자들이 원활하게 보완재를 만들 수 있도록 일부 Windows 코드에 대한 접근은 허가하고 있다. 또한 이러한 보완재 개발자들이 제품을 생산할 수 있는 라이센스를 내주며 컴퓨터 제품과 함께 소프트웨어를 판매하기 위해 각 컴퓨터 제조업자들에게 **주문자 생산방식**(original equipment manufacturers; OEMs)의 라이센스를 내준다. 이러한 라이센스를 구입하는 회사나 개인은 다른 제품과 함께 소프트웨어를 묶어 판매할 수는 있지만 소프트웨어를 확대 가공할 수는 없다. 예를 들면 소프트웨어 개발업자들은 Windows 프로그램의 기능에 영향을 미치지 않는 범위 내에서 Windows와 함께 사용할 수 있는 프로그램을 개발, 판매할 수 있다.

주문자 생산방식 다른 생산업자들로부터 부품을 사서 조립하고 맞춤 제작하여 OEM 자신들의 이름을 붙여 판매하는 방식. 가치창출 재판매자(value-added resellers; VARs)라고도 한다.

이 장의 뒤에 위치한 <이론의 적용>에서 볼 수 있는 Sun의 Java 언어에 대한 "community source ("open source"에 대비되는 개념)"는 보다 더 개방적이었다. 이

이론의 적용 IBM에 대한 복제품들의 공격

1980년 IBM은 개인용 컴퓨터를 시장에 출시하기 위해 매우 분주하였다. 개인용 컴퓨터가 최초로 시장에 나왔던 1970년대 말에 대부분의 대형 컴퓨터 제조업체들은 개인이 컴퓨터를 자기 책상에 놓고 사용하는 모습이 왠지 우스꽝스럽게 느껴졌기 때문에 단지 몇몇 컴퓨터 애호가들이나 개인용 컴퓨터를 살 것이라고 생각하였다. 그러나 미국 전체 개인용 컴퓨터 판매가 10억 달러에 이르자 IBM은 자신들이 우습게 여겨 진출을 전혀 고려하지 않은 개인용 컴퓨터 시장이 정말 중요한 시장이 될 수도 있다는 사실에 걱정하기 시작하였다. 따라서 개인용 컴퓨터를 시장에 빨리 내놓기 위해 IBM은 이미 시장에 나와 있던 부품들(Intel 8088 마이크로프로세서 칩이나 Microsoft의 소프트웨어 등)을 여러 업자들로부터 공급받기로 결정하였다. 하지만 IBM은 자사 제품에 대한 모방에 대해 전혀 걱정하지 않았다. 왜냐하면 컴퓨터 하드웨어와 소프트웨어를 연결시켜 주는 코드인 BIOS 코드가 저작권에 의해 보호받고 있었기 때문이다. 하지만 경쟁사들은 쉽게 BIOS 코드를 복제할 수 있었고, 이는 결과적으로 IBM의 저작권을 침해하는 것처럼 보였으며, 전설적인 IBM의 법적 대응이 시작되었다.

하지만 IBM의 저작권을 피하는 것은 그리 어려운 일이 아니라는 것이 곧 판명되었다. 저작권은 적어 놓은 코드를 보호하는 것이지 이 코드가 만들어 내는 기능을 보호하는 것은 아니었다. Compaq의 기술진은 몇 개월 만에 IBM의 저작권을 침해하지 않고 BIOS 코드를 변형시킨 새로운 코드를 만들어냈다. 처음에 Compaq의 프로그래머들은 기능을 수행하는 각각의 코드에 대한 기록을 남기지 않고 명령에 의해 반응하는 IBM 컴퓨터의 모든 기능들을 문서화하였다. 이렇게 기록된 자료들은 "virgin" (IBM사의 BIOS 코드를 사용한 적이 없음을 증명할 수 있는) 프로그래머들에게 보내졌다.[a] 문서화된 기능들을 보면서 프로그래머들은 똑같은 기능을 할 수 있는 코드를 만들기 시작하였다. 결국 새로운 BIOS코드가 만들어졌다. 이 코드는 IBM의 컴퓨터와 같은 기능을 수행하지만 저작권은 전혀 침해하지 않는 코드였다. Compaq은 새로운 BIOS 코드를 바탕으로 첫해에 4만 7,000대라는 기록적인 판매를 기록하였고, 다른 IBM의 복제품들이 시장에 줄줄이 진출하기 시작하였다.

[a] Robert Cringely, Accidental Empires (New York: HarperCollins, 1992).

정책은 누구나 제한 없이 Java 코드에 접근할 수 있으며, 이러한 코드를 가지고 상업적인 제품을 개발하거나 코드를 변형시킬 수 있도록 하였다. 더불어 개발업자들은 라이센스 비용을 Sun에 지불할 필요가 없었다. 그러나 만약 코드의 중심 구조를 변형시키고자 하면 Sun이 운영하는 JAVA Community Process의 허가를 받아야 한다. Java 커뮤니티의 목표는 보다 넓은 범위의 소프트웨어 개발자들이 Java 언어를 사용하고 또한 Java 언어를 사용하여 다양한 보완제품을 개발토록 하는 데 있다. 하지만 이러한 시스템은 Sun이 Java 언어에 대한 일정 수준의 기술적 통제권을 계속해서 가질 수 있게 해주고, 각 프로그램 개발업체들의 Java 남용으로 인해 핵심 플랫폼이 분열되는 것을 막아준다.

과거에 완전한 폐쇄형이나 부분적인 개방형이었던 제품들은 특허 기간이 만료됨에 따라 완전 개방형으로 바뀌게 된다. 예를 들면 Monsanto에게 많은 수익을 내게 해주었던 Roundup 제초제는 원래 glyphosate라는 특허 출원된 화학물질의 혼합물이다. 이 강력한 제초제는 전 세계 100개 이상의 국가에서 사용되었으며 Monsanto의 전체 수익에서 큰 부분을 차지했던 제품이었다.[20] 하지만 특허 보호 기간이 만료되어 감에 따라 Monsanto는 1999년에 다른 몇 개의 회사들(Dow Agroscience, DuPont, Novatis 등)이 glyphosate 물질을 생산할 수 있도록 라이센스를 해주었다. 2000년 9월 glyphosate에 대한 특허는 만료가 되었으며, 미국의 모든 회사가 자유롭게 glyphosate를 가지고 제품을 생산할 수 있게 되었다. 즉 폐쇄형 기술이 개방형 기술로 바뀐 것이다.

■ 기술 보호의 장점

폐쇄형 시스템의 경우 기술개발자에게 엄청난 수준의 수익을 가져다줄 수 있기 때문에 개발자들은 기술개발, 판매촉진, 분배에 보다 많은 돈을 투자할 동기를 갖게 된다. 만약 한 기업이 기술개발에 따른 모든 이윤을 독식하게 되면 보다 많은 자금을 보다 앞선 기술개발에 투자할 동기가 된다. 따라서 기술개발에 따라 획득된 이윤은 바로 또 다른 기술개발을 위해 투자될 수 있다. 폐쇄형 시스템의 기술은 시장침투 저가 전략(기술을 낮은 가격 또는 무료로 제공하는 전략)을 통해 시장에서의 기술적 기반을 빠르게 확충하는 한편 공격적인 광고 전략을 통해 시장에서의 기술 인지도를 증가시키며 심지어는 고객의 기술 선호도를 높이기 위해 보완재에 대한 보조금을 지원해줄 수도 있을 것이다. 기업은 기술 표준의 자리를 차지하기 위해 단기적인 비용 지출은 감수할 수도 있다. 왜냐하면 기술이 일단 시장에서 표준으로 자리 잡으면 그로 인해 발생하는 수입이 막대하기 때문이다. 이와는 대조적으로 복수의 기업들이 기술을 개발할 능력이 있을 때, 단기적으로 이 기술을 표준으로 삼기 위해 돈을 지출하는 것은 매우 위험할 수 있다. 왜냐하면 장기적으로 볼 때 표준으로 인한 이익이 누구에게 돌아갈지 확신할 수 없기 때문이다. 기술개발자가 막대한 기술개발 비용을 부담하더라도 복수의 기업들이 그로 인한 이윤을 서로 차지하기 위해 다툴 수 있다.

구조적 통제
기업 스스로가 기술의 구조, 공정, 호환성, 개발 등을 결정할 수 있는 능력.

기술을 보호함으로써 개발 기업은 기술을 구조적으로 통제할 수 있다. **구조적 통제**(architectural control)는 기업 스스로가 기술의 구조와 운영방식을 결정하고, 다른 제품이나 서비스와의 호환성에 대해 결정하는 것이라고 할 수 있다. 또한 기술의 발전방향을 결정할 수 있는 능력을 의미하기도 한다. 구조적 통제는 특히 기업에게 다른 제품이나 서비스와 호환성을 이루는 것이 중요한 상황에서는 더욱 중요한 가치를 갖는다. 기술의 구조를 통제함으로써 기업은 자사의 기술 보완재들과 연동이 가능하도록 하면서 타 기업에서 개발된 보완재들과의 연동성은 제한시킬 수 있다.[21] 또한 기업은 이전 버전과의 연동성이나 기술의 발전 방향 또는 업그레이드나 기술개선 시 적당한 수준을 조절할 수 있다. 만약 기술이 기술 표준으로 자리 잡으면 구조적 통제체제를 갖추고 있는 기업은 자신이 속한 산업에 대해서도 막대한 영향을 미칠 수 있다. 또한 선택적인 호환성을 통해서 다른 기업들이 잘하는 것과 그렇지 못한 것에 대해 영향을 미칠 수 있으며, 기술 플랫폼을 통해 다양한 이윤 추구 통로를 확보할 수 있다.

Microsoft의 Windows 시스템은 이 전략의 전형을 보여준다. Windows는 PC 시장에서 독보적인 운영체계이며 하드웨어와 소프트웨어 사이를 연결시켜 주는 다리 역할을 하기 때문에, Microsoft는 상당한 수준의 시장 지배력을 가지고 있으며, PC 시스템의 기술 발전을 통제할 수 있는 구조적 통제력을 가지고 있다. 무엇보다 Microsoft는 지금까지 많은 프로그램들을 자신의 핵심 프로그램에 편입시켰으며, 이에 따라 다른 많은 소프트웨어 구성물의 기능을 획득할 수 있게 되었다. 과거에는 사용자가 운영 프로그램, 삭제 프로그램, 디스크 압축 프로그램, 메모리 관리 프로그램을 각각 따로 구입해야 했다. 하지만 Windows 95와 98은 이러한 모든 기능들을 하나의 운영 프로그램에 통합시켰다. 이러한 "점진적 기능의 확대"는 산업의 경쟁구도에 엄청난 영향을 미쳤다. Qualitas나 Stac Electronics, Microhelp, Quaterdeck와 같은 수많은 프로그램 개발 기업들은 자신들의 수익성 있던 프로그램들을 포기할 수밖에 없었다.

■ 기술 확산의 장점

기술 개방을 통해 기술을 보다 빠르게 수용시킬 수 있다는 것이 기술 확산을 지지하는 대표적인 논리이다. 만약 다수의 기업들이 함께 기술을 개발하고 확산하여 판매한다면 시장에서의 기술적 기반은 한 기업이 일련의 모든 작업들을 담당하는 것보다 훨씬 빠른 속도로 확장될 수 있을 것이다. 기술개발자 간의 경쟁은 가격을 낮출 것이며, 기술을 소비자들에게 보다 매력적으로 보이게 할 것이다. 고객이나 보완재 제공업체들은 다수의 기업들이 개발과 판매에 참여하고 있는 기술을 다른 기술보다 더 좋은 기술이라고 생각할 것이다(또는 좀 더 확실한 미래를 보장한다고 생각할 것이다). 이러한 생각들은 소비자나 보완재 공급자로 하여금 보다 빠르게 이 기술을 사용하도록 유도할 수 있을 것이며, 결국 더 많은 기업들이 동일한 기술을 사용하게 될 것이다. 따라서 자유로운 기술 확산은 시장에서의 기술적 기반 확충 및 보완재 제품들의 다양한 가용성을 촉진할 수 있다.[22]

Google은 자사의 안드로이드 스마트폰 운영시스템이 널리 수용되도록 자유로운 확산 전략을 사용하였다. 이 전략은 많은 기기 제조업체와 응용 프로그램 개발자들을 유인하여 자사의 운영시스템을 중심으로 한 생태계의 빠른 성장을 이루었다. 보다 많은 전화기 모델, 가격대 그리고 응용 프로그램들은 더 다양한 고객들을 끌어들였다.

또한 기술의 개방을 통해 외부의 집단적인 개발 노력을 활성화시키는 이점을 얻을 수 있다. 예를 들면 Netscape의 Navigator, UNIX, Linux 등은 모두 외부 개발 노력의 덕을 본 기술들이라고 할 수 있다. 전 세계 광범위한 개발자들에게 기술에 대한 코드를 완전 공개하여 능력 있는 많은 개발자들이 기술 향상에 참여함으로써 몇몇 개발자가 개발하는 것보다 훨씬 빠르고 높은 수준의 성과를 이루었다.

하지만 외부 개발은 비용과 위험의 문제를 안고 있다. 우선 외부 개발 노력들은 일반적으로 내부와의 협력체제 구축이 취약하다. 외부 개발자는 기술이 미래에 성취할 수 있는 부분을 고려하여 같은 방향으로 기술을 개발해 나가려하기보다는 아마도 다양하고 때로는 상충된 목적을 가지고 기술을 개발해 나가려고 할 것이다.[23] 또한 상호 간의 의사소통 없이 동일한 문제를 해결하고자 한다면 많은 외부 개발자들의 노력이 불필요하게 중복되는 결과를 초래할 수 있다. 마지막으로 개선들이 어떻게 기술에 반영되며 다른 기술 사용자들에게 전달될지에 관한 부분도 문제가 될 수 있다. UNIX 사례는 이러한 이슈들을 잘 보여주고 있다.

UNIX는 1969년 AT&T의 Bell 연구소가 최초로 개발한 운영시스템이다. 비록 사법부에서 이 기술을 상용화하여 판매하는 것을 금지하는 명령을 내렸지만, 소스코드를 라이센스하여 판매하는 것은 허용하였다. 초기 라이센스를 샀던 사람들, 특히 Berkeley 대학은 그들의 목적을 위해 소프트웨어를 사용하기 시작하였고 결국 호환이 되지 않는 많은 버전들의 출현을 야기했다. 비록 소프트웨어 커뮤니티가 몇 차례 UNIX의 표준화를 시도했지만 그들의 노력은 실패로 끝났다. AT&T 역시 몇몇 UNIX 변종 버전을 상업화하기 위해 시도해보았지만 결국 실패하고 말았다. 결국에 AT&T는 UNIX를 책임지고 있는 부서를 Novell에게 팔았고, Novell은 UNIX에 대한 트레이드마크에 대한 권리를 X/Open 표준설정 단체에 팔았다.[24]

기업은 기술을 보호할 것인가 아니면 확산할 것인가에 대한 장점과 위험들을 염두에 두고 기술혁신의 보호 여부와 그 정도에 대해 심사숙고를 해야 할 것이다.

제품 생산, 마케팅 역량과 자본 조달 능력

만약 기업이 기술을 활용하여 충분한 물량과 일정 품질 수준 이상의 제품을 생산해내지 못하는 상태에서(기술 마케팅에 있어 집중성이 결여되었다든지) 기술의 독점적인 공급자 위치를 가지고 있다면 이는 기술 확산에 심각한 방해가 될 수 있다. 예를 들면 JVC가 VHS 방식의 비디오를 시장에 선전하고 있을 때 JVC의 경영진들은 자신들이 Sony(베타 방식을 지지)에 비해 제품 생산이나 마케팅 능력이 약하다는 것을 알고 있었다. 그렇기 때문에 공격적인 라이센싱과 OEM 방식을 선택했고 이에 따라 Hitachi, Matsushita, Mitsubishi, Sharp가 제품 생산에 참여하면서 기술 확산을 위한 JVC의 노력은 적중하였다.

이와 유사하게 보완재 제품이 기술을 사용하는 소비자의 가치에 영향을 준다면 기업은 (*a*) 이러한 다양한 보완재를 충분히 생산 공급할 수 있는 역량을 가지고 있거나 (*b*) 다른 업체가 보완재를 생산하도록 보장해 주거나, 또는 (*c*) 기술전략을 보다 개방형으로 바꾸어 보다 많은 보완제품들을 만들 수 있도록 자극을 주어야 한다. 미국 비디오게임 시장에서 성공할 수 있었던 기업들을 보면 자체적으로 게임을 생산하면서(게임기의 시장 출시와 동시에 다양한 게임이 함께 출시되어야 한다) 3자 게임 개발업체들의 게임 개발을 격려(게임 종류가 빠른 시간 안에 증가할 수 있도록)할 수 있는 업체였다. Nintendo와 Sega는 이미 오락실용 게임기 개발에 대한 경험을 가지고 있었기 때문에 상당한 수준의 게임기 개발 역량을 갖추고 있었다. Microsoft 역시 오랜 기간 축적된 PC 게임 개발 역량을 가지고 있었고 몇몇 소형 게임 개발업체들(예, Bungie)을 인수함으로써 게임기용의 게임을 개발할 수 있는 역량을 확대시켰다.[25] Sony는 게임 개발 경험이 전혀 없었지만, 내부적으로 다수의 게임 개발자를 적극적으로 고용하고 외부 게임 제작자들에게 라이센스를 파는 동시에 Metrowerks와 함께 외부 개발자들이 보다 쉽게 PlayStation 게임을 개발할 수 있는 툴 시스템을 만들어 공급했다. 만약 기업이 제품생산 역량이 부족하거나 다양한 범위의 보완제품을 생산할 수 있는 능력이 부족한 경우, 혹은 이러한 역량 습득을 위한 자본 획득이 원활하지 못하다면, 기업은 기술을 더욱 많이 공개하고 기술지원을 활성화하여 여러 기술개발자들이 다양한 보완재들을 생산하도록 유도해야 한다.

독점적 기술 보유에 대한 산업차원의 반발

때때로 기업들은 오직 한두 기업만이 독점적으로 통제할 수 있는 기술은 산업 내에서 수용되지 못하도록 강한 압력을 행사할 수 있다. 이를 통해 개방적이지 않은 기술의 사용을 제한하고 견제할 수 있다. 이러한 예는 Sony와 Philips의 Super Audio CD (SACD) 포맷의 예에서 찾아볼 수 있다. Sony와 Philips는 CD를 공동 개발하여 각 CD 플레이어마다 로열티를 나누어 받으면서 엄청난 수익을 올린 경험을 가지고 있다. 나머지 가전기기 업체들(Hitachi, JVC, Matsushita, Mitsubishi, Toshiba)과 음반 제작사(Time Warner와 Seagram's Universal Music Group)는 디지털 비디오 디스크(DVD) 컨소시엄을 구성하였다. 이 컨소시엄의 목적은 CD를 대체하고 DVD를 새로운 기술 표준으로 삼음으로써 로열티 수입을 10개 업체가 나누어 가지고 특허를 통제하려는 것이었다.[26] 업계 관계자들은 이러한 컨소시엄을 형성하는 이유가 Sony와 Philips가 다음 세대의 오디오 포맷에 대해서도 통제력을 갖는 것을 막기 위한 것이라고 보고 있다. 경쟁 기업의 기술 독점에 대한 반대가 어느 정도인지는 기업이 전략을 구상하는 데 있어 반드시 고려해 보아야 하는 부분이다. 만약 산업 전체가 반대 압력을 가하는 것이 가능하다면 기업은 자사의 기술을 산업표준으로 자리 잡게 하기 위해서 개방형을 추구하는 것을 보다 심각하게 고려해야 할 것이다.

기술의 내부 개발을 위해 필요한 자원

만약 기업이 기술에 투자할 중요 자원(자본, 기술적 전문성)을 갖고 있지 않다면 시장이 관심을 가질 정도의 초기 고성능 제품을 생산하거나 기술을 향상시키는 것이 어려울 것이다. 이 경우 기술개방 전략을 활성화하여 외부의 기술개발 자원을 활용하는 것이 보다 가치 있는 일이 될 수 있다. 예를 들면 Netscape는 Microsoft와 웹 브라우저 시장에서 경쟁을 하고 있을 때 기술역량이나 자본 등 모든 면에서 열세에 있었다. Microsoft는 수많은 내부 개발자를 보유하고 있었고 또한 익스플로러 브라우저에 투자할 엄청난 자금을 가지고 있었다. 내부자원의 측면에서 Netscape이 Microsoft를 따라갈 수 있는 방법은 아무것도 없었다. 대신에 Netscape는 Navigator 소스코드를 공개하고 외부 개발자들이 자유롭게 접근하게 하였다. 결과적으로 Navigator 제품에 이러한 외부 개발자의 노력을 흡수할 수 있었다.

표준분열 위험에 대한 통제

표준과 호환성이 중요한 기술들에 있어서 핵심 제품의 정체성을 유지하는 것은 매우 중요한 문제이며 기술의 외부 개발은 이 부분을 위험에 빠트릴 수 있다. UNIX 사례가 말해주듯이 기술개발 업체가 기술에 대한 모든 통제권을 포기한다면 기술이 하나의 표준으로 남아 있게 할 수 있는 그 어떤 방향타도 존재하지 않게 된다. 표준화나 호환성이 중요한 기술의 개발자도 기술에 대한 일정 수준 이상의 통제권을 스스로 가지고 있거나 이를 전담할 권위 있는 조직을 찾거나 구성할 수 있어야 한다.

구조적 통제에 대한 인센티브

기술의 진화에 있어 구조적 통제는 언제나 가치 있다. 특히 기업이 기술의 보완재를 생산하는 데 있어 중요한 존재일수록 그 가치는 더욱 높아진다. 구조적 통제 기능을 가지고 있는 기업은 기술이 자신의 보완재들과는 호환되고 경쟁사의 제품과는 호환되지 않도록 제품을 생산할 수 있다. 만약 기술이 시장에서 표준으로 채택되면 기업의 구조적 통제 능력은 보완재 생산을 통해 엄청난 수익을 가져다줄 수 있다. 더욱이 몇몇 경쟁자와는 호환성을 유지하고 다른 경쟁자와는 유지하지 않음으로써 시장 경쟁 관계에 압도적인 영향을 끼칠 수 있다.

또한 구조적 통제는 모든 개발 노력을 기술개발에 쏟도록 유도하기 때문에 기업이 핵심역량을 더욱 확대 발전시킬 수 있다. 기술의 발전 경로는 경로의존적이다. 기술 진화에 있어 사소한 사건이 기술의 발전 경로를 예상치 못한 방향으로 이끌 수 있다. 기업이 어느 특정한 기술 진화 경로에 대해 중대한 이해관계를 가지고 있다면 (예를 들면 기업의 기술역량이 다른 경로보다 특정한 경로에 더 적합할 수 있다) 아마도 구조적 통제에 커다란 가치를 부여할 것이다. 왜냐하면 다른 시장 접근 방향을 무시하고 그들이 선호하는 기술 발전 경로에 더 힘을 실어줄 수 있기 때문이다.

요약

1. 기업이 자신의 혁신 노력을 통해 획득할 수 있는 수익의 정도는 경쟁자들이 얼마나 쉽고 빠르게 혁신을 모방하느냐에 달려 있다고 할 수 있다. 어떤 혁신은 본질적으로 모방하기가 쉽지 않다. 하지만 어떤 혁신은 기업이 자신들의 혁신을 보호하기 위한 메커니즘을 설치해 놓았기 때문에 모방이 어렵다.
2. 대부분의 국가에서 혁신을 보호하기 위해 사용되는 세 가지 주요 수단은 특허, 트레이드마크, 그리고 저작권이다. 각각의 수단은 각기 다른 종류의 작품이나 상품을 보호하기 위한 수단이다.
3. 각 나라는 국제 조약을 통해 특허, 트레이드마크, 저작권에 대한 통일성을 부여하기 위해 노력해왔다. 현재 대부분의 나라들은 법적 보호시스템을 갖추고 있으며 이러한 시스템을 통한 보호 신청을 여러 나라에 동시에 하는 것도 가능하다.
4. 기업 비밀은 또 다른 형태의 혁신 보호 메커니즘이다. 기업이 기업 비밀로 보호하고 있는 지적 재산들은 타 기업이 비합법적으로 그것을 이용하였을 경우 방어할 수 있는 법적 근거를 가지고 있다.
5. 혁신을 보호하기 위한 법적 메커니즘이 더 효과적으로 작동하는 산업이 있다. 몇몇 산업에서는 특허나 저작권을 피해 비슷한 혁신을 만들어 내기가 상대적으로 쉬울 수 있다. 반면 어떤 산업에서는 기업 비밀을 통해 혁신을 보호하기가 매우 힘들다. 왜냐하면 제품이 시장에 출시되면 사용된 기술이 경쟁자에게 바로 드러나기 때문이다.
6. 가끔 기술의 보호와 혁신의 개방에 대한 선택이 명확하지 않을 수 있다. 개방 전략이나 폐쇄 전략 두 가지 모두 잠재적 이점을 제공한다. 많은 기업들은 완전 폐쇄형이나 완전 개방형을 취하기보다는 부분적 개방형의 전략을 취한다.
7. 혁신을 보호하는 것은 기업이 혁신을 통해 상당한 수익을 획득할 수 있게 해준다. 이러한 수익은 기술 발전이나 기술 판매 촉진, 보완재 생산 등에 재투자될 수 있다.
8. 혁신을 보호함으로써 기업은 구조적 통제능력을 보호하게 된다. 이를 통해 기술 발전의 방향을 이끌며 다른 제품과의 호환성을 결정하게 되고 호환되지 않는 버전들의 무분별한 범람을 막는다.
9. 기술혁신을 확산하게 되면 여러 기업이 동시에 생산, 유통, 판매 촉진을 하기 때문에 기술의 발전과 확대를 가속화시킬 수 있다. 따라서 기술 확산을 통해 수익 체증이 발생하는 산업에서는 매우 유용한 전략이라 하겠다. 또한 독자적으로 제품의 개발, 생산, 유통, 마케팅을 담당할 수 없는 기업에게도 역시 유용하다.

토론문제

1. 특허, 저작권, 트레이드마크 간의 차이점은 무엇인가?
2. 여러 나라에 동시에 자사의 혁신을 공개하면서 혁신을 보호하고자 하는 기업이 보호전

략의 수립에서 고려해야 하는 요소들은 무엇인가?

3. 기업 비밀 전략이 특허, 저작권, 트레이드마크보다 더 효과적인 경우는 언제인가?
4. 법적 보호 메커니즘(특허, 저작권, 트레이드마크, 기업 비밀)이 전혀 도움이 되지 않는 경우는 언제인가?
5. 이 장에서 논의되지 않았던 기술혁신에 대해 생각해보고, 그러한 기술혁신이 완전 폐쇄형과 완전 개방형 중 어디에 놓여야 할지 생각해보라.
6. 어떤 요소들이 위에서 언급되었던 보호 전략들을 선택하는 데 영향을 미친다고 생각하는가? 선택한 전략은 올바른 선택이었나?

추가자료

■ 대표문헌

David J. Teece, "Profiting from Technological Innovation—Implications for Integration, Collaboration, Licensing and Public-Policy," *Research Policy* 15, no. 6 (1986): 285–305.

Deepak Somaya, "Patent Strategy and Management: An Integrative Review and Research Agenda," *Journal of Management* 38 (2012): 1084–114.

Melissa A. Schilling, "Protecting or Diffusing a Technology Platform: Tradeoffs in Appropriability, Network Externalities, and Architectural Control," in *Platforms, Markets and Innovation,* ed. A. Gawer (Cheltenham, UK: Edward Elgar Publishing, 2009).

Richard Levin et al., "Appropriating the Returns from Industrial Research and Development," *Brookings Papers on Economic Activity, Microeconomics* 3 (1987), 783–820.

William W. Fisher and Felix Oberholzer-Gee, "Strategic Management of Intellectual Property," *California Management Review* 55, no. 4 (Summer 2013): 157–83.

■ 최근문헌

Balazs Bodo, Daniel Gervais, and Joan Pedro Quintais, "Blockchain and Smart Contracts: The Missing Link in Copyright Licensing?" *International Journal of Law and Information Technology* 26 (2018): 311–36.

Carolina Castaldi, "To Trademark or Not to Trademark: The Case of the Creative and Cultural Industries," *Research Policy* 47 (2018): 606–16.

John Farre-Mensa, Deepak Hegde, and Alexander Ljungqvist, "What Is a Patent Worth? Evidence from the U.S. Patent 'Lottery'," *Journal of Finance,* 75 (2020): 639–82.

Marcus Holgersson, Ove Granstrand, and Marcel Bogers, "The Evolution of Intellectual Property Strategy in Innovation Ecosystems: Uncovering Complementary and Substitute Appropriability Regimes," *Long Range Planning* 51 (2018): 303–19.

■ 참고문헌

1. Jay B. Barney, "Firm Resources and Sustained Competitive Advantage," *Journal of Management* 17 (1991): 990.
2. "Software Patent," *Bank Technology News* 14, no. 3 (2001): 25.
3. Arnold B. Silverman, "Software Patents for Methods of Doing Business—A Second

Class Citizen No More," *Journal of Management* 52, no. 19 (2000): 64.

4. Michael Carley, Deepak Hegde, and Alan Marco, "What is the probability of receiving a US Patent?" *Yale Journal of Law & Technology* 17 (2015): 204–23.
5. Dean Alderucci and W. Baumol, "Patents and the dissemination of inventions," *Journal of Economic Perspectives* 27, no. 4 (2013): 223–26; Dean Alderucci, "Monetization Strategies for Business Method Patents," *The Licensing Journal* (2000), November.
6. Stuart Graham and Deepak Hegde, "Disclosing Patents' Secrets," *Science* 347, no. 6219, (2015): 236–37.
7. "Apple Complains of "Patent Trolls," *LA Times* (2014), February 8.
8. https://portal.unifiedpatents.com.
9. William New, "White House Takes Major Action Against "Patent Trolls," *Intellectual Property Watch* (2013), June 4; "Hatch Introduces Measure to Stop Patent Trolls," *The Ripon Advance* (2013), November 4; Edward Wyatt, "FTC Settles First Case Targeting 'Patent Troll,'" *New York Times* (2014), November 6.
10. Susan Decker and Brian Womack, "Google Buys 1,023 IBM Patents to Bolster Defense of Android," *BloombergBusiness* (2014): September 14.
11. Quentin Hardy, "Google Buys Motorola for Patent Parts," *Forbes* (2011), August 15.
12. Joe Mullin, "Patent War Goes Nuclear: Microsoft, Apple-owned "Rockstar" Sues Google," *Arstechnica* (2013), October 31.
13. Jeff Roberts, "Apple-backed Rockstar Ends Patent War on Android, Deal Suggests," *GigaOM* (2014): November.
14. U.S. Copyright Office.
15. The Trade Secrets home page.
16. S. Decker, "Procter & Gamble, Potlatch Resolve Trade Secrets Suit," *Seattle Post Intelligencer,* March 14, 2003.
17. Richard Levin et al., "Appropriating the Returns from Industrial Research and Development," *Brookings Papers on Economic Activity, Microeconomics* 3 (1987): 783–820; and John Bound et al., "Who Does R&D and Who Patents?" in *R&D, Patents, and Productivity,* ed. Z. Griliches (Chicago: University of Chicago Press for the National Bureau of Economic Research, 1984).
18. W. Brian Arthur, *Increasing Returns and Path Dependency in the Economy* (Ann Arbor: The University of Michigan Press, 1994).
19. Cherles H. Ferguson and Charles R. Morris, *Computer Wars* (New York: Random House, 1993); and Rebecca Henderson and Kim Clark, "Architectural Innovation: The Reconfiguration of Existing Product Technologies and the Failure of Established Firms," *Administrative Science Quarterly* 35 (1990), pp. 9–30.
20. S. Brooks, Melissa A. Schilling, and J. Scrofani, "Monsanto: Better Living through Genetic Engineering?" in *Strategic Management, Competitiveness and Globalization,* 5th ed., eds. M. Hitt, R. Hoskisson, and R. D. Ireland (Minneapolis/St. Paul: West Publishing, 2001).
21. Melissa A. Schilling, "Toward a General Modular Systems Theory and Its Application to Interfirm Product Modularity," *Academy of Management Review* 25 (2000): 312–34.
22. Charles W. L. Hill, "Establishing a Standard: Competitive Strategy and Technological Standards in Winner-Take-All Industries," *Academy of Management Executive* 11, no. 2 (1997): 7–25; and Melissa A. Schilling, "Winning the Standards Race: Building Installed Base and the Availability of Complementary Goods," *European Management Journal* 17 (1999): 265–74.

23. Raghu Garud, Sanjay Jain, and Arun Kumaraswamy, "Institutional Entrepreneurship in the Sponsorship of Common Technological Standards: The Case of Sun Microsystems and Java," *Academy of Management Journal* 45 (2002): 196–214.

24. D. Essner, P. Liao, and Melissa A. Schilling, "Sun Microsystems: Establishing the Java Standard," Boston University teaching case no. 2001–02, 2001.

25. J. Kittner, Melissa A. Schilling, and S. Karl, "Microsoft's Xbox," New York University teaching case, 2002, 45.

26. Joe Brinkley, "Disk versus Disk: The Fight for the Ears of America," *New York Times,* August 8, 1999.

PART 3

기술혁신 전략의 수행

Implementing Technological Innovation Strategy

3부에서는 기술혁신 전략 수행에 관한 다음의 주요 사항을 다룬다.

- 혁신의 가능성, 신제품 개발의 효과성, 그리고 신제품 개발 속도를 향상시키기 위한 기업의 구성
- 고객 욕구에 대한 적합성을 최대화하는 동시에 개발 시간을 최소화하고 개발비용을 통제할 수 있도록 신제품 개발과정을 관리
- 신제품 개발의 효과성을 최대화하기 위한 신제품 개발팀의 구성과 조직 그리고 관리
- 혁신을 효과적으로 시장에 전개하기 위한 진입 시기, 라이센싱 전략, 가격 전략, 유통, 마케팅을 포함하는 전략의 구축

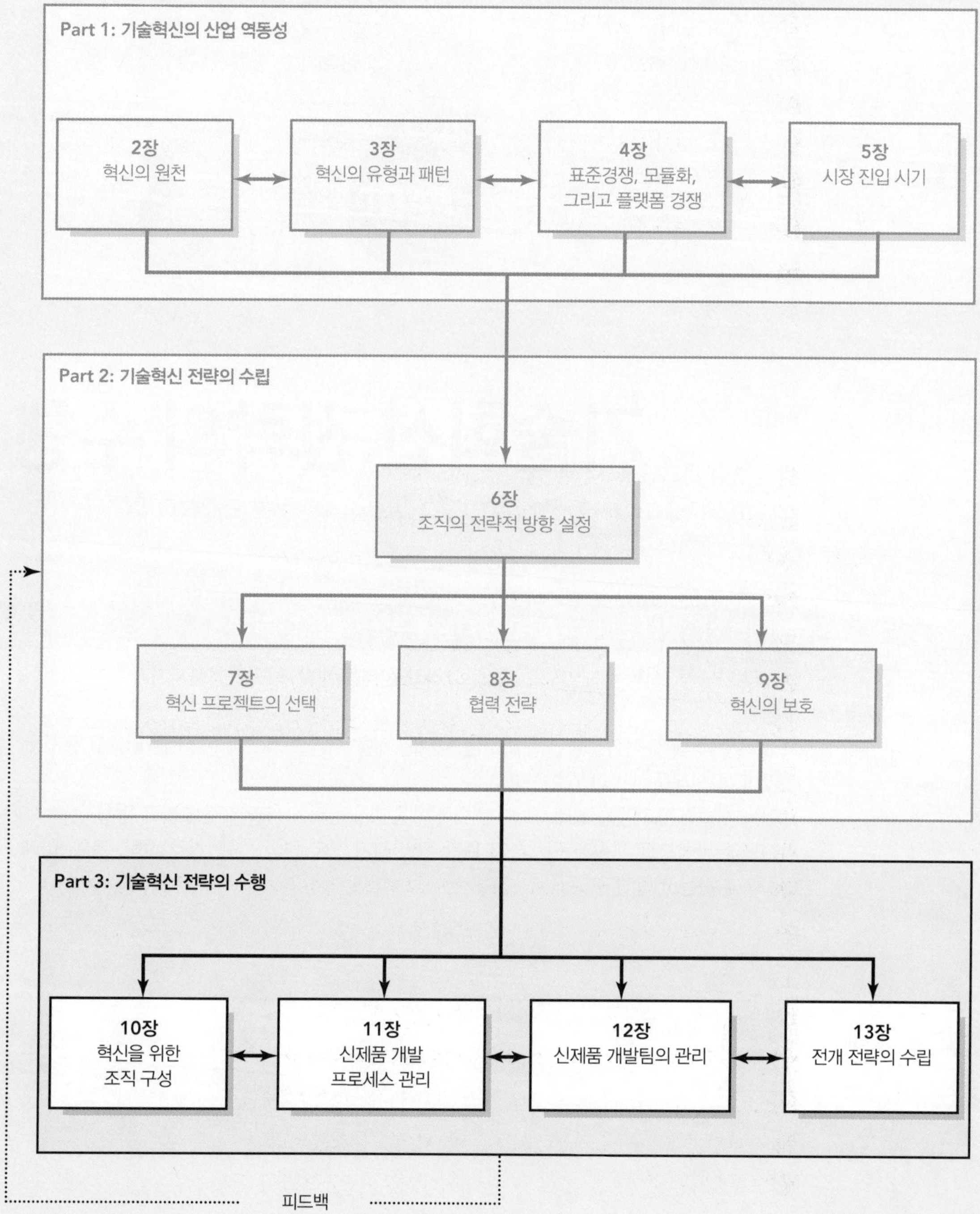
Part 1: 기술혁신의 산업 역동성
2장
혁신의 원천
3장
혁신의 유형과 패턴
4장
표준경쟁, 모듈화,
그리고 플랫폼 경쟁
5장
시장 진입 시기
Part 2: 기술혁신 전략의 수립
6장
조직의 전략적 방향 설정
7장
혁신 프로젝트의 선택
8장
협력 전략
9장
혁신의 보호
Part 3: 기술혁신 전략의 수행
10장
혁신을 위한
조직 구성
11장
신제품 개발
프로세스 관리
12장
신제품 개발팀의 관리
13장
전개 전략의 수립
피드백

Chapter 10

혁신을 위한 조직 구성

Organizing for Innovation

Apple의 혁신을 위한 조직 구성

Apple은 2021년 매출액 기준으로 세계 최대의 기술 기업이며(2,745억 달러, 2020년[a]), 시가총액 기준으로도 세계에서 가장 가치가 높은 기업이다(2021년 3월 기준 2조 달러 이상[b]). Apple은 Macintosh 개인용 컴퓨터, iPhone, iPod, iPad, Apple Watches, Apple TV, iTunes, iMovie, GarageBand 등을 포함한 다양하고 상징적인 제품들을 생산한다. Apple은 일반적으로 자사 제품의 하드웨어와 소프트웨어를 직접 설계하고, 심지어 자체 매장까지 운영하고 있다.

Apple의 규모와 범위를 고려할 때, 제품(스마트폰, 컴퓨터, 음악, 소프트웨어 애플리케이션 등)과 지리적 구분(북미, 유럽, 아시아 등)을 기반으로 하는 다부문 사업 조직 구조를 갖고 있을 것이라고 생각할 수 있다. 일반적으로 기업들은 사업의 초기에는 단순한 기능별 조직 구조(즉, 각 부서가 제조, 마케팅, 인적 자원관리와 같은 특정 기능을 기반으로 하는 구조)로 시작하지만, 조직이 성장하고 복잡해지면서 제품 또는 시장을 기반으로 하는 사업영역 중심의 다부문 구조로 재편되어간다. 이러한 사업부문의 리더는 자신이 맡은 주요 부문에 대한 통제와 성과에 대한 책임을 진다.[c] 이를 통해 대기업은 소규모 조직들의 연합처럼 움직이면서 각 부문별 조직이 자신의 영역과 관련된 주요 시장에 관심을 집중하면서 민첩성을 유지할 수 있다.

Steve Jobs와 Steve Wozniak은 1976년에 Apple을 설립했는데, 1985년에 이사회와 당시 CEO였던 John Scully가 Apple에서 Steve Jobs의 권한과 의무를 박탈하자 그는 사임했다. 그러나 이 회사는 추진력이 강한 리더 없이는 잘 돌아가지 않았고 10년 이상의 실적 감소 후에 Jobs는 회사에 복귀하기로 동의했다. Jobs가 1997년 Apple로 돌아왔을 때, 그는 회사가 각 부문별 책임 관리자들이 Macintosh, 정보 가전, 서버 제품 등과 같은 특정 제품을 전담 운영하는 다부문 조직으로 운영되고 있음을 파악하였다.[d] 반면 회사는 차세대 Mac 운영 시스템을 개발하기 위해 5억 달러를 투자했음에도 여러 번 시장 출시를 연기했고 아직도 출시 가능한 제품을 만들어내지 못하면서 막대한 손실과 더불어 고군분투하고 있는 상황이었다. 많은 사람들이 회사가 파산할 거라고 예측하고 있었다. Jobs의 부재 동안 Apple을 사임한 세 명의 CEO (John Scully, Mike Spindler, Gilbert Amelio)는 모두 경험이 풍부한 경영자였지만 Apple의 마법을 되살릴 수 있는 사람은 없었다.[e]

Jobs는 Apple의 문제 중 하나가 다부문 조직 구조라고 생각했다. 각 부문장들은 서로 협력하기보다는 경쟁하는 경향이 있었다. 이들은 개별 부문의 손익계산에만 치중하면서 전사적인 시너지를 만들어내지 못하고 있었다. 예를 들어, 직관적인 인터페이스 개발과 같은 핵심 전문 분야가 여러 부문에 걸쳐 분산되어 있다는 것을 의미했고, 이러한 범위에 대한 대가로 깊이와 기능적 전문성을 상실하고 있었다. 이에 따라 Jobs는 즉시 모든 사업부문의 책임 관리자들을 해고하고 Apple을 기능별로 재조직하기로 결정했다. 예를 들어, 모든 하드웨어 엔지니어들은 회사 전체에 서비스를 제공하는 단일 그룹으로 통합되었다. 소프트웨어 엔지니어들도 마찬가지였다. 회사 전체에 걸친 단 하나의 손익구조만을 갖게 된 것이다. 우연한 일은 아니지만, Jobs는 이 구조를 통해 자신이 원했던 대로 Apple의 모든 사업장을 직접 통제할 수 있게 되었다. Apple은 Jobs의 1998년 조직 개편 이후 규모와 범위 모두에서 크게 성장했으며, 오늘날까지 전반적으로 기능적 구조를 유지하고 있다(아래 그림 1 참조).[f]

Jobs는 이 기능별 구조가 Apple에 몇 가지 이점을 제공한다고 믿었다. 첫째, Jobs는 자신의 분야에서 기술적 전문지식이 깊은 사람만이 의사결정을 내려야 한다고 생각했다.[g] 즉, 전문가가 일반 관리자에게 보고하기보다는 "전문가가 전문가를 이끄는" 구조를 만든 것이다. 그는 이러한 전문가들이 최적의 제품 디자인에 대한 명확한 견해를 가지고 제품을 매우 깊은 수준에서 이해할 가능성이 높다고 믿었다. 둘째, 한 분야의 모든 기능 전문가들을 한 부서로 통합함으로써 Apple은 그 분야에서 깊고 넓게 연관된 전문성을 보유하게 되고 더 다양한 기술적 전문화가 가능해졌다. 예를 들어, Apple의 컴퓨터, iPhone, iPad, iPod는 모두 매우 직관적인 인터페이스를 필요로 하는데 모든 인터페이스 설계자들이 모든 제품에 대해 함께 작업한다는 것은 일부 전문가는 보안에 초점을 맞출 수 있고 다른 전문가는 신뢰성이나 반응성 등에 초점을 맞출 수 있다는 것을 의미한다. 각 전문가는 모든 Apple 제품군에 걸쳐 동급 최고의 전문 지식을 활용하여 Apple 제품들이 서로 원활하게 함께 작동하게끔 하면서 Apple 제품들이 제공하는 소비자 경험의 핵심이 되었다. 셋째, 고위 임원진은 특정 제품에서의 성과보다는 전반적인 회사 성과에 따라 보상을 받기 때문에 전사적으로 활용할 수 있는 큰 혁신을 창출하도록 장려되었다.

특히 Apple의 조직 구조는 CEO에게 기능부서 간 조정에 대한 책임을 많이 요구한다. 이

그림 1 ▸ 2021년 Apple 조직도

출처: Adapted from information from Apple Annual Report

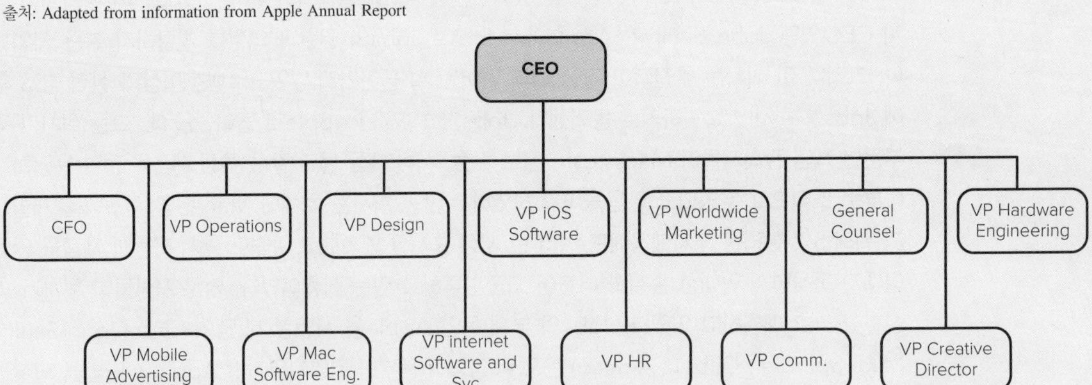

는 CEO의 재능, 비전 및 전문 지식에 따라 장점이 될 수도 부담이 될 수도 있다. 이 구조는 또한 Jobs가 고수했던 전략의 핵심인 상대적으로 좁은 범위의 제품에 초점을 맞추는 데 유리하다. Sony와 Nike와 같은 회사들은 점진적인 혁신을 사용하여 수백 가지 다른 버전의 제품을 신속하게 생산하는 것으로 유명해진 반면("대량 개별맞춤화"라고 불리는 현상) Jobs는 소수의 블록버스터급 제품에 회사의 모든 자금과 에너지를 투자하는 것을 선호했다. Jobs가 설명했듯이, "사람들은 보통 집중이란 단어에 대해 당신이 집중해야 하는 것에 대해 'yes'라고 말하는 것을 의미한다고 생각합니다. 하지만 그것은 전혀 그런 뜻이 아닙니다. 집중은 다른 수백 가지 좋은 아이디어들에 대해 'no'라고 말하는 것을 의미합니다. 아주 신중하게 잘 골라야 합니다. 나는 사실 우리가 이룬 것들만큼이나 우리가 하지 않기로 한 것들에 대해서도 자랑스럽습니다. 혁신은 1,000가지 것들에 대해 'no'라고 말하는 것입니다."[h]

Tim Cook은 Jobs의 사망 후 Steve의 자리를 인계받았을 때, Jobs가 만든 조직구조의 가치를 인식하고 이를 보존하기 위해 노력했다. 그는 "애플은 매우 독특하고 특별하게 탁월성을 추구하는 문화를 가지고 있어요. 나는 이 문화를 바꿀 생각이 전혀 없습니다."[i] 2021년 현재, 그는 Steve Jobs가 세운 기능별 구조를 대부분 유지하고 있지만, 사람들은 Apple과 같은 거대 기업이 얼마나 오랫동안 이 단순한 구조를 고수할 수 있을지, 특히 Steve Jobs가 아닌 다른 사람의 리더십하에서도 잘 작동할 수 있는지 궁금해했다.

〈토론문제〉

1. Apple만큼 큰 회사에서 기능별 조직구조를 갖는 것의 장점과 단점은 무엇인가?
2. 어떤 종류의 기업이 Apple이 사용하는 정도의 중앙집중식 통제 기능을 갖추면 더 나은 (또는 덜) 효과를 볼 수 있다고 생각하는가?
3. Apple의 기능별 조직구조가 그들이 추구하는 혁신의 유형에 영향을 준다고 생각하는가? 또한 Apple이 추구하는 혁신의 성공에 영향을 준다고 생각하는가?
4. 회사 전체에 걸친 단 하나의 손익계산서를 작성하여 사용하는 것의 장단점은 무엇이라고 생각하는가?

[a] https://finance.yahoo.com/quote/AAPL/financials?p=AAPL

[b] CNBC. "Apple becomes first U.S. company to reach a $2 trillion market cap." Accessed March 16, 2021.

[c] Alfred D. Chandler, Strategy and structure: Chapters in the history of the American industrial enterprise (M.I.T. Press, Cambridge, 1962); Charles Hill, Melissa A. Schilling, Gareth A. Jones, Strategic Management: An Integrated Approach, 13th ed. (Boston, MA: Cengage Learning, 2019).

[d] Joel M. Podolny and Morten T. Hansen, "How Apple Is Organized for Innovation," Harvard Business Review, (November-December, 2020).

[e] Melissa Schilling, "Quirky: The Remarkable Story of the Traits, Foibles, and Genius of Breakthrough Innovators Who Changed the World. (New York: Public Affairs, 2018).

[f] Joel M. Podolny and Morten T. Hansen, "How Apple Is Organized for Innovation," Harvard Business Review, (November-December, 2020).

[g] ibid

[h] Steve Jobs, 1997, speaking at the Apple Worldwide Developers Conference, May 13–16.

[i] Dylan Tweney, "Tim Cook: What I learned from Steve Jobs," VentureBeat, May 29, 2020.

개요

조직의 구조 그리고 조직이 공식적이고 표준화된 절차와 통제방식을 사용하는 정도는 기업의 혁신 가능성, 혁신 프로젝트의 효과성, 그리고 신제품 개발과정의 속도에 상당히 영향을 미칠 수 있다.[1] 예를 들어 최소한의 규칙과 절차만을 가진 작고 유연한 조직은 창의성과 실험정신을 격려하면서 더 많은 혁신적인 아이디어를 유도한다고 한다. 동시에 잘 개발된 절차와 표준들은 조직이 더 나은 개발투자 결정을 할 수 있게 하고 빠르고 효율적으로 프로젝트를 수행하도록 해준다고도 한다. 그렇다면 경영자는 자신의 기업에 잘 맞는 구조와 통제방식을 어떻게 정하는가?

대부분의 많은 기업들은 신제품 개발 프로세스를 진행하기 위해 일종의 팀 구조를 사용하고 있는데, 신제품 개발팀을 어떻게 구성하는가에 대해서는 12장에서 자세히 살펴볼 것이다. 이 장에서는 효과적이면서 효율적으로 혁신을 하는 기업의 성향과 능력에 영향을 미칠 수 있는 조직 전체의 구조적 측면에 초점을 맞출 것이다. 기업의 크기와 공식화, 표준화, 중앙집권화와 같은 구조적 측면들이 기업의 혁신성에 어떠한 영향을 미치는가에 대한 연구들을 검토하면서, 왜 어떤 조직 구조는 창의적인 아이디어 생성에 적합하고 다른 조직 구조는 신제품의 효율적인 생산에 보다 적합한지를 논의할 것이다. 또한 양쪽의 장점을 취하고자 하는 조직의 형태 즉, 자유롭고 유기적인 기업가적 구조로 혁신을 장려하면서 기업의 모든 개발 활동들은 일관성있게 유지하고 효율성을 최대로 하는 공식적이면서 표준화된 형태도 살펴볼 것이다. 그리고 나서 다국적 기업이 여러 국가에 걸쳐 진행하는 혁신의 관리에 따른 문제점을 살펴볼 것이다. 특히 다국적 기업은 그들의 개발 활동을 어디에서 어떻게 경영하느냐에 대한 어려운 질문에 직면할 수밖에 없는데, 다국적 기업이 여러 선택들 사이에서 어떻게 균형을 맞출 것인가에 대해 최근의 연구결과를 중심으로 살펴볼 것이다.

기업의 규모와 구조적 측면

■ 규모: 큰 것이 좋은가?

1940년대, Joseph Schumpeter는 규모가 큰 대기업들이 더 효과적인 혁신자라고 주장하면서 독점금지법의 찬성론자들을 반박했다.[2] Schumpeter는 (1) 자본시장은 불완전하지만 대기업들이 R&D 프로젝트를 위한 자본을 구하기 쉬우며 (2) 매출이 많은 기업은 R&D 비용을 많은 판매량에 분산시킬 수 있어서 그렇지 않은 기업보다 많은 이익을 낸다고 지적했다. 또한 대기업은 보다 나은 혁신자가 되기 위해 필요한 마케팅 또는 재무와 같은 보완적인 활동들이 더 잘 발달되어 있으며, 정보와 다른 필요한 자원들을 얻기 위해 전 세계적으로 노력할 수도 있다.

규모가 큰 데 따르는 또 다른 이점은 규모의 경제와 학습 효과이다. 만약 대기업이 R&D에 절대적으로 많은 비용을 사용한다면 R&D에서 규모의 경제와 학습 곡선의 이점을 누리게 되면서 시간이 지남에 따라 효율성이 높아질 것이다.[3] 기업은 R&D 투자를 바탕으로 신제품 개발과정에서의 역량을 축적함으로써 개발과정을 향상시킬 수 있고 더 나은 연구장비와 인원을 보유할 수 있다. 또한 대기업이 혁신 프로젝트의 선택과 개발에 대한 경험을 얻을수록 기업의 능력에 맞는 프로젝트를 더 잘 선택할 수 있고 성공의 가능성을 높일 수 있다.

또한 규모가 큰 기업은 규모가 작은 기업보다 크고 위험한 혁신 프로젝트를 수행하는 데 유리하다.[4] 예를 들어 Boeing과 같은 대기업만이 747을 개발하고 제조할 수 있고, 대형 제약회사들만이 한두 개 약품의 성공을 위해 수백만 달러를 투자할 수 있다.[5] 이는 개발규모가 큰 산업(즉 평균적인 개발 프로젝트의 규모가 크고 비용이 많이 드는)에서는 혁신의 측면에서 대기업들이 작은 기업을 능가할 것이라는 것을 의미한다. 이론적으로는 작은 기업들도 연합을 통해 규모의 이점들을 달성할 수 있어야 하지만 현실적으로는 기업들의 조화로운 연합을 이루어 내기가 매우 어려운 경향이 있다. 또한 대기업은 협력과 통합을 위해 모든 개발 활동에서 계층적 권위를 발휘할 수 있는 반면 작은 기업들의 연합에서는 종종 권위와 통제시스템이 잘 규정되어 있지 않다.

한편, 기업의 규모가 커지면 통제력을 잃게 되어 기업의 R&D 효율이 떨어질 수 있다.[6] 즉 기업이 커짐에 따라 직원들을 효과적으로 감독하고 동기를 유발시키기 어려워진다. 게다가 기업이 성장하면서 연구자나 기업가가 자신의 노력에 대한 보상을 제대로 받기가 어려워지기 때문에 그들의 동기는 감소하는 경향을 보인다.[7] 따라서 기업 지배 시스템의 효과성이 줄어들 수 있다.

대기업은 규모 때문에 변화에 대해 덜 민감하고 반응이 둔해질 수 있으므로 혁신성이 떨어질 수 있다. 많은 권위 계층들이 존재하고 정책과 절차가 잘 발달된 대기업에는 일반적으로 관료적 저항이 존재한다.[8] 예를 들면 1980년대 초 Xerox는 신제품 개발과정에서의 오류를 막기 위해 투입한 경영진 계층이 오히려 프로젝트의 진행을 방해하면서 제품 개발 기간을 길게 만들고 회사를 민첩한 일본 경쟁사들에 비해 불리한 입장으로 몰아넣는 결과를 초래한 것을 발견하였다.[9]

많은 수의 직원, 큰 고정자산 기반, 그리고 큰 기존 고객 기반이나 공급자관계 또한 저항의 원천이 되어 기업의 빠른 진로 변화를 어렵게 만들 수 있다. 직원의 수가 증가할수록 의사소통과 의견조정이 어려워져 의사결정을 지체시키는 경향이 있다. 기업이 보유한 고정자산의 규모가 크거나 혹은 상당한 고정비용을 갖고 있다면, 기업은 큰 변화에 승패를 걸기보다는 기존 현금흐름의 원천을 고수하는 것을 더 선호할 수 있다. 고객과 공급자에 대한 전략적 몰입 또한 기업을 기존의 사업과 기술에 고착화 시키는 결과를 초래하면서 기술변화에 대한 대응을 어렵게 만들 수 있다.이 경우 전략적 몰입은 기업의 과거 성공 경험이 신기술의 출현에 대응하는 기업의 능력을 저해할 수 있음을 의미하는 *Icarus의 역설*을 초래할 수 있다.

규모가 작은 기업은 종종 큰 기업에 비해 더 유연하고 기업가적이라고 여겨진다. 이들은 다수의 경영 계층, 큰 고정자산 기반, 또는 많은 수의 직원, 고객과 공급자들에 대한 전략적 몰입이라는 부담이 없다. 또한 작은 기업은 직원들의 감독과 혁신 노력에 대한 성과 보상이 훨씬 쉽다.[10] 작은 기업은 자원이 충분하지 않기 때문에 더욱 신중하게 프로젝트를 선택하려 하고 따라서 신제품 성공률이 더욱 높을 수 있다.

큰 기업 규모가 혁신의 생산성을 증가시키는지 또는 저하시키는지를 이해하기 위해 많은 실증연구들이 시도되었다. 특허의 수, 신약 소개, 그리고 제품 성능을 향상시키는 기술혁신을 연구한 논문들에 따르면 규모가 작은 기업은 종종 혁신의 측면에서 큰 기업을 능가한다고 한다.[11] 예를 들어 특허에 관한 몇몇 연구에 따르면 작은 기업들은 그들의 R&D 비용을 더 조심스럽고 효율적으로 사용하기 때문에 R&D 비용에 비해 많은 수의 특허를 보유하는 것으로 보인다고 결론지었다.[12] 산업재 제품을 개발하는 116개 기업에 관한 한 연구 또한 작은 기업(연 매출이 100만 달러 미만)은 혁신의 상대적 크기를 고려하더라도 큰 기업(연 매출이 100만 달러 이상)에 비해 개발 사이클이 상당히 짧다는 것을 발견했다.[13] 그러나 특정 산업 분야의 혁신에서는 큰 기업이 여전히 작은 기업을 능가하는 경우를 보여주는 연구들도 있다.[14]

기업이 자신의 규모를 쉽게 조정할 수 있는 것은 아니지만, 많은 기업들은 큰 기업도 작게 느껴질 수 있도록 하는 방법을 고안해냈다. 한 방법은 전체 기업을 몇 개의 작은 단위로 나누고 그 안에서 기업가적인 문화를 격려하는 것이다. 복수의 연구들에 따르면 기술변화의 속도가 높은 산업의 경우 많은 수의 크고 계층화된 기업들이 특화되고 자율적인 부서 또는 독립적인 기업들의 소규모 네트워크로 **분할**(disaggregated)되었음을 발견하였다.[15] 그러한 산업에서는 많은 기업들이 관리상의 많은 직무와 계층이 제거되는 대규모 구조조정을 겪었다. 20세기의 거대 기업들은 보다 세밀하게 초점이 맞추어지고 유연하며 제휴 네트워크, 공급자 관계, 그리고 유통협약을 통해 느슨하게 연결된 그러나 보다 간결한 기업들에 의해 대체되었다.[16] 이러한 현상은 *가상 조직*,[17] *네트워크 조직*,[18] 그리고 *모듈화 조직*[19]과 같은 용어들의 등장을 초래하였다.

분할
어떤 것이 그것을 이루고 있는 구성 요소별로 분리되어 떨어짐.

기업들은 기업의 여러 구조적 측면들(공식화, 표준화, 그리고 중앙집권화를 포함)에 변화를 주기 위해 큰 기업과 작은 기업의 개념들을 병용하기 때문에, 조직 구성에 대한 기업의 이러한 양수겸장적 접근은 기업의 구조적 측면들을 다룬 후에 더 깊게 다룰 것이다.

기업의 구조적 측면

기업들은 몇 가지 구조적 측면에서 혁신의 양과 유형 그리고 효과성에 영향을 줄 수 있는 다양한 형태를 지니고 있다. 이 중 핵심적인 구조적 측면으로 중앙집권화, 공식화, 표준화가 있다.

■ 중앙집권화

중앙집권화/분권화
의사결정의 권한이 경영의 최고 계층에서 유지되고 있는 정도. 분권화는 의사결정의 권한이 기업의 낮은 계층에 이양된 정도.

중앙집권화(centralization)는 의사결정의 권한이 기업의 최고 계층에서 유지되는 정도를 의미하는 반면에 **분권화**(decentralization)는 의사결정이 기업구조의 낮은 단계에서 이루어지는 정도를 의미한다. 중앙집권화는 활동들의 지리적 위치를 의미할 수도 있고(기업 활동들이 중앙 지역에서 수행되는 정도) 활동들을 지배하는 권력과 권한이 어디에 위치하고 있는가를 의미할 수도 있다. 즉, 활동은 기업 본부로부터 멀리 떨어진 곳에서 발생할 수 있지만 이들 활동을 지배하는 권한과 의사결정은 본부에서 유지함으로써 활동들의 물리적 위치가 의미하는 것보다 강한 집중화가 이루어질 수 있다.

다양한 R&D 프로젝트들을 진행하고 있는 기업들에게 R&D 활동을 중앙집권화 하느냐 또는 분권화 하느냐는 복잡한 문제이다. R&D 활동을 기업의 각 부서에 분권화 하면 개별 부서들의 욕구에 긴밀하게 부합하는 새로운 제품이나 공정의 개발이 가능해진다(그림 10.1 참조). 그들이 만드는 해결책은 부서의 운영 구조와 잘 맞고 그 부서가 담당하는 고객들의 요구와 잘 맞을 가능성이 높다. 개발 프로젝트 또한 서로 다른 부서들에 존재하는 지식과 시장 접촉의 다양성을 활용할 수 있는 이

그림 10.1 ▸ 중앙집권적 그리고 분권적 R&D 활동

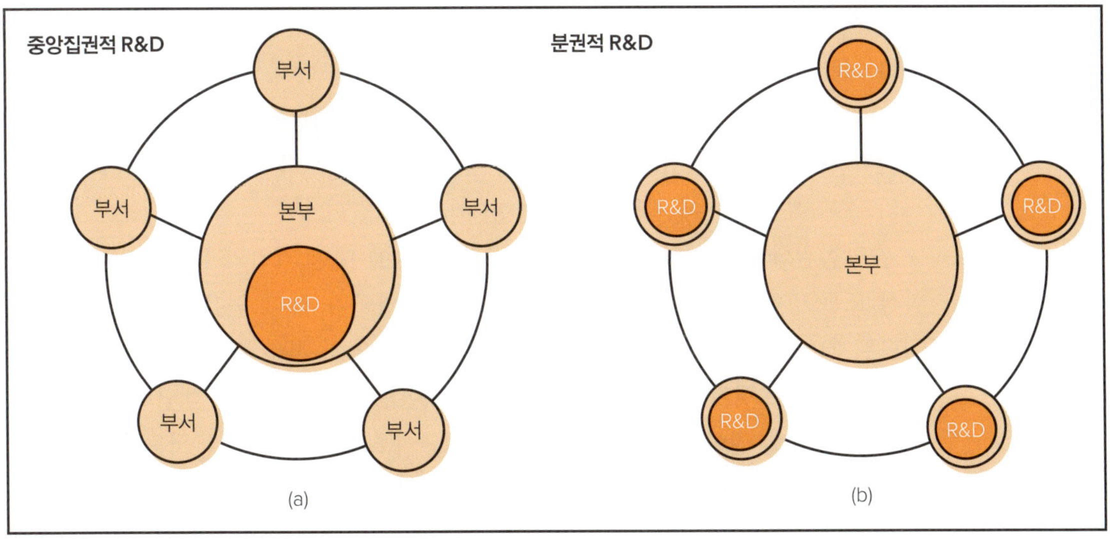

점을 갖는다. 이러한 관점을 지지하는 Felipe Csaszar의 연구에 따르면 신규 프로젝트에 관한 의사결정 권한이 조직의 맨 아래쪽으로 내려가면 기업이 수행하는 프로젝트의 양과 다양성이 증가하게 된다고 한다.[20] 물론 더 많은 프로젝트들이 실패하겠지만, 중요한 프로젝트를 실수로 누락하는 경우도 줄어들게 될 것이다. 그러나 R&D 활동들이 분권화될 때, 같은 것을 매번 다시 발명하는 등 활동이 중복될 위험이 있다. 불필요하게 중복되는 R&D 활동들이 다양한 부서에서 동시에 수행 중일 수도 있고, 기업의 다른 부분에서 가치를 창조할 수 있는 기술의 잠재성이 실현되지 않을 수 있다. 게다가 다양한 R&D 부서들을 갖는 것은 규모의 경제와 학습곡선의 효과를 누릴 수 없다는 것을 의미한다.

반면, 기업이 R&D를 하나의 부서에 집중시키면 R&D에서 규모의 경제 효과를 극대화시킬 수 있을 것이고, R&D 인력의 전문화와 다양한 프로젝트 개발을 통한 학습곡선 효과를 극대화할 수 있다. 또한 중앙 R&D 부서가 기업 구석구석에 걸친 신기술들의 활용을 관리함으로써, 신제품 개발에서의 일관성을 유지하고 가치 있는 신기술이 충분히 활용되지 않을 가능성을 줄여줄 수 있다. 예를 들어 1980년 후반 Intel은 반도체 산업에서 점점 늘어나는 복잡성과 정보처리 수요 때문에 다양한 부서들에 걸친 분권적 프로세스 개발이 상당한 지체와 초과비용을 발생시킨다는 것을 깨달았다. 그리하여 1990년대에 Intel은 하나의 제조 시설에 새로운 프로세스 개발에 대한 모든 책임을 부여하면서 프로세스 개발과정을 집중시켰다. 이 개발 부서는 산업 내에서 최고로 뛰어난 최대의 개발자원을 가질 수 있었다. 새로운 개발 프로세스가 완성되고 테스트되면 회사의 모든 다른 제조 시설들에 그것을 복제하였다(Intel에서는 "copy exactly"라고 알려진 프로세스이다).

집중되거나 분권화된 개발 프로세스의 사용은 회사나 산업의 형태에 따라 다양하다. 예를 들어 Laura Cardinal과 Tim Opler의 연구에 따르면 매우 다각화된 연구지향적 기업들은 부서 간의 의사소통과 혁신의 전파를 원활하게 하기 위해 별도의 R&D 센터들을 설립하는 경향이 있다고 한다.[21] 이에 반해서 Peter Golder의 연구에 따르면 소비재 제품을 다루는 기업들은 R&D 프로젝트를 지역 시장에 맞도록 조정하기 위해 분권화된 R&D를 활용하는 반면, 가전제품 회사들은 특정 역량을 활용하기 위해 적절한 곳에 집중화하는 경향이 있다고 한다.[22]

중앙집권화가 기술적 변화(또는 환경적 이동)에 대한 기업의 유연성과 대응력을 향상 또는 방해하는가에 대해서는 약간의 의견 차이가 있다. 높은 수준으로 중앙집권화된 기업은 엄격한 명령과 지배구조를 통해 기업의 하부 단계에까지 변화를 확실히 강요하는 것이 가능하기 때문에 전체적인 방향 설정에서도 대담한 변화가 가능할 것이다. 분권화된 기업은 중대한 변화를 이루기 위해 모든 부서들로부터 협조를 얻으려고 노력해야 할 것이다. 하지만 분권화된 기업은 모든 의사결정이 계층을 따라 최고 경영자에까지 연결될 필요가 없기 때문에 어떤 종류의 기술적 또는 환경적 변화에는 더 잘 반응할 수도 있을 것이다. 즉 하부 계층의 직원들이 독립적인 의사결정과 변화의 권한을 가지고 더 빠르게 움직일 수 있다.

■ 공식화와 표준화

공식화
기업이 기업 내의 개인 또는 그룹들의 행동을 구조화하기 위해 규칙, 절차, 문서를 활용하는 정도.

표준화
활동들이 일관된 방법으로 수행되고 있는 정도.

공식화와 표준화는 서로 밀접히 연결되어 있는 조직의 구조적 측면들이다. **공식화**(formalization)는 기업이 조직내 개인 또는 그룹의 행동을 구조화하기 위해 규칙, 절차, 그리고 문서를 활용하는 정도이다. **표준화**(standardization)는 기업 내의 활동들이 일관된 방법에 의해 수행되는 정도이다. 공식화에 사용되는 규칙과 절차들은 기업 활동의 표준화를 용이하게 하고 행위에 대한 명백한 기대치와 의사결정의 기준을 제공함으로써 직원의 행동을 규제하는 것을 돕는다. 공식화는 경영상의 관리 감독을 일정 부분 대체할 수 있으므로, 큰 기업이 적은 수의 관리자로도 부드럽게 돌아갈 수 있도록 도와준다. 이는 이 장의 뒷부분에 있는 <이론의 적용>에서 소개된 3M의 경우에도 나타나고 있는데, Lehr와 Jacobson 둘 다 기업 성장에 따른 관리의 어려움을 해결하기 위해 보다 많은 규율과 규칙에 의존하였다. 그들은 개발 프로젝트를 선택하고 관리하는 공식 프로세스를 구축하여 기업 내에서 분권화된 많은 개발활동들의 전체적인 효율성과 일관성을 향상시키려 하였다. 그러나 높은 수준의 공식화는 기업을 융통성 없이 경직되게 만들 수 있다. 만약 기업이 모든 활동을 상세한 절차로 문서화한다면 직원들의 창의력을 억제하게 될 것이다.[23] 또한 직원들은 새로운 해결책을 실행하기 위해 권한을 부여받거나 동기유발되었다고 느끼지 못할 것이다. 이것 역시 3M의 예에서 발견할 수 있다. 새로운 계획에 대하여 직원이 합당하다 여기지 않는다면 사기와 동기부여의 문제가 발생할 수 있다.

이와 비슷하게 표준화는 기업 내 제반 활동들이 원만하게 이루어지고 예측 가능한 결과들을 보장하는 반면에 혁신을 억제할 수 있다. 표준화는 기업 내의 활동들이 일관된 방식으로 이루어지는 정도를 의미한다. 일정 수준의 품질을 유지하고 고객과 공급자를 일관되고 공정하게 대하기 위해 표준화를 사용한다. 그러나 다양성이 제한되므로 혁신적인 아이디어의 기반이 되는 창의성과 실험정신을 제약할 수 있다.

■ 기계적 구조와 유기적 구조

기계적 구조
높은 수준의 공식화와 표준화의 특징을 보이며 운영과정이 거의 자동적 또는 기계적인 조직구조.

공식화와 표준화가 함께 쓰이면 조직이 **기계적**(mechanistic) 구조가 되는 경우가 많다. 기계적 구조는 대부분 운영 효율성을 높이며 이는 특히 대량생산 환경에서 더욱 그러하다. 대부분의 활동들을 표준화시키고 정책과 절차를 조심스럽게 따른다면 일관되고 믿음직스럽게 돌아가는 잘 기름칠된 기계를 갖는 것과 같은 결과를 낳는다.[24] 예를 들면 Dell Computer는 높은 표준화, 규율화, 합리화를 통해 저렴한 비용

이론의 적용 3M의 구조 변화

1916년, 3M의 판매 및 생산 총괄 관리자인 William McKnight는 사포를 개선시키는 목적을 가진 회사의 첫 번째 연구실험실의 창설을 허가했다. McKnight는 개인의 기업가 정신과 혁신의 힘에 대한 강한 믿음을 갖고 있었다. 그는 신제품 개발을 위해 야심 찬 목표를 설정하면서 개인들의 목표 달성 방식에 대해서는 상당한 자유를 주는 것의 조화를 통해 혁신을 격려했다. 예를 들면 McKnight는 최근 5년 동안 만들어진 제품의 매출이 총 매출의 25% 이상이어야 한다는 회사 전체에 걸친 목표를 정했다. 그는 또한 연구자들이 업무 시간의 15%를 그들이 흥미를 갖고 있는 어떠한 프로젝트에도 사용할 수 있도록 하는 "bootlegging" 프로그램을 승인했다.

기업이 성장함에 따라, McKnight는 중앙집권화된 R&D 실험실을 계속 지원하는 한편, 부서들이 당면한 시장의 수요에 반응하여 적극적으로 개발 주도권을 갖는 것을 격려했다. 그러나 3M의 제품 포트폴리오가 커짐에 따라 본사에서 생산과 판매와 같은 기능들을 관리하는 것이 점점 어렵게 되었다. 1944년, McKnight는 한 부서가 R&D 실험실뿐만 아니라 자체 생산과 판매조직까지를 보유하는 더욱 분권화된 조직을 실험하기 시작했다. McKnight는 작은 독립적 기업이 큰 기업보다 빠르게 성장한다는 생각에 "성장과 분리"의 철학(각 부서는 독립적으로 운영되고 어느 한 개발 프로젝트가 성공적으로 진행되어 더 큰 조직단위가 될 만큼 성장한다면 새로운 부서로 분리 신설되어야 한다는 철학)을 갖게 되었다.

Lou Lehr가 지배권을 이어받은 1980년, 3M은 85개의 기초기술과 약 40개의 주요 제품시장을 가질 정도로 성장했다. Lehr는 3M의 과거 강점이 이제는 약점(독립 사업의 급증에 따른 노력의 분열)이 되었다고 걱정하였다. Lehr는 부서들이 너무 많은 시간을 중첩되는 불필요한 활동들에 낭비하고, 여러 부서들에 걸쳐 가치 있을 수 있는 기술을 충분히 활용하지 못하고 있음을 우려했다. 그는 연관 기술이 있는 부서들이 개발 프로젝트에 협조하고 새로운 기술들을 회사 전체에 확산시키려는 목적으로 회사의 42개 부서와 10개의 그룹을 기술의 연관성에 기초하여 4개의 사업영역으로 통합했다. 또한 3개의 계층으로 조직된 R&D 시스템을 구성하였다. 중앙연구소는 장기적으로 잠재력을 높일 수 있는 기초연구에 집중하며, 영역연구소는 연관 부서들을 지원하고 중기(5~10년) 성장에 필요한 핵심 기술을 개발하고, 부서연구소는 즉시 상용화할 수 있는 프로젝트에 관한 일을 계속하도록 하였다. Lehr는 또한 개발 프로세스에 공식적 계획화의 정도를 높이라고 요구하였다. 3M의 관리자들은 그것을 "울타리 옆에서의 계획(planning by the pound)"이라고 부르기 시작했다. 그는 또한 수년 동안 별 진전이 없던 많은 프로젝트들을 중단시켰다.

1986년 "Jake" Jacobson은 새롭게 CEO로 부임하면서 3M을 더 강한 질서와 규칙의 시대로 이끌었다. Jacobson은 최근 5년 동안 개발된 제품으로부터의 매출 비율을 35%로 증가시켰다. 그는 이를 위해 R&D 자금 비율을 다른 미국 회사들의 두 배로 늘렸을 뿐만 아니라 프로젝트 선택과 개발 기간 단축에 더욱 초점을 맞추도록 지시했다. 그는 또한 개인적인 기업가 정신을 장려하기보다는 회사 전반에 걸쳐 팀 위주의 개발을 장려하였다. Jacobson의 노력은 효율성을 향상시켰지만, 많은 연구자들은 변화의 일부 측면에 대해서는 분개하기 시작했다. 그들은 팀 위주의 개발 프로젝트 관리는 3M에서의 개인주의적인 기업가 정신을 파괴하는 것이라 믿었고 규칙과 질서에 초점을 두는 것은 창의성과 흥미를 잃게 할 것이라 생각하였다. 동기와 사기의 문제가 나타나기 시작했다.

그리하여, 1991년 "Desi" Desimone이 CEO가 되자, 그는 회사를 다시 약간은 느슨하게 그리고 기업가 정신에 초점을 맞추도록 안정시켰다. 그는 그의 전임자가 혁신이 무절제하게 이루어지지 않도록 하는 좋은 구조를 설립했다고 믿었지만, 다음의 언급에서 보듯이 회사가 자유와 통제 사이에서 보다 많은 균형이 필요하다고 주장했다.

> "관리자들의 역할은 직원들이 3M의 운영 방식을 이해하고 존중하도록 내부 환경을 만드는 것이다. 혁신과 개인에 대한 존중은 여전히 중요한 사내 문화이다. 만약 당신이 그러한 원칙들을 잘 소화하고 있는 관리자 밑에서 일한다면, 회사 내에 신뢰 관계가 만들어진다. 최고경영자는 중단된 프로젝트가 잠재력을 갖고 있다고 누구든지 반론할 수 있는 틈을 열어둠으로써 조직 하부로부터의 혁신 과정을 믿어야 하고, 하부 계층은 최고경영자가 그들의 활동을 통제하거나 개입할 때 그를 믿어야 한다."

출처: Adapted from C. Bartlett and A. Mohammed, "3M: Profile of an Innovating Company," Harvard Business School case no. 9-395-016, 1995.

으로 불편을 최소화하면서 제품을 배달함으로써 탁월한 운영을 할 수 있었다.[25] 기계적 구조는 일반적으로 높은 수준의 중앙집권화와 연관되어 있지만, 직접적인 통제 대신 공식화를 사용함으로써 높은 수준의 분권화된 구조를 갖는 것 또한 가능하다. 최고 경영층은 기업의 하부 계층에 의사결정권을 주면서도 세부적인 규칙, 절차, 표준의 설정을 통해 의사결정의 결과가 여전히 경영자의 목표와 일치되도록 할 수 있다.

그러나 기계적 구조는 대개 혁신을 장려하는 데에는 적합하지 않다고 간주된다. 기계적 구조는 표준의 준수와 편차의 최소화를 통해 효율성을 달성하려 하는데 이는 잠재적으로 기업 내의 창의성을 억제할 수 있다. 좀 더 자유롭게 흐르고 낮은 수준의 공식화와 표준화의 특징을 갖는 **유기적**(organic) 구조는 혁신적이고 역동적인 환경에 보다 바람직하다고 여겨진다.[26] 직원들은 유기적 조직하에서 업무책임과 운영 절차에 관한 더 많은 권한을 부여받는다. 실험정신과 즉흥성으로부터 많은 혁신이 일어나기 때문에, 유기적 조직은 효율성이 저하될 수 있는 가능성에도 불구하고 대부분 기계적 조직보다 혁신에 더 적합한 것으로 간주된다.[27]

유기적 구조
낮은 수준의 공식화와 표준화의 특징을 가지는 조직 구조. 직원들은 잘 정의된 업무책임을 갖고 있지 않으며 운영절차의 편차가 크다.

■ 크기와 구조

이 장의 시작에서 논의했던 기업 규모에 따른 장점과 단점의 많은 부분은 공식화, 표준화, 그리고 중앙집권화라는 구조적 측면과 관련되어 있다. 기업이 성장함에 따라 직접적인 관리통제가 어려워지기 때문에 큰 기업일수록 공식화와 표준화를 더 많이 사용하게 된다. 공식화와 표준화는 기업을 기계적으로 만들기는 하지만 조정에 따른 비용은 줄여준다. 많은 대기업들은 권력을 분권화하고 기업의 부서를 작은 기업처럼 움직이게끔 함으로써 엄격함과 저항을 극복하려고 노력한다. 예를 들면 General Electric, Hewlett-Packard, Johnson and Johnson, 그리고 General Motors와 같은 기업들은 그들의 조직 구조를 대기업의 자원을 언제라도 활용할 수 있으면서도 단순함과 유연성을 유지할 수 있는 작은 회사의 그룹들로 만듦으로써, 큰 규모와 작은 규모의 모든 장점을 얻기 위해 노력하였다.[28] 다음 절에서는 기업이 큰 규모의 장점과 기계적 구조가 주는 효율성과 속도를 얻으면서 동시에 작은 기업과 유기적 구조가 가져다주는 창의성과 기업가 정신을 취할 수 있는 몇 가지 방법들을 다룬다.

■ 양수겸장 조직: 양쪽 세계의 최고?

대부분의 기업은 신제품 라인의 개발을 장려하고 급진적 혁신을 통해 기술적 변화에 대응함과 동시에, 효율성과 일관성 그리고 점진적인 혁신을 통해 기존의 제품라인을 관리해야 한다. Tushman과 O'Reilly는 이러한 관리문제에 대한 해결책은 **양수**

양수겸장 조직
동시에 거의 두 개의 다른 회사처럼 행동할 수 있는 조직의 능력을 의미한다. 조직 내의 다른 부서들은 각기 다른 구조와 통제 시스템을 가짐으로써 다른 문화와 운영패턴을 소유한다.

겸장 조직(ambidextrous organization)을 창조하는 것이라고 주장한다.[29] 양수겸장 조직은 내부적으로는 일관되지 않는 복수의 조직구조들로 구성되었지만 단기적인 효율성과 장기적인 혁신을 모두 달성하고자 하는 복잡한 형태의 기업이다.[30] 이러한 기업은 기업의 어떤 부분에는 기계적 구조를 활용하고 다른 부분에는 유기적 조직을 활용할 수 있다. 이것이 조직의 다른 부분들에 비해 지역적 또는 구조적으로 매우 두드러지는 R&D 부서를 설립하는 하나의 근거이다. 또한 기업은 R&D 부서에는 공식화와 표준화를 거의 사용하지 않는 반면에 제조와 유통부서에는 높은 수준의 공식화와 표준화를 사용할 수도 있다. 각 부서는 각자의 상이한 목표에 적합한 직원들의 행동양식을 격려하기 위해 각기 다른 보상체계를 고안할 수 있다. 기업은 R&D와 같은 활동들은 작은 단위로 분권화하여 작고 독립적인 벤처사업체처럼 운영하는 한편, 제조와 같은 부서의 활동들은 중앙집권화하고 엄격하게 조정함으로써 규모의 경제에 따른 장점을 취할 수도 있다. 과거의 연구에 따르면 기업 내부에 정보를 확산하고 신제품 개발과정에서 아이디어들을 교차 배양하는 것이 중요하다고 강조되는 반면, 최근의 연구에 따르면 적어도 개발 초기 단계에서 일정 부분 개발팀들을 분리하여 고립시키는 것이 도움이 될 수 있다고 한다. 다수의 팀들이 처음부터 긴밀하게 소통하는 경우, 표면적으로 특정한 장점이 있어 보이는 해결책이 너무 빠르게 다른 팀들에게도 채택될 위험이 있다. 이 때문에 모든 팀들이 같은 아이디어로 몰리면서 장기적으로 장점이 있을 수 있는 다른 창조적인 아이디어가 외면당하는 일이 생길 수 있다.[31] 이러한 관점과 유사하게, "**skunk works**"에 관한 많은 연구에 따르면 주류 조직으로부터 독립된 신제품 개발팀을 구성함으로써 상당한 이득을 얻을 수 있다고 한다.[32] 팀들을 조직으로부터 분리함으로써 팀들은 조직의 요구사항들에 대한 부담없이 새로운 대안들을 탐구할 수 있다는 것이다.

Skunk Works®
Skunk Works®라는 용어는 Lockheed Martin사의 한 부서에서 유래되었다. 이 부서는 미군의 제트비행기를 신속히 개발하기 위해서 1943년 6월에 조직되었는데, 모 조직으로부터 분리되어 거의 자율적으로 운영되며 상당한 권한을 가지면서 관료적인 분위기가 거의 없는 신제품 개발팀을 지칭하는 용어로 발전하였다.

이와 비슷하게 다양한 제품 부서들을 갖고 있는 기업들은 일부 부서들은 구조화되고 표준화된 접근을 통해 이익을 얻는 반면, 몇몇 부서들은 창의성과 환경 변화에 부드럽게 대응할 수 있는 유기적 구조가 필요하다는 것을 발견할 수 있다. 예를 들어 *USA Today*가 대중적인 자사 신문의 온라인 버전을 만들려고 결정하였을 때, 경영자는 온라인 신문의 빠른 기술 변화와 실시간 정보 업데이트에 대응하기 위해 좀 더 유연한 업무 절차가 필요하다는 것을 발견했다. 또한 그러한 종류의 신문사들은 기술에 정통한 직원들을 채용하기 위해 다른 종류의 보상시스템이 필요하다. 회사는 온라인 신문을 위해 차별화된 보고 구조, 적은 공식화, 다른 임금 구조, 그리고 심지어 업무복장과 근무시간까지 과거와는 다른 문화 규범으로 구성된 부서를 만들었다.

Apple의 경우는 또 다른 예가 될 수 있다. 1980년 Apple은 빠른 칩을 이용한 Apple II 개인용 컴퓨터를 만들었다. 그러나 Steve Jobs는 제품 디자인에 만족하지 않았고 사람들과 컴퓨터의 상호작용 방식을 극적으로 변화시킴으로써 세계를 혁명할 수 있는 제품을 원했다. 그는 컴퓨터가 워낙 사용하기 쉽고 필요한 것이 잘 완비되어 있어서 컴퓨터의 기술적 기능에는 아무 흥미도 없는 사람들의 마음에도 들 수 있는(사람들의 일상생활의 연장이 될) 컴퓨터를 만들기 원했다. Jobs는 엔지니어 팀과 더불어 Macintosh (Apple의 기술자 Jef Raskin에 의해 처음 개발되었음)라고 불리는 새로운 프로젝트를 수행하기 시작했다. Jobs는 Apple의 커가는 기업환경이 혁명에 도움이 되지 않는다고 판단하여 Macintosh만을 위한 고유한 문화를 갖는 별도의 분리된 부서를 만들었다. 개인적이고 때로는 별난 소프트웨어 개발자들이 융성했던 창고에서 시작했던 회사 초창기와 같은 자유스러운 정신의 기업가적 분위기가 스며들게 하려고 노력했다. 작은 그룹의 팀 구성원들을 손수 선발하였고 일상적인 업무와 산만함으로부터 보호하였다. 그는 Macintosh 팀 구성원들이 스스로 반항아라고 생각하라고 격려했으며, 심지어 해적 깃발을 그들의 빌딩에 걸기도 하였다. Jobs는 때때로 팀을 무인도로 데려가서 "해군에 합류하는 것보다 해적이 되는 것이 더 재미있다." 같은 말과 함께 반항아 문화를 한 번 더 강조했다.[33]

만약 큰 기업이 작은 기업의 보상시스템과 행동양식을 가진 내부 구조를 가질 수 있다면, 기업 규모가 혁신의 성공률에 미치는 영향에 관한 많은 논리들은 그 근거가 없어질 것이다. 하나의 조직은 다양한 문화, 구조, 그리고 프로세스를 가질 수 있다. 즉 규모가 큰 기업은 대기업의 자원을 활용할 수 있으면서도, 프로젝트의 조심스러운 선택과 R&D 과학자들의 동기를 강화하는 작은 기업의 보상시스템으로 기업가적 정신을 유지하는 부서를 가질 수 있을 것이다. 이러한 기업가적인 단위들은 점진적인 혁신을 육성하려는 경향이 있는 효율성 위주의 큰 조직 내에서도 급진적인 혁신들을 만들어낼 능력이 있을 수 있다.

기업들은 또한 시간이 지남에 따라 조직 구조를 번갈아 가면서 기계적 조직과 유기적 조직의 장점들을 달성할 수 있다.[34] Schoonhoven과 Jelinek는 Intel, Hewlett-Packard, Motorola, Texas Instruments, National Semiconductor에 대해 연구한 뒤, 이들 기업들은 공식적인 보고 체계, 준공식적인 구조, 그리고 비공식적 구조 사이의 "역동적인 긴장"에 의해 유지된다고 주장하였다.[35] 이러한 조직들은 매우 명확한 보고 체계와 공식화된 개발 프로세스를 갖고 있는 반면에, 변화하는 환경에 대응하여 보고 관계와 책임사항들을 변경할 수 있도록 빈번히 재조직되었다. 따라서 조직의 시스템적이고 효율적인 생산을 위해 표면적으로는 기계적 구조를 사용한 반면에, 재조직을 통해 기업을 유연하게 하였다.

또한 이들 기업들은 팀, 태스크 포스, 그리고 점선의 관계(조직표에 공식적으로 나타나지 않는 보고 관계)형태로 Schoonhoven과 Jelinek가 말한 *준공식적(quasiformal)인 구조*를 사용하였다. 이들 준공식적인 구조들은 더욱 문제 중심적으로 움직이면서 기업 내 다른 부분들보다 빠르게 변화할 수 있었다. 그들은 또한 부서 간 상호작용을 위한 공공장소를 제공하고, 부서 간 경계를 연결하는 중요한 역할을 한다.

준공식적 구조의 한 가지 장점은, 이 구조가 계층이 아닌 흥미에 기초한 상호작용에 의해 육성된다는 것이다. 이를 통해 직원들의 동기부여와 아이디어의 상호 교류를 더욱 조장할 수 있다. 어느 직원이 말했듯이 "가끔 혁신은 사람들의 방에서 이루어진다. 한 사람이 다른 사람에게 말을 하고, 다른 사람이 그 대화를 서서 엿듣고 휴지에 쓴다."[36] 준공식적 구조들의 일부 단점은 관리하는 데 시간이 필요하고 불필요하다고 생각될 때 없애기가 어려울 수 있다. 준구조(quasi structure)는 공식적 보고 체계의 일부가 아니기 때문에 누가 이를 없앨 권한을 가질지 정하기 어려울 수 있다.

모듈화와 "느슨하게 연결된" 조직

효율성과 유연성 사이의 균형을 잡기 위해 기업들이 사용하는 또 다른 방법은 표준화된 제조 플랫폼 또는 부품을 채택하여 이들이 모듈방식의 생산시스템을 통해 다양한 조합들을 이루도록 하는 것이다. 이를 통해 기업은 부품 수준에서는 표준화의 장점을 취하면서 완제품 수준에서는 다양성과 유연성을 달성할 수 있다.

■ 모듈라 제품들

모듈성(modularity)은 어떤 시스템의 구성 요소들이 분리되고 재결합될 수 있는 정도를 의미한다.[37] 제품을 모듈방식으로 만듦으로써 투입물의 집합으로부터 만들 수 있는 최종 완제품 수를 기하급수적으로 증가시킬 수 있다.[38] 예를 들면 IKEA의 선반 시스템은 사용자가 그들의 욕구에 맞도록 부품들을 섞고 조화시킬 수 있도록 디자인되었다. 이 회사의 선반과 받침대들은 일정 범위의 표준화된 크기로 제작되며, 표준화된 연결 장치를 통해 쉽게 조립될 수 있다. 이와 유사하게 오늘날 몇몇 주방용 오븐은 버너를 제거하고 바비큐 그릴이나 팬케익 틀과 같은 다른 조리 도구들을 결합할 수 있도록 디자인하여 오븐이 가진 기능성의 범위를 확장하고 있다. 심지어 출판사들도 강의자들에게 디지털 내용물을 모듈 방식으로 제공하고 있는데 강의자가 책의 일부, 기사, 사례, 또는 기타의 강의 자료들을 조합하여 자신만의 강의 자료들을 만들 수 있다.

소비자들이 모듈성을 인지하지 못하더라도 많은 제품들이 모듈 방식으로 생산된다. 많은 수의 공통 부품들을 표준화시키고 하나의 조립 과정에서 다른 조립 과정으로 빠르게 이동할 수 있는 유연한 제조 기술들을 이용하여, 조립부품들의 다양한 결합을 통해 다양한 제품모델을 생산하는 동시에 개별 부품 수준에서는 규모의 경제와 효율성을 달성할 수 있다. 예를 들어 Chrysler는 모든 신차 모델들을 소수의 표준 플랫폼들을 통해 개발함으로써 신제품 개발비용을 낮추는 동시에 업계에서 가장 빠른 신제품 개발 사이클을 달성하고 있다. 인도의 자동차 회사 Tata Motors는 2008

년 모듈성의 개념을 보다 적극적으로 활용하여 2,500달러짜리 자동차를 출시하였다. 이 회사의 Nano 자동차는 부품들을 키트 상태로 배달 판매할 수 있도록 디자인하였는데, 지역 사업가들은 이 키트의 부품들을 조립하여 완제품 자동차를 판매할 수 있었다. 이러한 노력은 Nano의 물류시스템을 빠르고 단순하게 해줄 뿐 아니라, 자동차가 외진 시골의 시장까지 보다 빠르게 침투할 수 있게 해주었다.[39]

제품 디자인에서 모듈화는 모듈 간의 표준화된 인터페이스 설정을 통해 달성될 수 있다. 예를 들면 IKEA는 모든 선반 구성품들이 표준화된 연결 장치를 통해 연결되도록 디자인함으로써 구성품들이 자유롭게 섞여서 조립될 수 있도록 하였다. 개별 구성품은 다른 구성 요소의 디자인을 바꾸지 않고서도 다시 디자인될 수 있다. 모듈 방식이 주어진 투입물의 집합으로부터 다양한 최종 제품 구성을 가능케 하기 때문에, 기업은 이질적인 고객 요구들을 적은 비용으로 만족시켜줄 수 있다. 게다가 모듈 방식은 다른 구성 요소를 변화시키지 않고서도 하나의 구성 요소를 업그레이드시킬 수 있으므로, 기업과 고객이 시스템 전체를 교체하지 않고서도 그들의 제품을 업그레이드시킬 수 있게 된다. 개인용 컴퓨터는 업그레이드가 손쉬운 모듈러 시스템의 좋은 예이다. 예를 들어 만약 사용자가 더 많은 메모리나 더 좋은 모니터를 갖기 원하면, 컴퓨터 시스템 전체를 교체할 필요 없이 단순히 추가 메모리나 새 모니터를 구입하여 설치할 수 있다.

소비자들의 수요가 다양하고 이러한 수요를 만족시킬 다양한 대안이 존재할 때 모듈라제품은 더욱 가치 있게 된다. 예를 들어 다양한 종류의 구성품들로 조립되는 자동차를 생각해보자. 구성품들의 종류가 다양할수록 모듈성의 개념을 활용하여 다양한 종류의 차량을 조립할 수 있을 것이며, 한 종류의 차량 형태만 생산함으로써 발생할 수 있는 기회비용도 줄일 수 있을 것이다. 게다가 자동차 사양에 대한 고객의 수요가 다양할수록, 고객들이 단일 사양에 만족할 가능성은 낮을 것이다. 제품 디자인에서 모듈화의 개념을 채택함으로써 이질적인 소비자들이 자신의 선호에 맞는 차량을 선택할 수 있게 된다.[40] 반대로, 만약 모든 소비자들이 똑같은 것을 원한다면 모듈화 시스템을 제공함으로써 얻는 이익은 거의 없을 것이다. 이 경우에는 소비자의 요구들을 충족시키기 위해 최상의 부품 조합을 선택하고, 부품들을 모듈화가 아닌 시스템으로 통합하면 될 것이다.

제품 디자인에 모듈화 방식이 더 많이 사용될수록 전체적인 생산시스템 또한 모듈화 방식을 더 많이 활용하여 구성될 수 있다. 모듈 간의 표준 인터페이스는 여러 부품 개발자 간에 필요한 협력의 양을 줄여주며 개발자들로 하여금 유연한 협력 방식을 자유롭게 추구할 수 있도록 해준다.[41] 따라서 모듈화의 정도가 높은 제품일수록 집중화의 정도가 낮은 모듈러 조직과 연관될 가능성이 높다.[42] 그런 유연한 협력 방식들은 "느슨하게 연결된 조직 구조"라고 불린다.

■ 느슨하게 연결된 조직 구조

제품 구조 속의 모듈 방식은 또한 조직 구조 속의 모듈 방식을 가능케 하며, 이는 종종 "느슨하게 연결된" 조직 구조라고 불린다.[43] 느슨하게 연결된 조직에서는 개발과 생산 활동이 엄격하게 통합되어 있지 않지만, 목표와 공통 기준을 통해 조정을 이루게 된다. 예를 들어 만약 각 개발 그룹이 개발 계획에 동의하고 그들이 개발한 구성품들의 효과적인 연결과 접촉 방식을 보장하는 표준화된 인터페이스에 동의한다면, 그룹들 간의 긴밀한 조정은 별로 필요하지 않을 것이다. 표준화된 인터페이스는 개발과 생산의 모든 참여자들 사이의 "내재된 조정"을 제공한다.[44] 이를 통해 제품의 구성품들은 기업의 매우 자율적인 부서들 또는 심지어 다양한 독립 기업들에 의해 생산될 수 있다.

정보기술의 진보 또한 느슨하게 연결된 조직 구조가 좀 더 보편화되게끔 해준다.[45] 정보기술은 기업이 낮은 비용으로 더 많은 정보에 접근하고 이를 처리할 수 있게 해주며, 개발 형태에 관한 기업의 선택사항을 광범위하게 증가시켜 준다.[46] 예를 들어 정보 기술은 적합한 개발 파트너를 찾는 기업의 탐색 비용을 낮춰주며 게다가 파트너를 감독하는 비용을 줄여준다. 이는 Northrop, Boeing, Vaught, 그리고 General Electric가 공동 개발한 차세대 군사 항공기인 B-2 "Stealth" 폭격기의 개발에 대한 Nick Argyres의 연구에 의해 명백하게 논증되었다.[47] Argyres는 강화된 정보기술 덕분에 계층적 통제를 통한 활동들 간의 조정 필요성이 줄어든다는 것을 발견했다. 정보기술을 사용하고 표준 인터페이스(기업들 간의 의사소통을 용이하게 하는 공통의 "기술 문법")를 개발함으로써, 폭격기 개발에 참여한 기업들은 자율적이면서 협조적으로 일할 수 있었다.

통합의 필요가 줄어듦에 따라 기업들은 보다 유연한 연구, 개발, 그리고 생산을 추구할 수 있게 된다. 예를 들면 다른 활동들은 아웃소싱과 제휴를 통해 얻는 반면에, 기업의 핵심역량과 밀접하게 연관된 기술적 혁신의 중요 측면들에 초점을 맞춤으로써 기업이 더욱 특화될 수 있다. 기업이 경쟁우위에 있는 활동들에 초점을 맞춤으로써 넓은 영역의 활동을 유지하는 데 드는 간접비와 관리적 복잡성을 감소시키는 반면, 고객의 관심을 끌 수 있는 가격 대비 성능을 가진 제품 생산 기회를 향상시킬 수 있다. 이를 통해 수직 통합된 거대 기업들로 구성된 산업들이 보다 민첩하고, 보다 특화된 생산자들로 구성된 산업구조로 대체될 수도 있다.[48] 예를 들어 컴퓨터 워크스테이션들이 이전의 통합 모델인 미니컴퓨터(일반적으로 중앙처리프로세서가 고유의 시스템 버스와 결합되어 고유의 운영체계 안에서만 실행되는 컴퓨터)들을 대체할 때 Prime, Wang, Data General과 같은 통합 생산자들로 구성된 컴퓨터산업의 구조가 다양한 부품 생산자들의 네트워크(Sun Microsystems, Silicon Graphics, Motorola를 포함한)로 대체되면서 이들의 부품들이 다양한 형태의 최종 완제품으로

이론의 적용 Boeing 787 Dreamliner의 느슨히 연결된 생산[a]

2003년 후반 Boeing이 아직 완성되지 않은 787 Dreamliner의 판매를 시작했을 때, 그 비행기는 역사상 가장 잘 팔리는 상용 제트비행기가 되었다. 2011년까지 Boeing사는 역사상 가장 많은 비행기 800대 이상의 선주문을 받았다.[b] 회사 입장에서도 Dreamliner는 중요한 터닝 포인트였다. Boeing은 777 모델이 날기 시작한 1994년 이후로 완전히 새로운 비행기 모델을 선보인 적이 없었다. Boeing이 737과 747과 같은 기존 제품군을 확장하고 개선하는 데 만족하는 동안 경쟁자인 Airbus는 항공우주 산업의 혁신을 선도하였다. 많은 사람들은 Boeing이 더 이상 완전히 새로운 비행기를 만들 능력이 없다고 믿기 시작하였다.[c] 그리하여 Dreamliner가 성공 또는 실패하는 것은 회사의 미래 성장 가능성에 대한 강렬한 신호가 될 것이었다.

Dreamliner는 고효율의 장거리 중형 비행기였다. 카본 섬유 합성물을 주재료로 하여 만든 최초의 상업용 비행기로서 상당히 가벼워져서 기존의 상용 제트기에 비해 연료효율도 높았다. 합성물질은 알루미늄에 비해 형태 제작이 쉽기 때문에 새의 날개처럼 우아한 곡선을 가진 제트기의 날개를 디자인할 수 있었다. 게다가 합성물질은 매우 강도가 높고 부식에 잘 견디고 습도 조절이 우월하면서도 기밀한 선실 구조를 만들 수 있어서 비행기 여행을 편안하게 해준다.[d] 이전의 비행기들이 알루미늄 판을 조각조각 연결하여 만들었다면, 합성물질을 이용해 동체의 앞부분, 중간 부분, 뒷부분과 날개, 수평 안정판, 수직 미익들을 커다란 개별 모듈로 제작할 수 있게 되었고, 이 모듈들을 빠르게 조합하여 비행기를 제작할 수 있게 되었다.[e]

Boeing 787 프로그램의 혁신은 비행기 동체 이외의 부분들에도 확대 적용되었다. Boeing은 787 프로젝트의 진행 과정에서 상용 비행기 생산 프로세스 구조에도 혁신을 일으켰다. 787의 생산은 지금까지 어떤 상용 비행기의 제작 과정보다 훨씬 더 느슨하게 구성되었다. 전 세계 수십 개의 동체 제작 파트너들은 비행기의 커다란 부분들을 개별적으로 미리 조립하여 만든 뒤 이들을 Boeing의 최종 조립 공장으로 운반하였다.[f] 예를 들어 Mitsubishi, Kawasaki, Fuji와 같은 일본 기업들은 각각 날개, 동체 앞부분, 중앙 날개박스를 제작생산하기로 계약하였다. Saab는 화물칸 문을 만들고, 이탈리아의 Alenia Aeronautica는 수평 안정판과 동체 중앙부분을 제작하였다. 이외 나라들의 수십 개 회사들은 또 다른 부분들을 담당하였다.[g] 이 결과 Dreamliner의 70% 정도는 미국 밖에서 만들어졌다. 아웃소싱의 극적인 증가는 비행기 개발에 따른 위험 분산, 비용 증가 억제, 해외 판매 가능성을 높이는 것(구매자와 그들의 정부는 자국에서 비행기 제작이 이루어지는 것을 좋아하기 때문에)과 같은 다양한 이익을 창출할 것으로 기대되었다.[h]

Boeing은 지난 수십 년 동안 비행기 제작의 일부를 아웃소싱해 왔지만 787의 경우에는 새로운 아웃소싱의 시대를 연 것이었다. Boeing은 전통적인 디자인/제조업체에서 "최적의 디자인을 개발하고 잘 조립하는 핵심 역할을 유지하면서도 그 밖의 과업들에 대해서는 신중히 선발된 외주 업체에게 맡기는 회사"로 변하였다.[i] 그러나 혁신적인 새로운 생산 프로세스에 따른 어려움이 전혀 없었던 것은 아니었다. 프로젝트의 복잡성과 이와 관련된 수많은 공급업체들을 조정하기란 쉬운 일이 아니었다. 이런 조정들이 원만히 이루어지지 않아서 프로젝트가 지연되기도 하였다. Dreamliner의 첫 비행은 2007년 8월에 계획되었지만, 2011년 말이 되어서야 첫 Dreamliner가 고객들에게 인도될 수 있었다. 이렇게 지연된 이유는 기대했던 것만큼 빠르게 대량생산을 할 수 없었던 일부 공급업체들과 전 세계에 널리 퍼져 있는 공급업체들 간의 의사소통과 디자인 조정상의 문제 해결에 많은 시간이 소요됐기 때문이었다.[j] Boeing의 관리자들은 공급체인 선상에서 발생한 몇몇 실수들을 인정하였고, 엔지니어링 부사장 Mike Denton은 회사가 보다 더 많은 업무를 회사 내부로 가져와야 할 것이라고 지적하였다. 그는 "다음 번 비행기 제작의 경우에는 파트너들에게 모든 업무를 주기보다는 디자인의 많은 부분과 몇몇 주요한 생산을 우리가 직접 담당할 것입니다."라고 언급하였다.[k]

[a] https://finance.yahoo.com/quote/AAPL/financials? p=AAPL
[b] CNBC. "Apple becomes first U.S. company to reach a $2 trillion market cap." Accessed March 16, 2021.
[c] Alfred D. Chandler, Strategy and structure: Chapters in the history of the American industrial enterprise (M.I.T. Press, Cambridge, 1962); Charles Hill, Melissa A. Schilling, Gareth A. Jones, Strategic Management: An Integrated Approach, 13th ed. (Boston, MA: Cengage Learning, 2019).
[d] Joel M. Podolny and Morten T. Hansen, "How Apple Is Organized for Innovation," Harvard Business Review, (November-December, 2020).
[e] Melissa Schilling, "Quirky: The Remarkable Story of the Traits, Foibles, and Genius of Breakthrough Innovators Who Changed the World. (New York: Public Affairs, 2018).
[f] Joel M. Podolny and Morten T. Hansen, "How Apple Is Or-

(계속)

(계속)

ganized for Innovation," Harvard Business Review, (November-December, 2020).

[g] ibid

[h] Steve Jobs, 1997, speaking at the Apple Worldwide Developers Conference, May 13–16.

[i] Dylan Tweney, "Tim Cook: What I learned from Steve Jobs," VentureBeat, May 29, 2020.

조합되는 산업구조로 전환되었다. 4장에서 언급한 플랫폼 생태계가 느슨히 연결된 조직들의 한 예가 될 수 있으며, Linux나 Wikipedia같이 크라우드소싱을 사용하는 분산 혁신 시스템도 그러한 예라고 할 수 있다.[49]

그러나 느슨한 연결은 단점들이 있을 수 있으며 오히려 통합됨으로써 상당한 시너지 효과를 얻을 수 있는 많은 활동들이 있다.[50] 특히 복잡하거나 암묵적 지식의 빈번한 교환을 요구하는 활동들은 느슨하게 연결된 개발조직이 제공할 수 있는 것보다 밀접한 통합이 필요한 경향이 있다. 예를 들어 약품이 인체 내부에 흡수되는 메커니즘이 약품 자체의 디자인과 밀접하게 연결되어 있다고 가정해보자. 약품의 효과와 투여량은 약품이 인체 내에서 용해되어 약효를 전달하는 속도에 맞추어 주의 깊게 조정되고 맞춰져야만 할 것이다. 약품의 인체 흡수 메커니즘을 위한 대체 물질의 사용 가능성은 약효를 내는 다른 물질들과의 화학적 상호작용의 위험성을 고려하여 평가되어야 할 것이다. 만약 지속적이고 철저한 조정이 필요하다면, 개발 활동은 모든 부서의 밀접한 통합을 통해 진행시키는 편이 더 좋을 것이다.

통합된 기업은 또한 일반적으로 가용한 것보다 더 효과적이고 낮은 비용으로 갈등을 해결할 수 있는 수단을 갖고 있다.[51] 예를 들어 만약 신제품 개발에 관한 논쟁이 같은 기업 내에 있는 개발 그룹들 사이에서 일어난다면, 최고관리자들은 갈등 해결을 위해 개발 그룹들에게 어떠한 행동을 취하고 권한을 행사할지 결정할 수 있다. 그러나 만약 개발 그룹들이 협정에 의해 신제품을 개발하는 각기 다른 회사 소속이라면, 누구도 갈등을 해결하고 특정한 결과를 강제할 수 있는 권한을 가지지 못할 것이다. 만약 기업들이 그들 스스로 논쟁을 해결할 수 없다면, 이의 해결을 위해 돈과 시간이 많이 드는 방식인 법정에 가거나 중재를 통해 해결할 수밖에 없을 것이다.

문화와 규범을 이용한 혁신의 장려

많은 연구에 따르면 문화와 규범은 기업이 추구하는 혁신의 양과 성격 모두에 큰 영향을 준다고 한다. 관리자들이 문화와 규범을 이용하여 혁신을 장려할 수 있는 방법에는 다음과 같은 것들이 있다.

1. 능력중심, 유연성 그리고 자율성에 근거한 규범을 구축한다.

조직은 규범을 통해 조직원들이 기존의 사고방식을 비판적으로 바라보면서 새로운 아이디어를 추구하도록 격려하는지 아니면 지금까지 사용하던 방식을 준수할 것을 요구하는지를 드러내게 된다. 예를 들어 조직원들에게 유연한 역할과 자율성을 주게 되면 창의적인 인재들을 더 확보할 수 있으며 기존조직원들의 창의적인 면을 장려하는 효과가 날 수 있다. 또한 권한이 있거나 아이디어를 내는 역할을 맡은 사람만이 아닌 모든 사람들이 자신의 아이디어를 적극적으로 낼 수 있다는 느낌을 갖게 해주는 것이 매우 중요하다. 예를 들어, Pixar의 팀들은 개별작업자가 아직 가다듬어지지 않은 작업내용을 관리자와 동료들 앞에서 발표하고 피드백을 받는 "dailies"라는 미팅을 하고 있다. 조직의 모든 레벨에 있는 사람들이 비공식적인 방법으로 프로젝트의 창의적인 측면과 기술적인 측면에 대해 직접적인 피드백을 제시하는 것이다. *The Incredibles*와 *Ratatouille*와 같은 영화로 Osaca 감독상을 받은 Brad Bird에 따르면 "개별적인 애니메이터들은 모두 각기 다른 장점과 단점이 있습니다. 그러나 우리가 가진 장점들을 서로 연결시킬수 있다면 우리가 지구에서 가장 우수한 애니메이터그룹이 될 수 있습니다. 우리는 모든 사람들 앞에서 개인이 만든 장면을 평가합니다. 모두가 불편하기도 하면서 격려를 받기도합니다. 만약 문제에 대한 어떤 해법이 발견되면 모든 사람들이 그 해법에 대해 알게 되고 그 해법은 이제 모든 사람들이 사용할 수 있는 도구가 되겠죠.[52] 처음에는, Pixar에 근무하는 사람들이 발표하는 것 자체를 두려워했습니다. 그러나 약 두 달 정도 작업자들이 Bird나 다른 사람들의 솔직한 의견을 들으면서 도움을 받는 것을 보면서 사람들은 이제 다른 사람의 아이디어에 자신의 피드백을 줘도 괜찮다는 느낌을 갖기 시작했습니다."[53]

Pixar는 또한 직원들에게 상당한 자율성을 부여함으로써 창의적인 직원들을 모으고 성장시킬수 있었습니다. 팀들은 자신들의 작업시간, 복장, 작업공간의 구성, 프로젝트의 관리방식, 미팅을 하는 방식까지도 스스로 정할 수 있습니다. Pixar와 Walt Disney Animation Studios의 사장인 Ed Catmull은 "어떤 영화를 추진시키는 창의적인 비전은 어떤 한 두 사람에 의해 생겨나는 것이지 고위급 임원이나 특정 개발부서에서 생겨나는 것은 아니라고 믿습니다. 우리의 철학은 창의적인 사람들에게 큰 투자와 더불어 상당한 자유와 지원을 해주고, 그들이 모두로부터 진솔한 의견을 들을 수 있는 환경을 만들어주는 것입니다."라고 말했다.[54]

2. 합의라는 규범을 없앤다.

조직의 리더가 조직원들로 하여금 기존의 상식에 도전하기를 원한다면, 중요한 의사결정이나 또는 프로젝트를 진행시키기 위해 합의를 얻어야 된다는 관습과 규범을 없애는 것이 매우 중요하다. 합의를 요구하게 되면 사람들은 적당하고 무난한 아이디어에 수렴하게 되는 경향이 생기고, 만약 일을 진행시키려면 반드시 합의가 있어야 한다고 생각하게 되면 반대의견을 제시하기 어려워지면서 다른 사람이 제시한 아이디어에 특별히 논쟁할 게 없다면 그냥 동의하는 경향이 생긴다. 객관적인 위험에 대해 반드시 합의된 해법을 찾으려면 일반적인 해결책을 구할 수밖에 없다.[55] 예를 들어 2001년 10월에 출시된 Apple의 첫 번째 iPod의 개발을 생각해보자. 2000년 당시에는 일반 소비자용 휴대용 음향기기 시장은 실패한 제품들로 넘쳐나는 상태였다. Apple도 이 시장에 대해 경험이 전혀 없는 상태였다. 만약 Steve Jobs가 Apple이 어느 시장에 초점을 두어야 할지 사람들의 합의를 얻어야만 했다면 Apple의 연구개발 엔지니어나 제품매니저들이 휴대용 음향기기시장에 진입하자고 합의했을 것 같지는 않다. 그러나 바로 이 의사결정 때문에 iPod뿐만 아니라 종국에는 Apple이라는 세계에서 가장 가치 있는 회사로 만들어낸 iTunes이나 iPhone과 같은 제품들이 탄생할 수 있었다.

연구에 따르면 팀들이 특정 솔루션에 동의하지 않는 팀으로 하여금 다르거나 심지어 충돌하는 아이디어를 내보도록 허락하는 것도 매우 유용하다고 한다.[56] 예를 들어 CERN(강입자 충돌기를 운영하는 the European Organization for Nuclear Research) 물리학자와 엔지니어들은 팀을 이루어 "빅뱅"을 재현하여 우주의 기원에 대한 이해를 진보시키기 위해 입자들을 가속 충돌시키는 일을 하고 있다. 그러나 이 과학자 그룹들은 특정 문제의 해결책에 대해 의견이 일치하지 않는 경우가 종종 있었다. CERN의 관리자들은 처음에는 다른 아이디어보다 나아보이지 않는 어떤 아이디어가 약간의 개선을 더해주면 훨씬 더 좋은 아이디어로 발전해가는 것을 관찰했다. 이는 만약 아이디어들이 개발의 초기단계에서 너무 일찍 선택되기 위해 경쟁해야 한다면, 조직은 초창기에 좀 더 나아보이지만 장기적으로는 최고의 솔루션이 아닐 수도 있는 아이디어에 상당한 투자를 할 수밖에 없게 된다. 따라서 CERN은 여러 팀들이 각자의 해법을 독립적으로 개발할 충분한 시간을 주고 난 뒤 서로 모여서 자신들이 개발한 대안들을 비교하게끔 하였다. CERN은 이러한 방식을 통해 발명자가 사회와 분리된 듯한 내적감정을 이용하여 발명의 에너지를 얻듯이 팀들도 서로 분리됨으로 인해 발생하는 좋은 점들을 이용할 수 있게 한 것이다. 각 팀들은 다른 팀들이 뭐라고 생각하는가에 제한받지 않고 자신만의 경로를 따르도록 격려되었다.

3. 개별적으로 아이디어를 내는 방식과 그룹 브레인스토밍 방식

그룹 브레인스토밍이 창의성에 도움이 되는지 아니면 방해가 되는지에 관한 상당한 논쟁이 있다. 1953년 Alex Osborne은 Applied Imagination이라는 매우 영향력 있는 책에서 평균적인 사람은 혼자 일할 때보다 그룹의 일원으로 일할 때 2배 가까이 많은 아이디어를 낼 수 있다고 기술했다. 이 주장이 기업과 경영대학에서 상당히 유행하면서 그룹 브레인스토밍이 개별적으로 생각하는 것보다 더 창의적이라는 믿음이 더 견고하게 되었다. 그러나 이후 이루어진 십여 개의 실험연구는 Osborne의 주장과는 다른 결과를 발견하였다. 즉, 브레인스토밍그룹이 생산하는 아이디어의 수는 동일한 숫자의 개인들이 독립적으로 생산하는 아이디어들의 총합보다 훨씬 더 적고 새로운 면도 덜하다는 결과를 발견하였다.[57] 이 연구들은 그룹에 속한 사람들이 덜 창의적으로 되는 이유로 다른 사람들의 평가를 신경쓰는 마음(evaluation apprehension)과 그룹 멤버가 아이디어를 만들어내는 과정이 다른 사람에 의해 방해받는 현상(production blocking) 때문인 것을 발견하였다. 브레인스토밍에 참가하는 사람들은 자신의 아이디어가 타인에게 부정적으로 평가될까봐 자신의 아이디어에 대해 속으로 더 많은 검증을 하는 경향을 보일 수 있고, 여러 사람들이 돌아가면서 의견을 발표하는 경우 늦게 발표하는 사람들은 자신의 발언기회가 오기도 전에 자신이 이야기 하려했던 아이디어가 무엇이었는지 잊어버릴 수도 있다. 더군다나 다른 사람의 아이디어에 주목하다 보면 듣는 사람의 생각의 흐름이 바뀔 수 있는데, 이는 듣는 사람의 아이디어 창출 프로세스를 방해받는 것과 같은 결과를 초래한다. 그룹 브레인스토밍에 관한 약 20건의 연구를 대상으로 진행된 한 "메타분석"에서는 아이디어의 양과 질에서 생산성의 손실이 심각하고 광범위하다는 것을 발견하였다. 이러한 현상은 그룹의 크기가 클수록, 그리고 실험자 또는 권위 있는 사람이 브레인스토밍 과정을 감독할수록 더 커지는 경향이 있었다. 또한 타인의 평가에 대한 근심이나 타인의 아이디어 생성을 방해하는 현상이 있을 경우 생산성의 손실이 제일 심해진다는 것이 발견되었다.[58]

조직이나 교육적인 환경에서 팀으로 일하는 것은 이제 자연스러운 현상이다. 팀 작업은 매우 가치 있을 수 있지만 전술한 연구들에 따르면 각 개인이 팀에 공헌할 수 있는 가능성(특히 창의적인 해법이 필요한 경우)을 높이려면 팀 활동이 시작되기 전에 각 개인이 혼자 작업하는 시간이 필요하다고 한다. 그리고 그 과정에서 만들어진 아이디어들이 그룹토의 과정에서 사라지는 위험을 줄이기 위해, 자신의 아이디어를 종이에 적어놓거나 아주 간단한 방법으로라도 그 아이디어에 살을 붙여보는 것이 도움이 된다고 한다. 거의 모든 팀들이 어느 정도 집단사고의 피해를 보고 있는데, 다른 사람들보다 의견표시가 더 활발한 사람이나 다른 사람에 대해 강압적인 성격을 가진 사람은 대화를 장악하고 의사결정을 장악할 가능성이 높다. 그런 사람들은 의도하지 않더라도 팀을 특정 경로로 몰고 갈 가능성이 크다. 약간의 격리 그리고 혼자 있는 시간이 개인들에게 더 창의적인 아이디어를 개발할 수 있는 기회를 줄 수 있다.[59]

Google의 경우, 조직원들로 하여금 자기 자신의 프로젝트에 단독으로 작업하게 하고, 2장에서 언급한 것처럼 그들의 내적동기를 활성화시켰던 것이 Google의 유명한 제품들을 만들어내는 계기가 되었다. 예를 들어 Google의 연구자인 Krishna Bharat은 2001년 9월 11일 세계무역센터 테러의 여파로 사건에 관한 뉴스들이 급속히 만들어지는 상황을 정리하고자 하는 개인적인 동기로 Google News를 만들었다. 그런데 이 제품은 매우 유용해서 Google은 1년 후인 2002년 9월 일반 대중이 사용할 수 있는 베타버전을 시장에 출시했다. Gmail도 Google에 근무하던 한 엔지니어의 독자적인 프로젝트였다. Google Groups에서 일했던 Paul Buchheit은 2001년 8월부터 Gmail에서 일하기 시작했다. Google 내에서 많은 양의 내부 이메일이 돌아다니고 있었기 때문에 그는 넉넉한 저장 공간으로 자신의 이메일을 무한정으로 보관하면서도 자신이 찾고자 하는 이메일을 빠르게 찾아낼 수 있는 그런 서비스를 만들고 싶어 했는데 그것이 바로 오늘날의 Gmail이고 이는 2004년에 공식적으로 시장에 출시되었다.

4. 실패의 대가를 낮추어야 한다.

많은 기업들은 조직 내 혁신의 문화를 장려하기 위해 실패의 대가를 낮추고 심지어 대담하지만 좋은 아이디어를 바탕으로 했던 실패는 축하까지 하는 것이 도움이 되는 것을 발견했다. 예를 들어 Proctor & Gamble의 전 CEO였던 A. G. Lafley 는 조직 내 아주 획기적인 혁신을 만들어내는 핵심전략으로 실패에 대한 두려움이 없애는 방법을 사용했다. 그는 "우리가 성공으로부터 배우는 것보다 실패로부터 배우는 것이 훨씬 더 많습니다"라고 한다.[60] 이와 비슷하게 frog Design에서는 실패가 성장하기 위해 꼭 필요한 실험으로 간주된다. 실패를 지적하거나 이에 대해 벌칙을 주는 대신 frog Design는 실패와 성공으로부터 빠르게 배우기 위해 프로젝트 종료 후 전 과정을 돌이켜보는 방식을 사용한다. frog Design의 글로벌 혁신전략 부사장인 Theodore Forbath는 "조직의 리더는 특정 기대치를 달성하지 못했지만 새로운 배울 점을 제공할 수 있었던 프로젝트는 공개적으로 격려하고 실패를 자연스럽게 수용하는 문화를 만들어야 합니다."라고 말한다.[61] 제약업계의 대기업인 Eli Lilly는 기대했던 결과를 가져오지는 못했지만 조직에 상당한 학습이 일어날 수 있도록 해준 훌륭한 실패를 축하하기 위한 파티까지 한다. 그리고 Tata Group은 매년 조직내에서 가장 훌륭한 실패를 선정하여 상을 주고 있다.[62]

5. 이상적인 목표를 구축한다.

많은 기업들은 조직원들의 내적 동기를 고양시키고 조직원들을 하나로 결집시키기 위해 담대하고 숭고한 미션을 중심으로 조직을 운영하는 것이 가치 있다는 것을 발견하였다. Bristol-Myers Squibb의 미션은 "심각한 질병으로부터 고통받고 있는 환자들을 위해 혁신적 신약을 발견하고 개발하고 전달한다"를 미션으로 하고 있다. Google의 잘 알려진 미션은 "전 세계에 흐르는 정보를 모아서 모든 사람이 유용하게 사용할 수 있게 한다"이다. 그들의 고귀한 목표가 조직 내 잘 스며들도록 할 수 있다면 조직원들의 행동을 직접 관리하거나 인센티브를 제공하지 않으면서도 바람직한 방향으로 이끌어내는 조직의 원칙으로 작동할 수 있다. 조직원들이 의미 있거나 내적 가치가 있는 일(예를 들어 인간의 삶의 질 향상)이라고 인정하는 목표들이 하나의 사회적 요소로 작동한다면, 그러한 내적 동기는 조직원들로 하여금 미션을 달성하고 이를 통해 더 많은 성과를 이룰 수 있도록 조직원들에게 영감을 줄 수 있다.[63]

국경을 가로지르는 혁신 관리

혁신 활동들을 어떻게 조직할 것인가라는 주제는 다국적 기업에게 특히 관심 있는 주제이다. 중앙집권화와 분권화의 결정에 관한 논쟁에서 다루었던 문제들이 다국적 기업에서는 좀 더 확장된다. 외국 시장은 매우 다양한 정보와 자원들을 제공한다. 또한 매우 다양한 제품 수요와 상이한 운영 규범을 갖고 있다. 이 때문에 많은 기업들은 지역 정보를 활용하고 지역 시장에 맞게 혁신 활동을 재단하기 위해 R&D 분권화를 고려하게 된다. 그러나 이러한 분권화된 방식에 의해 개발된 혁신들이 다른 부서들에게는 확산되지 않을 수 있다. 지역 시장만을 겨냥한 제품과 프로세스라면 다른 시장을 상대해야 하는 부서들에게 보급되기 어려울 수 있다. 자기만을 위한 혁신을 개발하는 데 익숙해진 부서들은 그들 소유의 지식을 내주는 것에 대한 두려움을 느껴 다른 부서들과 공유하는 것을 꺼릴 수 있다. 또한 다른 지역에서 개발된 혁신들은 자신들의 지역 시장의 필요에 적합하지 않을 것이라는 믿음 때문에 다른 부서의 혁신을 채택하지 않으려 할 수 있다(*not-invented-here 신드롬*이라고 알려진 현상). 그러나 다국적 기업이 갖는 가치창출 잠재성의 많은 부분은 기술혁신(그리고 다른 핵심역량)을 다양한 시장에 활용할 수 있는 기회로부터 이루어진다. 혁신 활동들이 서로 간에 완전히 단절된 채로 자율적으로 진행된다면 이러한 기회를 막는 위험을 초래할 수 있다. 그렇다면 다국적 기업은 이러한 딜레마를 어떻게 해결하는가? Christopher Bartlett와 Sumantra Ghoshal에 의한 일련의 연구들은 다국적 혁신의 다양한 관리법들의 장점과 단점을 보여준다. 그들은 기업들이 사용하는 4가지 주요 전략을 발견하였다. 이들은 세계를 위한 중앙, 지역을 위한 지역, 지역적 활용, 그리고 세계적인 연결 전략들이다.[64]

세계를 위한 중앙 전략
모든 혁신 활동들이 중앙 허브에서 이루어진 뒤 기업 전체로 혁신이 확산된다.

세계를 위한 중앙 전략(center-for-global strategy)은 모든 혁신 활동들이 중앙집권화된 중심 허브에서 수행되는 것을 의미하여 이들 혁신은 전 세계적으로 활용된다. 관리자는 혁신 활동의 중앙집권화를 통해 다음의 사항들을 이룰 수 있다.

- 모든 R&D 활동을 엄격하게 조정한다(기능과 프로젝트 모두를 포함).
- 다양한 부서들 간의 중복 활동을 피하는 동시에 R&D 활동들의 더 깊은 특성화와 규모의 경제를 달성한다.
- 핵심역량을 개발하고 보호한다.
- 혁신을 표준화하여 회사 전체에서 활용되도록 한다.

관리자들은 기술의 진화를 통제하려는 강한 욕구를 가질 때, 그들이 소유한 기술의 보호에 대한 관심이 클 때, 개발활동들이 밀접한 조정을 요구할 때, 또는 기술적 변화에 빠르게 반응해야 할 필요가 있으나 분산된 노력들이 비효율성을 초래하는 경향이 있을 때, 혁신을 위해서 중앙집권화된 접근 방식을 선택하는 경향이 있다.[65] 그러나 세계를 위한 중앙 접근 방식은 각기 다른 시장의 다양한 요구에 민첩하게 반응하지 못하는 경향이 있다. 게다가 이들 시장을 다루는 부서들은 중앙에서 개발된 혁신들을 채택하고 진행시키는 데 저항할 수 있다. 결과적으로 중앙에서 개발된 혁신은 외국 시장의 필요에 잘 맞지 않을 수 있고, 또한 빠르거나 효과적으로 활용되지 않을 수 있다.

지역별 전략
기업의 각 부서가 지역 시장의 요구에 맞추어 그들 자신의 R&D 활동을 하는 경우.

지역별 전략(local-for-local strategy)은 세계를 위한 중앙 전략의 반대 개념이다. 각 국가의 지역 본사는 자기 자신의 자원을 사용하여 지역 시장의 욕구에 적합한 혁신을 이루려 하게 된다. 지역별 전략은 다양한 정보와 자원으로의 접근성이라는 장점을 가지고, 지역사회의 욕구와 입맛에 맞게 혁신을 재단한다. 관리자들은 부서들이 매우 자율적이고 시장이 매우 차별화되었을 때 지역을 위한 지역 전략을 선택하는 경향이 있다.

그러나 지역별 전략에는 몇 가지 단점이 있다. 이미 만들어진 것을 다시 만드는 식으로 불필요한 활동들이 중복될 수 있다. 게다가 각 부서에서 R&D 활동들이 충분한 규모로 수행될 수 없기 때문에 규모의 경제 측면에서 손실이 있을 수 있으며, 가치 있는 혁신들이 기업 전체로 확산되지 않을 위험이 있을 수 있다.

지역적 활용 전략
기업의 부서 또는 지사는 그들 자신의 R&D 활동을 수행하지만 혁신의 결과는 기업 전체에 걸쳐 극대화하는 것을 추구한다.

시간이 지나면서, 기업들은 세계를 위한 중앙 전략과 지역을 위한 지역 전략 양쪽의 이점을 얻으려고 이러한 전략들의 변형을 개발했다. Bartlett와 Ghoshal은 그러한 예로서 **지역적 활용 전략**(locally leveraged strategy)이라는 개념을 정의하였다. 지역적 활용 전략을 실행하는 기업은 부서들로부터 가장 창의적인 자원과 혁신적인 개발을 취해서 이들을 기업 전체에 걸쳐 활용하려 한다. 이 전략은 혁신을 기업 전체에 걸쳐 활용함과 동시에, 지역 시장에서 창조된 다양한 아이디어와 자원의 이점을 취하려는 목적을 가지고 있다. 소비자 시장에서 이 전략을 사용할 수 있는 방법 중 하나는 한 사람에게 특정 브랜드의 전 세계적 관리권한을 부여하는 것이다. 이 개인은 제품의 이미지와 포지셔닝을 일관성 있게 유지하면서 성공적인 브랜드가 기업의 다양한 시장에서 활용되도록 할 수 있다.[66] 만일 각기 다른 시장들이 유사한 욕구를 가지고 있다면, 이 전략은 매우 효과적일 수 있다.

국제적 연결 전략 혁신 활동들은 분권화 되었지만 기업의 글로벌 목표 달성을 위해 활동들이 중앙집권적으로 조정된다.

또 다른 접근인 **국제적 연결 전략**(globally linked strategy)은 분권화된 R&D 부서들을 서로 연결하는 시스템을 만드는 것을 의미한다. 각 지역으로 분권화된 부서는 다국적 기업의 필요에 따라 각기 다른 혁신 업무를 부여받는다. 예를 들어 다국적 자동차 제조업체는 유럽시장에 가장 적합하지만 궁극적으로 미국, 캐나다, 남미에서도 팔릴 수 있는 새로운 초소형 모델을 개발할 책임을 유럽 부서 중 하나에 맡길 수 있다. 한편, 미국 부서는 다른 제조업체들과 더불어 궁극적으로 기업 전체에서 사용될 효율적인 제조공정을 개발하는 책임을 질 수도 있다. 그리하여 각기 다른 지역 시장에 존재하는 자원과 능력을 취하기 위하여 혁신을 분권화하는 동시에, 기업 전체의 목표를 이루기 위해 혁신 활동들이 세계적으로 조정된다. 또한 이 접근은 혁신 활동들을 통해 발생한 학습의 효과가 기업 도처에 확산되는 것을 가능케 한다. 이 전략은 전 세계에 걸친 자원들을 활용하고 통합하는 능력에 있어서 상당히 강력하지만, 집중적인 조정이 필요하므로 많은 시간과 비용이 필요하다.

지역적 활용 전략과 국제적 연결 전략에 있어서, R&D 부서들은 분권화되어 있고 서로 연결되어 있다. 둘의 차이점은 R&D 부서들의 임무에 있다. 지역적 활용 전략에서 R&D 부서들은 서로 독립적이고 그들이 위치한 지역사업 단위에 적절한 개발 활동의 전 범위를 수행한다. 예를 들면 만약 그들의 지역사업 단위가 건강관리 상품, 미용관리 상품, 그리고 종이상품을 생산하고 판매한다면, R&D 부서는 이들 상품 모두에 관련된 개발 프로젝트를 수행하는 경향이 있다는 것을 의미한다. 그러나 기업은 최고의 혁신이 기업 전체에 활용되도록 하기 위해 부서들이 서로 그들의 개발 내용을 공유할 수 있는 통합 메커니즘(정기 지역 교차 미팅을 한다거나 한 브랜드의 관리자가 전 세계를 담당하는 것과 같은)을 설정한다. 이와 대조적으로 국제적 연결 전략에서는 R&D 부서들은 분권화되어 있지만, 그들은 기업의 국제적인 R&D 전략 안에서 각기 다른 역할을 수행한다. 그들이 속한 지역에 적합한 모든 개발 활동들을 수행하는 것보다는 특정한 개발 활동에 전문화된다. 예를 들어 R&D 부서는 건강관리, 미용관리, 그리고 종이제품들을 생산하고 판매하는 지역사업 단위에 속할 수 있지만 이 R&D 부서는 종이제품을 혁신하는 것에만 초점을 맞추는 반면 다른 지역의 다른 R&D 부서들은 건강관리 상품 또는 미용관리 상품에 초점을 맞출 수도 있다. 또 다른 부서들은 포장 혁신 등을 탐구하는 반면에, 어떤 부서는 모든 상품에 적용될 기초화학 응용상품에 초점을 맞출 수도 있다. 부서의 역할은 지역 시장에 존재하는 자원의 이점(풍부한 목재 또는 화학기술 기업들의 집적단지)을 활용하는 것일 것이다. 이 전략은 기업의 총체적인 R&D 전략하에서 잘 정의된 역할 수행을 통해 각 부서를 연결함과 동시에 외국 시장에 존재하는 다양한 자원과 지식들의 이점을 얻으려고 시도된다.

Bartlett와 Ghoshal은 다국적 기업의 목표는 결국 분권화된 혁신 활동을 효율적으로(부서 간 낭비를 제거하고 시너지를 개발함으로써)만드는 동시에, 중앙집권화된 혁신 활동을 더 효과적으로(다양한 지역 시장들의 필요에 보다 잘 대응하도록) 활용하는 것이라고 주장한다. Bartlett와 Ghoshal은 기업들은 기업의 여러 곳에 존재하는 자원과 능력이 어떠한 지역 시장에서도 일어날 수 있는 기회의 활용에 사용될 수 있도록 *국경을 초월한 접근*(*transnational approach*)을 해야 한다고 제안했다. 이는 다음의 접근 방식에 의해 달성될 수 있다.

- 기업 부서 간 상호의존성을 격려하는 것(각 부서는 기업의 다른 부서들에 의존하고 있음을 알아야 함)
- 여러 부서를 가로지르는 팀의 구성, 부서 간 인적 자원의 교류와 같이 부서들을 가로지르는 통합 메커니즘의 활용
- 한 브랜드의 국내 이미지와 세계적 이미지 사이에서 균형잡힌 조직의 정체성을 유지하는 것

Ericsson은 이러한 접근의 훌륭한 예를 제공한다. Ericsson의 조직구조는 혁신 활동들을 위해 엄격하게 중앙집권화되거나 분권화된 구조를 사용하기보다는 중앙집권화와 분권화 사이를 물 흐르듯이 이동하면서 흐른다. 어떤 경우에는 중앙집권화를 강화하고 특정 프로젝트들을 위한 글로벌 통합의 수준을 증가시키는 반면, 다른 때는 지역적으로 흩어진 부서들의 혁신 활동들에 더 많은 권한을 분권화하기도 한다. Jelinek과 Schoonhoven에 의해 묘사된 역동적 긴장의 접근 방식과 유사하게, Ericsson은 통합과 자율 사이의 균형을 조정하기 위해 기업구조를 정기적으로 변화시킨다. 또한 Ericsson은 부서 간 통합을 장려하기 위해 50에서 100명 정도의 기술자들로 구성된 팀을 1~2년 동안 다른 지사로 보내기도 한다. 그러한 순환프로그램은 기업 전체에 걸친 지식의 확산을 용이하게 한다.[67] 게다가 기술자들을 회사의 다양한 영역들에 통합되도록 격려하는 것은 기술자들이 세계적인 기업과 특정 부서들을 이해하는 데 도움을 준다.

요약

1. 기업 규모가 혁신에 미치는 영향에 관해서 50년 이상 논쟁과 토론이 이루어졌다. 규모는 R&D에서 규모의 경제, 보완재(자본과 시장 접근과 같은)로의 보다 나은 접근성, 그리고 학습효과와 같은 이점을 준다고 생각되었다. 그러나 규모는 또한 저항과 지배구조의 문제들과 같은 단점과 연관되어 있다.
2. 많은 기업들은 큰 조직을 더욱 전문화된 부서들의 네트워크로 분해시킴으로써 큰 조직들이 작은 조직들처럼 느껴지게 하려고 시도할 수 있다. 이들 부서들은 더 작고 더 혁신적인 기업처럼 행동할 수 있다.

3. 공식화와 표준화, 그리고 중앙집권화를 포함한 기업의 구조적 측면들은 기업의 혁신 성향과 혁신의 효과성에 영향을 미친다. 공식화와 표준화는 효율성을 향상시키는 경향이 있지만, 실험정신과 창조성을 억제하는 경향이 있다. 중앙집권화의 혁신에 대한 효과는 확실치 않은 면이 많다. 어떠한 경우에 중앙집권화는 중요한 혁신이 보다 빠르게 일어나도록 하는 반면, 다른 경우에는 분권화가 경영자들로 하여금 지역적 수요에 빠르게 반응하게 함으로써 더 많은 혁신을 촉진시키기도 한다.
4. 전통적으로 학자들은 조직 구조를 두 개의 주요 유형 즉, 매우 공식화되어 있고 표준화되어 있으며 효율적인 생산에 유리한 기계적 구조와 느슨하고 자유롭게 흘러가고 창의성과 실험정신에 좋은 유기적 구조로 나누고 있다.
5. 양수겸장의 조직들은 대기업들이 갖는 효율성의 이점과 작은 유기적 기업들의 창의성과 기업가적 정신을 동시에 달성하려고 한다. 이들 기업들은 부서마다 다른 구조와 통제 형식을 가지거나, 다른 구조들을 번갈아가며 사용할 수 있다.
6. 최근 많은 기업들은 개발 활동들을 수행하기 위해 기업 내 그리고 기업 사이에 느슨하게 연결된 네트워크를 구성하기 시작했다. 이런 변화를 초래한 이유 중 일부는 정보 기술의 향상과 이에 따른 조정비용의 감소로부터 기인한다.
7. 조직의 문화와 규범은 조직이 채용하는 직원들의 유형과 능력 그리고 혁신에 대한 의지에 커다란 영향을 준다. 연구에 따르면 능력주의와 자율성의 규범을 강조하고, 합의해야 한다는 것에 대한 규범을 없애고, 개인의 아이디어 창출을 격려하며, 실패를 질책하지 않고, 이상적인 목표를 추구하는 것을 격려하는 이 모두가 혁신을 장려하는 데 도움이 된다.
8. 다국적 기업들은 어디서 어떻게 그들의 R&D 활동을 수행할지에 대한 어려운 의사결정에 직면한다. 주요 문제 중 하나는 기업 내부의 일치성을 유지하고 기술적 혁신들이 조직 도처에 확산될 수 있도록 하는 것과 지역 시장의 지식과 자원들을 활용하려는 욕구 사이에서 균형을 잡는 것이다.

토론문제

1. 혁신활동 중 대기업들이 작은 기업들보다 잘 수행할 수 있는 특정 유형의 활동이 있는가? 작은 기업들이 더 잘 수행하는 활동의 유형은 무엇인가?
2. 혁신의 효과성 또는 효율성을 증가시키기 위한 공식화된 절차들을 마련하면 어떤 장점과 단점이 있는가?
3. 자신의 R&D 활동들을 중앙집권화하려 할 때 고려해야 할 요소들은 무엇인가? 기업은 R&D 활동의 중앙집권화와 분권화를 모두 사용하여야 하는가?
4. R&D 활동들의 중앙집권화 또는 분권화의 결정 문제가 한 국가의 시장에서 경쟁하는 기업보다 다국적 기업에서 더 중요한 이유는 무엇인가?
5. Bartlett와 Ghoshal에 의해 주창된 국경을 가로지르는 접근의 장점과 단점은 무엇인가?

추가자료

■ 대표문헌

Alfred Chandler, *Strategy and Structure: Chapter in the History of the American Industrial Enterprise* (Cambridge, MA: Harvard University Press, 1962).

James D. Thompson, *Organizations in Action* (New York: McGraw-Hill, 1967).

John Ettlie, William P. Bridges, and Robert D. O'Keefe, "Organization Strategy and Structural Differences for Radical versus Incremental Innovation," *Management Science* 30 (1984): 682–95.

Melissa A. Schilling, "Towards a General Modular Systems Theory and Its Application to Inter-firm Product Modularity," *Academy of Management Review* 25 (2000), 312–34.

Tom Burns and George M. Stalker, *The Management of Innovation* (London: Tavistock Publications, 1961).

■ 최근문헌

Mario Kafouros et al., "Geographic Dispersion and Co-Location in Global R&D Portfolios: Consequences for Firm Performance," *Research Policy* 47 (2018): 1243–55.

Martin Kornberger, "The Visible Hand and the Crowd: Analyzing Organization Design in Distributed Innovation Systems," *Strategic Organization* 15 (2017): 174–93.

Massimo G. et al., "Organizing for Radical Innovation: Exploring Novel Insights." *Journal of Product Innovation Management,* 34 (2017): 394–405.

Mu Tian et al., "How Does Culture Influence Innovation? A Systematic Literature Review." *Management Decision* 56 (2018): 1088–107.

■ 참고문헌

1. Deborah Dougherty, "Reimagining the Differentiation and Integration of Work for Sustained Product Innovation," *Organization Science* 12 (2001): 612–31; Abbie Griffin, "The Effect of Project and Process Characteristics on Product Development Cycle Time," *Journal of Marketing Research* 34 (1997): 24–35; Eric H. Kessler and Alok K. Chakrabarti, "Innovation Speed: A Conceptual Model of Context, Antecedents, and Outcomes," *Academy of Management Review* 21 (1996): 1143–91; and Ajay Menon, Jhinuk Chowdhury, and Bryan Lukas, "Antecedents and Outcomes of New Product Development Speed: An Interdisciplinary Conceptual Framework," *Industrial Marketing Management* 31 (2002): 317–28.
2. Joseph A. Schumpeter, *Capitalism, Socialism and Democracy* (New York: Harper & Brothers Publishers, 1942).
3. Wesley M. Cohen and Daniel A. Levinthal, "Absorptive Capacity: A New Perspective on Learning and Innovation," *Administrative Science Quarterly* 35 (1990): 128–52; and Morton I. Kamien and Nancy L. Schwartz, "Market Structure and Innovation—A Survey," *Journal of Economic Literature* 13 (1975): 1–37.
4. Fariborz Damanpour, "Organizational Size and Innovation," *Organization Studies* 13 (1992): 375–402.
5. Richard L. Daft, *Organization Theory and Design* (Minneapolis: West Publishing Company, 1995).

6. Wesley Cohen and Richard Levin, "Empirical Studies of Innovation and Market Structure," in *Handbook of Industrial Organization,* vol. II, eds. R. Schmalensee and R. D. Willig (Amsterdam: Elsevier Science Publishers B. V., 1989).
7. Ibid; and Julio Rotemberg and Garth Saloner, "Benefits of Narrow Business Strategies," *American Economic Review* 84, no. 5 (1994): 1330–49.
8. George Gilder, "The Revitalization of Everything: The Law of the Microcosm," *Harvard Business Review* 66, no. 2 (1988): 49–61.
9. M. Kharbanda, "Xerox Corporation: A Case Study in Revitalizing Product Development," in *Time-Based Competition: The Next Battleground in American Manufacturing,* ed. J. D. Blackburn (Homewood, IL: Business One Irwin, 1991): 177–90.
10. Athur Cotterel, *The Encyclopedia of Mythology* (London: Smithmark, 1996).
11. John Bound et al., "Who Does R&D and Who Patents?" in *R&D, Patents, and Productivity,* ed. Z. Griliches (Chicago: University of Chicago, 1984); Alok K. Chakrabarti and Michael R. Halperin, "Technical Performance and Firm Size: Analysis of Patents and Publications of U.S. Firms," in *Innovation and Technological Change: An International Comparison,* eds. A. J. Acs and D. B. Audretsch (Ann Arbor, MI: University of Michigan Press, 1991); Samuel B. Graves and Nan S. Langowitz, "Innovative Productivity and Returns to Scale in the Pharmaceutical Industry," *Strategic Management Journal* 14 (1993): 593–605; and Gregory N. Stock, Noel P. Greis, and Bill Fischer, "Firm Size and Dynamic Technological Innovation," *Technovation* 22 (2002): 537–49.
12. Zvi Griliches, "Patent Statistics as Economic Indicators: A Survey," *Journal of Economics Literature* 28 (1990): 1661–707; and F. M. Scherer, "The Propensity to Patent," *International Journal of Industrial Organization* 1 (1983): 107–28.
13. Abbie Griffin, "Product Development Cycle Time for Business-to-Business Products," *Industrial Marketing Management* 31 (2002): 291–304.
14. Wesley M. Cohen and Steven Klepper, "A Reprise of Firm Size and R&D," *Economic Journal* 106 (1996): 925–51; and Rebecca Henderson and Iian Cockburn, "Scale, Scope and Spillovers: The Determinants of Research Productivity in Drug Discovery," *Rand Journal of Economics* 27 (1996): 32–59.
15. Ron Ashkenas et al., *The Boundaryless Organization: Breaking the Chains of Organizational Structure* (San Francisco: Jossey-Bass Publishers, 1995); John Hagel and Marc Singer, "Unbundling the Corporation," *Harvard Business Review* (March–April 1999): 133–41; Melissa A. Schilling and Kevin Steensma, "The Use of Modular Organizational Forms: An Industry Level Analysis," *Academy of Management Journal* 44 (2001): 1149–69; Charles Snow, Raymond Miles, and Henry J. Coleman, "Managing 21st Century Network Organizations," *Organizational Dynamics* 20, no. 3 (1992): 5–20; and Todd R. Zenger and William S. Hesterly, "The Disaggregation of Corporations: Selective Intervention, High-Powered Incentives, and Molecular Units," *Organization Science* 8 (1997): 209–23.
16. Ravi S. Achrol, "Changes in the Theory of Interorganizational Relations in Marketing: Toward a Network Paradigm," *Academy of Marketing Science* 25 (1997): 56–71.
17. Henry Chesbrough and David Teece, "When Is Virtual Virtuous? Organizing for Innovation," *Harvard Business Review* (January–February 1996): 65–73; and D. Churbuck and J. S. Young, "The Virtual Workplace," *Forbes* 150, no. 12 (1992): 184–90.
18. Candace Jones, William Hesterly, and Stephen Borgatti, "A General Theory of Network Governance: Exchange Conditions and Social Mechanisms," *Academy of Management Review* 22 (1997): 911–45; Raymond E. Miles and Charles C. Snow, "Organizations: New Concepts for New Forms," *California Management Review* 28, no. 3 (1986): 62–73; and Raymond E. Miles and Charles C. Snow, "Causes of Failures in

Network Organizations," *California Management Review* 34, no. 4 (1992): 53–72.

19. David Lei, Michael A. Hitt, and Joel D. Goldhar, "Advanced Manufacturing Technology: Organizational Design and Strategic Flexibility," *Organization Studies* 17 (1996): 501–24; Ron Sanchez, "Strategic Flexibility in Product Competition," *Strategic Management Journal* 16 (1995): 135–60; Ron Sanchez and Joseph Mahoney, "Modularity, Flexibility, and Knowledge Management in Product and Organization Design," *Strategic Management Journal* 17 (1996): 63–76; and Melissa A. Schilling and Kevin Steensma, "The Use of Modular Organizational Forms: An Industry Level Analysis."
20. Felipe A. Csaszar, "Organizational Structure as a Determinant of Performance: Evidence from Mutual Funds," *Strategic Management Journal* 33 (2012): 611–32; Felipe A. Csaszar, "When Consensus Hurts the Company," *MIT Sloan Management Review* (2015), Spring: 17–20.
21. Laura B. Cardinal and Tim C. Opler, "Corporate Diversification and Innovative Efficiency: An Empirical Study," *Journal of Accounting & Economics* 19 (1995): 365–82.
22. Peter N. Golder, "Insights from Senior Executives about Innovation in International Markets," *Journal of Product Innovation Management* 17 (2000): 326–40.
23. Ajay Menon, Jhinuk Chowdhury, and Bryan A. Lukas, "Antecedents and Outcomes of New Product Development Speed."
24. P. S. Adler, "Building Better Bureaucracies," *Academy of Management Executive* 13, no. 4 (1999): 36–50.
25. Michael Treacy and Fred Wiersema, "Customer Intimacy and Other Value Disciplines," *Harvard Business Review* 71, no. 1 (1993): 84–94.
26. Morgan P. Miles, Jeffrey G. Covin, and Michael B. Heeley, "The Relationship between Environmental Dynamism and Small Firm Structure, Strategy, and Performance," *Journal of Marketing Theory and Practice* 8, no. 2 (2000): 63–75.
27. Dorothy Leonard, *Well-Springs of Knowledge: Building and Sustaining the Sources of Innovation* (Boston: Harvard Business School Press, 1996); Christine Moorman and Anne Miner, "Organizational Improvisation and Organizational Memory," *Academy of Management Review* 23, no. 4 (1998): 698–723; and Deborah Dougherty, "Reimagining the Differentiation and Integration of Work for Sustained Product Innovation," *Organization Science* 12 (2001): 612–31.
28. Richard Daft, *Organization Theory and Design;* and Ajay Menon, Jhinuk Chowdhury, and Bryan Lukas, "Antecedents and Outcomes of New Product Development Speed."
29. Michael L. Tushman and Charles A. O'Reilly, "Ambidextrous Organizations: Managing Evolutionary and Revolutionary Change," *California Management Review* 38, no. 4 (1996): 8–31.
30. Michael L. Tushman and Charles A. O'Reilly, *Winning through Innovation: A Practical Guide to Leading Organizational Change and Renewal* (Boston: Harvard Business School, 1997); and Michael L. Tushman and Wendy Smith, "Organizational Technology: Technological Change, Ambidextrous Organizations and Organizational Evolution," in *Companion to Organizations,* ed. J. A. Baum (New York: Blackwell Publishers, 2002): 386–414.
31. Christina Fang, Jeho Lee, and Melissa A. Schilling, "Balancing Exploration and Exploitation through Structural Design: Advantage of the Semi-isolated Subgroup Structure in Organizational Learning," *Organization Science* 21 (2010): 625–42.
32. Mary J. Benner and Michael L. Tushman, "Exploitation, Exploitation, and Process Management: The Productivity Dilemma Revisited," *Academy of Management Review* 28 (2003): 238–56; and Joseph L. Bower and Clayton M. Christensen, "Disruptive Technologies: Catching the Wave," *Harvard Business Review* 73, no. 1 (1995): 43–53.

33. Michael Rogers, "It's the Apple of His Eye," *Newsweek*, March 1, 2003.

34. Nicolaj Siggelkow and Daniel Levinthal, "Temporarily Divide to Conquer: Centralized, Decentralized, and Reintegrated Organizational Approaches to Exploration and Adaptation," *Organization Science* 14 (2003): 650–69.

35. Mariann Jelinek and Claudia B. Schoonhoven, *The Innovation Marathon: Lessons from High Technology Firms* (Oxford, UK: Basil Blackwell, 1990); and Claudia B. Schoonhoven and Mariann Jelinek, "Dynamic Tension in Innovative, High Technology Firms: Managing Rapid Technological Change through Organizational Structure," in *Managing Strategic Innovation and Change,* eds. M. L. Tushman and P. Anderson (Oxford: Oxford University Press, 1996).

36. Claudia Schoonhoven and Mariann Jelinek, "Dynamic Tension in Innovative, High Technology Firms."

37. Melissa A. Schilling, "Toward a General Modular Systems Theory and Its Application to Interfirm Product Modularity," *Academy of Management Review* 25 (2000): 312–34.

38. Carliss Y. Baldwin and Kim B. Clark, *Design Rules, Volume 1: The Power of Modularity* (Cambridge, MA: MIT Press, 2000); Raghu Garud and Arun Kumaraswamy, "Technological and Organizational Designs for Realizing Economies of Substitution," *Strategic Management Journal* 16 (1995): 93–109; and Ron Sanchez, "Strategic Flexibility in Product Competition."

39. John Hagel and John S. Brown, "Learning from Tata's Nano." *BusinessWeek,* February 27, 2008.

40. Melissa A. Schilling, "Towards a General Modular Systems Theory and its Application to Inter-firm Product Modularity," *Academy of Management Review* 25 (2000): 312–34.

41. Glenn Hoetker, "Do Modular Products Lead to Modular Organizations?" *Strategic Management Journal* 27 (2006): 501–18; Anna Cabigiosu and Arnaldo Camuffo, "Beyond the "mirroring" Hypothesis: Product Modularity and Interorganizational Relations in the Air Conditioning Industry," *Organization Science* 23 (2012): 686–703; Lyra Colfer and Carliss Y. Baldwin, "The Mirroring Hypothesis: Theory, Evidence and Exceptions," Harvard Business School Finance Working Paper No. 10–058 (2010), June 4th.

42. Marco Zeschky et al., "Coordination in Global R&D Organizations: An Examination of the Role of Subsidiary Mandate and Modular Product Architecture in Dispersed R&D Organizations," *Technovation* 34 (2014): 594–604.

43. Ron Sanchez and Joseph Mahoney, "Modularity, Flexibility, and Knowledge Management in Product and Organization Design."

44. Melissa A. Schilling and Kevin Steensma, "The Use of Modular Organizational Forms"; and Sanchez and Mahoney, "Modularity, Flexibility, and Knowledge Management in Product and Organization Design."

45. Erik Brynjolfsson et al., "Does Information Technology Lead to Smaller Firms?" *Management Science* 40 (1994): 1628–45; and Todd R. Zenger and William S. Hesterly, "The Disaggregation of Corporations: Selective Intervention, High-Powered Incentives, and Molecular Units," *Organization Science* 8 (1997): 209–23.

46. Erik Brynjolfsson, "Information Assets, Technology, and Organization," *Management Science* 40 (1994): 1645–63; and Lorin M. Hitt, "Information Technology and Firm Boundaries: Evidence from Panel Data," *Information Systems Research* 10, no. 2 (1999): 134–50.

47. Nicholas S. Argyres, "The Impact of Information Technology on Coordination: Evidence from the B-2 'Stealth' Bomber," *Organization Science* 10 (1999): 162–81.

48. Melissa A. Schilling and Kevin Steensma, "The Use of Modular Organizational Forms."
49. Martin Kornberger, "The Visible Hand and the Crowd: Analyzing Organization Design in Distributed Innovation Systems," *Strategic Organization* 15 (2017): 174–93.
50. Henry Chesbrough and David Teece, "When Is Virtual Virtuous?" and Melissa Schilling and Kevin Steensma, "The Use of Modular Organizational Forms."
51. Henry Chesbrough and David Teece, "When Is Virtual Virtuous?"
52. Hayagreeva Rao, Robert Sutton, and Allen P. Webb, "Innovation lessons from Pixar: An interview with Oscar-winning director Brad Bird," *McKinsey Quarterly,* April, 2008.
53. Melissa Schilling, *Strategic Management of Technological Innovation,* 5th edition. (New York: McGraw Hill, 2015).
54. Ed Catmull, "How Pixar fosters collective creativity," *Harvard Business Review* (September, 2008): 65–72.
55. Melissa A. Schilling, *Quirky: The Remarkable Story of the Traits, Foibles, and Genius of Breakthrough Innovators Who Changed the World* (New York: Public Affairs, 2018).
56. Christina Fang, Jeho Lee, and Melissa A, "Balancing exploration and exploitation through structural design: advantage of the semi-isolated subgroup structure in organizational learning," *Organization Science,* 21 (2010): 625–42
57. Michael Diehl and Wolfgang Stroebe, "Productivity loss in brainstorming groups: Toward the solution of a riddle," *Journal of Personality and Social Psychology* 53 (1987): 497–509; Wolfgang Stroebe, Bernard A. Nijstad, and Eric F. Rietzschel, "Productivity loss in brainstorming groups: The evolution of a question," In Zanna, MP & Olson JM (Eds). *Advances in Experimental Social Psychology* 43 (pp. 157–203). San Diego, CA: Academic Press.
58. Brian Mullen, Craig Johnson, and Eduardo Salas, "Productivity loss in brainstorming groups: A meta-analytic integration," *Basic and Applied Social Psychology* 12, no. 1 (1991): 3–23.
59. Melissa A. Schilling, Quirky: The remarkable story of the traits, foibles, and genius of breakthrough innovators who changed the world (New York: Public Affairs, 2018).
60. B. Ryder, "Fail often, fail well," *The Economist,* April 14, 2011; R. McGrath, "Failing by design," *Harvard Business Review,* April issue, 2011.
61. T. Forbath, "The realm of intelligent failure," *Rotman Management,* Winter, 2014.
62. T. Grant, "Failed at business? Throw a party," *The Global Mail,* May 28, 2013.
63. Melissa A. Schilling, Serial Breakthrough Innovation: The Roles of Separateness, Self-Efficacy, and Idealism. SSRN Working paper 2017, https://papers.ssrn.com/sol3/papers.cfm?abstract_id=3190195.
64. Christopher A. Bartlett and Sumantra Ghoshal, "Managing Innovation in the Transnational Corporation," in *Managing the Global Firm,* eds. C. A. Bartlett, Y. Doz, and G. Hedlund (London and New York: Routledge, 1990).
65. Ibid; and Alan M. Rugman, "Research and Development by Multinational and Domestic Firms in Canada," *Canadian Public Policy* 7 (1981): 604–16.
66. Peter Golder, "Insights from Senior Executives about Innovation in International Markets."
67. Tammy Madsen, Elaine Mosakowski, and Srilata Zaheer, "The Dynamics of Knowledge Flows: Human Capital Mobility, Knowledge Retention and Change," *Journal of Knowledge Management* 6, no. 2 (2002): 164–77.

Chapter 11

신제품 개발 프로세스 관리

Managing the New Product Development Process

Scrum, sprint 그리고 burnouts: Cisco Systems의 Agile 제품 개발

1984년 샌프란시스코에서 설립된 Cisco Systems는 라우터, 서버, 스위치, 네트워킹 소프트웨어, 보안 소프트웨어 등과 같은 네트워킹 기술 분야의 글로벌 리더로 성장했다. 회사는 신제품을 개발하는 과정에서 통상적으로 일련의 순차적인 과정을 거치는 소위 "폭포수(waterfall)" 방법을 사용했는데,[a] 이 방법은 상황을 분석하여 그 결과를 비즈니스 사례, 제품 요구사항, 마케팅 요구사항 등의 내용으로 문서화하면서 시작된다. 그런 다음 제품의 설계, 제작, 배포 별로 서로 각기 다른 팀들이 구성되어 일련의 순서에 따라 작업을 순차적으로 진행한다. 특정 팀은 이전 팀이 작업을 완료하고 난 이후에야 자신이 담당한 작업을 시작할 수 있으며 전체 프로세스는 18개월 이상 걸릴 수 있다.[b]

이 접근 방식은 "stage-gate" 방식과 유사하며 회사가 하드웨어 제품을 개발하는 방식도 이와 동일하다. 그러나 소프트웨어 부서의 관리자들은 이 프로세스가 불만스러웠고 회사의 신제품 개발 시간이 다른 경쟁 회사들에 비해 너무 길어져서 경쟁하기가 어렵다고 걱정했다. 2014년 그들은 소프트웨어 개발과정을 더 빠르고 유연하게 하기 위해 *agile 개발*이라는 새로운 접근방식을 시도하기로 결정했다.

Agilen 개발 방식은 2001년 Snowbird Utah에 있는 스키 리조트에서 진행된 3일간의 워크샵에서 17명의 소프트웨어 엔지니어들이 제시한 일련의 원칙에서 시작되었다.[c] 그들의 목적은 복수의 개발 인원들이 소프트웨어 개발을 더 빠르고 간결하게 진행하는 방법에 대한 합의에 도달하는 것이었다. 이를 위해 협동적 작업 방식, 자율적 작업 및 교차 기능팀을 강조하는 일련의 핵심가치와 업무 원칙을 개발하게 되었다.[d] 기존의 순차적 개발 방법과 agile 개발 방법 간의 주요 차이점은 완제품을 미리 설계하고 난 뒤 테스트 및 출시로 이어지는 일련의 순차적인 프로세스를 거치기보다는, 제품을 부분별 구성요소나 기능에 따라 나눈 뒤 부분별로 신속하게 작업한 뒤 각 부분 개발자가 연관 개발자로부터 피드백을 받아 문제점을 조기에 수정할 수 있게끔 한다는 데에 있다(그림 1 참조). 이 과정을 통해 개발자들은 상당한 자율권을 갖게 되었다.

이 방법은 빠르게 인기를 얻어서 Google, Spotify, Netflix, 및 Twitter와 같은 회사들도 이 방법을 사용하고 있다. 또한 이 방법은 원래 소프트웨어의 개발을 위해 고안되긴 했지만 다른 종

그림 1 ▶ Waterfall과 Agile 개발 방식

류의 프로젝트를 진행하는 데도 사용되고 있으며 Lockheed Martin, Walmart, 그리고 Exxon-Mobil과 같은 회사에서도 사용되고 있다.[e]

Agile 개발 프로세스

Agile 개발에서는, *product owner*(고객의 이익을 대변하는 조직의 직원)로 지정된 관리자가 사전에 조사 개발된 user stories 즉, 고객의 언어로 표현된 기능들에 대한 간략한 설명을 기반으로 개발해야 될 제품 기능들에 대한 목록을 수립한다. 이 리스트를 *product backlog*라 하는데 여기에 적힌 작업 내용들은 일련의 *sprints*로 다시 나누어 정리된다. 각 sprint는 대략 2주일 정도의 기간 동안에 product backlog에 표기된 내용들 중 개발되고 테스트되어야 하는 세부 작업 내용들로 구성된다. 작업은 소규모로 자율적으로 작업을 진행하는 *scrum 팀*들에 의해 수행되는데 이 팀에는 팀장이나 팀명이 존재하지 않는다. 팀원들 간에 공식적인 업무 분장이 이루어지지는 않으며 각 팀원은 자신이 할 수 있는 다양한 방법을 통해 팀이 맡은 작업을 완료하는 데 기여하며, 모든 팀원들은 논의를 통해 같이 의사결정을 내린다. 때로는 agile 개발과정에서 여러 scrum 팀들을 조율하는 코치의 역할을 하는 *scrum master*가 존재할 수도 있다. Scrum master는 일상적인 업무지시를 하지는 않으며 전체적인 프로세스를 총괄하는 역할을 한다.

팀은 어떤 작업들을 수행할 수 있는지 파악한 뒤 *sprint backlog*를 작성하는데, sprint backlog란 sprint 기간 동안 수행할 작업의 목록을 의미한다. Sprint 기간 동안 매일 매일 모든 팀원들과 product owner는 최대 15분의 간단한 미팅에 참석하여 전날 한 작업은 무엇인지, 그날은 어떤 작업을 할 것인지, 그리고 진행에 있어 어려움은 없는지를 공유한다. Sprint 기간 동안, scrum 팀은 팀이 책임지는 작업들을 아이디어에서 코딩 및 테스트에 이르기까지 진행한다.

각 sprint가 끝날 때 고객에게 시연할 수 있을 정도로 기본적인 기능을 수행하는 작업 내용 즉 최소 기능 제품 또는 *minimum viable product* (MVP)이 준비되어야 한다. 고객은 이를 바탕으로 개발 초기에 수시로 피드백을 제공함으로써 scrum 팀이 아이디어를 걸러내고 다듬을 수 있게 된다. *Burndown chart*는 각 sprint의 잔여 업무량 또는 제품 출고 여부가 표시되며, sprint의 진행이 계획대로 진행되고 있는지를 판단하는 데 사용된다.

"일찍 출시하고 자주 출시하라"

Agile 개발에서는 제품 재설계가 포괄적인 방식으로 이루어지기보다는 제품이 끊임없이 점진적으로 개선된다. 한 번에 하나 또는 소수의 작은 변경 사항을 추진하면 위험을 줄이는 데 도움이 되며, 되는 것과 안 되는 것에 대한 투명성이 향상된다. 반면, 한 번에 많은 변경 사항들이 동시에 추진되면 제품의 전반적인 성공 또는 실패 이유를 알아내기가 어렵다.

Agile 접근 방식을 사용하려면 제품이 모듈화될 수 있어야 한다. 즉, 제품이 개별적으로 작업할 수 있는 비교적 작고 상대적으로 독립적 형태로 분해될 수 있어야 하는데 모든 제품이 그렇게 분해될 수 있는 것은 아니다.[f] 또한 agile 접근법의 잠재적인 단점은 제품에 큰 시스템적 변화를 주는 것은 더 어렵거나 불가능할 수 있다는 것이다.

그러나 적절한 환경이 마련된다면 agile 개발 방식은 제품 개발을 가속화하고 고객 만족도를 향상시키며, 직원들에게 자율성과 주인의식을 심어주기 때문에 직원 만족도를 향상시킬 수 있다. Cisco의 한 팀원에 따르면 "예전에는 상사가 팀원들에게 작업 내용을 구체적으로 지시했으나, 이제는 나도 우리 팀원들에게 작업내용을 구체적으로 지시할 수는 없다고 상사에게 이야기해요. 다만 제안을 하고 나면 팀원들이 상의하여 어떤 일을 어떻게 하는 것이 맞는지를 스스로 판단하여 결정합니다."라고 말하였다.[g]

〈토론문제〉

1. Agile 개발 프로세스의 장단점은 무엇인가?
2. Agile 개발과 이 장에서 설명한 (a) stage-gate 프로세스와 (b) 병렬적 개발 프로세스 간의 유사점과 차이점은 무엇인가?
3. Agile 개발을 사용하기 위해 개발 인력 관리에 있어 필요한 변경 사항은 무엇인가?
4. Agile 개발 방식이 적절한 프로젝트는 어떤 프로젝트이며, 어떤 종류의 프로젝트에는 부적절하다고 생각하는가?

[a] https: //www.scaledagileframework.com/cisco-case-study/

[b] R. Chen, R. Ravichandar, and D. Proctor, "Managing the Transition to the New Agile Business and Product Development Model: Lessons from Cisco Systems," Indiana University Kelley School of Business Teaching Case (2016).

[c] http: //agilemanifesto.org/history.html

[d] "Agile Manifesto", 2001, *Agile Alliance*. https: //www.agilealliance.org/agile101/the-agile-manifesto/

[e] C. M. Nyce, "The Winter Getaway that Turned the Software World Upside Down," *The Atlantic*, December 8, 2017 https: //www.theatlantic.com/technology/archive/2017/12/agile-manifesto-a-history/547715/.

[f] M. A. Schilling, "Modularity in Multiple Disciplines," in R. Garud, R. Langlois, and A. Kumaraswamy eds., *Managing in the Modular Age: Architectures, Networks and Organizations* (Oxford, England: Blackwell Publishers, 2002) pp. 203–214.

[g] R. Chen, R. Ravichandar, and D. Proctor, "Managing the Transition to the New Agile Business and Product Development Model: Lessons from Cisco Systems," Indiana University Kelley School of Business Teaching Case (2016).

개요

빠르고 효과적이면서 효율적으로 신제품을 개발하는 능력은 많은 산업에서 기업을 성공으로 이끄는 가장 중요한 요소이다. 컴퓨터 하드웨어와 소프트웨어, 전기통신, 자동차, 그리고 소비자 가전과 같은 산업에서 많은 기업은 매출의 50% 이상을 최근 5년 동안에 새로 출시한 제품들에 의존한다. 그러나 신제품 개발에 대한 지대한 관심에도 불구하고 신제품 개발 프로젝트의 실패율은 골치 아플 정도로 높다. 많은 평가에 의하면, 신제품 개발 프로젝트의 95% 이상은 경제적 보상을 얻지 못한다고 한다.[1] 많은 개발 프로젝트들은 완성되지 못하고, 완성된 프로젝트들도 시장에서 허우적거리고 있다. 따라서 많은 연구들이 어떻게 하면 신제품 개발과정을 더 효과적이고 더 효율적으로 만들 것인가에 집중되어왔다. 본 장에서는 신제품 개발에서 사용된 최고와 최악의 사례로부터 나타난 신제품 개발 프로세스의 전략적 필요성에 대해 살펴볼 것이다.

먼저 신제품 개발 프로세스의 세 가지 주 목표인 소비자 요구 적합성의 극대화, 개발 시간의 단축, 그리고 개발 비용의 통제에 관해 살펴볼 것이다. 그리고 나서 병렬적인 개발 프로세스의 수행, 프로젝트 후원자 개념의 활용, 개발과정에서 소비자와 공급업자의 참여 등 목표달성을 위한 몇 가지 방법들을 다룬다. 다음으로 전체과정 중에서 프로젝트의 계속 진행 여부에 대한 의사결정 시점을 정하는 방법, 품질기능 전개를 통해 디자인 목표를 정의하는 방법, 제조 용이성 설계의 개념과 CAD/CAM 시스템을 통해 개발비용과 시간을 줄이는 방법, 그리고 신제품 개발 프로세스의 성과평가를 위하여 매트릭스를 사용하는 방법 등 기업이 개발 프로세스의 효율성과 효과성을 향상시키기 위해 사용할 수 있는 도구들을 살펴보겠다.

신제품 개발 프로세스의 목표

신제품 개발이 성공적이기 위해서는 서로 상충될 수도 있는 세 가지 목표들을 동시에 달성해야만 한다. 그 목표들은 (1) 소비자 요구 적합성의 극대화, (2) 개발기간의 최소화, (3) 개발 비용의 관리이다.

■ 소비자 요구 적합성의 극대화

신제품이 성공하기 위해서는 경쟁 제품보다 나은 기능, 높은 품질 또는 더 매력적인 가격을 제공해야만 한다. 이러한 목표들의 명백한 중요성에도 불구하고 많은 신제품 개발 프로젝트들은 이를 달성하는 데 실패한다. 그 이유는 다음과 같다. 우선 기업은 소비자들이 어떠한 가치를 가장 중요하게 생각하는지에 대한 명확한 이해가 없어서 소비자들이 분명한 가치가 있다고 느끼는 기능 이외의 기능들에 과도한 투자를 하는 결과가 발생할 수 있다. 기업은 또한 특정 기능에 대한 소비자들의 선호를 과대평가하여 시장에서 받아들여지기에는 너무 비싼 가격의 상품을 만드는 경우가 있다. 마지막으로 기업은 고객 요구의 이질성을 해결하는 데 어려움을 겪을 수 있다. 만약 몇몇 고객 그룹들이 서로 다른 기능들을 요구한다면 기업은 이러한 상충되는 요구들을 절충할 제품을 만들어내는데, 이러한 제품이 결국에는 누구도 만족시키지 못하는 결과를 초래할 수도 있다.

기존의 제품에 비해 기술적으로 진보한 기능을 제공했던 많은 제품들이 고객들의 요구에 부응하지 못해 시장에서 실패하였다. 예를 들어 PDA 시장에서 상대적으로 초기 진입자였던 Apple의 Newton MessagePad를 생각해보자. Newton은 많은 면에서 뛰어났으며, 최상의 처리성능을 가진 첨단의 ARM610 RISC 칩을 탑재하고 있었다. 운영체계는 소프트웨어 프로그래머들이 강력히 요구했던 객체지향 방식이었고, 다른 개발자들을 통해 제품을 빠르게 확산시키기 위해 개방적 구조를 사용했다. 또한 무게, 크기, 배터리 수명은 대부분의 초기 경쟁자들보다 월등했다. 그러나 Newton MessagePad는 주머니에 넣고 다니기에는 너무 커서 손에 들고 다니는 장치로서 유용성이 제한적이었다. 많은 기업 고객들은 Newton의 화면이 그들의 응용제품들을 사용하기에는 너무 작다고 생각했다. 마지막으로 필체인식 소프트웨어에 관한 초기 문제점들로 인해 많은 사람들은 제품에 치명적인 결함이 있다고 믿게 되었다.

또 다른 예로 Philips의 비디오게임기 산업의 진입 시도를 들 수 있다. 1989년 Philips는 Compact Disk Interactive (CD-i)를 소개했다. CD-i는 32비트 시스템(Sega의 32비트 Saturn과 Sony의 32비트 PlayStation 훨씬 이전에 소개되었던)이었고, 게임기 본체와 더불어 다수의 교육용 프로그램을 제공하며 오디오 CD를 사용할 수 있었다. 그러나 Philips는 소비자들이 이 기능들을 얼마나 가치 있게 여길 것인가(그리고 지불 의사)를 과대평가했다. CD-i는 Nintendo나 Sega의 비디오게임 시스템 가격의 두 배 이상인 799달러에 가격이 설정되었다. 게다가 이 제품은 숙달된 판매원이 30분 이상 사용설명을 해야 할 정도로 매우 복잡했다. 결국 많은 소비자들의 관심을 끄는 데 실패했고, Philips는 CD-i를 포기했다.

■ 개발 시간의 최소화

고객의 요구와 잘 부합되는 제품이라 할지라도 시장에 나오기까지 너무 오랜 시간이 걸린다면 실패할 수도 있다. 5장에서 논의하였듯이 제품을 시장에 빨리 출시하는 것은 기업이 브랜드 충성도를 구축하고 희소한 자산을 선점하고 고객 전환 비용을 구축하는 것에 도움이 된다. 신제품을 늦게 출시하는 기업은 고객이 이미 다른 제품들에 넘어간 것을 발견하게 될 것이다. 또한 시장에 일찍 제품을 출시할 수 있는 기업은 제품의 가치와 매력을 향상시킬 수 있는 보완재를 개발(또는 다른 이들을 개발하도록 격려)할 더 많은 시간을 가질 수 있다.[2] 다른 모든 조건들이 동일하다고 할 때, 시장에 일찍 소개된 제품들은 나중에 출시된 제품들에 비해 고객기반과 보완재 가용성의 장점을 갖는 경향이 있다.

개발 기간
프로젝트의 시작에서 제품 출시까지 경과된 시간으로, 달 또는 연의 단위로 측정된다.

개발 기간(development cycle time)에 관한 또 다른 중요한 고려사항은 개발비용과 제품수명 주기의 감소이다. 첫째, 개발비용의 많은 부분은 시간에 직접적으로 연관되어 있다. 개발에 참여한 직원들의 인건비와 기업의 자본비용은 모두 개발 기간이 길어질수록 증가한다. 둘째, 기술의 특정 세대가 주도하는 시장에 제품을 늦게 출시한 기업은 그 세대가 진부화되기 전에 개발에 투자된 고정비용을 모두 회수할 수 있는 가능성이 줄어든다. 이러한 현상은 특히 제품수명 주기가 12개월(개인용 컴퓨터, 반도체) 정도밖에 되지 않는 전자제품과 같은 역동적인 산업에서 명확하게 나타난다. 시장에 느리게 반응하는 기업은 제품을 출시할 즈음에, 시장 수요가 이미 차세대 기술의 제품으로 이동한 것을 경험할 수도 있다.

마지막으로 개발 기간이 짧은 기업은 디자인에서의 결함이 발견되거나 기술이 진보함에 따라 제품을 빠르게 변경 또는 업그레이드할 수 있다. 개발 기간이 짧은 기업은 시장의 최초 진입자로서의 이점*과* 추종자로서의 이점 모두를 취할 수 있는 것이다.

몇몇 연구자들은 개발 기간을 짧게 하면서 신제품을 시장에 급하게 출시하는 것의 단점들을 지적하기도 한다. 예를 들어 Dhebar는 빠른 제품 출시가 부정적인 소비자 반응을 일으킬 수 있다고 지적했다. 소비자들은 과거의 구매에 대해 후회할 수 있고 신제품을 사더라도 그것들이 곧 진부해질까봐 구매를 주저할 수도 있다.[3] 다른 연구자들은 신제품 개발의 속도가 빨라지면 품질이 떨어지거나 제품이 완전하지 않은 상태에서 출시되는 결과가 발생할 수 있다고 주장한다.[4] 개발 기간의 압축은 개발팀에게 과중한 업무 부담을 지워서 제품 디자인 또는 제조 프로세스상의 문제점을 간과하는 결과를 초래할 수 있으며, 개발 스케줄을 맞추기 위해 필요한 제품 테스트가 생략되는 경우가 생길 수도 있다.[5] 그러나 이러한 위험에도 불구하고, 대부분의 연구들은 신제품들의 속도와 상업적 성공 사이의 관계에서 강한 양의 상관관계를 발견했다.[6]

■ 개발 비용의 관리

어떤 경우에는 기업이 소비자의 기대치를 상회하는 제품을 만들고 일찍 시장에 출시하기 위해 집중적인 노력을 하는 과정에서, 개발 비용을 지나치게 지출하여 제품이 시장에서 성공적인 반응을 얻더라도 개발 비용을 회수할 수 없는 경우가 있을 수 있다. 이는 개발 노력이 *효과적*이어야 할 뿐 아니라, *효율적*이어야 함을 강조한다. 이 장의 후반에서는 개발 비용을 감독하고 통제하는 방법들을 다룬다.

순차적인 개발 프로세스 그리고 부분적으로 병렬적인 개발 프로세스

1990년대 중반까지 대부분의 미국 기업들은 신제품 개발 프로세스를 한 단계에서 다음 단계로 순차적으로 이동하는 방식으로 진행했다(그림 11.1a 참조). 이 프로세스에는 여러 단계의 관문들이 있는데, 각 관문에서 관리자들은 프로젝트를 다음 단계로 이동시킬지 아니면 전 단계로 되돌려 보낼지 또는 프로젝트를 중단할지를 결정하게 된다. 일반적으로 R&D와 마케팅 부서가 기회발견과 제품개념 개발단계에서 많은 정보와 노력을 제공하고, R&D 부서가 주도적으로 제품을 디자인하며, 생산 부서가 주도적으로 제조과정을 디자인하게 된다. 순차적인 개발 프로세스의 비판자들에 따르면, R&D와 생산 부서 간에 의사소통의 문제가 있다면 제품 디자인이 제조 가능성에 대한 고려 없이 이루어져서 추후 문제가 발생할 수 있다. 이 프로세스에서는 계획되었던 기능의 제조가 불가능하다는 것을 나타내주는 조기 경보시스

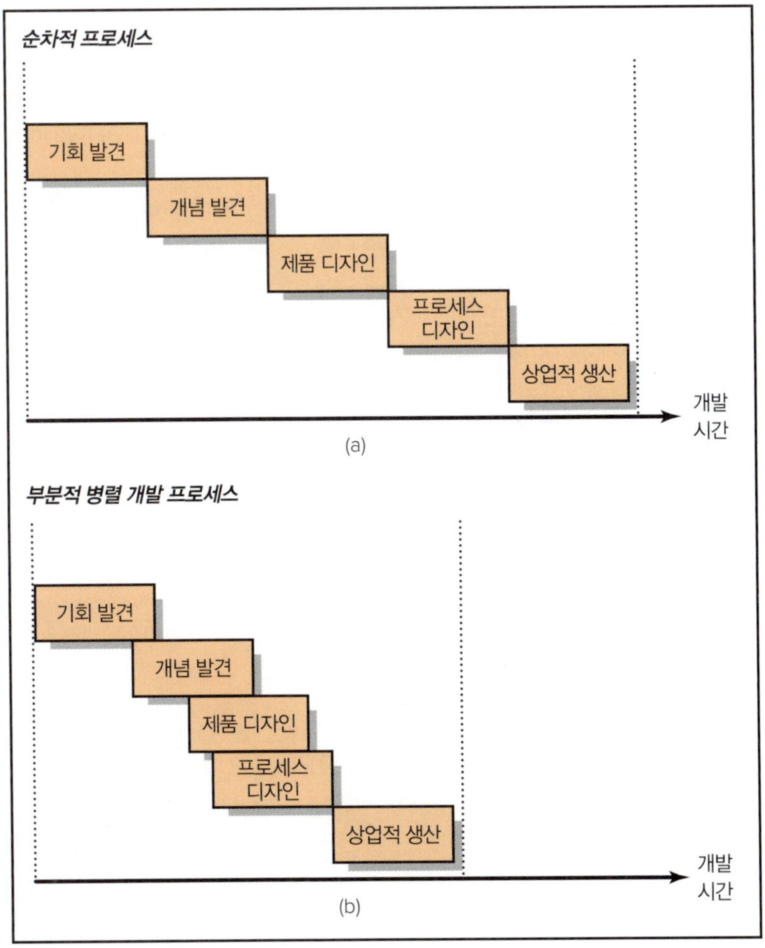

그림 11.1 ▸ 순차적 그리고 부분적 병렬 개발 프로세스의 비교

이론의 적용 Zantac의 개발

1970년대, 영국의 Glaxo Holdings PLC는 유아용 음식으로 잘 알려진 세계적인 헬스케어 대기업 중 하나였지만 매출을 증가시키기 위해 새로운 히트 상품이 필요했다. 다양한 가능성들을 심사숙고하는 가운데, Glaxo 연구실험실의 리더인 David Jack은 미국에 위치한 SmithKline Beecham 소속 연구원이자 노벨상 수상자인 James Black의 강연에 참석했다. Black은 강연에서 위세포가 위산을 분비하는 것을 막아주는 H_2 blocker라고 불리는 화합물을 이용한 위궤양 치료의 새로운 가능성에 대해 설명했다. Jack은 이 강연 내용에 흥미가 있었다. 위궤양은 흔한 질병이었기 때문에 효과적인 해결책이 있다면 시장에서 큰 기회가 될 것이라고 생각한 Jack은 안전하고 효과적인 처방을 위해 다양한 화합물들을 실험하기 시작하였다. 하지만 안타깝게도, SmithKline Beecham의 연구자들이 1977년 Tagamet를 소개하면서 Glaxo를 결승점에서 무찔렀다. Tagamet은 혁명적인 위궤양 치료제였고 판매가 경이적으로 증가했다.[a]

Jack의 팀은 실망했지만 좌절하지 않고 계속해서 연구하였다. Merck와 Eli Lilly를 포함한 다른 회사들 또한 위궤양 치료제를 개발하고 있었고, Jack은 그들보다 앞서 시장에 제품을 출시한다면 상당한 점유율을 얻을 수 있을 것이라 믿었다. 같은 해, 팀은 ranitidine (Tagamet은 cimetedine이라 불리는 화합물을 사용)을 기초로 한 화합물로 목표를 달성하였다. 그러나 Jack은 Glaxo가 Merck과 Eli Lilly보다 앞서서 제품을 시장에 내놓으려면 약품승인과 시장출시에 일반적으로 소요되는 10년간의 임상시험 기간을 대폭 줄여야 한다는 것을 깨달았다. 이를 달성하기 위해 Jack은 제약산업에서 처음으로 병렬적 개발과정을 도입했다. 일반적으로 사용되는 임상시험(예를 들어 쥐에서 원숭이, 단기 유독성에서 장기 유독성) 순서를 따르는 대신, Jack은 모든 실험들을 동시에 수행하자고 제안했다.[b] 이러한 강도 높은 개발 프로세스가 개발 기간을 반(5년)으로 줄일 수는 있으나 비용이 많이 들고 위험한 것이었다. 만약 개발 노력들이 연구비용을 너무 증가시킨다면 약품의 판매를 통해 이러한 비용을 만회하기가 어려워질 것이었다.

다행스럽게도 Jack의 팀을 위해, Glaxo의 재무 담당자인 Paul Girolami이 프로젝트를 후원하기로 하였다. Girolami는 기업은 잠재적으로 획기적인 하나의 약품개발을 위해서 다른 수익성 있는 일련의 제품들을 거는 모험을 감행할 수 있어야 한다고 주장하였다. “모든 계란을 하나의 바구니에 담음으로써 신경을 집중시킬 수 있다. 왜냐하면 그것이 확실히 튼튼한 바구니가 되도록 노력하기 때문이다.”라고 말하였다.[c] 그는 회사가 개발과정을 줄이는 것에 투자하는 것이 가치가 있을 뿐 아니라, 또한 개발 제품이 Tagamet보다 부작용이 적고 하루에 한 번만 복용해야(Tagamet는 하루에 두 번 복용이었다)한다고 주장했다. 이러한 속성들이 Zantac을 최고의 제품으로서 차별화하는 데 도움을 줄 것이며, Glaxo가 SmithKline Beecham으로부터 점유율을 빼앗아 올 수 있게 해줄 것이라 기대되었다. 개발 프로세스는 성공적이었고, 1982년에는 제품의 출시가 준비되었다. 개발비용을 만회하기 위하여, Girolami는 제품에 프리미엄 가격 전략(Tagamet보다 3분의 1높은)을 선택했고, 제품의 장점들이 추가적인 가격을 정당화할 것이라고 주장했다. 또한 그는 제품이 세계적인 모든 주요 시장들에 출시돼야 한다고 주장했고, 제품의 미국시장 침투를 빠르게 하기 위하여 Hoffman-LaRoche와 유통동맹 관계를 설정했다.

Girolami의 전략은 성공적이었고, 그해 말 Zantac은 Tagamet으로부터 한 달 평균 10만 명의 환자를 빼앗아 왔다. 1987년 Zantac의 판매는 Tagamet의 판매를 초과했고, 1991년 Zantac은 세계에서 가장 많이 팔리는 전문 의약품이 되었으며 미국 판매 역사상 10억 달러를 달성한 첫 의약품이 되었다.[d] David Jack과 Paul Girolami는 기사 작위를 수여받았고, Paul Girolami 경은 Glaxo의 CEO로 임명되었다.[e]

[a] A. Corsig, T. Soloway, and R. Stanaro, “Glaxo Holdings PLC: Zantac,” in *New Product Success Stories*, ed. R. Thomas (New York: John Wiley & Sons, Inc., 1995), pp. 242–52.

[b] Ibid.

[c] C. Kennedy, “Medicine Man to the World,” *Director* 46, no. 4 (1992), pp. 106–10.

[d] “Anti-Ulcer Drugs: Too Much Acid,” *The Economist* 318, no. 7700 (1991), pp. 82–84.

[e] Corsig, Soloway, and Stanaro, “Glaxo Holdings PLC: Zantac.”

템이 없기 때문에, 프로젝트가 제품 디자인과 제조 프로세스 디자인 단계를 왔다 갔다 반복하면서 제품개발 기간이 늘어질 수 있다.[7]

부분적 병렬 개발 프로세스
일부 또는 전체 개발활동들이 최소한 부분적으로 겹치도록 진행되는 신제품 개발 프로세스. 예를 들어 활동 A가 활동 B에 선행한다면, 활동 B는 활동 A가 끝나기 전에 시작된다.

동시공학
일부 제품개발과정에서의 여러 단계들(예를 들어, 제품 개념 개발, 제품 디자인, 그리고 공정 디자인 등)의 진행과 제품사용주기상의 나중 단계(유지 보수, 폐기 그리고 재활용)들을 위한 계획이 동시에 고려되는 제품 디자인 방법.

많은 기업들은 개발 프로세스를 짧게 하고 개발 사이클상의 단계들 간의 반복으로 인한 시간낭비를 피하기 위하여 그림 11.1b에 묘사된 것처럼 **부분적 병렬 개발 프로세스**(partly parallel development process)를 적용하고 있다.[8] 제품 디자인은 제품 개념이 완성되기 전에 시작되고, 프로세스 디자인은 제품 디자인이 최종적으로 결정되기 오래전에 시작되기 때문에, 각기 다른 단계들 간의 밀접한 조정이 가능하게 되고 R&D 부서가 제조하기 어렵거나 비용이 많이 드는 제품을 디자인할 가능성을 줄일 수 있다. 따라서 디자인 단계들 간에 시간낭비적인 반복을 제거하고 전체적인 개발 기간을 줄일 수 있다. 병렬적 개발 프로세스의 한 유형인 **동시공학**(concurrent engineering)은 기존의 제품개발 단계들을 동시에 수행할 뿐만 아니라, 유지와 폐기와 같이 제품사용주기상 하단에 위치하는 단계들도 고려한다.

그러나 병렬적 개발 프로세스가 광범위하게 사용되는 것만은 아니다. 어떤 경우에는 병렬적 개발 프로세스를 사용하는 것이 오히려 개발과정의 위험이나 비용을 상당히 증가시킬 수 있다. 만약 제품 디자인의 변화가 제조 프로세스 디자인의 상당한 변화를 요구한다면, 제품 디자인이 완성되기 전에 제조 프로세스 디자인을 시작하는 것은 비용을 많이 들여 제조 프로세스를 재디자인해야만 하는 결과를 초래할 수도 있다. 특히 빠른 변화와 불확실성의 특징을 갖는 시장에서는 그러한 위험이 상당할 수 있다.[9] 게다가 한 번 프로세스 디자인이 시작되면, 시장조사 결과 제품 디자인이 최적이 아니라고 밝혀지더라도 관리자들이 제품 디자인을 변경하는 것을 달갑지 않게 생각할 수 있다. 개발 프로세스에서 여러 개의 단계별 관문(stage-gate)*의 개념을 이용하고자 하는 이유는 바로 이러한 위험을 줄이고자 하는 것이다.

프로젝트 후원자

신제품 개발에 관한 많은 연구들은 기업이 신제품 개발 프로젝트의 원활한 진행을 위해 회사의 임원을 프로젝트의 후원자로 지정할 것을 권고하고 있다.[10] 프로젝트 후원자는 프로젝트를 지원하고 이를 위해 싸울 힘과 권한을 갖고 있는 사람을 의미한다. 그들은 프로젝트를 위한 인적자원과 자본의 배치를 용이하게 하고, 자원이 모자라서 개발 기간이 늘어나는 일이 없도록 하며, 불가피하게 발생하는 장애물들을 극복하기 위해 필요한 추진력이 유지될 수 있도록 돕는다.[11] 또한 프로젝트 후원자는 개발과정에 관여하는 기능 부서들 사이의 의사소통과 협력을 촉진시킬 수도 있다. 기능부서 간 상호 의사소통과 협력은 개발 기간을 줄이고 제품 속성을 소비자의

* 주: Stage-Gate®는 Stage-Gate International Inc.가 등록한 트레이드 마크이다.

요구에 잘 맞도록 하는 데 필수적이므로, 직급이 높은 프로젝트 후원자의 존재는 개발 과정의 효과성을 향상시킬 수 있다. 2001년 현재 북미 기업들의 68%, 유럽 기업들의 58%, 그리고 일본 기업들의 48%가 신제품 개발 프로젝트를 후원하기 위해 후원자를 지정하고 있다고 보고되었다.[12] 프로젝트 후원자의 성공적인 예는 이 장의 <이론의 적용: Zantac의 개발>에 설명되어 있다.

■ 후원의 위험성

그러나 활발하게 프로젝트를 후원하는 것 또한 자체적인 위험요소를 가지고 있다. 후원자로서의 역할이 프로젝트의 진정한 가치에 대한 평가를 어렵게 할 수 있다. 낙관주의는 제품개발 과정에서 흔히 일어나는 현상인데, 설문조사에 따르면 프로젝트로부터 창출되는 미래 현금흐름이 일관되게 높게 추정되는 왜곡현상을 보인다고 한다.[13] 후원자의 역할을 수행하는 과정에서, 이러한 낙관주의는 종종 지나친 수준에 이르기도 한다. 좀 더 많은 노력을 강요하는 가운데 관리자들이 희생되는 경우가 생기기도 하고, 심지어 프로젝트가 잘 진행되지 않는 것이 명백하거나 프로젝트의 가치를 뒷받침하던 요소들이 더 이상 존재하지 않음에도 불구하고, 프로젝트가 중단되어야 한다는 것을 받아들이지 않는 경우가 생길 수 있다. 후원자들의 광적인 열의와 끈기 덕분에 모든 불리함을 극복하고 성공한 프로젝트들에 대한 이야기도 흔하지만, 프로젝트들을 수행하는 데 너무 지나치게 열성적이어서 파산에 이른 경우도 흔하다. 한 개발 프로젝트에 자신의 명성과 삶을 투자한 경영자들은 때로는 손실에도 불구하고 프로젝트를 중단하기 어려운 상황에 놓이게 된다. 이는 잃은 것을 회복하려는 유혹 때문에 실적이 좋지 않은 주식을 오래 붙잡고 있게 되는 것과 유사하다. 후원자의 연공서열은 자원을 얻고 협력을 촉진할 때는 자산이 되지만, 프로젝트의 기대가치가 마이너스라고 판단될 때에는 바로 이 연공서열 때문에 다른 사람들이 프로젝트 후원자에 대해 반대의견을 내기가 어려워진다.[14]

이러한 문제점을 해결하기 위해 기업들은 공식적인 비판자의 역할을 맡는 "반(反)후원자"를 지정할 수 있다. 기업은 반대의견에 대해 열려 있는 사내 문화를 격려해야 하고, 후원자들은 개인의 강압이 아닌 객관적인 기준을 근거로 그들의 프로젝트를 정당화해야 한다.[15] 뒤의 <연구요약>에는 프로젝트 후원자에 관한 다섯 가지 오해들이 설명되어 있다.

개발 프로세스에 소비자와 공급업자의 참여

이전에 언급했듯이, 많은 제품들은 기능과 가격에 대한 소비자의 요구를 충족시키지 못하거나 시장에 출시되기까지 너무 오랜 시간이 걸리기 때문에 경제적 이윤을

연구요약 제품 후원자에 관한 다섯 가지 오해

Stephen Markham과 Lynda Aiman-Smith는 신제품 개발 프로세스에서 후원자에 대해 잘못 알려진 상식들이 여러 개 있다고 주장하였다. Markham과 Aiman-Smith는 제품 후원자가 신제품 개발에 결정적인 역할을 한다고 믿으며, 제품 후원자들이 효과적이기 위해서는 개발과정에서 그들의 역할이 완벽하게 이해되어야 한다고 주장했다. Markham과 Aiman-Smith는 제품 후원자에 관한 이론적 실증적 문헌들을 검토한 뒤 다섯 가지의 오해를 찾아냈다.

오해 1.

후원자들이 존재하는 프로젝트들은 시장에서 성공할 가능성이 더 높다.

Markham과 Aiman-Smith의 프로젝트 후원자 사용에 관한 경험적인 자료에 따르면 후원자들이 존재하는 프로젝트라고 해서 특별히 더 성공 가능성이 높은 것은 아니었다. Markham과 Aiman-Smith는 후원자들이 프로젝트의 완결 가능성을 높여주기는 하지만, 시장성공을 결정하는 요소들은 종종 후원자들의 통제 범위를 넘어선다고 지적했다.[a]

오해 2.

후원자들은 이기적인 이유가 아닌 프로젝트에 대한 열정적 흥미가 있기 때문에 참여한다.

Markham과 Aiman-Smith는 경험적인 증거들에 비추어볼 때 후원자들은 후원자 자신의 부서에 이익을 주는 프로젝트들을 지원하는 경향이 더 있다.[b]

오해 3.

후원자들은 급진적인 혁신 프로젝트에 참여하는 경향이 있다.

다양한 연구에서 발견된 실증적 증거들은 후원자들은 급진적이거나 점진적인 혁신 프로젝트에 동등하게 참여하는 경향이 있다고 지적한다.

오해 4.

후원자들은 조직 내의 상부(또는 하부) 계층 출신인 경향이 있다.

Markham과 Aiman-Smith는 상부 계층 또는 하부 계층의 관리자들이 후원자가 되는 경향이 있다고 사람들이 오해한다고 주장했다. 프로젝트들을 지원하는 유명한 상위 관리자들에 관한 많은 이야기가 있는 반면, 프로젝트의 성공을 위해 열심히 싸우는 하부 계층의 후원자들을 대상으로 한 이야기도 많이 있는데, 경험적인 증거에 따르면 후원자들은 조직 내의 어떠한 계층에서도 존재할 수 있다(참고로 이 연구는 기업의 모든 계층으로부터의 후원자들이 동일하게 효과적이라고 하지는 않았다).

오해 5.

후원자들은 마케팅 부서 출신인 경향이 있다.

Markham과 Aiman-Smith는 유명한 프로젝트 사례에서 종종 마케팅의 배경을 가지고 있는 후원자들을 좀 더 강조할지는 모르겠지만, 190명의 후원자들에 대한 경험적인 연구에 따르면 후원자들은 기업의 많은 직무 부서들로부터 나오고 있다고 밝혔다. 연구에 따르면 후원자의 15%는 R&D 출신이며, 14%는 마케팅, 7%는 생산과 운영, 그리고 6%는 일반 관리자 출신이었다. 흥미롭게도, 후원자의 8%는 프로젝트에서 목표하는 혁신의 잠재적인 고객들이었다.[c]

[a] Stephen Markham, Stephen Green, and Raja Basu, "Champions and Antagonists: Relationships with R&D Project Characteristics and Management," *Journal of Engineering and Technology Management* 8 (1991): 217–42; Stephen Markham and Abbie Griffin, "The Breakfast of Champions: Associations between Champions and Product Development Environments, Practices, and Performance," *The Journal of Product Innovation Management* 15 (1998): 436–54; and Stephen Markham, "Corporate Championing and Antagonism as Forms of Political Behavior: An R&D Perspective," Organization Science 11 (2000): 429–47.

[b] Stephen Markham, "Corporate Championing and Antagonism as Forms of Political Behavior."

[c] Diana Day, "Raising Radicals: Different Processes for Championing Innovative Corporate Ventures," *Organization Science* 5 (1994): 148–72.

창출하는 데 실패한다. 이러한 문제점들은 개발 프로세스에 소비자들과 공급업자들을 참여시킴으로써 감소될 수 있다.

■ 소비자 참여

기업들은 종종 마케팅 측면의 기준보다 새로운 프로젝트에 의해 달성되는 재무적 고려사항과 생산 수준 그리고 기술적 시너지 효과에 기반을 두고 프로젝트에 관한 의사결정을 한다. 이는 프로젝트 선택에 있어서 기존의 사업 활동들과 밀접하게 관련된 점진적 제품 향상만을 지나치게 강조하는 경향을 초래할 수 있다.[16] 프로젝트 선별결정은 신제품의 장점과 우월성 그리고 목표 시장의 성장에 초점이 맞추어져야 한다.[17] 최종 소비자는 신제품의 최대 수행능력과 최소 서비스 요구를 가장 잘 확인할 수 있는 존재이다. 기업이 최종 소비자를 실제 개발팀이나 제품 디자인의 초기 과정에 참여시킴으로써 소비자의 요구에 더 잘 맞는 신제품을 개발하는 데 도움을 받을 수 있다.[18] 유통업자들도 신제품개발 과정에서 가치있는 파트너가 될 수 있다. 이들은 종종 누가 이 제품을 사게 될지를 가장 잘 이해하는 사람들일 수 있고, 고객이 이 제품을 어떻게 사용할지, 문제점이나 개선점이 있다면 가장 먼저 알게 되는 사람들일 수 있다.[19]

Agile 개발
소프트웨어 개발과정에서 일반적으로 사용되는 프로세스로서 전체 제품을 독립적인 작은 단위들로 나누고 이들을 자율적인 팀들이 맡아서 개발하는 방식이다. 사양들이 개발될 때마다 소비자들의 반응을 빠르게 구하면서 전체 제품이 빠르게 연속적으로 개선되는 효과를 누릴 수 있다.

소비자들은 신제품개발 과정에서 정보의 제공자 또는 신제품의 공동개발자로 참여할 수 있다.[20] 많은 기업들은 개발 프로세스 초기에 소비자 의견을 얻기 위해 *베타 테스팅*을 사용한다. 제품의 *베타 버전*은 테스트와 피드백을 위하여 시험 사용자들에게 제공된 초기 프로토타입이다. 또한 베타 버전은 제품을 상업적으로 대량 생산하기 이전에 기업이 제품의 주요 특성들을 시장에 알리는 역할을 한다. 요즈음 소프트웨어 개발과정에서 종종 사용되는 **agile 개발**(agile development) 프로세스에서는 한 걸음 더 나아간다. Agile 개발에서는 제품을 작은 단위의 사양이나 기능들로 나누고 이들은 가장 핵심적인 기능 정도만을 구현하는 *최소기능제품*(*minimum viable products*)으로 개발되어 소비자들의 반응을 구하는 데 사용된다. 이 과정에서 빠른 점진적 개선이 가능해지는 것이다. 소비자들과 함께 제품을 *공동으로 창조*(*co-create*)하는 보다 더 폭넓고 다양한 방법으로 소비자들을 신제품 개발 프로세스에 참여시키는 기업들도 있다(이 부분은 크라우드소싱에 관한 내용에서 좀 더 다룬다).

선도 사용자
시장의 일반 소비자들과 동일한 일반적인 요구를 가지고 있지만 다른 이들보다 몇 달 혹은 몇 년씩 일찍 그러한 요구를 경험하는 경향이 있고 그러한 요구의 해결로부터 상당한 효용을 얻는 소비자들.

몇몇 연구들은 기업이 많은 수의 고객표본보다는 선도 사용자들의 제안에 보다 초점을 맞추어야 한다고 주장한다. **선도 사용자**(lead users)들은 일반적인 시장의 소비자와 동일한 요구를 갖고 있지만, 그러한 요구를 다른 대부분의 소비자들보다 몇 달 또는 몇 년씩 일찍 경험하고, 그러한 요구를 해결함으로써 상당한 효용을 얻을 것이라 기대되는 소비자들을 의미한다.[21] 제품개발관리협회(Product Development & Management Association; PDMA)의 설문에 따르면 기업들은 평균적으로 그들이 수행하는 프로젝트의 38%에 선도 사용자를 활용하고 있다고 한다. 당연한 이야기이겠지만, 고객들이 혁신의 창조과정에 참여하는 경우 그 결과물은 고객의 니즈

이론의 적용 제품 개념 개발에서 선도 사용자 활용법

건설용품과 장비를 제조하는 유럽 기업인 Hilti AG는 그들의 파이프걸이(빌딩의 벽이나 천장에 묶인 파이프들을 고정시키는 철 받침대) 개발에 선도 사용자를 활용하였다. 처음에 기업은 전화 인터뷰를 통해 선도 사용자의 특징(시장 흐름에 앞서 있고 새로운 해결책으로부터 상당한 효용을 얻는)이 있는 고객들을 찾아냈다. 선도 사용자들은 그들의 욕구에 부합할 수 있는 파이프걸이 시스템을 개발하기 위해 3일간의 제품 개념 창출 워크숍에 참여하도록 초대되었다. 워크숍 마지막에 모든 선도 사용자들의 요구에 가장 부합하는 파이프걸이 디자인이 선택되었다. 그리고 나서 기업은 12명의 일상적인 사용자(선도 사용자는 아니지만 Hilti와 오랫동안 긴밀한 관계를 갖고 있는 고객들)들에게 이 디자인을 보여주었다. 12명의 일상적인 사용자 중 10명은 과거 디자인에 비해 새로운 디자인을 선호했고, 10명 중 한 명을 제외한 모두는 신제품에 대해 20% 높은 가격을 지불할 의사가 있다고 하였다. 프로젝트가 성공적이었던 것뿐만 아니라, 선도 사용자 활용법은 기업이 제품 개념을 개발하기 위해 사용했던 전통적인 시장조사 방법보다 빠르고 비용이 적게 들었다. Hilti의 일반적인 과정은 16개월이 소요되고 비용도 10만 달러이었지만, 선도 사용자 활용법은 9개월이 소요되었고 비용은 5만 1,000달러였다.

출처: Cornelius Herstatt and Eric von Hippel, "Developing New Product Concepts via the Lead User Method: A Case Study in a Low-Tech Field," *Journal of Product Innovation Management* 9 (1992): 213–21.

나 기대에 더 잘 부합하는 경향을 보인다.[22] 기업들이 선도 사용자들을 어떻게 활용하는지에 대한 보다 자세한 내용이 앞의 <이론의 적용> 부분에 제공되어 있다.

■ 공급업자 참여

신제품 개발과정에 소비자들을 참여시켜야 한다는 논리 중 많은 부분이 공급업자의 참여에도 적용된다. 기업은 공급업자들의 지식기반을 활용함으로써 자신의 정보자원을 확장시킬 수 있다. 공급업자들은 제품팀의 실제 구성원이거나 제휴 파트너로서 조언을 할 수 있으며, 어떤 경우든지 간에, 제품 개선이나 개발 효율성 향상을 위한 아이디어를 제시할 수 있다. 예를 들면 공급업자는 같은 기능을 낮은 비용으로 달성할 수 있는 대안적인 부품(또는 부품의 구성)을 제안할 수 있을 것이다. 게다가 관리자들은 공급업자와 협력함으로써 부품들을 제시간에 공급받고 개발시간 단축을 위해 필요한 부품의 변화를 빠르게 일어나도록 할 수 있다.[23] 연구에 따르면 많은 기업들이 제품개발 프로세스에 공급업자들을 포함시킴으로써 신제품들을 적은 시간, 적은 비용, 그리고 높은 품질로 생산할 수 있었다고 한다.[24]

Boeing은 777기의 개발과정에 소비자와 공급업자를 모두 참여시켰다. 이 과정에서 모든 직원(엔지니어, 기장, 승무원)들이 Boeing의 기술자들과 긴밀히 협조하여 비행기가 최대의 기능을 구현하면서 편안하게 디자인되도록 노력하였다. Boeing은 또한 General Electric과 다른 부품 공급업자들을 프로젝트팀에 포함시켜 비행기의 엔진과 몸체를 동시에 디자인하였고 이를 통해 적합성을 극대화 할 수 있었다.

크라우드소싱
일종의 분산형 문제풀이 방식으로, 보상이나 자기만족을 위해 노력과 아이디어를 제공하려는 일단의 사람들에게 제품 디자인 또는 생산에 관한 문제를 공개하여 해결책을 찾으려는 접근 방식.

■ 크라우드소싱

기업들은 또한 *혁신 과제*를 다양한 네트워크에 산재한 일반 대중 또는 특정 혁신가의 그룹과 같은 제삼자 그룹들에게 연결시켜 개방적인 방식으로 혁신을 이룰 수 있다. 이 과정에서 기업은 제삼자 그룹들을 직접 접촉할 수도 있고 혁신가 그룹을 보유한 전문적인 크라우드소싱 서비스 제공자를 통해 접촉할 수도 있다. 예를 들어, NineSigma와 같은 크라우드소싱 서비스 제공자는 전 세계적으로 200만 명 이상의 과학자와 엔지니어들로 구성된 네트워크를 이용하여 혁신 과제들을 관리한다. 이와 유사하게, Topcoder는 백만 명 이상으로 구성된 소프트웨어 코더들의 커뮤니티를 기업들과 연결시켜 준다. InnoCentive와 같은 기업은 폐쇄형 네트워크를 통해 서비스를 제공하면서 기업이 솔루션 제공자의 구체적인 신상에 대해 알 수 없도록 한 곳도 있는 반면, NineSigma와 같이 개방형 네트워크를 통해 서비스를 제공하면서 기업이 제출된 제안서의 모든 내용뿐만 아니라 솔루션을 제안한 모든 사람들의 구체적인 연락처까지 알 수 있는 경우도 있다.

크라우드소싱을 통한 혁신과제는 일반적으로 다음의 네 단계 프로세스를 거치면서 진행된다.

1. **니즈 해석**. 특정 영역에서 사용되는 은어나 전문용어의 사용을 최대한 자제하면서 니즈(needs)에 대한 분명하고 간결한 설명서를 작성해서 과제를 가장 기본적인 형태의 과학문제로 표현한다. 예를 들어, NineSigma는 세탁물 건조기에서 꺼낸 셔츠의 주름을 줄일 수 있는 방법을 찾는 고객을 돕고자 다음과 같은 설명서를 작성했다. "고객은 유기물질의 표면 장력을 줄이는 방법을 찾고자 한다." 이러한 설명서의 장점은 특정 응용분야를 언급하지 않음으로써 전혀 관계가 없을 것 같은 다양한 분야 전문가들의 관심을 끌어 모으는 것이다. 이 예에서는, 직접회로를 연구하는 한 교수가 개발한 특수 폴리머가 고객의 가장 큰 관심을 얻었다. 니즈 설명서는 일반적으로 짧은 1~2페이지 분량으로 *제안요구서(Request-for-Proposal)*라고 불린다. NineSigma의 Andy Zynga는 "관심을 불러일으키기 위해서 매우 명료하고 간결한 니즈 설명서 작성이 매우 중요합니다."라고 언급하였다. 한 설명서에 두 개의 니즈를 담고 싶은 욕심이 생길 수도 있지만 매우 바람직하지 않으며 성공 가능성이 줄어들 뿐이다.[25]
2. **연결**. 혁신과제는 해법 발견에 가장 적합하다고 판단되는 전문가 그룹의 네트워크에 공지되어야 한다.
3. **평가/선택**. 제출된 제안서들은 심층평가를 거쳐 가장 흥미로운 제안서가 채택되어 보고서 형태로 작성된다.
4. **구매**. 회사는 해법 제안자와 접촉하여 지식 이전, 라이센스, 특허 등의 구매를

협상한다. 여기에는 일반적으로 금전적인 또는 다른 형태의 보상이 포함되며, 기업의 구체적인 니즈에 대한 해법까지도 포함될 수 있다.

사람들은 다양한 이유로 크라우드소싱에 참여하고 있으며 때로는 비금전적인 이유로 참여하는 경우도 있다. 예를 들어 Ben & Jerry는 회사의 고객들에게 새롭고 다양한 아이스크림 향을 개발해 달라고 요청하면서, 최고의 맛을 제안한 사람에게 지속가능하면서 공정한 거래방식을 사용하고 있는 도미니카 공화국의 코코아 농장을 방문하는 상을 주었다. 반면, 참가자들은 보상보다는 문제해결[26]에 따르는 도전감과 즐거움 또는 사회적 평판과 같은 효용을 얻기 위해 참여하기도 한다.[27] 예를 들어, Fiat Brazil에서는 "*Fiat Mio* (My Fiat)"로 불리는 새로운 개념의 자동차를 개발하기 위해 크라우드소싱을 활용했다. Fiat는 웹사이트를 만들어 사람들로 하여금 미래의 차를 만들도록 초대하였다. 전 세계 17,000명 이상의 사람들이 11,000건 이상의 아이디어를 제출하였는데 이들은 디자인뿐만 아니라 연비 향상이나 생산효율성처럼 각 개발 단계마다 발생하는 문제들을 해결하는 데 기여할 수 있도록 초대받았다. 참가자들은 Fiat를 포함한 다른 사람들과 서로 교감한다는 기쁨과 자신들의 아이디어가 자동차에 반영된다는 만족감 이외에는 별도의 보상을 받지는 않았다. 수백 명의 Fiat Mio 공동개발자들은 그 차량이 처음 공개된 Sao Paulo 모터쇼에 초청되었다.

수천 개의 기업과 공공기관들이 불가능할 것같이 생각되었던 문제들의 해법을 찾기 위해 크라우드소싱을 이용하였다. 예를 들어, 바다의 플라스틱 오염물질을 줄이거나 오피오이드 진통제의 위기, 탄소 포집을 다루는 "Grand Challenges"들이 크라우드소싱을 통해 해법을 찾고 있다. 그러나 크라우드소싱이 모든 유형의 프로젝트에 적절한 것은 아니고, 세간의 이목을 끌었던 몇몇 크라우드소싱은 프로젝트를 아이디어단계에서 실행의 단계까지 이동시키는 과정에서 매우 다른 종류의 기술과 조직의 자원이 필요했기 때문에 실패하기도 했다.

신제품 개발 프로세스 향상을 위한 도구

개발 프로세스를 향상시키기 위해 가장 많이 사용되는 보편적 도구는 stage-gate 프로세스, 품질요소 전개(품질의 집), 제조 용이성 디자인, 그리고 CAD/CAM이다. 여러 가용한 도구들을 사용하면서 신제품 개발과정을 크게 향상시킬 수 있고 제품을 고객 요구와 최대로 일치시킬 수 있다.

■ Stage-gate 프로세스

앞서 논의하였듯이, 프로젝트에 대한 애착이 늘어나면 관리자들이 프로젝트의 기대가치가 이미 투입된 비용보다 적다고 판명된 이후에도 계속하여 프로젝트를 지지할 수 있고, 잘못된 프로젝트를 계속 수행하면서 결국 막대한 비용 손실을 초래할 수 있다. 이러한 상황들을 피하기 위해 많은 관리자들과 연구자들은 제품 개발 프로세스에서 엄격한 **go/kill 결정 지점**(go/kill decision point)의 설정을 제안하고 있다. Go/kill 지점들을 담고 있으면서 가장 널리 알려져 있는 개발 프로세스 모델은 Robert G. Cooper에 의해 개발된 stage-gate 프로세스이다.[28] 이 stage-gate 프로세스는 개발 프로세스의 각 단계들을 통해 프로젝트들을 진행한다는 청사진을 제공한다. 일반적인 stage-gate 프로세스가 그림 11.2에 나타나 있다.

go/kill 결정 지점 개발 프로세스에서 관리자들이 프로젝트를 중단하거나 계속 진행하도록 허용할지 여부를 반드시 평가해야만 하는 지점들.

각 단계에서 프로젝트팀 리더가 이끄는 교차기능팀은 개발 프로젝트의 위험을 낮추기 위해 디자인된 병렬적인 활동들을 진행한다. 팀은 프로세스의 각 단계에서 프로젝트를 계속 진행(go), 중단(kill), 보류, 또는 프로젝트를 다시 시행 등을 결정하는 데 사용하기 위해 중요한 기술, 시장, 그리고 재무에 관한 정보를 모은다.

1단계에서 팀은 프로젝트의 빠른 조사와 개념화를 수행한다. 2단계에서 팀은 제품의 정의, 사업 타당성, 그리고 다음 단계를 위한 구체적인 행동계획을 포함하는 사업계획을 세운다. 3단계에서 팀은 제조과정, 시장출시, 그리고 운영계획을 포함한 제품의 실제 디자인과 개발을 시작한다. 또한 이 단계에서 팀은 다음 단계에서 사용될 테스트 계획을 수립한다. 4단계에서 팀은 제안된 신제품, 마케팅 그리고 생산을

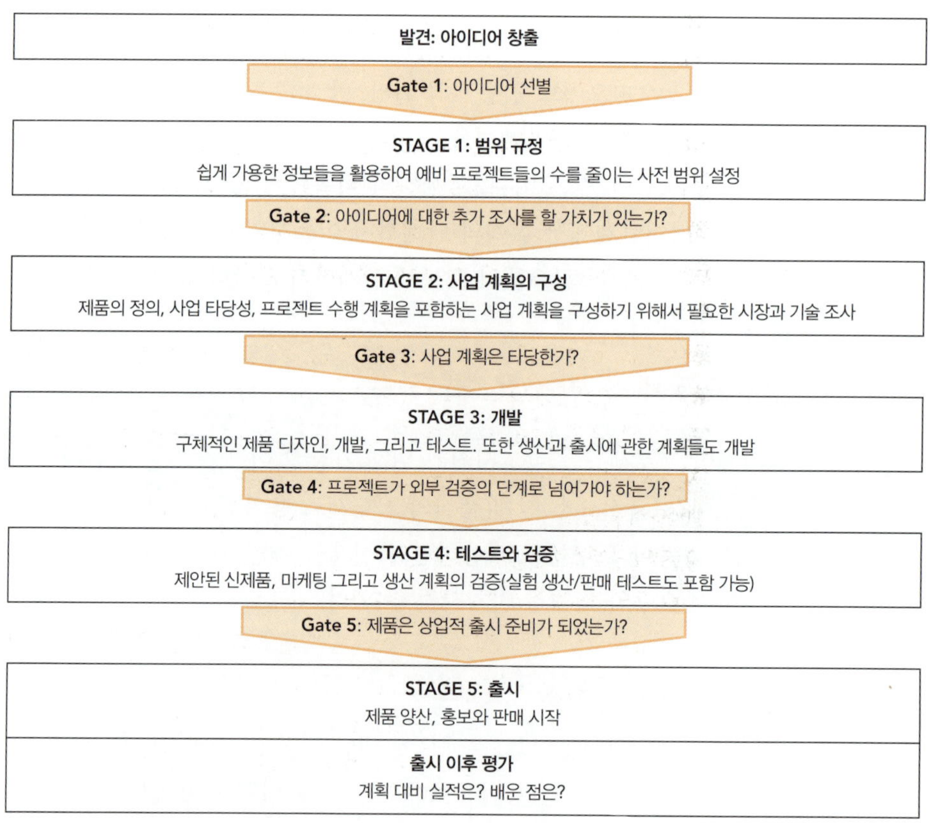

그림 11.2 ▸ 아이디어에서 출시까지 일반적인 Stage-Gate 프로세스

출처: Robert G. Cooper, "Stage-Gate Idea to Launch System," Wiley International Encyclopedia of Marketing: Product Innovation & Management 5, B. L. Bayus (ed.), (West Sussex UK: Wiley, 2011).

검증한다. 5단계에서는 제품의 출시준비가 이루어지고 완전한 상업적 생산과 판매가 시작된다.[29]

각 단계가 진행되기 전에 go/kill 관문이 있다. 이 관문들은 프로젝트의 품질을 관리하고 효과적이고 효율적인 방법으로 프로젝트가 실행되고 있는지 확인하기 위해 디자인되었다. 관문들은 평범한 프로젝트들을 걸러내는 필터 역할을 한다. 각 관문은 세 가지 구성요소, *전달물*(전 단계의 결과물로서 관문에서의 검토를 위한 투입물이다), *기준*(go/kill 결정을 하기 위해 사용되는 질문 또는 측정의 기준이다), *결과물*(이들은 관문 재검토 과정의 결과이고 진행, 중단, 보류, 또는 다시 시행과 같은 결정들을 포함한다. 결과물들은 또한 다음 관문의 일자와 전달물에 관한 수행일정을 포함해야 한다)을 갖고 있다.

일반적으로 개발 프로젝트의 각 단계는 이전 단계보다 비용이 많이 들기 때문에, 과정을 단계들로 나누게 되면 개발비용이 점진적으로 증가하는 일련의 단계를 거치면서 프로젝트에 대한 애착과 헌신이 증가하는 것을 의미한다. 비용은 불확실성이 감소하는 만큼 증가한다. 그림 11.3은 제조 산업의 일상적인 개발과정에서 각 단계에서 비용과 시간이 어떻게 증가하는지를 보여준다.

많은 기업들은 그들 기업 또는 산업의 욕구에 명확하게 부합하도록 stage-gate 프로세스를 변형시켜 사용한다. 예를 들어 Exxon의 관리자들은 개발 프로젝트를 추진하고 관리하기 위해 stage-gate 프로세스를 사용하는 것이 매우 중요하다고 생각하지만, 표준적인 5단계 시스템은 기초연구가 혁신에 중요한 구성요소인 자사의 현실에 적절치 않다고 느꼈다. Exxon의 관리자들은 방향성 있는 기초연구를 포함하는 그들만의 확장된 stage-gate 시스템을 창조했다. 이 결과 그들의 stage-gate 시스템은 두 개의 기초연구 단계(그림 11.4의 단계 A와 B)와 다섯 개의 응용연구와 개발

그림 11.3 ▶ 단계별 개발 시간과 비용의 증가

출처: Adapted from Frederick Buggie, "Set the 'Fuzzy Front End' in Concrete," Research Technology Management 45, no. 4 (2002): 11–4.

단계	시간	비용
0. 아이디어 발견		
1. 공식화 –설명과 스케치	1주	100달러
2. 사전 조사 수행	2주	1,000달러
3. 세부 사항의 디자인과 정의	1개월	1만 달러
4A. 프로토 타입의 개발과 테스트		
4B. 시장조사		
4C. 전략적 적합성 평가와 NPV 위험 분석	2개월	10만 달러
5A. 양산, 시험 공장 설립		
5B. 시장 테스트	8개월	100만 달러
6A. 공장 건설		
6B. 촉진, 출시, 판촉	16개월	1,000만 달러

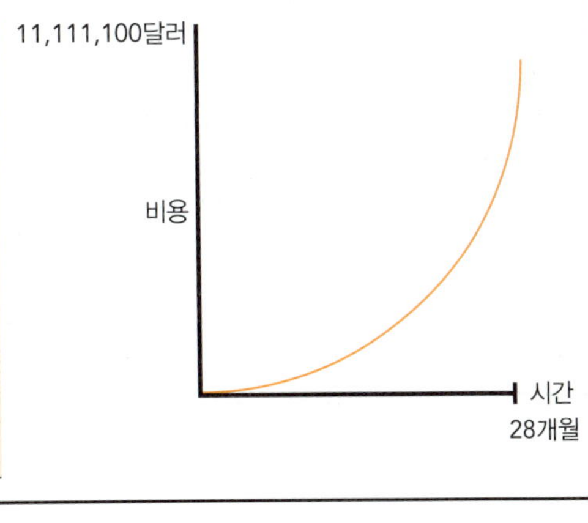

그림 11.4 ▸ Exxon의 연구와 엔지니어링에서 사용되는 Stage-Gate 시스템

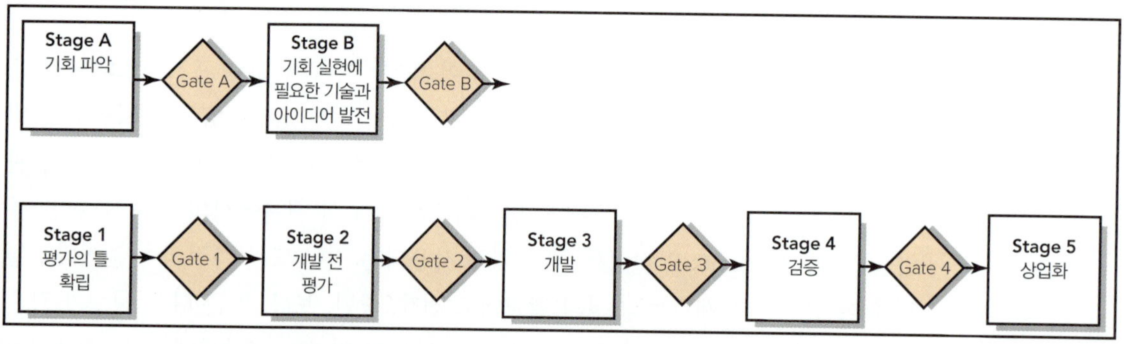

단계들을 담고 있다. 단계 A에서 기업은 계획된 기술의 사업적 가치와 경쟁적 이점을 확인한다. 그리고 난 뒤 기업은 명확한 과학적 결과물, 이러한 결과물을 달성하는 방법들, 그리고 요구되는 자원들을 명시한 기초연구 계획을 개발한다. 단계 B에서 Exxon의 연구부서는 사업기회를 다룰 수 있는 틀을 창출하는 과학적 방법들을 이용하여, 단계 A에서 개발된 계획들을 실행하기 시작한다. 그러고 나서 1단계에서는, 그러한 틀들의 실현 가능성을 평가하는 "원칙에 의한 증명" 방식의 평가를 사용하여 가장 좋은 방식을 결정한다.[30] 2단계부터 5단계까지는 일상적인 stage-gate프로세스에 의해 진행된다.

PDMA의 연구에 따르면 미국 기업들의 60%(IBM, Procter & Gamble, 3M, General Motors, Corning을 포함)는 신제품 개발 프로세스 관리를 위해 stage-gate 형식의 방법들을 사용한다. Corning은 모든 정보시스템 개발 프로젝트에서 stage-gate프로세스의 사용을 의무화하였으며, 이러한 프로세스를 통해 잠재적인 개발 프로젝트의 자본회수 가능성을 더욱 잘 평가할 수 있다고 믿었다. 그들은 또한 stage-gate프로세스를 통해 개발시간을 줄일 수 있었으며, 중지해야 하는 프로젝트를 파악할 수 있었고, 개발된 제품들의 상업적 성공률을 증가시킬 수 있다고 보고하고 있다.[31]

■ 품질기능전개—품질의 집

품질기능전개(Quality Function Deployment; QFD)는 기술자, 마케팅, 엔지니어들 사이의 의사소통과 협력을 향상시키기 위한 포괄적인 프로세스로서 일본에서 개발되었다.[32] 이 방식에서는 관리자들이 매우 구조화된 방식의 문제해결 과정을 거치도록 한다. QFD의 구성 틀은 "품질의 집(house of quality)"(그림 11.5 참조)이다. 품질의 집은 제품의 엔지니어적 속성과 고객의 욕구를 연결시키는 매트릭스이다. 이 매트릭스는 일련의 단계를 통해 완성된다.

그림 11.5 ▸ 품질 기능 전개: 자동차문을 위한 품질의 집

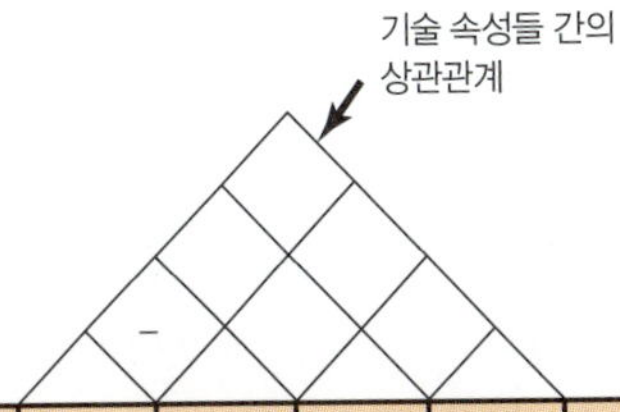

	기술 속성	중요도	문의 무게	이음새의 견고함	문에 달린 고무의 타이트한 정도	창문에 달린 고무의 타이트한 정도	경쟁자 A	경쟁자 B	새로운 디자인의 평가
고객 요구	열기 쉬움	15	9	3			7	4	
	언덕에서 열린 채로 유지	10	3	9			6	7	
	비가 새지 않음	35			9	9	7	6	
	도로 소음 차단	20	1		9	9	4	7	
	충돌로부터 보호	20	9				4	7	
각 기술 속성의 상대적 중요도			365	135	495	495			
목표 디자인									

1. 팀은 먼저 고객의 요구를 이해해야 한다. 그림 11.5에서 시장조사팀은 자동차 문에 관해 고객들이 가장 중요하다고 생각하는 5가지 속성, 즉 열고 닫기의 쉬움, 언덕에서 열린 채로 유지됨, 비가 새지 않음, 도로 소음을 차단함, 그리고 충돌사고로부터 탑승자를 보호함을 찾아냈다.
2. 팀은 고객들의 요구사항을 고객 관점에서 상대적 중요성에 따라 가중 평가한다. 이러한 정보는 초점그룹 회의 또는 고객들과의 직접 접촉을 통해 얻어낼 수 있다. 가중치는 일반적으로 %로 입력되며 가중치들의 합은 총 100%가 되도록 한다.
3. 팀은 제품(이 경우에는 자동차 문)의 성능을 결정하는 기술적 속성들을 찾아낸다. 그림 11.5에서 4가지 속성, 즉 문의 무게, 문 이음새의 견고함(견고한 이음새는 문이 언덕에서 열린 채로 유지되는 데 도움이 된다), 문에 달린 고무의 타이트한 정도, 그리고 창문에 달린 고무의 타이트한 정도가 표시되어 있다.
4. 팀은 특정 기술 속성이 다른 기술 속성들에게 긍정적 또는 부정적 영향을 미치는 정도를 평가하기 위해 기술 속성들 사이의 상관관계를 입력한다. 상관관계들은 지붕의 뾰족한 부분에 해당하는 매트릭스에 입력된다. 이 경우 문의 무게와 이음새 견고함 사이에 음의 상관관계가 표시되어 있는데 이는 문이 무거울수록 이음새의 견고함이 떨어진다는 것을 의미한다.
5. 팀은 중앙 매트릭스의 몸통 부분을 채워 넣는다. 매트릭스의 각 셀은 기술 속성과 고객의 요구 사이의 관계를 나타낸다. 각 열(고객 요구들)과 각 행(기술 속성

들)의 교차점에 위치한 셀에 표기된 숫자(예를 들면 1, 3, 또는 9)는 그들 사이의 관계의 강도를 나타낸다. 1은 약한 관계를, 3은 보통의 관계를, 그리고 9는 강한 관계를 나타낸다. 관계가 없다면 셀은 빈칸이 된다. 예를 들어 문 열기의 용이함은 문의 무게와 관련이 크다. 그리고 문 이음새의 견고함과 어느 정도 관련 있다. 그러나 문이나 창문에 달린 고무의 타이트한 정도와는 별로 관련이 없다.

6. 팀은 각 요구사항에 대한 고객의 중요성 가중치 점수와 기술 속성 관계지수(1, 3, 또는 9)를 곱한다. 그러고 나서 이들 숫자들은 각 기둥(행)별로 더해지고, 이 더해진 숫자는 각 기술 속성의 상대적 중요성을 나타내는 점수가 된다. 예를 들어 이음새의 견고함은 문의 개폐와 문이 언덕에서 열린 채로 얼마나 잘 유지되는지에 영향을 미친다. 그래서 이음새 견고함의 상대적 중요도를 계산하기 위해 팀은 문의 개폐에 대한 중요성 점수와 이에 대한 이음새 견고함의 관련도 점수를 곱한다(15 × 3 = 45). 그런 다음에 문이 언덕에서 열린 채로 유지되는 것에 대한 중요성 점수와 이에 대한 이음새 견고함의 관련도 점수를 곱한다(10 × 9 = 90). 그런 다음 이음새 견고함의 총 상대적 중요성을 구하기 위해 두 점수를 더한다(45 + 90 = 135). 이 점수들은 문과 창문에 달린 고무의 타이트함이 문의 무게나 문 이음새의 견고함보다 중요한 기술 속성 관계지수라는 것을 나타낸다.
7. 팀은 경쟁력을 평가한다. 각 고객 요구사항들에 대해 경쟁제품들(이 경우 A와 B)을 평가하기 위해 1에서 7까지의 평가척도(1은 요구가 반영되지 않았음을 의미하고, 7은 요구가 완벽하게 만족되었다는 것을 의미함)가 사용된다. 이들 점수들은 품질의 집의 오른편 “방”에 채워진다.
8. 각 기술 속성의 상대적 중요성 점수와 경쟁제품의 평가점수들(7번 단계로부터)을 이용하여, 팀은 각 디자인 요구사항들에 대해 목표 수준을 설정한다(예를 들어 파운드로 표기된 문의 최적 무게).
9. 팀은 단계 8에서 수립된 디자인 목표수준에 기초하여 만들어진 새로운 디자인을 평가한다. 팀은 품질의 집의 제일 오른쪽의 기둥에 1에서 7까지의 점수를 기입함으로써 소비자 요구사항이 만족되는 정도를 표시한다. 이를 통해 경쟁제품들의 평가점수와 새로운 디자인의 점수를 비교하게 된다.

품질의 집의 가장 큰 강점은 프로젝트 팀원들이 상호작용할 수 있는 공통의 언어와 틀을 제공한다는 것이다. 품질의 집은 제품속성과 고객요구 사이의 관계를 명확히 하고, 각기 다른 디자인들 간의 상쇄관계에 초점을 맞추며, 기존 제품들의 단점을 밝혀주고, 그러한 단점들을 개선하기 위하여 어떠한 절차가 필요한지 알려준다. 품질의 집은 제조, 건설, 경찰 서비스, 그리고 교육 과정 디자인 등의 다양한 환경에서 사용되었다.[33] QFD의 지지자들에 따르면 이 도구의 가장 가치 있는 특징은 교

차기능팀의 의사소통과 이를 통한 개발시간과 제품/고객 간 일치도의 향상이라고 한다.[34]

■ 제조 용이성 설계

엔지니어링과 제조 사이의 통합을 촉진하며 가능한 한 제품설계의 초기 단계에서부터 제조 가능성이라는 쟁점을 고려하게끔 하는 개념이 바로 제조 용이성 설계(design for manufacturing; DFM)이다. QFD와 비슷하게, DFM은 신제품 개발과정을 구조화하고자 하는 방법이다. 이는 일련의 설계 규칙들을 명확히 설정하는 것을 의미하기도 한다. 그림 11.6에는 일반적으로 사용되는 디자인 규칙과 각 규칙이 제품 성능에 미치는 기대영향이 나타나 있다.

그림 11.6에 보듯이 이러한 디자인 규칙들의 목적은 설계된 제품이 쉽게 제조될 수 있도록 하여 비용을 줄이고 제품의 질을 향상시키고자 하는 것이다. 제품이 제조하기 쉬울수록 조립절차의 단계가 줄어들 것이며 노동 생산성이 오르고 단위당 생산 비용이 줄어들 것이다. DEKA Research는 설계단계에서 제조과정을 고려하는 것이 중요하다는 것을 명확히 보여주고 있다. 설립자 Dean Kamen은 "궁극적으로 구하기 어려운 물질(unobtanium)과 비싼 물질(expensium)로 만들어진 물건들을 발명하는 것은 말이 안 된다."라고 지적했다.[35] 게다가 제조가 쉽도록 설계된 제품들은 조립프로세스에서의 실수 가능성이 적어져서 품질이 향상될 것이다.

DFM 방식의 효용은 상당할 수 있다. 설계과정 초기에 제조과정을 염두에 둠으로써 개발 시간을 줄일 수 있다. 게다가 비용절감과 제품 품질향상을 통해, 제품을 고객요구와 최대한 부합하도록 할 수 있다. 예를 들어 NCR이 DFM개념을 전자금전출납기 설계에 적용했을 때, 조립 시간의 75%가 줄었고, 부품 요구량의 85%가 줄었으며, 공급업자들을 65% 적게 활용했으며, 그리고 직접노무 시간의 75%를 줄일 수 있었다.[36]

그림 11.6 ▸ 조립 제품들을 위한 디자인 규칙

출처: Adapted from Melissa A. Schilling and Charles W. L. Hill, "Managing the New Product Development Process," Academy of Management Executive 12, no. 3: 67–81.

디자인 규칙	성능에 대한 영향
부품의 수를 최소화	조립과정의 단순화, 직접노무 감소, 재료운반과 재고 비용 감소, 제품의 질 향상
제품군 전체에 사용될 수 있는 공통 부품을 이용하여 부품의 수를 최소화	재료운반과 재고비용 감소, 규모의 경제 증가(공통성을 통해 수량 증가)
조정장치의 사용 필요성 제거	조립에러 감소(품질은 향상), 자동화 가능, 용량과 산출량 증가
연결장치의 사용 필요성 제거	조립 단순화(품질은 향상), 직접노무 비용 감소, 삐걱거리는 소리와 덜거덕거리는 소리 감소, 내구력 향상, 자동화 가능
이동장치와 고정물 제거	라인 변환비용의 절감, 필요 투자의 감소

■ 실패유형 및 영향분석

실패유형 및 영향분석(failure modes and effects analysis; FMEA)은 기업이 시스템에서 발생 가능한 실패들을 파악하고, 실패의 심각성, 발생 가능성, 발견의 어려움에 따라 분류한 뒤, 이들에 대한 대처 방안을 마련하는 방법이다. 이 방법에서는 먼저 잠재적인 실패 유형들을 파악한다. 예를 들어 상용 비행기를 개발하는 한 기업은 "랜딩기어가 내려오지 않음" 혹은 "통신시스템의 혼선"과 같은 실패유형들을 파악한다. 또 새로운 고급호텔 라인을 개발하는 회사는 "예약을 찾지 못함" 혹은 "고객들이 룸서비스 직원에게서 형편없는 서비스를 받음"과 같은 실패유형들을 파악한다. 그런 다음 잠재적인 실패유형들은 사안에 따른 심각성, 발생 가능성, 그리고 실패 발견의 어려움이라는 세 가지 기준들에 의해 평가된다.

예를 들어 우리가 드립식 커피메이커의 디자인을 개선하기 위해 실패유형 및 영향분석을 한다고 생각해 보자.[37] 이 예시에서는 사용자들이 커피를 내리기 위해 커피메이커의 뚜껑을 닫을 때 커피분말 위로 뜨거운 물을 배출하는 관의 위치가 잘못 세팅되면 뜨거운 물이 커피를 거치지 않고 바로 커피용기를 채우거나 심지어 뜨거운 물이 커피메이커 밖으로 새어나갈 수 있다. 이 예에서 우리는 아래와 같은 스프레드시트를 사용하여, 필요한 기능들, 실패의 유형, 이에 따른 결과, 그리고 이 실패의 심각성을 파악하여 점수화하는데, 본 예시에서처럼 5점 척도를 사용하거나 아니면 10점 척도와 같이 스케일을 달리할 수도 있다. 이 예에서 실패의 심각성은 최대 점수인 5점이 매겨졌는데, 이는 커피를 내려야 하는 커피메이커의 가장 기본적인 기능을 수행하지 못했을 뿐만 아니라 뜨거운 물이 사용자에게 화상을 입힐 수 있는 안전에 관한 문제까지 있기 때문이다. 스프레드시트 상에서 다음 셀에 있는 "재평가된 심각성" 셀은 이 문제가 해결될 때까지 공란으로 남겨놓는다.

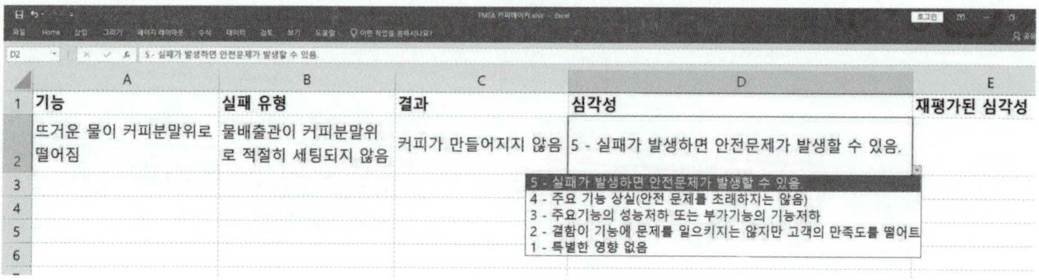

다음으로 그 문제의 원인을 파악하고 발생 가능성을 평가하는데, 본 예시의 경우에는 이런 종류의 실패가 발생할 수는 있지만 어쩔 수 없는 종류의 문제는 아니기 때문에 4점이 매겨졌다. 다음 셀에 있는 "재평가된 발생 가능성"은 문제가 해결된 뒤에 평가치가 기입된다.

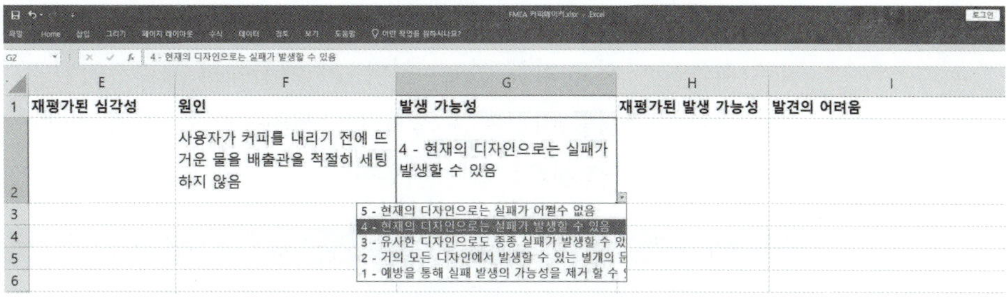

다음으로 실패 발견의 어려움 즉, 실패를 발견하는 것이 얼마나 어려운가를 평가한다. 본 예시에서는 3점이 매겨졌는데, 테스트나 검사를 통해 실패 발견이 가능하며 사용자 또한 커피메이커의 뚜껑을 열어 뜨거운 물의 배출관이 잘못 세팅된 것을 육안으로도 파악할 수 있기 때문이다. "재평가된 발견의 어려움" 셀은 문제가 해결될 때까지 공란으로 놓아둔다.

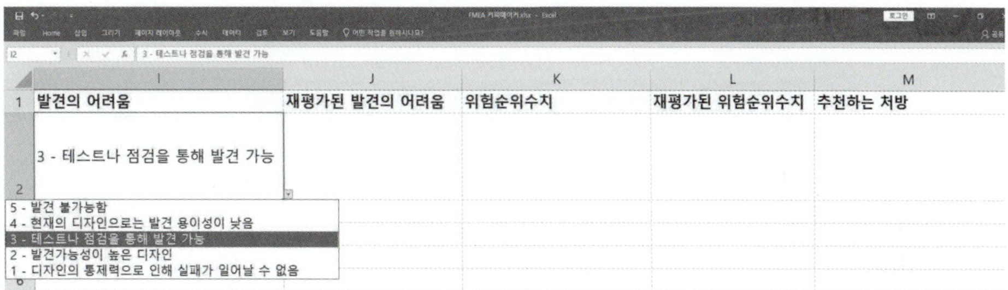

이제 심각성, 발생 가능성, 발견의 어려움에 대한 각 평가치들을 모두 곱하여 위험순위지수를 계산한다. 각 범주별로 5점 척도를 사용하고 있으므로 가능한 최대점수는 125점이며 최소점수는 1이 된다. 본 예시에서의 위험순위지수는 60점(5 × 4 × 3)이다. 이제 이 수치를 커피메이커에서 발생할 수 있는 다른 종류의 실패들을 대상으로 한 수치들과 비교해보고 어떤 종류의 실패를 우선적으로 다룰 것인지를 결정할 수 있다. 또는 절대적인 기준치(예를 들어 15점 이상)를 두고 이 수치 이상의 위험순위수치를 갖는 실패들은 반드시 해결해야 한다고 정할수도 있다. 본 예시에서는 사용자가 뚜껑을 닫을 때 뜨거운 물의 배수관이 잘 정렬되도록 단속하는 플라스틱 장치를 뚜껑의 일부로 디자인하여 실패가 발생할 여지를 없애는 방법이 추천되었다. 그리고 Tarun Khanna에게 이 조치가 잘 이행되었는지 점검하는 책임을 맡긴다.

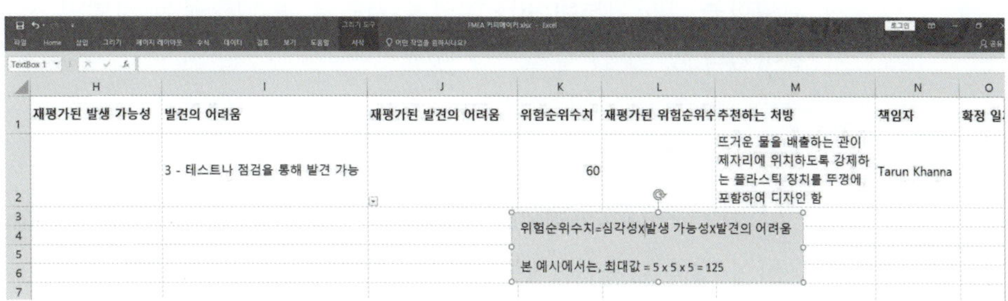

문제를 해결하기 위한 조치가 이루어지면, 이제 심각성, 발생가능성 그리고 발견의 어려움을 다시 평가해 볼 수 있다. 본 예시에서 재디자인된 뚜껑은 실패의 심각성에 관한 평가치를 바꾸지는 않지만 발생의 여지를 거의 없애버리기 때문에 발생가능성을 1로 낮출 것으로 평가되었다.

심각성	재평가된 심각성	원인	발생 가능성	재평가된 발생 가능성
5 - 실패가 발생하면 안전문제가 발생할 수 있음.	5 - 실패가 발생하면 안전문제가 발생할 수 있음.	사용자가 커피를 내리기 전에 뜨거운 물을 배출관을 적절히 세팅하지 않음	4 - 현재의 디자인으로는 실패가 발생할 수 있음	1 - 예방을 통해 실패 발생의 가능성을 제거할 수 있음

새로운 디자인은 발견의 어려움을 변화시키지는 않을 것으로 평가되었으나, 발생가능성을 낮춤으로서 이 재디자인은 위험순위지수를 15로 낮추면서 이 유형의 실패가 더 이상 고위험에 해당되지 않는 걸로 결론지을 수 있다.

발견의 어려움	재평가된 발견의 어려움	위험순위수치	재평가된 위험순위수치	추천하는 처방	책임자	확정 일자
3 - 테스트나 점검을 통해 발견 가능	3 - 테스트나 점검을 통해 발견 가능	60	15	뜨거운 물을 배출하는 관이 제자리에 위치하도록 강제하는 플라스틱 장치를 뚜껑에 포함하여 디자인 함	Tarun Khanna	4/15/2021

위험순위수치=심각성x발생 가능성x발견의 어려움

위험순위수치는 60에서 15로 떨어짐

실패유형 및 영향분석은 원래 1940년대에 미군에 의해서 개발되었고 초기에는 실패에 따른 위험의 정도가 매우 심각한 개발 프로젝트에서 주로 사용되었다. 예를 들어 이 분석방법은 인간을 달에 보내는 미션을 가졌던 아폴로 우주 프로그램에서 광범위하게 사용되었고, Pinto 모델의 개발과정에서 값비싼 대가를 치뤘던 Ford에 의해서도 사용되었다(Pinto 모델은 기름 탱크의 위치로 말미암아 부식에 유난히 취약하였고, 이로 인해 화재와 인명사고가 발생했다. Ford는 기름 탱크를 개선하기 위한 강제 리콜 명령을 받았고 배상책임 소송 때문에 기록적인 금액을 물어내야만 했다).[38] 그러나 곧 실패유형 및 영향분석기법은 제조산업, 서비스 산업, 건강 서비스를 포함한 광범위한 산업에서 사용되었다. 최근의 PDMA 연구는 기업들이 진행하는 프로젝트의 40%에서 실패유형 및 영향분석 기법이 사용되고 있음을 발견하였다.[39]

■ CAD/CAE/CAM

CAD (computer-aided design)와 CAE (computer-aided engineering)는 컴퓨터를 이용하여 제품 디자인을 개발하고 시험하는 것을 의미한다. 컴퓨터 기술의 빠른 진보

이론의 적용 요트제작에 CAD 사용

New Zealand 팀은 1995년 America's Cup 참가를 위한 요트를 디자인하는 과정에서 정교한 CAD 기술의 사용이 많은 장점이 있음을 발견했다. 과거에 팀은 작은 크기의 요트 프로토타입을 만들어 이를 물탱크 안에서 시험하는 방식을 사용하였다. 그러나 이러한 프로토타입을 제조하는 데 몇 달의 시간이 걸렸고 프로토타입 한 개당 약 5만 달러의 제작비용이 들었다. 따라서 팀이 고려할 수 있는 디자인 대안들의 수는 상당히 제한될 수밖에 없었다. 그러나 CAD 기술을 사용함으로써, 팀은 더 빠르고 저렴하게 더 많은 디자인 대안들을 고려할 수 있었다. 한 번 기본 디자인이 프로그램 되면, 이를 여러 측면에서 변화시킨 다양한 디자인들을 적은 비용으로 몇 시간 안에 실험가능하고, 디자인들 간의 상쇄관계를 이해함에 따라 더 많은 통찰을 얻을 수 있었다. CAD는 또한 프로토타입의 크기를 실제 크기로 키우면서 발생하는 문제점을 없애준다(작은 크기의 프로토타입 요트들이 실제 크기로 제작되면 물의 흐름에 상이한 영향을 주게 되고, 이는 프로토타입 실험의 부정확한 결과를 낳는다). 팀은 여전히 실물 프로토타입을 만들지만, 이는 CAD를 통해 다양한 대안들을 먼저 고려한 이후이다. 디자인팀 구성원인 Dave Egan은 "적은 수의 큰 도약에 의지하는 대신, 꾸준히 디자인하고 테스트하면서 아이디어를 개선하는 능력을 갖게 되었습니다. 팀은 종종 디자인 문제에 관한 비공식 토론을 하고 맥주 받침대에 개략적인 그림을 그려본 뒤 컴퓨터로 한 번 시험해 보자고 하죠. 전통적인 방식에서는 이러한 것들이 몇 달이 걸리고 또 결과가 나올 즈음에는 우리들의 생각은 많이 발전해 버려서 애초 그 실험을 했던 이유를 잊게 되었죠."라고 말했다.

출처: M. Iansiti and A. MacCormack, "Team New Zealand," Harvard Business School case no. 9-697-040, 1997.

덕분에 낮은 가격과 높은 능력의 그래픽 기반 워크스테이션 컴퓨터를 이용한 제품개발이 가능하게 되었다. 이들 워크스테이션 컴퓨터를 사용하여 과거에 슈퍼컴퓨터에서나 가능했던 제품이나 조립부품의 살아있는 3차원 이미지 구축과 같은 것들이 가능하게 되었다. CAD로 3차원 모델을 구현해내고 CAE를 통해 제품의 강도, 피로도, 신뢰성 등의 특성들을 가상으로 테스트할 수 있다. 이러한 결합을 통해 가상현실상에서 제품의 프로토타입들을 개발하고 실험하는 것이 가능해졌다. 엔지니어들은 이 3차원 모델을 조작하여 프로토타입의 속성들을 빠르게 조정할 수 있고, 이를 통해 다양한 제품 디자인들의 장단점을 비교할 수 있다. 물리적 프로토타입을 반드시 만들어야 할 필요성이 없어짐으로써 개발 기간과 비용이 줄어들게 된 것이다(<이론의 적용: 요트 제작에 CAD 사용> 참조). 이러한 시각화 도구들과 3D 소프트웨어 덕분에 이제는 엔지니어가 아닌 일반인들도 재료와 디자인의 간단한 변경을 수행해 볼 수 있다.

3D 프린팅
CAD 프로그램을 통해 개발된 디자인을 얇은 막으로 층층이 프린팅하면서 최종적으로 3차원의 물리적 형태를 구현해내는 생산방식.

CAM (computer-aided manufacturing)은 제조과정에서 컴퓨터를 활용한 생산과정을 의미한다. CAM은 전통적인 제조보다 더 빠르고 유연하다.[40] 컴퓨터는 제품사양의 변화를 자동화하여 제조 과정상의 더 많은 다양성과 차별화를 가능케 한다.

최근 CAM은 **3D 프린팅**(three-dimensional printing, 적층가공; additive manufacturing으로도 명명됨)의 형태로도 구현되고 있는데, 이는 CAD 프로그램을 통해 개발된 디자인을 얇은 막으로 층층이 프린팅하면서 최종적으로 3차원의 물리적 형

이론의 적용 Microsoft의 사후평가제도

Microsoft에서는 각 신제품 개발 경험들로부터의 학습을 위해, 거의 모든 프로젝트에 대해 사후평가 토의 또는 문서화된 사후평가를 진행한다. 이들 사후평가는 상당히 솔직한 경향이 있고 꽤 비판적일 수 있다. Microsoft의 관리자는 "이 보고서는 스스로를 채찍질하기 위함이다."라고 한다. 또 다른 Microsoft의 관리자는 Microsoft의 문화는 매우 자기 비판적이고 "절반의 성공"에 대해 절대 만족하지 않는다고 말했다. 팀은 3~6달에 걸쳐 10페이지보다 적을 수도 있고 100페이지보다 많을 수 있는 양의 사후평가 문서들을 작성한다. 이들 사후평가 보고서들은 개발 활동들과 팀을 묘사하고, 제품의 크기(예: 코드의 길이)와 품질(예: 버그의 수), 그리고 어떠한 것이 잘 되었고 어떠한 것은 그러지 못하였는지, 그리고 그룹이 다음 프로젝트에서 향상시켜야 할 것이 무엇인지에 대한 정보를 제공한다. 그러고 난 뒤 이들 보고서들은 조직 내 모든 팀 구성원들과 상급 관리자들에게 배포된다.

출처: M. Iansiti and A. MacCormack, "Team New Zealand," Harvard Business School case no. 9-697-040, 1997.

태를 구현해내는 생산방식이다. 주형제작에만도 수일이 소요되는 전통적 방식과는 달리, 3차원 프린팅은 몇 시간 만에 모델을 만들어낼 수 있다. 2018년까지 3차원 프린팅 방식은 음식, 의류, 보석, 고체 상태의 배터리, 심지어는 초음속 제트기의 티타늄 착륙기어 받침대까지 다양한 제품들을 만드는 데 사용되었다.[41] 생명공학 회사들도 젤 타입의 중간재 위에 살아 있는 조직의 층을 증착하는 방식으로 인공장기를 만드는 데 3차원 프린팅을 사용하고 있다.[42] 최근 들어 이러한 생산방식은 비교적 소량으로 생산되는 제품의 사출주형 생산방식을 빠르게 대체해가고 있다.

신제품 개발 성과측정 방법

많은 기업들은 신제품 개발 프로세스의 성과를 측정하기 위해 다양한 형태의 매트릭스를 사용한다. 특정 신제품에 대해 피드백을 제공하는 것 이외에, 그러한 성과측정들을 통해 기업이 혁신전략과 개발 프로세스를 향상시킬 수 있다. 예를 들어 신제품 개발과정을 평가함으로써 기업이 집중해야 하는 핵심역량, 프로젝트의 선택문제, 협력 파트너의 필요성, 개발팀의 관리문제 등에 대한 통찰을 얻을 수 있다.

기업이 사용하는 매트릭스와 매트릭스 사용 시점은 기업에 따라 상당한 차이가 있다. Goldense와 Gilmore의 조사에 의하면, 45%의 기업들이 달력(매달, 매주)이나 사전에 정해진 특정 시점(예를 들어 제품개념 정의 후, 프로세스 디자인 후, 시장 출시 후 등)에 따른 정기적 리뷰방식을 택하고 있다.[43] 예를 들어 Microsoft는 신제품 개발의 성과를 측정하기 위해 사후평가를 사용하고 있다(<이론의 적용: Microsoft의 사후평가제도> 참조). 신제품 개발 프로세스 성공의 측정은 다음과 같이 관리자에게 도움이 된다.

- 어떤 프로젝트들이 목표를 달성하였고 왜 그런지를 밝힌다.
- 경쟁자들 또는 조직 내의 과거 수행 능력과 비교하여 조직의 수행 능력을 평가하고 벤치마킹한다.
- 자원 분배와 직원 보상을 향상시킨다.
- 미래 혁신 전략들을 개선시킨다.[44]

단일지표를 통한 측정은 기업의 개발 프로세스와 총체적인 혁신 성과의 효과성을 공정하게 설명하기 어렵기 때문에 복수의 측정지표 활용이 중요하다. 또한 측정지표를 구축하고 결과를 해석할 때 기업의 개발전략, 산업, 그리고 다른 환경적인 주변 상황들이 반드시 고려되어야 한다. 예를 들어 기업의 능력과 목표가 혁신적인 프로젝트를 선호하는 기업은 제품출시 간격이 길 수밖에 없으므로 개발 기간이나 총매출 중 지난 5년간 출시된 제품들로 인한 매출의 비율과 같은 성과지표에서는 낮은 점수를 받을 수밖에 없을 것이다. 반대로 빠르게 연속적인 신제품을 출시하는 기업은, 만일 자원이 남용되었고 프로젝트 예산이 초과되더라도 그러한 성과지표상에서는 높은 점수를 받을 것이다. 게다가 신제품 개발의 성공 비율은 산업과 프로젝트의 유형에 따라 상당히 다를 것이다. 몇몇 연구자들에 따르면 훌륭한 신제품 개발 프로세스를 갖고 있는 기업이라도 65% 이상의 성공률을 기대하기는 어렵다고 한다.[45]

■ 신제품 개발 매트릭스

많은 기업들은 개발 프로세스의 효과성과 효율성을 측정하기 위해 다양한 방법들을 사용한다. 이들 측정지표들은 개발 프로세스의 전 과정을 성공적으로 감독하는 데 필요한 기업능력의 다양한 측면들을 포착하고자 한다. 이와 같은 방법들을 사용하기 위해서는 측정기준이 적용되는 기간을 명확히 하는 것이 중요하다. 이를 통해 기업의 현재 성과를 정확히 평가할 수 있으며, 프로젝트 관리자들이 명확한 답변을 준비할 수 있다. 다음의 질문들이 사용될 수 있다.

1. 개발 프로젝트를 위한 평균 개발 기간(시장 출시까지의 시간)은 얼마였나? 개발 기간은 혁신, 플랫폼, 파생 등 프로젝트의 성격에 따라 어떻게 다른가?
2. 지난 5년간 수행된 개발 프로젝트 중 프로젝트 마감시간을 준수한 프로젝트의 비율은 얼마나 되는가?
3. 지난 5년간 수행된 개발 프로젝트 중 프로젝트 예산을 준수한 프로젝트의 비율은 얼마나 되는가?
4. 지난 5년간 수행된 개발 프로젝트 중 완제품 개발을 완수한 프로젝트의 비율은 얼마나 되는가?

■ 종합적인 혁신 성과

기업들은 또한 혁신에 대한 그들의 종합적인 수행능력을 평가하기 위해 다양한 방법들을 사용하고 있다. 이들 측정지표들은 신제품 개발 프로세스에서 기업의 투자 대비 가치창출 능력에 대한 종합적인 관점을 제공한다. 이 측정지표들은 다음과 같다.

1. 혁신으로 인한 기업의 급부는 무엇인가? (이 측정지표는 R&D 비용, 생산설비의 투자비용, 초기 상업화와 마케팅 비용들을 포함하는 총비용 대비 신제품으로부터 얻은 총수익의 비율을 평가한다.)
2. 몇 퍼센트의 프로젝트가 매출목표를 달성하였는가?
3. 수익의 몇 퍼센트가 지난 5년간 개발된 제품들에 의해 발생되었는가?
4. 총 프로젝트 포트폴리오에서 성공적인 프로젝트의 비율은 얼마인가?

요약

1. 성공적인 신제품 개발은 3가지 목표, 고객 요구와의 일치성 극대화, 시장출시 시간의 최소화, 그리고 개발비용의 통제를 동시에 달성하는 것을 요구한다.
2. 많은 기업들은 개발 기간을 짧게 하고 R&D와 마케팅 그리고 제조와 같은 기능부서들 간의 협력을 증가시키기 위해 병렬적 개발 프로세스를 채택하고 있다.
3. 또한 많은 기업들은 프로젝트의 추진력을 보장하고 주요 자원으로의 접근성을 향상시키기 위해 프로젝트 후원자를 사용하기 시작했다. 그러나 후원자의 사용은 프로젝트에 대한 집착과 다른 사람들이 프로젝트에 대해 비판적인 입장을 취하는 것을 어렵게 하는 위험이 있을 수 있다.
4. 개발 프로세스에 고객들을 참여시키는 것은 기업이 고객들의 기대에 부합하는 신제품을 개발하는 데 도움이 된다. 특히 연구에 따르면, 기업은 선도 사용자들을 활용하여 고객에게 가장 중요한 욕구가 무엇인지 파악할 수 있고 개발에서의 우선순위를 효과적으로 정할 수 있다. 또한 선도 사용자들을 개발 프로세스에 활용하는 것은 무작위 고객표본을 활용하는 것보다 빠르고 저렴하다.
5. 많은 기업들은 고객의 피드백을 얻고, 제품의 외부 개발 기회를 활용하며, 기업의 다음 제품에 대한 신호를 시장에 보내기 위해 베타 테스팅을 사용한다.
6. 또한 기업들은 신제품에 사용될 부품의 비용을 최소화하고 부품 품질의 적절성과 적시성을 향상시키기 위해 개발 프로세스에 공급업자를 참여시킨다.
7. Stage-gate 프로세스는 제품 개발 프로세스 동안 기업을 이끄는 청사진을 제공하고, 프로젝트가 계속되어야 하는지의 여부와 어떠한 활동들이 우선순위를 가져야 하는지 등에 대한 의사결정이 이루어지는 일련의 go/kill 관문들로 구성되어 있다.

8. 품질기능전개(QFD)는 고객요구 사항과 기술 속성 간의 관계에 대한 개발팀의 이해를 향상시키기 위해 사용된다. 또한 개발 프로세스에 참여하는 다양한 기능부서들 간의 의사소통을 향상시키는 도구가 될 수 있다.
9. 실패유형 및 영향분석은 품질, 신뢰성, 제품 혹은 프로세스의 안전에 큰 영향을 줄 수 있는 실패들의 발생가능성을 줄이기 위해 개발 노력들 간의 우선순위를 정하는 데 도움이 된다.
10. 제조 용이성 설계 개념과 CAD/CAM은 개발 기간을 단축시키고, 제품 품질을 향상시키며, 개발 비용을 통제하기 위해 개발팀들이 추가적으로 사용할 수 있는 도구들이다.
11. 기업들은 신제품 개발 과정과 자원배분 과정을 향상시키기 위한 기회를 찾아내기 위해 신제품 개발의 효과성과 전반적 혁신능력에 관한 다양한 측정지표들을 사용하여야 한다.

토론문제

1. 병렬적 개발 프로세스의 장점과 단점은 무엇인가? 병렬적 프로세스를 채택하려는 기업이 직면할 수 있는 장애물은 무엇인가?
2. 직장 또는 학교에서 경험하였던 그룹 프로젝트를 생각해보라. 그 프로젝트는 순차적 또는 병렬적, 어떠한 방식으로 진행되었었나?
3. 병렬적 프로세스가 가능하지 않거나 효과적이지 않을 산업은 어떠한 것들이 있는가?
4. 어떠한 종류의 사람들이 좋은 프로젝트 후원자가 되는가? 기업은 어떻게 위험을 최소화하면서 후원자의 이점을 얻을 수 있는가?
5. Stage-gate프로세스는 기업이 병렬적 과정을 채택하는 것과 모순되지는 않는가? 당신이 stage-gate프로세스를 사용한다면 개발 기간과 개발 비용에 어떠한 영향이 있으리라 생각하는가?
6. 개발 프로세스에 고객과 공급업자들을 참여시키는 것의 장단점은 무엇인가?

추가자료

■ 대표문헌

Abbie Griffin and John R. Hauser, "Patterns of Communication Among Marketing, Engineering and Manufacturing," *Management Science* 38 (1992): 360–73.

C. Loch and S. Kavadias, *Handbook of New Product Development Management* (Oxford, UK: Elsevier Ltd., 2008).

Kim B. Clark and Steven C. Wheelwright, *Managing New Product and Process Development* (New York: Free Press, 1993).

Robert G. Cooper and Elko J. Kleinschmidt, "New Product Processes at Leading Industrial Firms," *Industrial-Marketing-Management* 20, no. 2 (1991): 137–48.

Vareska Van de Vrande et al., "Open innovation in SMEs: Trends, motives and management challenges," *Technovation* 29 (2009): 423–37.

■ 최근문헌

B. Lawson, D. Krause, and A. Potter, "Improving Supplier New Product Development Performance: The Role of Supplier Development." *Journal of Product Innovation Management* 32 (2015): 777–92.

Fredrik Tiedemann, Eva Johansson, and Jonathan Gosling, "Structuring a New Product Development Process Portfolio Using Decoupling Thinking," *Production Planning & Control* 31, no. 1 (2020): 38–59.

H. Piezunka and L. Dahlander, "Distant Search, Narrow Attention: How Crowding Alters Organizations' Filtering of Suggestions in Crowdsourcing," *Academy of Management Journal* 58 (2015): 856–80.

Minna Saunila, "Managing Continuous Innovation through Performance Measurement", *Competitiveness Review* 27 no. 2, (2017): 179–90, https://doi.org/10.1108/CR-03-2015-0014.

R. G. Cooper, "Agile-Stage-Gate Hybrids," *Research-Technology Management* 59 (2016): 1, 21–29.

W. Chang and S. A. Taylor, "The Effectiveness of Customer Participation in New Product Development: A Meta-Analysis." *Journal of Marketing* 80, no. 1 (2016): 47–64.

■ 참고문헌

1. Eric Berggren and Thomas Nacher, "Introducing New Products Can Be Hazardous to Your Company: Use the Right New-Solutions Delivery Tools," *Academy of Management Executive* 15, no. 3 (2001): 92–101.
2. Melissa A. Schilling, "Technological Lockout: An Integrative Model of the Economic and Strategic Factors Driving Success and Failure," *Academy of Management Review* 23 (1998): 267–84; and W. Brian Arthur, *Increasing Returns and Path Dependence in the Economy* (Ann Arbor: University of Michigan Press, 1994).
3. Anirudh Dhebar, "Speeding High-Tech Producer, Meet Balking Consumer," *Sloan Management Review* (Winter 1996): 37–49.
4. C. Merle Crawford, "The Hidden Costs of Accelerated Product Development," *Journal of Product Innovation Management* 9, no. 3 (1992): 188–200.
5. Goncalo Pacheco-de-Almeida and Peter Zemsky, "The Creation and Sustainability of Competitive Advantage: Resource Accumulation with Time Compression Diseconomies," mimeo, Stern School of Business, 2003.
6. Ed J. Nijssen, Arthur R. Arbouw, and Harry R. Commandeur, "Accelerating New Product Development: A Preliminary Empirical Test of a Hierarchy of Implementation," *Journal of Product Innovation Management* 12 (1995): 99–104; R. W. Schmenner, "The Merits of Making Things Fast," *Sloan Management Review,* Fall (1988): 11–17; Abdul Ali, Robert Krapfel, and Douglas LaBahn, "Product Innovativeness and Entry Strategy: Impact on Cycle Time and Break-Even Time," *Journal of Product Innovation Management* 12 (1995): 54–69; and R. Rothwell, "Successful Industrial Innovation: Critical Factors for the 1990s," *R&D Management* 22, no. 3 (1992): 221–39.

7. Abbie Griffin, "Evaluating QFD's Use in US Firms as a Process for Developing Products," *Journal of Product Innovation Management* 9 (1992): 171–87; and C. H. Kimzey, *Summary of the Task Force Workshop on Industrial-Based Initiatives* (Washington, DC: Office of the Assistant Secretary of Defense, Production and Logistics, 1987).

8. Arnoud De Meyer and Bart Van Hooland, "The Contribution of Manufacturing to Shortening Design Cycle Times," *R&D Management* 20, no. 3 (1990): 229–39; Robert Hayes, Steven G. Wheelwright, and Kim B. Clark, *Dynamic Manufacturing* (New York: Free Press, 1988); Robert G. Cooper, "The New Product Process: A Decision Guide for Managers," *Journal of Marketing Management* 3 (1988): 238–55; and Hirotaka Takeuchi and Ikujiro Nonaka, "The New Product Development Game," *Harvard Business Review,* January–February (1986): 137–46.

9. Kathleen Eisenhardt and Behnam N. Tabrizi, "Accelerating Adaptive Processes: Product Innovation in the Global Computer Industry," *Administrative Science Quarterly* 40 (1995): 84–110; and Christian Terwiesch and Christoph H. Loch, "Measuring the Effectiveness of Overlapping Development Activities," *Management Science* 45 (1999): 455–65.

10. Billie J. Zirger and Modesto A. Maidique, "A Model of New Product Development: An Empirical Test," *Management Science* 36 (1990): 867–83; Roy Rothwell et al., "SAPPHO Updates—Project SAPPHO, PHASE II," *Research Policy* 3 (1974): 258–91; Albert H. Rubenstein et al., "Factors Influencing Innovation Success at the Project Level," *Research Management,* May (1976): 15–20; Axel F. Johne and Patricia A. Snelson, "Product Development Approaches in Established Firms," *Industrial Marketing Management* 18 (1989): 113–24; and Yoram Wind and Vijay Mahajan, "New Product Development Process: A Perspective for Reexamination," *Journal of Product Innovation Management* 5 (1988): 304–10.

11. Thomas F. Gattiker and Craig R. Carter, "Understanding project champions' ability to gain intra-organizational commitment for environmental projects," *Journal of Operations Management* 28 (2010): 72–85.

12. Edwards Roberts, "Benchmarking Global Strategic Management of Technology," *Research Technology Management,* March–April (2001): 25–36.

13. E. Rudden, "The Misuse of a Sound Investment Tool," *Wall Street Journal,* November 1, 1982.

14. Mike Devaney, "Risk, Commitment, and Project Abandonment," *Journal of Business Ethics* 10, no. 2 (1991): 157–60.

15. Mike Devaney, "Risk, Commitment, and Project Abandonment."

16. F. Axel Johne and Patricia A. Snelson, "Success Factors in Product Innovation," *Journal of Product Innovation Management* 5 (1988): 114–28; and Frederick W. Gluck and Richard N. Foster, "Managing Technological Change: A Box of Cigars for Brad," *Harvard Business Review* 53 (1975): 139–50.

17. Robert G. Cooper, "Selecting Winning New Product Projects: Using the NewProd System," *Journal of Product Innovation Management* 2 (1985): 34–44.

18. John E. Butler, "Theories of Technological Innovation as Useful Tools for Corporate Strategy," *Strategic Management Journal* 9 (1988): 15–29.

19. Mariachiara Restuccia, Ulrike Brentani, and Renaud Legoux, "Product Life-Cycle Management and Distributor Contribution to New Product Development," *Journal of Product Innovation Management* 33 (2106): 69–89.

20. Anna S. Cui and Fang Wu, "The Impact of Customer Involvement on New Product Development: Contingent and Substitutive Effects," *Journal of Product Innovation*

Management 34 (2016): 60–80.

21. Cornelius Herstatt and Eric von Hippel, "Developing New Product Concepts via the Lead User Method: A Case Study in a Low-Tech Field," *Journal of Product Innovation Management* 9 (1992): 213–21.
22. Dominik Mahr, Annouk Lievens, and Vera Blazevic. "The value of customer cocreated knowledge during the innovation process." *Journal of Product Innovation Management* 31 (2014), 599–615.
23. Asmus and Griffin found that firms that integrate their suppliers with engineering, manufacturing, and purchasing gain cost reductions, shortened lead times, lowered development risks, and tightened development cycles. D. Asmus and J. Griffin, "Harnessing the Power of Your Suppliers," *McKinsey Quarterly*, no. 3 (1993): 63–79. Additionally, Bonaccorsi and Lipparini found that strategic alliances with suppliers lead to shorter product development cycles and better products, particularly in rapidly changing markets. A. Bonaccorsi and A. Lipparini, "Strategic Partnership in New Product Development: An Italian Case Study," *Journal of Product Innovation Management* 11, no. 2 (1994): 134–46.
24. Luara Birou and Stanley Fawcett, "Supplier Involvement in New Product Development: A Comparison of US and European Practices," *Journal of Physical Distribution and Logistics Management* 24, no. 5 (1994): 4–15; and Al Ansari and Batoul Modarress, "Quality Function Deployment: The Role of Suppliers," *International Journal of Purchasing and Materials Management* 30, no. 4 (1994): 28–36.
25. Interview with Andy Zynga, former CEO of NineSigma, March 13, 2018.
26. Nikolaus Franke and Martin Schreier. "Why customers value self-designed products: The importance of process effort and enjoyment," *Journal of Product Innovation Management* 27 (2010): 1020–31.
27. Wayne D. Hoyer et al., "Consumer cocreation in new product development," in *Journal of Service Research* 13, no. 3 (2010): 283–96.
28. Robert Cooper and Elko J. Kleinschmidt, "New Product Processes at Leading Industrial Firms," *Industrial-Marketing-Management* 20, no. 2 (1991): 137–48; and Robert G. Cooper, "Doing It Right," *Ivey Business Journal* 64, no. 6 (2000): 54–61; and Robert G. Cooper, "Stage-Gate Idea to Launch System," *Wiley International Encyclopedia of Marketing: Product Innovation & Management* 5, B.L. Bayus (ed.), (West Sussex UK: Wiley, 2011).
29. Robert G. Cooper, "Stage-Gate Idea to Launch System," *Wiley International Encyclopedia of Marketing: Product Innovation & Management* 5, B.L. Bayus (ed.), (West Sussex UK: Wiley, 2011).
30. Lorraine Y. Coyeh, Paul W. Kamienski, and Ramon L. Espino, "Gate System Focuses on Industrial Basic Research," *Research Technology Management* 41, no. 4 (1998): 34–7.
31. A. LaPlante and A. E. Alter, "Corning, Inc: The Stage-Gate Innovation Process," *Computerworld* 28, no. 44 (1994): 81.
32. John J. Cristiano, Jeffrey K. Liker, and C. C. White, "Key Factors in the Successful Application of Quality Function Deployment (QFD)," *IEEE Transactions on Engineering Management* 48, no. 1 (2001): 81.
33. Ian Bier, "Using QFD to Construct a Higher Education Curriculum," *Quality Progress* 34, no. 4 (2001): 64–9; Niel Eldin, "A Promising Planning Tool: Quality Function Deployment," *Cost Engineering* 44, no. 3 (2002): 28–38; and Willem J. Selen and Jos

Schepers, "Design of Quality Service Systems in the Public Sector: Use of Quality Function Deployment in Police Services," *Total Quality Management* 12, no. 5 (2001): 677–87; Jose A. Carnevalli and Paulo C. Miguel, "Review, analysis and classification of the literature on QFD—types of research, difficulties and benefits," *International Journal of Production Economics* 114 (2008): 737–54.

34. Kim B. Clark and Steven C. Wheelwright, *Managing New Product and Process Development* (New York: Free Press, 1993); John R. Hauser and Don Clausing, "The House of Quality," *Harvard Business Review,* May–June (1988): 63–73; Abbie Griffin, "Evaluating QFD's Use in US Firms as a Process for Developing Products," *Journal of Product Innovation Management* 9 (1992): 171–87; and Abbie Griffin and John R. Hauser, "Patterns of Communication among Marketing, Engineering and Manufacturing," *Management Science* 38 (1992): 360–73.

35. Evan I. Schwartz, "The Inventor's Play-Ground," *Technology Review* 105, no. 8 (2002): 68–73.

36. Kim B. Clark and Steven C. Wheelwright, *Managing New Product and Process Development* (New York: Free Press, 1993); J. R. Hauser and D. Clausing, "The House of Quality," *Harvard Business Review,* (May–June 1988): 63–73; A. Griffin, "Evaluating QFD's Use in US Firms as a Process for Developing Products," *Journal of Product Innovation Management* 9 (1992): 171–87; and Abbie Griffin and John R. Hauser, "Patterns of Communication among Marketing, Engineering and Manufacturing," *Management Science* 38 (1992): 360–73.

37. This example is adapted from https://relyence.com/2018/02/22/a-real-world-fmea-example-in-six-steps/.

38. Lawrence P. Chao and Kosuke Ishii, "Design Error Classification and Knowledge Management," *Journal of Knowledge Management Practice,* May (2004); and P. Valdes-Dapena, "Tagged: 10 Cars with Bad Reputations," CNNMoney.com (accessed April 23, 2009).

39. Gloria Barczak, Abbie Griffin, and Kenneth B. Kahn, "Trends and Drivers of Success in NPD Practices: Results of the 2003 PDMA Best Practices Study," *Journal of Product Innovation Management* 26 (2009): 3–23.

40. Murray R. Millson, S. P. Raj, and David Wilemon, "A Survey of Major Approaches for Accelerating New Product Development," *Journal of Product Innovation Management* 9 (1992): 53–69.

41. "The printed World," *The Economist (2011),* February 10, 2011; K. Lee, "Foodini 3D printer cooks up meals like the Star Trek food replicator," www.inhabitat.com (2013): December 9th; Michael Fitzgerald, "With 3-D printing the shoe really fits." *MIT Sloan Management Review* (2013), www.sloanreview.mit.edu: May 15th.

42. Jonathan Silverstein, "Organ Printing Could Drastically Change Medicine," ABC News, February 10, 2006.

43. Bradford L. Goldense and J. Gilmore, "Measuring Product Design," *Machine Design* 73, no. 14 (2001): 63–7.

44. Thomas D. Kuczmarski, "Measuring Your Return on Innovation," *Marketing Management* 9, no. 1 (2000): 24–32.

45. Ibid.

Chapter 12

신제품 개발팀의 관리

Managing New Product Development Teams

Magna International의 탄소 섬유 "경량화" 프로젝트

Magna International은 GM, BMW, Tesla, Volkswagen 등과 같은 자동차 제조업체를 위한 부품과 기술을 생산하는 회사로서 캐나다에 위치하고 있다. 이 회사의 2020년도 매출은 326억 달러로 북미 최대의 자동차 공급업체이다.

Magna는 혁신에 초점을 두는 회사임을 자랑스럽게 생각하고 있다. 2004년 이전까지는 Magna의 모든 R&D는 분산되어 각 제품 부서가 자체적으로 R&D를 수행하고 있었다. 그리고 Magna 경영진에 따르면 대부분의 연구는 기초연구라기보다는 제품개발에 초점을 둔 연구였다. 그러나 2004년 Magna의 최고 경영진은 Magna의 다양한 고객들에게 영향을 미칠 수 있는 기술 변화의 "메가트렌드"를 이해하기 위해 본부에 R&D 그룹을 설치하기로 결정했다. 이러한 메가트렌드 중 일부는 새로운 기술과 역량을 개발하기 위한 전사적 활동으로 전환될 예정이었다.

Magna 경영진이 본부 R&D 그룹을 구성한 직후 파악한 메가트렌드 중 하나는 "경량화", 즉 일반적으로 강철 소재로 만들어지는 부품을 탄소 섬유 복합 재료를 이용하여 훨씬 더 가볍게 만드는 것이었다. Magna는 초경량 자동차 제작과 관련하여 여러 중국 업체들로부터 문의를 받았으며 이에 회사는 최상의 옵션이 무엇인지에 대한 연구를 수행하기 시작했다. 그러던 중 2007년에 BMW는 연료 효율성 문제를 해결하기 위해 새로운 하위 브랜드를 개발하는 "프로젝트 I"라는 계획을 발표했다. 프로젝트I에는 i3와 i8이라는 두 개 이상의 새로운 전기 자동차 모델 개발이 포함되어있었다. 이 자동차들은 전기 구동 시스템의 무게를 상쇄하는 데 도움이 되는 경량 탄소 섬유 강화 플라스틱을 광범위하게 사용하여 만들어질 계획이었다. BMW는 전기 구동 시스템의 배터리, 모터 및 전자 장비 시스템은 동급 가솔린 내연기관 자동차보다 약 440파운드가 더 무거울 것으로 파악하고 있었다.[a]

탄소 섬유 복합 재료는 비싸지만 많은 이점이 있다. 무게를 줄이는 것 외에도 탄소 섬유는 녹이 슬지 않으며 접착제 및 볼트로 연결할 수 있어서, 금속 자동차 차체 제작에 사용되는 스탬핑 및 용접보다 훨씬 안전한 공정으로 이루어질 수 있다. 또한 탄소 섬유로 만들어진 자동차 본체는 충돌 시 변형되지 않는 고유한 특성을 가지고 있으며 일부가 손상되더라도 해당 부분을 잘라내고 그 자리에 같은 재료로 새롭게 만들어진 조각을 이어 붙일 수 있다. 이러한 속성은 수리비용을 크게 낮추고 결과적으로 보험료를 낮출 것으로 예상됐다.

BMW는 주요 공급업체들에게 이 차체 경량화 프로젝트에 기여할 수 있는 방법을 제안해줄 것을 요청했는데, 당시 Magna의 제품 및 프로세스 개발 부사장인 Tom Pilette는 이를 Magna가 탄소 섬유를 이용하여 진일보할 수 있는 완벽한 기회로 보았다. 그는 최고 경영진에게 탄소 섬유 복합 재료를 양산할 수 있는 제조공법을 개발할 것을 제안했다. Pilette의 제안은 회사가 36개월 동안 약 400만 달러를 투자하는 것이었는데, 여기에는 기계 재료 라이브러리 구축, 충돌 성능 평가, 수리 절차 개발 등과 같은 하위 프로젝트들이 포함되어 있었다. 이 프로젝트의 궁극적인 목표는 Magna를 BMW뿐만 아니라 다양한 제조업체들을 위한 탄소 섬유 복합 재료의 글로벌 대량 공급업체로 만드는 것이다.

Pilette의 제안은 Magna의 최고 경영진으로부터 열광적인 환영을 받았다. 공식적으로 승인되려면 몇 개월이 걸리겠지만, Pilette는 즉시 프로젝트의 준비 작업을 위해 약 10만 달러를 배정받았으며, 이는 프로젝트가 승인될 것이라는 신호와 마찬가지였다. Pilette는 핵심 프로젝트 팀을 구성하기 시작했다. 먼저 그는 프로젝트 리더로 Will Harney를 선택했는데, 그는 사내 모든 사람을 알고 있는 오랜 경력의 플라스틱 엔지니어였다. Pilette는 Harney의 깊고 광범위한 사내 인맥이 팀이 필요로 하는 전문 지식과 자원을 확보하는 데 도움이 될 것이라 생각했다. Harney는 또한 현상 유지가 아닌 개선과 혁신에 도전하는 것을 선호하는 사람으로도 알려져 있었는데, 이것이 바로 Pilette가 찾고 있던 것이었다. Pilette가 말했듯이 "나는 책임을 두려워하지 않는 사람을 원했습니다. 리더는 Magna에서 진행 중인 큰 프로젝트들의 관리책임을 지면서 독립적으로 생각할 줄 알아야 합니다."[b] Harney의 주 업무는 프로젝트가 예정대로 예산범위 내에서 기대치를 충족하면서 진행되도록 하는 것이었다.

다음으로 Pilette와 고위 임직원들은 36개월 이내에 BMW의 주요 공급업체가 되겠다는 목표로 프로젝트 일정을 설정했다. 그런 다음 Pilette와 Harney는 프로젝트를 완료하는 데 도움이 될 핵심 팀 구성원들을 파악하기 위해 작업했다. Harney는 토론토에 있는 Magna의 캐나다 본부에서 근무하지만, 전 세계 각기 다른 지역에 위치한 3개의 "Center of Excellence"에서 근무하는 팀원들을 이끌어야 했다. 핵심 팀은 100% 프로젝트에 전념하는 7명으로 구성되었다. 5명은 캐나다에서 같이 근무하고, 1명은 중부 유럽, 1명은 디트로이트에서 근무하고 있었다. 이 7명은 모두 엔지니어지만 첨단 자동화, 제조, 프로세스 및 제품 개발, 재료 공학을 비롯한 각기 다른 엔지니어링 전문성을 가지고 있었다. 이 핵심 팀의 멤버들은 자신이 필요하다고 생각하는 인원들을 지역 Excellence 센터에서 차출할 수 있는 권한도 가지고 있지만 차출된 인원들은 프로젝트에 전념하기보다는 필요에 따라 비정기적으로 간여할 가능성이 더 컸는데, 평균적으로 토론토에서 5명, 중부 유럽에서 3명, 디트로이트에서 3명 정도가 이 프로젝트에 차출되어 참여했다.

각 Centers of Excellence는 서로 다른 역할을 하고 있었다. 토론토 센터는 복합재료 연구소로서 많은 재료들이 개발된 곳이다. 중부 유럽 센터는 제조 개발 측면에 초점을 두고 있고 디트로이트 센터는 프로젝트의 비즈니스 측면에 집중하며 비즈니스 모델을 개발한다. 각 센터는 또한 여러 하위 프로젝트들을 관리하고 자체적인 인적 자원, 예산 및 시간 계획을 가지고 있다. 핵심 팀은 전화 회의를 통해 매주 프로젝트를 검토하며 한 달에 한 번은 직접 만나 계획을 업데이트하는 동시에, 잠재 고객을 만나고 Magna의 최고 경영진에게 보낼 보고서를 작성했다. 또한 분기마다 핵심 팀이 전체 진행 상황 보고서를 작성했다.

팀원들에 대한 보상은 급여와 상여금으로 구성되는데, 상여금은 팀 성과(60%)와 개인 기여도(40%)를 기준으로 책정된다. 또한 모든 직원이 회사 주식을 보유하고 있었기 때문에 Magna의 전반적인 성공이 모두에게 어느 정도 동기부여가 된다. 세 가지 다른 문화에 걸쳐 일하는 것이 팀

결속력이나 관리에 어려움을 주지는 않느냐는 질문에 Pilette는 “엔지니어링이라는 단일 문화 하에 있다고 생각하며 모두가 문제를 해결하기를 원할 뿐입니다.”라고 대답했다.[c] 모든 팀 구성원은 자신의 견해를 적극적으로 표현하도록 권장되며 적절한 일의 순서에 대해 팀 내 빈번한 토론이 있었다. 때론 결정이 만장일치가 아닌 투표로 결정되는 때도 있다. Pilette는 “항상 모든 사람이 동의할 때까지 기다릴 수는 없습니다. 의사결정을 하지 못해서 잃어버린 시간은 결코 돌이킬 수 없어요. 모두가 동의하지 못해도 의사결정하고 앞으로 나아가야만 합니다”라고 말했다.[d]

투표로 이루어진 의사결정의 한 예는 팀 프로세스 초기에 탄소 조형물을 생산하기 위해 성형 기술을 어떻게 구성하는 것이 가장 좋은지에 대해 의견 불일치가 발생했을 때였다. 팀 내의 한 그룹인 Magna의 연장자들은 기존의 압축 주형 도구 기술을 사용하기를 원했다. 이 기술은 전통적으로 폴리에스테르와 유리와 함께 사용되고, 흐르면서 주형을 채우고 소재들을 결합시킨다. 그러나 팀의 주니어 구성원들은 에폭시 수지와 섬유를 합성하기가 어렵기 때문에 에폭시를 이용한 기존 기술은 탄소 섬유에는 적용될 수 없다고 주장했다. 에폭시 수지는 탄소 섬유와 결합되지 않고 그냥 흘러 지나가버릴 수 있기 때문이다. 이 그룹은 에폭시 수지를 탄소 섬유 안에 가두면서 봉합되도록 뒤집힌 형태의 주형을 사용해야 한다고 주장했다. 의사결정이 잘못 이루어지면 이를 만회하는 데에 많은 시간과 비용이 소요될 수 있다는 것을 팀은 알고 있었다. 열띤 토론 끝에 팀은 투표를 거쳐 기존 기술을 사용하기로 결정했다. 그런데 시작하자마자 이것이 잘못된 결정임이 분명해졌다. 시험제작한 부품은 일부 섬유가 건조한 상태로 남아 있으면서 표면 품질이 좋지 않았다. 팀은 주니어 구성원들이 제안한 방법으로 돌아가서 주형을 다시 만들었고 이 새로운 방법은 훌륭하게 작동했으며 Magna는 결국 그 제조 프로세스에 대한 특허를 받을 수 있었다.[e]

주형 틀에 관한 경험은 팀에 불화와 적대감을 키울 수도 있었지만 오히려 반대의 효과를 낳았다. Pilette가 설명했듯이 “이 모든 프로세스를 통해 하나의 팀이 될 수 있었습니다. 시니어 팀원들은 주니어 팀원들의 말을 더 귀담아듣게 되었고, 주니어 팀원들은 더 많은 의견을 내면서 자신의 생각을 키우고 더 많은 혁신을 할 수 있었어요. 초기 성공적인 경험은 그들로 하여금 ‘와, 이게 되네, 더 잘해보자!’라고 말하게 만들었습니다.”[f]

결과적으로 BMW는 탄소 섬유 생산을 외주 주지 않고 자체 생산하기로 결정하였지만, Magna는 BMW와의 계약을 추진하는 과정에서 많은 새로운 혁신적인 제품 및 프로세스 기술을 발명하여 Magna를 이 분야의 선도적인 위치에 올려놓았고 회사는 혁신자로 알려지게 되었다. 2016년 Magna International은 강철 후드보다 72% 더 가벼운 Cadillac용 탄소 섬유 후드를 만드는 데 사용되는 성형 공정으로 JEC Americas Innovation Award를 수상했다.[g] 그 후 2018년 Magna는 Jeep에 사용되는 경량 합성물 리프트게이트 개발과 Ford와 더불어 철로 주형된 부품에 비해 34%의 질량이 적은 탄소 섬유 서브프레임을 개발하면서 Society of Plastics Engineers Automotive Awards에서 최고 상을 수상했다.[h] Magna가 세계에서 가장 혁신적인 경량화 회사 중 하나로 알려지게 된 것이다.

2021년까지 탄소 섬유는 생산 비용 때문에 아직 자동차 제조의 많은 부분에 사용되지는 못하고 있지만 자동차 산업이 전기 자동차로 전환하면서 더욱 중요한 역할을 할 것으로 널리 믿어졌다. Magna Exteriors 그룹의 사장인 Graham Burrow가 언급한 바와 같이, “자동차에 플라스틱이나 플라스틱 파생물을 더 많이 사용하고 금속을 적게 사용하는 추세입니다. 따라서 우리는 이 기술에 더 집중하여, 제조시간을 줄이고 보다 저렴하고 다양한 합성물들을 시험하면서 비용을 낮추고자 합니다. 목표에 많이 가까워진 것 같습니다.”[i]

〈토론문제〉

1. Magna가 경량화 프로젝트를 위해 구성한 핵심 팀의 구조를 어떻게 설명할 수 있는가? 이 프로젝트에 사용된 이러한 유형의 팀의 장단점은 무엇이라고 생각하는가?
2. 팀원들이 세 곳의 서로 다른 지리적 위치에서 일하는 Magna 팀의 장점과 단점은 무엇이라 생각하는가? 오늘날의 통신 기술 발전을 고려할 때 이러한 장단점이 오늘날에는 다르리라 생각하는가?
3. 팀 투표로 의사결정하는 Pilette의 접근 방식의 장단점은 무엇인가? 다른 대안으로는 어떤 의사결정 방식들이 있으며 각 방식의 장단점은 무엇인가?

[a] Jake Holmes, "Ten things we learned about the BMW i3 and i8," *Automobile Magazine*, August 1, 2011.
[b] Interview with Tom Pilette, Magna International, May 19, 2021.
[c] Interview with Tom Pilette, Magna International, May 26, 2021.
[d] Interview with Tom Pilette, Magna International, May 19, 2021.
[e] Interview with Tom Pilette, Magna International, May 19, 2021.
[f] Interview with Tom Pilette, Magna International, May 26, 2021.
[g] 2016. Magna Press Release, "Magna wins 2016 JEC Americas Innovation Award," May 16th.
[h] Evan Milberg, "Magna wins big at SPE for automotive composite innovation," *Composites Manufacturing*, July 23, 2018.
[i] S. Hernandez McGavin, "Magna: The time for carbon fiber is now; supplier sees cost improvement," *Automotive News*, April 17, 2017

개요

신제품 개발에는 대체로 기업 내 여러 부서들의 활동들이 필요하다. 많은 기업들은 부서 간 경계를 뛰어넘는 조정과 협력을 촉진시키기 위해 다기능팀을 통해 프로젝트를 이끌어 가고 관리하게 한다. 그러나 이러한 팀들이 어떻게 구성되고 관리되는지에 대해서는 상당한 편차가 존재한다. 본 장에서는 신제품 개발팀의 성과에 영향을 미치는 팀의 크기, 구성, 구조, 관리, 리더십 등의 요소들을 살펴보겠다.

신제품 개발팀의 구축

신제품 개발팀을 구성할 때, 조직은 팀의 크기와 인적자원의 구성이 기술의 믹스, 자원으로의 접근성, 부서 간의 의사소통과 협조의 효율성 등에 어떻게 영향을 미칠지 고려해야 한다.

■ 팀의 크기

신제품 개발팀은 몇 명에서 수백 명까지의 인원으로 이루어질 수 있다. 예를 들어 IBM 개인용 컴퓨터를 개발했던 팀은 19명으로 이루어졌지만 IBM 내에서 평균적인 개발 프로젝트팀의 규모는 200명 수준이다.[1] Yahoo! 인터넷 포털은 총 13명의 소프트웨어 개발자들에 의해 개발되었으며, 이는 다시 1~3명 규모의 여러 개의 작은 팀들로 세분화되어 있다.[2] 아이디어를 개발하는 초기단계에서는 개인들이 독자적으로 일하는 것이 낫다는 연구 결과들이 있기는 하지만 (<연구요약: 브레인스토밍이 획기적인 아이디어의 창출에 방해가 될 수 있는 이유> 참조), 이러한 아이디어들을 가다듬고 실행하는 데는 팀이 훨씬 도움이 될 수 있다. 팀의 활용이 개인들의 노력과 전문적 지식을 모으면서 문제 해결에 있어서 개인보다 나은 결과를 가져오는 것을 보면, 개발팀의 크기가 프로젝트의 성공 가능성에 어느 정도 연관이 있다고 볼 수 있다.[3]

하지만 규모가 크다고 항상 좋은 것은 아니다. 규모가 큰 팀은 관리비용이 많이 들고, 의사소통에 문제가 발생할 수 있으며, 이는 지연으로 인한 추가 비용 발생으로 이어질 수 있다. 또한 팀의 크기가 클수록 팀원들 간의 일체감 형성이 더 어려울 수 있다. 더 나아가 팀의 규모가 클수록 **사회적 태만**(social loafing)의 가능성이 증가한다. 이 경우 사회적 태만은 팀의 규모가 커질수록 그룹에 대한 자신의 공헌에 대한 보상을 제대로 받지 못할 것이란 생각에서 개인의 노력과 헌신이 줄어들 때 발생한다.[4] 미국 회사의 평균적인 팀의 규모는 11명이다.[5] 그러나 팀의 규모에는 상당한 편차가 존재하며, 각 팀은 신제품 개발 프로젝트 과정을 거치는 동안에도 규모를 변화시킬 수 있다.

사회적 태만
팀 내 개인이 기대되는 만큼의 노력을 하지 않고 다른 구성원에 기대는 것.

■ 팀의 구성

회사 내에서 마케팅, R&D, 생산 부서 간의 의사소통 결여는 신제품 개발에 매우 불리하게 작용한다. 기능부서들 간의 의사소통이 결여되면 제품 속성을 고객 요구와 일치시키기 어렵게 된다. R&D 부서가 마케팅 부서가 전달한 고객의 요구사항에 관한 정보를 이해할 수 없다면 고객 요구에 맞는 제품을 디자인할 수 없을 것이다. 생산 부서와 R&D 부서 간의 교류 또한 매우 중요한데, 이는 제품의 중요한 두 속성인 *품질*과 *가격*에 생산부서가 중요한 영향을 미치기 때문이다. 또한 R&D 부서와의 긴밀한 협력을 통하여 R&D 부서에서 디자인한 제품들이 생산 부서에서 보다 쉽게 생산될 수 있다. 생산이 용이하게끔 디자인함으로써 단위 비용과 제품의 결함 모두를 줄일 수 있고, 이는 결국 높은 품질과 낮은 비용으로 이어질 수 있다. 또한 부서 간 의사소통의 결여는 제품개발이 서로 다른 단계를 오가며 제품개발 시간을 지연시키는 결과를 초래할 수도 있다.

회사가 이러한 문제를 해결하는 방법 중 하나는 다기능 제품개발팀을 구성하는 것이다.[6] **다기능팀**(cross-functioning teams)은 엔지니어링, 생산, 마케팅과 같은 여러 분야의 구성원들로 구성된다.[7] 예를 들어 Chrysler의 "vehicle deployment platform

다기능팀
사내 R&D, 마케팅, 생산, 유통 등과 같은 다양한 부서 출신의 구성원들로 이루어진 팀.

연구요약 브레인스토밍이 획기적인 아이디어의 창출에 방해가 될 수 있는 이유[a]

반세기 전 Alex Osborne은 *Applied Imagination*이라는 영향력 있는 책에서 "평균적인 사람은 혼자 일할 때보다 그룹의 일원으로 일할 때 2배에 달하는 아이디어를 생각해 낼 수 있다."라고 의견을 밝혔다. 아마 관리자들도 브레인스토밍이 대중화되고 오늘날까지 광범위하게 사용되는 것을 보면서 그렇게 생각할 것이다. 사실 경영대학에서도 팀이 개인보다 나을 게 없다고 주장하면 거의 이단아로 취급받을 것이다.

하지만 Osborne의 의견은 옳지 않을 수 있다. 여러 연구들이 Osborne의 의견을 확인하려 하였지만 그 반대의 결과를 얻었는데, 브레인스토밍 그룹들은 동일한 수의 개인들이 독립적으로 만들어내는 아이디어들의 합보다 적은 수의 아이디어를 만들어내고 창의성도 떨어지는 것을 발견한 것이다.[b]

왜 이런 일이 생기는 것일까?[c] 아이디어들이 서로 교차되면서 숙성되어 새롭고 비범한 합성이 일어나야 하는 것 아닌가? 연구에 따르면 그룹에서 아이디어들을 서로 교차 숙성하려하는 과정에서 아이디어가 단순히 평범한 합의로 전락하는 경우가 많은 반면, 흥미로운 아이디어는 단독으로 작업할 때 더 출현 가능성이 있다고 한다. 그룹이 독립적으로 일하는 개인보다 덜 창의적인 데에는 3가지 이유들이 있다.

1. 평가의 두려움

Michael Diehl, Wolfgang Strobe, Bernard Nijstad, Paul Pauhus 그리고 그 외 교수들의 일련의 연구에 따르면 사람들은 그룹 브레인스토밍 세션에서 자신들의 가장 창의적인 아이디어가 부정적인 평가를 받을까봐 두려워한다고 한다.[d] 연구자들이 실험참여자들에게 익명의 평가자가 아닌 동료들이 아이디어를 평가한다고 말해주면 아이디어의 수도 급격히 줄어들고 창의성도 떨어지는 경향이 있다.

보스턴 대학의 생명공학 교수이자 유명한 공상 과학 소설가이기도 한 Issac Asimov는 "내 생각에는 창의성을 위해서라면 혼자 있는 시간이 필요한 것 같아요. 창의성은 당혹스러운 부분이 있어서 다른 사람이 옆에 있으면 방해만 됩니다. 새로운 아이디어를 하나 만들려면 몇백 아니 몇천 개의 엉뚱한 아이디어가 필요할 텐데 그것들을 왜 굳이 드러내고 싶겠어요?"라고 말했다.[e]

2. 의견 표출의 방해

사람들이 돌아가며 자신의 아이디어를 발표할 때, 나중에 발표하는 사람들은 자기 차례가 왔을 때 자신이 생각했던 아이디어를 발표도 하기 전에 잃어버릴 수도 있다. 더 나쁜 점은 다른 사람의 아이디어를 집중해서 듣다 보면 듣는 사람들의 사고의 흐름이 바뀔 수 있는데, 이는 듣는 사람의 사고 흐름이 하이재킹당하는 것과 유사하다. 연구자들은 이를 실험해보기 위해 피실험자들을 실험실에 두고 마이크에 파란불이 켜지면 자신의 생각을 말하도록 하였는데, 실험실에 따라 다른 이들의 생각을 들을 수도 있고 듣지 못할 수도 있게끔 실험을 디자인하였다. 실험 결과는 창의성의 큰 손실이 발생할 수 있음을 보여 주었는데, 자신의 발표순서가 늦을수록 아이디어의 수가 줄어들었으며 다른 참여자들의 생각을 듣는 경우에는 아이디어의 수가 더 줄어드는 결과가 나왔다.

반면 그룹 토의에서 개인들이 순서를 기다릴 필요 없고 원할 때 아무 때나 의견을 발표하도록 했을 경우에는 그룹 내에서 가장 활발하고 적극적인 사람들이 의견 발표를 주도하였고 조용한 사람들이나 사회적 압력을 걱정하는 사람들은 의견 발표에 적극적이지 않았다. 이들은 의견을 발표하는 경우에도 다른 사람이 이미 발표한 의견을 바탕으로 한 추가 의견만을 발표하면서 창의성이 떨어지는 경향이 있었다.

3. 독창성보다는 실현 가능성

Eric Rietzschel과 그의 동료들에 의한 또 다른 일련의 연구들에 따르면 팀이 아이디어의 *창출*에만 부정적인 것이 아니라 심지어 아이디어의 *선택*을 방해하기도 한다고 한다.[f] 피실험자들로 하여금 개별적으로 아이디어를 내게 한 다음, 그룹이 가장 좋은 아이디어를 선택하도록 하는 경우에도 창의성이 떨어지는 아이디어를 선택하는 경향이 있다고 한다. 이는 그룹 멤버들이 자유롭게 의견을 교환하여 "가장 좋은" 아이디어를 선택하게 하는 경우에 전체 아이디어들의 평균보다 독창성이 떨어지는 아이디어, 그리고 평균보다 실현 가능성이 높은 아이디어를 선택하는 경향이 있다고 한다. 달리 말하면 사람들은 아이디어의 "독창성"보다는 "실현 가능성"에 더 높은 가중치를 부여하는 경향이 있는 것이다. 창의적인 아이디어를 얻으려는 목적이라면 그룹으로 하여금 아이디어를 제출

(계속)

(계속)

하고 선택하게 하는 것은 바람직하지 않다고 볼 수 있다.

혼자 시간을 보내는 것의 효용

고독은 창의성에 매우 가치가 있다. 이를 통해 생각할 시간을 갖고 내면적으로 관심 있다고 느껴지는 것을 추구할 수 있기 때문이다. 이는 세상이 돌아가는 방식에 대한 자신만의 믿음을 개발시켜줄 수 있고 다른 이들의 의견에 의해 영향받지 않는 자신만의 개념을 개발하는 데에도 도움이 될 수 있다.[g]

연속적으로 획기적인 혁신을 이루어낸 사람들에 대한 연구에 따르면 이들 대부분은 상당한 시간을 홀로 보냈으며 스스로를 교육하는 데 많은 투자를 한 것을 관찰할 수 있다.[h] 대부분은 지나치다고 느낄 정도의 독서광으로 Elon Musk의 경우에는 하루에 10시간 동안 책을 읽었는데 그의 형제 Kimbal은 "주말에는 하루에 두 권도 읽었지요"라고 말했다.[i] Elon Musk 자신도 *Rolling Stone*과의 인터뷰에서 "책이 나를 성장시켰어요. 책 그리고 내 부모님."이라고 말했다.[j]

이러한 내용들에 따르면 관리자들이 직원들로 하여금 획기적인 아이디어를 내게 만들려면 직원들에게 여러 괴팍한 아이디어들을 생각하고 스스로 사고의 연상을 통해 미지의 영역으로 들어갈 시간을 줄 필요가 있다. 직원들은 평가에 대한 두려움 없이 자유롭게 아이디어를 내도록 격려될 필요가 있다. 직원들은 자신의 아이디어를 종이에 적고 다른 이들에게 발표하기 전에 그 아이디어를 숙성시키도록 격려될 필요가 있다. 관리자들은 또한 Google이나 3M의 선례를 참조하여 직원 근무 시간의 상당부분(3M은 직원 근무시간의 15%를 사용)을 창의적인 목적 즉 자신이 생각해내고 선택한 제품을 고민하는데 사용하도록 격려할 필요가 있다. Google의 Gmail과 Google News, 3M의 Post-it Note 그리고 많은 다른 제품들이 이런 방식으로 탄생하였다.

창의적인 아이디어들은 쉽게 부서질 수 있고 그룹토의의 과정에서 휩쓸려 없어져 버리기 쉽다. 거의 대부분의 팀들이 어느 정도 그룹사고의 피해를 경험하고 있는데 의견이 강하고 강압적인 성격의 개인들이 토론과 의사결정 과정을 지배하기 쉽다. 그들은 의도하지 않았더라도 팀을 특정 경로로 몰아갈 수 있으며 더 심각한 것은 다른 이들로 하여금 적당한 타협안을 내도록 만들 수 있다. 개인들은 약간의 고립과 고독을 통해 자신만의 획기적인 아이디어를 개발할 기회를 가질 수 있으며, 이 아이디어들이 팀에 의해 평가받거나 팀 활동으로 옮겨가기 전까지 아이디어를 숙성시키고 초기 단계의 계획이나 프로토타이핑의 단계까지 경험해볼 시간을 가질 필요가 있다.

[a] Adapted from Melissa A. Schilling, "Why brainstorming groups kill breakthrough ideas (and what to do instead)," Inc., February 9, 2018.
[b] Michael Diehl and Wolfgang Stroebe, "Productivity Loss in Brainstorming Groups: Toward the Solution of a Riddle," *Journal of Personality and Social Psychology* 53 (1987): 497–509; Brian Mullen, Craig Johnson, and Eduardo Salas, "Productivity Loss in Brainstorming Groups: A Meta-Analytic Integration," *Basic and Applied Social Psychology* 12, no. 1 (1991): 3–23; and W. Stroebe, B. A. Nijstad, and E. F. Rietzshel, "Productivity Loss in Brainstorming Groups: The Evolution of a Question," *in Advances in Experimental Social Psychology*, eds. M. P. Zanna, and J. M. Olson (San Diego, CA: Academic Press, 2010), 43: 157–203.
[c] Larry Alton, "5 Strategies for team brainstorming to use in your next meeting," Inc., October 30, 2017.
[d] Michael Diehl and Wolfgang Stroebe, "Productivity Loss in Brainstorming Groups: Toward the Solution of a Riddle," *Journal of Personality and Social Psychology* 53 (1987): 497–509; Paul B. Pauhus et al., "Perception of Performance in Group Brainstorming: The Illusion of Group Productivity," *Personality and Social Psychology Bulletin* 19 (1993): 78–89; and Brian Mullen, Craig Johnson, and Eduardo Salas, "Productivity Loss in Brainstorming Groups: A Meta-Analytic Integration," *Basic and Applied Social Psychology* 12, no. 1 (1991): 3–23.
[e] Isaac Asimov, "Isaac Asimov Asks, 'How Do People Get New Ideas?'" *MIT Technology Review* (1959 essay, reproduced in October 20, 2014).
[f] Eric F. Rietzschel, Bernard Nijstad, and Wolfgang Stroebe, "Productivity Is Not Enough: A Comparison of Interactive and Nominal Brainstorming Groups on Idea Generation and Selection," *Journal of Experimental Social Psychology* 42, no. 2 (2006): 244–51.
[g] Christopher R. Long and James R. Averill, "Solitude: An Exploration of Benefits of Being Alone," *Journal for the Theory of Social Behavior 33* (2003): 21–44.
[h] Melissa A. Schilling, *Quirky: The Remarkable Story of the Traits, Foibles, and Genius of Breakthrough Innovators Who Changed the World* (New York: Public Affairs, 2018).
[i] Ashlee Vance, *Elon Musk: Tesla, SpaceX, and the Quest for a Fantastic Future* (New York: Harper Collins, 2015).
[j] Neil Strauss, "Elon Musk: The Architect of Tomorrow," Rolling Stone (November 15, 2017).

teams"의 구성원들은 디자인, 엔지니어링, 구매, 생산, 제품 계획, 재무, 마케팅 부서 출신들이다. 전 세계의 기업들이 이러한 다기능팀을 신제품 개발에 활용하고 있다. 한 연구 보고서에 따르면 2000년 당시 미국 기업의 77%, 유럽 기업의 67%, 일본 기업의 54%가 다기능팀을 운영하고 있는 걸로 나타났다.[8]

다양한 배경을 지닌 사람들로 구성된 팀은 그렇지 않은 사람들로 구성된 팀에 비해 여러 가지의 이점들을 가지고 있다.[9] 다양한 방면의 전문가들은 더 넓은 지식 기반을 제공하고 다양한 각도에서 아이디어들을 숙성시킬 수 있다.[10] 또한 여러 분야의 전문가들이 갖고 있는 다양한 정보 원천들의 조합을 프로젝트에 활용할 수 있다(여러 부서 간의 경계를 넘나드는 정보탐색 활동에 대한 자세한 것은 <연구요약> 참조).[11] 기능별 전문가는 활발하게 관련 저널들을 읽고 그들의 업무와 직접적으로 연관된 협회에 참여하는데, 이러한 활동들은 제품개발에 관련된 문제의 해결책과 더불어 혁신적인 아이디어의 창출과 개선으로 연결된다.[12] 팀이 여러 분야의 전문가들로 구성되면, 다양한 정보의 원천들이 확보되는 결과를 얻을 수 있는 것이다.

기존의 많은 연구들은 지금까지 살펴본 것과는 다른 형태의 다양성도 존재할 수 있음을 주장하고 있다. 입사 시기가 다른 개인들은 팀의 외부와의 접촉 포인트가 각기 다르므로 팀에 보다 더 많은 자원을 제공할 수 있다. 문화적 다양성을 지닌 팀은 다양한 관점을 통해 보다 쉽게 문제를 해결할 수 있고, 교육이나 성별 그리고 다양한 연령의 사람들로 구성되면 다양한 관점들이 고려되며 외부 자원으로의 접근이 쉬워진다.[13] 인구학적 다양성을 지닌 팀이 그렇지 않은 팀보다 혁신적인 성과와 전체적인 수행능력이 뛰어나다는 점은 연구를 통해 증명되었다.[14]

반면 팀의 다양한 구성원들은 서로 간에 합의점을 이끌어 내거나 의사소통에 따른 비용을 증가시킬 수 있다. 한 개인은 대개 자신과 한 가지 이상의 공통점을 가진 사람과 더 자주 그리고 더 열정적으로 상호작용을 하고 싶어 한다.[15] 이 현상을 **동종 선호성**(homophily)이라고 한다. 이에 관한 보고서에 따르면 사람은 비슷한 말투, 정신세계, 소신 등을 가지고 있는 사람이 더 대하기 쉽고 편하기 때문에 자신과 비슷하다고 느껴지는 사람과 의사소통하는 것을 선호한다고 한다.[16] 또한 유사성을 느끼는 것은 자기강화적일 수 있는데, 빈번하고 적극적인 상호작용을 통해 각자가 지닌 지식에 대한 공통적인 용어, 믿음, 친숙성을 발전시킬 수 있기 때문이다. 또한 공통적인 용어, 믿음, 친숙성은 자발적인 정보의 교환을 촉진시켜 미래의 상호작용을 보다 효율적으로 만든다. 만약 다른 사람이 자신과 매우 다르다고 느끼게 되면 상호작용을 하고자 하는 의지가 약해져 지식의 공유가 어렵게 된다. 공통점이 없는 구성원들로 이루어진 팀은 목표와 관점을 통합시키는 것이 힘들기 때문에 구성원 간 대립이 초래될 수 있으며 그룹의 응집력이 낮아질 수 있다.[17] 그러나 어떤 연구는 이

동종 선호성
자신과 비슷한 특질이 있다고 판단되는 사람과 어울리고 닮아가려는 경향성.

렇게 이질적인 구성원들일지라도 장기간에 걸쳐 접촉을 하면 동질적인 팀이나 이질적인 팀 사이에 차이가 별로 없을 수 있다고 한다. 아마도 이질적인 팀의 경우에는 많은 상호작용을 통해 그들의 프로세스를 더 낫게 관리하는 방법에 대하여 학습하기 때문일 것이다.[18]

지금까지의 내용을 요약하면, 이질적인 팀은 동질적인 팀보다 평균적으로 더 많은 정보를 보유하고 있다. 또한 팀의 이질성은 의사결정 과정에서 창조성과 다양성을 증가시켜 주고 혁신적인 결과를 낼 수 있게 하여 전체적인 성과를 향상시킨다.[19] 그러나 이러한 잠재적인 장점을 발휘하려면 장기간의 접촉과 의사소통과 협력을 장려하기 위한 인센티브가 필요할 것이다.

팀 구성원들이 의사소통과 협력을 효율적으로 할 수 있는 능력은 팀 내의 개인들의 성격에 달려 있기도 하다. Susan Kichuk와 Willi Wiesner의 연구에서는 인간의 5가지 성격 요소(성실성, 외향성, 예민성, 친화성, 경험에 대한 개방성)가 신제품 개발팀의 성공 가능성과 관련이 있는지 조사하였다. Kichuk와 Wiesner는 신제품 개발팀의 성공을 도와주는 성격요소로서 높은 외향성, 높은 친화성, 낮은 예민성을 찾아내었다.[20]

신제품 개발팀의 구조

팀은 여러 가지 방법으로 조직될 수 있다. 보편적으로는 팀을 4가지의 유형으로 분류한다.[21] 기능적, 경량급, 중량급, 자율적 팀이 그 유형들로서 그림 12.1에서 묘사되고 있다.

■ 기능적 팀

기능적 팀에서는 구성원들이 그들이 원래 속해 있던 기능부서(R&D, 마케팅, 생산 등)에 소속되어 그 부서의 관리자에게 업무 보고를 한다(그림 12.1(a)). 동시에 팀원들은 주기적으로 만나 프로젝트에 관하여 논의한다. 이러한 팀은 일반적으로 한시적으로 운영되며 구성원 개인은 전체 업무량의 10% 미만 정도만 팀의 업무와 연관된 활동을 한다. 또한 기능적 팀에는 일반적으로 프로젝트 관리자와 프로젝트와 관련된 전담 연락체계가 존재하지 않는다. 이 팀의 구조 하에서는 회사의 본래 업무에서 일탈을 할 필요가 없으므로 팀 활동이 용이하나 부서 간 협력의 기회는 줄어든다.[22] 또한 개인은 오직 자신의 기능적 업무 수행에 관해서만 평가와 보상을 받기 때문에 개발 프로젝트에 관해 헌신적으로 임하지 않을 수 있다. 기능적 팀은 근본적으로 회사의 한 가지 기능부서에 의해서만 영향을 받는 파생 프로젝트에 더 적합하다.

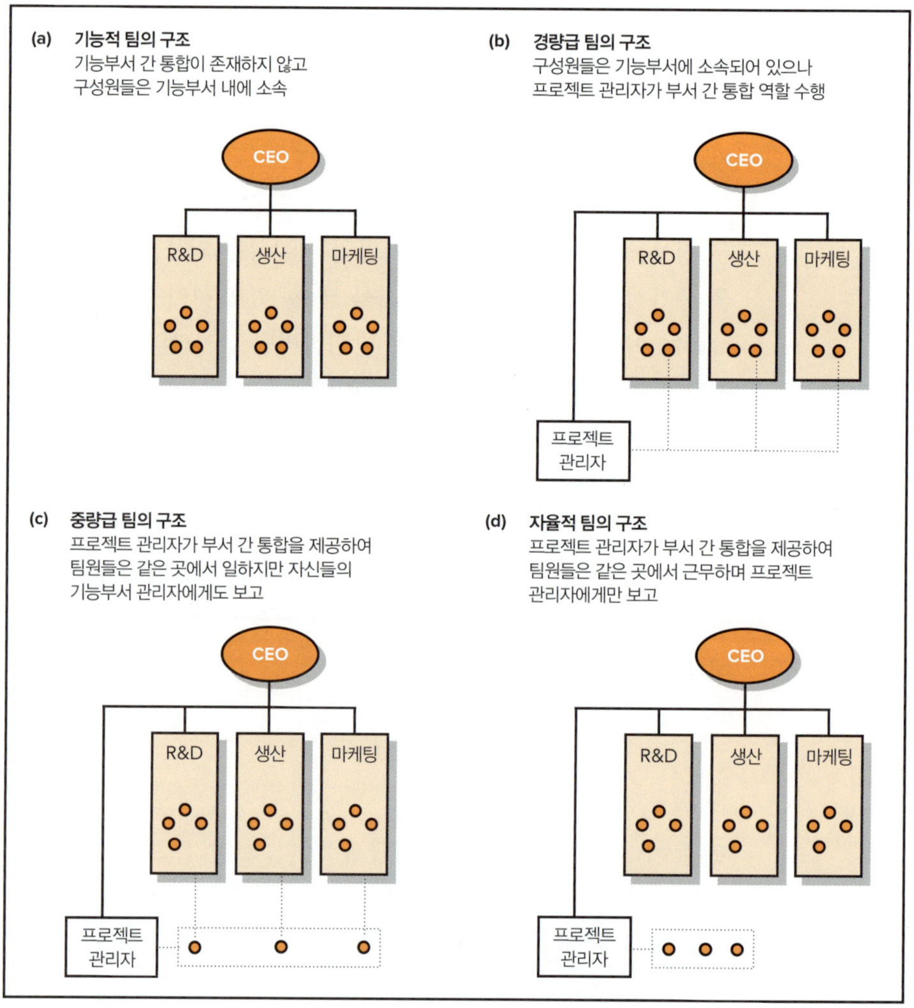

그림 12.1 ▸ 개발팀의 유형

■ 경량급 팀

경량급 팀에서도 구성원들은 여전히 그들의 기능적 부서에 소속되어 있고, 부서의 관리자들이 팀원의 평가와 보상에 대한 직권을 가지고 있다(그림 12.1(b)). 기능적 팀과 마찬가지로 경량급 팀도 일반적으로 한시적인 성격을 지니며 구성원들은 대부분의 시간을 일반적인 직무 수행에 할애한다(많게는 25% 정도의 시간을 팀과 관련된 활동에 할애). 그러나 경량급 팀은 프로젝트 관리자와 기능부서 간에 협력과 의사소통을 위한 프로젝트 전담 연락체계가 존재한다. 경량급 팀의 관리자들은 보통 팀 구성원에게 중대한 영향력을 발휘하지 못하는 하급 또는 중간급의 직원들이다. 그러므로 경량급 팀은 팀 내부의 협조와 프로젝트 성공 가능성에 있어서 기능적 팀보다 약간 나은 정도라고 할 수 있다. 이러한 팀의 구조는 높은 수준의 협력과 의사소통이 요구되지 않는 파생 프로젝트에 적절하다.

■ 중량급 팀

중량급 팀에서는 각 기능부서에서 차출된 구성원들이 프로젝트 관리자와 같이 *배치된다*(그림 12.1(c)). 중량급 팀의 프로젝트 관리자는 일반적으로 기능부서의 관리자보다 높은 직급의 관리자이며, 필요한 자원을 요청하고 팀 구성원들을 직접 평가하고 보상할 수 있는 상당한 권한을 가지고 있다.[23] 중량급 팀 내의 핵심 그룹은 대개 모든 시간을 프로젝트에 할애한다. 이러한 요소들은 부서 간 협력과 의사소통을 강화시켜 주고 팀 구성원들을 개발 프로젝트에 집중할 수 있게 해준다. 그러나 중량급 팀 역시 대개 한시적인 성격을 띠고 있다. 그러므로 개인 구성원의 장기적인 경력 관리의 측면은 프로젝트 관리자보다는 자신이 속한 기능부서의 관리자와 더 많은 관련이 있다. 이러한 팀 구조의 유형은 기능적 팀보다 의사소통과 협력 면에서 두드러지게 나은 면을 보이며 플랫폼 프로젝트에 적합하다.

■ 자율적 팀

자율적 팀에서는 기능부서로부터 전입된 구성원들이 개발팀에 모든 시간을(혹은 영구적으로) 할애한다(그림 12.1(d)). 팀 구성원들은 회사 내에서 매우 높은 계층의 관리자와 함께 배치된다. 자율적 팀의 프로젝트 관리자는 여러 직무 부서에 존재하는 자원들에 대한 전적인 통제 권한이 주어진다. 그리고 팀 구성원에 대한 평가와 보상에 대한 독점적인 권한을 가지게 된다. 자율적 팀은 회사 내 다른 부서가 통상적으로 사용하는 업무 절차를 따르지 않을 수 있으며, 대신에 자체적인 정책, 절차, 보상 시스템을 구축하여 사용할 수 있다.[24] 자율적 팀은 또한 프로젝트의 성공에 대한 책임을 지고 여러 가지 면에서 독립부서처럼 업무를 수행한다. 자율적 팀은 신제품 개발에 매우 빠르고 효율적인 성격을 띠고 있는데, 특히 그 개발 프로젝트가 기존의 기술과 방식을 탈피하는 경우에 보다 탁월한 성과를 보인다. 그래서 자율적 팀은 완전히 새로운 혁신 프로젝트와 대형 플랫폼 프로젝트에 적합하며, 프로젝트가 성공적일 경우 이들은 새로운 사업단위의 출발지가 될 수 있다.[25] 그러나 자율적 팀의 독립성이 지나치면 모회사의 자원을 완전히 활용하지 못할 수 있다. 더 나아가 프로젝트가 완성되거나 끝나면 자율적 팀원들은 종종 회사 내의 기능부서로 다시 귀환하기 어려울 수 있다. 따라서 많은 자율적 팀은 기업의 분리된 부서로 발전하거나 혹은 심지어 자회사로 분리되기도 한다.

그림 12.2는 본문에서 다루지 않은 내용들을 포함하여 4가지 형태 팀들의 여러 가지 중요한 특징들을 요약한 것이다. 기능부서와 프로젝트 팀 사이에서, 특히 프로젝트 관리자와의 사이에서 갈등이 일어날 수 있는 가능성은 기능적 팀에서 자율적 팀으로 갈수록 더 커진다. 중량급 팀과 자율적 팀의 독립성으로 말미암아 팀이 기능부서들의 이해관계와 상충되는 목표를 추구하는 경우가 생길 수도 있으므로 고급

그림 12.2 ▶ 팀 유형별 특징 요약

특징	기능적 팀	경량급 팀	중량급 팀	자율적 팀
프로젝트 관리자	없음	하급 또는 중간급 관리자	상급 관리자	상급 관리자
프로젝트 관리자의 권한	없음	낮음	높음	매우 높음
팀 활동에 대한 시간 배분	10%까지	25%까지	100%	100%
팀 구성원의 근무 장소	기능부서	기능부서	프로젝트 관리자와 같이 근무	프로젝트 관리자와 같이 근무
팀 활동 기간	일시적	일시적	길지만 일시적임	영구적
팀 구성원의 평가	기능부서의 책임자	기능부서의 책임자	프로젝트 관리자와 기능부서의 책임자	프로젝트 관리자
팀과 기능부서 간의 잠재적 갈등 가능성	낮음	낮음	보통	높음
기능부서 간 통합의 정도	낮음	보통	높음	높음
기존 조직의 운영 절차와 일치 정도	높음	높음	보통	보통–낮음
적합한 유형의 프로젝트	일부 파생 프로젝트	파생 프로젝트	플랫폼 프로젝트/혁신 프로젝트	플랫폼 프로젝트/혁신 프로젝트

관리자들은 이러한 갈등을 잘 관리해야 한다.

신제품 개발팀의 관리

신제품 개발팀이 효과적이기 위해서는 리더십과 관리정책이 팀의 구조와 요구에 맞는 것이어야 한다.

■ 팀 리더십

팀 리더는 팀의 활동 방향을 지시하고, 프로젝트 목표에 대한 일관성을 유지하며, 팀과 경영진 수뇌부 사이에서 의사전달자의 역할을 수행하여야 한다. 또한 중량급 팀, 자율적 팀에서 팀 리더는 팀 구성원에 대한 평가, 보상, 승진 등에 관한 주된 역할도 수행해야 한다. 팀 리더의 효과성은 최고경영진이나 프로젝트 후원자보다 팀의 성공에 더 직접적으로 연관되어 있다. 왜냐하면 팀 리더가 팀과의 상호작용이 많으며 팀의 행동에 더 많은 영향을 줄 수 있기 때문이다.[26]

앞에서 팀의 유형과 구조에 대하여 설명할 때, 팀의 유형이 다르면 다른 리더십이 요구된다고 하였다. 예를 들어 경량급 팀에는 기능부서 간의 기본적 협력만을 조율하는 하급 또는 중간급의 관리자가 필요하지만, 중량급 팀과 자율적 팀은 경험과 영향력이 많은 상급 관리자가 필요하다. 중량급 팀과 자율적 팀의 프로젝트 관리자는 팀 구성원이 능력을 잘 발휘할 수 있도록 이끌며 팀 내에서나 더 큰 다른 조직들을 대상으로 프로젝트를 후원할 수 있는 능력을 지니며 부서 간 중개인의 역할을 해야 한다.[27] 특히 중량급 팀과 자율적 팀의 프로젝트 관리자는 회사 내에서 높은 지위를 가지고 있어 팀의 콘셉트를 조직 내에서 후원할 수 있으며, 분쟁도 잘 해결하고, 다양한 부서에서 사용되는 언어를 잘 알아야 한다(마케팅, 엔지니어링, 생산부서에서 각각 쓰이는 대화방식을 잘 알아야 한다). 그리고 엔지니어링, 마케팅, 생산부서에 영향력을 발휘할 수 있어야 한다.[28] 다른 조건이 동일한 상태에서 팀 리더가 이러한 특징 중 한 가지 이상이 부족하다면 그 프로젝트의 성공 가능성은 낮아지게 된다.[29]

■ 팀 운영

현재 많은 기업들은 구성원들에게 개발 프로젝트에 대해 명확한 초점을 제시하고 헌신을 유도하기 위해 중량급 팀과 자율적 팀으로 하여금 프로젝트 약정서(project charter)와 협정서(contract book)를 작성하도록 요구하고 있다. *프로젝트 약정서*에는 프로젝트 미션과 명료하고 측정 가능한 프로젝트 목표가 담겨 있다. 거기에는 프로젝트의 비전이 담긴 문장(예를 들어 "Dell의 랩톱 컴퓨터는 성능과 가치 면에서 시장의 표준이 될 것이다")과 회사 입장에서 프로젝트가 왜 중요한지를 설명해주는 문장을 포함하기도 한다. 프로젝트 약정서에는 팀의 구성원, 구성원들이 팀에서 활동하는 기간, 팀 활동에 사용해야 할 업무시간의 비율 등이 수록될 수 있다.[30] 또한 팀의 예산, 보고기한, 프로젝트의 핵심 성공 척도(예를 들어 제품 출시시기에 관한 목표 달성, 프로젝트가 설정한 고객만족도에 관한 기준, 정해진 기간 내에 달성해야 할 목표 시장점유율 설정 등)를 약정하고 있다. 프로젝트의 목표를 명확하게 설정하면 구성원들이 프로젝트의 목적과 우선순위에 대한 올바른 이해를 하는 데 도움이 된다. 또한 목표는 신제품 개발과정의 구조화를 도와주고 공통의 성과를 위한 팀 구성원 간의 협력을 활성화시킬 수 있다.[31]

팀의 약정서가 작성되고 나면, 팀의 핵심 구성원들과 고급 관리자들은 이를 바탕으로 *협정서*를 맺어야 한다. 협정서에는 프로젝트 약정서에 나오는 목표를 달성하기 위한 기본적인 계획이 세밀하게 정의되어 있다. 일반적으로 협정서에는 필요한 자원, 개발 기간 일정, 성공 시의 결과를 추정하고 있으며, 팀의 성과를 비교할 수 있는 척도와 개발 기한을 제공하므로 목표달성을 하기 위한 팀의 성과를 측정하고 모니터를 할 수 있는 도구가 된다. 그러나 더 중요한 것은 협정서가 프로젝트를 위한 팀의 헌신을 유도하고 구성원이 프로젝트를 자신의 일로 여기게 하는 중요한 메커니즘이 된다는 점이다. 이 협정서를 받아들인 후에는 모든 구성원들은 계획을 지키며 목표 달성에 대한 의지가 확고하다는 표시로 협정서에 서명을 한다. 협정서에

서명한 팀 구성원들은 프로젝트의 목표에 더 큰 의무감을 가지게 된다. 더 나아가 협정서에 서명함으로써 프로젝트에 대한 소유의식을 갖게 되고 프로젝트에 관한 주체적 의사결정 의식을 갖게 된다. 이렇게 소유의식과 권한을 줌으로써 팀 구성원들이 프로젝트의 결과를 자신의 일과 동일시하면서 성공을 위한 추가적인 노력을 하게 된다.[32]

■ 가상의 팀 관리

가상의 팀
팀 구성원들이 서로 멀리 떨어져 있지만 화상회의, e-mail, 인터넷 채팅, 그룹웨어 등과 같은 정보 기술을 이용하여 집중적인 협조를 하는 팀.

최근 정보기술이 발달하면서 가상의 팀을 이용하는 회사가 많이 늘었다. **가상의 팀**(virtual team)은 팀 구성원들이 서로 멀리 떨어져 있지만 화상회의 e-mail, 그룹웨어, 인터넷 채팅 프로그램 등과 같이 정보기술을 바탕으로 긴밀한 협조를 하는 팀을 말한다. 가상의 팀을 만들면 개인은 자신의 물리적인 위치에 관계없이 자신의 기술을 프로젝트에 활용할 수 있게 된다. 가상의 세계에서 회의를 함으로써, 멀리 떨어져 있는 구성원들도 여행 경비를 지출하지 않고 생활에 방해를 받지 않으면서 협력을 할 수 있다.[33] 이러한 업무 방식은 고도로 글로벌화되어 있는 회사에는 매우 가치가 있다. 예를 들어, SAP Aktiengesellschaft는 독일 Walldorf에 본부를 두고 있지만, 대형 R&D 센터들을 인도, 중국, 이스라엘 그리고 미국에도 두고 있다. 각 센터들은 특정 지역에 대한 깊은 이해를 갖고 있지만 전문화라는 속성 때문에 기능적 포괄성을 갖고 있지는 않다. SAP의 관리자들은 특정 프로젝트를 수행하는 데 필요한 전문성들을 최적화하여 통합할 수 있는 가상의 팀을 구성하기 위해 다양한 지역들로부터 인력들을 선발할 수 있다.[34] 이와 유사하게, IBM이 제품들을 전 세계적으로 활용하기 시작하였을 때, 가상팀의 활용이 증가하였다. IBM에서는 직원의 약 1/3이 자신의 경력 중 일정 시점에서 가상의 팀에 참가하게 된다. IBM은 프로젝트의 스태프가 필요할 때 필요한 기술의 리스트를 작성하여 인적자원 부서에 보내고, 부서는 수많은 직원 중에서 적합한 인재를 찾는다. 만약 그 사람의 기술과 능력이 직접 만나서 일을 할 수 있는가의 여부보다 중요하다면 가상의 팀이 형성된다.[35]

하지만 가상의 팀은 새로운 관리상의 도전을 의미하기도 한다. 이 장의 전반부에 나오는 신제품 개발팀의 구조에 관한 많은 연구들은 팀 활동들이 지리적으로 가까운 곳에서 일어나는 것이 중요하다는 것을 강조하고 있다. 지리적 근접성은 팀 구성원들에게 풍부한 면대면 의사소통과 비공식적 접촉의 기회를 제공함으로써 의사소통과 협조를 용이하게 만든다.[36] 근접하여 빈번하게 상호작용을 하면 팀은 프로젝트를 수행하는 데 있어 공통된 기준과 통용어를 발전시키게 된다. 이와 대조적으로 가상의 팀은 의사소통 채널에 자주 의존해야만 하기 때문에 대면할 일이 훨씬 적어서 규범과 통용어를 설정하는 데 어려움을, 심지어 갈등을 겪을 수도 있다. 또한 그들은 여러 표준시간대를 가로지르는 시차문제도 다루어야 하는데 이는 종종 까다로

연구요약 국제적인 가상 R&D 팀

Gassman과 von Zedtwitz는 10장에서 논의된 다국적 기업이 가상의 팀을 활용하여 국제적 혁신 노력을 하는 과정에서 조정과 협력이 어떻게 이루어졌는지 살펴보았다. 느슨히 연결된 R&D 활동에 관해 10장에서 언급하였던 내용과 유사하게, 가상의 국제 R&D팀들은 지리적 근접성이 아닌 정보기술을 활용하여 단일 개발 프로젝트에 공동으로 참여할 수 있었다. 그러나 정보기술로 인해 서로 만날 일이 줄어들면서 구성원 간에 신뢰를 쌓고 암묵적인 지식을 전달하는 것이 어렵게 되었다. 혁신 프로젝트의 성격과 공유되어야 하는 정보의 성격에 따라, 기업이 분권화된 가상 협력 프로세스를 활용할 수 있는 정도가 달라진다고 볼 수 있다.

Gassman과 von Zedtwitz는 기술집약적인 다국적 기업 37곳을 조사한 뒤 팀의 4가지 유형을 밝혀냈다. (1) 분산되어 각자가 자기 조정을 하는 팀 (2) 조정자가 시스템을 통합하는 팀 (3) 시스템 구조상 핵심팀이 존재하여 시스템을 기획하는 팀 (4) 중앙 집중된 벤처팀이 바로 4가지 유형이다. *분산되어 각자가 자기 조정*을 하는 팀에서는 팀 전체를 지배하는 하나의 권한이나 힘이 존재하지 않는다. 팀은 주로 전화, 인터넷, 데이터베이스의 공유, 그룹웨어를 통해 의사소통을 한다. 구성원 간 협력체계는 상대적으로 약하며 강력한 기업 문화에 의존한다. 분산되어 자기조정을 하는 팀은 각각 다른 장소에서 개발 중인 구성 요소들 간의 접촉방식에 관한 잘 규정된 표준이 존재할 때 출현 가능성이 높다. 그러므로 이러한 팀의 유형은 구조적 혁신보다는 모듈라 혁신에 적합하다 (3장 참조).

*R&D 조정자가 시스템을 통합*하는 팀에서는 한 개인이나 특정한 부서가 다른 부서 간의 협조를 이끌어 내는 책임을 지니고 있다. 시스템 통합자는 부서들이 프로젝트에 관한 이해를 공유하도록 돕고 부서 간에 지식을 전달하며 프로젝트의 진전과 공헌을 관리한다. 프로젝트가 전체적으로 분권화되어 있는 반면, 시스템 통합자는 중앙집권적으로 프로젝트를 조정한다.

*시스템을 기획하는 핵심팀*이 존재하는 경우, 핵심팀은 분산되어 있는 각 기술개발팀에서 중요한 결정권을 지닌 사람들로 구성되며 정기적으로 만나 팀 간의 의견조율을 한다. 핵심팀에는 대개 강력한 권한을 지닌 프로젝트 관리자, 분산된 각 그룹의 리더, 또는 외부의 고객이나 컨설턴트가 포함된다. 핵심팀은 개발 프로젝트의 전체적인 구조를 만들고 개발의 일관성을 유지시킨다. 핵심팀은 위에서 설명한 시스템 통합자보다 개별 부서를 지휘할 수 있는 직접적인 권한을 가지므로 분쟁을 해결하기 쉽고 부서 간의 기준을 강제할 수 있다. 핵심팀이 부서 간 통합을 하는 데 중요한 역할을 할 수 있으므로 구조적 혁신을 이룰 수 있다. *중앙 집중된 벤처팀*에서는 통합과 협력의 정도를 최대로 하기 위해 연구개발 인력과 자원이 하나의 장소에 집중 배치되어 있다. 팀에는 매우 중요한 권한을 가진 상위 직급의 프로젝트 관리자가 배치될 가능성이 높은데, 이 관리자는 자원을 재배치하고 팀 구성원 간 책임 소재를 명확하게 한다. Gassman과 von Zedtwitz는 집중된 벤처팀의 예로 Asea Brown의 “High Impact Projects”와 Sharp의 “Golden Badge”를 들었다. 이 중앙 집중된 벤처팀에는 많은 비용이 들기 때문에, 이러한 팀들은 매우 중요한 전략적 프로젝트에만 활용된다.

Gassman과 von Zedtwitz의 모형은 그림 12.3에 요약되어 있다. 대략적인 설명을 하자면 Gassman과 von Zedtwitz는 급진적이고 구조적이며 복잡하고 암묵적 지식이 집중적으로 교류되어야 하는 혁신은 더 큰 집중화가 요구된다고 주장한다. 점진적이며, 모듈적이면서, 복잡한 무형의 지식이 빈번하게 교류되지 않아도 되는 혁신은 분산화가 더 잘 될 수 있다.

(*계속*)

운 문제가 될 수도 있다.[37]

가상의 팀을 구성할 때에는 협조를 용이하게 하기 위해 사용되는 통신기술을 편안하게 사용할 수 있으며 대인 관계에 능한 사람을 고르는 것이 중요하다.[38] 팀 구성원은 일을 독립적으로 할 수 있어야 하며 강한 직업 윤리의식을 가지고 있어야 한

(계속)

그림 12.3 ▸ Gassman과 von Zedtwitz의 국제적 가상팀의 유형

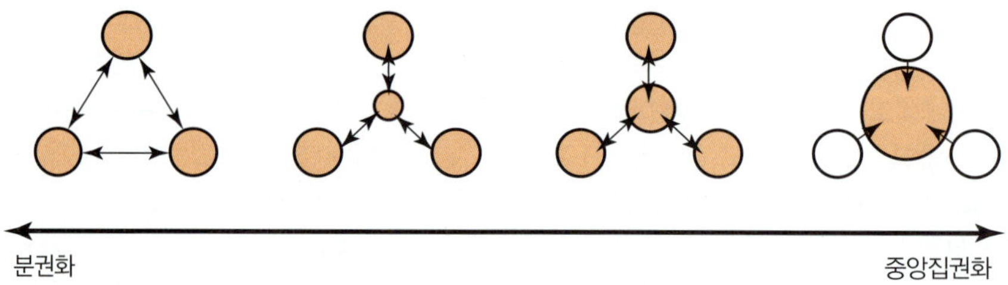

분권화된 자율 조정팀	조정자로서 시스템을 통합하는 팀	시스템을 기획하는 핵심팀	집중된 벤처팀
모든 R&D는 서로 느슨하게 협조하고 있는 분산된 부서들에 의해서 수행된다.	대부분이 R&D 활동이 분산된 부서들에 의해 이루어지지만, 중앙 통합자에 의해 협조가 이루어진다.	핵심팀은 R&D 활동을 주도하며 분산된 부서들에 의해 이루어지는 R&D 활동을 정한다.	R&D 자원이 집중된 벤처팀으로 이동되어 모든 R&D 활동이 이루어진다.

출처: Adapted from O. Gassman and M. von Zedtwitz, "Trends and Determinants of Managing Virtual R&D Teams," *R&D Management* 33, no. 3 (2003): 243–62.

다. 거리상으로 떨어져 있으면 팀 구성원들이 상호작용의 기회를 피할 가능성이 높기 때문에 상호작용을 피하기보다는 추구하는 사람을 고르는 것이 중요하다. 그 팀의 구성원들이 얼마나 빨리 메시지들에 반응할 것인가에 대한 기준과 그들이 얼마나 빈번하게 동기화된 의사소통(다자간 전화통화, 화상회의, 인스턴트 메신저와 같이 관련 당사자들이 동시에 참여해야 되는 의사소통)을 할 것인가에 대한 기준을 설정하는 것은 중요하다.[39] 더 나아가 가상환경 속에서는 비공식적인 상호작용을 할 수 있는 기회들이 없어질 수 있으므로 팀 운영방식의 일환으로 더 많은 상호작용 방법들을 설정해 놓아야 할 것이다.[40] 예를 들어 팀 리더가 매일 또는 매주 비공식적인 "채팅"시간을 마련하여 팀원들로 하여금 온라인이나 화상으로 참여하게 한다면, 팀의 공식적인 미팅자리에서는 발견되지 않을 아이디어들을 공유할 수 있는 기회가 될 수도 있다.

가상의 팀은 국제적인 가상 R&D 팀의 사례를 다룬 <연구요약>에 언급된 것처럼, 신뢰구성, 분쟁해결, 암묵적 지식들의 교환 등에 있어서 문제에 직면할 수 있다.

요약

1. 다양한 사람들을 한 팀으로 구성하면, 팀은 다양한 전문적 지식기반을 공유하게 되어 문제해결을 하는 데 보다 강력한 수단을 가질 수 있다. 그러나 팀의 크기가 커지면 운영비와 의사소통의 문제가 커지기도 한다.
2. 팀이 다양한 인원들로 구성되면 팀은 다양한 관점과 전문적 지식기반을 가지게 된다. 특히 신제품 개발팀은 다양한 기능을 보유한 구성원들을 필요로 한다. 다기능 팀은 신제품 개발과정에서 디자인, 생산, 마케팅 목표를 하나로 통합할 수 있다.
3. 팀 구성원들의 다양성은 팀이 다양한 관점과 지식을 소유하게 하는 것뿐만 아니라 여러 경계를 넘나들며 다양한 외부 자원을 끌어올 수 있게 만든다.
4. 너무 다양한 구성원은 신제품 개발 프로젝트에 대한 공통적 이해를 발전시키는 것을 어렵게 하여 팀의 단결력을 떨어뜨릴 수 있다. 팀들은 이러한 문제를 해결하기 위해 장기간의 접촉과 협력에 대한 보상을 제공하여야 한다.
5. 팀의 구조화 방법(같은 장소로 배치, 영속성, 관리자와의 관계 등)은 팀 구성원들의 상호작용과 개발 프로젝트의 결과에 중요한 영향을 준다. 다양한 개발 프로젝트에는 그 성격에 맞는 다양한 팀의 형태가 있다.
6. 팀이 효과적이기 위해서는 팀 리더의 특성(근속연수, 권한, 다방면에 걸친 의사소통 기술)이 팀 형태와 맞아야 한다.
7. 많은 회사들이 팀의 프로젝트 약정서와 협정서를 개발하여 구성원들이 프로젝트의 목표에 대한 공통적인 이해를 할 수 있게 하고 소유의식을 지니게 하며 프로젝트에 대해 헌신할 수 있도록 한다.
8. 회사가 독창적인 기술을 가졌지만 서로 멀리 떨어져 있는 개인들로 팀을 구성하려 할 때, 가상의 팀을 구성할 수 있다. 가상의 팀은 정보기술을 사용하여 의사소통과 협조를 원활하게 할 수 있다. 가상의 팀은 참여와 협조, 신뢰를 증진시키는 데 여러 가지 문제점을 겪게 된다. 그러므로 가상의 팀에서는 팀 구성원을 고르고 팀 운영 방식을 설정하는 데 보다 신중해야 한다.

토론문제

1. 팀의 크기와 다양성의 정도를 결정하는 데 있어 고려해야 할 상충관계는 어떤 것이 있는가?
2. 관리자는 어떻게 다양성의 증가에 따라 발생하는 문제들을 극복하고 다양성의 이점을 얻을 수 있을까?
3. 개발 프로젝트의 예를 들고 그들이 사용한다고 생각되는 팀 형태를 밝혀보자. 당신은 프로젝트의 제반 환경과 팀의 형태가 부합한다고 생각하는가?

4. 근접한 곳에 위치하는 것의 장단점은 무엇인가? 가상의 팀이 적합하지 않은 프로젝트의 유형에는 어떤 것들이 있는가?

추가자료

■ 대표문헌

Amy Edmondson, "Psychological Safety and Learning Behavior in Work Teams." *Administrative Science Quarterly* 44 (1999): 350–83.

Anat Drach-Zahavy and Anit Somech, "Understanding Team Innovation: The Role of Team Processes and Structures." *Group Dynamics: Theory, Research, and Practice* 5, no. 2, (2001): 111–23. https://doi.org/10.1037/1089-2699.5.2.111.

Arvind Malhotra, Ann Majchrzak, and Benson Rosen, "Leading Virtual Teams," *Academy of Management Perspectives* 21 (2007): 60–9.

Morten T. Hansen, "The Search-Transfer Problem: The Role of Weak Ties in Sharing Knowledge across Organization Subunits," *Administrative Science Quarterly* 44 (1999): 82–111.

Ray Reagans and Ezra W. Zuckerman, "Networks, Diversity, and Productivity: The Social Capital of Corporate R&D Teams," *Organization Science* 12 (2001): 502–17.

Ute R. Hülsheger, Neil Anderson, and Jesus Salgado, "Team-Level Predictors of Innovation at Work: A Comprehensive Meta-Analysis Spanning Three Decades of Research." *Journal of Applied Psychology* 94, no. 5, (2009): 1128–45. https://doi.org/10.1037/a0015978.

■ 최근문헌

Amanda L. Thayer, Alexandra Petruzzelli, and Caitlin E. McClurg, "Addressing the Paradox of the Team Innovation Process: A Review and Practical Considerations," *American Psychologist* 73, no. 4, (2018): 363–75, https://doi.org/10.1037/amp0000310.

Daan van Knippenberg, "Team Innovation," *Annual Review of Organizational Psychology and Organizational Behavior* 4, (2011): 211–33.

Edmondson, A. C., and I. M. Nembhard, "Product Development and Learning in Project Teams: The Challenges Are the Benefits," *Journal of Product Innovation Management* 26 (2009), pp. 123–28.

Vikas Aggarwal, David S. Hsu, and Andy Wu, "Organizing Knowledge Production Teams within Firms for Innovation," *Strategy Science* 5, no. 1 (2020) 1–16, https://doi.org/10.1287/stsc.2019.0095.

■ 참고문헌

1. Morris A. Cohen, Jehoshua Eliashberg, and Teck Ho, "New Product Development: The Performance and Time-to-Market Trade-Off," *Management Science* 42 (1996): 173–86.
2. Marco Iansiti and Alan MacCormack, "Living on Internet Time: Product Development at Netscape, Yahoo!, NetDynamics, and Microsoft," *Harvard Business School Case* No. 9-697-052, 1996.
3. B. E. Collins and H. Guetzkow, *A Social Psychology of Group Processes for Decision Making* (New York: Wiley, 1964); V. B. Hinsz, "Cognitive and Consensus Processes

in Group Recognition Memory Performance," *Journal of Personality and Social Psychology* 59 (1990): 705–18; and M. E. Shaw, "Comparison of Individuals and Small Groups in the Rational Solution of Complex Problems," *American Journal of Psychology* 41 (1932): 491–504.

4. S. J. Karau and K. D. Williams, "Social Loafing: A Meta-Analytic Review and Theoretical Integration," *Journal of Personality and Social Psychology* 65 (1993): 681–706.
5. Dennis J. Devine et al., "Teams in Organizations: Prevalence, Characteristics, and Effectiveness," *Small Group Research* 30 (1999): 678–711.
6. Shona Brown and Kathleen Eisenhardt, "Product Development: Past Research, Present Findings, and Future Directions," *Academy of Management Review* 20, no. 2 (1995): 343–78.
7. Ibid.
8. Edward Roberts, "Benchmarking Global Strategic Management of Technology," *Research Technology Management,* (March–April 2001): 25–36.
9. Linda Rochford and William Rudelius, "How Involving More Functional Areas within a Firm Affects the New Product Process," *Journal of Product Innovation Management* 9 (1992): 287–99.
10. John R. Kimberly and Michael Evanisko, "Organizational Innovation: The Influence of Individual, Organizational, and Contextual Factors on Hospital Adoption of Technological and Administrative Innovations," *Academy of Management Journal* 24 (1981): 689–713; Fariborz Damanpour, "Organization Innovation: A Meta-Analysis of Effects of Determinants and Moderators," *Academy of Management Journal* 34, no. 3 (1991): 555–90; and Michael Aiken and Jerald Hage, "The Organic Organization and Innovation," *Sociology* 5 (1971): 63–82.
11. Thomas J. Allen, *Managing the Flow of Technology: Technology Transfer and the Dissemination of Technological Information within the R&D Organization* (Cambridge, MA: MIT Press, 1977); Deborah G. Ancona and David F. Caldwell, "Demography and Design: Predictors of New Product Team Performance," *Organization Science* 3 (1992): 321–41; and Deborah G. Ancona, and David F. Caldwell, "Bridging the Boundary: External Activity and Performance in Organizational Teams," *Administrative Science Quarterly* 37 (1992): 634–65.
12. P. Jervis, "Innovation and Technology Transfer—The Roles and Characteristics of Individuals," *IEEE Transaction on Engineering Management* 22 (1975): 19–27; and Danny Miller and Peter H. Friesen, "Innovation in Conservative and Entrepreneurial Firms: Two Models of Strategic Momentum," *Strategic Management Journal* 3 (1982): 1–25.
13. Irving L. Janis, *Victims of Groupthink* (Boston: Houghton Mifflin, 1972); Christian R. Ostergaard, Bram Timmermans, and Kari Kristinsson, "Does a Different View Create Something New? The Effect of Employee Diversity on Innovation," *Research Policy* 40 (2011), 500–09.
14. Susan E. Jackson, Karen E. May, and Kristina Whitney, "Understanding the Diversity of Dynamics in Decision Making Teams," in *Team Effectiveness and Decision Making in Organizations,* eds. R. A. Guzzo, E. Salas, and Associates (San Francisco: Jossey-Bass, 1995), 204–61; and Richard L. Priem, David A. Harrison, and Nan Kanoff Muir, "Structured Conflict and Consensus Outcomes in Group Decision Making," *Journal of Management* 21 (1995): 691–710; Ray Reagans and Bill McEvily, "Network Structure and Knowledge Transfer: The Effects of Cohesion and Range," *Administrative Science Quarterly* 48 (2003): 240–67.
15. Paul F. Lazarsfeld and Robert K. Merton, "Friendship as a Social Process: A Substantive and Methodological Analysis," in *Freedom and Control in Modern Society,* ed. M.

Berger (New York: Van Nostrand, 1954): 8–66.

16. Brian Uzzi, "Social Structure and Competition in Interfirm Networks: The Paradox of Embeddedness," *Administrative Science Quarterly* 42 (1997): 35–67.
17. Kenneth L. Bettenhausen, "Five Years of Groups Research: What We Have Learned and What Needs to Be Addressed," *Journal of Management* 17 (1991): 345–81; and Katherine Williams and Charles A. O'Reilly, "Demography and Diversity in Organizations: A Review of 40 Years of Research," *Research in Organizational Behavior* 20 (1998): 77–140.
18. Warren Watson, Kamalesh Kumar, and Larry K. Michaelsen, "Cultural Diversity's Impact on Interaction Process and Performance: Comparing Homogeneous and Diverse Task Groups," *Academy of Management Journal* 36 (1993): 590–602; Ray Reagans and Bill McEvily, "Network Structure and Knowledge Transfer: The Effects of Cohesion an Range," *Administrative Science Quarterly* 48 (2003): 240–67.
19. Susan Jackson, Karen May, and Kristina Whitney, "Understanding the Diversity of Dynamics in Decision Making Teams."
20. Susan L. Kichuk and Willi H. Wiesner, "The Big Five Personality Factors and Team Performance: Implications for Selecting Successful Product Design Teams," *Journal of Engineering and Technology Management* 14, nos. 3–4 (1997): 195–222.
21. Steven C. Wheelwright and Kim B. Clark, *Revolutionizing Product Development: Quantum Leaps in Speed, Efficiency and Quality* (New York: Free Press, 1992).
22. Kim B. Clark and Steven C. Wheelwright, "Organizing and Leading 'Heavyweight' Development Teams," *California Management Review* 34, no. 3 (1992): 9–29.
23. Ibid.
24. Fariborz Damanpour, "Organization Innovation."
25. Kim Clark and Steven Wheelwright, "Organizing and Leading 'Heavyweight' Development Teams."
26. Edward F. McDonough, "Investigation of Factors Contributing to the Success of Cross-Functional Teams," *Journal of Product Innovation Management* 17 (2000): 221–35.
27. Kim B. Clark and Steven C. Wheelwright, *Managing New Product and Process Development* (New York: Free Press, 1993); Edward F. McDonough and Gloria Barczak, "Speeding Up New Product Development: The Effects of Leadership Style and Source of Technology," *Journal of Product Innovation Management* 8 (1991): 203–11; and Gloria Barczak and David Wilemon, "Leadership Differences in New Product Development Teams," *Journal of Production and Innovation Management* 6 (1989): 259–67.
28. Shona Brown and Kathleen Eisenhardt, "Product Development."
29. Melissa A. Schilling and Charles W. L. Hill, "Managing the New Product Development Process: Strategic Imperatives," *Academy of Management Executive* 12, no. 3 (1998): 67–81.
30. C. W. Miller, "Hunting for Hunting Grounds: Forecasting the Fuzzy Front End," in *The PDMA Toolbook for New Product Development,* eds. P. Belliveau, A. Griffin, and S. Somermeyer (New York: John Wiley & Sons, 2002).
31. Edward McDonough, "Investigation of Factors Contributing to the Success of Cross-Functional Teams."
32. Ibid.
33. Carla Joinson, "Managing Virtual Teams: Keeping Members on the Same Page without Being in the Same Place Poses Challenges for Managers," *Human Resource Magazine,* June 2002.

34. Frank Siebdrat, Martin Hoegl, and Holger Ernst, "How to Manage Virtual Teams," *MIT Sloan Management Review* (2009) Summer: July 1.
35. Ibid.
36. Frank Siebdrat, Martin Hoegl, and Holger Ernst, "How to Manage Virtual Teams," *MIT Sloan Management Review* (2009) Summer: July 1.
37. Frank Siebdrat, Martin Hoegl, and Holger Ernst, "How to Manage Virtual Teams," *MIT Sloan Management Review* (2009) Summer: July 1.
38. Bradley L. Kirkman et al., "Five Challenges to Virtual Team Success: Lessons from Sabre, Inc.," *Academy of Management Executive* 16, no. 3 (2002): 67.
39. Mitzi M. Montoya et al., "Can You Hear Me Now? Communication in Virtual Product Development Teams," *Journal of Product Innovation Management* 26 (2009): 139–55.
40. Arvind Malhotra, Ann Majchrzak, and Benson Rosen, "Leading Virtual Teams," *Academy of Management Perspectives* 21 (2007): 60–9.

Chapter 13

전개 전략의 수립

Crafting a Deployment Strategy

글로벌 비디오게임 산업에서의 전개 전술

글로벌 비디오게임 산업에서 새로운 세대의 게임기가 출시될 때마다 각각의 게임기는 시장의 지배적인 위치를 차지하기 위한 전쟁을 한다. 신규 진입자들은 언제나 예측 불가능한 등장을 하면서 무너지지 않을 것 같던 산업 내 기존 경쟁자들을 쓰러뜨리기도 하였다. 게임 개발자, 유통업자와 고객들은 어떤 게임기가 그 시대의 대표주자로 떠오를지 관심을 기울이며 그들의 전쟁을 지켜보았다. 또한 각 세대별 경쟁은 도전자들이 사용한 전략 중 어떠한 전개 전략이 성공적이었는지 또는 실패였는지 드러냈다.[a]

Pong: 한 시대의 시작

1972년 가을, Nolan Bushnell은 Atari라는 회사를 설립하고 Pong을 출시하였는데 그 게임은 탁구와 비슷하고 Atari 게임기를 사용자의 TV모니터에 연결하여 즐기는 것이었다. Pong은 2세대 가정용 비디오게임(1세대는 Magnavox가 1972년 초에 출시한 Odyssey라는 게임으로 봄)이지만, 전 세계적으로 알려진 최초의 가정용 게임기였다. 출시된 첫 해에 Pong은 100만 달러 이상의 매출을 거두었고 시장에는 Pong과 비슷한 60개 이상의 유사품들이 넘치게 되었다. 비디오게임 산업의 초창기에는 통합 서킷의 빠른 진보가 새로운 게임기와 게임 타이틀의 빠른 확산을 가능케 하였다. 1984년까지 비디오게임기와 게임 타이틀의 판매액은 미국에서만 30억 달러에 달했다. 그러나 이 시기의 게임기 제작자들은 그들의 게임기에서 공식 제품만이 작동할 수 있도록 하는 엄격한 보안 대책을 세우지 않아서 비공식 제품(게임기 제작자의 인증 없이 생산된 게임) 생산의 폭발적인 증가를 불러왔다. 그 결과 시장은 곧 미덥지 않은 품질의 제품들로 포화되었고 많은 소매상들은 처리할 수 없을 정도로 많은 비디오게임들의 재고에 허덕이게 되었다. 이익이 급격하게 하락하면서 1985년이 되자 많은 산업 분석가들은 비디오게임 산업은 끝났다고 선언하였다.

8비트 시스템의 등장

그러나 일본의 두 회사가 사람들의 예상을 뒤집으며 미국의 비디오게임 시장에 뛰어들면서 3세대 가정용 홈 비디오게임의 시대를 열었다. 그들은 바로 1985년에 8비트 Nintendo Entertainment System (NES)를 출시한 Nintendo와 1986년에 8비트 Master System을 미국 시장에 내놓은 Sega였다. 광고비로 단지 몇 십만 달러밖에 쓰지 않은 Atari와는 달리 Sega와 Nintendo는 광고비로 1,500만 달러를 사용하였다. 두 시스템 모두 전 세대의 비디오게임기보다 기술적으로 향상되었다. 두 회사 모두 대부분의 소매업자들과 위탁판매방식의 계약을 체결하여 소매업자들이 악성재고에 시달릴 위험을 없애버렸다. Sega의 Master System이 Nintendo의 제품보다 기술적으로는 약간 우월하였으나 Nintendo는 질 좋은 게임과 캐릭터 개발에 더 집중하였고, Sega보다 더 많은 게임 타이틀을 출시하였다. NES는 첫해에 100만 대가 팔렸으며 1990년까지는 1,900만 대를 팔았는데 이는 미국과 일본 가정 전체의 1/3 이상에 공급될 수 있는 양이다.[b]

1985년부터 1989년까지 Nintendo는 미국 비디오게임 산업을 거의 독점하다시피 했다. 회사는 게임기는 거의 생산원가에 판 반면 수익의 대부분을 게임 타이틀 매출에서 벌어들였다. Nintendo는 스스로 게임을 개발하는 동시에 제3자인 전문 소프트웨어 개발자에게도 게임을 생산할 수 있는 라이센스를 주었는데 그 요건이 매우 엄격했다. 그 요건은 (*a*) 매년 생산할 수 있는 게임 타이틀의 개수를 제한, (*b*) 게임 타이틀을 만드는 데 필요한 핵심부품인 카트리지를 자체 계약 생산자를 보유한 Nintendo로부터 특정 개수 이상을 선주문, (*c*) 다른 회사 게임기에서 실행 가능한 유사한 게임 개발 제한 등이다. 또한 Nintendo는 한 유통업자가 팔 수 있는 게임기의 양과 가격을 제한하여 개별 유통업자가 구매 교섭력을 가지지 못하도록 하였다.[c] Nintendo의 엄격한 제한 정책은 매우 높은 수익을 가져다주었으나, 결국 미연방통상위원회(Federal Trade Commission)의 제재를 받았다. 그리하여 Nintendo와 유통업자, 개발업자 간의 관계가 소원해져 잠재적으로 회사는 경쟁에 보다 취약하게 되었다.

16비트 비디오게임 시스템

1989년 9월 Sega는 16비트 게임기인 Genesis를 미국 비디오게임 시장에 출시하면서 4세대 게임기경쟁을 시작했다. Genesis는 8비트 시스템보다 성능이 월등하게 향상되었다. 게다가 Sega는 원래 8비트 게임기에서 유명했던 아케이드 게임들을 Genesis에서도 호환이 가능하도록 하였다. 1989년 12월까지 20여 종류의 Genesis 게임 타이틀이 시장에 출시되었다. Sega에 맞서 NEC 역시 TurboGrafx-16이라는 16비트 시스템을 1989년 가을에 출시하였고 12월까지 12개의 게임 타이틀도 내놓았다. Nintendo도 그들 자체의 16비트 시스템을 이미 개발하여 놓은 상태였지만 16비트 시스템이 출시되면 8비트 시스템 판매가 줄어들까 염려하여 출시를 늦추었던 것이었다.

1989년 말에 Sega는 미국에서 이미 60만 대의 게임기를 판매했고, NEC는 20만 대를 팔았다. 1990년과 1991년에 Sega와 NES 모두 자신들의 게임 타이틀을 계속 출시하여 그 숫자는 130개와 80개로 각각 늘어났다. 1991년 말까지 Sega는 미국에서 2백만 대의 게임기를 판매하였고, NEC는 1백만 대를 판매하였다. 게임의 주요 부분은 자사 내에서 생산했던 Sega와는 다르게 NEC는 전적으로 외부의 게임 개발업자들에게 아웃소싱을 주었는데, 그들은 NEC의 시스템이 8비트 시스템에 비해 약간의 기술적 장점만 가지고 있음을 알게 되었다.[d] 개발업자들은 NEC 플랫폼을 점점 쓰지 않게 되었고 결국 NEC는 1991년 시장에서 철수하였다. Nintendo는 1991년에 자체 제작한 16비트 SNES를 출시하였지만 Sega의 아성을 무너뜨리기에는 너무 늦은 시기였다. 1992년에 Nintendo는 비디오게임 시장(8비트와 16비트 모두 포함)의 80%를 점유하였으나, 1994년에는 Sega가 시장의 선두주자가 되었다.

Nintendo와 마찬가지로 Sega 역시 게임기에서의 판매마진은 별로 없었던 대신, 게임 타이틀의 판매를 늘리고 소프트웨어 로열티를 받아서 수익을 증가시켰다. 그러나 Sega는 Nintendo에 비해 라이센스 협정의 제약을 느슨하게 하였고 덕분에 Sega와 협정을 맺는 개발업자의 수가 급격하게 증가하였다. 더 나아가 Nintendo는 16비트 시스템을 만들 당시 게임기를 이전 세대 제품과 호환되게 하여 주요 고객들이 보유하고 있던 8비트 게임을 사용할 수 있게끔 만들 수 있었음에도 불구하고, 이전 게임기와 신제품 간에 호환이 되지 않게 하기로 결정하였다. 1991년 말까지 Genesis는 130개의 게임 타이틀을 가진 반면 SNES는 단 25개의 게임 타이틀을 가지고 있었다. Nintendo는 Sega에게 2년 동안이나 시스템에 관한 고객 기반을 구축할 기회를 빼앗겼으며 그 기간 동안에 Sega는 중요한 기술적인 우위를 점할 수 있었다. 보완재로 사용할 수 있는 것이 거의 아무것도 없는 상태에서 Nintendo는 다소 무모하게 시장에 진입한 것이었다. Nintendo의 당시 행보의 결과는 *Fortune*지의 비디오게임 사업자 부분에 적절하게 실려 있다. "솔직히 말하면 Nintendo는 더 이상 예전처럼 매력적이지 않다. 16비트 게임기는 오리지널 Nintendo보다 성능은 좋다. 그러나 회사는 그것을 만들 때 Sega만을 경쟁상대로 생각하였는데, 많은 어린이들이 이미 Sega를 가지고 있는 상태이다. 그러므로 만약 그 어린이들이 모든 것을 갖고 싶어 할 정도로 비정상적이지 않은 이상 슈퍼 Nintendo가 필요하지 않다. Sega를 가졌는데도 SNES를 가지고 싶어 할 거라는 것은 매우 비상식적인 생각일 뿐이다."[e] 시간이 지나면서 SNES의 판매량은 증가하였고, 지금까지 출시된 게임 시스템들 중에서 가장 성공적인 것 중 하나였다고 판명되었다. 그러나 Nintendo가 예전에 누리던 독점적인 위치는 무너졌다. Sega가 성공적으로 Nintendo를 뛰어넘었기 때문이다.

32/64비트 시스템

1980년대 후반과 1990년대 초반, 비디오게임 시장에 매력을 느낀 새로운 경쟁자들이 32 또는 64비트 시스템의 5세대 기기들을 출시하면서 시장에 진입하였다. 1989년 Philips는 게임과 교육, 음악 감상 등의 여러 기능을 제공하는 콤팩트디스크 시스템인 32비트 CD-i를 출시했다. 그러나 CD-i는 너무 복잡해서 30분 이상의 설명을 들어야만 사용할 수 있다. 게다가 출시 초반의 가격이 799달러였고, 이후 가격을 낮추었지만 500달러(Nintendo와 Sega 시스템의 두 배 이상의 가격)로 매우 비쌌다.[f] CD-i는 비디오게임기 그 이상이었지만 높은 가격과 복잡한 사용법이 Nintendo와 Sega에 이미 익숙해진 소비자들을 실망시켰다. 상황을 더욱 악화시킨 것은 Philips가 기술적인 사항을 공개하는 것을 꺼려서 시스템에 맞는 소프트웨어 개발을 매우 제한하였다는 점이다. Philips의 CD-i는 단 한 번도 시장점유율 2%를 넘지 못하였다.[g] Turbo Technologies에서는 DUO를 출시하였고, 3DO에서는 Interactive Multiplayer를 시장에 내놓는 등 다른 회사들도 32비트 시스템을 출시하였지만, 모두 600달러에서 700달러에 이르는 고가의 제품이었다. Turbo Technologies의 DUO는 시장의 관심을 끌지 못해 곧 퇴출되었다. 반면 3DO의 시스템은 상당한 관심을 끌었다. 3DO는 Electronic Arts라는 비디오게임 개발업자였던 Trip Hawkins에 의해 1993년 10월에 설립된 회사였다. 3DO는 모든 게임과 하드웨어를 라이센싱을 통해 생산하는 독특한 전략을 사용하였는데, 이 전략에서는 게임기 제작비용을 게임 로열티로 보충할 수 없어서 게임기의 가격을 Nintendo와 Sega처럼 낮출 수 없었다. 3DO의 하드웨어 제작회사들(Matsushita와 Panasonic)은 게임을 생산하지 않았기 때문에 적절한 이윤 없이는 게임기를 판매하려 하지 않았다. 제품의 판매량이 오르지 않자 결국 3DO는 시장에서 철수하였다. 1993년, Atari는 기술적으로 향상된 Jaguar를 가지고 비디오게임 시장에 놀라운 모습으로 돌아왔다.

그러나 Atari의 끊임없는 노력에도 불구하고 개발업자들과 유통업자들의 마음을 사로잡지는 못하였고, 여러 개의 큰 소매점 체인에서는 이 제품을 판매하지 않기로 결정하였다.[h]

1995년이 되자 2종류의 32비트 시스템만이 살아남았다. Sega의 Saturn과 Sony의 PlayStation이 바로 그것들이다. 두 제품 모두 화려한 광고 속에서 등장하였고 개발업자들도 상당한 지원을 하였다. 이 중 Sega만이 비디오게임 시장의 경험과 브랜드 이미지를 구축하고 있었지만, Sony는 가전제품 시장에서의 엄청난 브랜드 이미지와 전자제품과 미디어의 광범위한 유통채널을 이용하여 시장에 진입하였다. Sony는 장난감 산업으로 빠르게 진입하기 위하여 이 분야의 베테랑인 Bruce Stein을 고용하였다. Sony는 규모와 이전 여러 가전제품 시장에서의 성공경험(콤팩트디스크 개발과 디스크 포맷에 관한 통제 경험 포함)을 바탕으로 많은 게임 개발업자들(당시 미국 최고의 게임 개발업체 Electronic Arts 포함)을 상대로 출시 후 첫 6개월간 오직 PlayStation을 위한 타이틀을 제작해 달라고 설득하였다. Sony의 게임기는 카트리지 방식을 사용하는 Nintendo나 Sega와는 달리 CD를 이용하여 게임을 하게끔 디자인되었는데, 처음에는 많은 사람들이 CD는 게임의 속도를 줄이고 해적판이 생길 수 있다고 우려하였지만, CD로의 전환은 커다란 장점으로 판명되었다. 게임제작과 생산비용이 줄어들었으며 덕분에 Sony는 게임개발자들이 적은 수량으로 게임을 개발할 수 있게 함으로써 개발업자들의 위험을 줄여주었다. 1995년 말까지 시장에는 이미 50개의 PlayStation 타이틀이 출시되었고, 이 숫자는 2000년 말 800개로 증가하였다.

Sega의 Saturn은 Sony의 PlayStation보다 시장에 여러 달 먼저 출시되었지만 단 4개의 소매 업체에만 Saturn을 공급하였다. Toys "R" Us, Babbage's, Software Etc.와 Electronics Boutique가 바로 그 4개의 소매업체였는데, 이는 Sega를 오랫동안 지원했던 Walmart나 Best Buy와 같은 업체들을 화나게 만들었다.[i] 또한 개발업자들이 Saturn보다는 PlayStation용 게임을 만드는 것이 쉽다고 느껴 Saturn은 점점 개발업자들의 중요한 지원을 잃게 되었다.[j] 1996년 말까지 미국에 보급된 Sony의 PlayStation의 개수(2,900만 대)는 Sega의 Saturn (1,200만 대)의 두 배가 넘었다.

64비트 게임 시스템을 출시하겠다고 발표한 지 2년이나 지난 1996년, Nintendo는 드디어 Nintendo64라는 64비트 게임 시스템을 출시했다. 출시 당시 이 게임기의 타이틀은 2개(그중 하나는 슈퍼마리오)밖에 없었지만, 출시 후 몇 주 만에 매진되었다. Nintendo의 64비트 시스템은 빠르게 소비자들의 인정을 받았지만 아직 Nintendo나 Sega 모두 비디오게임 산업의 지배적 디자인이 되지는 못하였다. 여러 새로운 진입자들(시장에 다시 돌아온 Atari 포함)이 기술의 진보를 이용하여 비디오게임 산업에 진입하고자 하였지만 그중 Sony만이 기술적 장점, 전략, 보급 환경과 자원을 잘 조합하여 보완재를 빠르게 발달시키며 시장의 선호를 따랐기 때문에 승리할 수 있었다.

128비트 시스템

1999년 9월, Sega는 최초의 6세대 게임기인 인터넷에 연결할 수 있는 199달러짜리 128비트 게임 시스템인 Dreamcast 게임기를 출시하였다. Dreamcast가 출시되기 전에 Sega는 시장점유율이 최근 몇 년간 가장 낮은 수준인 12% 정도로 어려움을 겪고 있었다. Dreamcast는 시장에 소개된 최초의 128비트 시스템이었으며, 2주 동안 51만 4,000대가 팔렸다. 2000년 10월까지 500만 대가 보급되었지만 Sega의 성공은 오래가지 못했다. 2000년 3월, Sony는 일본에서 128

비트 PlayStation2 (PS2)를 출시했고, 미국에는 10월에 출시했다. Dreamcast는 가격을 인하하고 2년간 Sega의 SegaNet 인터넷 서비스를 구매하는 조건으로 프로모션 리베이트를 제공함으로써 게임기를 거의 공짜로 제공하는 판촉 활동을 벌였으나 크리스마스 시즌을 잡기에는 역부족이었다. 그리하여 2001년 초 Sega는 게임기 제작을 중단하고 제3자로서 다른 게임기에 맞는 게임 타이틀 제작자의 역할만을 담당하는 것으로 전환한다고 발표하였다.

Sony의 PS2는 전례가 없는 성공이었다. 32비트 시스템을 뛰어넘는 기술적인 장점뿐만 아니라 예전의 것과 호환을 가능하게 함으로써 소비자들이 소유하고 있던 기존의 PlayStation 게임들을 PS2에서도 사용할 수 있었다.[k] PS2 판매를 시작한 2000년 3월 4일부터 일주일간 PS2의 판매량은 100만 대에 가까웠다. 이는 1994년 PlayStation이 처음 출시되었을 때 3일 동안 판매량을 합한 것의 10배가 넘는 양이다. 신제품에 대한 수요가 너무 많아 Sony의 웹사이트에서는 선주문 개시 1분 만에 주문량이 10만 대가 넘었고, Sony의 웹사이트는 잠시 동안 다운이 될 정도였다.

PS2가 너무 잘 팔리자 Nintendo는 새로운 128비트 시스템인 GameCube의 출시시기를 2001년 상반기로 늦추었다. PS2가 PS1의 게임과 호환이 되도록 한 것과는 다르게 GameCube에서는 이전 버전인 Nintendo64의 게임을 할 수 없었다. 또한 GameCube는 Sony의 목표고객인 16~24세보다 더 어린 연령대(8~18세까지)를 목표로 잡았다. 그러나 Sony의 PS2에게 있어서 진정한 위협은 비디오게임기 시장의 새로운 진입자인 Microsoft의 Xbox이었다. Xbox는 2001년 11월에 출시되었으며, PS2에 직접적으로 대항하여 18세에서 34세까지의 성인을 목표고객으로 삼아 포지셔닝 하였다.

Microsoft는 이전에 PC용 게임(Flight Simulator, the Age of Empires 시리즈)을 생산했었고 온라인게임 서비스(Microsoft Gaming Zone)를 제공한 경험이 있었기 때문에 이 산업에 어느 정도 친숙했다. 그러나 Sega나 Nintendo가 가진 아케이드 게임의 경험이 없었고 Sony가 가진 가전제품에서의 경험도 없었다. Xbox가 시장에 도입될 무렵 PS2는 이미 널리 보급되었고 게임의 출시에 있어서도 선두를 지키고 있었다(2001년 말까지 300개 이상의 PS2 게임이 출시되었다). 그러나 Microsoft는 Xbox가 기술적인 장점을 가지고 있으므로 소비자들의 선호를 이끌어 낼 것이라고 기대하고 있었다. Xbox는 PS2보다 빠른 프로세서와 많은 메모리를 제공하였다. 게다가 이러한 기술적인 장점에도 불구하고 가격도 저렴했다. Xbox는 299달러로 소매시장에서 판매되었는데 이는 생산원가에도 못 미치는 가격이었다(Microsoft의 손실은 한 대당 100달러에서 125달러로 추정된다).[l]

Microsoft는 게임기의 보급을 빠르게 늘리기 위해 기존에 자사의 소프트웨어를 보급하였던 유통업자들을 활용하였는데 더 나아가 Toys “R” Us, Babbages, CircuitCity와 같은 유통업자들 사이에도 깊숙이 침투해야만 했다. 또한 Microsoft는 소프트웨어 시장에서 이루어 놓은 브랜드 이미지와는 근본적으로 다른 브랜드 이미지를 게임기 시장에서 구축해야 한다는 문제에 직면하였다. 이를 위해 텔레비전 광고나 게임 잡지 등 여러 종류의 마케팅 경로들을 더욱 많이 사용해야만 했다. 이를 위해 Microsoft는 Xbox의 광고판촉 비용으로 18개월간 5억 달러의 예산을 편성했는데, 이는 회사 역사상 최고 비용을 투입한 마케팅 작전이었다.[m] Microsoft는 게임의 30~40% 정도를 직접 생산하고, 제3의 게임 개발업자들에게는 1만 달러짜리 게임개발 키트를 제공함으로써 이들을 끌어들이려고 하였다.

Xbox와 Nintendo의 GameCube 둘 다 장난감 업체의 가장 큰 대목인 2001년 크리스마스에 동시에 출시되었고 활발하게 판매되었다. 그해 말, GameCube는 130만 대, Xbox는 150만 대가 판매된 것으로 추정되었다.[n] 그러나 두 새로운 게임기 모두 12월 한 달 동안 200만 대가 팔린 PS2를 따라잡지 못했다. 이러한 시장점유율의 패턴은 다음 몇 해 동안 두드러질 정도로 시종일관 유지되었다. 2005년 말 Microsoft는 2,060만 대를 출하한 Nintendo의 GameCube에 비해 조금 많은 총 2,200만 대의 Xbox를 출하하였다고 보도하였다. 하지만 1억 대를 출하한 Sony의 PS2에 비하면 한참 뒤쳐져 있었다.[o]

7세대: 128비트 시스템 하에서의 2 라운드 경쟁

2005년 후반 Microsoft는 맨 처음으로 7세대 게임기인 Xbox360을 출시하였다. 심각한 생산능력 부족 때문에 2005년 크리스마스 시즌에 60만 대밖에 팔지 못했음에도 불구하고, Microsoft는 Sony와 Nintendo(두 회사 모두 2006년 후반까지도 차세대 게임기를 출시하지 못하고 있었음)보다 빠른 출시가 시장에서 지배적인 위치를 확보하는 데 도움이 될 거라고 생각하고 있었다.

Xbox360은 하나의 칩에 3개의 파워 PC프로세서를 탑재한 커스텀 IBM 프로세서와 ATI의 커스텀 그래픽 프로세서를 이용하여 만들어졌다. 그 결과 멋진 그래픽을 가진 고해상도의 비디오를 구현하는 강력한 게임기가 되었다. 또한 Xbox360은 이전에 출시된 Xbox용 게임 라이브러리(모든 Xbox게임들과 호환된 것은 아니지만) 일부와 호환되었다. 출시되었을 때 기본 모델은 299달러였고, 프리미엄 모델은 399달러의 가격이 매겨졌다.[p] 보다 중요한 점은(적어도 Microsoft의 관점에서) 그 게임기는 단순히 게임을 하는 것 이상의 뭔가를 할 수 있도록 만들어졌다. 여기에는 디지털화된 거실의 지배권을 장악하려는 Microsoft의 의도가 숨어 있었다. 사용자들은 음악, 영화, 드라마를 다운받을 수 있었고, 프리미엄 콘텐츠를 살 수도 있었다. 또한 고해상도 DVD 드라이브가 선택사양으로 제공되어, 원하는 소비자들은 고해상도의 영화를 볼 수도 있었다. (만약 Microsoft의 Toshiba의 HD-DVD 표준에 대한 지원이 물거품이 되지 않았더라면 이런 상황이 실제로 발생했을 것이다. 2008년 초에 Toshiba는 Sony와의 DVD 포맷 경쟁에서의 패배를 인정하면서 드라이브를 만들지 않을 것이라고 발표하였다.) 2006년 초까지 Microsoft는 320만 대의 Xbox360을 팔았다. 더 많이 팔수도 있었지만 회사의 생산물량이 수요를 따라가지 못했다.[q]

Sony는 2006년 11월 PlayStation 3 (PS3)를 출시하였다. 그 게임기는 강력한 IBM 셀 프로세서와 고해상도 DVD의 실행이 가능한 Sony의 Blu-ray 디스크 플레이어를 탑재하였고, 60기가바이트 모델을 599달러에, 20기가바이트 모델을 499달러라는 높은 가격에 내놓았다. 게임기를 만드는 데 사용된 부품들의 가격을 추정해보면 각각 840달러와 805달러였다. 이는 Sony가 게임기를 팔 때마다 대당 200달러 이상의 손해를 본다는 것을 의미했다.[r] Sony는 이전의 PS1과 PS2에서 구동된 모든 게임들이 PS3에서도 호환된다고 주장하였다. 그러나 옛날 게임들이 모두 새로운 시스템에서 실행 가능한 것은 아닌 걸로 밝혀졌다. 게임기는 출시와 함께 빠르게 팔려나갔지만, 2007년 초반까지 Sony는 전 세계적으로 단 350만 대의 PS3를 팔았을 뿐이며, 이는 예상보다 매우 적은 수치였다.

Sony와 Microsoft가 벌이는 기술경쟁에 참여하는 대신에, Nintendo는 Wii 게임기를 2006년 크리스마스 시즌에 맞추어 출시하면서 게임의 법칙을 변화시켰다. 사용자가 버튼이나 조이스틱을 격렬하게 조종해야 하는 컨트롤러 대신에 Nintendo는 테니스 게임에서 테니스 라켓을 스윙하거나 혹은 권투게임에서 상대방에게 펀치를 날리는 등 사용자가 진짜 플레이하는 것처럼 화면이 동일하게 움직이는 혁신적인 모션 인식을 할 수 있는 무선 리모컨을 내놓았다. Wii는 또한

Xbox360이나 PS3에 비해 상당히 저렴한 250달러의 가격에 출시되었다. 이 게임기는 Game-Cube 게임들과 완전하게 호환되었고, Wii 게임을 개발하기 위한 비용이 훨씬 적게 들었기 때문에(예를 들어 PS3 게임을 개발하는 데 2천만 달러가 드는 것에 비해 Wii 게임은 5백만 달러 정도만 들었다), 많은 수의 게임 개발자들을 끌어들였다. 결과는 극적이었다. 게임기는 전례가 없을 만큼 많은 수의 일반 게이머들을 끌어들였고, 더욱 놀랍게도 다양한 연령계층의 사람들도 소비자로 끌어들였다. Wii 볼링 리그는 양로원과 유람선에서도 사용되었다. 사커맘들(soccer mom; 자녀를 스포츠, 음악 교습 등의 활동에 데리고 다니느라 여념이 없는 전형적인 중산층 엄마를 가리킴)에게도 자녀들뿐 아니라 그들 자신이 즐기기 위해 구매하는 게임이었다.[s] 2007년 중반까지 Wii 게임기는 Xbox360보다는 2배 빠르게, PS3보다는 4배나 빠르게 팔려나갔다. Microsoft와 Sony가 원가 이하로 게임기를 판매하고 미래 게임 매출을 통해 이익을 얻으려는 전략을 사용한 것과는 다르게 Nintendo는 Wii 한 대당 50달러의 이익을 얻는 것으로 추정되었다.

2008년 가을에 Microsoft는 Xbox360의 가격을 199달러로 대폭 줄였는데, 이는 동세대의 게임기 중 가장 저렴한 가격이었다. 그러나 Microsoft사의 Interactive Entertainment Business 부서의 선임부사장인 Don Mattrick조차도 Xbox360이 Wii를 추월할 것 같지는 않다고 인정하였다. 그는 "우리가 Nintendo를 이길 수 있다고 말할 수 있는 시점에 있지는 않다. 단 우리는 이번 게임기 세대에서 Sony보다는 더 많은 게임기를 팔 것이다."라고 언급하였다.[t] 반면 Sony는 기본 모델의 가격을 399달러로 낮추면서 대열에 동참하였다. 2009년과 2010년은 모두에게 어려운 시기였다. 경기침체로 인해 세 회사의 판매와 이익이 심각하게 떨어졌고, 모두가 게임기의 가격을 낮추면서 대응하였다. 그러나 판매추이는 변함이 없었다. 2010년 12월까지 전 세계적으로 7,500만 대의 Wii가 팔린 반면 Xbox360은 4,500만 대 그리고 PS3는 4,200만 대가 팔렸다.

2010년, Sony와 Microsoft 모두 자사의 모션인식 콘트롤러를 출시하였다. PlayStation Move는 Wii의 리모트 콘트롤러와 유사하게 손으로 작동하는 막대기 방식이었다. Microsoft의 Kinect는 작동기를 사용하는 방식이 아니라 웹캠 스타일의 주변기기가 기기 앞의 일정 범위에서 벌어지는 사용자의 동작들을 감지하는 방식이었다. 두 기기 모두 회사의 게임기에 부가장비로 판매되었으며 150달러 이상의 가격(Wii 게임기 가격과 거의 동일)이 책정되었다. 그러나 높은 가격에도 불구하고 2011년 3월 Microsoft는 전 세계에 천만 개 이상의 Kinect 센서를 판매하였다고 발표하였는데 이는 Guinness World Report Committee에 따르면 세계에서 가장 빠르게 팔린 제품이다.

8세대: 모바일 기기들과의 경쟁

8세대에는 비디오게임기 제작사들이 다른 미디어와의 연결과 통합에 집중하는 경향을 보여준다. 2012년 후반 Nintendo는 Wii U를 출시하였는데, 이는 태블릿과 컨트롤러의 하이브리드로서 메인 화면에 나타난 것 말고도 별도의 시각성을 제공하는 터치스크린이 내장된 제품이다. Wii U는 대부분의 기존 Wii 게임들과 호환되었지만, Wii U만을 위한 전용 게임들은 약한 편이었다. 더군다나 Nintendo는 Sony와 Microsoft에 비해 일 년 먼저 신제품을 시장에 출시했는데 많은 소비자들이 3사의 게임기 모두를 비교할 수 있을 때까지 기다리는 바람에 Wii U의 판매는 기대보다 부진했다. 2013년 11월 Sony는 PlayStation 4 (PS4)를 출시하였고, 이 제품은 다른 기기들(PlayStation Vita나 Apple iOS, 안드로이드 기반 모바일 기기)과 연결성, 소셜 게임 플레이,

그리고 크라우드 기반의 게임 구매를 강조하였다. Sony는 PS3에서 배웠던 뼈아픈 경험을 토대로 기기를 399달러에 출시하였다. Microsoft는 같은 달에 Xbox One을 출시하였고, "all-in-one entertainment system"으로 홍보하였다. PS4처럼 Blu-Ray 플레이어를 내장하고 크라우드 스트리밍을 통한 게임을 할 수 있도록 하였다. 그러나, 여기에서 한 걸음 더 나아가 사용자가 자신의 텔레비전 셋톱박스에 기기를 연결하여 분할된 화면에서 TV를 보는 것과 게임을 함께 할 수 있으며, 게임 플레이 하이라이트를 저장하거나 공유할 수 있었다. 기기는 499달러에 출시되었다.

8세대에는 새로운 경쟁자들이 참여하면서 경쟁의 강도가 증가하였다. Android와 Apple의 iOS와 같은 모바일 기기 플랫폼들이 훨씬 더 많은 게임들을 다루기 시작하였고, 비록 기기들은 작고 가정용 게임기들 수준의 고화질과 모션 기반의 플레이는 부족하지만, 무료나 저가의 게임들이 급속히 확산되면서 부족함을 일부 만회할 수 있었고, 무엇보다도 모바일 기기 사용자는 언제든지 게임을 즐길 수 있었다. 스마트폰은 게임개발비용이 저렴하고 매우 다양한 소비자들을 대상으로 게임을 제공할 수 있었다. 그 결과 스마트폰은 기존의 게임개발자들뿐만이 아니라 많은 신규 게임개발자들이 출현하는 계기가 되었다. 2018년 8십만 개 이상의 모바일 게임(가정용 게임기 시장에서는 상상조차 할 수 없는 수치)이 만들어졌으며 모바일 게임은 전 세계 게임매출 1,380억 달러의 절반 이상을 차지하였다.[u] 증가하는 경쟁과 디지털 유통은 "freemium"과 같이 최초의 게임은 무료이지만 이어지는 게임의 사용은 유료인 새로운 비즈니스 모델을 출현시켰다.[v]

9세대: 과거 패턴의 반복?

2020년 11월, Microsoft가 시리즈 S와 시리즈 X를 출시하고 Sony는 PlayStation 5 (PS5)를 출시하면서 공식적으로 9세대 비디오게임기 경쟁이 시작되었다. 비디오게임기의 이전 세대들은 대략 5년 정도 지속되는 경향이 있었는데 8세대는 Microsoft와 Sony 모두 중간 업데이트를 거치면서 약 8년간 지속되었던 것을 감안한다면, 이번 새로운 세대는 과거보다 더 늦게 시작된 것으로 볼 수 있다.[w] 많은 산업 분석가들은 기업들의 이러한 행보가 오랫동안 업계의 관행이었던 치열한 세대교체 경쟁에서 벗어나려는 신호라고 생각했다.

당연한 이야기지만, 9세대 게임기는 더 빠른 연산과 그래픽 프로세서, 4K(심지어 8K) 해상도, 고성능 반도체 메모리 드라이브로 장착되었다. 특히, 두 게임기 모두 온라인 멀티 플레이어 게임으로 시장이 전환되는 것을 고려하여 온라인으로 스트리밍된 게임이 빠르게 로딩되도록 설계되었다.[x] 두 게임기 모두 8세대용으로 개발된 게임과 대부분 호환이 가능했다. PS5의 최저 가격 버전은 399달러에 출시되었고, Xbox 시리즈 S는 299달러, 시리즈 X는 499달러에 출시되었다. 세 게임기 모두 유사한 중앙처리장치를 사용하고 동일한 네트워킹 옵션을 제공하지만 그래픽 프로세서, 메모리 및 저장 용량에는 차이가 있다. 게임기의 정확한 제작 원가는 알 수 없지만 Epic과 Apple 사이에서 벌어진 2021년 소송에서 Microsoft 경영진은 업계의 오래된 그러나 공공연한 비밀 즉, Microsoft는 Xbox 하드웨어 판매로 수익을 내지는 않는다는 것에 대해 질문받았다. Microsoft가 게임기에서 벌어들이는 이익에 대한 질문이 나오자 Microsoft의 Xbox 사업 개발 책임자인 Lori Wright는 "게임기는 원가 이하로 판매하고 있기 때문에 여기에서 이익이 나지는 않습니다."라고 응답했다. PlayStation의 유사한 부품 및 구성 및 가격을 감안할 때 PlayStation도 원가 이하로 판매되고 있을 가능성이 매우 높았다. 두 회사 모두 게임 판매를 통해 이익을 내고 있었고 이를 위해 게임기가 필요했던 것이다.

Nintendo Switch는 Nintendo가 Wii U의 실패로 인한 손실을 만회하기 위해 2017년 3월

에 출시되었는데,[y] 역사상 가장 빠르게 팔려 나간 게임기였다. 그러나 Xbox 및 PlayStation 9세대 게임기와 대비했을 때 Switch의 시장 내 경쟁적 위치는 불분명했다. 가격은 299달러(Xbox 시리즈 S와 동일)이지만 처리능력이 현저히 낮았다. 그리고 많은 사람들은 출시시기를 감안하여 이를 9세대 게임기라기보다는 8세대 후반 게임기로 여기고 있었다. Switch는 또한 가정용 게임기이면서 휴대용 게임기라는 이중적 이미지가 있었기 때문에 제품의 시장내 포지션을 명확히 정의하기 어려운 면이 있었다.

출시 첫 달 PS5와 Xbox(모델 X와 S의 합)는 각각 450만 대와 240만 대가 판매되어 Sony가 Microsoft를 확실히 압도하고 있었다.[z] 그러나 Nintendo Switch는 2020년 12월에 약 500만 대를 판매하여 두 제품 모두를 능가했으며 Switch의 고객기반을 7,900만으로 늘렸다. 이 수치는 Xbox One (4,960만 대)보다 약60% 더 높았고 Sony PS4(1억1,490만 대)의 거의 70%였다.[aa]

시장은 3개의 헤비급 경쟁자들의 과점 상태로 확실히 안정화된 것처럼 보였다. 유일한 위협은 PC 게임이었는데, 이는 사용이 다시 증가하고 있었다. DFC Intelligence의 조사에 따르면 2020년에 전 세계적으로 비디오게임을 하는 31억 명의 사람들 중 약 절반이 대부분 또는 완전히 PC로 게임을 한다. 게임기 콘솔의 우위는 이제 끝나가고 있는 것일까?[ab]

〈토론문제〉

1. Sega가 1980년대 말 미국 비디오게임기 시장에서 Nintendo의 독주를 깰 수 있었던 요인이 무엇이라고 생각하는가?
2. 왜 Nintendo는 이전의 게임기와 호환이 되지 않도록 신제품을 개발하였을까? 이 전략의 장단점은 무엇인가?
3. 1995년 Sony가 비디오게임 시장에 진입할 당시 가지고 있던 강점과 약점은 무엇인가? 2001년 Microsoft가 비디오게임 시장에 진입할 당시 가지고 있던 강점과 약점은 무엇인가?
4. Nintendo Wii와 Switch는 비디오게임 산업에서 어떤 방식으로 경쟁의 근간을 바꾸었는가? Nintendo의 지위는 오래 방어할 수 있을 것인가?
5. 각 게임기의 세대별로 회사들이 취한 전개전략을 비교할 때, 비디오게임 산업에서 회사의 성공과 실패에 지속적인 영향을 주는 시장 진입 시기, 라이선싱, 가격 책정, 마케팅, 유통 전략이 있다고 생각하는가?

[a] Adapted from Melissa A. Schilling, "Technological leapfrogging: Lessons from the U.S. videogame industry," *California Management Review* 45, no. 3 (2003): 6–32.

[b] David Sheff, *Game Over: How Nintendo Zapped an American Industry, Captured Your Dollars and Enslaved Your Children* (New York: Random House, 1993).

[c] Adam Brandenberger, "Power Play (A): Nintendo in 8-Bit Video Games," Harvard Business School case no. 9-795-167, 1995.

[d] Adam Brandenberger, "Power Play (B): Sega in 16-Bit Video Games," Harvard Business School case no. 9-795-103, 1995.

[e] J. Hadju, "Rating the hot boxes," *Fortune* 128, no. 16 (1993): 112–13.

[f] N. Turner, "For Giants of Video Games It's an All-New Competition," *Investor's Business Daily*, January 24, 1996, A6.

[g] J. Trachtenberg, "Short Circuit: How Philips Flubbed Its U.S. Introduction of Electronic Product," *Wall Street Journal*, June 28, 1996, p. A1.

[h] Y. D. Sinakin, "Players Take Bold Step to Keep Up with New Rules," *Electronic Buyers' News*, February 19, 1996, p. 50.

[i] P. Hisey, "Saturn lands first at toys 'R' Us," *Discount Store News* 34, no. 11 (1995): 6–8.
[j] T. Lefton, "Looking for a sonic boom," *Brandweek* 39, no. 9 (1998): 26–30.
[k] M. A. Schilling, R. Chiu, and C. Chou, "Sony PlayStation2: Just Another Competitor?" in *Strategic Management: Competitiveness and Globalization*, 5th ed., eds. M. Hitt, D. Ireland, and B. Hoskisson (St. Paul, MN: West Publishing, 2003).
[l] D. Becker and J. Wilcox, "Will Xbox Drain Microsoft?" CNET News.com, March 6, 2001; L. P. Norton, "Toy Soldiers," Barrons 81, no. 20 (2001): 25–30; and S. H. Wildstrom, "It's All about the Games," *BusinessWeek* 37, no. 63 (2001): 22.
[m] T. Elkin, "Gearing up for Xbox launch," *Advertising Age* 71, no. 48 (2000): 16.
[n] D. Frankel, "Video game business Boffo on big launches," *Video Business*, December 31, 2001, p. 38.
[o] Microsoft 2005 Annual Report; Nintendo 2005 Annual Report; Sony Corporation press release, November 30, 2005.
[p] S. H. Wildstrom, "Xbox: A Winner Only at Games" *BusinessWeek Online*, December 1, 2005.
[q] K. Terrell, "Gamers Push Pause," *U.S. News & World Report* 140, no. 18 (2006): 42–43.
[r] A. Hesseldahl, "Teardown of Sony's Playstation 3," *BusinessWeek Online*, December 24, 2008, 10.
[s] J. M. O'Brien, "Wii will rock you," *Fortune* 155, no. 11 (2007): 82–92.
[t] J. Greene, "Microsoft will cut Xbox prices in the U.S.," *BusinessWeek Online*, September 4, 2008, 2.
[u] Tom Wijman, "Mobile Revenues Account for More Than 50% of the Global Games Market as It Reaches $137.9 Billion in 2018," *Newzoo*, April 30, 2018.
[v] Joost Rietveld, "Creating and Capturing Value from Freemium Business Models: A Demand-Side Perspective," *Strategic Entrepreneurship Journal* 12, no. 2 (2018): 171–93.
[w] Rob Fahey, "Softly, softly: The Xbox One X launch," 2017, GamesIndustry.biz, retrieved January 28.
[x] Andrew Williams, "SSD vs HDD — What does switching to SDD mean for next-gen gaming?" 2020, Gamesradar.com, retrieved February 1.
[y] Luke Plunkett, "Nintendo completely bailed on console generations, and nobody gave a shit," 2020, Kotaku.com, November 24th.
[z] Matt Gardner, "PS5 wins 2020 Market war — but not in the U.S.," Forbes, January 15, 2021.
[aa] William D'Angelo, "Switch vs PS4 vs Xbox One Global Lifetime Sales — January 2021 — Sales," VGChartz. com, March 1st, 2021.
[ab] Adam Bankhurst, "Three billion people worldwide now play video games, new report shows," IGN.com, August 14, 2020.

개요

기술혁신의 가치는 기술 그 자체가 무엇을 할 수 있는가에 의해서만 결정되는 것은 아니다. 오히려 혁신의 가치를 결정하는 많은 부분은 사람들이 생활 속에서 혁신에 대해 얼마나 이해를 하고, 접근하고, 통합할 수 있는가에 따라 결정된다. 혁신의 전개(deployment)란 단지 기업이 그 혁신을 이용하여 돈을 버는 방법을 의미하는 것은 아니다. 전개는 혁신의 과정에서 핵심적인 부분이라고 할 수 있다.

전개 전략은 소비자, 유통업자, 보완재 공급자의 수용성에 영향을 미칠 수 있다. 효과적인 전개 전략은 제품에 대한 불확실성과 경쟁제품이나 대체재로부터 전환할 때 드는 비용을 줄이며 소비자에게 빠르게 제품을 인식시키고 수용될 수 있게 하여야 한다. 비효율적인 전개 전략은 훌륭한 기술혁신을 시장에서 실패로 이끌 수 있다. 사례에서 보듯이 3DO의 Interactive Multiplayer와 Philips의 Compact Disk Interactive는 시장에 처음 출시되었던 32비트 시스템이며, 이전 세대의 게임기와는 두드러지게 다른 기술상의 장점들을 제공하였다. 그러나 둘 다 가격이 비쌌고, 너무나 적은 수의 게임만이 출시되어 시장에 매력을 주지 못하였다. Sega가 Sony의 PlayStation에 몇 달 앞서서 32비트 시스템을 시장에 출시하였을 때 가격도 저렴하였고 여러 인기 있는 게임들을 내놓았지만, 유통채널의 부족으로 인해 결국 게임기를 대중적으로 확산시키지는 못하였다. 반면에 비디오게임 산업에 새로운 진입자였던 Sony는 PlayStation의 성공을 위하여 매우 훌륭한 전개 전략을 수행하였고 대대적인 성공을 이룰 수 있었다. Sony는 소비자들에게 확실한 인식을 심어주기 위하여 집중적인 마케팅, 저가 정책, 강력한 게임의 출시, 공격적인 유통 등의 전략들을 혼합하였다.

우리는 이 장에서 전개 과정에서의 중요한 5가지 요소들을 다룰 것이다. 시장 진입 시기, 라이센싱과 호환성, 가격, 유통, 마케팅이 바로 그것이다. 이 중 몇몇 주제들은 한 학기 분량의 강좌와 주제에 맞는 교재가 필요하겠지만, 여기서는 새로운 기술혁신의 전개를 중심으로 중요한 이슈들만을 중점적으로 소개하고자 한다.

출시 시기

비디오게임 산업에서 볼 수 있듯이, 제품 출시 시기는 회사의 전개 전략에 있어서 상당히 중요한 부분이 될 수 있다. 예를 들어 Sega가 16비트 Genesis를 출시하였을 때, Nintendo는 16비트 비디오게임 시스템을 가지고 있음에도 불구하고, 자신들의 8비트 시스템의 판매가 잠식당할 우려에 16비트 시스템의 출시를 늦췄다. 시장에서 초기진입자, 또는 남보다 빠르기는 하지만 초기 진입자는 아니거나 후발 진입자인 경우의 장단점은 5장에 자세하게 소개되어 있다. 본 장에서는 회사가 전개 전략으로 출시시기를 어떻게 이용할지에 대하여 살펴볼 것이다.

■ 전략적 출시 시기

일반적으로 기업은 개발 시간을 단축시켜 비용을 줄이고 진입 시기에 있어서 선택의 폭을 넓히려고 하지만, 이것은 기업이 가능한 한 빨리 제품을 출시하려 한다는 것을 의미하지는 않는다. 기업은 경기 순환 사이클이나 계절적 효과를 활용하고, 연관 기술을 이용한 이전 세대 제품들을 염두에 두고 신제품을 포지셔닝하며, 생산 능력과 보완재, 보완서비스를 적절히 확보하기 위해 전략적으로 출시시기를 저울질한다. 이러한 전술들의 역할은 비디오게임 산업에서 설명되었다.

Nintendo, Sony, Microsoft 모두 크리스마스 직전에 게임기를 출시하여 시기적 효과를 얻었고, 게임기의 출시에 대한 광고 또한 크리스마스 쇼핑 시기에 내보냈다. 비디오게임기의 대다수는 12월에 팔린다. 게임기를 12월 가까운 시기에 출시함으로써 회사는 시기에 맞추어 집중적으로 광고할 수 있었고 신문에는 제품의 외부 사용자 리뷰나 소개 기사가 실려 비용이 들지 않는 광고도 할 수 있다.

비디오게임 산업은 기술의 발전에 따라 세대가 명확히 구별되기 때문에 기술의 세대 내 포지셔닝 또는 경쟁 게임기와의 포지셔닝 경쟁을 하는 데 제품의 시장 진입 시기가 매우 중요한 역할을 한다. 만약 게임기가 너무 일찍 출시되면, 소비자들은 좀 기다렸다가 같은 세대 다른 제품들과 비교해보고 싶어 하기 때문에 반응이 시원치 않을 수 있다. 또한, 가장 최근 기술을 제품에 반영할 기회를 잃을 수 있고 소비자들은 제품이 어느 세대에 속하는지 혼란스러울 수 있다. 예를 들어 Xbox가 PS2보다 두 배나 빠른 프로세서를 제공하면서 출시되었지만, 출시시기 때문에 이 제품은 PS2와 동일 세대의 제품으로 자리매김되었다. 많은 소비자들은 Xbox를 PS2 다음 세대의 기술로 보기보다는 자신들이 보유한 제품의 경쟁자로 보았다. 반면 게임기가 너무 늦게 출시되면 회사는 기술의 리더라는 이미지를 잃을 수 있고 이전의 진입자에게 상당한 양의 고객 기반을 내주게 될 것이다. 이는 본 장의 서두에 실린 사례에서 Nintendo가 SNES를 늦게 출시한 부분에서 적절하게 묘사되고 있다. "솔직히 말하면 Nintendo는 더 이상 예전처럼 매력적이지 않다. 16비트 게임기는 오리지널 Nintendo보다 성능은 좋다. 그러나 회사는 그것을 만들 때 Sega만을 경쟁상대로 생각하였는데, 많은 어린이들이 이미 Sega를 가지고 있는 상태이다. 그러므로 만약 그 어린이들이 모든 것을 갖고 싶어 할 정도로 비정상적이지 않은 이상, 슈퍼 Nintendo가 필요하지 않다. Sega를 가졌는데도 SNES를 가지고 싶어 하리라는 것은 매우 비상식적인 기대일 뿐이다."

마지막으로 결국 제품생산 능력과 게임 타이틀들의 구매 가능성을 고려한 게임기의 출시 시기는 비디오게임 산업에서 매우 중요한 것으로 증명되었다. 예를 들어 Sony의 PS2보다 시장에 먼저 출시하기 위하여 Sega가 내놓은 Saturn은 적절한 제품생산 능력이 구비되기 전에 출시되었다. 따라서 Sega는 많은 중요한 유통업자들에게 Saturn을 공급하지 못했고, 이로 인해 이전 세대까지 Sega를 지원했던 회사들이 멀어지게 되었다. 이와 유사하게 출시시기에 맞추어 게임 타이틀을 제공하는 것의 중요성도 명확하게 증명되었다. 적어도 한 세대 이상에서 성공을 했던 모든 비디오게임기 생산자(Atari, Nintendo, Sega, Sony, Microsoft)들은 게임기의 출시시기에 맞춰 게임 타이틀을 구매할 수 있도록 모든 노력을 기울였던 회사들이다. 이들은 심지어 호환되는 게임의 생산을 강요하기 위해 게임개발 회사들을 사들이는 것도 불사하였다. 또한 이 장의 후반에서 다루겠지만, 게임의 가용성은 라이센싱 전략을 통해서도 장려되었다.

■ 현금흐름의 최적화와 자기잠식 감수 간의 비교

진입 시기에 관해 두 번째로 중요한 점 역시 비디오게임 산업에서 증명되고 있다.

자기잠식
한 제품의 매출이 자사 다른 제품의 매출을 감소시키는 것.

회사가 기존 시장에 차세대 기술을 출시할 때, 진입 시기에 관한 결정은 **자기잠식**(cannibalization)을 감수하는 정도에 관한 결정이라고 볼 수도 있다. 제품수명 주기에 관한 전통적인 연구에 따르면, 각 세대로부터 현금흐름이나 이익을 최적화하고 자기잠식을 최소화하기 위해 신제품의 출시 시기가 중요하다고 강조하고 있다. 회사의 현재 상품이 수익성이 높다면, 회사는 현재 상품의 수익이 눈에 띄게 감소할 때까지 다음 세대 제품의 출시를 늦출 것이다. 이러한 전략은 각 세대별 제품개발 시에 회사의 투자 이익률을 극대화하기 위한 것이다. 그러나 기술혁신에 의해 주도되는 산업의 경우, 다음 세대 제품의 출시를 늦춘다면 경쟁자들은 상당한 기술의 차이를 벌릴 수 있게 된다. 만약 경쟁자가 자사의 현재 제품보다 기술적으로 더 뛰어난 제품을 출시한다면, 소비자들은 자사의 기술을 외면할 것이다.

대신에 회사가 계속적으로 혁신에 투자하고 더 나은 제품에 의한 자발적인 자기잠식을 이룬다면, 다른 회사들이 쫓아오지 못할 정도로 소비자들을 끌어들일 수 있는 기술적 장점을 가질 수 있게 된다. 기존의 소비자들에게 업그레이드된 새로운 제품을 구매할 인센티브를 제공함으로써 차세대 제품 구입 시 소비자들이 다른 회사의 제품으로 전환하는 것을 막을 수 있다. 많은 사람들은 Nintendo가 바로 이 부분에서 결정적 실수를 했다고 주장한다. 1980년대 후반 Nintendo는 8비트 시스템으로부터 막대한 수익을 거두었기 때문에 16비트 시스템을 출시하면 8비트 시스템을 자기잠식할 것이라 생각하고 16비트 시스템의 출시를 주저하였다. 그러나 자기잠식을 너무 고려한 결과, Nintendo는 뛰어난 기술의 제품을 제공한 Sega에게 고객들을 빼앗기게 되었다.

라이센싱과 호환성

9장에서 기술의 개방(강력하게 보호하지 않거나 라이센싱을 통해 부분적으로 기술을 개방함)이 종국에는 생산자들로 하여금 기술을 향상시키고 진보하도록 하고, 보완재 개발업자들로 하여금 기술을 쉽게 지지하도록 함으로써 기술의 수용이 가속화되는 과정을 설명하였다. 동시에 9장에서는 기술을 전적으로 개방할 때의 위험도 지적하였다. 우선 회사가 기술을 완전히 개방한다면, 다른 생산자들이 그 기술의 가격을 낮추는 결과가 초래되어 개발회사는 개발비용을 회수하지 못하는 상황에 이를 수도 있다. 만약 경쟁으로 인해 가격이 하락하여 누구도 이익을 얻지 못하게 된다면 기술개발에 대한 인센티브가 사라지게 될 것이다. 마지막으로 기술을 완전히 개방하는 것은 다른 생산자가 그들의 필요에 맞도록 기술의 기초를 이루는 플랫폼을 변경함에 따라 결국 플랫폼이 무너지면서 생산자 간 호환성이 떨어지고 제품 품질이 저하될 수 있다.

이러한 현상들은 서두의 사례에서 설명되었다. 1세대 비디오게임기 생산자들은 그들의 기술을 충분히 보호하지 않아서 결국에는 게임 생산의 양과 질을 통제할 능력을 포기할 수밖에 없었다. 질 낮은 게임의 과잉 공급은 비디오게임 산업을 황폐화시켰다. 반면에 Nintendo의 8비트 시스템에 관한 라이센싱 정책은 지나치게 제약적이어서, 게임 개발업자들로 하여금 성장 가능성이 있어보이는 Nintendo의 경쟁자를 지지하게끔 하는 결과를 초래하였다. 이러한 경험들을 토대로 16, 32/64, 128비트 세대에서의 게임기 제작자들은 라이센싱을 개방적으로 하여 개발업자들의 지원을 끌어내는 것과 라이센싱을 엄격하게 하여 게임의 양과 질을 조절할 수 있도록 하는 것 사이에서 민감한 균형을 맞추는 노력을 기울이게 되었다.

기술혁신을 전개할 때 회사는 자신의 기술을 자신의 이전 세대 기술이나 타사의 기술과 어느 정도나 호환되게 할 것인지(혹은 호환이 안 되게 할 것인지)를 결정해야 한다. 만약 기존 기술의 사용기반과 보완재 시장이 잘 형성되어 있다면, 회사는 신기술을 현 제품과 호환이 가능하도록 함으로써 사용기반과 보완재의 가치를 이용할 수 있다. 예를 들어 IBM과 호환되는 컴퓨터의 생산자는(9장에 자세히 언급된 것처럼) IBM 컴퓨터와 동일하게 작동하는 컴퓨터를 제공함으로써 IBM의 사용기반과 보완재의 이점을 둘 다 누릴 수 있었다. IBM의 사용자들은 굳이 IBM을 사지 않더라도 IBM 컴퓨터를 사용하는 것과 똑같은 사용자 기반의 이점을 누릴 수 있었고 똑같은 소프트웨어를 사용할 수 있었다.

만약 기업이 자신들의 사용자 기반과 보완재의 이점을 다른 기업이 이용하지 못하도록 하려면, 미래의 진입자들로 하여금 제품을 호환하지 못하도록 자신의 제품들을 보호해야 한다. 미국 비디오게임 산업에서 많은 경쟁자들이(Atari 제외) 이 전략으로 성공하였다. 예를 들어 Nintendo는 Nintendo와 라이센싱을 맺은 게임에 보안칩을 사용하도록 하여, Nintendo 게임기로는 Nintendo 게임만을 할 수 있도록 하였다.

역방향의 호환성
한 기술 세대의 제품이 이전 세대의 제품과 호환 가능할 때, 예를 들어 이전 세대의 컴퓨터에서 사용되던 소프트웨어를 작동시킬 수 있는 컴퓨터는 역방향의 호환성이 있다고 할 수 있다.

또한 회사는 제품 생산 시 자신들의 이전 세대 기술과 **역방향의 호환성**(backward compatibility)을 가지게 할 것인지에 대해서도 결정하여야 한다. Nintendo는 소비자들이 새로운 게임을 구입하게 하는 것이 수익성이 더 있다고 믿고, 여러 차례 그들의 게임기가 역방향의 호환성을 가지지 못하도록 하였다. 이것은 게임기가 원가 수준의 가격으로 판매되었고 회사는 게임 타이틀의 판매에서 수익을 올리는 상황이었기 때문에 이해할 만한 결정이었다. 그러나 Nintendo의 이러한 결정은 Sega를 뛰어넘을 수 있는 가능성을 잃게 만든 셈이 되었다. 대조적으로 Sega는 16비트 Genesis와 8비트 Master System이 호환되도록 하였다. 그러나 Master System의 판매가 성공적이었던 것은 아니었기 때문에 이러한 결정이 소비자들에게 상당한 설득력이 있었던 것은 아니었다. 더욱 명료한 경우를 보면, Sony는 PS2 게임기가 PlayStation

게임들과 호환이 되도록 하였다. 그 때문에 PS2출시 시점에서부터 PS2를 사용할 수 있는 게임이 매우 많이 존재했을 뿐만 아니라, 이 때문에 128비트 시스템으로 업그레이드를 고려하는 PlayStation의 소비자들이 Sega의 Dreamcast, Xbox나 GameCube를 기다리지 않고 PS2를 곧바로 선택하도록 하였다.

많은 제품들은 소비자가 쉽게 업그레이드된 기술을 수용할 수 있도록 역방향의 호환성을 허용한다. 예를 들어 Blu-ray 비디오 플레이어는 Blu-ray DVD와 더불어 표준 DVD를 사용할 수 있고, 대부분의 음향장비들은 보다 앞선 연결 장치들을 사용할 수 있음에도 불구하고 표준형 3.5미리 음향 연결 장치를 사용할 수 있게끔 디자인되었다. 만약 이 제품들이 역방향의 호환성을 갖지 않았다면, 소비자들의 신기술 수용은 느려졌을 것이다.

때로는 역방향의 호환성이 회사의 기술성능향상 목표와 상충하면서 역방향의 호환성을 제공할 것인지 아닌지에 대한 전략적으로 어려운 의사결정문제가 생길 수도 있다. 예를 들어 Apple이 iPhone 7을 출시하면서 이제는 무선 헤드폰을 사용할 때라면서 대부분의 음향기기들이 사용하는 아날로그 헤드폰 잭을 없애버렸다. Apple의 마케팅 담당자인 Phil Schiller는 "어떤 사람들은 우리가 왜 iPhone에서 아날로그 헤드폰 잭을 없애버렸는지 물어 보는데... 이에 대한 대답은 한마디로 '용기'이다. 우리 모두에게 더 나은 방향으로 이동하는 용기 말이다."라고 말하였다.[1] Apple의 조명 포트에 특수 어댑터를 장착하여 아날로그 헤드폰을 사용할 수는 있지만 이는 (비용과 충전문제로) 무선 헤드폰으로 이동하기도 싫고 특수 어댑터를 들고 다니기도 싫은 소비자들에게는 매우 불편한 일이었다. 다른 한편으로는 역방향으로 호환되지 않는 헤드폰 잭은 Apple과 Beats (Apple 소유의 회사)의 매출을 증가시키는 데는 매우 효과적이었다.

몇몇 회사들은 역방향의 호환성과 지속적인 혁신을 결합한 강력한 전략을 사용한다. 경쟁자로 하여금 기술 격차를 이루지 못하게 하면서, 이전 세대의 보완재와 새로운 플랫폼이나 모델 간 역방향의 호환성을 이용하고 싶어 하는 회사는 새로운 플랫폼이 넓은 범위의 보완재에 의해 창출되는 기존의 가치를 적극 활용할 수 있도록 해야 할 것이다. 이러한 전략이 (적어도 초기에는) 새로운 플랫폼에 맞는 보완재의 신규 판매를 감소시킨다 하더라도 고객들을 연속적인 제품 세대들을 통해 연결시키고 경쟁자들이 시장에 진입할 수 있는 기회를 제한하는 효과를 거둘 수 있다. Microsoft는 이 전략을 교묘하게 Windows에 이용하고 있다. 일반적으로 운영체계가 업그레이드가 되어도 각각의 세대는 이전 세대와 호환되도록 함으로써 많은 소프트웨어를 사용할 수 있게 된다. 그러므로 소비자들은 그들이 가지고 있는 수많은 소프트웨어를 바꾸지 않고 운영체계를 업그레이드할 수 있다.

가격정책

가격정책은 회사의 전개 전략에서 중요한 요소이다. 가격정책은 시장에서의 제품의 포지셔닝과 수용 속도 그리고 회사의 현금흐름 모두에 영향을 준다. 회사는 가격 전략을 세우기 전에 가격모델의 목표를 정해야 한다. 예를 들어 회사가 과잉 공급이나 심한 가격경쟁으로 어려움을 겪는다면 회사의 목표는 단순히 시장에서의 *생존*이 될 것이다. **생존을 목표로 하는 가격 전략**(survival pricing)하에서 상품 가격은 변동비와 약간의 고정비를 포함하는 정도로 책정된다. 그러나 그것은 단기적 전략이고 장기적으로 볼 때 회사는 추가적인 가치를 창출하는 방법을 찾기를 원할 것이다. 가격책정에 있어서 일반적인 목표 중 하나는 *현재 이익을 최대화*하는 것이다. 이 가격책정전략하에서 회사는 먼저 비용과 수요를 추정한 뒤 현금흐름을 극대화하고, 투자이익률을 극대화시킬 수 있는 가격을 책정한다. 이 전략은 현재 성과를 중요시하지만 장기적인 성과를 희생시킬 수도 있다.

생존을 목표로 하는 가격 전략
상품 가격을 변동비와 약간의 고정비를 포함하는 정도로 책정하는 것. 이는 단기적인 전략이며 장기적인 기업이익을 창출하지는 않는다.

새로운 기술혁신의 경우에 회사는 *초기 고가격전략*을 사용하거나 시장점유율을 최대화하기 위한 *초기 저가 침투가격 전략*을 사용하곤 한다. 초기 고가격 전략을 사용하는 회사는 신제품에 높은 가격을 책정한다. 높은 가격은 신제품이 이전에 나온 제품보다 훨씬 나은 성능을 제공한다는 신호를 시장에 보내게 한다. 또한 고가격 전략은 초기에 많은 수요가 있을 경우, 개발비용을 빠르게 회수할 수 있게 한다. 그러나 초기의 높은 가격이 오히려 경쟁자들을 시장으로 유인하는 결과를 초래할 수 있으며 제품이 소비자에게 수용되는 것을 지연시킬 수 있다. 만약 제품 생산량이 늘어날수록 비용이 빠른 속도로 떨어질 수 있다면, 초기 고가격 전략은 소비자의 빠른 수용을 장려하는 침투가격 전략에 비해 수익성이 떨어지는 전략이 될 수도 있다.

대량생산을 달성하는 것이 중요한 경우, 회사는 시장점유율을 극대화하는 전략을 사용해야 할 것이다. 시장점유율을 높이기 위해서 회사는 종종 초기 저가 **침투가격**(penetration pricing) **전략**을 사용한다. 회사는 가격을 최대한 낮추어 소비자들을 빠르게 끌어들인 뒤 늘어난 생산량을 통해 생산원가를 낮출 수 있다. 회사가 수요발생 이전에 대량생산 능력을 이미 구비하고 있다면 효과적인 침투가격 전략의 사용이 가능하다. 이 경우 회사는 단기적으로 초기 자본 투자에 따른 커다란 위험을 감수해야 하며 가격이 최초의 변동비보다 낮을 경우에는 손해를 보게 된다. 그러나 생산량이 늘고 그로 인해 생산비용이 낮아진다면, 회사는 매우 강력한 위치를 점하게 된다. 낮은 가격에도 불구하고 수익을 거둘 수 있는 저비용 포지션을 가지게 되며 시장의 상당 부분을 점유할 수 있게 된다.

침투가격 전략
상품의 시장점유율을 높이기 위하여 무료 또는 매우 낮은 가격을 책정하는 전략.

수익체증 현상(강한 학습곡선 효과와 네트워크 외부성)의 특징을 가지는 산업 내에서의 기업은 시장점유율을 최대화하려 하며 초기 저가 침투가격 정책을 사용한다. 이러한 산업 내에서는 하나의 지배적인 디자인을 채택하려는 강한 압력이 존재한다(4장에서 논의됨). 이 경우 회사의 최고 관심은 자신이 개발한 기술의 수용을 가속화하기 위해 사용자 기반을 구축하고, 보완재의 개발자를 끌어들이고, 생산비의 학습곡선을 활용하는 것이다.

예를 들어 Honda의 최초 하이브리드 자동차 Insight는 출시 당시 2만 달러로 가격이 책정되어 Honda는 Insight를 팔 때마다 손해를 보았다. 그러나 Honda는 장기적으로 볼 때 하이브리드 기술이 수익성이 있다고 믿었고, 하이브리드 기술의 경험을 축적하고 "친환경" 자동차 회사라는 이미지를 구축한다면, 장기적으로는 Insight의 처음 몇 년간의 손실을 충분히 만회할 수 있을 것이라고 믿었다.[2]

때때로 회사들은 보완재 상품이나 서비스의 판매수익으로 손실을 충당할 수 있다고 기대하여 생산원가보다 낮게 가격을 책정하기도 한다. 비디오게임 산업은 이것이 매우 중요한 전략임을 보여준다. Nintendo, Sega, Sony, Microsoft는 각각 그들의 비디오게임기를 팔 때 원가에 가깝거나 더 낮은 가격을 책정한 반면에, 이후의 게임 타이틀 판매와 라이센싱 로열티로 수익을 올렸다. 이와 유사하게 프린터는 종종 잉크카트리지에서의 수익을 염두에 두고 원가 이하에 판매되기도 한다. 이는 종종 "면도기와 면도날 전략"이라고 불리기도 하는데, Gillette나 Schick과 같은 잘 알려진 회사들이 일찍부터 이 전략을 사용하면서 면도기는 매우 저렴하게 판매하고 교체용 면도날의 판매에서 높은 마진을 누렸기 때문이다. 이 전략의 핵심 성공요인은 보완재와의 호환성을 통제하면서, 보완재를 충분히 다양한 가격대와 품질수준에서 제공할 수 있는가 이다. 예를 들어, 프린터의 경우 만약 소비자들이 프린터 회사에 라이센스 비용을 내지 않는 저렴한 잉크 카트리지를 구해 사용할 수 있다면, 프린터 회사들은 프린터 판매 과정에서 발생한 비용을 만회할 수 없을 것이다.[3]

회사는 또한 상품의 가격을 지불하는 시기를 교묘히 이용하여 현금흐름과 소비자들이 인지하는 가격에 영향을 줄 수 있다. 예를 들어 일반적인 가격 모델은 소비자들이 대금을 지불하고 난 뒤 소유권을 갖는 데 반해, 가격책정 모델을 달리하여 특정 기간 동안 무료사용을 허락함으로써 대금 지불 시기를 늦추는 것이 가능하다. 이러한 전략은 소비자들이 상품가격을 지불하기 전에 제품의 효용에 친숙해지게 하기 때문에 소비자들이 신제품이나 서비스에 대해 큰 불확실성을 가지고 있을 때 유용하다. 또 다른 가격책정 모델은 임대 프로그램처럼 사용하면서 가격을 지불하게 하거나, 최초 제품의 가격은 무료(또는 매우 낮은 가격)이지만, 이후의 서비스에 대해서는 대금을 지불하는 방법이 있다. 예를 들어 소비자들이 케이블 TV 서비스를 신청할 때, 대개 장비는 거의 무료로 사용하지만, 장비 비용의 일부가 포함됐을지도 모르는 월 서비스 이용료로 상당한 돈을 지불한다(패키지에 따라 20달러에서 90달러까지).

freemium 모델
가격 모델의 일종으로 기본 제품이나 서비스는 무료로 제공되지만, 추가적인 기능이나 서비스에는 할증가격이 부과되는 가격 모델.

소비자가 인지하는 비용을 조작하는 다른 예는 기본 제품은 무료이지만 추가기능 혹은 추가용량에는 요금이 붙는 **freemium 모델**이다. 예를 들어 Drew Houston

과 Arash Ferdowsi가 인기 있는 크라우드 저장과 파일 동기화 서비스인 Dropbox를 만들었을 당시 그들은 Google이 AdWords 서비스를 홍보했던 것처럼 제품을 홍보할 재정적 여력이 없다는 것을 곧 깨달았다. 왜냐하면 비용이 매우 비쌌기 때문이다. 그래서 그들은 freemium 모델에 매우 성공적인 추천 프로그램을 결합하였다. 사용자는 초기 저장용량을 무료로 가질 수 있지만 추가적인 저장용량에 대해서는 돈을 지불해야 했다. 사용자의 서비스와 저장용량에 대한 의존도는 시간이 가면서 증가하는 경향이 있기 때문에 소비자들은 결국에는 추가비용을 지불하면서 추가용량을 구매하곤 했다. 2018년 초 Dropbox는 5억 명 이상의 등록 사용자를 보유하고 있으며 이 중 천백만 명 이상이 사용료를 지불하고 있다. 그러나 어떤 경우에는 freemium 가격 모델을 사용한다는 것이 소비자들에게 제품의 가치가 별로라는 신호를 줄 수도 있다. 예를 들어, Joost Rietveld 교수가 Steam 게임플랫폼을 이용하여 진행한 실험연구에 따르면, 소비자들은 기본게임에 대한 가격을 지불했을 경우 더 오랜 시간 게임을 하고 게임 중에 더 많은 구매를 한다고 한다.[4]

소비자가 특정 가격에 대해 어떠한 반응을 보일지 불확실하다면, 회사는 종종 일정 기간 동안 테스트용 가격정책을 사용한다. 이는 장기적인 가격 구조를 결정하지 않은 상태에서 시장의 반응을 시험할 수 있다는 장점을 가지고 있다.

유통

■ 직접 판매 또는 중개업자 이용

생산자 판매 대리인
하나나 여러 생산자의 제품을 판매 촉진하는 독립된 대행인. 직접 판매가 적합하지만 생산업자들이 모든 시장 분야에 걸쳐 필요한 충분한 직접 판매 인력을 가지고 있지 않을 때 사용된다.

도매업자
생산업자의 제품을 다량으로 구입하여 그것들을(적은 규모 또는 다양한 묶음들로)소매업자에게 재판매하는 업체.

소매업자
일반 소비자에게 물건을 파는 업체.

회사는 자사의 영업사원이나 온라인 주문 시스템, 우편주문 카탈로그를 이용하여 제품을 소비자에게 직접 판매할 수 있다. 또한 다른 방법으로 회사는 **생산자 판매 대리인**(manufacturers' representatives), **도매업자**(wholesalers), **소매업자**(retailers)와 같은 중개인을 이용할 수도 있다. 직접 판매를 하면 판매 과정, 가격 책정, 서비스 등을 통제할 수 있다. 예를 들어, Tesla Motors가 Model S를 출시할 때, 경영진은 전기차를 판매하려면 고객들에게 연료 절감, 충전 빈도, 충전 장소, 배터리 수명과 잔존 가격 등 전기차에 대한 많은 설명을 해야 하는데 다른 자동차회사들이 사용하는 판매망을 같이 사용하는 것은 좋은 방법이 아니라고 판단했다. 판매직원들은 더 많은 훈련이 필요하고 고객 교육에 더 많은 시간을 투여할 동기가 부여되도록 추가적인 보상이 필요할 터였다. 따라서 Tesla Motors의 경영진은 교통량이 많은 도심지역에 자체적인 판매점들을 운영하는 직접 판매방식을 선택하였다.

그러나 많은 경우 직접 판매는 비실용적이며, 비용이 많이 들 수 있다. 중개인은 유통과정을 효율적으로 만들어주는 다수의 중요한 서비스를 제공할 수 있다. 먼저 도매업자와 소매업자는 제품을 *대량으로 구매하여 소량으로 판매*한다. 일반적으로 생산업자는 적은 품목을 대량으로 팔고 싶어 하지만 소비자들은 많은 품목을 소량으로 사고 싶어 한다. 도매업자와 소매업자는 생산업자들로부터 많은 양의 물건을 사두었다가 소비자들에게 많은 품목을 소량으로 판매할 수 있다.

예를 들어, 출판업자는 대개 한정된 범위의 책들을 생산하지만, 생산한 책을 대량으로 판매하고 싶어 한다. 최종 소비자들은 특정 책을 한 권만 사지만 이의 선택을 위해 다양한 종류의 책들이 가용하기를 원한다. 도매업자와 소매업자는 모두 이 과정에서 출판업자에게 대량으로 책을 구입하여 소량으로 소비자에게 파는 중요한 역할을 한다. Ingram과 같은 도매업자는 McGraw-Hill, Simon & Schuster, Hachette Group과 같이 다양한 출판업자들로부터 책을 다량으로 주문한다. 그리고 이 수량들을 분리하여, 다양한 출판업자들로부터 구매한 책들의 조합으로 재구성한다. 이 조합들은 Barnes & Nobles나 Borders 같은 소매업자들에게 팔려 최종 소비자들은 여러 종류의 책을 한 권씩 살 수 있다. 출판업자들은 인터넷이나 우편주문 카탈로그를 통해 최종 소비자에게 직접 판매할 수도 있지만, 소비자들은 한 서점에 가서 여러 가지 책들을 살펴보고 구매하기를 원한다.

또한 중개업자들은 제품의 운송, 재고 관리, 판매 서비스의 제공, 소비자와의 거래 조정 등의 많은 서비스를 수행한다. 그리고 많은 중개업자들은 지리적으로 소매점의 위치를 분산시킴으로써 소비자들이 더 편안하게 물건을 구매할 수 있도록 한다. 위치의 편리함은 만약 소비자들이 지리적으로 분산되어 있거나, 현지에서 다른 제품을 사용해보거나 비교할 때 특별히 중요할 수 있다. 이와는 대조적으로, 제품이 산업의 한정된 소비자들에게 팔리거나, 면밀한 검사, 시험, 서비스 없이 정기적으로 주문되는 경우, 지리적 분산 정도는 별로 중요하지 않을 것이다.

주문 생산자
다른 생산업자들로부터 제품(자기 회사 제품의 부품이 되는)을 사서 조립하고 맞춤 제작하여 OEM 자신들의 이름을 붙여 판매하는 회사.

주문 생산자(original equipment manufacturers; OEMs / value-added resellers; VARs로도 불림)는 유통과정에서 더욱 중요한 역할을 한다. OEM은 제품(또는 제품의 구성요소들)을 다른 생산업자에게 구입하여 소비자가 필요한 형태의 제품으로 조립하는 것이다. OEM은 이 제품에 고유의 상품명을 부착하고 마케팅이나 제품 서비스를 제공한다. OEM은 생산업자들이 개별 부품을 생산하는 데 특화되어 있는 반면 사용자는 조립된 완제품을 구입하고 싶어 하는 컴퓨터나 전자제품 산업에서 많이 일반화되어 있다. Dell Computer 같은 경우, 컴퓨터 산업에서 OEM으로 성공한 케이스이다. OEM은 여러 부품들을 조립하여 소비자들에게 하나의 제품을 제공함으로써 산업 내에서 매우 가치 있는 조정의 역할을 수행할 수 있다.

중개의 탈피
공급 채널에 있는 중개업자의 수가 줄어드는 것. 예를 들어 생산업자가 도매업자, 소매업자를 거치지 않고 바로 사용자들에게 물건을 판매하는 경우.

몇몇 산업에서 정보기술의 발전(인터넷 같은)은 **중개의 탈피**(disintermediation)를 가능하게 하고 지금까지 이용했던 중개 형식을 바꾸는 것을 가능하게 한다. 예를 들어 E-trade나 Ameritrade와 같은 온라인 투자서비스는 소비자가 증권회사의 중개를 거치지 않더라도 온라인에서 주식과 채권의 주문을 할 수 있도록 하여 중개의 탈피 현상을 일으킨다. 신문, 소프트웨어, 음악과 같이 정보가 디지털로 전달될 수 있는 제품을 다루는 산업에서 인터넷은 생산업자로부터 소비자에게로 직접 제품을 배달해준다. 그러나 대부분의 산업에서 정보기술은 단순히 중개의 역할을 바꾸거나 그들이 제공하는 서비스를 확장시킨다. 예를 들어 Dell.com이나 Amazon.com과 같은 온라인 상점은 소비자들이 컴퓨터 가게나 서점 등과 같은 전통적인 소매점에 가지 않아도 제품을 구매할 수 있도록 하였다. 그러나 많은 경우 이러한 상황은 공급체인을 축소시키는 것이 아니라 유통의 다른 방법이 될 뿐이다. 다른 예로 상행위를 온라인으로 전환하는 것은 추가적인 중개업자(상품배달)가 필요하도록 하거나 중개서비스를 강화하는 결과를 낳을 수 있다. 예를 들어 전통적인 식료품점은 소비자들이 스스로 배달을 하는 구조였으나, 온라인 식료품 쇼핑사는 배달 서비스를 개발하거나 다른 배달업체로부터 서비스를 구입함으로써 스스로가 제품 배달을 책임져야 한다. Barnes & Nobles는 오프라인 상점을 보완하여 온라인 판매를 시행하고 있다. 소비자들은 가게에 들어가서 책을 직접 보고, 실제로 살 수도 있지만 서점에서 다 팔린 책을 찾을 때에는 온라인으로 주문할 수도 있다.

중개업자를 이용할지 또는 이용한다면 어떠한 형태의 중개업자를 이용할지를 결정할 때, 회사는 아래의 질문들에 대한 답을 생각해 보아야 한다.

1. *신제품이 회사의 기존 제품라인의 유통 요건과 맞는가?* 회사가 신제품에 맞는 판매채널을 이미 구비하고 있는가의 여부가 제품의 유통방법을 결정하는 데 있어서 주요한 고려사항이다. 예를 들어 회사가 이미 많은 영업 인력을 갖추고 있으며 신제품이 이 직접 판매 시스템에 적합하다면, 다른 유통방법을 고민할 필요가 없다. 반면에 회사에 영업 인력이 존재하지 않는다면, 신제품이 영업 인력을 구축하는 데 필요한 시간과 비용을 들일 만한 가치가 있는지 고민하여야 한다.
2. *소비자들이 얼마나 많고, 분산되어 있으며, 소비자들에게 제품에 대한 교육과 서비스가 얼마나 필요한가? 구매 전 시험 사용은 필요한 것이며 바람직한 것인가? 설치와 개별화가 필요한가?* 만약 소비자들이 분산되어 있어도 제품에 대한 설명과 서비스가 별로 필요하지 않다면, 우편 주문과 온라인 주문만으로도 충분할 것이다. 반면에 소비자들이 분산되어 있고 일정량의 제품설명과 서비스 그리고 시험 사용이 필요하다면, 현장에서 제품을 설명하고 시험 사용 서비스를 제공할 수 있는 중개업자들을 이용하는 것이 좋은 방안이 될 수 있다. 만약 소비자들이 분산되어 있지 않고 많은 양의 제품설명과 서비스를 원한다면, 회사는 직접 소비자를 교육하고 서비스를 제공하면 된다. 더 나아가 제품을 설치해야 하고 고객의 필요에 따라 개별화가 이루어져야 한다면, 회사는 영업 인력 또는 확장된 서비스를 제공할 수 있는 중개업자를 고용해야 할 것이다.
3. *경쟁제품과 보완재의 판매는 어떠한가?* 회사는 경쟁제품과 보완재가 어떻게 판매되고 있는지 반드시 살펴보아야 한다. 왜냐하면 이 두 가지는 기존에 존재하고 있는 유통채널의 성격을 결정하며 제품구매 방식에 대한 소비자의 기대를 형성

하기 때문이다. 예를 들어 소비자들이 제품을 보고, 만지고, 개인 판매 도우미가 있는 소매 환경에서 제품을 사고 있다면, 온라인 구매나 우편 주문과 같이 접촉이 적은 판매채널로 옮기기를 꺼려할 것이다. 제품의 판매방법은 제품의 포지셔닝에 관한 소비자의 시각에 영향을 미친다. 예를 들어 경쟁 제품이 특정 상점이나 영업 인력을 통한 방법과 같은 많은 접촉에 의해 판매되고 있다면, 대형 할인점이나 우편 주문과 같이 낮은 접촉방법으로 판매되는 제품은 소비자들에게 품질이 좋지 않고 저렴한 제품으로 인식될 것이다. 회사는 시장조사를 통해 판매채널이 소비자의 제품에 대한 인식에 얼마나 영향을 주는지 평가할 수 있다.

■ 유통 가속화 전략

산업이 어떤 한 기술을 지배적 디자인으로 선택하려 할 때, 이 기술을 빠르게 전개시키는 것이 매우 중요하다. 빠른 전개는 기술이 커다란 고객 기반을 구비하게 하며 보완재의 개발업자들이 기술 플랫폼을 지원하도록 만들 수 있다. 기술이 수용되어 가면서, 생산업자와 소비자의 경험은 기술을 향상시키는 데 이용될 것이며 학습효과와 규모의 경제효과로 인해 생산원가는 감소할 것이다. 회사는 유통업자와 전략적 제휴를 맺거나, 일괄 공급 관계를 구축하거나, 거대한 소비자 그룹과 후원 계약을 맺거나 판매 보증을 하는 등의 다양한 방법을 통해 유통을 가속화할 수 있다.[5]

유통업자와의 전략적 제휴

혁신적인 기술을 출시하는 회사는 유통업자로 하여금 그들의 제품을 취급하고 판매를 촉진시키기 위하여 유통업자와 전략적인 제휴를 맺거나 독점적인 계약을 체결할 수 있다. 유통업자에게 기술의 성공에 따른 이해관계를 갖도록 함으로써, 회사는 유통업자가 적극적으로 신기술을 취급하고 판매를 촉진하도록 할 수 있다. 이미 다른 제품을 통해 유통업자와 관계를 맺고 있는 회사의 경우에는 이 전략을 추구하기가 용이하다. 이러한 유통업자가 없는 회사는 전략적 제휴를 필요로 할 수 있으며 더 나아가 수직적 통합을 하여 그들의 제품을 널리 알리는 전략도 고려할 수 있다.

Sega의 Saturn은 유통경로의 부족으로 인해 시장에서 사용자 기반을 제대로 확보하지 못하였다. Sega는 Saturn의 출시 당시 매우 한정된 유통경로를 가지고 있었고 이로 인해 직접적으로나(소비자로 향하는 한정된 통로) 간접적으로(최초에 제품을 거부한 유통업자들은 이후 제약이 없어진 후에도 제품 판매 촉진을 꺼려하게 된다) 사용자 기반을 구축하는 데 오랜 시간이 걸렸다. 대조적으로 Nintendo는 Nintendo 64를 출시할 때 무제한의 유통경로를 사용하였고, Sony는 자신들의 전자제품을 팔기 위해 무제한적인 유통경로뿐만 아니라 Walmart와 같은 소매업계의 거인들과 광범위한 협상을 벌인 경험까지 가지고 있다. 결과적으로 Sega가 시장에서 훨씬 오래되었음에도 불구하고 Sony의 PlayStation은 처음부터 Sega의 Saturn보다 더 나

은 유통경로를 확보할 수 있었다.[6]

묶음판매 관계 구축

회사는 또한 이미 널리 쓰이고 있는 제품에 신제품을 끼워 파는 묶음판매 형식(bundling relationship)으로 신기술의 유통을 촉진할 수 있다.[7] 묶음판매는 이미 커다란 사용자 기반을 갖춘 다른 제품의 성공에 기대어 신기술이 빠르게 보급될 수 있도록 해준다. 소비자도 자신이 이미 사용하고 있던 제품과 연관된 신제품을 구매하면 더 선호하는 제품이 나타나도 전환 비용 때문에 전환하지 않게 된다. 소비자가 제품에 친숙해짐에 따라 학습효과에 의해 소비자들은 기술의 편리함을 느끼게 되고 미래의 구매결정에서도 이 기술을 선호하게 될 것이다. 묶음판매 방식은 회사가 신기술의 사용자 기반을 구축해야 할 때 매우 성공적이며, 보완재의 확실한 제공을 가능하게 한다. 예를 들어, SiriusXM 라디오는 자동차 회사들과의 묶음판매계약 덕분에 상당한 성공을 거두었다. Sirius는 자동차에 SiriusXM 장비 설치를 보조하는 데 연간 10억 달러 이상을 사용한다. 일단 소비자들이 자동차에 설치된 Sirius 라디오를 경험하고 나면 40%이상이 유료회원으로 가입한다.[8]

계약과 후원

회사는 유통업자, 보완재 공급자, 대학교나 정부 같은 규모가 큰 최종 소비자와 계약을 맺어 할인된 가격, 특별 서비스, 광고 보조, 그 밖의 유인책들을 통해 기술의 사용을 확실하게 할 수 있다. 예를 들어 의료장비 생산업자는 새로운 초음파 장비나 MRI 기계와 같은 의료장치들을 시장에 소개할 때, 이러한 기계들을 커다란 대학병원에 기증하거나 빌려준다. 새로운 장비들의 효용이 의사나 병원 운영진들에게 명확해지면 추가 장비구입 가능성은 증가할 것이다. 또한 큰 대학병원은 궁극적으로 다른 소규모 병원에서 진료하는 의료인을 양성하고, 이들은 의료계에 큰 영향을 끼칠 수 있다. 따라서 이러한 병원에 들어오는 무료 장비는 나머지 의료계로 하여금 이 제품을 채택하도록 하는 효과적인 방법이 될 수 있다.

판매보증과 위탁판매

새로운 제품과 서비스에 대한 시장이 불확실하다면, 회사는 유통업자들에게 팔리지 않은 제품은 반품할 수 있게 하는 판매보증 제도를 시행하거나, 위탁판매 계약을 맺을 수 있다. 예를 들어 Nintendo가 미국 시장에 Nintendo Entertainment System을 출시하였을 때, 유통업자들은 1980년대 중반 비디오게임 시장이 붕괴되었을 때 발생한 재고의 기억 때문에 게임기나 게임타이틀의 유통을 꺼려하였다. Nintendo는 Nintendo Entertainment System을 유통업자에게 위탁 판매하는 형식으로 팔기로 합의하였다. Nintendo를 파는 소매업자들은 전체 재고가 아닌 팔린 게임기에 대해서만 Nintendo에게 대금을 지불하면 되었고, 비디오게임 시장은 다시 살아나기 시작하였다.

이와 유사하게, 보완재 생산업자에게도 판매보증을 할 수 있다. 보완재 생산업자가 기술지원을 꺼려한다면, 회사는 보완재의 특정한 양을 판매 보증하여 위험을 줄이거나, 생산에 드는 자본을 지원할 수 있다. 보완재 생산업자는 여전히 제품을 생산하는 데 시간과 노력을 들여야 하지만 직접 비용에 대한 위험부담은 분명히 감소할 것이다.

마케팅

기술혁신에 대한 마케팅 전략은 목표 시장의 성격과 혁신의 성격을 고려해서 수립되어야 한다. 예를 들어 목표 시장이 주로 규모가 큰 기업 소비자들로 구성되었는가 혹은 개별 소비자들로 구성되었는가? 혁신이 단지 기술을 좋아하는 사람들의 관심만을 끌 것인지, 아니면 일반인들도 관심을 보일 것인가? 기술의 이점이 누가 보아도 명확한 것인가 아니면 상당한 소비자 교육이 요구되는가? 소비자들이 기술의 세세한 내용에 반응을 보일 것인가 아니면 눈에 보이는 브랜드 이미지에만 사로잡힐 것인가? 마케터들은 소비자들이 혁신에 대해 가지고 있는 불확실성을 줄일 수 있는가? 이어지는 논의에서는 주요한 마케팅 방법들과 수용자 그룹의 특성에 따른 마케팅 방법들을 살펴보겠다. 그리고 마케팅이 혁신의 사용자 기반과 보완재의 가용성에 대한 인식과 기대를 어떻게 형성할지에 대해서도 알아볼 것이다.

■ 주요 마케팅 방법

가장 많이 쓰이는 세 가지 방법은 광고, 촉진, 홍보이다.

광고

많은 회사들은 그들의 기술혁신을 대중에게 알리기 위하여 광고를 이용한다. 이때 회사는 효과적인 광고 메시지를 만들고 이를 적절한 목표시장으로 전달할 수 있는 광고 매체를 선택해야 한다.

광고 메시지를 만들 때, 회사는 흥미롭고 기억에 남을 만한 메시지와 중요한 정보내용의 전달 간의 균형을 맞추려고 시도한다. 광고가 한쪽에 너무 치우치면, 기억에는 남지만 정보전달이 부족하거나, 정보전달은 충분하지만 청중들의 기억에서 빠르게 잊히는 광고를 만들 수도 있다. 많은 회사들이 광고 메시지를 개발하고 시험하기 위해 광고대행업체를 고용하곤 한다.

광고를 내보낼 미디어는 일반적으로 목표 청중과의 적합성, 풍부한 정보 또는 감각적 세부 사항의 전달성, 도달성(광고에 노출되는 사람의 수), 광고매체에 따른 비용 등을 바탕으로 선택된다. 그림 13.1을 보면 다양한 광고매체의 장단점이 나와 있다.

그림 13.1 ▸ 주요 광고매체들의 장단점

매체	장점	단점
온라인 광고: 클릭당 비용 지불(검색 엔진)	특정 고객군에 대한 정밀한 타게팅 가능, 결과에 따른 비용 지불, 전개가 빠르고 즉각적인 가시화, 빠른 수정과 삭제, 광고의 효과성을 분석하기 위한 빠르고 효과적인 트래킹 가능	엉터리 클릭(예를 들어, 경쟁자나 불만 있는 소비자나 직원들에 의한 클릭)에 대해 취약해서 광고 비용이 낭비될 가능성이 있음
온라인 광고: 소셜 미디어	다양한 방법으로 고객들과 연결, viral 마케팅의 가능성, 특정한 고객군에 대한 정밀한 타게팅 가능, 비교적 저렴, 쉽게 전개하고 수정 가능, 실시간으로 방문자의 수를 트래킹	방문자가 고객으로 전환되는 가능성이 낮음, 소셜미디어 사이트의 인식과 접근을 높이는 것이 어려움
텔레비전	시각, 음성, 동작이 섞인 감각적 풍부함, 높은 지리적 · 인구통계학적 영향력, 독립적인 매체가 특정 고객군을 직접 겨냥하는 새로운 기회 제공	방송국의 급증으로 인해 시청자군이 너무 세밀하게 나누어짐, DVR 사용의 증가로 인한 광고 넘김, 높은 비용, 순간적인 노출
라디오	지리적 · 인구통계학적 높은 선택성, 중간 정도의 도달성, 비교적 저렴한 비용	오디오만 제공, 목표로 하는 고객군에 도달하기 위해서 여러 방송국의 광고시간을 구매해야 함, 순간적인 노출
신문	시의적절성, 지역 시장에 대한 도달 가능성이 높음, 넓은 수용성, 높은 신뢰성, 독자가 여러 번 광고를 볼 수 있음, 선택 가능한 다양한 비용 범위	신문 구독자의 감소, 광고를 보지 않고 건너뛸 가능성도 높음, 비교적 낮은 품질, 여러 광고들로 인해 어수선함, 특정 고객군을 타게팅하기가 어려움
잡지	지리적 · 인구통계학적 높은 고객 선별력, 고품질의 시각정보, 수명이 김, 중요한 기술적인 정보를 담을 수 있음, 돌려 읽는 독자 많음	광고까지의 긴 리드타임과 느린 전개, 낭비되는 유통물 존재, 목표전달도를 달성하기 위해서는 여러 잡지에 광고를 게재해야 함
직접 우편	높은 독자 선별력, 매체 내에서는 경쟁이 없음, 개인화, 중요한 기술적 내용에 대한 의사 소통 가능, 돌려 읽는 것 가능, 반응도 비교적 쉽게 트래킹	비교적 높은 비용, 정크메일 이미지, 정확한 우편 주소록 필요, 인쇄와 배달시간으로 인해 비교적 긴 리드타임
야외(광고판)	높은 반복적 노출, 낮은 비용, 낮은 경쟁	제한된 고객 선택권, 매우 제한된 기술적 내용
전화	높은 고객 선별력, 개별화된 메시지 제공	상대적으로 높은 비용, 짜증 섞인 반응이 있을 수 있음

촉진

회사는 유통업자와 소비자에게 제품을 구입하거나 사용해 보도록 하는 촉진 전략을 사용할 수 있다. 촉진은 다음 사항을 포함한 한시적인 판매 전략이다.

- 샘플이나 무료 시험 기회 제공
- 구입 후 현금 할인이나 환불 기회 제공
- 구입 시 추가 상품(프리미엄) 포함
- 반복 구입 시 인센티브 제공
- 유통업자나 소매판매 대리인에게 판매 보너스 제공
- 소비자의 구매 가능성을 증가시키기 위하여 두 개 이상의 비경쟁 제품을 동시에 촉진시킴
- 제품의 특징을 쉽게 볼 수 있도록 구매 장소에 제품을 진열

이론의 적용 Domosedan에 대한 인식의 구축

핀란드 회사인 Farmos Group Limited가 동물용 의약품 Domosedan을 출시하였을 때, 경영자들은 잘 알려진 오피니언 리더들 사이에서 약품에 대한 인식을 구축하는 것이 중요할 것이라고 생각하였다. Domosedan은 말과 소를 위한 진통제 분야에서 급진적 혁신을 이루어냈다. 이를 통해 수의사들이 검사와 치료 방법을 상당히 바꾸게 되었다. 과거에 큰 동물들의 치료에 사용되었던 진정제나 진통제와는 다르게, Domosedan은 수의사들이 동물들을 묶거나 마취하지 않고 임상 및 외과 검사를 시행할 수 있게 하였다. 동물들은 서 있는 동안 치료를 받을 수 있었고, 대부분의 경우에 수의사의 진료소로 옮겨지지 않아도 되었다.

Farmos는 대학 교수들과 전문 의사들이 동물약품에 관해서 중요한 오피니언 리더라는 것을 간파하고 있었다. 이 그룹을 교육하고 그들이 제품을 지원하도록 하기 위해, Farmos는 그들이 약품의 승인과 판매 허가를 위해 필요한 실험 과정에 도움을 주도록 부탁했다. 대학 교수들은 사전 임상실험에 참여하였고, 명망 있는 수의사들이 치료 실험에 참여하였다. 이들 영향력 있는 잠재적인 수용자들을 적극적으로 참여시킴으로써, 이러한 실험은 약품의 효능과 안전을 수립하는 동시에 사전 마케팅의 도구로서 활용되었다. 또한 오피니언 리더들은 제품이 출시되기 전에 앞선 지식과 경험을 얻을 수 있었다. 약품이 출시되자, 이들 영향력 있는 사용자들 중 대부분은 이미 제품의 열광적인 지지자가 되었다.

이 약품이 과학적 혁신의 결과물이었기 때문에 과학 학회의 논문발표에서 다루어지고 많은 논문에서도 조사되는 등 약품에 대한 추가적인 인식과 흥미가 촉발되었다. 이 약품이 핀란드에서 출시되었을 때, 기업은 활동하고 있는 모든 수의사들을 참석시키는 큰 저녁 만찬을 주최하는 등 약품의 출시를 위한 축제 분위기를 만들었다. Farmos의 전술은 성공적이었다. Domosedan은 빠르게 수용되어 전 세계로 빠르게 퍼져 나갔고 상당한 상업적 성공을 이루었다.

출처: Adapted from Birgitta Sandberg, "Creating the Market for Disruptive Innovation: Market Proactiveness at the Launch Stage," *Journal of Targeting, Measurement and Analysis for Marketing* 11, no. 2 (2002), pp. 184–96.

홍보

바이럴 마케팅
구전 홍보효과를 자극하기 위하여 특정 개인들에게 정보를 직접적으로 보내는 방식의 마케팅 방식을 의미. 목표고객의 선정은 일반적으로 특정 소셜 네트워크상에서의 위치나 역할에 따라 이루어짐.

많은 회사들은 효과적으로 구전효과를 일으키기 위해서 무료 대중매체(신문이나 잡지에 회사나 제품에 대해 실리는 글)를 이용한다. 예를 들어 Pfizer의 Viagra는 *The Tonight Show, Late Show with David Letterman*과 같은 TV쇼에서 비공식적으로 유명인들이 언급하면서 엄청난 양의 무료 노출을 할 수 있었다. 다른 회사들은 내부 출판물(연례 보고서, 보도 관계자에게 하는 발표, 직원이 상업 잡지나 다른 매체에 기고한 글)에 의존해 목표시장에 도달하거나 영향을 준다. **바이럴 마케팅**(viral marketing)은 구전방식의 홍보를 촉진하기 위해 개인들의 소셜 네트워크를 활용하는 것이다. 여기에서 정보는 소셜 네트워크상에 잘 포지셔닝된 일단의 목표고객들(예를 들어 다른 사람들보다 친구가 많거나 오피니언 리더십이 있을 가능성이 높아서 "hub"가 될 수 있는 고객들)에게 보내진다(이 과정은 "seeding"이라고 불린다). 목표는 소셜 네트워크를 통해 정보를 바이러스가 퍼지듯 빠르게 퍼뜨리는 것이다. 이런 전략들은 사람들이 개인적인 관계를 통해 들어오는 정보들을 보다 쉽게 믿고 받아들인다는 사실에 기반하고 있다.[9] 회사는 또한 특별 이벤트(스포츠 이벤트, 대회, 학회)를 후원하거나, 기부행위(자선), 상업협회에서의 전시 등을 통하여 대중의 관심과 좋은 이미지를 키울 수 있다.[10] 심지어 <이론의 적용>에서 다루는 Farmos는 Domosedan에 대한 대중의 관심을 유발시키기 위해 약의 임상실험 과정에 잠재적 고객을 참여시켰다.

■ 목표 수용자에 대한 마케팅 계획 수립

3장에서 언급하였듯이, 혁신은 S 모양으로 사람들에게 수용되는데 처음에는 기술이 친숙하지 않아 수용되는 속도가 느리다. 이후 기술에 대한 이해가 증가하고 대중시장에서 사용되면서 기술의 수용 속도는 가속화되며, 마침내 시장은 포화상태에 이르면서 수용률의 증가 정도가 감소한다. 이러한 혁신 수용의 단계는 매우 빠르게 혁신을 받아들이는 *혁신 수용자*, 혁신 수용자 이후 수용을 가속화시키는 *선도 수용자*, 혁신이 대중 시장을 침투하면서 생기는 *전기 다수 수용자*와 *후기 다수 수용자*를 거쳐 마침내 혁신이 포화상태가 된 이후의 *지각 수용자*로 나뉜다.[11] 이러한 그룹들의 성격에 따라 각각 다른 마케팅 전략을 세울 수 있다.

혁신 수용자와 선도 수용자는 대개 이전 세대를 뛰어넘는 효용을 제공하는 진보된 기술을 찾는다. 그들은 위험을 감수하고 비싼 가격을 지불할 용의가 있으며 제품의 초기 불완전성을 이해해 주는 반면, 상당한 수준의 제품 개별화와 기술적인 지원을 요구할 수도 있다.[12] 그들은 많은 양의 기술적 정보를 제공하면서 혁신의 첨단성을 강조하는 마케팅에 보다 적극적으로 반응한다. 이 시장에는 수준 높은 내용의 제공과 차별적인 접근이 가능한 마케팅 채널이 적합하다. 반면에 전기 다수 수용자의 시장은 제품의 완전성, 사용의 용이성, 소비자의 삶의 방식과의 일관성, 합리성에 대한 회사의 의사소통 노력이 요구된다. 이 시장에서는 높은 접촉성과 신뢰성을 갖는 마케팅 매체의 활용이 기술에 관한 세부적인 사항들의 전달보다 중요하다.

기업은 선도 수용자들을 상대로 성공적이었던 마케팅 방법이 전기 다수 수용자로 넘어가면서 효과가 떨어지는 것을 종종 경험하곤 한다. 선도 수용자는 기술의 혁신적인 특징에 열광하는 반면 전기 다수 수용자는 제품이 복잡하고, 비싸고, 불확실하다고 느낄 수 있다. 이는 기술수용 곡선에서 큰 틈을 가져올 수 있다. 선도 수용자 고객층은 포화되고, 전기 다수 수용자층은 제품을 살 준비가 되어 있지 않기 때문에 이 제품의 판매량은 감소하게 된다(그림 13.2 참고).[13] 회사는 즉시 생산 능력을 조정하고 대중 시장에 맞춰 효율성을 향상시키면서 판매량 감소의 시기를 극복해야 한다.

회사가 후기 다수 수용자와 지각 수용자를 목표로 할 때는 선도 수용자를 목표 시장으로 할 때와 비슷한 채널을 이용하면서 노출단위당 광고비를 줄이려 하게 된다. 이 단계에서 마케팅은 신뢰성, 단순성, 원가 효율성을 강조해야 한다. 마케팅 채널은 많은 내용을 다룰 필요는 없지만 높은 신뢰성을 제공할 수 있어야 하며 제품의

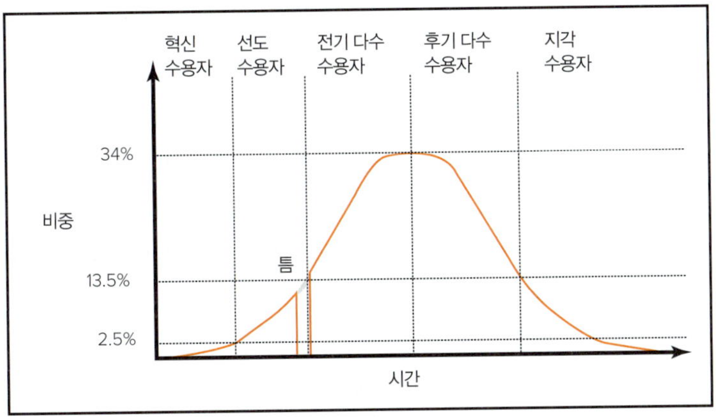

그림 13.2 ▸ 선도 수용자와 전기 다수 수용자 간의 틈(chasm)

원가를 올릴 정도로 비싸지 않아야 한다.

최근 들어 마케터들은 정보를 빠르게 확산시킬 개인들을 목표로 삼음으로써 정보가 마치 전염병처럼 퍼지도록 하는 방법을 시도하고 있다. 이는 다음에 나오는 <연구요약>에서 살펴볼 것이다.

■ 마케팅을 이용한 소비자 인지와 기대의 형성

4장에서 설명하였듯이 유통업자와 소비자들이 기술혁신의 가치를 평가할 때, 그들은 기술의 실제 가치에 대한 증거뿐만 아니라 기술의 가치에 대한 인식과 기술의 미래가치에 대한 기대에 영향을 받는다. 광고, 촉진, 홍보는 고객 기반의 크기와 보완재의 가용성에 대한 시장의 인식과 기대에 영향을 주는 중요한 역할을 한다. 제품 출시 전의 사전발표는 제품에 대한 기대를 형성하고, 예상 판매량에 대한 매체들의 발표는 소비자와 유통업자들에게 제품의 사용자 기반이 빠르게 확산되리라는 확신을 심어줄 수 있다. 또한 회사는 시장(유통업자, 사용자, 보완재의 생산자, 새로운 기준에서의 경쟁자를 포함) 내의 경쟁에서 이기고 싶어 하며 또한 이길 것이라는 신호를 시장에 보냄으로써 기술의 미래에 대한 기대를 형성시킬 수 있다. 회사의 평판은 성공 가능성에 대한 신호가 될 수 있으며, 회사가 믿음직한 대규모 자본투자를 함으로써 기존 회사들에 대한 도전능력이 있다는 것을 투자자들에게 확신시킬 수 있다.

사전 공지와 언론 발표

공격적으로 제품을 촉진하려는 회사는 실제 고객 기반과 인지된 고객 기반 모두를 증가시킬 수 있다. 심지어 상대적으로 작은 고객 기반을 가지고 있는 제품도 대규모 광고를 통해 소비자의 인지를 많이 얻을 수 있다. 인지된 고객 기반은 이어지는 제품 수용을 이끌어 내기 때문에 실제로 큰 고객 기반으로 연결될 수 있다. 이러한 논리를 이용하여 많은 소프트웨어 공급자들은 *베이퍼웨어(vaporware)*—시장에 아직 출시되지 않았고 심지어 존재하지도 않지만 미리 광고된 제품—와 같은 전략을 사용한다. 소비자로 하여금 제품이 언제 어디서나 존재하는 듯한 느낌을 가지게 함으로써, 제품이 실제로 출시되었을 때 빠르게 수용되도록 할 수 있다. 또한 회사는 베이퍼웨어를 통해 시장 출시에 있어 가치 있는 여유시간을 벌 수 있다. 만약 다른 공급자들이 시장에서 회사를 앞지르려 하거나 자사의 제품 출시 전에 소비자들이 다른 제품을 지배적 디자인으로 선택하는 것을 두려워한다면, 회사는 베이퍼웨어를 사용하여 회사의 제품이 출시되기 전까지 소비자의 구매를 늦출 수 있다.

Nintendo 64의 경우가 적절한 예가 될 것이다. 소비자들이 32비트 시스템을 구입하는 것을 막으려고 Nintendo는 1994년부터 64비트 시스템의 개발(Project Reality라는 이름의)을 공격적으로 홍보하기 시작하였다. 그러나 실제로 1996년 9월까지 제품은 나오지 않았다. 프로젝트는 수차례의 지연을 거듭함으로써 사람들은 이 프로젝트에 "Project Unreality"라는 이름을 붙이기도 하였다. 또 다른 흥미로운 베이퍼웨어의 예로 Nintendo의 64M CD-ROM를 들 수 있다. 그 제품은 상당히 선전되었지만 결국 출시되지 않았다.

주요 비디오게임기 생산업자들은 고객 기반과 시장 점유에 관한 시장의 인식을 관리하기 위해 많은 시간을 쏟아붓고 때로는 과장과 속임수를 쓰기도 한다. 예를 들어 1991년 말 Nintendo는 미국 시장에서 SNES를 200만 대 팔았다고 주장했지만, Sega는 이에 동의하지 않았고 Nintendo가 최대 100만 대밖에 팔지 못했다고 주장하였다. 또한 Nintendo는 1992년 말까지 추가로 600만 대를 팔 것이라고 예측하였다(실제 1992년 미국에서 Super Nintendo의 고객 기반은 400만에 불과함). 1992년 5월까지 Nintendo는 16비트 시장의 60%를 점유하였다고 주장한 반면, Sega는 자사가 63%를 점유하였다고 주장하였다. 32/64비트 시장에서도 비슷한 전략이 사용되었다. 예를 들어 1995년 10월 Sony는 미국에서 10만 대의 게임기를 선주문받았다고 주장하였지만, Sega의 마케팅 판매 담당 부사장인 Mike Ribero는 Sony의 주장은 속임수이며, 많은 선주문들이 실제로 실현되지 못한다고 주장하였다.[14]

평판

회사가 새로운 기술혁신을 출시할 준비를 할 때, 기업의 기술적 그리고 상업적 역량에 관한 평판은 성공 가능성에 대한 시장의 기대형성에 중대한 영향을 미치게 된다.[15] 소비자, 유통업자, 보완재 생산업자들은 신제품의 가능성과 가치에 대한 평가 지표로써 기술혁신에 대한 과거 실적기록을 사용할 것이다. 회사의 과거 상업적인 성공은 신기술의 고객 기반과 보완재의 사이클에 필수적인 원동력을 만드는 데 필요한 지원 네트워크(유통, 광고, 제휴)를 구축하고 관리할 수 있는 능력을 나타내는 지표로 쓰인다.

연구요약 정보 확산의 창출

몇몇 개인들은 그들의 타고난 성향과 재능 때문에 놀라운 추진력으로 폭포수같이 사람들 사이를 통과하는 정보의 흐름을 만들어낼 수 있다. 이러한 개인들은 시장의 행위에 주목할 만한 영향을 미칠 수 있다. Gladwell은 커다란 영향을 미치는 개인들을 연결자(connectors), 숙달자(mavens), 그리고 판매자(salesperson)의 3가지 부류로 정의했다.[a]

*연결자들*은 인맥이 매우 넓게 형성되어 있는 사람들이다. 사회학자들에 따르면 무작위로 추출한 사람들에게 이름을 부르며 친하게 지내는 사람을 말해보라고 했을 때, 연결자들은 보통 사람들보다 몇 배 많은 수의 사람들을 언급한다고 밝혔다.[b] 이들은 예외적으로 높은 사회적 활동력을 가지고 있으며 사람들의 이름이나 생일과 같은 사회적인 세부사항을 외우는 요령이 남다르다. 그러나 단순히 아는 사람이 많다는 것만으로는 연결자가 될 수 없다. 연결자들은 여러 가지 모임에 가입하는 경향이 있다. 그들은 여러 종류의 클럽, 협회, 또는 다른 사회기관에 속하는 경향이 있다. 그들은 다양한 사회관계망에 속하므로 연결자들은 좀처럼 연결되기 어려운 사람들을 연결할 수도 있다.

*숙달자들*은 자신이 관심 있는 하나 혹은 그 이상의 분야들에 대해 지식을 얻고 그 지식을 확산시키려 하는 사람들이다. 경제학자들은 예로부터 "시장에 숙달한 사람(또는 "가격자경단원"으로 알려져 있는)"에 대해 넓게 연구했다. 이들 개인들은 여러 소매상인들(또는 여러 시장소매점)이 가격을 얼마로 책정하는지 면밀히 살피면서 잘못된 판촉 등 불합리한 것이 발견되면 큰 소리로 불평한다.[c] 어떤 숙달자들은 최고의 레스토랑이나 호텔을 많이 알고 있다는 점에 큰 자부심을 느끼거나 *Consumer Reports*를 열심히 읽는 사람들이 있다. 숙달자들은 정보를 모을 뿐만 아니라 남을 교육하는 것에 매우 관심 있어 한다. 그들은 정보를 기꺼이 제공하며 다른 소비자를 돕는 것에 큰 기쁨을 느낀다.

마지막으로 *판매자*는 선천적으로 타고난 설득자라 할 수 있다. 이러한 사람은 상대방이 설득력 있다고 느낄 정도로 말을 잘할 수 있는 능력을 타고 났다. 또한 그들은 말을 하지 않으면서도 다른 사람의 감정적인 반응에 영향을 줄 수 있는 예리한 능력을 가지고 있다. 이러한 사람들은 그들의 분위기를 다른 사람에게까지 퍼뜨릴 수 있다.[d]

지금까지 언급한 이러한 부류의 사람들은 정보의 확산을 시작할 수 있는 능력이 있는 사람들이다. 중요한 정보를 알고 있는 연결자는 많은 다양한 사람들과 접촉할 것이고 숙달자들은 접촉하는 사람의 수는 많지 않더라도 자세하고 신뢰스러운 정보를 전달할 것이다. 판매자는 연결자처럼 많은 사람들을 알거나 숙달자처럼 많은 양의 정보를 전달하지는 못하지만, 이들이 전하는 정보를 듣는 사람은 정보를 쉽사리 수용하게 된다. 어떤 사람들은 이러한 특징 중 한 가지 이상을 가지고 있으며, 그들은 시장에서 실제 태풍과 같은 작용을 한다.

[a] Adapted from Malcolm Gladwell, *The Tipping Point* (Boston: Little, Brown and Company, 2000).
[b] Albert L. Barabasi, *Linked: The New Science of Networks* (Cambridge, MA: Perseus Books, 2002).
[c] Lawrence F. Feick and Linda L. Price, "The Market Maven: A Diffuser of Marketplace Information," *Journal of Marketing* 51 (1987): 83–97.
[d] Elaine Hatfield, John T. Cacioppo, and Richard. L. Rapson, *Emotional Contagion* (Cambridge: Cambridge University Press, 1994); and H. Friedman et al., "Understanding and Assessing Nonverbal Expressiveness: The Affective Communication Test," *Journal of Personality and Social Psychology* 39, no. 2 (1980): 333–51.

Sega가 비디오게임 시장에 진입할 때, 그들은 과거 아케이드게임 시장에서 성공한 명성을 가지고 있었다(Atari와 Nintendo 둘 다 홈 비디오게임 개발 전에 아케이드게임 생산업자였다). 회사가 흥미로운 게임을 개발한다는 평판을 갖고 있었고, 이러한 평판은 Nintendo가 지배하고 있는 8비트에 도전할 Sega의 16비트를 소비자들이 받아들이는 데 도움이 되었다. 이와는 대조적으로 Sony가 비디오게임 시장에 진입하였을 때, 다른 경쟁 기업들이 갖고 있는 아케이드의 경험이 없었다. 그러나 가

전제품 생산업자로 전문적인 기술이 풍부하였고, 전자제품 내에서의 독보적인 브랜드 자산을 가지고 있었다. 게다가 Sony는 레코드와 카세트테이프를 대체한 CD (Philips와 합작)를 성공적으로 출시하여 포맷 전쟁에서 승리함으로써 그들의 능력을 입증한 전력이 있었다.

이와 유사하게 평판은 128비트 비디오게임 시장에서 Microsoft의 최대 강점으로 작용하였다. Microsoft는 개인 컴퓨터 운영시스템 시장에서 네트워크 외부성을 이용하는 탁월한 능력을 통해 시장을 거의 독점하였다. Microsoft는 운영시스템에서의 지배적 위치를 활용하여 많은 종류의 소프트웨어 시장을 지배하고 교묘하게 미래의 경쟁자들을 제거하였다. Microsoft의 명성은 유통업자, 개발업자, 소비자들에게 미래의 고객 기반과 보완재의 출시에 대한 강력한 신호를 보낸 것이나 다름없었다. 평판이 Microsoft의 성공을 보장하지는 않더라도 고려해야 할 강력한 힘으로 볼 수 있다.

신뢰성 있는 몰입과 투자

회사는 되돌리기 힘든 대규모의 투자를 함으로써 회사가 얼마나 진지하게 전념하고 있는지에 대한 신호를 산업 전체에 보낼 수 있다. 예를 들어 Sony가 사내 게임 개발팀을 구축하고 시스템 생산과 PlayStation의 개발에 5억 달러를 투자했다는 사실은 잘 알려져 있다. 이와는 대조적으로 3DO는 다용도 게임기를 출시할 때까지 3천 7백만 달러 이하의 총연구개발 비용을 사용하였으며, 모든 게임기와 게임 타이틀의 생산을 제3자에게 맡기는 전략을 사용하였다. 때문에 3DO는 자본의 위험에 정면으로 맞설 정도로 자사 제품을 충분히 확신하고 있다는 신호를 시장에 보내지 못하였다.

요약

1. 회사는 제품 출시 시기 전략을 이용하여 사업 주기나 계절성 효과의 이점을 활용하고 경쟁자와의 포지셔닝에 영향을 줄 수 있으며, 제품 생산 능력과 보완재가 충분히 준비되었을 때 제품을 출시할 수 있다.
2. 진입시기를 결정할 때는 기존 제품을 충분히 판매할 시간을 가지면서 현금을 확보할 것인지, 자기잠식을 감수하면서 다음 세대로 넘어가 다른 기업보다 선도적인 위치를 차지할지를 판단하여야 한다.
3. 성공적인 전개전략은 보완재의 공급자(혹은 다른 생산업자)를 끌어들일 정도의 개방성과 제품의 품질, 이윤, 호환성의 지속적인 보호 가능성 사이에서 균형을 잘 잡아야 한다.
4. 기술혁신에 사용되는 일반적인 가격 전략에는 초기 고가격 전략과 초기 저가격 침투가격 전략이 있다. 전자는 제품 판매 초기에 이윤을 최대화시키는 반면 후자는 시장점유

율을 높이고자 하는 목적이 있다. 가격 책정 전략은 회사가 보완재나 제품과 연관된 서비스의 판매로부터 수익을 거둘 수 있는지를 고려해야 한다. 만약 보완재로부터의 수익이 높을 것으로 기대된다면 플랫폼 기술의 가격을 낮추는 것이 당연할 것이다.

5. 회사는 제품 가격이 지불되는 시기를 조절함으로써 제품 가격(그리고 현금흐름의 시기)에 대한 소비자의 인지를 조절할 수 있다.
6. 중개업자는 공급체인에서 구매단위의 분할, 운송, 재고 보유, 판매 서비스 제공, 소비자와의 거래 조정 등을 포함한 중요한 역할을 한다.
7. 회사는 때때로 혁신의 유통을 가속시키기 위하여 유통업자와의 관계 강화, 사용 기반이 넓은 제품에 끼워 팔기, 규모가 큰 소비자 그룹에 대한 후원, 유통업자나 보완재 생산업자에 대한 판매보증 등을 실시할 수 있다.
8. 마케팅 방법은 비용, 범위, 정보 내용, 노출의 지속 정도, 메시지의 유연성, 시장의 특정 분야에 집중하는 능력 등에 따라 다양해진다. 마케팅 계획을 수립할 때, 회사는 혁신의 성격(얼마나 복잡한가? 효용은 쉽게 파악되는가?)과 소비자의 성격(소비자들이 기술에 대해 심층적이고 세밀한 내용을 요구하는가? 소비자들은 브랜드 이미지나 명성에 영향을 받지 않는가? 소비자들이 수용할 수 있는 불확실성은 어느 정도인가?) 모두를 고려해야 한다.
9. 마케팅 전략은 제품의 현재와 미래의 이용 정도에 대한 시장의 인지에 영향을 줄 수 있기 때문에 소비자, 유통업자, 보완재 생산업자의 행동에 영향을 줄 수 있다. 사전 공지, 회사의 평판, 신뢰성 있는 약속은 이 모두가 시장이 제품의 성공 가능성을 평가하는 데 영향을 줄 수 있다.

토론문제

1. 회사가 제품의 출시를 늦추는 것이 바람직할 상황을 한두 가지 생각해보라.
2. 회사의 가격 책정 전략에 영향을 주는 요소들은 무엇인가?
3. 당신이 잘 아는 제품을 생각해보자. 그 제품이 시장으로 유통되기까지 어떠한 중개업자들을 거쳤다고 생각하는가? 이러한 중개업자들이 제공하는 서비스의 가치는 무엇인가?
4. 3번 문제에서 고른 제품의 생산자들이 사용하는 마케팅 전략에는 어떠한 것들이 있는가? 이러한 마케팅 전략의 장단점은 무엇인가?

추가자료

■ 대표문헌

Everett Rogers, *Diffusion of Innovations,* 5th ed. (New York: Free Press, 2003).

Geoffrey Moore, *Crossing the Chasm: Marketing and Selling Technology Products to Mainstream Customers* (New York: HarperCollins, 1991).

Malcolm Gladwell, *The Tipping Point* (Boston: Little, Brown and Company, 2000).

Melissa A. Schilling, "Technological Leapfrogging: Lessons from the U.S. Videogame Industry," *California Management Review* 45, no. 3 (2003): 6–32.

Sinan Aral and Dylan Walker, "Creating Social Contagion through Viral Product Design: A Randomized Trial of Peer Influence in Networks," *Management Science* 57 (2011): 1623–1639.

■ 최근문헌

Christoph Grimpe et al., "R&D, Marketing Innovation, and New Product Performance: A Mixed Methods Study," *Journal of Product Innovation Management* 34 (2018): 360–384.

Hailiang Chen, Yu Jeffrey Hu, and Michael D. Smith, "The Impact of E-Book Distribution on Print Sales: Analysis of a Natural Experiment," *Forthcoming in Management Science,* 2018.

Han Christoph Curtius et al., "Shotgun or Snowball Approach? Accelerating the Diffusion of Rooftop Solar Photovoltaics through Peer Effects and Social norms," *Energy Policy* 118 (2018): 596–602.

Joost Rietveld, "Creating and Capturing Value from Freemium Business Models: A Demand-Side Perspective," *Strategic Entrepreneurship Journal* 12 (2017): 171–93.

Ned Calder, Shahriar Parvarandeh, and Michael Brady, "Building a Direct-to-Consumer Strategy without Alienating Your Distributors," *Harvard Business Review,* December 14, 2018.

■ 참고문헌

1. Jacob Kastrenakes, "The Biggest Winner from Removing the Headphone Jack Is Apple," *The Verge,* September 8, 2016.
2. J. Johng et al., "Honda Insight: Personal Hybrid," New York University teaching case, 2003.
3. Melissa A. Schilling, "To Protect or to Diffuse? Appropriability, Architectural Control, and the Rise of a Dominant Design," in A. Gawer's *Platforms, Markets, and Innovation* Cheltenham, UK Edward Elgar Publishing 2011).
4. Joost Rietveld, "Creating and Capturing Value from Freemium Business Models: A Demand–Side Perspective," *Strategic Entrepreneurship Journal* 12, no. 2(2018): 171–93.
5. Melissa A. Schilling, "Technological Leapfrogging"; and Melissa A. Schilling, "Winning the Standards Race: Building Installed Base and the Availability of Complementary Goods," *European Management Journal* 17 (1999): 265–74.
6. D. Machan, "Great Job—You're Fired," *Forbes* 158, no. 7 (1996): 145–46.
7. Reinders, MJ, Frambach, RT, and Schoormans, JPL. "Using Product Bundling to Facilitate the Adoption Process of Radical Innovations," *Journal of Product Innovation Management* 27 (2010): 1127–40.
8. Rick Munarriz, "Conversions Dip at Sirius XM Radio but Don't Panic," *The Motley Fool,* February 2, 2016.

9. Oliver Hinz et al., "Seeding Strategies For Viral Marketing: An Empirical Comparison," *Journal of Marketing* 75 (November 2011): 55–71; see also Muaro Bampo et al., "The Effects Of Social Structure Of Digital Networks On Viral Marketing Performance," *Information Systems Research* 19 (2008) (3): 273–90.
10. Philip Kotler, *Marketing Management* (Upper Saddle River, NJ: Prentice Hall, 2003). See also Y. Chen and J. Xie, "Online Consumer Review: Word-Of-Mouth As A New Element Of Marketing Communication Mix," *Management Science* 54 (2008): 477–91.
11. Everett M. Rogers, *Diffusion of Innovations,* 3rd ed. (New York: Free Press, 1983).
12. Jakki Mohr, *Marketing of High-Technology Products and Innovations* (Upper Saddle River, NJ: Prentice Hall, 2001).
13. Geoffrey Moore, *Inside the Tornado* (New York: Harper Business, 1995).
14. M. E. McGann, "Crossing Swords," *Dealerscope Consumer Electronics Marketplace* 37, no. 10 (1995): 63–5; and Schilling, "Technological Leapfrogging."
15. Rajesh K. Chandy and Gerard Tellis, "The Incumbent's Curse? Incumbency, Size, and Radical Product Innovation," *Journal of Marketing* 64, no. 3 (2000): 1–18.

찾아보기

한글 찾아보기

ㅋ

ㅌ

ㅍ

ㅎ

기타

영문 찾아보기

A

B

C

M

N

O

P

R

S

T

V

W